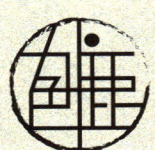

一九色鹿一

A Study on Ancient History
of
the Korean Peninsula

朝鲜半岛
古代史研究

杨 军等 著

社会科学文献出版社
SOCIAL SCIENCES ACADEMIC PRESS (CHINA)

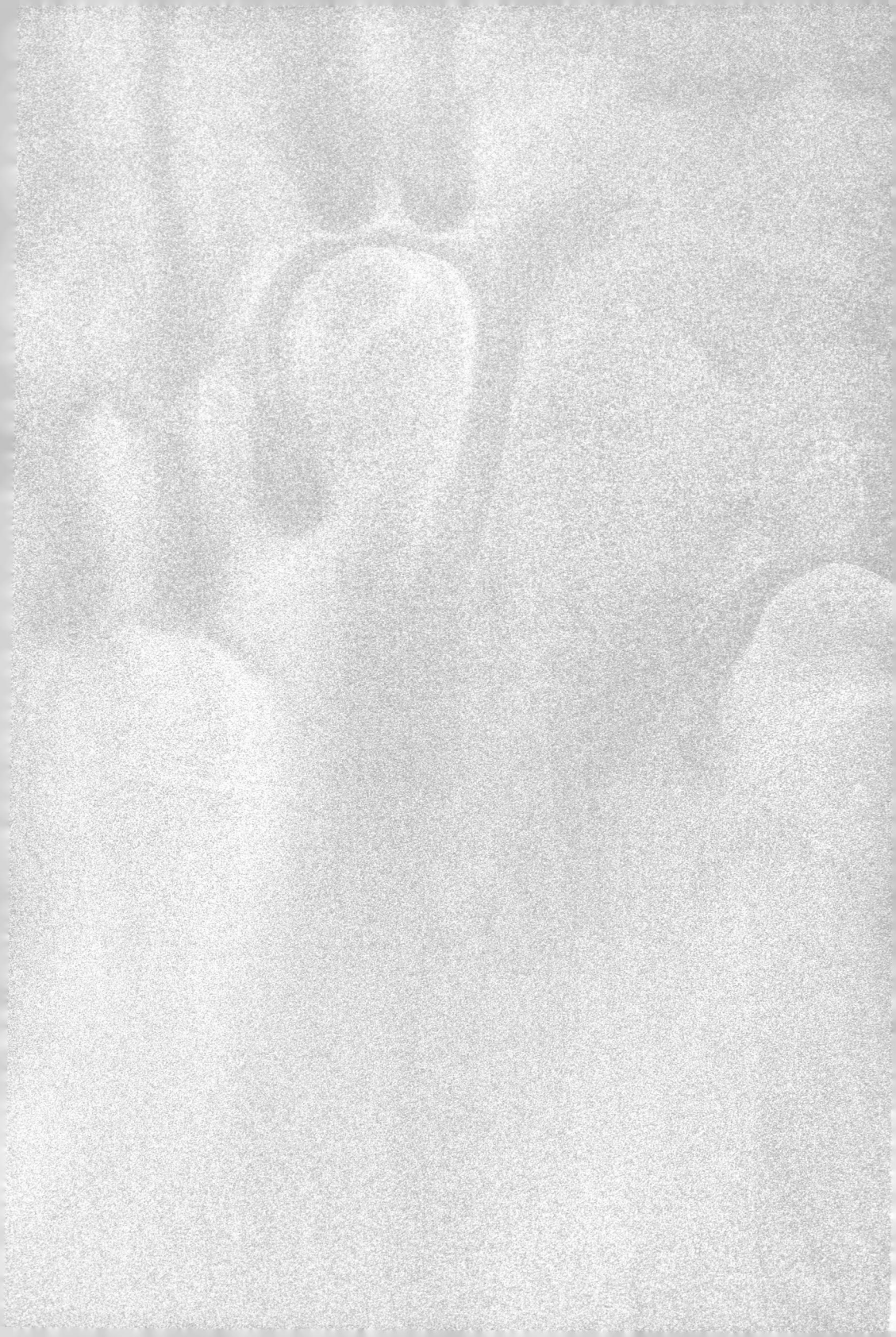

目　录

中古篇

近古篇

图表目录

研究旨趣

在开始本书之前，就本书的研究旨趣、研究思路方面谈三点。

首先，最需要说明的研究旨趣是，我们无意于写一部朝鲜半岛通史，或是朝鲜通史、韩国通史，类似的著作已经很多了，仅就汉语出版物而言，就可以看到中、韩、日、朝各国学者关于朝鲜半岛的通史类著作。[1] 本书的研究旨趣是，选择朝鲜半岛古代史上一

1　〔韩〕李基白：《韩国史新论》，厉帆译，厉以平译校，国际文化出版社，1994。〔日〕林泰辅：《朝鲜通史》，陈清泉译，商务印书馆，1934。姜孟山：《朝鲜通史》第1卷，延边大学出版社，1992；李春虎：《朝鲜通史》第2卷，延边大学出版社，2006；姜秀玉、王臻：《朝鲜通史》第3卷，延边大学出版社，2013。朴真奭、姜孟山、朴文一：《朝鲜简史》，延边大学出版社，1998。朝鲜民主主义人民共和国科学院历史研究所：《朝鲜通史》上卷，吉林省延边朝鲜族自治州《朝鲜通史》翻译组译，吉林人民出版社，1973；《朝鲜通史》下卷，吉林省哲学社会科学研究所译，吉林人民出版社，1975。朝鲜社会科学院历史研究所：《朝鲜全史》（朝鲜文共33卷），第1卷汉译本刘永智等译，中国朝鲜历史研究会1985年内部出版；第2卷汉译本王健等译，延边大学出版社，1988；第4卷汉译本曹中屏、王玉林译，中国朝鲜历史研究会1987年内部出版；第5卷汉译本顾铭学等译，中国朝鲜历史研究会1985年内部出版；第17卷汉译本吉林省社会科学院朝鲜研究所译，吉林省社会科学院东北地方史研究所1984年内部出版。其他各卷笔者未见到汉译本。

些分歧较大的问题、非常重要的问题以及一些比较重要而前人又未进行过系统研究的问题，进行专题研究。概言之，就是对朝鲜半岛古代史的焦点问题、重点问题和盲点问题进行专题研究。就焦点问题而言，研究思路是全面剖析诸家之说，以推动学者间逐渐达成共识；就重点问题而言，研究思路是更新研究视角和切入点，以期对重大历史问题有全新的解读；就盲点问题而言，研究思路是尽可能全面地占有史料，以便还历史本来面目并做出客观的评价。总之，本书属于专题研究类著作，不属于通史类著作。因此，虽然本书各章的划分基本上还是按照通常所说的朝鲜半岛古代史的断代来设计的，但章下各节，就体现着本断代的焦点问题、重点问题和盲点问题了。

其次，本书的研究视角是区域史的而不是国别史的。就研究对象的空间范围而言，我们要研究的是作为自然地理区域的朝鲜半岛的古代史，就是今鸭绿江、图们江以南地区的古代史，而不是哪一个国家的古代史。正是因此，本书名为《朝鲜半岛古代史研究》，而不是"朝鲜古代史研究"或"韩国古代史研究"。

迄今为止，中外学者皆从国别史的视角来建构朝鲜半岛的古史体系，其思路不外是两种：一种是政权传承的思路，就是由今天朝鲜半岛上的两个国家，朝鲜和韩国，以及两者从其中脱胎而来的朝鲜王朝出发，逆向追溯朝鲜半岛内历史上各政权的更迭，其结论凡是与这些政权有关的地域都是朝鲜古代疆域；另一种是民族传承的思路，由今天朝鲜半岛的单一民族朝鲜族的来源向上追溯，其结论凡是历史上与朝鲜族的族源有关的民族曾经活动过的区域，就都是朝鲜古代疆域。两种思路的共同点在于，皆将高句丽、渤海、夫余等政权控制下的朝鲜半岛以外的地域视为朝鲜古代疆域，由于这些区域皆在今天中国境内，由此引申出中国历史上侵略朝鲜、侵占了这些本属于朝鲜的领土的错误结论。而中国学者对这些错误史观的批判也主要集中在两个领域：一是论证某些与朝鲜半岛有关的古代政权，不应被列入朝鲜半岛古史体系，其与后来的朝鲜王朝不存在继承关系，因而其疆域不能视为今天韩国/朝鲜的领土；二是论证朝鲜半岛古代存在两个族系，北部的秽貊族系和南部的三韩族系，朝鲜族是自三韩族系发展而来的，秽貊族系各族不是朝鲜族的直接祖先，因而其活动地域也没有理由视为今天韩国/朝鲜的领土。我们可以发现，这种研究思路是自今及古、由下向上式的，这种受现实左右的研究思路是其古史观致误的根源之所在，这也是国别史的研究视角所造成的最大弊端。

最后要说明的是我们对朝鲜半岛古史谱系的理解，也可以说是本书研究的时间范围，这既决定本书的基本架构，也是我们的新观点之一。

目前，国外学术界流行的朝鲜半岛古史体系是：三朝鲜（檀君朝鲜、箕氏朝鲜、卫氏朝鲜）、汉四郡（乐浪、玄菟、真番、临屯）、前三国（高句丽、百济、新罗）、南北朝（统一新罗、渤海）、后三国（后高句丽、后百济、新罗）、王氏高丽、李氏朝鲜。

我们认为，朝鲜半岛内部并不是自始至终存在上述整齐划一的古史体系的，且上述的体系划分也是有问题的，具体的体系应是分为北、南两个系统。

北方系统，统治中心在大同江流域，居民有土著的东夷系部族，但来自北方的秽貊系移民和来自中原的汉族移民所占比重一直比较大，最终融合形成高句丽族，其政权衍生系列为古朝鲜（箕氏朝鲜、卫氏朝鲜）、汉四郡、高句丽等。箕氏朝鲜是周武王正式封建的诸侯国，卫氏朝鲜是西汉属国并为汉武帝所灭。因此可以说，朝鲜半岛的北方系统一直是古代中国领土的组成部分，从古朝鲜到汉四郡，不过是地方管理体制由方国体制转变为郡县体制，隶属关系并未发生变化。高句丽人最初隶属于汉玄菟郡高句丽县，其鼎盛时期的疆域主要包括汉四郡及辽东郡，最后为唐朝所灭。唐在其故地设安东都护府加以管理，可见高句丽政权完全是自汉唐时期中国郡县区内成长起来的政权。概言之，自古朝鲜至渤海国的朝鲜半岛北方系统，一直隶属于中国历代王朝，只不过随着南方系统的兴起，北方系统控制区在不断萎缩。最终，在辽朝以后，古代中国的势力基本上退出了朝鲜半岛。

南方系统，统治中心在汉江流域及其以南，居民以三韩民族为主体，其政权衍生序列为三韩（马韩、辰韩、弁韩）、新罗与百济（包括六伽耶等小国）、统一新罗、王氏高丽、李氏朝鲜。新罗借助于唐王朝的势力灭高句丽和百济，南方系统开始统一并北拓，唐玄宗将大同江以南的土地赐给新罗，新罗的北方疆域始达大同江。此后，王氏高丽、李氏朝鲜两朝不断北进蚕食女真人的控制区，至李朝以后，中朝才最终以鸭绿江、图们江为界河，以南方系统为主导完成了对朝鲜半岛的统一。新罗、高丽、朝鲜三朝的经济文化重心始终在朝鲜半岛南部。

基于上述思考，本书对朝鲜半岛古代史的宏观分期是：上古时期（远古~314）、中古时期（314~1392）、近古时期（1392~1910）。

上古时期，可以细分为前后两个时期，前期即古朝鲜时期（远古~前108），后期即汉四郡时期（前108~314）。古朝鲜时期除有关朝鲜半岛的史前史之外，主要包括箕氏朝鲜（前1046~前194）和卫氏朝鲜（前194~前108），以及与卫氏朝鲜并存的秽邪头国（？~约前280年臣属箕氏朝鲜；约前280~前194年独立，此后臣属卫氏朝鲜）、古韩国（前194~公元9年）、古辰国（前194~公元1世纪）。此时期的朝鲜半岛，就其社会性质而言，虽已步入阶级社会，但尚未形成成熟的国家，处于前国家社会的"邑落方国联盟"时期；就其与中国的关系而言，朝鲜半岛诸政权皆是中原王朝所属的"方国"；就其族属而言，此时期朝鲜半岛的土著居民主要是见于中国史书记载的东夷。

汉四郡时期，是古代中国以郡县体制统治朝鲜半岛的时代。自公元前108年汉武帝灭卫氏朝鲜，设乐浪、玄菟、真番、临屯四郡之后，朝鲜半岛北部被置于汉王朝郡县的直接管辖之下，半岛南部的三韩诸部则由乐浪郡代管。此后直至东汉末年，朝鲜半岛基本是在乐浪郡的控制之下。公孙氏割据辽东，分乐浪南部设带方郡。高句丽兴起后不断蚕食郡县控制区，并于313年、314年分别攻克乐浪、带方，郡县体制始告终结。此时期的朝鲜半岛，就其社会性质而言，已步入封建社会；就其与古代中国的关系而言，朝鲜半岛被完全置于中国的直接统治之下；就其族属而言，是汉族移民大量进入并与土著民族发生融合的时代。

中古时期，也可以称为中原王朝羁縻统治阶段，此时期半岛内的政权百济、新罗（包括统一朝鲜半岛之后的新罗），以及领土包括朝鲜半岛北部的高句丽，皆接受中原历代王朝授予的带有地方官性质的头衔，其性质是中原王朝羁縻体制之下的羁縻府州。此时期的朝鲜半岛，就其社会性质而言，已经步入封建社会，出现了高句丽、百济、新罗等比较成熟的政权；就其与中原王朝的关系而言，上述政权皆被纳入中原王朝的羁縻体制之内，并不是完全独立的政权；就其族属而言，高句丽出自秽貊族系，其强盛时整合了秽貊系各族与半岛北部的土著夷人，并融入大量中原汉族移民，而百济、新罗则立国于三韩故地，属于三韩族系。

近古时期，包括王氏高丽、李氏朝鲜两朝。此时期的朝鲜半岛，就其社会性质而言，已经是成熟发达的封建社会；就其与古代中国的关系而言，是东亚封贡体制下以中国为宗主国的属国，已具备独立国家的各种特征，中国也承认其内政外交自主；就其族属而言，朝鲜半岛的民族融合基本完成，今天朝鲜半岛的单一民族朝鲜族开始形成。

综上，本书就是在这样一种时空概念之下，研究朝鲜半岛古代史的焦点问题、重点问题和盲点问题的专题研究著作。

上古篇

　　迄今为止，东北亚世界发现的年代最早的人类旧石器时代遗
址，是 1966 年发现的朝鲜平壤祥原郡的黑隅里遗址。[1] 遗址出土的
打制石器表明，黑隅里遗址属于旧石器时代早期，遗址出土的动物
化石表明，当地的气温远高于今天。很可能是在一种较适宜早期人
类生存的气候条件下，以今平壤一带为中心的朝鲜半岛大同江流域
成为东北亚世界人类发源地之一。东北亚世界步入新石器时代以
后，朝鲜半岛北部的考古学文化特征与中国辽东半岛一带具有非常
明显的相似性，与以红山文化为代表的辽西地区一同成为东北亚世

1　朝鲜社会科学院历史研究所编《朝鲜全史》第 1 卷，刘永智等译，中国朝鲜历史研究会
　　1985 年内部出版，第 1~13 页。朴真奭等：《朝鲜简史》，延边大学出版社，1998，第 1~3 页。

界两大文明发源地之一。研究青铜短剑的学者多认为，这种东北亚特有的短剑起源于辽西地区，后经辽东半岛传入朝鲜半岛，[1]充分体现了朝鲜半岛在新石器时代就已经受到大陆方面的文化影响。

从文献记载上尚无法确定朝鲜半岛早期土著族群的名称，这里的族群应该涵盖在华夏族系对东方族群的泛称"夷"之中。所谓"九夷"应该包括朝鲜半岛古族在内，《尚书·禹贡》中提到的"岛夷"也是对大同江流域居民的称呼。早在夏王朝以前，朝鲜半岛的族群可能就已经与华夏族群保持着密切的往来，甚至可能参与了中国早期国家的构建，并且在夏商两代的大部分时间里，属于臣服于夏商的族群。[2]

用檀君神话来解释朝鲜半岛的国家起源显然是不合实际的，有关檀君的故事不仅晚出，神话性质明显，而且最初可能形成于朝鲜半岛南部，神话中体现的空间是在流传过程中才被修改为大同江流域的。[3]

商末箕子率殷遗民进入大同江流域，才是朝鲜半岛开始形成早期国家的标志。也是因为这个原因，朝鲜李朝的文人才称箕子开启了朝鲜的"文明之运"。[4]殷遗民对大同江流域的开发，使当地在原

1　吕军：《中国东北系青铜短剑研究》，博士学位论文，吉林大学，2006。学界有关青铜短剑起源诸家观点的梳理参见成璟瑭《中、朝、韩对短茎式青铜短剑研究的检视与比较》，《边疆考古研究》第6辑，科学出版社，2007。韩国学者金元龙也认为，韩国发现的青铜短剑是中国辽宁朝阳十二台营子发现短剑的后期型式。〔韩〕金元龙：《十二台营子的青铜短剑墓》，此见前引成璟瑭文。

2　杨军、王秋彬：《中国与朝鲜半岛关系史论》，社会科学文献出版社，2006。

3　张哲俊：《韩国坛君神话研究》，北京大学出版社，2013。另，张哲俊此书已指出，故事的主人公最早写作"坛君"，作"檀君"是后起的变化。考虑到中国学界的习惯用法，本书仍写作檀君。

4　（朝鲜王朝）尹凤九《屏溪集》卷四七《华阳书院庙庭碑铭》："昔殷太师首启我东文明之运。"

有的基础上更上一层楼，成为东北亚世界经济文化最发达的地区，而且这种优势地位一直保持到高句丽灭亡的 7 世纪。

箕子开创的箕氏朝鲜政权，由于曾受到周武王的册封，应该被视为周人的诸侯国之一。直至战国时代，"箕子之后朝鲜侯，见周衰，燕自尊王"，还"欲兴兵逆击燕，以尊周室"，[1] 证明箕氏朝鲜的历代统治者也是认同这种周朝诸侯国身份的。箕氏朝鲜存在的时间相当长，其强盛时期疆域不仅包括朝鲜半岛北部，可能还据有辽东半岛。但最终，面对战国七雄之一燕国的进攻，箕氏朝鲜一触即溃，退守至大同江以南的狭小地域。燕国在新占领土上所设的辽东郡，东部边界已达大同江流域。在秦统一中国的过程中，秦兵曾进入朝鲜半岛北部，最终还是继承了燕国辽东郡在半岛北部的疆域。但西汉初，因为辽东郡东西过于遥远，主动将辽东郡的东部边界内撤到今朝鲜半岛的清川江一线。

箕氏朝鲜作为移民建立的政权并未完成对朝鲜半岛北部诸方国邑落的整合，究其实质，其政权仅仅是方国邑落间的大联盟，并不是成熟的国家形态。大同江流域虽然是东北亚地区经济文化最发达的地区，其经济发展水平与中原地区仍不能相提并论，铁器在此地区广泛使用也比较晚。政治组织形式、部队组织形式以及武器的落后，是箕氏朝鲜无法与燕国抗衡的根本原因。但箕氏朝鲜的建立，对朝鲜半岛政治组织形式的演进无疑起到了推动作用，当地土著族群也仿效箕氏政权建立起方国邑落联盟，其中比较典型的是秽国，[2]因而后来中原史书中才将当地土著居民统称为秽人，此外可能还存在真番、临屯等土著夷人小方国。但这些政权的社会经济发展水平

1　《三国志》卷三〇《魏书·东夷传》裴松之注引鱼豢《魏略》，中华书局，1959，第 850 页。
2　杨军：《秽国考》，《黑龙江民族丛刊》2004 年第 1 期。

无疑尚落后于大同江流域，因此往往依附于箕氏朝鲜。我们所说的箕氏朝鲜鼎盛时期的疆域，是涵盖这些政权在内的。

战国末期和秦末，中原大规模战乱期间，大量躲避战乱的中原移民进入朝鲜半岛。以移民为载体的中原先进经济文化的传播，极大地推动了朝鲜半岛的发展，由此至西汉初期，可以说是朝鲜半岛一个跨越式发展时期。移民的大量进入也改变了朝鲜半岛的民族分布格局。在半岛北部，移民集中的大同江流域，汉语已经成为当地的通用语言，西汉扬雄《方言》中已经将大同江流域视为汉语方言区之一，移民与当地土著民族融合形成的新民族共同体——良夷，风俗文化各方面与汉人非常相似，而除此之外的土著居民与良夷的区别越来越大，被称为秽人。也许这才是中国史书所说"胡汉稍别"的真正意义。[1] 在半岛南部，移民与土著韩人融合，形成韩人的两个新分支——辰韩、弁韩，土著韩人也被称为马韩，三韩开始正式出现于历史舞台。尤其应该指出的是，此时期半岛南部的三韩地区已经由日本引进稻作农业，[2] 这后来发展成为改变朝鲜半岛政治经济格局的力量。

退守大同江以南的箕氏朝鲜一直以燕、秦、汉属国的身份存在，至西汉初年，中原移民卫满借助当地移民的势力，取代箕氏，但国号未改，史称卫氏朝鲜。半岛北部的政权更迭也引发了一些变动。箕氏朝鲜的末代王准率部由海路迁入半岛南部的三韩地区，建立古韩国，这是朝鲜半岛上第一个以韩为国号的政权；另有一部分

1　《三国志》卷三〇《魏书·东夷传》，第 848 页。

2　关于稻作农业的传播，也有学者持相反的观点，认为是由中国南方沿着海岸线，由山东半岛沿岸、辽东半岛沿岸、朝鲜半岛西侧沿岸，最终传入日本九州岛北部。见王金林『邪馬台国と古代中国』学生社、1992 年、58 頁。

箕氏朝鲜遗民沿陆路南迁，最终在三韩地区建立古辰国。[1] 半岛内部北方移民的南下，无疑对三韩地区的发展起到了促进作用。

卫氏朝鲜曾一度恢复箕氏朝鲜的大部分疆域，控制诸土著小国，但仅历三代就被汉武帝灭亡，汉朝在卫氏朝鲜故地设乐浪、玄菟、真番、临屯四郡，加上原有的辽东郡，与朝鲜半岛有关的郡县达到 5 郡 60 余县。[2] 不久汉王朝对朝鲜半岛的郡县进行调整，真番、临屯撤销，玄菟内徙，半岛北部除部分地区隶属辽东郡之外，全部归乐浪郡管辖，半岛南部的三韩各部也由乐浪郡代管，乐浪郡成为汉王朝管理朝鲜半岛的最高地方行政机构，朝鲜半岛全部被纳入汉朝疆域，从此开始了朝鲜半岛的郡县时代。

值得一提的是，乐浪郡还负责对日本列岛的外交事务。汉王朝在朝鲜半岛设郡县之后，日本列岛的百余小国中有 30 余个通过朝鲜半岛的乐浪郡与汉王朝保持联系。

在乐浪郡统治时期，朝鲜半岛出现新的民族分布格局并稳定了相当长的一段时间。大体说，整个半岛可以分为三个区域。半岛南部是三韩民族分布区，自西向东依次为马韩、弁韩、辰韩。半岛北部，以大同江流域为中心的西部地区，以汉人为主。东部地区的南面，今江原道一带，是秽貊人分布区；北面，今咸镜南北道、两江道一带，是沃沮人分布区，秽貊人和沃沮人族系相同，因此，东部地区可以笼统地说是秽貊族系分布区。各族系皆部落林立，中国史书《三国志》记载三韩有 78 国，恐怕就是 78 个部落或者酋邦。

1　杨军：《辰国考》，《北方文物》2001 年第 3 期。

2　《汉书》卷二八下《地理志下》记载，玄菟郡 3 县、乐浪郡 25 县（中华书局，1962，第 1626、1627 页），是朝鲜半岛郡县调整之后的情况。《汉书》卷六《武帝纪》注臣瓒曰引《茂陵书》记载，真番郡、临屯郡始设时都是 15 县（第 194 页）。如果初设四郡时各郡辖县数大体相当，则四郡已在 60 县左右，再加上辽东郡在朝鲜半岛的县，此时期县的总数应在 60 以上。

在迁都今吉林集安以后，高句丽开始向朝鲜半岛北部渗透。至东汉末以后，高句丽才逐渐控制半岛北部的秽貊族系分布区，成为半岛北部举足轻重的地方政权，直接与朝鲜半岛的郡县相对抗。

箕氏朝鲜、卫氏朝鲜的首都以及乐浪郡的首府一直都在今朝鲜平壤，在长达数百年的时间里，大同江流域一直是朝鲜半岛得到重点开发的地区，逐渐成为东北亚的经济文化中心区。早在春秋时期，朝鲜半岛很可能已与山东半岛之间存在一定规模的贸易。[1] 战国时期燕国铸造的货币明刀钱在朝鲜半岛北部大量发现，[2] 证明半岛北部与燕国之间存在着比较发达的贸易关系。大同江流域作为乐浪郡的中心地区，随着汉人移民的涌入以及当地土著的汉化，逐渐成为汉人分布区，同时也成为朝鲜半岛经济文化最发达的地区，其社会经济发展水平应该与中原地区接近。至少从现有的记载中，看不出乐浪郡与内地的郡有明显的区别。中原失意文人跨海迁居乐浪现象的存在也可以证明这一点。[3]

司马迁说"燕亦勃、碣之间一都会也"，"东绾秽貉、朝鲜、真番之利"。[4] 随着朝鲜半岛经济的发展，不晚于汉初，半岛北部地区已经形成一个独立的经济圈，并且成为以燕为中心的大经济圈的重要组成部分。这个经济圈的中心区域即大同江流域，中心城市即卫氏朝鲜的都城及后来汉乐浪郡的治所平壤城。这座为汉武帝的部队

1　黎翔凤：《管子校注》卷二三《轻重甲第十八》："发、朝鲜不朝，请文皮毤服而以为币乎？"（梁运华整理，中华书局，2004，第1440页）证明春秋时的齐国与朝鲜半岛之间存在贸易往来，并具相当规模。但《管子》一书的《轻重》诸篇的成书时间争议比较大，甚至有学者认为是西汉初期的作品。

2　彭信威：《中国货币史》，上海人民出版社，1958，第30~31页。

3　《后汉书》卷七六《王景传》称其是乐浪䛁邯人，其八世祖仲通过海路迁居乐浪郡（中华书局，1956，第2464页）。

4　《史记》卷一二九《货殖列传》，中华书局，1959，第3265页。

攻克的城市，不仅是朝鲜半岛最大的城市，也是东北亚世界的重要城市之一。

东部秽貊族系分布区的发展水平，与大同江流域相比要落后许多。而半岛南部的三韩地区，"其北方近郡诸国差晓礼俗，其远处直如囚徒奴婢相聚"，[1] 属于欠发达地区。可以说，在乐浪郡统治的初期，半岛南北经济文化发展水平的差距进一步拉开，大同江流域的优势地位进一步凸显出来。

但需要指出的是，至三国时期，三韩地区的人口密度已经远远超过秽貊族系分布区，这是半岛南部稻作农业初步发展带来的结果，也是推动当地政治组织形式演进的根本动力。在此基础上，三韩诸部逐渐整合，最终出现百济、新罗两个成熟国家，以及被称为伽耶的洛东江流域的一系列小国。

1　《三国志》卷三〇《魏书·东夷传》，第 853 页。

第一章　箕氏朝鲜研究

　　曾有日本学者否认箕子朝鲜的真实性，[1] 李健才、刘永智已批之甚详，[2] 此说在当前的学术界已无影响力，姑置而不论。但是，对于箕子最初立国之地学界却存在比较大的争议，中外皆有学者认为，箕子立国不在朝鲜，迁往朝鲜的是其后裔。就是在承认箕子东迁朝

1　今西竜『朝鲜王朝古史の研究』国书刊行会、1970 年。〔日〕今西龙：《箕子朝鲜传说考》，李健才译，载李健才《东北史地考略》第 3 集，吉林文史出版社，2001。朝鲜科学院历史研究所《朝鲜通史》认为："可以肯定'箕子东来说'是中国史学家在公元前 3 世纪末至 2 世纪初伪造的。"中国学者也有持类似观点的。如，姜孟山主编《朝鲜通史》第 1 卷，第 54~56 页。朴真奭：《关于古代朝鲜的几个问题》，《朝鲜史通讯》1980 年第 2 期；朴真奭等：《朝鲜简史》，延边大学出版社，1998，第 28 页。

2　李健才：《评〈箕子朝鲜传说考〉》，载李健才《东北史地考略》第 3 集。刘永智：《"箕子朝鲜"不应任意否定》，《世界史论文集》，社会科学战线杂志社，1981；《再论箕子朝鲜不容轻易否定》，陈龙山主编《朝鲜半岛问题研究文集（1）》，吉林省朝鲜韩国学会，1997。

鲜立国的学者中间，对于箕子迁徙始于商亡前还是商亡后，赴朝鲜是走陆路还是走海路，辽宁省喀左县北洞村出土的罍器是否属于箕子，或者说目前出土的青铜器"亚其器"是否属于箕子一族，箕子的"子"是不是爵位，或者其爵位究竟是什么等问题，皆存在争论。

学界一般认为，《周易》明夷卦六五爻爻辞"箕子之明夷"中的箕子，就是后来迁往朝鲜的箕子，有学者进一步认为，"箕子之明夷"就是"箕子适明夷"，反映的是箕子东迁朝鲜立国的史实。如果此说成立，这条爻辞就是有关箕子迁朝鲜的最早的传世文献。但是，易学家对此爻辞的理解是存在分歧的。可以说，这是箕氏朝鲜研究中必须加以澄清的重点问题。

上述问题皆可称得上是箕氏朝鲜研究中的焦点问题。而上述部分问题的解决，其前提是对史籍所载"朝鲜"一词的内涵有明晰的认识，但学界对此问题的研究却比较少见，可以说是箕氏朝鲜研究中的一个盲点问题，故本章先从古朝鲜地域问题谈起。

第一节　古朝鲜地域考

朝鲜一词的含义，考之古籍，应分为三种。

一是作为地名。如《史记》卷三八《宋微子世家》《索隐》："（朝鲜）潮仙二音。地因水为名。"卷一一五《朝鲜列传》《集解》引张晏："朝鲜有湿水、洌水、汕水，三水合为洌水，疑乐浪朝鲜取名于此也。"[1]《山海经·海内北经》："朝鲜在列阳，东海北、山南。"[2]

二是作为国名，如《山海经·海内经》："东海之内，北海之隅，有国名曰朝鲜。"[3]《三国志》卷三〇《魏书·东夷传》裴松之注引鱼豢《魏略》："朝鲜与燕界于浿水。"[4]《后汉书·光武帝纪》李贤注："乐浪郡，故朝鲜国也，在辽东。"[5]

三是作为族名。如《史记》卷一一五《朝鲜列传》："真番、临屯皆来服属。"《索隐》："东夷小国，后以为郡。"《正义》引《括地志》："朝鲜、高丽、貊、东沃沮五国之地。"与朝鲜并举者都是族名，此朝鲜当也用作族名。此族也就是同卷称卫满在夺取箕氏朝鲜政权以前，即已"稍役属真番、朝鲜蛮夷"[6]的朝鲜蛮夷。

朝鲜原始的意义是地名。《史记》卷三八《宋微子世家》"武王乃封箕子于朝鲜"，《汉书》卷二八下《地理志》"殷道衰，箕子去之朝鲜"，[7]《后汉书》卷八五《东夷传》"武王封箕子于朝鲜"，[8]《三国志》卷三〇《魏书·东夷传》"箕子既适朝鲜，作八条之教以教之"，[9]都是将朝鲜用作地名。

关于此地名的来历，史界有两种说法。朝鲜李朝卢思慎等所撰《东国舆地胜览》认为："居东表日出之地，故名朝鲜。"黄炎培《朝鲜》据此解释道："国在东方，先受朝日之光辉，故名朝鲜。"[10]童书

1　《史记》卷三八《宋微子世家》，第1620页；卷一一五《朝鲜列传》，第2985页。

2　袁珂：《山海经校注》卷一二《海内北经》，上海古籍出版社，1980，第321页。

3　袁珂：《山海经校注》卷一八《海内经》，第441页。

4　《三国志》卷三〇《魏书·东夷传》，第850页。

5　《后汉书》卷一《光武帝纪》，第49页。

6　《史记》卷一一五《朝鲜列传》，第2985页。

7　《汉书》卷二八下《地理志》，第1658页。

8　《后汉书》卷八五《东夷传》，第2817页。

9　《三国志》卷三〇《魏书·东夷传》，第848页。

10　转引自张博泉《箕子与朝鲜论集》，吉林文史出版社，1995，第147页。

业因《尚书·尧典》伪孔传注"东表之地称嵎夷",意义与此相同,所以判定朝鲜即《尚书·尧典》中的嵎夷。[1] 但是,考之《后汉书》卷八五《东夷传》:"凡蛮夷戎狄总名四夷者,犹公侯伯子男皆号诸侯。"[2]《吕氏春秋·仲春纪·功名》"蛮夷"注:"东方曰夷,南方曰蛮,其在四表皆为夷也。"[3] 可知,夷是对边远少数民族地区的通称。故史书中有东夷,如《尚书·周官》:"成王既伐东夷。"[4] 有西夷,如《史记》卷一一六《西南夷列传》:"西夷后揃剸二方。"[5] 有南夷,如《公羊传》僖公四年:"南夷与北狄交。"[6] 也有北夷,如《战国策·燕一》:"北夷方七百里。"[7] 故《白虎通·礼乐》:"东夷之乐曰'朝离',南夷之乐曰'南',西夷之乐曰'昧',北夷之乐曰'禁'。"[8] 因此,嵎夷不过是对东方边远地区,即"东表日出之地"的一种泛指,而不是地名。朝鲜之地属嵎夷所指的范围,但二者却不可混为一谈。所以,认为朝鲜地名源于"先受朝日之光辉"一说不确。《史记》卷三八《宋微子世家》《索隐》"地因水为名"才是正确的结论。

自箕子东迁之后,"武王乃封箕子于朝鲜",朝鲜因地名而名国,有了国名的内涵。在此之前,箕子所立之国名箕,而不是朝鲜。《史记》卷三八《宋微子世家》《集解》引马融说:"箕,国名也。"《集韵》:"𣆪,古国名。"都可以证明这一点。

1　童书业:《中国古代地理考证论文集》,中华书局,1962,第9页。

2　《后汉书》卷八五《东夷传》,第2810页。

3　许维遹:《吕氏春秋集释》卷二《功名》,梁运华整理,中华书局,2009,第54页。

4　(汉)孔安国传,(唐)孔颖达正义《尚书正义》卷一七《周官》,黄怀信整理,上海古籍出版社,2007,第710页。

5　《史记》卷一一六《西南夷列传》,第2998页。

6　(汉)公羊寿传,(汉)何休解诂,(唐)徐彦疏《春秋公羊传注疏》,李学勤主编《十三经注疏》,北京大学出版社,1999,第213页。

7　(汉)刘向集录《战国策》卷二九《燕一》,上海古籍出版社,1978,第1076页。

8　(清)陈立:《白虎通疏证》卷三《礼乐》,吴则虞点校,中华书局,1994,第109页。

　　朝鲜一词用作族称则是更晚的事。箕子入朝鲜，并不是单人独行。《朝鲜史略》："周武王克商，箕子率中国人五千入朝鲜。"[1]《海东绎史》引《三才图会》："箕子率中国五千人入朝鲜。"[2]《朝鲜鲜于氏奇氏谱谍》："武王克殷，箕子耻臣周，走之朝鲜，今平壤也。殷民从之者五千人。"[3]殷遗民与当地土著居民相融合，形成所谓良夷，也就是后代所说的乐浪之夷。《逸周书·王会解》"良夷在子"，孔晁注："良夷，乐浪之夷也。"[4]《汉书》卷二八下《地理志》乐浪郡注引应劭说："故朝鲜国也。"都可以证明这一点。

　　在箕子朝鲜国中，随箕子来的殷遗民的后裔构成统治集团。《水经注·浿水》："朝鲜，故箕子国也。箕子教民以义，田织信厚，约以八法。"[5]《汉书》卷二八下《地理志》、《后汉书》卷八五《东夷传》、《三国志》卷三〇《魏书·东夷传》皆作"八条之教"，是箕子以不同于当地夷人习惯法的制度统治其民。《后汉书》卷八五《东夷传》论："回顽薄之俗，就宽略之法，行数百千年，故东夷通以柔谨为风，异乎三方者也。"[6]在此地区形成独具特色的新民俗。由此产生的新的民族共同体自形成之日起，就有着高出东北各族的文化。《论语·公冶长》："子曰：道不行，乘桴浮于海，从我者由也与？"《子罕》："子欲居九夷，或曰：陋，如之何？子曰：君子居之，何陋

1　《朝鲜史略》，《景印文渊阁四库全书》，台北，台湾商务印书馆，1986，第466册，第368页下。

2　（朝鲜王朝）韩致奫：《海东绎史》卷二《世纪二》，朝鲜古书刊行会，明治四十四年（1911），第58页。

3　转引自吕思勉《中国民族史》，东方出版社，1996，第152页。

4　黄怀信、张懋镕、田旭东：《逸周书汇校集注》卷七《王会解》，李学勤审定，上海古籍出版社，1995，第880页。

5　（北魏）郦道元注，（民国）杨守敬、熊会贞疏《水经注疏》卷一四《浿水》，段仲熙校点，陈桥驿复校，江苏古籍出版社，1989，第1279页。

6　《后汉书》卷八五《东夷传》，第2822～2823页。

之有？"《正义》："子欲居九夷，与乘桴浮海，皆谓朝鲜。"[1]《梁书》卷五四《东夷传》："东夷之国，朝鲜为大，得箕子之化，其器物犹为礼乐云。"[2] 其文明程度与良夷不可同日而语。这一新形成的民族因国名为族名，被称为朝鲜或朝鲜蛮夷。《史记》卷一二九《货殖列传》"东缩秽貉、朝鲜、真番之利"，[3]《汉书》卷七五《夏侯胜传》"东定薉貉、朝鲜"，《汉书》卷二八下《地理志》"朝鲜、薉貉、句骊蛮夷"，[4] 皆是其例。

朝鲜一词的三种意义最初是完全吻合的，朝鲜族的朝鲜国在朝鲜之地，所以其用法也没有严格区别，多数场合朝鲜一词是兼有三种意义的。如《史记》卷一一〇《匈奴列传》"东接秽貉、朝鲜"，[5] 认为此处的朝鲜一词是国名、族名固然都无害文意，即认为其是地名也可通。但朝鲜一词作为族名、地名，其意义是相对稳定的，作为国名，其内涵却呈变化之势，这就使朝鲜的词义在史籍中多有不同。正是因为朝鲜国疆域的变化导致朝鲜一词作为国名内涵的不确定，因而引起许多对史书记载的误解。我们应该明确，朝鲜国虽初立国于朝鲜地，但后来由于疆域的拓展，二者已不能等同。

古朝鲜地大体上相当于乐浪郡元封三年（前108）初设时的范围。《汉书》卷二八下《地理志》所列乐浪二十五县中，可以考知为古朝鲜地的共计十一县。

朝鲜，《汉书》卷二八下《地理志下》注引应劭曰："武王封箕

1　刘宝楠：《论语正义》卷六《公冶长》、卷一〇《子罕》，高流水点校，中华书局，1990，第170、344页。
2　《梁书》卷五四《东夷传》，中华书局，1973，第800页。
3　《史记》卷一二九《货殖列传》，第3265页。
4　《汉书》卷七五《夏侯胜传》，第3156页；卷二八下《地理志下》，第1658页。
5　《史记》卷一一〇《匈奴列传》，第2891页。

子于朝鲜。"[1] 长岑、驷望，《翰苑》注引《汉书》卷二八下《地理志》：
"长岑、驷望，封箕子县也。"[2]《史记》卷一一五《朝鲜列传》《集解》
引张晏："朝鲜有湿水、洌水、汕水。"《汉书》卷二八下《地理志》
吞列县下注："列水所出，西至黏蝉入海。"[3]《山海经·海内北经》郭
璞注："朝鲜，今乐浪县，箕子所封也。列亦水名也，今在带方。带
方有列口县。"[4] 可知列口、吞列、黏蝉三县皆古朝鲜地。《史记》卷
一一五《朝鲜列传》："（卫满）东走出塞，渡浿水，居秦故空地上
下障，稍役属真番、朝鲜蛮夷。"[5] 据此，朝鲜地有秦长城，地近浿
水。《水经注·浿水》引许慎说，"浿水出镂方，东入海，一曰出浿
水县"，又引《十三州志》，"浿水县在乐浪东北，镂方县在郡东，盖
出其县而经镂方也"。[6]《汉书》卷二八下《地理志》浿水县下注："水
西至增地入海。"《晋书》卷一四《地理志》遂城县注："秦筑长城之
所起。"[7]《水经注·河水》："始皇令太子扶苏与蒙恬筑长城，起自临
洮，至于碣石。"[8]《通典》卷一八六《边防二》："碣石山在汉乐浪郡
遂城县，长城起于此山。"[9] 可见，镂方、浿水、增地、遂城四县都是
古朝鲜地。《新增东国舆地胜览》卷四一《黄州》："黄州本高句丽之

1　《汉书》卷二八下《地理志下》，第 1658 页。

2　（唐）张楚金撰，雍公叡注《翰苑》，《辽海丛书》第 4 册，辽沈书社，1985，第 2517 页。此
　　引文不见于今本《汉书》卷二八下《地理志下》。关于《翰苑》的成书时间，应该在 660 年
　　至 690 年之间，作者提到自己是在 660 年 "感而有叙述" 的。有学者考证《翰苑》作者死于
　　690 年。

3　《汉书》卷二八下《地理志下》，第 1627 页。

4　袁珂：《山海经校注》卷一二《海内北经》，第 321 页。

5　《史记》卷一一五《朝鲜列传》，第 2985 页。

6　（北魏）郦道元注，（民国）杨守敬、熊会贞疏《水经注疏》卷一四《浿水》，第 1279 页。

7　《晋书》卷一四《地理志》，中华书局，1974，第 427 页。

8　（北魏）郦道元注，（民国）杨守敬、熊会贞疏《水经注疏》卷三《河水三》，第 262 页。

9　（唐）杜佑《通典》卷一八六《边防二》，王文锦等点校，中华书局，1998，第 5015 页。

冬忽,一云冬于忽。"[1]《〈中国历史地图集〉释文汇编·东北卷》认为冬忽、冬于忽即屯有的音讹。[2] 此地后代并入高句丽,但从地名发生音讹来看,其初不是高句丽地,而应是古朝鲜地。

《史记》卷一一五《朝鲜列传》:"楼船将军亦坐兵至洌口,当待左将军",《索隐》引苏林:"县名。度海先得之。"[3] 说明古朝鲜地西至海,非朝鲜地各县均在东部。《汉书》卷二八下《地理志下》吞列县下注:"列水所出西至黏蝉入海,行八百二十里。"[4] 列水即大同江,所以古朝鲜地东界北段至单单大岭,西段则偏向西南至今朝鲜黄州一带。《史记》卷一一五《朝鲜列传》提到卫满入朝鲜先渡浿水,即今清川江,[5] 汉初"复修辽东故塞,至浿水为界",是古朝鲜地西北至浿水南。《三国史记》卷一四《高句丽本纪·大武神王》:"二十年,王袭乐浪,灭之。二十七年秋九月,汉光武帝遣兵渡海伐乐浪,取其地为郡县,萨水以南属汉。"[6]《后汉书》卷八五《东夷传》载朝鲜王准为卫满击败后,"将其余众数千人入海,攻马韩",[7] 皆可证古朝鲜地南临大海。综上,朝鲜作为地名,作为箕子初建国之国名,其地理范围大体是:西北至清川江以南,东北至单单大岭北段,大同江上游,自此西南折向黄州一带,西及南都达海滨。

另,《山海经》中有两则关于朝鲜所在地的记载应该是正确的。

---

1 《新增东国舆地胜览》卷四一《黄州》,明文堂,1985,第719页。

2 谭其骧主编《〈中国历史地图集〉释文汇编·东北卷》,中央民族学院出版社,1988,第40页。

3 《史记》卷一一五《朝鲜列传》,第2989~2990页。

4 《汉书》卷二八下《地理志下》,第1627页。

5 曾有几条河先后被称为浿水,汉代的浿水指朝鲜今清川江。参见谭其骧主编《〈中国历史地图集〉释文汇编·东北卷》,第46~47页。

6 (高丽)金富轼:《三国史记》卷一四《高句丽本纪·大武神王》,杨军校勘,吉林大学出版社,2015,第188页。

7 《后汉书》卷八五《东夷传》,第2820页。

一是《海内经》："东海之内，北海之隅，有国名曰朝鲜。"一是《海内北经》："朝鲜在列阳，东海北、山南，列阳属燕。"如果我们把所谓东海理解为中国东方的海域，把所谓北海理解为中国北方的海域，大体而言，山东半岛以北为北海，以东为东海，[1]那么，朝鲜半岛的大同江中下游平原恰恰是在东部海域中比较靠近中原地区的地方，因此可以称为"东海之内"，又恰恰处在北部海域的东北角，正可以称为"北海之隅"。列水指今大同江，"列阳"指大同江以北，燕国盛时曾"略属真番、朝鲜"，其疆域确实达到了大同江以北。由《山海经》的记载来看，古朝鲜地域虽泛指大同江中下游一带，但更可能是指大同江中下游以北地区，当然不包括大同江上游的山地，[2]所以称朝鲜在"山南"。

概言之，朝鲜作为地域名，大体是指大同江中下游的冲积平原地区。箕子东迁就是进入大同江流域。

第二节　箕子东迁考

关于箕子及其东迁的史事，重点考辨以下几个问题。

1　李健才认为："战国时人所说的东海，即在齐国（今山东）东部的海，即今黄海。北海即指在齐国北部的海，即今渤海。"说东海、北海以齐国即山东半岛为坐标是正确的，但将东海、北海分别对应于今天的黄海、渤海却不甚准确。参见李健才《箕子朝鲜是否在辽西的问题》，《博物馆研究》1999年第3期。

2　李健才认为："山南当指今清川江南岸的妙香山和今平壤市北面的山。"参见李健才《公元前3—公元前2世纪古朝鲜西部边界的探讨》，《社会科学战线》1998年第5期。

　　第一个问题，箕子东迁何处，即箕子朝鲜最初立国何地。[1]

　　关于此问题，目前学界大体分为三种不同的认识。一是河北、辽西说，[2] 认为箕氏朝鲜最初立国于今河北至辽西地区。此派学说的代表朝鲜学者李趾麟认为，古朝鲜的都城曾先后在滦河的"孤竹国"、大凌河下游的义县、北镇的险渎和辽河流域的沈阳，最后才迁到今平壤，[3] 即箕子朝鲜最初定都于今河北卢龙一带。中国学者吕思勉认为："予谓朝鲜初地，究在何处，殆难质言。然必不在今朝鲜境，度其大较，当在燕之东北，与貉杂居。"[4] 张博泉等也认为，箕子最初立国于今辽西大凌河流域。[5]

　　二是辽东说，认为箕氏朝鲜最初立国于今辽东半岛及鸭绿江流域。日本学者林泰辅认为，当时之所谓朝鲜者大抵含今之辽东及朝鲜之北部，而箕子之来居恐亦在辽东地方。[6] 韩国学者尹乃铉认为，箕氏朝鲜的疆域西起今滦河，东至朝鲜清川江，中心在渤海的北部，[7] 也就是辽东地区。朝鲜社会科学院历史研究所编《朝鲜全史》

1　中外学者有关古朝鲜的研究综述，参见苗威《古朝鲜研究》，香港亚洲出版社，2006，第16~34页。

2　仅从青铜器铭文出发讨论龏国所在地的研究，不在此处讨论的范围之内，朝鲜方面的相关研究参见孙秉宪《고조선에대한고고학적연구》，《人文科学》第28辑，1998年，第1~12页。

3　见曹中屏《古朝鲜的中心方位与疆域》注释②，《韩国学论文集》第14辑，辽宁民族出版社，2005年。另参〔韩〕李光麟《北韩学界에서의"古朝鲜"研究》，《历史学报》第124辑。

4　吕思勉：《中国民族史》，第151~152页。

5　张博泉、苏金源、董玉瑛：《东北历代疆域史》，吉林人民出版社，1981；张博泉：《东北地方史稿》，吉林大学出版社，1985；张博泉：《箕子与朝鲜论集》。

6　〔日〕林泰辅：《朝鲜通史》，陈清泉译，第3页。

7　〔韩〕尹乃铉的研究，参见其所著《漢四郡의樂浪郡과平壤의樂浪》，《韓國學報》第11期，1985年，第2~36页；《箕子新考》，《한국사연구》第41辑，1983年，第1~50页；《中國文獻에나타난古朝鮮認識》，《韓國史論·14：韓國古代史의諸問題》，國史編纂委員會，1983年，第121~170页；《古朝鮮의西邊境界考》，《東洋學論叢：藍史鄭在覺博士古稀記念》，高麗苑，1984年，第1~38页；《古朝鮮의위치와疆城》，《군사》第8号，1984年，第149~178页；《古朝鮮의都邑遷移考》，《白山學報》第30、31号，1985年，第7~39页。

则认为，箕氏朝鲜疆域西起大凌河，南到礼戎江，[1]其中心亦是在辽东。持此说的还有韩国学者卢泰敦、[2]中国学者有何光岳。[3]

三是朝鲜半岛说，认为箕氏朝鲜最初立国于朝鲜半岛。孙进已等认为箕氏朝鲜的西部疆域在清川江以西，可能达到鸭绿江流域。[4]苗威、刘子敏、罗继祖认为，箕子最初国名辰国，即古辰国，亦即后来的辰韩。[5]但更多的学者主张在大同江流域。李健才主大同江流域说，对前两说进行过系统的批判。[6]

事实上，多数学者认为，箕氏朝鲜有一个由西向东逐渐迁徙的过程，最终定都于今平壤附近，可以说，对于箕氏朝鲜的疆域和都城所在地，多数学者持变动说，只不过对于迁徙变动的起点在哪里认识不一。但笔者支持箕子率部迁徙直接进入大同江流域建立箕氏朝鲜的说法。

最早记载箕子东迁史事的几种史籍，皆称箕子迁朝鲜。如，秦汉之际的《尚书大传》："武王胜殷，继公子禄父，释箕子之囚，箕子不忍周之释，走之朝鲜，武王闻之，因以朝鲜封之，箕子既受周封，不得无臣礼，故于十二祀来朝。"[7]《汉书》卷二八下《地理志》："殷道衰，箕子去之朝鲜，教其民以礼乐，田蚕织作。"《三国志》卷三〇

1　朝鲜社会科学院历史研究所编《朝鲜全史》卷二。

2　参见〔韩〕卢泰敦《古朝鲜 중심지의 변천에 대한 연구》，《韓國史論》第23辑，1990年，第3~55页。

3　何光岳：《炎黄源流史》，江西教育出版社，1992，第493页。

4　孙进已、王绵厚主编《东北历史地理》第1卷，黑龙江人民出版社，1989，第221页。

5　苗威、刘子敏：《箕氏朝鲜研究》，《东北史地》2004年第8期。罗继祖：《辰韩三国考》，《北方文物》1995年第1期。

6　参见李健才《公元前3—公元前2世纪古朝鲜西部边界的探讨》《箕子朝鲜是否初在辽西的问题》《关于古朝鲜和乐浪郡在辽东等地的记载和问题》《评汉代乐浪郡在今辽河以西说》，皆载李健才《东北史地考略》第3集，吉林文史出版社，2001。

7　（宋）李昉等：《太平御览》卷七八〇《四夷部一·朝鲜》引《尚书大传》，中华书局，1960，第34~56页上。

《魏书·东夷传》："昔箕子既适朝鲜，作八条之教以教之。"《后汉书》卷八五《东夷传》："箕子违衰殷之运，避地朝鲜。"《淮南子·道应训》"柴箕子之门"汉高诱注："箕子亡之朝鲜，旧居空，故柴护之也。"[1] 朝鲜古籍也皆称箕子迁朝鲜。如，高丽僧人一然所著《三国遗事》卷一："周虎（武）王即位己卯，封箕子于朝鲜。"[2] 高丽李承休《帝王韵纪》："后朝鲜祖是箕子，周虎（武）元年己卯春，逋来至此自立国，周虎（武）遥封降命篇，礼难不谢乃入觐，洪范九畴问彝伦。"[3]

　　这些史籍皆称箕子赴朝鲜，而未提到箕子在其他地域建国。所以，认为箕子在迁徙途中曾在某些地方做过短暂停留，不仅是可能的，也是合理的；认为箕子立国于朝鲜以外的其他地域，是其后代始将箕氏朝鲜国迁往朝鲜，是不符合史书记载的。如前所考，朝鲜作为地域名，最初是指今朝鲜半岛的大同江流域，因此，上述古书记载的箕子迁朝鲜，也就是指箕子迁入大同江流域立国。

　　第二个问题，如何理解《周易》"箕子之明夷"。

　　《周易》之明夷卦六五爻爻辞中出现"箕子之明夷"，学者多认为此箕子即率部迁往大同江流域的箕子。具体认识又有不同。顾颉刚认为，"箕子之明夷"是古代的成语典故，意思犹同现代人说"某人的晦气"。[4] 高亨认为，"明夷"即是鸣雉，"箕子之明夷"的"之"字下当脱一"获"字，"箕子之获明夷"说的是箕子猎得野雉的事。[5] 李镜池认为，"之"作动词"往""去""到"解，"明夷"当是一个

1　刘文典：《淮南鸿烈集解》卷一二《道应训》，冯逸、乔华点校，中华书局，1989，第412页。

2　（高丽）一然：《三国遗事》卷一《卫满朝鲜》，孙文范等校勘，吉林文史出版社，2003，第31页。

3　（高丽）李承休：《帝王韵纪》下卷，朝鲜古典刊行会影印，昭和十年（1939），第2页a。

4　顾颉刚：《周易卦爻辞中的故事》，《古史辨》第3册，上海古籍出版社，1982，第15~16页。

5　高亨：《周易大传今注》卷三《明夷第三十六》，齐鲁书社，1979，第320~326页。

氏族或国家的名称,"'箕子之明夷',当是箕子往明夷的意思"。[1] 在此基础上,张博泉进一步认定,"明夷"即"朝鲜","箕子之明夷"就是"箕子适朝鲜"。[2]

但关于"明夷",也存在不同的解释,如武树臣认为,"明"即辨别、验证,"夷"即弓矢的合文,表示弓、矢上面的符号一致。"明夷"即"验证弓矢"。弓矢是东夷民族发明的工具和武器。弓矢是论功行赏、论罪行罚和确认战利品归属的重要凭据,也是确定猎获物所有权和损害赔偿责任的重要依据。古"灋"字中的"去"由弓矢二字构成,表示弓、矢上面的符号不一致。"明夷"与《洪范》九畴之"明用稽疑"之间具有内在联系。[3] 张大芝认为,"明夷"是指箕子善于思考、善于推理并善于见微而知著的智慧。[4]

关于明夷六五爻的"箕子"的理解也不一致。尚秉和根据《焦氏易林》的有关说法和语音通假之例及爻位说,将"箕子"释为"孩子",并认为指商纣王;惠栋据汉人赵宾"箕子当作荄兹"的说法来印证孟喜的卦气说。[5]

最重要的是,明夷六五爻的"箕子之明夷"的"箕"字,在最初未必写作箕字。陆德明《经典释文》:

> 蜀才箕作"其",刘向云:"今《易》'箕子'作'荄滋'。
> 邹湛云:训箕为'荄',诂子为'滋',漫衍无经,不可致诘。"

1　李镜池:《周易卦名考释》,《周易探源》,中华书局,1978,第 276、275 页。
2　张博泉:《箕子与朝鲜论集》,第 62~64 页。
3　武树臣:《从"箕子明夷"到"听其有矢"——对〈周易〉"明夷"的法文化解读》,《周易研究》2011 年第 5 期。
4　张大芝:《箕子之明夷新解》,《杭州大学学报》1982 年第 2 期。
5　梁韦弦:《关于〈易·明夷〉六五爻辞之"箕子"的异说》,《古籍整理研究学刊》2009 年第 3 期。

以讥荀爽。[1]

惠栋《周易述》卷五：

马融俗儒，不识七十子传《易》之大义，以《象传》有"箕子"之文，遂以箕子当五。寻五为天位，箕子臣也，而当君位，乖于《易》例，逆孰大焉。谬说流传，兆于西汉。西汉博士施雠读"其"为"箕"，时有孟喜之高弟蜀人赵宾，述孟氏之学，斥言其谬，以为箕子明夷，阴阳气无箕子，其子者，万物方荄兹也。宾据古义以难诸儒，诸儒皆屈，于是施雠、梁丘贺咸共嫉之。雠、贺与喜同事田王孙，而贺先贵，又传子临，从雠问，荐雠为博士。喜未贵而学独高，施、梁丘皆不及喜，所传卦气及易家候阴阳灾异书，皆传自王孙，以授梁人焦延寿者，而梁丘恶之，谓无此事，引雠为证，且以此语闻于上，于是宣帝以喜为改师法，不用为博士，中梁丘之谮也。雠、贺嫉喜，而并及宾。班固不通《易》，其作《喜传》，亦用雠、贺之单词，皆非实录。刘向《别录》犹循孟学，故马融俗说，荀爽独知其非，复宾古义，读"其子"为"荄兹"，而晋人邹湛以为漫衍无经，致讥荀氏。但魏晋已后，经师道丧，王肃诬郑氏而禘郊之义乖，袁准毁蔡服而明堂之制亡，邹湛讥荀谙而《周易》之学晦。郢书燕说，一倡百和，何尤乎后世之纷纭矣。[2]

1　（唐）陆德明：《经典释文》卷二《周易音义》，中华书局，1983，第25页下。
2　（清）惠栋：《周易述》卷五《周易下经》，《景印文渊阁四库全书》第52册，第64页上。

李富孙《易经异文释》卷三：

> 《说文》箕古文作"其"，荄滋之说本于赵宾。《汉·儒林传》云：蜀人赵宾为《易》，饰《易》文，以为箕子明夷，阴阳气亡箕子。箕子者，万物方荄兹也。宾持论巧慧，易家不能难，皆曰非古法也。（惠氏《易述》从赵宾，作"其子"，读为荄兹。）钱氏曰：《史记·律书》，箕者，言万物根棋，棋读如荄。赵宾以箕子为荄兹，其义盖本于史公。[1]

宋翔凤《周易考异》卷二：

> 明夷六五"箕子之明夷"，作"箕子"者，博士施、孟、梁丘所传之《易》也。盖博士授《易》，但以章句循诵，不能穷阴阳之变。惟孟氏别为古文，以传梁焦延寿、蜀赵宾。（《儒林传》言，上闻喜改师法，遂不用喜。此其切证。）《汉书·儒林传》，赵宾以为，箕子之明夷，阴阳气亡箕子。箕子者，万物方荄兹也。蜀才"箕"作"其"，当是孟氏所传之古文。刘向云今《易》"箕子荄滋"，盖古文《易》作"其子"，传古文者读为"荄滋"，向自据中古文，不独赵宾也。向所云"今《易》"，谓今所出古文之《易》，犹康成以古文《书》为今《尚书》，自晋以后，古文盛行，始以博士所传为今文《易》书，汉时不尔也。
>
> 宾云"阴阳气亡箕子"者，指《说卦传》"乾为天"之类，

1　（清）李富孙：《易经异文释》卷三，《续修四库全书》，上海古籍出版社，1986，第27册，第685页下。

如荀、九家、虞仲翔所补之逸象，皆本于阴阳气也。《集解》引马注："箕子德可以王，故以当五。"仍用博士《易》以读古文。惠定宇曰："蜀才从古文作'其子'，'其'古音，'亥'故读为'亥'。亦作'其'。"荀爽依刘向读箕子为荄滋，古文其子，其与亥、子与兹字异而音义同。《淮南子》"爨其燧火"，高诱云："其音该备之该。"该与荄同物，故《三统述》曰"该阂于亥，孳萌于子"是也。

五本坤也，坤终于亥，乾出于子，用晦而明，明不可息，故曰"其子之明夷"。明夷反晋，晋，昼也；明夷，晦也。以十二辰言之，七日来复，则当子，以十日言之，自晦复明，则当日。故昭五年《左传》卜楚丘论此卦，以明夷当旦，亦此义。[1]

综观上述诸家之论，箕之古文为"其"，殆无疑义，作箕、其，皆为后起之字。据上述各家所论，即汉儒治古文易者如刘向，读如"荄滋"，而其字仍写作"其子"。惠栋指马融改"其"为"箕"，似无据。但九五爻辞之"其"，当是后人据《象传》"箕子"改作"箕"，似可肯定。宋代冯椅《厚斋易学》卷三已指出："今以《象》赞有'箕子'之文，遂加竹作'箕'。"[2] 既然明夷六五爻辞作"箕"字是后起的，原文应为"其子"，那么，此条爻辞恐怕与东迁朝鲜的箕子就没有关系了。

第三个问题，箕子东迁走的是陆路还是海路。

传统上，认为箕子东迁朝鲜的学者一般皆认为箕子的迁徙是走

1　（清）宋翔凤：《周易考异》卷二，《续修四库全书》第28册，第493页上、下。

2　（宋）冯椅：《厚斋易学》卷三，《景印文渊阁四库全书》第16册，第42页上。

陆路，先是由中原北上辽西，而后由辽西经辽东进入朝鲜半岛。但近来有学者认为，箕子东迁朝鲜是走海路，先由中原赴山东，而后由山东半岛渡海赴朝鲜半岛。持此观点的学者有施存龙、朱亚非等。[1]

由于文献记载的简略，无论陆路说还是海路说都非常重视考古资料。持海路说的学者往往认为，山东出土的異器属于箕子，[2]以此证明箕子是自山东出海前往朝鲜的。但是，王献唐认为山东異器属于一不见经传记载的異国。[3]郭沫若、[4]李学勤皆认为，此"異"即"己"，即见于文献记载的纪国。李学勤认为，"'己''異'互见，证明'異'在周金文里是纪的又一写法。而不是另一姜姓国。《两周金文辞大系》《山东金文集存》等书以己、異合列，并没有错"。[5]另，李竞恒认为，"这八件春秋时代的彝器均没有亚夭族号，可见与殷人的異国无关"。[6]最为重要的是，从青铜器的断代来看，山东異器属于西周，[7]甚至有的属于春秋时代，[8]没有早至商代的，这与箕子的时代背景是不相吻合的。因此，山东所出異器属于纪国，或另一不见经传记载的西周封国，而与箕子无关，不能用此证明箕子东迁是由

1　施存龙：《箕子走之朝鲜析》，《韩国研究》第4辑，学苑出版社，2000年。朱亚非：《古代山东与海外交往史》，中国海洋大学出版社，2007，第13~14页。肖东发主编，朱月编著《古道依稀：古代商贸通道与交通》，现代出版社，2015，第81~82页。但朱亚非《箕子东渡考索》一文（《寻根》1995年第4期）虽持海路说，却引喀左出土的青铜器为证，思路似乎前后并不统一。

2　张碧波：《关于箕子与古朝鲜几个问题的思考——与杨军先生商榷》，《吉林大学社会科学学报》2000年第3期。

3　王献唐：《山东古国考》，齐鲁书社，1983，第4页。

4　郭沫若：《两周金文辞大系图录考释》，科学出版社，1958，第204页。

5　李学勤：《试论山东新出青铜器的意义》，《文物》1983年第12期。

6　李竞恒：《商周时代的異国》，《中华文化论坛》2010年第4期。

7　李学勤：《试论山东新出青铜器的意义》，《文物》1983年第12期。但是，王献唐认为山东黄县的異器中有些属于商代铜器。参见王献唐《黄县異器》，山东人民出版社，1960。

8　山东省烟台地区文物管理委员会：《烟台市上夼村出土異国铜器》，《考古》1983年第4期。

山东出海的。

　　持陆路说的学者较重视辽宁喀左出土的青铜器，并认定这批青铜器属于箕子：

> 　　辽宁省喀左县平房子乡北洞村出土殷晚期青铜器中，方鼎内底中心有铭文"亚𫖮侯夨"，学者们多以此认定这批窖藏青铜器属箕器。这一方面证明箕族曾至辽西，另一方面，箕器出土于窖藏而非墓葬，说明箕族因匆忙离去，青铜器不易携带，故窖藏以备日后归来时挖取，但他们没有意识到，这次仓促的长行使他们永远地离开了自己民族的发源地。[1]

既然箕子迁徙已经抵达辽西的喀左县平房子乡北洞村，继续沿陆路前往朝鲜半岛是顺理成章的事，当然不大可能返回山东再走海路。

　　20世纪以来，除辽宁喀左北洞村之外，在北京房山琉璃河，[2]河北邢台，[3]陕西扶风、宝鸡，[4]也陆续发现一些𫖮器。学界因此倾向认为，此𫖮国是一个不见于文献记载的小国，关于其地望，除山东东部说之外，也相应地出现河北北部说、山西境内说、辽宁西部说。[5]也就是说，上述辽宁喀左北洞村出土的青铜器，尽管有𫖮氏铭文，

1　杨军：《箕子与古朝鲜》，《吉林大学社会科学学报》1999年第3期。

2　中国科学院考古研究所琉璃河考古队：《北京附近发现的西周奴隶殉葬墓》，《考古》1974年第5期。

3　河北省博物馆、河北省文物管理处：《河北出土文物选集》，文物出版社，1980，第29页。

4　陕西省考古研究所、陕西省文物管理委员会、陕西省博物馆：《陕西出土商周青铜器（三）》，文物出版社，1980，第65页。

5　张睿祥："亚其器"与"箕子入朝"之事，《天水师范学院学报》2014年第1期。另，高明英归纳，有关𫖮国地望的观点可以分为今山东、北京、山西、辽宁及河南等五种说法。高明英：《商周𫖮国研究》，硕士学位论文，天津师范大学，2016，第28~32页。

但有学者认为属于另一个夒国，而与箕子无关。[1] 这个箕国存在的时间"上限约当商王武丁前后，下限可至西周康昭之际，表明这一族氏在商周历史上至少存在了三百年左右"。[2] 也有学者认为此夒国"从商朝中后期一直延续至西周早中晚期直至春秋时期"。[3] "夒器一再在北京附近出土，表明夒侯封地似在今北京附近。因此，'夒侯'与'孤竹'相毗邻，两国诸侯世代关系密切，辽宁喀左北洞村同时出土夒侯和孤竹铜器，也是这种关系的反映。辽宁喀左北洞村在某个时期是属于'孤竹'的活动范围，而所出之夒器或为夒侯携来，或为夒侯馈赠给孤竹。"[4] 也有学者认为：

> 商代夒侯国家是与商王族关系紧密的殷人族属群，属于一个叫亚㠱夒的庞大氏族。周人代商后，亚㠱诸族被周人拆散，一部份夒国族人成为燕国的附庸，另一部份在宗周服事周王室。但它们仍顽固地保持着殷人的文化传统及社会组织形式。西周中期（穆王至懿王）以后这些殷人族属的夒侯国家消失了，出现了另一种文化形态与族群归属关系完全不同的姜姓夒国。这个夒国属于周人的统治集团，并为了镇守东夷地区而像齐、纪等姜姓国家一样被封到山东地区防备夷族，并主要监视莱夷。山东地区的姜姓统治集团是周代以后才形成的，并不是山东的原生国家形态。山东的原生型古国只有鸟夷系统的风

1　金岳：《殷周夒方非箕子辩》，《文物季刊》1993 年第 1 期。
2　曹淑琴、殷玮璋：《亚㠱铜器及其相关问题》，《中国考古学研究——夏鼐先生考古五十年纪念论文集》，文物出版社，1986，第 195 页。
3　高明英：《商周夒国研究》，硕士学位论文，天津师范大学，2016，第 62 页。
4　曹定云：《殷代的"竹"和"孤竹"——从殷墟"妇好"墓石磬铭文论及辽宁喀左北洞铜器》，《华夏考古》1988 年第 3 期。

姓、嬴姓等诸国。[1]

如果辽宁喀左北洞村的铜器不能证明属于箕子，则箕子由陆路迁往朝鲜的观点也没有明显的证据了。

由此看来，箕子迁朝鲜究竟是走陆路还是走海路，两说皆无有力证据。但我们比较倾向于陆路说，理由主要是以下两点。

首先，山东半岛在商代属于东夷的势力范围，而商纣王在位期间，商朝正与东夷展开全面战争。《左传》昭公四年"商纣为黎之搜，东夷叛之"，同书昭公十一年"纣克东夷而陨其身"，[2] 似乎是商纣王灭亡前不久，商人才在对东夷的战争中取得了胜利。《吕氏春秋·古乐篇》称："商人服象，为虐于东夷。"[3] 在对东夷的战争中商人甚至动用了象军，战争的激烈程度可见一斑。在这种情况下，箕子若以迁往朝鲜为目的，似不可能选择从夷人控制的山东出海的路线。

其次，箕子迁徙的目的是保全商人的社稷，[4] 其迁徙的最初目的地应是商人的起源地，即今辽西一带，[5] 而不大可能去山东。

商王朝灭夏立国后，曾在东北建立了一批方国，其中著名的是孤竹。据《山海经·海外西经》"丈夫国"郭璞注："殷帝大戊使王孟采药，从西王母至此……而生二子，从形中出，其父既死，是为丈夫民。"[6] 则丈夫国似也属于商人所建方国之一。总之，至商末，商人在东北仍然保持着较雄厚的实力，因此这里是箕子理想的选择。

1　李竞恒：《商周时代的晷国》，《中华文化论坛》2010 年第 4 期。

2　杨伯峻：《春秋左传注》，中华书局，1981，第 1252、1323 页。

3　许维遹：《吕氏春秋集释》卷五《古乐》，梁运华整理，第 128 页。

4　杨军：《箕子与古朝鲜》，《吉林大学社会科学学报》1999 年第 3 期。

5　关于商人起源于辽西说，参见金景芳《商文化起源于我国北方说》，《中华文史论丛》第 7 辑（复刊号），上海古籍出版社，1978；张博泉《关于殷人的起源地问题》，《史学集刊》复刊号，1981 年；干志耿等《商先起源幽燕说》，《历史研究》1985 年第 5 期。

6　袁珂：《山海经校注》卷七《海外西经》，第 217 页。

　　箕子首先迁到辽西，而后又从辽西迁往朝鲜，其原因很可能是担心受到纣王的进攻。纣王终"克东夷"之后，大军在东，以此北伐于囚禁中出逃的箕子，或是以此为后盾勒令商在东北的方国擒箕子来献，是完全可能的。为躲避商纣王的加害，箕子不得不东迁朝鲜，进入东夷人的聚居区。商亡之后，原隶属于商的东夷部族，至周初仍有较强的实力。《逸周书·王会篇》孔晁注中称秽为东夷别种，称发为东夷，青丘为海东地名，称良夷为乐浪之夷，称高夷、孤竹、不、令支、不屠何、东胡、山戎等为东北夷，当是对此史事的反映。《史记》卷一一五《朝鲜列传》提到真番、临屯，《史记索隐》称其为"东夷小国"。《后汉书》卷八五《东夷传》："夷者，柢也，言仁而好生……至有君子、不死之国焉。"[1]《山海经·海外南经》有不死民，另有长臂国，《三国志》卷三〇《魏书·东夷传》认为长臂国在"沃沮东大海中"，则《山海经》中自不死民以至长臂国之间的歧舌国、昆仑虚、三首国、周饶国当都是东夷。君子国见于《山海经·大荒东经》，国近"日月所出"的合虚之山。[2]《山海经》载日月所出之山共6座，在此区域中的国家16个，也当与君子国一样，都属于东夷。只是东夷人没有自己的史书流传下来，我们只能从传说中窥见这些部族的影子，具体史事却无从考辨了。

　　东夷人不仅与商人有着共同的发祥地，还有着相同的卵生始祖起源传说，证明着他们的共同族属。[3]正是在此基础上，东夷人在与纣王进行大规模战争之后，不久就能与武庚联合发动对周人的战争。箕子东迁进入东夷部族的居住区，既是为避开纣王的迫害，也是为以此为纽带，谋求与东夷人的合作以保殷祀。高丽一然《三国

1　　《后汉书》卷八五《东夷传》，第2807页。

2　　袁珂：《山海经校注》卷九《大荒东经》，第344页。

3　　详见杨军《〈诗经〉婚恋诗与婚恋风俗研究》，吉林人民出版社，2000，第153~154页。

遗事》记载，"周虎（武）王即位，己卯，封箕子于朝鲜"；李承休《帝王韵纪》称箕子"周虎（武）元年己卯春，逋来至此自立国"，都记载了箕子于商亡之年迁入朝鲜地。因纣王已死，周武王宣布箕子无罪，做出友好的表示，箕族迁徙的外部压力消失，故于朝鲜地立国，定居下来。

第四个问题，箕子东迁是在商亡前还是在商亡后。

箕子开始迁徙是在商亡前还是在商亡后，史料记载不一。同为正史，《史记》卷三八《宋微子世家》称："武王既克殷，访问箕子。"说武王灭纣后箕子仍在，则其开始迁徙显然在商亡之后；而《汉书》卷二八下《地理志》称："殷道衰，箕子去之朝鲜。"却认为箕子在商朝"衰"而不是"亡"的时候，就已经"去之朝鲜"，则其迁徙显然是在商亡前。《尚书大传》："箕子不忍周之释，走之朝鲜。"又是支持《史记》的商亡后说的。史料记载的不一致，导致学者观点的不一致。[1]

马骕《绎史》卷二〇《武王克殷》引《汲冢书》：

> 武王十三年，率虎贲三千人渡河，伯夷、叔齐叩马而谏，武王不听，去隐于首阳山。或告伯夷、叔齐曰："胤子在邶，父师在夷，奄孤竹而君之，以夹煽王燃，商可复也。子其勉之。"[2]

今文《尚书·微子》中微子提到"父师"，学者皆认为指箕子，则上引《汲冢书》中的父师应指箕子，胤子指商纣之子武庚。此条记

1　持商亡前说的主要有张博泉（《箕子与朝鲜论集》）、杨军（《箕子与古朝鲜》，《吉林大学社会科学学报》1999 年第 3 期）。

2　（清）马骕：《绎史》卷二〇《武王克殷》引《汲冢书》，《景印文渊阁四库全书》第 365 册，第 270 页上。

事应是商朝刚刚灭亡时的事情，武庚尚未发动叛乱，伯夷、叔齐尚未饿死首阳山，而箕子已经"在夷"，即在东夷的居住区了，显然箕子迁徙至大同江流域应在商亡前。

《吕氏春秋·慎大览》："武王胜殷……靖箕子之宫"，注："以箕子避乱，佯狂而奔，故清净其宫以异之也。"[1]《淮南子·道应训》"柴箕子之门"汉高诱注："箕子亡之朝鲜，旧居空，故柴护之也。"皆可以证明箕子迁徙始于商亡前。

持商亡后说的学者往往重视另一系史料，即所谓"释箕子之囚"。《尚书·武成》："乃反商政，政由旧。释箕子囚，封比干墓，式商容间。"[2]《韩诗外传》卷三："下车而封夏后氏之后于杞，封殷之后于宋，封比干之墓，释箕子之囚，表商容之间。"[3]《史记》卷三《殷本纪》："周武王遂斩纣头，县之大白旗。杀妲己。释箕子之囚，封比干之墓，表商容之间。"卷四《周本纪》："已而命召公释箕子之囚。"[4]但是，与"释箕子之囚"的"释"对应的动词"表""式""封"等皆指立木或石以标识、彰显的做法。[5]此"释"字恐亦不能简单地理解为释放，因此，《史记集解》引徐广曰："'释'，一作'原'。"

李承休《帝王韵纪》称箕子："周虎（武）元年己卯春，逋来至此自立国。"说明在周武王灭纣这一年的春天，箕子已经到达朝鲜。牧野之战在二月，《海东绎史》引《三才图会》与《朝鲜鲜于氏奇氏谱谍》都记载箕子之迁有五千殷民同行，依当时的交通条件，如此规模的队伍在一个多月的时间里不可能从商都赶到朝鲜。这也可以

1　许维遹：《吕氏春秋集释》卷一五《慎大览》，梁运华整理，第356~357页。

2　（汉）孔安国传，（唐）孔颖达正义《尚书正义》卷一〇《武成》，第426页。

3　（汉）韩婴撰，许维遹校释《韩诗外传集释》卷三《第十三章》，中华书局，1980，第96页。

4　《史记》卷三《殷本纪》，第108页；卷四《周本纪》，第126页。

5　徐莉莉：《"表商容间、式箕子门、封比干墓"新诠》，《天津师大学报》1985年第6期。

证明箕子东迁是在商亡前。

第五个问题，关于箕子的爵位。

《史记》卷三八《宋微子世家》裴骃《集解》引马融曰："箕，国名也。子，爵也。"司马贞《索隐》："箕，国；子，爵也。"皆明确指出，箕子在商代的封国名是箕，爵位是子，故称箕子。除《易林》卷七《大畜》称其为"箕伯"外，传世文献皆称箕子。但出土的青铜器𣄴器的铭文却一律为"𣄴侯"，甲骨文亦见"老𣄴侯"。因此，现代学者多认为，箕子的爵位为侯。[1]也有的学者认为，商代朝中大臣在世多称子，去世称公。[2]箕子的"子"不是爵位。商王朝没有子爵。"子"是由王族的姓变为尊称的。箕子是中国第一个称为"子"的思想家。[3]

其实，上述传世文献与出土文献的记载并不矛盾。《礼记·曲礼下》："其在东夷、北狄、西戎、南蛮，虽大曰子。"郑玄注："谓九州之外长也，天子亦选其诸侯之贤者以为之子，子犹牧也。"[4]证明箕子是在率部迁入朝鲜之地建国后，被刚刚取代商的周朝任命为东北地区的诸侯长，按周人的习惯称其为"子"，而他在商朝原本的爵位应该是"侯"。今天我们能见到的古文献多出自周人之手，周人自然以其在周的新身份称呼他为箕子，而不依他在商朝的爵位称其为箕侯。而出土的商代青铜器自然按其在商朝的爵位称其为箕侯，而不称箕子。《易林》称伯，也正是诸侯之长的意思。

《史记》《尚书大传》《后汉书》等书中所说的武王封箕子于朝

1　佟冬：《中国东北史》，吉林文史出版社，1998，第168页；李德山：《中国东北古民族发展史》，中国社会科学出版社，2003，第102页。

2　李学勤：《小臣缶方鼎与箕子》，《殷都学刊》1985年第2期。

3　陈蒲清：《论箕子的"子"不是爵位》，《湖南师范大学社会科学学报》2003年第2期。

4　（清）孔希旦：《礼记集解》卷五《曲礼下》，沈啸寰、王星贤点校，中华书局，1989，第136页。

鲜，其含义是武王不仅承认建立在朝鲜地的箕侯国的合法性，而且任命箕子为东北地区的诸侯长。一方面是借用箕子在殷遗民中的威望，另一方面也是为分化殷遗民。显然箕子反对与周人进行武力对抗。他因此到管地晋见周武王，表明自己臣周的态度。箕子的态度影响了一部分殷遗民，"东隅之侯咸受赐于王"，[1]一定程度上起到延缓叛乱的作用。受箕子影响，东北诸方国及东夷部族未参与叛乱，所以，孤竹等商人在东北的方国得以保全。在周人对参与叛乱的殷遗民严加控制，于东方新建周人诸侯国、迁徙殷遗民分隶周人诸侯国之后，乘中原战乱已控制了商人及东夷人在东北各小国的箕侯国，就以殷政权在东北的诸侯长的身份游离于周政权之外，自视为殷政权在东北的延续，不臣于周。保持殷代封国号不改就是这种心态的反映。

箕侯国大约是在西周后期更名为朝鲜侯国。约西周中后期，原居住在蒙古草原上的貉系各族逐渐向东北迁移，进入原东夷人的一部分秽人的居住区。[2]箕侯国受到来自北方貉系各族的威胁，因而更名为朝鲜侯国，以示接受周王朝的封号，自认是周王朝的诸侯，以期得到周王朝的保护。周王朝也希望利用这个机会削弱朝鲜侯国的力量，使周人势力深入东北，于是在东北建立了一个新的诸侯国——韩国。"周宣王亦有韩侯，其国也近燕"，[3]所以《诗经·大雅·韩奕》才提到"溥彼韩城，燕师所完"。显然，韩地在燕之北。[4]

1　黄怀信、张懋镕、田旭东：《逸周书汇校集注》卷四《大匡解》，第382页。

2　参见杨军《秽与貉》，《烟台师范学院学报》1996年第4期。

3　（汉）王符著，（清）汪继培笺，彭铎校正《潜夫论笺校正》卷九《志氏姓》，中华书局，1985，第446页。

4　赵雨认为，《诗经·大雅·韩奕》中的"梁山"应即《山海经》所说的"梁渠之山"，即为朝鲜半岛的太白山脉。《诗经》中的"北国"所辖贡方国有北方的肃慎、秽人、良夷等。其中良夷可能即是朝鲜半岛的土著。《诗经》时代的韩也并非只有一个，东北之韩即为位于朝鲜半岛的"箕子朝鲜"。认为此韩国位于朝鲜半岛。参见赵雨《〈诗经·大雅·韩奕〉"北国"地理考》，《东疆学刊》2002年第3期。

从诗中所说"以先祖受命，因时百蛮。王锡韩侯，其追其貊。奄受北国，因以其伯"来看，宣王新建韩国，即命韩侯为北方的诸侯长，授予他统治各少数民族的权力，无疑是为了取代原箕侯国在东北各方国中的地位，是借援救之名而行吞并之实。但是周宣王的这一举措并未达到预期的效果。"韩西盖即朝鲜，朝误为韩，西即鲜之转"，[1] 韩后更名为韩西，盖即朝鲜，成为朝鲜侯国的一部分。而吞并韩侯国的正是朝鲜侯国。在吞并韩国后，朝鲜侯国即一直以周在东北的诸侯长自居，所以在燕称王后，朝鲜侯"欲兴兵逆击燕，以尊周室"。

第六个问题，随箕子迁入朝鲜的殷人数量。

据《帝王世纪》，西周初的成王时，天下有人口"千三百七十一万四千九百二十三人"，[2] 这个数字在《晋书·地理志》中为"千三百七十一万四千九百三十三人"。[3]《礼记·王制》称，西周时"凡九州千七百七十三国"，[4] 若依此计算，每国平均人口为 7300 多人。《逸周书·世俘解》："武王遂征四方，凡憝国九十有九国"，"凡服国六百五十有二"，[5] 共计 751 国，这显然是商纣王所控制的方国数。而盟津之会，"诸侯不期而会盟津者八百诸侯"，[6] 是周人控制的方国数，两者相加为 1551 国。以此计算，每一方国平均人口 8800 多人。大体说来，商末方国平均人口 7000~9000 人。《逸周书·世俘解》称武王伐国 99，共斩首、俘虏了 48 万余人，每一国斩首、俘虏 5000 人左右，[7] 再加上逃亡人数，说每一方国有 7000~9000 人，基

1　（汉）王符著，（清）汪继培笺，彭铎校正《潜夫论笺校正》卷九《志氏姓》，第 449 页。

2　《后汉书》志一九《郡国一》刘昭补注引《帝王世纪》，第 3387 页。

3　《晋书》卷一四《地理志》，第 411 页。

4　（清）孔希旦：《礼记集解》卷五《王制》，第 317 页。

5　黄怀信、张懋镕、田旭东：《逸周书汇校集注》卷四《世俘解》，第 461、463 页。

6　《史记》卷四《周本纪》，第 120 页。

7　许倬云：《西周史》，三联书店，1994，第 112~113 页。

本上还是符合的。

　　箕侯国是新从王室分出的方国，其统治人口数不太可能超过方国人口的平均数。《朝鲜史略》卷一："周武王克商，箕子率中国人五千入朝鲜。"《海东绎史》引《三才图会》："箕子率五千人入朝鲜。"《朝鲜鲜于氏奇氏谱谍》："武王克殷，箕子耻臣周，走之朝鲜，殷民从之者五千人。"如果我们再考虑到长途迁徙所必有的减员，可以说，这个数字与商末周初方国人口的平均数是相吻合的。也就是说，箕子的迁徙是率领箕侯国内的所有民众一起迁徙的，是整个国家的迁徙。史书称箕子入朝鲜，"百工技艺皆从而往"，[1] 在朝鲜，"教以诗书，使知中国礼乐之制，衙门官制衣服，悉随中国"，[2] 也是这一现象的反映。也是因为这个原因，朝鲜李朝的尹凤九才在《屏溪集》卷四七《华阳书院庙庭碑铭》中说："昔殷太师首启我东文明之运。"

　　最后一个问题，箕子朝鲜立国时间。

　　中国史书没有相关记载。朝鲜李朝李德懋《青庄馆全书》卷五五《盎叶记·箕子朝鲜世系》：

　　　　赵斯文（衍龟）尝见一书，录箕子以后谥讳历年，为寄余一通。虽甚荒诞，而姑记之，以备竹书路史之异闻焉。太祖文圣王箕子（四十年），庄惠王松（二十五年），敬孝王询（二十七年），恭贞王伯（三十年），文武王椿（二十八年），太原王札（四十四年），景昌王庄（十一年），兴平王捉（十四

1　（朝鲜王朝）徐居正：《华苑杂记》引涵虚子《天运绍统图》，转引自张博泉《箕子与朝鲜论集》，第100页。

2　（朝鲜王朝）韩致奫：《海东绎史》卷二《世纪二》，第58页。此节引文不见于今本《三才图会》。

年），哲戚王调（十八年），宣惠王索（五十九年，本注国家晏
然无事），谊襄王师（五十三年），文惠王炎（五十年），盛德
王越（十五年），悼怀王职（二十五年），文烈王优（十五年），
昌国王睦（十三年），武成王平（二十六年），贞敬王阙（十九
年），乐成王怀（二十八年），孝宗王存（十七年），天老王孝
（二十四年），修道王襄（十九年），徽襄王迩（二十一年），奉
日王参（十六年），德昌王仅（十八年），寿圣王翔（四十二
年），英杰王藜（十六年），逸泯王岗（十七年），济世王混
（二十二年），清国王璧（三十五年），导国王澄（十九年），
赫圣王鹭（二十八年），和罗王諝（十六年），说文王贺（八
年），庆顺王萃（十九年），佳德王诩（二十七年），三老王煜
（二十五年。案，煜疑煜），显文王释（三十九年），章平王润
（二十八年），宗统王恤（十二年），哀王准（二十八年）。（本
注：自箕子至哀王四十一世，合九百二十七年。）[1]

但同书卷二六《纪年儿览下·箕子朝鲜》称："自箕子至准，凡
四十一世，合为九百二十九年。"[2] 但朝鲜文集中更为常见的说法是
928 年。如，许穆《记言》卷三二《东事·箕子世家》："自箕子传
国四十一世，凡九百二十八年。"[3] 李圭景《五洲衍文长笺散稿》经

1 （朝鲜王朝）李德懋：《青庄馆全书》卷五五《盎叶记·箕子朝鲜世系》，《韩国文集丛刊》第
   258 册，景仁文化社，2001，第 513~514 页。成海应《研经斋全集外集》卷六一《兰室谭
   丛·箕子后裔》的记载与此相同。李种徽《修山集》卷一一《东史世家·箕子世家》的记载
   则远比此丰富，文繁不录。
2 （朝鲜王朝）李德懋：《青庄馆全书》卷二六《纪年儿览下·箕子朝鲜》，《韩国文集丛刊》第
   258 册，第 434 页。
3 （朝鲜王朝）许穆：《记言》卷三二《东事·箕子世家》，《韩国文集丛刊》第 98 册，景仁文化
   社，1996，第 181 页。

史篇论史类《箕子事实坟墓辨证说》:"传四十一世,历九百二十八年而失国。"[1] 上述三种说法的共同特点是史料来源不详,恐皆与赵斯文所见抄本有关。李德懋就曾经怀疑"历年亦少差,或传写之讹欤"。

如果我们将箕氏朝鲜的建立确定为周武王元年,也就是武王灭纣之年,灭亡时间确定为汉惠帝元年,即公元前194年,并按"夏商周断代工程"的研究结论,将武王灭纣之年确定为公元前1046年,那么,我们可以给出一个新的数字,箕氏朝鲜共存在852年。朝鲜李朝文献中,与我们估计的年代最为接近的说法是,徐居正(1420~1488)《笔苑杂记》卷一:"卫满侵之,浮海而南,其都平壤者八百七十八年也。"[2]

第三节 "八条之教"解析

箕子在朝鲜曾施行过"八条之教"。有的学者认为"八条之教""较清楚地反映了当时的奴隶制经济和阶级分化情况",[3] 这是不符合历史事实的。

---

1 (朝鲜王朝)李圭景:《五洲衍文长笺散稿》经史篇论史类《箕子事实坟墓辨证说》,东国文化社,1959,第434页。

2 (朝鲜王朝)徐居正:《笔苑杂记》卷一,《大东野乘》卷三,朝鲜古书刊行会,明治四十二年(1909),第247页。

3 姜孟山:《朝鲜通史》第1卷,延边大学出版社,1992,第59页。

《汉书》卷二八下《地理志下》：

> 殷道衰，箕子去之朝鲜，教其民以礼义，田蚕、织作。乐浪朝鲜民犯禁八条。[1]

《后汉书》卷八五《东夷传》：

> 昔武王封箕子于朝鲜，箕子教以礼义、田蚕，又制八条之教。[2]

《水经注·浿水》：

> 箕子教民以义，田织信厚，约以八法。

从诸书的记载来看，"八条之教"是箕子改变朝鲜半岛土著居民文化面貌的政策之一，与之相配合进行的还有"教其民以礼义、田蚕、织作"，也就是传播先进的农业、纺织业技术与调节人与人之间关系的各种礼仪规范，这反映出箕子所面对的夷人的社会发展水平是比较低的，还不可能进入奴隶制社会。箕子"八条之教"确实有"相盗者，男没入为其家奴，女子为婢，欲自赎者人五十万"的内容，但我们不能因为这里出现了奴、婢，就断定当时已处于奴隶制社会。社会性质应该从多方面考察，存在奴隶的地方并不一定就构成奴隶制社会。要正确地理解"八条之教"的性质，就必须把"八

1　《汉书》卷二八下《地理志下》，第 1658 页。
2　《后汉书》卷八五《东夷传》，第 2817 页。

条之教"作为一个整体加以考察。

关于"八条之教"的内容，《汉书》卷二八下《地理志下》仅举出三条，"相杀以当时偿杀。相伤以谷偿。相盗者男没入为其家奴，女子为婢，欲自赎者，人五十万"，颜师古注认为："八条不具见。"[1]所以历来论"八条之教"者都仅仅是从此三条出发加以讨论，这就具有非常大的片面性。张博泉先生钩沉古史，考证出箕子"八条之教"的全部内容如下：

> 其一，"相杀，以当时偿杀"。
>
> 其二，"相伤，以谷偿"。
>
> 其三，"相盗者，男没入为其家奴，女子为婢，欲自赎者人五十万"。
>
> 其四，"妇人贞信"。
>
> 其五，"重山川，山川各有部界，不得妄相干涉"。
>
> 其六，"邑落有相侵犯者，辄相罚，责生口、牛、马，名之为'责祸'"。
>
> 其七，"同姓不婚"。
>
> 其八，"多所忌讳，疾病死亡，辄捐弃旧宅，更造新居"。

归纳起来，就是禁杀之约、禁伤之约、禁盗之约、禁部相侵犯之约、禁邑落相侵犯之约、禁同姓婚之约、禁淫之约、禁忌之约。[2]我们拟在张博泉先生研究成果的基础上，对此八项内容的性质与作用做初步研究。

1　《汉书》卷二八下《地理志下》，第 1685 页。

2　张博泉：《箕子"八条之教"的研究》，《史学集刊》1995 年第 1 期；亦见张博泉《箕子与朝鲜论集》，第 105~108 页。

"八条之教"从内容上可以分成三类。

第一类，"相杀以当时偿杀。相伤以谷偿。相盗者男没入为其家奴，女子为婢，欲自赎者，人五十万"。此三条是调整人与人之间关系的准则，其核心是第一个方面，"相杀，以当时偿杀"，也就是血亲复仇观念，明确规定被杀者的亲属有动手报复的权力，这显然是部落习惯法的遗风。此外，第八条"多忌讳，疾病死亡辄捐弃旧宅，更作新居"，则是对原始宗教中巫术内容的继承。将此作为统治原则之一明确提出，证明当时社会的发展水平还比较原始。

第二类，"重山川，山川各有部界，不得妄相干涉"，"邑落有相侵犯者，辄相罚，责生口、牛、马，名之为'责祸'"两条，是调节各部、各邑关系的准则。值得注意的是，在"八条之教"中，已经明确将"部"与"邑落"分成两个不同的政治组织形式。各"部"虽然也存在相对固定的活动地域，但从"八条之教"对各部的活动地域仅仅是规定"不得妄相干涉"，而未规定"干涉"之后的处罚方法来看，"部"这种政治组织形式还未与所处地域建立牢固的联系，即不是纯粹的地缘组织，而是血缘组织。而对于"邑落"之间的侵犯，"八条之教"明确规定了要"责生口、牛、马，名之为'责祸'"，可见邑落组织的地缘性是相当强的。

第三类，"妇人贞信""同姓不婚"，是对东夷旧俗的改造。

传统认为，箕子"八条之教"是箕子治国的基本原则。但是，在"八条之教"中，保持部落习惯法的内容占了四项，可以看出其受部落旧俗影响之大，禁部相侵犯之约与禁邑落相侵犯之约，更是承认各部落与邑落各自所占据的区域，禁止各部落相互侵犯与兼并，出发点完全是为了维护这一地区旧有的部落结构。可以肯定，这是符合部落制的条约，而不是进入国家之后所应有的治国政策。

　　箕子所出自的商朝就是一个由众多方国组成的联盟，作为商代贵族的箕子，其所熟悉的统治方略即出自商人方国联盟统治结构的历史经验。箕子率部东迁，是率领其统治下的"整个都鄙群的人们一起迁徙"，[1] 其目的是在摆脱商纣王影响的新地域按商人原有的方国组织结构建立自己的方国，"以延殷祀"，从商代方国联盟的统治结构出发，我们推测，箕子延殷祀的理想就是由其所率殷遗民建立"一个最简单的国，可以由一个都鄙群构成。也就是说，在一个中心大邑的四周，有一系列农业村落，形成一片散布着耕地的地区"。[2] 在进入朝鲜半岛大同江流域以后，很自然地，箕子会以原商人方国联盟的统治方法在当地确立自己的统治，建立由一个都鄙群构成的方国。

　　如前所述，在箕子迁入之前，大同江流域始终未形成国家，而是处于部落联盟时期，当地东夷人所熟悉的政治组织形式就是部落间的联盟，这与商人的方国联盟有相似之处，使当地东夷人易于接受箕子所要实行的方国联盟的政治组织形式。在箕子到来以前，商人控制力还比较强的时期，因受到商人的干预，当地东夷人的各部落还处于散乱的状态，未能形成统一的部落联盟。箕子迁入这一地区之后，因中原商人与周人的战争以及随之而来殷遗民的叛乱，阻碍这一地区形成部落联盟的外部力量不复存在，箕子为确立自己在当地的统治地位，以保证把这里建设成殷人政权在海外的延续，亟须把当地各部落团结在一起，箕子最熟悉的、也是最易为当地东夷人所接受的政治组织形式就是部落与方国间的联盟。

1　林沄:《关于中国早期国家形式的几个问题》，载《林沄学术文集》，中国大百科全书出版社，1998，第91页。

2　林沄:《关于中国早期国家形式的几个问题》，载《林沄学术文集》，第91页。

　　自尧舜禹部落联盟时期开始，东夷各部始终服从中原政治力量的管辖，虽然各部互不统属，也不存在联盟关系，但因为这种超越各部落之上的权力或者说仲裁力量的存在，各部落之间的矛盾还是易于得到解决的。随着商王朝的崩溃，这种超越东夷各部之上的制衡力量不复存在了，如何调解各部落间的矛盾成为东夷人结成大的部落联盟的最主要障碍。箕子制定的"八条之教"，就是调解各部落间矛盾的准则。

　　导致各部落之间产生矛盾的事件主要是三个方面：第一，对其他部落成员造成的人身伤害，按照部落的习惯法，这往往会导致血亲复仇，并由此引发两个部落之间的世代仇杀。第二，对其他部落财产的侵犯，这往往是引发部落间战争的最主要原因。第三，对其他部落居住地域的侵犯。每个部落都存在相对固定的居住区，居住区周围的生态环境是其生活资料的来源，对其所处的生态环境的侵犯，不仅会因为损害其生存权而导致部落间的战争，还会因此引发具有连锁反应的部落大迁徙，形成部落分布格局的巨大变化，引发极为混乱的局面。

　　很明显，箕子的"八条之教"首先要解决的就是这三方面的问题。关于部落成员的人身伤害问题，"八条之教"首先是肯定了作为部落习惯法的血亲复仇观念，"相杀，以当时偿杀"。但是，对血亲复仇也做了一定的限制，就是"当时偿杀"，一方面，把对部落成员人身伤害的报复限定在造成伤害者本人，而不可以像部落习惯法的传统那样，向造成伤害者所属部落的任何人实施报复，这就使部落成员的人身伤害不再导致两个部落间的世代仇杀。另一方面，将复仇的行为限定在受到伤害的当时，这种限制，是在理论上承认部落习惯法的血亲复仇观念的同时，在实践上的否定，因为这种同时的复仇在实践中是基本不可能存在的。另外，"相伤，以谷偿"，就是进一步缩小人身伤害的报复范围，把被害人死亡作为其亲属实施复仇的前提条件，在受害者没有死亡的情况下，不能实行血亲复仇，而是要接受对方的财产赔偿。在部落的血亲复仇观念中，本来也是可以接受伤害者的赔偿的，但受害者部落可以在接受赔偿与复仇二者之间自由选择，而这条规定的出现，是将部落习惯法中两种选择之一以法令的形式固定下来。这两条禁约的实行，把因部落成员人身伤害而引发部落间战争的可能性降到了最低。

对于部落间的财产侵犯问题，规定"相盗者，男没入为其家奴，女子为婢，欲自赎者人五十万"。据《三国志》卷三〇《魏书·东夷传》、《后汉书》卷八五《东夷传》的记载可知，夫余人对盗的惩罚是"盗一责十二"，《魏略》记载，辰韩为赔偿五百名已死的中原汉人，"出辰韩万五千人"，[1] 辰韩的风俗当是盗一责三十，都与"八条之教"中没入为奴"欲自赎者人五十万"不符。"五十万"虽然未说明其单位是什么，但无论如何，数额都过于巨大，不是犯罪者或其家属所能担负的，从"八条之教"的主要内容都是针对部落制定的来看，这一点当也是针对部落而言。就是把犯罪者罚为受害之家的奴隶，犯罪者的部落若是出于保护本部落成员的部落习惯考虑，想将犯罪者赎回，需要以部落为单位向受害者或受害者的部落支付 50 万的赎金。这条禁约的严厉，一方面是使人轻易不敢侵犯其他部落的财产权，另一方面也杜绝了由此引发部落间战争的可能。从这条规定可以看出，当时朝鲜半岛应该已存在奴隶，但因犯罪而罚为奴隶者的赎金高达 50 万，也可以证明将奴隶作为一个能产生效益的劳动工具的意识还不明显，

1　《三国志》卷三〇《魏书·东夷传》裴松之注引《魏略》，第 851 页。

而更主要的是对其人犯罪的处罚意识。可见，其奴隶制是不发达的。由于这条禁令的严厉，导致"是以其民终不相盗，无门户之闭"，也就是说，因为"相盗"而被罚为奴婢的实例应是非常少见的。从这种非常少见的例外现象出发，认定当时已处于奴隶制社会，这显然是不正确的认识。

关于对部落居住地域的侵犯，"八条之教"也做了明确规定，"山川各有部界，不得妄相干涉"，"邑落有相侵犯者，辄相罚，责生口、牛、马，名之为'责祸'"。一方面，为各部落划定各自的地界，各部都利用自己所属地界中的自然资源，不可以夺取其他部落所属山川的资源；另一方面，划定各部落的居住区，并强调其不可侵犯性，破坏者要受到经济制裁。这两条规定表明，"部"与"邑落"是两种性质不同的组织单位。

立国于朝鲜半岛大同江流域的箕侯国，其结构应该与商代方国相同，即"在一个中心大邑的四周，有一系列农业村落，形成一片散布着耕地的地区"，这也就是"八条之教"中所说的"邑落"。既然"八条之教"中规定了对"邑落有相侵犯者"的处罚办法，说明箕侯国不是当时大同江流域唯一一个这种类型的方国，同样的邑落还存在很多。邑落是定居的，并拥有牛马，其经济形式显然是农业的。而各部的地界主要是划分"山川"，明确各山川的使用权，证明各部的经济形式主要还是渔猎。自尧舜禹的时代乃至夏初，东夷人以渔猎为主要经济形式，在其发展过程中，显然农业所占比重越来越大，到箕子迁入这一地区时，较适宜于发展农业的平原地区的居民，已经普遍从事农业生产了，只有山区还保留着原始的渔猎经济。

当东夷人由渔猎经济转向农耕经济由游猎转向定居时，原有的部族的血缘组织就因定居而具有了地缘组织的意义。一方面，在渔猎经济类型下，同一部落的人通常并不全部一起行动；另一方面，在转变为农业经济类型时，为方便从事农业生产，也要求同一部落的人们分居不同的居民点。所以，定居之后不可能是部落成员全部居住在一起，而是在毗连的广大区域内形成若干个居民点，这也就是史书中所说的"落"。随着农业的发展而出现的地区间的不平衡，导致同一部落各居民点的规模差距越来越大，大的居民点逐渐成为同一部落所有居民点的政治、经济中心，这就是"邑"。当原有的血缘组织部落越来越依赖于新兴的"邑落"结构来发挥作用时，其地缘组织的特点也就越来越明显。随着不具有血缘、亲属关系的家户加入邑落，共同居住、生活，旧的血缘组织已经不能涵盖"邑落"中的所有成员，作为血缘组织的部落最终被作为地缘组织的邑落所取代。

东夷人的"邑落"与商人方国的都鄙群非常相似，唯一的区别在于，没有证据表明，在箕子迁入之前，这些都鄙群之间已经出现了联盟。相反地，"八条之教"中规定各邑落不得互相侵犯，恰恰暗示着，在箕子迁入这一地区的时候，东夷人各邑落之间是经常互相侵犯的，也就是说，不存在一个调节各邑落之间关系的高于邑落的组织，这从反面证明了当时朝鲜半岛尚未形成邑落间的联盟。邑落之间的冲突是邑落外向扩张的表现，也正是邑落处于上升、发展阶段的表现。箕子迁入之前当地已存在奴隶，可能也是邑落间冲突的产物。

箕子制定的"八条之教"成为该地区各邑落共同遵守的协定，说明箕子所率的殷遗民比当地各邑落都更加强大，这种超出各邑落之上的武力威胁是"八条之教"能顺利推行的后盾。进入朝鲜半岛的殷遗民为5000人，若依一户五口计，约为1000户。这应是朝鲜半岛当时邑落户数的上限。从此可以看出，大同江流域东夷人的邑落规模还不是很大，这也是其未发展到成熟状态的标志。"八条之教"的意义在于，以此为基础，在大同江流域第一次出现了邑落之间的联盟，而箕侯国就是联盟的领导。箕子与殷遗民的迁入，加速了当地社会发展的进程。

箕子"八条之教"另一个重要的方面是对东夷旧俗的改造，"妇人贞信"，"同姓不婚"。但从史书称高句丽"其俗淫"、[1] 称马韩"无长幼男女之别"[2] 来看，"八条之教"的这个方面可能不是针对全民而言的，而只是对部落长的要求。

商人仅仅是在建立商王朝以前，才从对偶婚过渡到专偶婚，[3] 东夷人的婚姻进化不可能早于商人。《晏子春秋》《管子·小匡》《说苑·尊贤》等书的记载中，"淫"几乎就等于"姑姊妹不嫁"，齐地这种血亲通婚的风俗有人认为始于齐桓公，"齐桓公好妇人之色，妻姑姊妹，而国中多淫于骨肉"。[4] 也有人认为始于齐襄公，"始桓公兄襄公淫乱，姑姊妹不嫁，于是令国中民家长女不得嫁，名曰'巫儿'，为家主祠，嫁者不利其家，民至今以为俗"。[5] 当然，因为齐桓公或齐襄公的荒淫而使这种婚俗在齐国蔚然成风是不可能的，较合理的解释是，齐国原本存在这种民风，齐桓公、齐襄公借此为自己的荒淫寻找借口，后人才把这种风俗与他们二人相联系。《战国策·齐策》："臣邻人之女，设为不嫁，行年三十而有七子，不嫁则不嫁，然嫁过毕矣。"[6] 证明《汉书·地理志》说这种

1　《后汉书》卷八五《东夷传》，第 2813 页。

2　《三国志》卷三〇《魏书·东夷传》，第 851 页。

3　参见郑慧生《上古华夏妇女与婚姻》第六章，河南人民出版社，1988。

4　王利器：《新语校注》卷上《无为》，中华书局，1986，第 67 页。

5　《汉书》卷二八下《地理志下》，第 1661 页。《左传》桓公十八年也记载齐襄公与其妹鲁桓公夫人文姜私通事（杨伯峻：《春秋左传注》，第 152 页）。

6　（汉）刘向集录《战国策》卷五《齐策四·齐人见田骈》，第 430 页。

风俗至汉初尚存是正确的。这种风俗显然不是周人的旧俗，[1] 参之齐国自太公立国开始，治国方针就是"从其俗为"，[2] 即尊重当地东夷人的风俗习惯，可知，这是东夷人的婚俗。在箕子迁入大同江流域之前，朝鲜半岛的东夷人当存在同样的婚俗。"八条之教"中的"妇人贞信"，"同姓不婚"原则，就是对当地东夷人这种风俗的改造。

　　同姓不婚实是周人旧俗，[3] 周人对同姓不婚的原因虽主张畏乱灾说、[4] 优生说，[5] 但从文化人类学的角度来看，《礼记·坊记》"取妻不取同姓，以厚别也"，《郊特牲》"取于异姓，所以附远厚别也"，[6] 才是正确的解释。所谓"附远厚别"，就是通过与其他部落的通婚以加强与其他部落的合作关系。箕子"八条之教"包括"妇人贞信"，"同姓不婚"的内容，是要求各部落首领与其他部落结婚，以婚姻为纽带，将各部落团结到一起。

　　箕子的"八条之教"，实质上就是各部落、方国联盟的盟约。

1　《诗经·豳风》中已提到"媒"，证明周人固有的婚俗是媒妁媒。

2　《史记》卷三三《鲁周公世家》，第 1524 页。

3　《礼记·大传》："四世而缌，服之穷也。五世袒免，杀同姓也。六世，亲属竭矣。其庶姓别于上，而戚单于下，昏姻可以通乎？系之以姓而弗别，缀之以食而弗殊，虽百世而昏姻不通者，周道然也。"〔（清）孙希旦：《礼记集释》，第 909~910 页〕可证，这种风俗是周人旧俗。

4　《国语·晋语四》："昔少典氏娶于有蟜氏，生黄帝、炎帝。黄帝以姬水成，炎帝以姜水成。成而异德，故黄帝为姬，炎帝为姜。二帝用师以相济也，异德之故也。异姓则异德，异德则异类，异类虽近，男女相及，以生民也。同姓则同德，同德则同心，同心则同志，同志虽远，男女不相及，畏黩敬也。黩则生怨，怨乱毓灾，灾毓灭姓，是故娶妻避其同姓，畏乱灾也。"（徐元诰：《国语集解》，王树民、沈长云点校，中华书局，2002，第 336~337 页）

5　《左传》僖公二十三年："男女同姓，其生不蕃。"昭公元年："内官不及同姓，其生不殖。美先尽矣，则相生疾，君子是以恶之。"（杨伯峻：《春秋左传注》，第 408、1220 页）《国语·晋语》："同姓不婚，惧不殖也。"（徐元诰：《国语集解》，第 330 页）

6　（清）孙希旦：《礼记集释》，第 1294、707 页。

盟约的规定主要是为了防止各部落间发生矛盾冲突乃至部落战争，并以婚姻的方式加强彼此的合作。以"八条之教"为准则，箕子组建起一个庞大的部落与方国的联盟，箕侯国就是这一联盟的盟主。

以农耕为主要经济形态的邑落，在政治组织形式方面明显的发展趋势是，逐渐形成以邑落联盟为基础的早期国家。在由血缘组织的部落制向地缘组织的国家转化的过程中，由血缘组织转化形成的地缘组织——邑落正是过渡的中间环节。箕子"八条之教"中，既出现部，也出现邑落，证明在箕子与殷遗民迁入朝鲜半岛之时，当地东夷人正处在由部落制向邑落制转化的过程中，虽然尚未形成国家，但已出现了具有地缘组织特点的邑落。在箕子建立的联盟中，部的位置虽然仍旧不可忽视，但显然，邑落具有更重要的地位，这才是箕子联盟的真正基础。从这个意义上，我们可以把箕子联盟称为邑落联盟。

在"八条之教"基础上建立的箕侯国为首的邑落联盟，其基层组织中，虽然还存在部分作为血缘组织的部，但地缘组织邑落显然已占据了主导地位，并出现了世袭的中央权力，这就是箕姓的王。在箕子迁入之前，当地已存在奴隶身份的"生口"，标志着社会分层与阶级分化的产生，各部、邑落的分界，已是领土观念的前奏。箕子不仅带来了"国"的观念，而且还带来了黄河流域已盛行的行政管理机构，如《海东绎史》所载，大同江流域"衙门官制衣服，悉随中国"，就是在对殷文化进行模仿的基础上，建立起自己的行政管理机构。也就是说，箕子建立的邑落联盟已具备早期国家的性质，这是朝鲜半岛国家的萌芽，是在中国文化影响之下形成的次生形态的国家。《三国遗事》所载檀君开国神话认为，在箕子之前一千多年，檀君已在朝鲜半岛建立了国家，从人类政治组织演进的顺序来看，这显然是不可能的。

第四节　箕氏朝鲜疆域变迁

箕子建国于朝鲜地，但其后的朝鲜侯国疆域变化比较大。有学者认为，春秋时期箕氏朝鲜的疆域，北至今清川江、妙香山一线，南至今慈悲岭，东至今狼林山脉，西至黄海。[1] 也有学者认为，战国时期箕氏朝鲜的疆域，西边据有清川江以南，东界据有今俄罗斯滨海地区以南，南界和辰国为邻。[2] 也有学者认为，箕氏朝鲜"在燕人到来之前，大致是以清川江为界，与古辽东和貊国为邻，燕人到来之后，其领域亦未曾发生变化"。[3] 实际上鼎盛时期的箕氏朝鲜的疆域可能还要大得多。

《三国志》卷三〇《魏书·东夷传》：

> 濊南与辰韩，北与高句丽、沃沮接，东穷大海，今朝鲜之东皆其地也。户二万。昔箕子既适朝鲜，作八条之教以教之，无门户之闭而民不为盗。[4]

1　苗威、刘子敏：《箕氏朝鲜研究》，《东北史地》2004 年第 8 期；罗继祖：《辰韩三国考》，《北方文物》1995 年第 1 期。

2　赵炳林：《箕氏朝鲜及相关问题再考证》，《黑龙江史志》2010 年第 3 期。

3　刘子敏：《谈古文献的标点断句与古朝鲜地望之研究》，《东疆学刊》1995 年第 2 期。

4　《三国志》卷三〇《魏书·东夷传》，第 848 页。

《后汉书》卷八五《东夷传》：

> 濊北与高句骊、沃沮，南与辰韩接，东穷大海，西至乐
> 浪。濊及沃沮、句骊，本皆朝鲜之地也。昔武王封箕子于朝
> 鲜，箕子教以礼义田蚕，又制八条之教。其人终不相盗，无门
> 户之闭。[1]

《三国志》在"濊传"之中记叙箕子迁朝鲜之事，可见后世秽貊人的
居住区在箕氏朝鲜鼎盛时代是隶属于箕氏朝鲜的，因此，《后汉书》
称"濊及沃沮、句骊，本皆朝鲜之地"应是正确的，即后世秽貊、
沃沮、高句丽的居住区在箕氏朝鲜鼎盛时代都是箕氏朝鲜的属地。

《盐铁论·伐功》"度辽东而攻朝鲜"，张博泉标点为"度辽，
东而攻朝鲜"，认为"度辽，意即渡辽水，并非过辽东地区"。[2]因此，
在秦开进攻朝鲜之前，燕与朝鲜应以辽河为界，辽河以东皆为箕氏
朝鲜的疆域。金毓黻亦持此观点：

> 当朝鲜盛时，斥地广远，必不能以鸭绿限其西界，明
> 甚，且燕欲东略之地，亦当指在鸭绿江西部而言，至朝鲜
> 据有鸭绿江西部之地，是否始于箕子，抑为其后世逐渐侵

1　《后汉书》卷八五《东夷传》，第 2817 页。
2　张博泉：《东北地方史稿》，第 42、37 页。张博泉此标点招致诸多学者的批判，如李健才、
　　刘子敏，但反对此观点的学者皆未说清楚，为什么此句史料一定可以如此标点，而是按照
　　自己的观点强调箕子朝鲜未曾据有辽东，因此应是"度辽东而攻朝鲜"。概言之，是因为这
　　种标点方法与其学术观点不吻合，而从其学术观点出发反对这种标点方法，这种批判的逻辑
　　实际是没有力度的。参见李健才《公元前 3—公元前 2 世纪古朝鲜西部边界的探讨》，《社会
　　科学战线》1998 年第 5 期；刘子敏《谈古文献的标点断句与古朝鲜地望之研究》，《东疆学刊》
　　1995 年第 2 期。

据，固无从证明，然至晚亦必在自称为王之朝鲜王以前，再进一步言之，今东北区域，在燕辟辽东以前，必有一部，属于朝鲜。[1]

《史记》卷一一五《朝鲜列传》："自始全燕时，尝略属真番、朝鲜。"《后汉书》卷八五《东夷传》："朝鲜王准为卫满所破，乃将其余众数千人入海，攻马韩，破之，自立为韩王。"真番作为东夷小国，大约在今朝鲜黄海道。[2]从《史记》的记载中尚无法断定真番国在当时是否隶属于朝鲜，但从《后汉书》的记载来看，箕氏朝鲜都城被卫满所破，朝鲜王准从海路南下马韩地区，则箕氏朝鲜在都城平壤以南的疆域并不广阔，至多抵达今朝鲜黄海道一带。

大体而言，箕氏朝鲜鼎盛时，疆域包括今朝鲜民主主义人民共和国全部，中国辽宁省的辽河以东地区、以浑江流域为中心的吉林省东部部分地区，以及韩国江原道的大部分地区。

但是，如前所述，史书所谓箕子国，实际上是箕子及其后裔建立的一个邑落方国间的联盟。箕氏对于古朝鲜地即大同江流域的控制可能要严密一些，对于其他地区的控制力应是极为有限的。在古朝鲜地的北方，存在与箕氏朝鲜类似的邑落方国联盟秽国。[3]辽东地区则是与箕氏朝鲜存在松散隶属关系的貊人诸部。在朝鲜地以南，则是古真番国。这些地区与箕氏朝鲜的关系更可能是一种结盟关系，只是尊奉箕氏朝鲜为其盟主，或承认箕氏朝鲜是其宗主国而已。总之，箕氏朝鲜疆域虽广，而其统治基础却是极不牢固的，所以秦开进攻朝鲜时燕军才能轻松"取地二千余里"。

1　金毓黻：《东北通史》，五十年代出版社，1943年出版，1981年翻印，第57~58页。

2　详见本书第四章第二节"真番郡考"。

3　本节有关秽国的结论，相关考证皆详见本书第三章第一节"秽国考"。

燕国在新占领的箕氏朝鲜领土设立辽东郡，双方以"满番汗为界"。[1] 学界一般认为，"满番汗"指汉辽东郡番汗县，[2] 因番汗县可以考定在朝鲜平安北道博川城南十里古博陵城，近清川江，[3] 因此断定，番汗县是边境城镇，其东的清川江是燕与箕氏朝鲜的界河。[4] 但是，认为满番汗即番汗的证据并不充分，持此说的学者也认为："至于'满'作何解，说法不一，可能为衍文。"[5] 以"可能"二字将此关键问题轻轻带过，显然是不足以服人的。至于将满番汗解释为汉辽东郡"文"县与"潘汗"县的合称，同样也没有史料依据。[6]

除鱼豢《魏略》外，史书中没有对燕国东部边界的记载，唯一可以参证的资料是《史记》卷一一五《朝鲜列传》中对箕氏朝鲜史事的简略追述："自始全燕时，尝略属真番、朝鲜，为置吏，筑鄣塞。秦灭燕，属辽东外徼。汉兴，为其远难守，复修辽东故塞，至浿水为界。"[7] 这段史料中值得注意的有三点：第一，燕曾"略属"朝鲜，并"筑障塞"，此记载也与《魏略》"取地"的记载相合。第二，未说明秦代东部边界的变化，秦与箕氏朝鲜的边界当沿袭燕与箕氏朝鲜的边界。第三，西汉与箕氏朝鲜的边界后撤至浿水。因秦汉时期的浿水即清川江，所以，燕秦与箕氏朝鲜的边界必在清川江以东，即《魏略》的满番汗在清川江以东。朝鲜的大宁江长城在清川江西，

1　《三国志》卷三〇《魏书·东夷传》裴松之注引鱼豢《魏略》，第850页。

2　参见〔韩〕卢泰敦《古朝鲜 중심지의 변천에 대한 연구》，《韓國史論》第23辑，1990，第3~55页。

3　博陵城与大宁江口相距更近，加之朝鲜半岛大宁江长城的发现，故有的学者认为，燕与箕氏朝鲜的边界在大宁江（参见郑君雷《大宁江长城的相关问题》，《史学集刊》1997年第1期，第68~72页）。但大宁江尚在清川江以西、以北，故笔者对此观点不加讨论。

4　参见李健才《公元前3—公元前2世纪古朝鲜西部边界的探讨》，载《东北史地考略》第3集，第51页；杨昭全、孙玉梅《中朝边界史》，吉林文史出版社，1993，第27页。

5　谭其骧主编《〈中国历史地图集〉释文汇编·东北卷》，第14页。

6　顾铭学、南昌龙：《战国时期燕朝关系的再探讨》，《社会科学战线》1990年第1期。

7　《史记》卷一一五《朝鲜列传》，第2985页。

因此，不会像通常所认为的那样，是燕"筑障塞"的障塞，而应是汉"复修辽东故塞"的故塞。虽然这道汉"复修"的故塞何时初建，现在已无法考究，但有一点却是可以肯定的，即通行的以大宁江长城的位置作为燕与箕氏朝鲜以清川江为界的证据是不正确的。

"朝鲜"之称在古书里既可以用作国名，也可以用作地域名。作国名指古朝鲜全部辖区，作地域名则仅指大同江流域。《盐铁论·伐功》在谈到燕击朝鲜事件时称燕"度辽东而攻朝鲜"，显然是将朝鲜用作地域名。也就是说，在燕攻朝鲜取地两千余里的过程中，燕军已经进入大同江流域。因此，前引《史记》所载燕"略属真番、朝鲜"的朝鲜也是地域名，指大同江流域，这也是燕所筑障塞在大同江流域的证据。秦统一后的东界是对燕的沿袭，则秦长城应与燕的障塞相距不远。秦长城东端起点在汉乐浪郡遂城县，即"今朝鲜平壤市西南江西迤西之咸从里"，[1] 那么，燕长城也必在大同江流域无疑。可见，燕国强盛时已夺取大同江流域的部分地区。《山海经·海内北经》称"列阳属燕"，列指列水，即大同江，也证明大同江以北是燕国领地。燕击朝鲜后设立的辽东郡包括朝鲜半岛大同江以北地区，这才是前引《史记》称燕"尝略属真番、朝鲜，为置吏，筑鄣塞"的含义。西汉初因为"远难守"退而以清川江为界，原燕、秦长城皆弃而不守。《史记》卷一一五《朝鲜列传》称卫满"东走出塞，度浿水，居秦故空地上下鄣"，"塞"即现在已发现的大宁江长城，"上下鄣"就是西汉废弃的燕、秦两道长城，应都在大同江流域。《魏略》所载满番汗是地名或是河名无从考证，[2] 但一

1　杨昭全、孙玉梅：《中朝边界史》，第42页。
2　有的学者将满番汗理解为汶（满）、番、汗三水，分别对应昌城江、大宁江与清川江。徐德源已批之甚详，此不多述。参见徐德源《战国全燕世所筑障塞释考》，《辽宁大学学报》2003年第1期。

定在大同江流域。

　　在受到燕国的打击后，箕氏朝鲜与燕国以大同江下游为界，大同江下游以西为燕国的辽东郡；北方秽国也乘机脱离箕氏朝鲜。此时的箕氏朝鲜疆域大约仅包括今朝鲜平壤特别市及黄海南北道的部分地区。

　　另，由《史记》卷一一五《朝鲜列传》"自始全燕时，尝略属真番、朝鲜，为置吏，筑鄣塞"和《山海经·海内北经》"朝鲜在列阳，东海北、山南，列阳属燕"的记载来看，既然列阳已经"属燕"，燕又在真番、朝鲜"置吏"，则很可能在经历秦开的打击后，箕氏朝鲜已成为燕的属国。《史记索隐》引如淳云："燕尝略二国以属己也。"[1] 也可以证明这一点。

　　此后，经历秦及汉初，箕氏朝鲜的疆域基本没有变化。秦灭燕，继承辽东郡，仍旧以大同江与朝鲜为界。西汉初，虽然主动放弃辽东郡的部分领土，将边界后撤至清川江，但朝鲜方面也未敢据有大同江与清川江之间的土地，因而才将这里赐给卫满。

附　"辽东本周箕子国"别议

　　《旧唐书》卷一九九上《高丽传》载温彦博说："辽东之地，周

1　《史记》卷一一五《朝鲜列传》，第2986页。

为箕子之国，汉家玄菟郡耳！"[1]《新唐书》卷九一《温彦博传》作："辽东本周箕子国，汉玄菟郡。"[2] 有的学者以此史料作为箕子之国曾据有辽东半岛的证据，这恐怕是对史料的误解。

唐朝人所使用的"辽东"一词内涵很广，并不专指辽东郡故地或是辽东半岛，大体说来，从今天朝鲜半岛北部、辽东半岛直到辽西的广大地区，都可以称为辽东。有时，也用辽东代指高句丽国辖区。如《旧唐书》卷八三《薛仁贵传》载唐高宗对薛仁贵说"卿又北伐九姓，东击高丽，辽东咸遵声教者，并卿之力也"，卷九二《魏元忠传》提到"李绩平辽东"，[3] 此辽东显然是指高句丽国。汉四郡从前的辖区因已并入高句丽，自然也可以称"辽东"。唐李贤在《后汉书》卷一下《光武帝纪》注中称"乐浪，郡，故朝鲜国也，在辽东"，卷五二《崔骃传》注中称"长岑，县，属乐浪郡，其地在辽东"，[4] 都是将位于朝鲜半岛大同江流域的汉四郡之一乐浪郡说成是"在辽东"，则前引温彦博所说"辽东之地""汉玄菟郡"，不是指辽东半岛和后来内徙辽东半岛的玄菟郡，而是指朝鲜半岛北部和初设于卫氏朝鲜故地即朝鲜半岛北部的玄菟郡。《高足酉墓志》中称高句丽人高足酉为"辽东平壤人"，[5] 也是将大同江流域称为辽东的有力证据。

将朝鲜半岛北部称为"辽东"并不始于唐朝。《宋书》卷二八《符瑞志》"白虎见辽东乐浪"，[6] 已将这一地区称为辽东。参之朝鲜

1　《旧唐书》卷一九九上《高丽传》，中华书局，1975，第5321页。

2　《新唐书》卷九一《温彦博传》，中华书局，1975，第3782页。

3　《旧唐书》卷八三《薛仁贵传》，第2893页；卷九二《魏元忠传》，第2947页。

4　《后汉书》卷一下《光武帝纪》，第49页；卷五二《崔骃传》，第1722页。

5　转引自赵超《唐代墓志中所见的高句丽与百济人士》，《揖芬集——张政烺先生九十华诞纪念文集》，社会科学文献出版社，2002，第485~494页。

6　《宋书》卷二八《符瑞志》，中华书局，1974，第808页。

史书《三国史记》记载北魏给高句丽长寿王的封号是"辽东郡开国公"，可以肯定，这种观念起源于南北朝时期。至晚在隋代，高句丽人已接受了这种观念，在与中原的交往中，也把自己国家的所在地称为"辽东"，高句丽王元在给隋文帝的表中即自称"辽东粪土臣元"，[1]《高足酉墓志》《高玄墓志》将这两位高句丽人分别称为"辽东平壤人""辽东三韩人"，[2]说明把大同江流域称为辽东的习惯，在高句丽人中直沿袭到唐灭高句丽以后。

　　箕子东迁立国于大同江流域，唐朝人使用的"辽东"一词可以涵盖朝鲜半岛北部，包括大同江流域在内，所以，温彦博说"辽东本周箕子国"，就是说大同江流域本来是周代箕子国的所在地，这句话不可以理解为辽东半岛是周代箕子国的所在地。

　　但温彦博将"周箕子国"所在地等同于"汉玄菟郡"，却是错误的。《三国志》卷三〇《魏书·东夷传》说得很清楚："汉武帝元封二年，伐朝鲜，杀满孙右渠，分其地为四郡，以沃沮城为玄菟郡。"[3]《后汉书》卷八五《东夷传》也说："武帝灭朝鲜，以沃沮地为玄菟郡。"[4]玄菟郡设在沃沮人的居住区，并不是箕氏朝鲜故地。《汉书》卷二八下《地理志》"乐浪郡"条颜师古注引应劭说："故朝鲜国也"，乐浪郡首县朝鲜县下颜师古注引应劭说"武王封箕子于朝鲜"，[5]都可以证明乐浪郡才是箕氏朝鲜故地。《旧唐书》卷六三《裴矩传》载裴矩说："高丽之地，本孤竹国也，周代以之

1　《北史》卷九四《高丽传》，第 3117 页；《隋书》卷八一《高丽传》，第 1816 页。

2　转引自赵超《唐代墓志中所见的高句丽与百济人士》，《揖芬集——张政烺先生九十华诞纪念文集》，第 485~494 页。

3　《三国志》卷三〇《魏书·东夷传》，第 846 页。

4　《后汉书》卷八五《东夷传》，第 2816 页。

5　《汉书》卷二八下《地理志下》，第 1627 页。

封箕子，汉时分为三郡。"[1] 对这一段史事的认识更加混乱。裴矩（547？~627）、颜师古（581~645）、温彦博（573~637）为同时代人，对同一段史事的认识却存在如此大的差异，说明在唐初，除了像颜师古这样的学者以外，人们对朝鲜半岛北部的历史沿革已经不大清楚了。但是当时人仍很清楚，这一地区在历史上曾与辽东半岛一样直接隶属于中原王朝，所以才将这一地区与辽东半岛一起，笼统地称为辽东。

《山海经·海内北经》"朝鲜在列阳"，晋人郭璞注："朝鲜，今乐浪县，箕子所封也。列，亦水名也，今在带方。带方有列口县。"[2]《后汉书·郡国志》注引郭璞说："列，水名。列水在辽东。"[3] 证明晋唐人地理观念不同，晋人没有将朝鲜半岛北部称为辽东的概念。考之朝鲜史书《三国史记》可知，自 435 年，北魏封长寿王为"辽东郡开国公"始，在中原王朝封赐高句丽长寿王以下九王的封号中，都有"辽东郡开国公"或"辽东郡公"的封号，但自东晋至唐，给百济王的封号除"百济王"外，仅称"带方郡王"，自北齐至唐，给新罗王的封号除"新罗王"外，都是"乐浪郡公"，绝不见"辽东"字样。可知，南北朝至唐的"辽东"一词，虽涵盖朝鲜半岛北部高句丽辖地，却并不包括半岛南部的新罗、百济辖地。

以裴矩、温彦博为代表的唐臣，认为大同江流域"魏、晋已前，近在提封之内，不可许以不臣"，[4] 以历史上中原王朝对这一地区的直接统辖为依据，坚持大同江流域为中国领土，要求恢复中原王朝对这里的直接管辖。"辽东"的地理范围包括朝鲜半岛北部，特

1   《旧唐书》卷六三《裴矩传》，第 2407 页。

2   袁珂：《山海经校注》卷一二《海内北经》，第 321 页。

3   《后汉书》志二三《郡国五》，第 3530 页。

4   《旧唐书》卷六一《温彦博传》，第 2360 页。

别是大同江流域，而不包括朝鲜半岛南部，正是当时人对中国疆域领土认识的反映。唐以前的历史事实可以证明，唐人的这种认识是正确的。高句丽人对"辽东"一词内涵的认同，反映出高句丽人对中国的向心力。以"辽东"指称朝鲜半岛北部的说法在中原地区和高句丽国内的通行，恰是大同江流域古代为中国领土、高句丽民族是中华民族组成部分的一个有力证据。

第二章　卫氏朝鲜研究

　　关于卫氏朝鲜，学界争论的焦点首先体现在卫满本人身上，关于卫满的族属问题、卫满东走的相关地理问题，以及卫满"外臣"身份的性质问题，都是中外学者争论的焦点。而产生这些分歧的深层次原因在于对卫氏朝鲜归属问题的不同理解，认为卫氏朝鲜属于朝鲜古代政权的学者，必然要将卫满论证成古朝鲜人，将"外臣"理解为外国。因此，对这些焦点问题本书不得不辩。

　　卫氏朝鲜的疆域是有关卫氏朝鲜研究中的重要问题，学者间也存在一定的分歧，也可以说是焦点问题。对此问题的研究，我们重点在厘清错误观点的来源及成因，迄今未见中外学者有从此角度进行讨论的，就此而言，也可以说是一个盲点问题。而卫氏朝鲜的官制及统治结构问题，中外学界少有人提及，就是真正的盲点问题了。

第一节　卫满考

第一个存在争议的问题是卫满的族属问题。

学界大体有两种观点。其一，卫满是燕国统治下的古代朝鲜人。以韩国学者李丙焘为代表，认为卫满"分明是阿斯达（即指朝鲜）当地土著民族"，"他是我国（即指朝鲜）之人"，"其原住地在辽东"，"辽东地方到韩氏朝鲜（实为箕氏朝鲜）时代已为燕国所有"，"居住在那里的朝鲜土著民，必然要加入燕国国籍"，而卫满"之所以按朝鲜人装束着装，并不是作为燕人想要博得朝鲜人的欢心，而是作为原来的朝鲜族，以原有装束和原有姿态回到母国"；[1] 韩国学者金贞培进而认为，卫满属于在燕国居住过的朝鲜人，即秽貊族。[2] 其二，卫满是古代中国人。具体而言则又有所差别，分为汉系燕人说、[3] 殷人说、[4] 汉族说。[5] 本书认为卫满实为燕人。

关于卫满的民族归属问题，自《史记》始，文献多有记载，现摘录如下。

1　〔韩〕李丙焘：《衛氏朝鮮興亡考》，《서울대학교 論文集》第 4 辑，1956 年，第 1~27 页。

2　〔韩〕金贞培：《韓國民族文化의 起源》，高麗大學校出版部，1973，第 198~209 页。

3　三上次男「古代の西北朝鮮と衛氏朝鮮国の政治・社会的性格」『古代東北アジア史研究』吉川弘文館、1966 年。

4　〔韩〕金哲埈：《韓國古代史 研究의 回顧와 展望》，동방학지，1963，第 77~99 页。

5　苗威：《古朝鲜研究》，香港亚洲出版社，2006，第 6 页；吴彦勤：《论卫满是中国人而非朝鲜人》，《蒙自师范高等专科学校学报》2001 年第 1 期。

（1）朝鲜王满者，故燕人也……燕王卢绾反，入匈奴，满亡命，聚党千余人，魋结蛮夷服，而东走出塞，度浿水，居秦故空地上下鄣。[1]

（2）朝鲜王满，燕人。[2]

（3）燕人卫满避地朝鲜。

（4）燕人卫满击破准而自王朝鲜。[3]

（5）汉初，燕亡人卫满王朝鲜。

（6）燕人卫满，魋结夷服，复来王之。

（7）侯准既僭号称王，为燕亡人卫满所攻夺。[4]

（8）及绾反，入匈奴，燕人卫满亡命，为胡服，东度浿水，诣准降，说准居西界，收中国亡命为朝鲜藩屏。[5]

（9）燕人卫满亡命，聚党千余人，东走出塞。[6]

综合上述史料，大体可以得到如下几个方面的信息。首先，九则史料皆明确提及卫满是燕人，而且是朝鲜国王；其次，史料（1）（8）表明，卫满出走至朝鲜半岛与卢绾之乱有关；再次，由史料（1）（6）（8）可知，卫满亡命于朝鲜时，发式为"魋结"，穿着为"胡服"，亦即"蛮夷服"；另外，由（1）（8）（9）综合而知，卫满出走朝鲜半岛的路线是先出"塞"，后渡浿水，并居于"秦故空地上

1　《史记》卷一一五《朝鲜列传》，第 2985 页。

2　《汉书》卷九五《朝鲜传》，第 3863 页。

3　以上见《后汉书》卷八五《东夷传》，第 2809、2817 页。

4　以上见《三国志》卷三〇《魏书·东夷传》，第 846、848、850 页。

5　《三国志》卷三〇《魏书·东夷传》注引鱼豢《魏略》，第 850 页。

6　（高丽）一然：《三国遗事》卷一《纪异·卫满朝鲜》，孙文范等校勘，吉林文史出版社，2003，第 31 页。

下鄩"一带。

关于卫满是燕人的认知，除有上述文献依据而外，尚有如下几方面的考虑。

其一，古朝鲜人并非秽貊人。从《逸周书·王会篇》的记载来看，至少在商末周初，在东北亚就存在着肃慎、高夷、秽人、貊人以及良夷等古代民族。其中，良夷即乐浪夷，分布于后来汉四郡的乐浪郡辖地。[1]古朝鲜人是由良夷同外来的东夷、殷遗融合而成的新的民族共同体，其居地却仍是良夷之故地，亦即后来汉乐浪郡辖区，同貊族是比邻，双方以清川江为界。《管子》所云"发、朝鲜"实即"貊人、朝鲜"，二者是两个不同的民族，分居于两个不同的地域。认为卫满是秽貊人即古朝鲜人的说法是不能成立的。

其二，就卫满以及他的出发地来看，他也不是貊族或古朝鲜族。从史书的记载来看，卫满姓卫，名满。其名字的结构与卫青相类似，为典型的汉式姓名。卫满既然与卢绾有所牵连，二人距离不会太远，故史书中称卫满是"燕人"而不是"辽东人"，实即"燕都之人"。由此推测，卫满"聚党千余人，魋结蛮夷服"[2]的出发地应是今北京一带，取陆路，经辽西走廊，度辽东而往朝鲜。

其三，对卫满"魋结蛮夷服"的理解。卫满之所以作如此装束，为的是"入乡随俗"，更好地与"朝鲜蛮夷"融洽相处，以便取得其所出走之地土著的信任和支持。类似的例子还有同一时期割据南越的汉人赵佗，当陆贾奉汉天子之命前来册封时，赵佗"魋结箕倨见陆生"，表明其发式、服饰、习俗皆与当地少数民族无异。陆贾曾对他进行批评，指出他乃"中国人"，"亲戚昆弟坟墓在真定

1　苗威：《良夷研究》，《北京大学学报》（访问学者专刊），2007。

2　《史记》卷一一五《朝鲜列传》，第2985页。

（今河北省正定南）"，却做出"反天性，弃冠带，欲以区区之越与天子抗衡为敌国"的事情。[1] 卫满的"魋结蛮夷服"当与赵佗类似。

此外，从卫满到朝鲜以后所依靠的主要是汉人移民势力来看，他也不会是"朝鲜蛮夷"。

第二个存在争议的问题是卫满从燕国东走的相关地理问题。

《史记》卷一一五《朝鲜列传》："满亡命，聚党千余人，魋结蛮夷服而东走出塞，度浿水，居秦故空地上下鄣。"此段记载涉及三个历史地理方面的问题：卫满"东走出塞"的"塞"在何处？卫满所渡之"浿水"为今何水？卫满初居之"秦故空地上下鄣"在何处？

据《史记》卷一一五《朝鲜列传》："自始全燕时，尝略属真番、朝鲜，为置吏，筑鄣塞。秦灭燕，属辽东外徼。汉兴，为其远难守，复修辽东故塞，至浿水为界，属燕。"可知，西汉初期重修辽东故塞，至浿水与朝鲜为界，此"辽东故塞"应距西汉与古朝鲜的边界不远。卫满"东走出塞"之后"度浿水"，可证其所出之"塞"必为《史记》所载"辽东故塞"。中国学者普遍认为，《史记》所载"辽东故塞"就是今朝鲜境内的"大宁江长城"，其走向是，南起今朝鲜平安北道博川郡中南里，向北沿大宁江与昌城江的左岸，直至东仓郡新安里，残存约300朝里。[2] 此段长城应为燕长城，西汉初期重修，故称"辽东故塞"。

浿水为今天哪条河，学界歧义较多，[3] 主要有鸭绿江说、[4] 大同江

1　《史记》卷九七《陆贾列传》，第2697页。

2　顾铭学、南昌龙：《战国时期燕朝关系的再探讨》，《社会科学战线》1990年第1期。

3　关于诸家之说的梳理，参见崔恩亨《浿水问题新考——以汉与卫满朝鲜国界之浿水为中心》，硕士学位论文，延边大学，2010。另，韩国学者吴江原归纳，有大同江说、鸭绿江说、清川江说、辽河说、大凌河说、滦河说、高丽河说、淤泥河说、沙河说等九说。参见〔韩〕吴江原《고조선의 패수（浿水）와 패수（沛水）》，《江原史学》第13辑，1998年，第61~82页。

4　津田左右吉「浿水考」『東洋学報』第2卷第2号、1912年；张博泉：《东北地方史稿》，第53页；〔韩〕卢泰敦：《단군과 고조선사》，사계절，2000，第46页。

说、[1]清川江说、[2]尼河说、[3]滦河说、[4]大凌河说、[5]六股河说、[6]朝鲜普通江说。[7]若以"辽东故塞"相参照，卫满是先出"塞"（大宁江长城），后渡浿水，则浿水当为清川江。另，《史记·朝鲜列传》："元封二年，汉使涉何谯谕右渠，终不肯奉诏。何去，至界，临浿水，使御刺杀送何者朝鲜裨王长，即渡，驰入塞。"[8]汉使涉何从卫氏朝鲜的首都出来之后，先渡浿水，再入塞。无论是卫满的"出塞"，还是涉何的"入塞"，其中的"塞"无疑是指"辽东故塞"，亦即今之"大宁江长城"，那么，卫满出塞所渡之浿水和涉何入塞前所渡之浿水必为同一条水，则此浿水非今清川江莫属。上述诸家学者恐怕皆求之过深。

有学者认为史籍所载沛水和浿水是两条水，前者是今大宁江，[9]但从《汉书·地理志》辽东郡番汗县下班固自注"沛水出塞外，西南入海"来看，沛水同浿水应是同一条河，而今大宁江在塞内而

1 顾祖禹：《读史方舆纪要》，中华书局，2005，第 1767 页；故那珂博士功績紀念会編『那珂通世遺書·外交繹史』大日本圖書株式會社、1915 年；金毓黻：《东北通史》上册，第 70 页；孙进己、王绵厚主编《东北历史地理》第 1 卷，第 338 页；陈桥驿：《〈水经·浿水篇〉笺校——兼考中国古籍记载的朝鲜河川》，《韩国研究》第 2 辑，杭州大学出版社，1995。

2 〔韩〕李丙焘：《韓國古代史研究》，博英社，1976，第 71~74 页；〔韩〕宋镐晸：《（한국 고대사 속의）고조선사》，푸른역사，2003，第 345~347 页；谭其骧等《中国历史地图集释文汇编·东北卷》，第 47 页；周振鹤：《西汉政区地理》，人民出版社，1987，第 224 页；杨军：《朝鲜半岛与"辽东"内涵的关系》，《辽宁师范大学学报》2004 年第 2 期。

3 〔韩〕申采浩：《조선 상고사》，일신서적출판사，1988，第 117 页；〔韩〕赵法钟：《고조선 고구려사 연구》，신서원，2006，第 231 页。

4 〔韩〕文定昌：《古朝鲜史研究》，柏文堂，1993，第 115~117 页；〔韩〕尹乃铉：《고조선 연구》，一志社，1995，第 226~230 页。

5 〔朝〕李趾麟：《고조선 연구》，백산자료원，1997，第 74~75 页。

6 崔恩亨：《浿水问题新考——以汉与卫满朝鲜国界之浿水为中心》，硕士学位论文，延边大学，2010。

7 徐德源：《关于朝鲜历史地理研究中若干问题的解误》，《东北史地》2006 年第 5 期。

8 《史记》卷一一五《朝鲜列传》，第 2986 页。

9 陈澧：《汉书地理志水道图说》，《二十五史补编》，开明书店，1936。学界支持陈说者颇多。

不是塞外。应劭曰："汗水出塞外，西南入海。"[1] 班固注语的沛水和
应劭注语中的汗水都"出塞外"，并皆"西南入海"，其中之"塞"
无疑亦指"大宁江长城"。有学者认为沛水指今大宁江（亦名大定
江、博川江），这是不符合实际的，因为大宁江是在长城之内而非
其外，与"塞外"的记载殊异。其实，沛水亦即浿水，从音韵学的
角度看，"浿""沛"是同音字。师古曰："沛音普盖反。"又曰："浿
音普大反。"而"盖"和"大"的上古音皆在"祭部"，由此看来，
"浿""沛"的读音，无论是声母还是韵母，在上古是相同的。又
据《中华大字典》"浿"字条和"沛"字条的解释，二字都可读为
"浿"，都是"普盖切"，即使现代的读音，"浿"与"沛"也相同，
字典或词典上皆注音为 pèi。因此，浿水与沛水为同一水名的汉字
同音异写。另，前引注语中的"汗水"与浿（沛）水也应是同一条
水的不同称谓，"汗水"在《山海经·海内西经》"貊国在汉水东北"
中作"汉水"，此"汉水当即汗水或沛水"。[2] 古人将"沛水"和"汗
（汉）水"皆注于"番汗"之下，说明这条水同"番汗"之名关系密
切。综上，西汉时的浿水又写作沛水，在战国时期称汗（汉）水。

关于"秦故空地上下鄣"，《三国志》卷三〇《魏书·东夷传》
注引鱼豢《魏略》云：

> （朝鲜王）否死，其子准立，二十余年而陈项起，天下乱，
> 燕、齐、赵民愁苦，稍稍亡往准，准乃置之于西方……燕人卫
> 满亡命，为胡服，东度浿水，诣准降，说准求居西界，收中国
> 亡命为朝鲜藩屏。准信宠之，拜为博士，赐以圭，封之百里，

1　《汉书》卷二八下《地理志下》，第 1626 页。

2　张博泉：《汉玄菟郡考》，《吉林大学社会科学学报》1980 年第 6 期。

令守西边。[1]

卫满求居西界中的"西界"，箕准所封卫满的"百里"之地，令满所守之"西边"，以及战国时燕将秦开所攻之"西方"，准所置燕、齐、赵等地亡民之"西方"，皆是同一地区，即"秦故空地上下鄣"一带。

"上下鄣"即指自今博川过清川江之后，其南岸江西郡咸从里一带的沿海狭长地带。其上鄣，亦即北部，也就是《汉书》中的"云鄣"，其位置当在秦长城线上；其下鄣即是南部，应为秦长城最东端的"碣石"（今咸从里）。[2] 由此可见，秦时的辽东长城曾由今天的"大宁江长城"向南越过清川江，继续向南延伸到今天的咸从里。汉时由于"其远难守"，故而"复修辽东故塞"，放弃秦在清川江以南的"上下鄣"之地，遂使这一地区成为"空地"。及秦汉之人逃往箕氏朝鲜，箕氏朝鲜的国王便将他们集中安置于此。不过，出乎意料的是，卫满竟以此处为根据地，广泛收罗自齐、燕、赵逃来的人口，趁机发展自己的势力，最终设计推翻了箕氏朝鲜。

第三个存在争议的问题是卫满的"外臣"身份问题。

《史记》卷一一五《朝鲜列传》："会孝惠、高后时天下初定，辽东太守即约满为外臣，保塞外蛮夷，无使盗边；诸蛮夷君长欲入见天子，勿得禁止。以闻，上许之。"[3]《史记·太史公自序》亦载："燕丹散乱辽间，满收其亡民，厥聚海东，以集真藩，葆塞为外臣。"[4]

关于"外臣"的身份问题，中国学者间存在四种不同的认识。

1　《三国志》卷三〇《魏书·东夷传》注引鱼豢《魏略》，第850页。
2　刘子敏：《"秦故地上下鄣"考》，《博物馆研究》1996年第3期。
3　《史记》卷一一五《朝鲜列传》，第2986页。
4　《史记》卷一三〇《太史公自序》，第3317页。

其一，认为"被称'外臣'者虽然名义上是汉王朝的'外臣'，但实际上在自己的统治区域内均拥有完全的自主权"。与汉王朝"通过确定'外臣'关系进行政权之间的交往"。[1] 其二，"外臣是一个多重内涵的概念"，作为文化概念，与外国、外蕃、外夷同义，作为文化、政治交织的概念，指归属中国历代王朝的异文化民族集团。[2] 其三，认为"外臣"是与"内诸侯"相区别的名词，相当于外诸侯国和外诸侯王。[3] 其四，"外臣"国指的是西汉政府对边远少数民族杂居地区进行统治的特别行政区。[4]

"外臣"一词最早见于儒家经典。《仪礼·士相见礼》：

> 凡自称于君，士、大夫曰"下臣"。宅者在邦，则曰"市井之臣"；在野，则曰"草茅之臣"。庶人则曰"刺草之臣"。他国之人则曰"外臣"。[5]

《礼记·杂记》：

> 大夫讣于同国，适者，曰"某不禄"；讣于士，亦曰"某不禄"。讣于他国之君，曰"君之外臣寡大夫某死"；讣于適者，曰"吾子之外私寡大夫某不禄，使某实"；讣于士，亦曰"吾子之外私寡大夫某不禄，使某实"。士讣于同国大夫，曰

1　刘瑞：《秦、西汉的"内臣"与"外臣"》，《民族研究》2003 年第 3 期。

2　王义康：《中国古代的外国与外臣考》，周伟洲主编《西北民族论丛》第 12 辑，社会科学文献出版社，2015。

3　尹湘豪：《关于汉代的"外臣"和"属国"问题》，《历史教学》1984 年第 2 期。

4　陈膺龙：《也谈汉代的"外臣"和"属国"》，《历史教学》1986 年第 3 期。

5　（汉）郑玄注，（唐）贾公彦疏《仪礼注疏》卷七《士相见礼》，彭林整理，王文锦审定，李学勤主编《十三经注疏》（5），北京大学出版社，1999，第 125 页。

"某死"；讣于士，亦曰"某死"；讣于他国之君，曰"君之外臣某死"；讣于大夫，曰"吾子之外私某死"；讣于士，亦曰"吾子之外私某死"。[1]

《左传·成公三年》：

> （知䓨）对曰："以君之灵，累臣得归骨于晋，寡君之以为戮，死且不朽。若从君之惠而免之，以赐君之外臣首；首其请于寡君，而以戮于宗，亦死且不朽。若不获命，而使嗣宗职，次及于事，而帅偏师以修封疆，虽遇执事，其弗敢违。其竭力致死，无有二心，以尽臣礼。所以报也！"[2]

很显然，在儒家经典中，"外臣"是大夫相对于他国君主的自称。《左传》的记载可以证明，这是"外臣"一词在春秋战国时期通用的内涵。但是，最早称卫满为"外臣"的《史记》却不是从这个意义上使用此概念的。除称卫满外，《史记》至少还有三处明确使用"外臣"的概念：

> 丞相长史任敞曰："匈奴新破困，宜可使为外臣，朝请于边。"
>
> （唐）蒙乃上书说上曰："南越王黄屋左纛，地东西万余里，名为外臣，实一州主也。"

1　（清）孔希旦：《礼记集解》卷三九《杂记》，第1043~1044页。
2　杨伯峻：《春秋左传注》成公三年，第813页。

（张骞）既连乌孙，自其西大夏之属，皆可招来而为外臣。[1]

上述三例中，"外臣"显然皆是他称而非自称，这是《史记》中的"外臣"概念与儒家典籍中的"外臣"概念的最大区别。

有学者认为，云梦睡虎地秦简中的"外臣邦"相当于汉代文献中的"外臣"，[2]是仅从字面理解，而没有意识到"外臣"这一概念由先秦的自称至汉代的他称的转变，因此，这种将两个概念的简单对接恐怕是存在一定问题的。

罗新在研究走马楼吴简时指出：

如何理解走马楼吴简中的"真吏"，关键在于如何解释"真"字。"真"并非真假之真，而是睡虎地秦简中"臣邦真戎君长"之"真"。依据秦简相关简文，可知"真"是指华夏（秦与诸侯）之外却又已经在政治上归附华夏政权的所谓"臣邦"（或"内臣邦"），是与华夏之外并且尚未归附华夏政权的"外臣邦"（或"它邦"）相对而言的。[3]

概言之，秦简中的"外臣邦"，指尚未归附华夏政权的非华夏人建立的政权。由此看来，秦简中的"外臣邦"的内涵，既不同于先秦时期儒家典籍中的"外臣"，也不同于汉代文献特别是《史记》中

1　《史记》卷一一〇《匈奴列传》，第2911页；卷一一六《西南夷列传》，第2994页；卷一二三《大宛列传》，第3168页。

2　刘瑞：《秦、西汉的"内臣"与"外臣"》，《民族研究》2003年第3期。朱丹宁对此有不同的认识，参见朱丹宁《〈法律答问〉"外臣邦"献疑》，《文教资料》2013年第29期。

3　罗新：《"真吏"新解》，《中华文史论丛》2009年第1期。

的"外臣"，应是与"外臣"不同的另一个概念。[1]

　　《史记》中明确称之为"外臣"的，除卫氏朝鲜之外，还有匈奴、南越、西域都护府以西的大夏等政权。这些政权的共同特点是：其一，虽然统治者或许为中原移民（如卫氏朝鲜、南越），但其主体民族肯定不是华夏；其二，皆具有明显的独立性；其三，在汉武帝开疆拓土的过程中，皆曾与汉王朝发生过战争。[2]匈奴强盛时与西汉为对等的国家，两国平等交往。而前引《史记》卷一一〇《匈奴列传》记载，任敞正式建议乘匈奴战败之机，迫使匈奴成为"外臣"，此记载足以证明，"外臣"不是与汉王朝对等的独立政权。卷一二三《大宛列传》记载，大夏诸国是"可招来而为外臣"，需要汉王朝进行一定的努力才能成为汉朝的"外臣"，从中也可以看出，"外臣"不是与汉王朝平等交往的独立政权。卷一一六《西南夷列传》中，唐蒙是对南越王的做法进行指责，认为这不符合其"外臣"的身份，正是从另一个侧面证明了"外臣"不是独立政权。

　　综上可见，司马迁《史记》中的"外臣"，指明确归附汉王朝但保持自治性质的非华夏政权。"外臣"保有一个国家的政治体制，其境内的多数人口不是华夏人，但与汉王朝存在一定的隶属关系，至少在名义上是汉王朝的"臣"，需要对汉王朝尽一定的义务。因此我们认为，"外臣"实质上是汉王朝一种特殊的地方管理体制，其最大的特殊性是，在汉朝中央政府默认的情况下，保有最大限度的地方自治权。将"外臣"等同于"外国"是不符合历史事实的。汉

1　《资治通鉴》卷二五四《唐纪七十》"僖宗中和元年（881）"条胡三省注："外臣谓外廷之臣，宰相以下百执事皆是也。"（中华书局，1956，第8255页）这种对"外臣"内涵的理解是更晚期的事情，与我们讨论的卫氏朝鲜问题无关。

2　汉武帝虽未进攻过大夏，但曾征大宛国。有关"大夏""外臣"的记载即见《史记》卷一二三《大宛列传》，可见司马迁是将两者视为同一地域的。

武帝对上述地区的征讨，结果是改变了中央对该地区的管理体制（匈奴应属例外），其中卫氏朝鲜、南越是最为典型的，由原来的特殊体制直接变为与内地相同的郡县体制。

《史记》卷一一五《朝鲜列传》：

> 会孝惠、高后时天下初定，辽东太守即约满为外臣，保塞外蛮夷，无使盗边；诸蛮夷君长欲入见天子，勿得禁止。以闻，上许之。以故满得兵威财物侵降其旁小邑，真番、临屯皆来服属，方数千里。传子至孙右渠，所诱汉亡人滋多，又未尝入见；真番旁众国欲上书见天子，又拥阏不通。[1]

上述记载证明，在汉惠帝和吕后执政时，卫氏朝鲜确立起对汉王朝的"外臣"关系，也就是隶属关系。日本学者荆木计男考证，汉辽东太守约卫满为外臣，很可能是汉惠帝三年至四年（前192~前191）的事。[2] 卫氏朝鲜对汉王朝的义务主要是两项，一是保证该地区各部族不侵扰汉王朝的边疆，二是保证不阻挠该地区各族向汉王朝的朝贡。从汉武帝出兵朝鲜的理由来看，卫氏朝鲜对汉王朝的义务后来应有所增加，主要也是两项，一是卫氏朝鲜应对汉王朝保持朝贡关系，二是不得收留中原流民。在此基础上，汉王朝赋予卫氏朝鲜代表汉朝中央政府管理该地区各族的权力，也就是"保塞外蛮夷"，但汉王朝在赋予卫氏朝鲜此种权力时也有附加条件，即"诸蛮夷君长欲入见天子，勿得禁止"。卫氏朝鲜也确实行使了汉王朝赋予的这种权力，也可以说是以行使该权力的名义对周边部族进行

1　《史记》卷一一五《朝鲜列传》，第2986页。
2　荆木計男「衛満朝鮮王冊封について——前漢帝国遼東郡からのアプローチ」『朝鮮学報』第115号、1985年。

征服，即"以故满得兵威财物侵降其旁小邑"。由卫氏朝鲜与汉王朝之间权利、义务关系进行分析，可以证明，卫氏朝鲜已经确立对汉王朝的隶属关系。

第二节　卫氏朝鲜疆域变迁

《史记》卷一一五《朝鲜列传》：

> 自始全燕时，尝略属真番、朝鲜，为置吏，筑鄣塞。秦灭燕，属辽东外徼。汉兴，为其远难守，复修辽东故塞，至浿水为界，属燕。燕王卢绾反，入匈奴，满亡命，聚党千余人，魋结蛮夷服而东走出塞，渡浿水，居秦故空地上下鄣，稍役属真番、朝鲜蛮夷及故燕、齐亡命者王之，都王险。[1]

西汉初期主动内撤，守清川江一线的"辽东故塞"，以清川江为边界，但箕氏朝鲜也未敢据有大同江与清川江之间的土地，而是仍旧据守大同江一线，因此造成大同江至清川江之间无人管辖的特殊状况，这也就是"秦故空地上下鄣"。卫满投奔箕氏朝鲜之后，朝鲜将之安置在这里，是对汉王朝的试探，透露出箕氏朝鲜下一步占有该地域的企图。而结果却是卫满以此为根据地，利用中原

1　《史记》卷一一五《朝鲜列传》，第 2985 页。

移民的力量，最终取代了箕氏朝鲜。从卫满"役属真番、朝鲜蛮夷及故燕、齐亡命者王之"的记载来看，卫氏朝鲜建立之初所统治的族群主要是三个，真番、朝鲜、燕齐亡命者也就是中原华夏族移民。真番人的居住区也就是东夷真番国，在今朝鲜黄海道；朝鲜人的居住区即古朝鲜地，在今大同江中下游；燕齐亡命者的主要居住区应即"秦故空地上下鄣"，指大同江与清川江之间。综上，卫氏朝鲜建立之初的疆域，大体包括今朝鲜平安南道、黄海南北道和平壤特别市。这是汉惠帝时，或具体说公元前 194 年前后卫氏朝鲜的疆域。

关于卫氏朝鲜的都城王险，《史记集解》引徐广曰："昌黎有险渎县也。"《史记索隐》称应劭注《地理志》"辽东险渎县，朝鲜王旧都"。考之当时的卫氏朝鲜疆域，其都城自然不可能在辽东险渎县。《史记索隐》引臣瓒云"王险城在乐浪郡浿水之东"，[1] 即今平壤一带，才是比较可信的，也就是继承了箕氏朝鲜的旧都。

在约为西汉"外臣"之后，卫氏朝鲜假借汉王朝授予的管理周边各族的权力，开始对外扩张。《史记》卷一一五《朝鲜列传》："以故满得兵威财物，侵降其旁小邑，真番、临屯皆来服属，方数千里。"《史记正义》引《括地志》："朝鲜、高骊、貊、东沃沮五国之地，国东西千三百里，南北二千里，在京师东，东至大海四百里，北至营州界九百二十里，南至新罗国六百里，北至靺鞨国千四百里。"[2]《后汉书》卷八五《东夷传·濊传》："濊及沃沮、句骊，本皆朝鲜之地也。"由上述记载来看，除去辽东郡占领的地区以外，卫氏朝鲜几乎恢复了箕氏朝鲜鼎盛时期的疆域。

1　《史记》卷一一五《朝鲜列传》，第 2986 页。

2　《史记》卷一一五《朝鲜列传》，第 2986 页。

　　此时期卫氏朝鲜的疆域，大体包括今朝鲜江原道、咸镜南北道、两江道、慈江道，及平安南道、黄海南北道和平壤特别市的大部分地区，及韩国江原道的大部分地区。这也就是《史记》所说"真番、临屯皆来服属，方数千里"时的疆域。卫氏朝鲜何时扩张到上述地区，史籍中找不到任何线索，但上述疆域应该是元朔元年（前128）以前卫氏朝鲜的状况。也就是说，卫氏朝鲜的上述疆域是经历60余年发展的结果。

　　汉武帝元朔元年（前128）设苍海郡。《汉书》卷六《武帝纪》记载此事作："东夷薉君南闾等口二十八万人降，为苍海郡。"《后汉书》卷八五《东夷传》作："元朔元年，濊君南闾等畔右渠，率二十八万口诣辽东内属，武帝以其地为苍海郡，数年乃罢。"[1] 苍海郡的辖区自辽东郡塞外，经浑江流域向东延伸，包括今朝鲜慈江道、两江道，以及江原道，可能还包括平安南道的部分地区，但应该不包括咸镜南北道。[2] 咸镜南北道虽然不隶于苍海郡，却为苍海郡阻隔，不再与卫氏朝鲜相连，因而也应该脱离了卫氏朝鲜。

　　元朔元年苍海郡之设，是在汉王朝的鼓动下，南闾等夷人的首领联合行动脱离卫氏朝鲜的结果。在此之后，卫氏朝鲜的疆域仅包括今平安南道、黄海南北道和平壤特别市的大部分地区。这是元朔元年（前128）至元朔三年春，卫氏朝鲜的疆域。

　　元朔三年春，汉撤苍海郡，卫氏朝鲜应恢复了对上述地区的控制。汉武帝元封三年（前108）灭卫氏朝鲜，设乐浪、玄菟、真番、临屯四郡，显然四郡的辖区即此前卫氏朝鲜的疆域。此时期卫氏朝鲜的疆域，大体上包括今朝鲜江原道、咸镜南北道、两江道、慈江

1　《汉书》卷六《武帝纪》，第169页；《后汉书》卷八五《东夷传》，第2817页。

2　有关苍海郡的考证详见本书第四章第一节"苍海郡考"。

道，及平安南道、黄海南北道和平壤特别市的大部分地区，韩国江原道的大部分地区和汉江以北的京畿道部分地区，及以浑江流域为中心的中国辽宁、吉林两省东部的部分地区。[1]

关于卫氏朝鲜地望，因《史记》卷一一五《朝鲜列传》记载卫满都王险，《史记集解》引徐广曰："昌黎有险渎县也。"《史记索隐》称应劭注《地理志》"辽东险渎县，朝鲜王旧都"，有朝鲜李朝文人认为卫氏朝鲜的都城在汉辽东郡险渎县，认为卫氏朝鲜当在辽东，并进而认为史籍中的浿水也在辽东，疑浿水即《辽史》所称泥河。力倡此说者为申景浚："燕、秦经理，未尝及于鸭江，则浿水乃在鸭江之北，《辽史》所称泥河为浿水明甚。"[2]《东国文献备考》亦持此说。

丁若镛（1762~1836）《大东水经·浿水一》对此说来龙去脉的梳理以及对此说的批判都很明白，摘引如下：

> 古今浿水之说总有五家。其一，以鸭渌河为浿水。《史记·朝鲜传》所载是也。其一，以大同河为浿水。桑氏《水经》及班氏《地志》所言是也。其一，以潴滩水为浿水。《丽史·地志》及《胜览》所言是也。其一，以靬芋淀为浿水。《辽史·地志》及《一统志》所言是也。其一，以清川水为浿水。韩久庵《地志》所言是也。诸书之中，桑氏《水经》最得其正。故此经特云平壤之水者，从桑氏之经也。
>
> 《辽史·地理志》东京道辽阳县，本汉浿水县。浿水亦曰泥河，一曰靬芋淀水，多靬芋草。《大明一统志》云，清河源

1　关于汉四郡详见本书第四章"郡县体制研究"。
2　转引自（朝鲜王朝）成海应《研经斋全集外集》卷四五《汉二郡考》，《韩国文集丛刊》第277册，景仁文化社，2001，第284页。

出盖州卫分岭，西南流经城南，又西流合泥河入于海。泥河一名浿水。又曰，薢芋泺水多薢芋之草。《盛京通志》云，淤泥河在海城县西南六十五里。按《辽史》，辽阳县在汉浿水县北，浿水亦曰淤河，一曰薢芋泺。《明一统志》从之。乃又以朝鲜大通江为浿水。今淤泥河源出圣水山，流至迷真山西散漫。则此河即辽之薢芋泺，其与朝鲜界内浿江不同也。《备考》云，燕略朝鲜，置吏筑鄣，而汉以其远难守，筑辽东故塞，至浿水为界。则燕之置吏至于浿水之南明矣。燕、秦经理，未尝及于鸭江，则浿水乃在鸭江之北、辽东之南者，而泥河之为浿水，是矣。自唐以来，皆以大同江为浿水，而其实非汉县之浿水也。又云，增地县是浿水入海，则当在今海城县之迷真山西。安顺庵云，《汉志》辽东郡西安平县有马訾水入海处，则鸭渌以北皆属辽东，乐浪诸县何以挽入其间耶。大抵《辽史·地志》多不可信。先生云：我邦之振威县有清淮，又涟川县谓之临漳，岂即为淮水、漳水乎？名称偶同，不足辨也。案：乐浪属县不得在于辽东，《辽史》之说非也。泥河小流不足为界，《备考》之说非也。苏秦说燕文侯曰，燕东有朝鲜、辽东。朝鲜者，渌水以南也。《始皇本纪》曰，东至海暨朝鲜。而《魏略》云，箕否服属于秦。则燕、秦疆域逾渌水而南矣，何苦觅浿水于渌水之北乎！[1]

更有值得注意的是，李瀷（1681~1763）《星湖全集》卷二〇《答尹幼章书（丙子）·别纸》：

1　（朝鲜王朝）丁若镛：《大东水经·浿水一》，《与犹堂全书》第六集《地理集》，《韩国文集丛刊》第286册，景仁文化社，2002，第381~382页。

　　吾以为，鸭绿为溴水，清川为沪水，大同为洌水，猪滩为浿水，汉江为带水，此则无疑。溴水，见陈寿《三国志》及《盛京通志》。据《通典》，泉水、洌水、汕水合为洌水。杨雄《方言》每称朝鲜洌水之间，则道内三水之合，惟洌为然也。宇文述渡沪水，距平壤三十里，则非清川而何。浿水在丽、济之境，而《通考》自礼成江抵碧澜亭，浿亦称礼成，而碧澜之称至今犹在也。[1]

李瀷《星湖僿说》卷二《天地门·浿溴》：

　　外国地号，本土无验，而上国有之，宜从而取断；苟使本土有之，而与上国文字有别者，宜从本国。如人名之见于上国者，分明多误，岂可据彼而反疑吾名或然耶。如浿江，据卫满之渡浿，则疑鸭绿也。然按陈寿《三国志》，卢绾为燕王，朝鲜与燕界于溴水，及绾入匈奴，燕人卫满亡命，为胡服，东渡溴水，则浿即溴之误也。今考《盛京通志》亦作溴，皆可证也。或者辽东淤泥河亦称浿水，在汉浿水县北，故《汉书》混而不别耶。[2]

按，李瀷是以溴水为今鸭绿江，作"浿"为误字。也就是说，以浿

1　（朝鲜王朝）李瀷《星湖全集》卷二〇《答尹幼章书（丙子）·别纸》，《韩国文集丛刊》第198 册，景仁文化社，1999，第 422 页。

2　（朝鲜王朝）李瀷《星湖僿说》卷二《天地门·浿溴》，http://db.itkc.or.kr/dir/item?itemId=GO#/dir/node?dataId=ITKC_GO_1368A_0030_010_0410&solrQ=query，最后访问时间：2019年 7 月 12 日。

水为今鸭绿江之说，实源于误"溴"为"淇"。后世李朝文人皆为此一字所误，导致有关淇水问题夹缠不清，因而怀疑卫氏朝鲜在今辽东，也因此怀疑汉灭卫氏朝鲜所设乐浪郡在辽东。

　　对于此一系列的错误观点，朝鲜李朝学者丁若镛已进行过系统的批判，可以说这已经不是一个问题了。但是，却仍有现代学者重拾此谬说，并丰富发展，认为汉代的乐浪郡在辽河以西，在今朝鲜平壤的乐浪是所谓乐浪国，而不是汉代的乐浪郡，至后汉光武帝时攻占乐浪国之地，建立军事基地，置于辽西乐浪郡的管辖之下，进而认为存在汉四郡之乐浪郡、崔理的乐浪国、后汉光武帝建置之乐浪郡等三个乐浪。[1] 此说李健才已批之甚详，[2] 此不赘述。

第三节　卫氏朝鲜统治结构

《史记》卷一一五《朝鲜列传》：

1　〔韩〕尹乃铉：《汉四郡的乐浪和平壤的乐浪》，顾铭学译，《东北亚历史与考古信息》1990年第2期。译自〔韩〕尹乃铉《韓國古代史新論》，一志社，1986。尹乃铉的相关研究另可参见其所著《漢四郡의樂浪郡과平壤의樂浪》，《韓國學報》第11期，1985年，第2~36页；《箕子新考》，《한국사연구》第41辑，1983年，第1~50页；《中國文獻에 나타난 古朝鮮認識》，《韓國史論·14：韓國古代史의 諸問題》，國史編纂委員會，1983，第121~170页；《古朝鮮의 西邊境界考》，《東洋學論叢：(藍史鄭在覺博士古稀記念)》，高麗苑，1984，第1~38页；《古朝鮮의 위치와 疆城》，《군사》第8号，1984年，第149~178页；《古朝鮮의 都邑 遷移考》《白山學報》第30、31号，1985年，第7~39页。

2　李健才：《关于古朝鲜和乐浪郡在辽东等地的记载和问题》《秦长城东端的碣石考》《评汉代乐浪郡在今辽河以西说》《平壤地区是否只有后汉而无前汉时代的遗迹、遗物》，皆见李健才《东北史地考略》第3集，吉林文史出版社，2001。

　　元封二年，汉使涉何谯谕右渠，终不肯奉诏。何去至界
上，临浿水，使御刺杀送何者朝鲜裨王长，即渡，驰入塞。遂
归报天子曰："杀朝鲜将。"

《史记正义》："颜师古云：'长者，裨王名也。送何至浿水，何因刺
杀也。'按：裨王及将士长，恐颜非也。"[1] 提出了两种对"裨王长"
的理解，一是颜师古的说法，认为其头衔为"裨王"，其人名"长"；
另一种说法认为"裨王长"是"裨王"和"将士长"的合称。参之
《史记》下文，涉何向汉武帝报告"杀朝鲜将"，则后一种说法更为
合理。但是，除此处之外，史书中查不到"裨王长"指"裨王"和
"将士长"的类似用例，也不见将"将士长"省称为"长"的用例。
可见此"长"并不是正式的官称，而是泛指其官员的身份。

　　"裨王"一名亦见于《史记》卷一一一《卫将军骠骑列传》："汉
轻骑校尉郭成等逐数百里，不及，得右贤裨王十余人。"《史记索
隐》引贾逵云："裨，益也。"引小颜云："裨王，小王也，若裨将
然。"此记载亦见《汉书》卷五五《卫青霍去病传》，颜师古注："裨
王，小王也，若言裨将也。"[2] 关于"裨王"之"裨"的含义有两种
解释，汉代经师贾逵认为是"益"，唐代史家颜师古认为是"小"。
实际两说并不矛盾，是颜师古的表述不够准确，其称裨王"若言
裨将也"，而"裨将"的准确含义应是"副将""偏将"。而贾逵将
裨解释为"益"，与此相通。因此，"裨王"准确的定义应该是"副
王"，即多出来的王，因其数量并不是唯一的。《汉书》卷七〇《傅

1　《史记》卷一一五《朝鲜列传》，第2986~2987页。
2　《史记》卷一一一《卫将军骠骑列传》，第2925~2926页；《汉书》卷五五《卫青霍去病传》，
　　第2475页。

常郑甘陈段传》见"康居副王"，卷九六上《西域传》称大宛国"副王、辅国王各一人"，《后汉书》卷四七《班超传》"永元二年，月氏遣其副王谢将兵七万攻超"，[1] 皆是其用例。

《史记》卷一一一《卫将军骠骑列传》："封浑邪王万户，为漯阴侯。封其裨王呼毒尼为下摩侯，鹰庇为辉渠侯，禽梨为河綦侯，大当户铜离为常乐侯。"《资治通鉴》卷一九记载此事作"封其裨王呼毒尼等四人皆为列侯"，[2] 恐怕不准确，因《史记》的记载很清楚，前三人才是"裨王"，最后一人铜离是"大当户"。

《史记》卷一一〇《匈奴列传》："置左右贤王，左右谷蠡王，左右大将，左右大都尉，左右大当户，左右骨都侯"，"左右贤王以下至当户，大者万骑，小者数千，凡二十四长，立号曰'万骑'"，"诸二十四长亦各自置千长、百长、什长、裨小王、相、封都尉、当户、且渠之属"。[3] 大当户属于匈奴"二十四长"之一，"自置千长、百长、什长、裨小王、相、封都尉、当户、且渠之属"，就是有自己的下属机构和属官。在二十四长的属官中包括"裨小王"，可证前引《史记》"裨王"不能称"小王""裨小王"，因为两者在匈奴的职官体系中处于不同的等级。上述史料中罗列的匈奴二十四长的官名中不见"裨王"，可见"裨王"不是匈奴的官名，也不属于"二十四长"，而是"副王"。准确地说，"裨王"是王的副手们，而包括"裨小王"的"千长、百长、什长"等，都是王的下属官员。前引《史记》卷一一一《卫将军骠骑列传》的记载中，呼毒尼、鹰庇、禽梨的身份是"裨

1 　《汉书》卷七〇《傅常郑甘陈段传》，第3011页；卷九六上《西域传》，第3894页；《后汉书》卷四七《班超传》，第1580页。

2 　《史记》卷一一一《卫将军骠骑列传》，第2933页；《资治通鉴》卷一九《汉纪一一》"武帝元狩二年"条，第633页。

3 　《史记》卷一一〇《匈奴列传》，第2890、2891页。

王"，是浑邪王的副手，而铜离的身份是"大当户"，是浑邪王的下属官员，因此《资治通鉴》卷一九将四人统称为"裨王"是不准确的。

参照《史记》中匈奴"裨王"的内涵可知，涉何所杀"朝鲜裨王长"在卫氏朝鲜国内地位极高，是具有相当"副王"身份的大贵族。因此后来卫氏朝鲜方面才兴师动众越境杀涉何为他报仇。由这样一位人物送涉何回国，可以看出朝鲜方面对涉何的接待规格之高。卫右渠虽然未接受汉王朝提出的要求，但对于汉使是极为重视的。

《史记》卷一一五《朝鲜列传》：

> 左将军已并两军，即急击朝鲜。朝鲜相路人、相韩阴、尼谿相参、将军王唊相与谋曰："始欲降楼船，楼船今执，独左将军并将，战益急，恐不能与，王又不肯降。"阴、唊、路人皆亡降汉。路人道死。元封三年夏，尼谿相参乃使人杀朝鲜王右渠来降。[1]

《史记索隐》：

> 应劭云："凡五人。戎狄不知官纪，故皆称相也。路人，渔阳县人。"如淳云："相，其国宰相。路人，名也。唊音颊，一音协。"[2]

《汉书》卷九五《西南夷两粤朝鲜传》注：

> 应劭曰："凡五人也。戎狄不知官纪，故皆称相。"师古曰："相路人，一也；相韩陶，二也；尼谿相参，三也；将军王唊，

1　《史记》卷一一五《朝鲜列传》，第 2988~2989 页。
2　《史记》卷一一五《朝鲜列传》《索隐》引应劭语，第 2989 页。

四也。应氏乃云五人，误读为句，谓尼谿人名，失之矣。不当
寻下文乎？唊音颊。"[1]

关于卫氏朝鲜的相，如淳称"其国宰相"，恐怕是出自汉朝官制所
做的比附，并不准确，应劭说"戎狄不知官纪，故皆称相"，才是
正确的。所谓"戎狄不知官纪"，就是卫氏朝鲜并不存在与汉王朝
类似的官制，其重要官员统称相。既然称"戎狄不知官纪"，则卫
氏朝鲜的相肯定与汉朝的丞相不同，应即我们前面讨论的"裨王"。
可能"相"是卫氏朝鲜国内的称谓，而"裨王"是司马迁作为史
家的概念。应劭称朝鲜相路人是"渔阳县人"，则路人应是中原移
民或是中原移民的后裔。上文提到的三个相中，就有一个是中原
移民，卫氏朝鲜借用汉王朝的"相"的概念当然是可能的。换句话
说，卫氏朝鲜国内地位仅次于国王的大贵族，借用汉朝官名，在其
国内称"相"，或被称为"相"。

　　《三国志》卷三〇《魏书·东夷传》裴松之注引鱼豢《魏略》：
"初，右渠未破时，朝鲜相历谿卿以谏右渠不用，东之辰国，时民随
出居者二千余户。"[2] 证明卫氏朝鲜的大贵族们也借用先秦时期的官
名，称"卿"。从历谿卿的故事来看，这些大贵族拥有不少于二千户
的属民，自然也会有相当面积的私人领地，在卫氏朝鲜国内，其身
份颇类似于中原先秦时期的采邑主，类似于春秋诸国的"卿"，从这
个角度说，也许称"卿"是更为准确的。或许称"卿"是自箕氏朝
鲜继承下来的旧称，称"相"是模仿汉王朝的新名，亦未可知。

　　前引《史记》的记载中出现三位相，两位称"相"，一位称

1　《汉书》卷九五《西南夷两粤朝鲜传》，第3867页。
2　《三国志》卷三〇《魏书·东夷传》，第851页。

"尼谿相"，在两位"相"和将军皆降汉以后，"尼谿相参乃使人杀朝鲜王右渠来降"，一方面证明"尼谿相"在卫氏朝鲜国内极有权势；另一方面也证明，其地位在"相"之下，所以在《史记》的行文中，"尼谿相"排序在两位"相"之后。

"尼谿相""历谿卿"，卿、相是一回事，"历谿卿"即"历谿相"。则我们在史料中至少可以发现两位具有不同头衔的"相"。"历谿""尼谿"显然不是汉语，应是当地土著语言的汉字译写。卫氏朝鲜国内拥有私人领地和属民的大贵族的头衔已经出现分化，意味着这些领主之间开始区分出不同的等级，标志着不同的政治身份和地位，这是官员阶序化的开端。而这些贵族新采用的头衔，如"尼谿相"，是当地土著语言"尼谿"和汉语外来语"相"的组合，体现着卫氏朝鲜官名的土著文化与外来文化相结合的特点。这是卫氏朝鲜统治体制方面的一大变化。

卫氏朝鲜统治体制的另一变化是，在《史记》的记载中出现了"将军"一职。卫氏朝鲜的将军与汉王朝的将军是否具有可比性已不得而知，但参照涉何奏报"杀朝鲜将"的记载来看，卫氏朝鲜国内官员确实已经出现了文官与武将的划分。这体现着官员的职掌开始走向明晰、专业。

尽管卫氏朝鲜的统治体制出现了上述变化，但是，直至卫氏朝鲜灭亡，其内部统治结构仍旧是贵族领主制的。拥有私人领地和属民的采邑主，在卫氏朝鲜国内权势极大，不仅拥有"副王"的身份和地位，在劝谏国王得不到采纳时，他们竟可以率领自己的属民脱离卫氏朝鲜自行发展，当国家面临危机时，他们竟可以抛开国王商议解决办法，并自行决定战还是降，甚至有能力杀死国王。可见，他们对卫氏朝鲜的王权构成极大的制约。总之，卫氏朝鲜的统治结构，是领主—属民体制，尚未出现中央集权机制。

第三章　秽国、辰国与三韩

在箕氏朝鲜和卫氏朝鲜存在期间，朝鲜半岛至少还曾经存在过三个古国，位于箕氏朝鲜北方的秽国和位于古朝鲜南方的辰国、古韩国。秽国也称秽邪头国，曾先后臣属于箕氏朝鲜和卫氏朝鲜，也曾游离于古朝鲜之外处于独立地位，对东北亚政局曾发挥过重要影响，但却罕有学者论及，可以说是古朝鲜时代的盲点问题。关于古辰国，学界虽有研究，但都将之视为商周古国，恐怕去史实甚远，这一经前辈学者聚焦过的焦点问题很有必要重新研究。古韩国与三韩的关系则是我们要解决的另一个盲点问题，对此问题的深入思考有助于我们加深对新罗、百济兴起原因的理解。

第一节　秽国考

　　秽人为东北最古老的居民之一，后与貊人相融合形成秽貊族系各族。对于秽人和貊人，学界的研究很多，而且与朝鲜半岛关系不大，姑置而不论，这里主要研究秽人的国家。

　　《吕氏春秋·恃君览》："非滨之东，夷秽之乡。"高诱注："东方曰夷。秽，夷国名。"[1] 可见秽人属于东夷人的一支，"秽"最初是东夷人建立的国家的国名，作为族称是后起的用法。《三国志》卷三〇《魏书·东夷传》称夫余人"其印文言濊王之印"，[2] 夫余族建立的国家所用印文称"濊王之印"，此印当不是夫余人自铸，而是出自对濊人遗物的继承；《三国史记·新罗本纪》记载，南解次次雄在位时，"北溟人耕田，得秽王印"，[3] 这是见于史书记载的另一枚秽王印。所谓秽王有不止一种印传世，足以证明秽人确曾建立过自己的国家。

　　秽人也就是东夷人，故《汉书》卷六《武帝纪》称秽君南闾为"东夷薉君"。《史记》卷一一二《平津侯主父列传》有"濊州"，《集解》引如淳曰"东夷也"，《索隐》曰"濊州，地名，即古濊貊国也"，[4] 都可以证明这一点。

1　　许维遹:《吕氏春秋集释》卷二〇《恃君览》，梁运华整理，第 545 页。

2　　《三国志》卷三〇《魏书·东夷传》，第 842 页。

3　　（高丽）金富轼:《三国史记》卷一《新罗本纪·南解次次雄》，第 5 页。

4　　《史记》卷一一二《平津侯主父列传》，第 2959、2960 页。

　　《太平御览》卷九三九引《魏略》称"濊国出班鱼皮"，[1] 班鱼即鮊鱼，《说文》称鮊鱼"出薉邪头国"，段玉裁注："陈氏《魏志》、范氏《后汉书·东夷传》皆曰：'濊国海出班鱼皮。'今《一统志·朝鲜下》亦云尔。班鱼即鮊鱼也。郭注《尔雅》云：'出秽邪头国。'见《吕氏字林》。"[2] 可见秽国即秽邪头国。可能秽邪头是东夷人本族语言的国名，而中原汉人省称为秽国。

　　秽国建立的具体时间不详。《逸周书·王会篇》中已经出现用作族称的"秽人"，《管子·小匡》："北至于孤竹、山戎、秽貊"，说明春秋时期已将秽与貊连称，则秽国的建立一定在春秋时期以前。参之貊人在西周末年即已自蒙古草原向东北迁徙，与秽人融合形成秽貊族系，[3] 则秽国的出现当不晚于西周初。很可能是受箕子在大同江流域立国的影响，土著夷人也组建起一个类似的邑落方国联盟，就是秽国。

　　据《后汉书》卷八五《东夷传》："武乙衰敝，东夷浸盛，遂分迁淮、岱，渐居中土。"[4] 居住在东北地区的东夷人有一部分在商朝后期迁往山东、淮南，自秽国出现以后，居住在东北的夷人渐被称为秽人，以区别于山东、淮南的夷人。

　　秽国的地理范围。

　　西南至单单大山岭。《三国志》卷三〇《魏书·东夷传》称秽："今朝鲜之东皆其地也"，"自单单大山领以西属乐浪，自领以东七县，都尉主之，皆以濊为民"，[5] 说明单单大山岭不仅是古朝鲜与秽人

1　（宋）李昉等：《太平御览》卷九三九《鳞介部》"班文鱼"条，第4174页上。

2　（清）段玉裁：《说文解字注》，上海古籍出版社，1981，第597页上。

3　杨军：《秽与貊》，《烟台师范学院学报》1996年第4期。

4　《后汉书》卷八五《东夷传》，第2808页。

5　《三国志》卷三〇《魏志·东夷传》，第848页。

的政治隶属关系的分界线，也是古朝鲜人与秽人聚居区的分界线。

西北接匈奴左地。《史记》卷一一〇《匈奴列传》："诸左方王将居东方，直上谷以往者，东接秽貉、朝鲜。"[1]此秽貉与匈奴接，当在古朝鲜以北。

北至汉代夫余人居住区。《三国志》卷三〇《魏书·东夷传》说夫余"国有故城名濊城，盖本濊貊地也"，《后汉书》卷八五《东夷传》则直称"本濊地"，《山海经·海内西经》郭璞注也认为"扶余国即濊貊故地"。[2]

东至海。《三国志》卷三〇《魏书·东夷传》的"濊传"称其"东穷大海"，这虽然是指夫余族进入东北，[3]占据部分秽人居住区建立夫余、高句丽政权以后，尚未直接隶属于夫余人或高句丽人的秽人的分布范围。但参之秽国出班鱼的说法可知，夫余人进入秽人的居住区以前，秽人的东界也至海滨。诸书常称高句丽为秽貊，可见高句丽所在地原也是古秽人的居住区。

南与辰韩接。《三国志》卷三〇《魏书·东夷传》："濊南与辰韩，北与高句丽、沃沮接。"基本涵盖今朝鲜江原道。

大体上说，《三国志》《后汉书》中所载后世夫余、秽貊、沃沮、高句丽等族的居住地都是古秽国的势力范围，所以这一区域内的东夷人都被称为秽人。

至迟在战国中期，秽国已经成为箕氏朝鲜的属国。《后汉书》卷八五《东夷传》："濊及沃沮、句骊，本皆朝鲜之地也。"《三国

1　《史记》卷一一〇《匈奴列传》，第 2891 页。
2　《三国志》卷三〇《魏书·东夷传》，第 842 页；《后汉书》卷八五《东夷传》，第 2910 页；袁珂：《山海经校注》卷一一《海内西经》，第 293 页。
3　夫余人最初居住在匈奴左地，当是鲜卑人的一支，公元前 59 年始迁入东北。参见杨军《夫余族源考》，《东北史研究动态》2001 年第 1 期，第 37~38 页。

志》卷三〇《魏书·东夷传》与《后汉书》卷八五《东夷传》中的"秽传"，在追述秽人的历史时都是从箕氏朝鲜立国说起，证明箕氏朝鲜强盛时，除后世夫余人的居住地以外的秽地都隶属于箕氏朝鲜。

《汉书》卷六《武帝纪》载，武帝元朔元年（前 128）"东夷秽君南闾等口二十八万人降，为苍海郡"，《后汉书》卷八五《东夷传》记载此事时称"秽君南闾等畔右渠"，说明此时秽国是卫氏朝鲜的属国，所以才称得上是"畔"。但《史记》卷三〇《平准书》"彭吴贾秽、朝鲜，置沧海郡"，[1]《汉书》卷二四下《食货志》"彭吴穿秽貊、朝鲜，置沧海郡"，《史记》卷一二九《货殖列传》称燕地"东绾秽貉、朝鲜、真番之利"，都是将秽国与古朝鲜并列，说明在西汉初年秽国还是独立的，服属卫氏朝鲜的时间不长，所以在西汉人的心目中，秽国还是与古朝鲜一样的国家。也正是因为这个原因，当秽君南闾等归附汉王朝时，汉王朝根本没有考虑卫氏朝鲜对此事的态度，就在其地设立了苍海郡。

秽国何时脱离箕氏朝鲜独立史无记载。但《三国志》卷三〇《魏书·东夷传》引《魏略》记载：

> 昔箕子之后朝鲜侯，见周衰，燕自尊为王，欲东略地。朝鲜侯亦自称为王，欲兴兵逆击燕以尊周室。其大夫礼谏之乃止。使礼西说燕，燕止之不攻。后子孙稍骄虐，燕乃遣将秦开攻其西方，取地二千余里，至满潘汗为界，朝鲜遂弱。[2]

1　《史记》卷三〇《平准书》，第 1421 页。此处秽字原文作"滅（灭）"，误，朝鲜学者李趾麟辨之甚详，见〔朝〕李趾麟《濊族与貊族考》，载《东北亚历史与考古信息》1999 年第 2 期。

2　《三国志》卷三〇《魏书·东夷传》，第 850 页。

《史记》卷一一五《朝鲜列传》"自始全燕时，尝略属真番、朝
鲜"，所说是同一件事。箕氏朝鲜因受到燕国的打击而衰落下
去，秽国脱离箕氏朝鲜独立显然当在此之后。燕击朝鲜在公元前
280 年前后，所以，秽国脱离箕氏朝鲜独立是在公元前 280 年以
后。在此之后，箕氏朝鲜日益衰落、燕亡于秦、秦的统治又极短
促，而后是楚汉相争，汉初的主要精力又用于对付匈奴，没有一
个强大的政权控制此地区，这种政治形势使秽国得以一直保持独
立地位。

　　脱离箕氏朝鲜的秽人还建立了其他国家，如临屯、真番。《史
记》卷一一五《朝鲜列传》称卫满建立卫氏朝鲜以后，"真番、临
屯皆来服属"，显然在此之前，二者都不是隶属于箕氏朝鲜的。《索
隐》称此二者是"东夷小国"，而从后来汉四郡的临屯郡设在秽人
的居住区来看，临屯也是秽人建立的国家。《后汉书》卷八五《东
夷传》："以沃沮为县，属乐浪东部都尉。"《三国志》卷三〇《魏
书·东夷传》称："自领以东七县，都尉主之，皆以秽为民。"可见
沃沮人属于秽人的一支。因此，汉初的秽国仅控制着部分秽人居
住区。

　　《汉书·武帝纪》"薉君南闾"注引服虔说"秽貊在辰韩之北，
高句丽、沃沮之南，东穷于大海"，[1] 显然服虔作为东汉时人，认为
后来为卫氏朝鲜吞并的秽国的所在地，就是《三国志》《后汉书》
中所载的秽貊人的所在地，即朝鲜半岛东北部沿海地区，大体上相
当于今朝鲜江原道和咸镜南道部分地区。《三国史记·地理志》引
《古今郡国志》："今新罗北界溟州，盖滅之古国。"[2] 也可以证明这一

1　《汉书》卷六《武帝纪》，第 169 页。

2　（高丽）金富轼：《三国史记》卷三五《地理》，第 486 页。

点。据《三国志》卷三〇《魏书·东夷传》的记载，这一地区在曹魏时有人口 2 万户，汉初秽国控制的人口当不多于此。

据《史记》卷一一五《朝鲜列传》，卫氏朝鲜建立后，卫满以"兵威财物侵降其旁小邑，真番、临屯皆来服属"。《三国志》卷三〇《魏书·东夷传》也称："汉初，燕亡人卫满王朝鲜，时沃沮皆属焉。"卫氏朝鲜逐渐吞并秽人各国，秽国臣服于卫氏朝鲜当也在此时。卫氏朝鲜建立的时间，朝鲜古书《箕子本纪》认为是汉惠帝元年丁未，即公元前 194 年，《东史纲目》认为是汉惠帝戊申，即公元前 193 年。二书成书皆较晚，亦不知何据。但《史记》卷一一五《朝鲜列传》认为是"孝惠、高后时"，所以，认为秽国在汉惠帝时，即公元前 194 年前后，已臣服于卫氏朝鲜当是不错的。秽国自公元前 280 年前后脱离箕氏朝鲜，至公元前 194 年以后臣属于卫氏朝鲜，复国约九十年。

至武帝元朔元年（前 128）秽君南闾归汉，秽国臣属于卫氏朝鲜 60 多年。随秽君南闾归汉的秽人总计达 28 万人，证明此次秽人脱离卫氏朝鲜归汉，当是以秽国为首的臣属于卫氏朝鲜的诸秽人小国的联合行动，所以《汉书》卷六《武帝纪》才称"薉君南闾等"。但苍海郡仅设两年即取消，汉武帝灭卫氏朝鲜所设四郡中，临屯是沿用了秽人国家的旧名，玄菟郡设于沃沮地，可见，秽人虽一度联合脱离卫氏朝鲜属汉，但后来都被卫氏朝鲜重新吞并，秽国当也不例外。当是在苍海郡取消前后（前 126），秽国已再次被卫氏朝鲜吞并。南闾是秽国最后一位国君。

汉武帝所设四郡，临屯郡后并入乐浪郡，当与乐浪郡相邻。乐浪郡大体上为今大同江流域西至海的地区，北为辽东郡，则临屯只能在乐浪之东，也就是单单大岭以东，乐浪东部都尉的辖地。《后汉书》卷八五《东夷传》称："自单单大领已东，沃沮、秽貊悉属乐浪。后以境土广边，复分领东七县，置乐浪东部都尉。"[1] 则乐浪东部都尉辖下有沃沮、秽貊两族。武帝元封三年（前108）"以沃沮地为玄菟郡"，可见，秽貊族原来当隶属于临屯郡，也就是说，在汉灭卫氏朝鲜设立四郡以后，原秽国领地隶于临屯郡，后并入乐浪郡，隶于乐浪东部都尉。在罢乐浪东部都尉以后，汉王朝"封其渠帅为侯"，实行间接统治。《三国志》卷三○《魏书·东夷传》："正始六年，乐浪太守刘茂、带方太守弓遵以领东秽属句丽，兴师伐之，不耐侯等举邑降。其八年，诣阙朝贡，诏更拜不耐秽王。居处杂在民间，四时诣郡朝谒。二郡有军征赋调，供给役使，遇之如民。"[2] 说明在正始六年（245）以后，这一部分秽人已渐成为曹魏政权的编户齐民了。

最后需要澄清的是，朝鲜古籍中的濊国与我们上面讨论的秽国无关。

《三国志》卷三○《魏书·东夷传》在谈到各族的相对方位时，"濊南与辰韩，北与高句丽、沃沮接"，高句丽"南与朝鲜、濊貊，东与沃沮，北与夫余接"，东沃沮"北与挹娄、夫余，南与濊貊接"。[3] 相互对照可以发现，在《三国志》的行文中，濊与濊貊是可以互换的概念。因此，孙进已总结说古文献中"虽然秽可以叫秽貊，但却不能叫貊，貊可以通秽貊，也从不称秽"，[4] 无疑是正确的。秽貊既是一个族系的总名，又是分布在今朝鲜江原道的一个古族的族名。[5]

而在朝鲜古籍中，却往往将秽与貊分开，认为《三国志》所载

1　《后汉书》卷八五《东夷传》，第 2817 页。

2　《三国志》卷三○《魏书·东夷传》，第 849 页。

3　《三国志》卷三○《魏书·东夷传》，第 848、843、846 页。

4　孙进已：《东北民族源流》，黑龙江人民出版社，1987，第 115 页。

5　杨军：《秽与貊》，《烟台师范学院学报》1996 年第 4 期。

濊人的分布区曾经存在秽国、貊国两个古国。貊国在春川府，即今韩国江原道春川市；秽国则在今韩国江原道江陵市。因此，汉武帝命彭吴沟通秽人最终设立苍海郡的历史，在朝鲜史籍中就变成了彭吴通秽国与貊国。李韶九《朝鲜小记》"汉武帝使彭吴通苍海，今彭吴碑尚在春川府南十里"，柳德恭《四郡志·古迹》"春川府旧传有汉彭吴通貊碑"，就都是认为彭吴曾沟通春川府的貊国，而春川府的貊国后来也并入了苍海郡。

貊国在中国史籍中最早见于《山海经·海内西经》："貊国在汉水东北。地近于燕，灭之。"此汉水，吴承志认为是今东辽河；[1] 孙进己等认为是今浑河；[2] 朝鲜学者李趾麟认为是滦河的一个支流，貊国"位于现今大凌河中游的朝阳地方的东部地区"，"在古朝鲜的西部地，与古朝鲜南北相接"。[3] 此三位学者对貊国的定位皆在今中国境内，而与朝鲜半岛无关。刘子敏、金荣国认为此汉水即今朝鲜清川江，貊国应位于清川江东北；[4] 后刘子敏进一步认为，貊族在西周至战国时代分布于今朝鲜清川江以西直至中国医巫闾山一带。[5] 概言之，关于《山海经》中貊国的方位，目前学界大体分三说，吴承志、孙进己的辽东说，李趾麟的辽西说，刘子敏、金荣国的朝鲜说。王绵厚从考古学的角度出发，力主辽东"二江""二河"地区的考古学

1　吴承志《山海经地理今释》卷六："汉水当作潦水。《海内东经》'潦水出卫皋东'，传云元菟高句骊县有潦山，小潦水所出，西流注大潦。音辽。潦水，即《汉书·地理志》之辽水也。高句骊在潦水东，濊貊在元菟北千里，则在潦水东北。今本误。"（《丛书集成续编》，台北，新文丰出版公司，1988，第219册，第180页下）认为此汉水应为"潦水"之误，而其所说小潦水，即今东辽河。

2　孙进己、张志立：《秽貊文化的探索》，《辽海文物学刊》1986年创刊号。

3　李云铎译《高句丽的起源》，《东北亚历史与考古信息》1984年11月。此文译自〔朝〕李趾麟、姜仁淑《高句丽史研究》，金日成综合大学出版社，1967。

4　刘子敏、金荣国：《〈山海经〉貊国考》，《北方文物》1995年第4期。

5　刘子敏：《貊族考》，《北方民族》1996年第1期。

文化属于貊，[1] 实际也是支持辽东说的。

《山海经·海内西经》原文："东胡在大泽东。夷人在东胡东。貊国在汉水东北，地近于燕，灭之。"[2] 学者们在研究貊国的地理位置时，往往受"东胡在大泽东。夷人在东胡东"的影响，因认定此大泽即今内蒙古扎赉诺尔，东胡在辽西，其东才是夷人，夷人之东才是貊国，因此将貊国定位于辽东。如果我们认为《山海经》上下文之间没有内在的联系，将貊国的相关记载作为单独一条加以研究的话，那么汉水不必他求，应就是今朝鲜汉江。朝鲜古籍皆称貊国在春川府，即今韩国江原道春川市，与《山海经》"貊国在汉水东北"的记载是相吻合的。燕国极盛时进攻箕氏朝鲜，取地两千里，之后建立的辽东郡的辖区已达大同江流域，认为春川府"地近于燕"也是正确的，燕国出兵灭亡春川一带的貊国也是可能的。由此可见，朝鲜古籍中的貊国，实际不仅仅指《三国志》《后汉书》为之立传的秽貊，更是受《山海经》所载貊国的影响。但《山海经》并非可信据的史料，其所载貊国又是孤证，是否成立尚有待进一步研究，因此春川府古有貊国的说法也只能是存疑而已。

徐居正《笔苑杂记》卷二曾对朝鲜流传的貊国、秽国提出质疑：

> 《高丽史·地理志》曰"春州本貊国"。春州即今之春

1　王绵厚：《关于汉以前东北"貊"族考古学文化的考察——兼论大石棚和石棺墓文化的族属与时代》，《文物春秋》1994 年第 1 期；《高夷、濊貊与高句丽——再论高句丽族源主体为先秦之"高夷"即辽东"二江"流域"貊"部说》，《社会科学战线》2002 年第 5 期；《高句丽起源的国内外代表性观点解析——再论高句丽族源主体为辽东"二江"和"二河"上游"貊"部说》，《社会科学辑刊》2006 年第 1 期；《辽东"貊系"青铜文化的重要遗迹及其向高句丽早期文化的传承演变——关于高句丽早期历史的若干问题之四》，《东北史地》2006 年第 6 期。

2　袁珂：《山海经校注》卷一一《海内西经》，第 293 页。

川。尝考《书·武成》曰："华夏蛮貊，罔不率俾。"《孟子》
曰："小貉大貉。"貉音貊，注曰："貉，北方夷狄之国。北方地
寒，五谷不生，唯黍生之，早熟。"当武王之时，箕子未封朝
鲜，而已有貊国。孟子之时，箕子子孙尚守朝鲜，安有貊国介
于其间哉。《高丽·地志》又曰："溟州本秽国，一云铁国，一
云蕊国。"溟州即今之江陵府。尝考《韵会》曰："秽貊，东夷
国名。"《汉武纪》东夷秽君南闾注曰："秽貊在辰韩之北，高
句丽、沃沮之南，东穷大海。"予窃疑秽貊本为一国，而互称
之也。[1]

徐居正的看法无疑是正确的，但未引起朝鲜文人的注意。抛开貊国
不论，朝鲜古籍中的秽国实际就是指《三国志》《后汉书》为之立
传的秽貊。

徐居正《四佳集》卷一《江陵府云锦楼记》：

江陵府，本濊国之遗墟，汉置郡为临屯，高句丽称河西
良，新罗称溟州，高丽初置东京，后或称河西，或称庆兴，忠
烈朝改今名。江原一道之巨府也。[2]

丁若镛《疆域考·秽貊考》：

金富轼《地志》云："溟州，本河西良。一名何瑟罗。"（今
江陵）《新罗史》云："南解王十六年，北溟人耕田，得濊王印，

献于新罗。"镛案：北夫余之地，东抵大海四千余里。地荒天寒，人不可居，至今尚无村落，安有五谷？阿兰弗所云东海之滨，必当求之于咸兴以南沿海之地，不可以他求也。又按：迦叶与何瑟、河西，其声相近。（东方古音皆读何如迦。）迦叶原者，今之江陵也。东海之滨土宜五谷者，非江陵而何？考诸汉、魏之史，盖马、岭东之人皆称濊人，而其论疆域相接，每以江陵为濊者，江陵旧为濊王之所都也。江陵之得濊名，非以是乎？又按：北夫余之地，其在解夫娄之时为濊国，其自解慕漱之后为夫余国，故汉、魏诸史皆以夫余立传，而其地曰古濊地，其城曰古濊城，明前此而为濊也。古之濊王，非徙于江陵乎？又按：魏、晋诸史皆云"夫余王印文，曰濊王之印"，而江陵之民耕田得印，乃是濊王之印，则此为解夫娄之旧印，又无疑也。[1]

丁若镛将朝鲜古籍中的濊国与高句丽史联系起来，认为在朱蒙起源传说中，东迁东海之滨迦叶原的夫余王夫娄，应即濊国之王，也就是说，濊国迁徙之后始立国于江陵。这是对古史的另类引申，将此问题搞得更加复杂，此不置辨。但是，徐居正认为濊国在江陵，即后来的汉苍海郡、临屯郡，高句丽的河西良（何瑟罗），新罗的溟州，是朝鲜古籍中通行的说法。

此说法在朝鲜半岛流传已久，江陵本地还有附会此说法的古迹。

《新增东国舆地胜览》"江原道江陵大都护府古迹"条：

1　（朝鲜王朝）丁若镛：《疆域考·秽貊考》，《与犹堂全书》第六集《地理集》，《韩国文集丛刊》第 286 册，第 259 页。

> 獩国古城，在邑城东。土筑，周三千四百八十四尺，今废。[1]

李晬光《芝峰类说》卷六《经书部二·诸史》：

> 东夷秽君南闾等降，为沧海郡。余按獩国旧在江陵，而今
> 五台山有沧海郡旧址，其土人相传云，断可信也。[2]

姜再恒《立斋遗稿》卷一二《临瀛记》：

> 临瀛古獩墟也，汉置沧海郡，后为临屯郡，并乐浪、玄
> 菟、真番为四郡云。客馆北十步许有土城，长百余步，北门外
> 亦有土城，盖獩国古城云。[3]

《三国志》《后汉书》虽为獩人立传，却并未记载此獩人即獩国。《三国志》《后汉书》立传的东北亚诸族也不是都曾立国，沃沮、挹娄就是典型的例子。因此，朝鲜古籍中多将獩国与《三国志》《后汉书》为之立传的獩人（秽貊）相等同是不正确的。江原道固然是獩国的组成部分，但认为江原道就是獩国、江陵府是獩国都城却是没有任何证据的。对照中国史籍的记载，江原道的獩人后来构成被称为"东夷小国"的临屯国的主体，换言之，该地区的獩人确曾独立建国，但并不是见于史书记载的獩国，而是临屯国。临

1　（朝鲜王朝）卢思慎等：《新增东国舆地胜览》卷四四《江原道》，明文堂，1985，第790页。

2　（朝鲜王朝）李晬光：《芝峰类说》卷六《经书部二·诸史》，朝鲜古书刊行会，大正四年
（1915），第186~187页。

3　（朝鲜王朝）姜再恒：《立斋遗稿》卷一二《临瀛记》，《韩国文集丛刊》第210册，景仁文化
社，2000，第209~210页。

屯后隶属于卫氏朝鲜，汉武帝灭卫氏朝鲜之后，在临屯国故地设临屯郡，后并入乐浪郡辖区。

《汉书》卷二八下《地理志》记载乐浪二十五县中有邪头昧县，在今朝鲜江原道通川附近。[1] 颇疑秽国本名秽邪头，在其本族语中是由两个字构成的词组，即秽＋邪头，译为汉语之后，语序不定，或作秽邪头，或作邪头秽。秽、昧音近，邪头秽后讹为邪头昧。因此推测，秽国的统治中心可能在汉邪头昧县，即今朝鲜江原道通川附近。附此备考。

第二节　辰国考

《三国志》卷三〇《魏书·东夷传》和《后汉书》卷八五《东夷传》中都提到辰国，但两者的认识是不一样的。《三国志》卷三〇《魏书·东夷传》说："辰韩者，古之辰国也。"认为仅三韩中的辰韩是"古之辰国"，马韩、弁韩与辰国无关。而《后汉书》卷八五《东夷传》则认为三韩"皆古之辰国也。马韩最大，共立其种为辰王，都目支国，尽王三韩之地"。[2]

关于此辰国存在的时代古书中没有明确记载，最早是蒙文通在《周秦少数民族研究》中提到此辰国，认为"辰之名，古未他见，

1　谭其骧主编《〈中国历史地图集〉释文汇编·东北卷》，第44页。

2　《三国志》卷三〇《魏书·东夷传》，第849页；《后汉书》卷八五《东夷传》，第2818页。

而国则最古","海中古之辰国即箕子之国也。箕子旧封,周秦载记不闻有朝鲜之说,有之自苏秦伏生史迁始。意者汉人以于时习闻之朝鲜说之,倘朝鲜伯济,并是辰之一国,而箕氏之支庶。燕人卫满击破朝鲜而自立为王,卫氏所破之前朝鲜,在前世盖之离辰国而独大,其则东夷之事,自殷末以逮于汉初,盛衰起伏,为变已多。周之衰,九夷八蛮不接于中国,故史文阙而莫详。是辰国原为箕子所建之商国"。[1] 此观点直到最近仍受到学者的引用。[2] 但认为辰国出现于商周之际实出于对史料的误解。

《三国志》卷三〇《魏书·东夷传》:"辰韩在马韩之东,其耆老传世,自言古之亡人避秦役来适韩国,马韩割其东界地与之。有城栅,其言语不与马韩同。"[3] 与前所引《三国志》的"辰韩者,古之辰国也"相对照,可见,《三国志》在这里所说的"古",指秦末汉初,而不是指先秦时代的商朝或西周。对于陈寿来说,秦末汉初已经是400多年以前的事了,自然可以称"古"。称秦人来"韩国","马韩"使之居于东部,可见秦以前韩人只有一种,即马韩。弁韩"与辰韩杂居,亦有城郭。衣服居处与辰韩同,言语法俗相似",应与辰韩有着相似的经历。

秦以前既无辰韩、弁韩,也无辰国,马韩之国被称为韩国。《后汉书》卷八五《东夷传》:"朝鲜王准为卫满所破,乃将其余众数千人入海,攻马韩,破之,自立为韩王。"《三国志》卷三〇《魏书·东夷传》作"居韩地,自号韩王",也可以证明这一点。

1　蒙文通:《周秦少数民族研究》,龙门联合书局,1958,第99页。
2　张军:《辰国小考》,《北方文物》1998年第2期,第77~81页;张碧波:《古朝鲜文化探源》,《北方论丛》2000年第1期,第8~10页。
3　《三国志》卷三〇《魏书·东夷传》,第852页。

　　秦人入居韩地，与当地韩人杂居，《三国志》所记辰韩各国的国名都不像汉语词汇；《三国史记·新罗本纪》称"居西干，辰言王"，说明辰韩人的语言中虽然存在与汉语相似的部分，但也存在相当大的差异，这都证明辰韩之地不仅有秦人，也有韩人，所以辰韩语言中才出现这些非汉语词汇。秦人与韩人的杂居区被称为秦韩，居住在此地区的人，不论是秦人还是韩人，都被称为秦韩。[1]《三国史记》中辰韩也写作"岑韩"，"辰"与"岑"应都是"秦"的音转。为表示该地区与原韩人的区别，才把真正的韩人称为马韩。但马韩与秦韩可统称为韩，所以才有"韩有三种"的说法。

　　对迁入韩地的秦人，韩人设官加以管辖。据《魏略》的说法是，"其为流移之人，故为马韩所制"，即辰韩人接受韩人的统治，也就是《三国志》中所说的"辰王常用马韩人作之，世世继，辰王不得自立为王"。[2] 管理秦人的王出自韩人而非秦人，因为入居韩地的秦人也可以统称为韩，为了明确管理秦韩的不是秦人而是韩人，所以《三国志》中才特意称之为"马韩人"。这个管理秦韩的王"不得自立为王"，说明其虽然称王，却是作为韩王的附庸而存在，并不是独立的政权。

　　辰国之称最早出现在《汉书》卷九五《西南夷两粤朝鲜传》中，"真番、辰国欲上书见天子，又雍阏弗通"，颜师古注："辰谓辰韩之国也。"也就是在辰韩地区建立的国家。据《魏略》："右渠未破时，朝鲜相历谿卿以谏右渠不用，东之辰国，时民随出居者二千余户，亦与朝鲜贡蕃不相往来。至王莽地皇时，廉斯鑡为辰韩右渠

1　有关辰国与古朝鲜和三韩的关系，参见〔韩〕尹乃铉《古朝鲜과 三韓의 관계》，《韓國學報》第 14 期，1988 年，第 2~40 页。

2　《三国志》卷三〇《东夷传》，第 853 页。

帅，闻乐浪土地美，人民饶业，亡欲来降。"[1] 可见，辰国之称出现在卫氏朝鲜灭亡以前，最晚至王莽地皇时即已更名为辰韩。

《三国志》卷三〇《魏书·东夷传》称箕氏朝鲜王准"将其左右宫人走入海，居韩地，自号韩王"；《后汉书》卷八五《东夷传》作"将其余众数千人走入海，攻马韩，破之，自立为韩王"，这部分朝鲜遗民自海路至韩地，抵达西部的马韩地，并灭马韩自立。此时秦韩地的归属史书无载。但这部分朝鲜遗民仅数千人，虽然暂时控制了马韩地区，不可能同时控制东部的秦韩地。《魏略》说辰国"亦与朝鲜贡蕃不相往来"是继"准王海中，不与朝鲜相往来"而言，说明在卫氏朝鲜时，原韩地分为二国，一为箕氏朝鲜遗民攻马韩而建立的韩国，另一个即辰国。应是管理秦韩地的马韩人在马韩为朝鲜王准攻破以后未臣服于其所建立的韩，而是成为独立的国家。为与西部朝鲜遗民所建立的"韩"国相区别，故将秦韩之称去韩字，以秦为国号。因为韩人语言与汉语不同，将秦音讹为辰。故中国史书记其国号为辰。

综上所述，辰国的建立约与卫氏朝鲜同时，当在汉惠帝时。朝鲜李朝的文献中存在两种不同的说法，一说是汉惠帝元年丁未，即公元前194年；一说是汉惠帝二年戊申，即公元前193年。[2] 未详孰是。总之，辰国的建立当在汉惠帝初年。

辰国居民除土著韩人、后迁入这一地区的秦人以外，在卫氏朝鲜灭亡前后又迁入了古朝鲜人。《汉书》卷二八下《地理志下》乐浪郡注引应劭说："故朝鲜国也。"说明汉武帝灭卫氏朝鲜所设的

1　《汉书》卷九五《西南夷两粤朝鲜传》，第3864页；《三国志》卷三〇《魏书·东夷传》，第851页。

2　（朝鲜王朝）：李德懋：《青庄馆全书》卷五五《盎叶记·箕氏朝鲜世系》，《韩国文集丛刊》第258册，第514页。另，安鼎福《东史纲目》是取惠帝二年说。

四郡中，乐浪郡辖地才是古朝鲜的统治中心。《三国志》说辰韩人
"名乐浪人为阿残，东方人名我为阿，谓乐浪人本其残余人"，[1]辰韩
人对乐浪人，也就是古朝鲜国的统治中心地区的人的这种认识，说
明辰韩国民中有不少是迁自古朝鲜地的古朝鲜人。《三国史记·新
罗本纪》说"朝鲜遗民分居山谷之间为六村"，"是为辰韩六部"，
《三国志》说辰韩"始有六国，稍分为十二国"，与上述《魏略》的
记载相印证，都可以证明辰国内有古朝鲜遗民。

《魏略》："陈项起，天下乱，燕、齐、赵民愁苦，稍稍亡往准，
准乃置之于西方。"卫满入朝鲜后，也是自西部发展起来的，《汉书》
卷九五《西南夷两粤朝鲜传》说他"稍役属真番、朝鲜蛮夷，及故
燕齐亡在者，王之"，就是利用入朝鲜的中原流民的力量取代了箕
氏朝鲜。中原流民多数应留在卫氏朝鲜，其聚居区在古朝鲜地的西
部地区。所以，迁到马韩东部秦韩地区的卫氏朝鲜遗民显然多来自
古朝鲜的东部，而这一地区的居民一直是以古朝鲜人为主的，也就
是说，进入辰国的朝鲜遗民多是古朝鲜族。

西汉灭朝鲜设立四郡以后，韩国、辰国皆隶属于乐浪郡。《魏
略》载王莽时辰韩因所掠五百汉人已死，为赎罪向乐浪郡"出辰韩
万五千人，弁韩布万五千匹"，说明弁韩臣属于辰韩。《晋书》卷
九七《东夷传》："又有弁韩，亦十二国，合四五万户，各有渠帅，
皆属于辰韩。"[2]弁韩又称为弁辰，当是因为臣服于辰国之故。《三国
志》中将弁韩、辰韩二十四国的国名记于一处，也应是这个原因。
其国名前带"弁辰"字样的正好十二国，当是弁韩之国。这也说明
《晋书》将弁韩称为弁辰有所本，是弁韩古称。弁韩先称弁辰，弁

1　《三国志》卷三〇《魏书·东夷传》，第 852 页。
2　《晋书》卷九七《东夷传》，第 2533 页。

当是其族属称谓，因隶属于辰国，后缀辰字。这一部分人可能就是后迁来辰国的古朝鲜人。

《三国志》说朝鲜王准建立韩国，"其后绝灭"，《后汉书》也说："准后灭绝，马韩人复自立为辰王。"尹根寿《月汀别集》卷四《漫录》：

> 箕子封朝鲜，传几世至箕准，避卫满之乱，自平壤奔金马郡，即今益山，是为马韩，又传几世而亡。平安道今有鲜于姓，称是箕子后。尝记《氏族大全》云：箕子封于朝鲜，少子封于于，其后为鲜于氏。然则鲜于乃箕子少子之后，非箕准之后也。箕准为马韩，其后乃为韩氏，我国清州等韩姓皆箕准之后云。[1]

许穆《记言》卷三二《东事·箕子世家》：

> 自箕子传国四十一世，凡九百二十八年。王准失国，涉海至金马，自称马韩王，统小国五十。后世百济王温祚二十六年，并马韩之地，箕氏绝不祀。自王准据马韩，又二百年而亡。前后凡一千一百二十年。箕子氏子孙分散为奇氏、韩氏、鲜于氏。[2]

李德懋《青庄馆全书》卷五五《盎叶记·箕子朝鲜世系》：

1　（朝鲜王朝）尹根寿：《月汀集·别集》卷四《漫录》，《韩国文集丛刊》第47册，景仁文化社，1996，第371页。
2　（朝鲜王朝）许穆：《记言》卷三二《东事·箕子世家》，《韩国文集丛刊》第98册，第181页。

马韩康王卓（三年，本注：汉惠帝二年戊辰立。案《东史》：箕准汉惠帝元年丁未，避卫满，至金马渚都焉。箕准当为马韩始祖，而今以康王为始祖，年纪亦差），安王龚（三十二年），惠王寔（十三年），明王武（三十一年），孝王亨（四十年），襄王燮（十五年），元王勋（二十六年），稽王（缺，十六年。本注：癸卯，为百济温祚王所并。自箕子封朝鲜，周武王元年己卯，至汉成帝鸿嘉三年癸卯，凡四十九世，合一千一百六十八年。案《东史》：新莽始建国元年己巳，马韩为百济王温祚所灭，自箕子至马韩，总一千一百三十年。与此有异。)[1]

则《三国志》与《后汉书》中所说的其后绝灭，指的不是没有子孙后代，而是其子孙后代失国。对此中国史书没有记载，上引诸韩国史籍皆称其为"百济温祚王所并"，参之丁若镛《疆域考》称"箕氏既灭，土酋复立为王，马韩非箕氏也"，可见，"准后灭绝"之后，是马韩人恢复了对此地区的统治，百济虽然统治者出自夫余人，[2] 但《三国志》卷三〇《魏书·东夷传》中将"伯济国"归入马韩诸国之中，说明百济国内主体民族为马韩人，[3] 准后灭于百济也就是灭于马韩，有其合理的一面，而高句丽人的势力从未南下至此地区。比

---

1 （朝鲜王朝）李德懋：《青庄馆全书》卷五五《盎叶记·箕子朝鲜世系》，《韩国文集丛刊》第258 册，第 514 页。

2 参见杨军《从夫余南下看百济国族源》，《北方民族》2001 年第 2 期。

3 《三国志》卷三〇《魏书·东夷传》中称"弁、辰韩合二十四国"，并单独列出这二十四国的国名，可证在"韩传"开头部分所列的国名都是马韩人的国名，而"伯济国"是其中之一，显然陈寿认为百济属于马韩人建立的国家。《后汉书》卷八五《东夷传》在谈到"韩有三种"之后，总计三韩"凡七十八国，伯济是其一国焉"，这就看不出百济到底属于三韩之中的哪一韩了。是《后汉书》删节《三国志》而导致文意的歧异，故此取《三国志》说。

较准确的说法应该是，辰国的统治者收复了马韩的聚居区，取代了箕氏的后裔。

朝鲜王准入韩国，同行的仅仅有数千人，据《三国志》卷三〇《魏书·东夷传》可知，马韩共计十余万户，还不算居住在辰国的马韩人。族属的不同与人数的巨大差异决定了"韩"国在与统治辰国的马韩人的竞争中必然失败。

关于箕准所建韩国灭亡的时间中国史书无载。上引朝鲜文献《盘叶记》给出两种说法，一说是中国王莽始建国元年己巳，即公元9年；一说是汉成帝鸿嘉三年癸卯，即公元前18年。若按前一说法，此韩国共存在202年或203年；若按后一种说法，此韩国共存在175年或176年。徐居正《笔苑杂记》卷一："汉高祖丙午，卫满侵之，浮海而南，其都平壤者八百七十八年也。准移都金马郡，是谓马韩，历四郡、二府之时，至百济温祚王二十六年戊辰而亡，亦百四十余年矣。"对韩国起止时间的记述与他书皆不同，亦不知何据。许穆《记言》称"自王准据马韩，又二百年而亡"。朝鲜文献类似的记载居多，也就是认同前一种说法的朝鲜文献居多。[1] 但这些朝鲜文献皆晚出，亦不详何据，姑备一说而已。

另，朝鲜李朝文献多有称箕准所建韩国统马韩五十余国的，这明显是将箕氏后裔之韩与中国史书《三国志》等记载的马韩混为一谈了。《三国志》卷三〇《魏书·东夷传》记载，马韩"凡五十余国"。但是，《三国志》亦载，带方"太守弓遵、乐浪太守刘茂兴兵

---

[1]　如，李圭景《五洲衍文长笺散稿》经史篇论史类《箕子事实坟墓辨证说（附子孙史册）》："为马韩王，又历二百三年而亡。"李瀷《星湖僿说》卷一九《经史门·三韩终始》："新莽始建国元年，马韩为百济所灭。"崔溥《锦南集》卷一《东国通鉴论》："准浮海而南，至金马郡，都之，称马韩，统五十余国，历四郡、二府之时，传世亦六二百年。"李珥《栗谷全书》卷一四《杂著·箕子实记》："百济始祖温祚王二十六年，袭马韩，并其国。箕氏主马韩，又二百年而亡。"

伐之，遵战死，二郡遂灭韩"，《三国志》为之立传的马韩灭于三国初。而朝鲜文献皆引金富轼《三国史记》的记载，称箕氏后裔之韩亡于百济温祚王二十六年，[1] 二者明显不是一回事。

　　笼统地说，约在公元前后，辰国的统治者马韩人取代了箕准的后代，成为三韩的统治者，这标志着辰韩为辰国时代的结束，辰国成为三韩的总称。正是从这个意义上，《后汉书》说三韩"皆古之辰国也"，也是正确的。

　　朝鲜王的后代失去了统治者的地位，即意味着统治辰国的马韩人完全控制了马韩地区。从此，辰王不仅是辰韩之王，同时也是马韩之王，其统治者是马韩人这一点没有改变，其王也仍旧号称为辰王。三韩中虽然包括其他民族的成分，但还是以韩人占绝大多数，统治者又是马韩人，重新统治马韩地区后，辰王迁于马韩地区也是情理之中的了。从这个意义上讲，《后汉书》称"马韩最大，共立其种为辰王，都目支国，尽王三韩之地"也是正确的。因马韩人统治三韩，号为辰王却又定都在马韩地区，易于与辰韩、辰国相混，所以晋时人开始对辰韩称其古名秦韩以相区别，所以《三国志》说"辰韩者，古之辰国也"，"今有名之为秦韩者"。

　　总之，西汉时，中原汉族与卫氏朝鲜遗民迁入朝鲜半岛南部，与该地区原居民韩人相融合，形成辰韩、弁韩两个新的民族，为相区别，才将韩人中保持韩人风俗文化的部分称为马韩。总体说来，东部的辰韩、弁韩汉文化因素较多。

1　（高丽）金富轼《三国史记》卷二三《百济本纪·始祖温祚王》二十六年"冬十月，王出师，
　　阳言田猎，潜袭马韩，遂并其国邑"（第278页）。按《三国史记》的系年，温祚王二十六年
　　为公元9年，亦即王莽始建国元年。

第三节　三韩考

朝鲜半岛内部政治组织的演进差异比较大。半岛北部，早在公元前11世纪就已经出现了以箕氏朝鲜为代表的方国—邑落联盟，[1]后期的秽邪头国、真番、临屯等所谓东夷小国，[2]也应是性质类似的政治组织，公元前2世纪的卫氏朝鲜则已经向早期国家过渡了。而半岛南部三韩地区的政治组织的演进则相对滞后。

《三国志》卷三〇《魏书·东夷传》记载，马韩"凡五十余国。大国万余家，小国数千家，总十余万户"。"弁、辰韩合二十四国，大国四五千家，小国六七百家，总四五万户。"[3]若仅从每"国"的户数来看，似乎辰韩、弁韩的政治组织不如马韩发达，其规模相对较小。但据《后汉书》卷八五《东夷传·三韩》记载，马韩共五十四国，"十余万户"我们若是理解为十二三万户，则马韩每"国"平均二千余户，而辰韩、弁韩二十四国"总四五万户"，每"国"平均也接近二千户，三韩各"国"的平均户数是相差不多的。由此来看，三韩中人口最多的一流大"国"在马韩中，而人口最少的小"国"则在辰韩、弁韩，但总体来说，其政治组织的成熟程度并不存在明显的区别。

1　杨军：《高句丽民族与国家的形成和演变》，中国社会科学出版社，2006。

2　关于秽邪头国，参考杨军《秽国考》，《黑龙江民族丛刊》2004年第1期。

3　《三国志》卷三〇《魏书·东夷传》，第850、853页。

就考古资料而言，属于弁韩分布区的庆尚南道昌原南山遗址，已经存在环形壕沟这种军事防御设施，昌原德川里支石墓附有大型祭坛这种宗教设施，[1] 都可以证明当地已经存在比较复杂的社会组织，其时代还远在《三国志》成书以前。也可以证明，弁韩、辰韩地区的社会分化程度并不落后于马韩地区。昌原南山环壕遗址的发现，正可以与《三国志》辰韩"有城栅"、弁辰"亦有城郭"的记载相印证，参之马韩"无城郭"的记载，可以证明，辰韩、弁韩的政治组织形式可能比马韩地区更加发达。这可能与辰韩是"古之亡人避秦役来适韩国"，[2] 融入了大量中国中原地区的移民有关。换言之，是大量中原移民的进入，推动了辰韩、弁韩地区社会组织的进步。

据鱼豢《魏略》记载："初，右渠未破时，朝鲜相历谿卿以谏右渠不用，东之辰国，时民随出居者二千余户，亦与朝鲜贡蕃不相往来。"[3] 从其"与朝鲜贡蕃不相往来"的记载来看，朝鲜相历谿卿是率自己的属民"东之辰国"，成为三韩七十八国之一，此国控制的居民二千余户，正是马韩各"国"的平均户数。历谿卿在卫氏朝鲜时控制的属民即为二千余户，说明所谓的"朝鲜相"，实际上是依附于卫氏朝鲜的小国之君，那么，朝鲜半岛北部卫氏朝鲜控制下的诸小国，其平均户数大约也是二千余户。《三国志》卷三〇《魏书·东夷传》称夫余人"诸加别主四出，道大者主数千家，小者数百家"，[4] 夫余国的地方建置规模与辰韩、弁韩各国的户数也差不多。由上述各实例推测，东北亚各族在前国家形态下的政治组织演进，最终是形成一个二千余户左右的集合体，而这种集合体之间的进一步整合，

1　李盛周著、木村光一編訳、原久仁子共訳『新羅・伽耶社会の起源と成長』雄山閣、2005 年、81-82 頁。

2　以上引文皆见《三国志》卷三〇《魏书·东夷传》，第 852~853 页。

3　《三国志》卷三〇《魏书·东夷传》，第 851 页。

4　《三国志》卷三〇《魏书·东夷传》，第 841 页。

就开始向早期国家演进了。卫氏朝鲜是如此，夫余国也是如此。

但是，我们应该注意到朝鲜半岛南北政治组织演进在时间上的差异。前引历谿卿事例处于卫氏朝鲜时期，概言之，是公元前 2 世纪的事情；而《三国志》所载三韩各"国"的情况，显然是公元 3 世纪的情况，两条史料的记事时间相差约 4 个世纪。也就是说，朝鲜半岛南北政治组织演进的路径是相同的，但北方大同江流域可能比南方领先约 4 个世纪之久。

在卫满取代箕氏朝鲜的过程中，箕氏末代王准"将其左右宫人走入海，居韩地，自号韩王"，[1] 另有一支箕氏朝鲜遗民自东方陆路南下三韩地区，建立古辰国，[2] 都给朝鲜半岛南部三韩地区带来了先进的政治组织形式。由于半岛南部的社会发展水平落后，韩王"其后绝灭"，"辰韩者，古之辰国也"，辰国最终融入辰韩之中，这种新的政治组织形式并未发展起来。

《三国志》卷三〇《魏书·东夷传》记载，"辰王治月支国"，而月支国却是马韩诸国之一；辰韩"十二国属辰王。辰王常用马韩人作之，世世相继。辰王不得自立为王"。[3] 皆可证明，三韩七十八国之间已经存在着一个最高的联盟组织，其最高首领就是马韩月支国的"辰王"，辰韩诸国"不得自立为王"，是因为辰韩诸国隶属于马韩月支国的"辰王"，即所谓"辰王常用马韩人作之"。从"国邑虽有主帅，邑落杂居，不能善相制御"的记载来看，辰王对三韩诸国的控制力、影响力还是比较弱的，诸国间只能是一种松散的联合体，尚不具备早期国家的特点。《三国史记》卷一《新罗本纪·始祖赫居世居西干》记载，马韩王曾对新罗瓠公说："辰、卞二韩为我

1　《三国志》卷三〇《魏书·东夷传》，第 850 页。

2　杨军:《辰国考》,《北方文物》2001 年第 3 期。

3　《三国志》卷三〇《魏书·东夷传》，第 853 页。

属国，比年不输职贡，事大之礼，其若是乎？"[1]此处体现出"事大"的观念，明显是《三国史记》的作者金富轼及其时代高丽政治家们的认识，但这里也是认为辰韩、弁韩是服属于马韩的，也从一个侧面证明，三韩当时已经存在松散的联盟组织。

《三国志》卷三〇《魏书·东夷传》：

> 桓、灵之末，韩濊强盛，郡县不能制，民多流入韩国。建安中，公孙康分屯有县以南荒地为带方郡，遣公孙模、张敞等收集遗民，兴兵伐韩濊，旧民稍出，是后倭韩遂属带方。[2]

这里所说的"韩濊"，应该与朝鲜半岛北部江原道一带的濊或濊貊人无关。因为同卷《濊传》称："其海出班鱼皮，土地饶文豹，又出果下马，汉桓时献之。正始六年，乐浪太守刘茂、带方太守弓遵以领东濊属句丽，兴师伐之，不耐侯等举邑降。"在东汉桓帝（147~167年在位）、灵帝（168~189年在位）时期，濊人曾向东汉朝贡，后臣属高句丽，根本看不出其"强盛，郡县不能制"的影子。再结合上下文来看，则可以断定，所谓"韩濊"，与其下文的"韩国"为同义词，就是指三韩，若再缩小一下范围，是指马韩。此记载可以证明，马韩的兴起是公元2世纪下半叶的事。在此期间，可能三韩社会内部出现了巨大的变化，才发展演进到《三国志》记载的七十八"国"的格局，也就是说，在此时期的朝鲜半岛南部，规模较大、整合较好的政治体才是我们前面提到的二千余户左右的集合体。

另外需要说明的是，前引《三国志》卷三〇《魏书·东夷传》

1　（高丽）金富轼：《三国史记》卷一《新罗本纪·始祖赫居世居西干》，第3页。
2　《三国志》卷三〇《魏书·东夷传》，第851页。

记载，带方"太守弓遵、乐浪太守刘茂兴兵伐之，遵战死，二郡遂灭韩"，对于"二郡遂灭韩"的记载应该如何理解？当然，二郡不可能全部灭掉三韩七十八国，从后来的历史发展来看也完全不是这样，因此，我们只能理解为是灭了辰王，也就是三韩联盟的首领。"辰王治月支国"，这个月支国自然应该是马韩中"大国万余家"的大国。在三韩诸国中势力最为强大、人口过万家的月支国灭亡，辰王不复存在，[1] 三韩各国松散的联盟也就不复存在了，原有秩序被打破，三韩诸国开始进入无序发展状态。

　　文献的记载也可以得到考古方面的验证。关于朝鲜半岛南部铁器的发展历程，韩国学者虽然有两阶段说、三阶段说、四阶段说等不同观点，但比较流行的还是三阶段说，即将半岛南部铁器的发展过程划分为三个阶段。第一阶段大约始于公元前 3 世纪、中国的战国时代，至公元前 1 世纪以前；第二阶段下限至公元 1 世纪，第三阶段下限为 2 世纪以后。[2] 第一阶段，朝鲜半岛的铁器依靠从中国输入；第二阶段，半岛内开始制造铁器，但墓葬中仍存在大量青铜器；第三阶段，见于墓葬的工具、武器基本皆为铁器，证明半岛已最终步入铁器时代。由此看来，《三国志》所载 2 世纪下半叶三韩社会内部的巨大变化，正是当地步入铁器时代的结果。换言之，铁制工具

1　朝鲜半岛后世史书皆将此"辰王"等同于"韩王"，认为是箕准的后裔。尹根寿《月汀漫笔》："至箕准避卫满之乱，自平壤奔金马郡，即今益山，是为马韩。"徐命膺《箕子本纪》称箕准的马韩国共存在 200 年，安鼎福《东史纲目》则为 202 年，李睟光《芝峰类说》卷三："箕子讫马韩一千七十一年。"但《三国志》卷三〇《魏书·东夷传》在记载"辰王治月支国"之后，记载箕准"其后绝灭"，可见两者不是一回事，《三国志》将前者称为"辰王"，后者称为"韩王"，就是为相区别。上述朝鲜史书皆晚出，恐不可从。实际朝鲜李朝时期的文人很多也不相信这些记载，李德懋在《盎叶记》一书中说得很清楚："赵斯文（衍龟）尝见一书，录箕子以后谥讳历年，为寄余一通，虽甚荒诞，而姑记之，以备《竹书》《路史》之异闻焉。"

2　李盛周著、木村光一编訳、原久仁子共訳『新羅·伽耶社会の起源と成長』、34-41 頁。

的广泛使用导致劳动生产率的提高，是三韩政治组织演进至七十八“国”格局的主要动力。以昌原茶户里古坟群为代表的公元2世纪前半期以前的洛东江中、下游地区的古坟，选址多在平地，而此后各时期的古坟群选址皆在丘陵、山地，[1] 此区域内的平原地区多已开耕为农田，可能是非常重要的原因。

公元前108年汉武帝灭卫氏朝鲜设四郡，是来自朝鲜半岛之外的政治力量中止了半岛北部向成熟国家演进的过程，将半岛北部地区组合进另一个成熟国家的框架之内。三韩"汉时属乐浪郡，四时朝谒"。[2] 乐浪郡对三韩内部事务的干涉，对朝鲜半岛南部地区政治组织的演进起到抑制作用，在外力干涉下，三韩联盟是无法向早期国家演进的了。

从《三国志》的记载来看，三韩诸国之间已经存在明显的分化。三韩"各有渠帅，大者自名为臣智，其次为邑借"，大国、小国的首领称号是不同的，大国称"臣智"、小国称"邑借"。"景初中，明帝密遣带方太守刘昕、乐浪太守鲜于嗣越海定二郡，诸韩国臣智加赐邑君印绶，其次与邑长。"[3] 证明汉朝方面不仅非常了解三韩诸国之间的差异，而且对当地这种政治格局表示尊重，在封官授爵时，对大国的"臣智"是加封"邑君"，对小国的"邑借"是加封"邑长"，汉朝方面的做法无疑会促使这种分化进一步固化。我们应该意识到，《三国志》称马韩"大国万余家，小国数千家"，称辰韩、弁韩"大国四五千家，小国六七百家"，并不仅仅是对其户口规模差异的描述，所谓大国、小国，指的是三韩诸国间的不同等级。

1　李盛周著、木村光一編訳、原久仁子共訳『新羅・伽耶社会の起源と成長』、108頁。

2　《三国志》卷三〇《魏书·东夷传》，第850页。

3　《三国志》卷三〇《魏书·东夷传》，第852、851页。

　　《三国志》中还有一段无法点断的记载："臣智或加优呼臣云遣支服安邪踧支渍臣离儿不例拘邪秦支廉之号。"[1] 这里显然记载的是诸国臣智所称尊号，同为大国的臣智，其尊号应有规律可循，或有某种相似性，而上面一段话中，"臣""支""邪"三字皆重复出现，若将此理解为臣智尊号中类似的尾音，则上述一段话可以标点为："臣智或加优呼臣、云遣支、服安邪、踧支、渍臣、离儿不例拘邪、秦支廉之号。"从这个角度看，"秦支廉"的称号很可能存在倒误。《三国志》称弁辰"各有渠帅，大者名臣智，其次有险侧，次有樊濊，次有杀奚，次有邑借"。"臣智"为大国之长的称呼，"邑借"为小国之长的称呼，已见前述，则两者之间的"险侧""樊濊""杀奚"应为臣智的尊号。从发音看，"险侧"与"云遣支"很可能出自同一语源，"险"实为"云遣"的促读；同样，"樊濊"与"服安邪"可能出自同一语源，"樊"为"服安"的促读。若此猜测不误，则三韩不仅大国之长皆称"臣智"、小国之长皆称"邑借"，大国之长"臣智"所加尊号也大多相同。亦可以证明，三韩内部的诸国之间呈现出相同的等级分化情况。

　　辰韩、弁韩"总四五万户"，则弁韩十二国总人口不过二万户上下，按"大国四五千家，小国六七百家"计算，若存在三个大国、九个小国，则大国总计约为一万三四千户、小国总计约为五六千户，恰与上述总户数相合。见于记载的弁韩臣智的尊号正好也是三个："险侧""樊濊""杀奚"，可证大国臣智的尊号是各不相同的，是每个臣智都有专属于自己的尊号。按照这种思路，如果我们上述对《三国志》的标点不误，则马韩内部应存在七个大国，其臣智的尊号分别是：优呼臣、云遣支、服安邪、踧支、渍臣、离儿不例拘邪、

1　《三国志》卷三〇《魏书·东夷传》，第850页。

秦支廉。从对音上看，"险侧""樊濊""杀奚"，与"云遣支""服安邪""跛支"似乎存在某种联系，就是说，弁韩三个臣智的称号分别对应马韩臣智称号的第二位、第三位、第四位，如果是这样的话，说明臣智的尊号是存在等级差别的，从这个角度理解，大国内部似乎还存在着等级分化，换言之，同为大国，分量却不同。

马韩五十四国"总十余万户"，若按七个大国计，则绝不可能存在"大国万余家，小国数千家"的格局，因此，对《三国志》此处的记载，应理解为，"万余家"的"大国"，是指辰王所在的月支国，其他的"大国"是达不到这一规模的，七个臣智的"大国"平均在六七千家，其余"小国"平均在千余户上下，可能是比较合理的估计。

马韩内部大、小国的比例可能是1：7，而弁韩这一比例则为1：3，虽然马韩单位政治体的户数明显超过弁韩，但是，作为更加复杂的政治组织体的"大国"在单位政治体中所占的比例，却是弁韩超过马韩，从政治组织内部向复杂化发展的程度来看，弁韩以及辰韩地区可能是领先于马韩的。小国的"邑借"不存在类似于大国"臣智"的等级分化，意味着小国之间的分化还不普遍。

《三国志》卷三〇《魏书·东夷传》称马韩："其俗少纲纪，国邑虽有主帅，邑落杂居，不能善相制御。""信鬼神，国邑各立一人主祭天神，名之天君。又诸国各有别邑，名之为苏涂。""弁辰亦十二国，又有诸小别邑，各有渠帅。"[1] 说明三韩各国内部至少还可以分为三种层级：被称为"国邑"的中心聚落、被称为"别邑"的复合型聚落、被称为"落"的自然村。若干个自然村之中存在一个地位优越的"邑"，即居于主导地位的村，这是政治组织演进的第

1　《三国志》卷三〇《魏书·东夷传》，第851、852页。

一步；第二步则是在"邑"与"邑"的竞争中逐渐出现一个居于主导地位的"邑"，也就是所谓"国邑"。

从考古资料来看，朝鲜半岛南部此两步的演进，都是早在青铜器时代的聚落遗址中就已经有所体现。演进模式参见韩国学者李盛周制作的图表（见图3-1）。而在朝鲜半岛北部，这种演进可能早在箕子建国的时代就已经完成了，所谓的箕子"八条之教"，实际上就是调整邑落、方国间关系的盟约。[1]

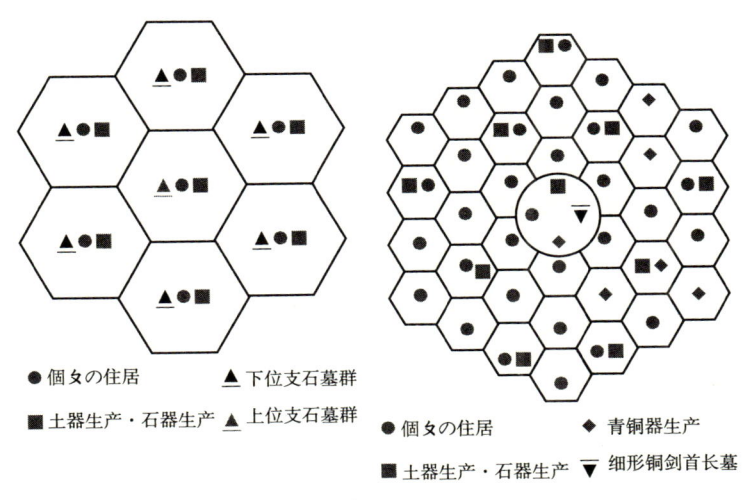

● 個々の住居　　　　▲ 下位支石墓群

■ 土器生产・石器生产　▲ 上位支石墓群

● 個々の住居　　　　◆ 青铜器生产

■ 土器生产・石器生产　▼ 细形铜剑首长墓

琵琶形铜剑段階　　　　　　　　细形铜剑段階

图 3-1　青铜器时代集落类型的变化

资料来源：李盛周著、木村光一编訳、原久仁子共訳『新羅・伽耶社会の起源と成長』、81頁。

1　关于箕子"八条之教"具体内容的考证，见张博泉《箕子"八条之教"的研究》，载张博泉《箕子与朝鲜论集》。关于"八条之教"的性质，参见杨军《高句丽民族与国家的形成和演变》。

　　《三国志》卷三〇《魏书·东夷传》记载:"其俗少纲纪,国邑虽有主帅,邑落杂居,不能善相制御。""其北方近郡诸国差晓礼俗,其远处直如囚徒奴婢相聚。"证明至 3 世纪,"国邑"对其他"邑""落"的控制力还是比较有限的。虽然这种国邑—别邑—村落的体制得到郡县体制的支持和加强,但总体而言,仍未发展为严格的上下级隶属关系,而是停留在邑落联盟阶段。

　　三韩诸国的邑落联盟内部也在发生着明显的变化。

　　首先,三韩诸国的国邑已存在城墙。

　　《三国志》卷三〇《魏书·东夷传》记载:"其国中有所为及官家使筑城郭。"说明三韩的国邑,已经筑有用作防御工事的城墙,诸别邑是不是也同样建有城墙不得而知。但从《三国志》卷三〇《魏书·东夷传》特别强调辰韩"有城栅"、弁韩"与辰韩杂居,亦有城郭"、马韩"无城郭"来看,马韩的别邑可能是没有城墙的。但是,从"常以五月下种讫,祭鬼神,群聚歌舞,饮酒昼夜无休"[1]来看,各别邑,也就是小邑,与就便从事农耕的村落的差别并不很大。有城墙的城市的出现,是形成国家的先声。

　　其次,国邑首领的身边已出现近僚集团。

　　《三国志》卷三〇《魏书·东夷传》记载马韩:"各有长帅,大者自名为臣智,其次为邑借。"显然臣智是国邑首领的称号,而邑借是诸别邑首领的称号。但又记载弁韩"十二国,诸小别邑,各有渠帅,大者名臣智,其次有险侧,次有樊濊,次有杀奚,次有邑借",在臣智与邑借之间出现了三个新的称号,这当是国邑中新出现的位次于臣智的首领。《三国志》称马韩"其官有魏率善邑君、归义侯、中郎将、都尉、伯长",[2]虽然使用的都是曹魏政权的官名,

---

1　《三国志》卷三〇《魏书·东夷传》,第 852 页。
2　《三国志》卷三〇《魏书·东夷传》,第 850 页。

但所反映的情况却与前引史料相符。从其地位高于诸别邑首领邑借来看，他们显然是国邑首领臣智的辅佐，是其近僚集团的成员。邑落首领身边出现专门负责执行其命令的辅佐，说明国邑首领的权力正在加强。虽然这还不是作为国家机器特征的暴力机关，但这已是暴力机关的前身。

再次，国邑首领的权力在加强。

《三国志》卷三〇《魏书·东夷传》记载："臣智或加优呼臣、云遣支、服安邪、踧支、溃臣、离儿不例拘邪、秦支廉之号。"有的臣智，也就是国邑的首领，已经在给自己增加一些尊号了。这种现象的出现，证明国邑对别邑控制力的加强，原有的平等联盟的关系已在破坏过程中。随着国邑势力的进一步加强，可以按国邑首领的喜好任命别邑的首领而不必考虑别邑人民的意愿，邑落之间的联盟关系也就转变为领主制国家之下的领主与家臣的关系了。

中原王朝已经认识到国邑的首领与别邑的首领地位是不同的，所以给他们的待遇也是不同的，"诸韩国臣智加赐邑君印绶，其次与邑长"，[1]证明国邑首领与别邑首领权力的差异已经相当明显。别邑已渐在向属邑转变。

最后，出现专职的祭司。

《三国志》卷三〇《魏书·东夷传》："国邑各立一人主祭天神，名之天君。又诸国各有别邑，名之为苏涂。立大木，县铃鼓，事鬼神。诸亡逃至其中，皆不还之。"[2]说明专职的祭祀无论是在国邑还是在别邑，都有相当大的权力。

1　《三国志》卷三〇《魏书·东夷传》，第850页。
2　《三国志》卷三〇《魏书·东夷传》，第852页。

这一系列的变化表明，三韩各国的邑落联盟已处在向领主制国家转变的过程中。

从考古资料来看，"出土谷物的遗址的年代范围，在 6000 年前，是辽西台地和辽河下游，到 4000 年前向东推进，到达大同江下游。到 3000 年前，到达第二松花江，到 2500 年前，到达朝鲜半岛，到 2000 年前，则分布到沿海地区的南部"。[1] 朝鲜半岛南部步入农耕社会的时间，比朝鲜半岛北部大同江流域晚 1500 年以上。也就是说，朝鲜半岛南部由迁徙生活转向定居生活的时间比朝鲜半岛北部大同江流域晚 1500 年以上。对比文献记载，箕子率殷遗民在公元前 11 世纪进入大同江流域时，当地已处于邑落联盟的发展阶段，而从《三国志》《后汉书》的记载来看，在东汉时期，即公元 2 世纪以后，朝鲜半岛南部的三韩人才进入同一发展阶段，滞后 1200 年以上。虽然在向邑落联盟发展的过程中，三韩地区呈加速发展之势，但两个地区间的差距并未缩小许多。但是，在从邑落联盟向早期国家发展的过程中，二者的时间却相当接近，主要原因当是，箕子"八条之教"的推行，抑制了大同江流域邑落间的兼并，使邑落共同体长期处于同一规模，因而不能促成政治组织形式的进一步发展，而三韩地区却通过上述三种方式在进行邑落间的合并，使邑落共同体日趋庞大，政治组织形式也因而日趋复杂。

《三国志》卷三〇《魏书·东夷传》在记载曹魏景初（237~239）中对三韩"臣智加赐邑君印绶，其次与邑长"之后，紧接着记载："其俗好衣帻，下户诣郡朝谒，皆假衣帻，自服印绶衣帻千有余

1　〔日〕甲元真之：《东北亚地区的初期农耕文化——以分析自然遗物为中心》，滕铭予译，载《东北亚历史与考古信息》1997 年第 2 期，第 16 页。

人。"[1] 按三韩总计十六七万户计算，此"千有余人"平均每人下辖
150 户左右，自然村显然不可能如此之大，证明此"千有余人"应
是指"国邑"和"别邑"的首领。

这段史料透露给我们的信息是，在曹魏代汉、重新确立对
朝鲜半岛的隶属关系时，中原王朝认为对"大国"臣智封邑君、
"小国"邑借封邑长，各赐给印绶之后，曹魏政权与三韩各国之
间的隶属关系就已经确立起来了。但是，三韩各国内部对此问题
的理解却是不同的，各国内部诸"别邑"的首领显然认为，这种
隶属关系的确立必须得到他们的认可方能正式生效，为表明他们
的政治立场，虽然他们并未得到曹魏政权的册封，却自动"假衣
帻""自服印绶衣帻"去郡中朝谒，其"假衣帻"的对象显然是各
国的臣智、邑借们，臣智、邑借肯将官服借给其所属"别邑"的
首领以便其赴郡朝见，足以证明，他们与诸"别邑"的首领对此
问题的看法是相同的。由此看出，三韩所谓的"国"，不过是诸
"别邑"之间的一种松散的联盟，"国邑"是联盟的首领，对联盟
所属各"别邑"却并不具备支配权，特别是在对外关系方面，是
需要得到诸"别邑"首领的一致赞同才能做出最终决定的。这也
就是《三国志》所说"国邑虽有主帅，邑落杂居，不能善相制御"
的真正含义。前引《三国志》所载曹魏欲"分割辰韩八国以与乐
浪，吏译转有异同，臣智激韩忿，攻带方郡崎离营"，[2] 作为三韩大
"国"的首领臣智需要"激韩忿"才能发起军事行动，证明其行动
要得到所属"别邑"首领的支持，其"激韩忿"的对象不是指韩
人，而是这些"别邑"的首领。

1　《三国志》卷三〇《魏书·东夷传》，第 851 页。

2　《三国志》卷三〇《魏书·东夷传》，第 851 页。

　　概言之，至 3 世纪，朝鲜半岛南部三韩各地最牢固的社会组织不是"国"，而是其下的"邑"，也就是以某一大型聚落为主导的自然村的复合体。"邑"的联合体"国"，以及作为"国"之间联盟首长的"辰王"，还都是比较虚的。

　　朝鲜半岛北部也曾经历过类似的发展阶段，高句丽大臣陕父劝谏琉璃明王，"王闻之震怒，罢陕父职，俾司官园。陕父愤，去之南韩"。[1] 很明显，陕父就是高句丽"国"内较有影响力的人物，有自己独立的部众，其与高句丽王的关系就是一种松散的联盟，当联盟的决议不能令其满意时，即脱离联盟自行发展。只不过朝鲜半岛北部经历此发展阶段应是公元前 2 世纪的事情，[2] 而上述三韩各部则是公元 2 世纪的情况。

　　最后要强调一个问题。《三国志》卷三〇《魏书·东夷传》记载，马韩"凡五十余国。大国万余家，小国数千家，总十余万户"。"弁、辰韩合二十四国，大国四五千家，小国六七百家，总四五万户。"[3] 三韩总人口约十七八万户。《三国志》同卷记载，秽貊人两万户，沃沮人五千户，高句丽人三万户。此时期的高句丽统治中心在浑江流域，不在朝鲜半岛。按其在朝鲜半岛上的分布，由北而南分别是，咸镜道的沃沮人五千户，江原道的秽貊人二万户；庆尚、忠清、全罗三道的三韩共十七八万户，平均每道近六万户。足以证

1　（高丽）金富轼:《三国史记》卷一三《高句丽本纪·琉璃明王》，第 180 页。

2　杨军认为，朱蒙所部自东夫余迁出建立高句丽的时间约在公元前 126 年前后，而不是《三国史记》所载的公元前 37 年（杨军:《高句丽王世系积年考——兼论朱蒙建国时间》，《通化师范学院学报》2009 年第 9 期）。东夫余在今朝鲜虚川江流域以东至海，地处今朝鲜咸镜南北道和两江道交界处（杨军:《东夫余考》，《史学集刊》2010 年第 4 期），故朱蒙所部南迁不是按学术界通常认为的进入今中国辽宁浑江流域，而是进入朝鲜的咸镜南道，靠近咸兴一带，也就是西汉初设玄菟郡时的沃沮城附近。本书以此立论，故以高句丽早期史料来说明朝鲜半岛北部的相关问题，时间则断为公元前 2 世纪末。

3　《三国志》卷三〇《魏书·东夷传》，第 850、853 页。

明，此时期的朝鲜半岛已呈现出由北向南人口密度逐步增大的特点。三韩分布区的面积与秽貊、沃沮分布区大体相当，人口却是后者的七倍，说明朝鲜半岛南部的人口密度可能是北部的七倍。这应是半岛南部稻作农业发展的结果，也是此后在三韩地区兴起百济、新罗两个国家的经济基础。

第四章　郡县体制研究

　　虽然燕国全盛时期设立的辽东郡辖区已包括朝鲜半岛北部部分地区，其东部边界已达大同江流域，但其影响所及的地域毕竟尚属有限，郡县体制在朝鲜半岛的大发展，是在汉武帝灭卫氏朝鲜设四郡之后。在灭卫氏朝鲜之前的元朔元年（前128），汉王朝已在朝鲜半岛东北部设立苍海郡，开始向朝鲜半岛渗透。直至4世纪初，乐浪郡、带方郡被高句丽占领，在长达五个世纪的时间里，朝鲜半岛不仅隶属于中国历代王朝，而且被纳入与中原地区相同的郡县体制之内进行管理。

　　中、日、韩学者与本时期相关的研究皆比较多，三国学者皆表现出对历史地理研究的关注。关于汉四郡及在汉四郡之前设立的苍海郡的地理位置的研究，已经持续了超过一个世纪之久，歧义迭出，分歧明显，堪称朝鲜半岛古代史中聚焦时间最长的焦点问题。本章将重点讨论苍海郡、真番郡的地理位置，并涉及乐浪郡和临屯郡的地理位置问题。由于玄菟郡在始元五年（前82年）内迁之后，首府高句丽县已在中国境内，其辖区也基本与朝鲜半岛没有关系，超出本课题的研究空间，故置而不论。

　　在搞清楚汉王朝在朝鲜半岛设置的郡县的地理位置之后，接下来必须搞清楚的是这些郡县统治的是什么人，遗憾的是学界在历史地理问题上热情有余，对历史的主体人的问题却关注不足，汉四郡的民族构成是少有学者论及的学术盲点，因此这也将成为本章重点讨论的问题。而此时期朝鲜半岛的归属问题无疑是备受关注的重点问题，本章拟从汉王朝在朝鲜半岛的管理体制入手，谈一点我们对此问题的认识。

第一节　苍海郡考

　　苍海郡是汉武帝在朝鲜半岛北部设置的第一个郡级行政建制。因维持对此边郡的统治需要消耗大量人力、物力，加之受到卫氏朝鲜的阻隔，汉王朝对苍海郡的控制显得鞭长莫及。元朔三年（前126）春，为专奉朔方，苍海郡与西南夷同时罢去。

　　关于苍海郡，学界争议最大的是其地望问题，大致有以下五种观点。[1]

其一，辽东说。首倡此说者为日本学者白鸟库吉、箭内亘，认为苍海郡在今鸭绿江、佟佳江（浑江）流域，与汉武帝灭卫氏朝鲜后所设的真番郡同在一地。[2] 王天姿、王禹浪认为，苍海郡首府在今辽宁省大连市普兰店区张店汉城，[3] 也可以归入此说。

其二，珲春说。中国学者吴廷燮的《东三省沿革表》最早提出此说。[4] 张博泉支持吴廷燮说：

> 彭吴穿濊貊、朝鲜，即《管子》一书中的"发、朝鲜"。发即指濊貊之属，朝鲜即真番。《汉书·地理志》注引应劭曰："玄菟本真番，故朝鲜胡国。"就是指的没有被秦开袭走以前箕氏朝鲜故地。彭吴东行所经都是曾叛右渠的濊貊人地区，故可顺利而通过建苍海郡。吴廷燮《东三省沿革表》位苍海郡于今珲春附近，其郡地应包括今吉林省东南及朝鲜东北部。[5]

---

1 关于学界观点的归纳，参见刘子敏、房国凤《苍海郡研究》，《东疆学刊》1999 年第 2 期；刘子敏、姜龙范、崔永哲《东北亚"金三角"沿革开发史及其研究》（古代篇），黑龙江朝鲜民族出版社，2000，第 161~166 页。前者将学界已有观点分为四派，后者则分为六派，本书皆与之略异。

2 白鸟库吉监修、箭内亘、稻叶岩吉、松井等著『満州歴史地理』丸善株式会社、大正二年（1913）印刷、昭和十五年（1941）再版、4-12 頁；〔日〕白鸟库吉、箭内亘：《汉代的朝鲜》，姜维公、高福顺译，载《中朝关系史译文集》，吉林文史出版社，2001，第 59 页。

3 王天姿、王禹浪：《西汉"南闾秽君"、苍海郡与临秽县考》，《黑龙江民族丛刊》2016 年第 1 期。

4 吴廷燮：《论汉代开边域之盛》，《四存月刊》第 8 期；《东三省沿革表》，文海出版社，1965。

5 张博泉：《东北地方史稿》，第 62 页。刘子敏等《东北亚"金三角"沿革开发史及其研究》，引张博泉《东北地方史稿》，却称张博泉"认为苍海郡的辖区就是'发朝鲜'的领域，即今辽宁省东部地区"（第 161 页）。实为对上述引文的误解。另，张博泉、苏金源、董玉瑛《东北历代疆域史》表述更为清晰："汉武帝元朔元年（前 128）以濊地置沧海郡，在今吉林珲春一带，东穷海滨。"（第 50 页）

其三，夫余说。首倡此说者为日本学者那珂通世，[1]当代仍持此说者有吉本道雅。[2]

其四，朝鲜半岛东部说。首倡此说者为日本学者稻叶岩吉。[3]中国学者金毓黻认为，苍海郡即后来汉四郡中的临屯郡。[4]谭其骧、[5]周振鹤[6]等认为，苍海郡在今朝鲜江原道，实皆与稻叶氏的观点一脉相承。王绵厚认为，苍海郡大体在今朝鲜半岛大同江和狼林山以东、以北的近海之地。[7]大体相当于今朝鲜咸镜南北道的近海之地。也可以归入此说。

其五，广域说。认为随秽君南闾降汉的达 28 万人，其分布地域一定相当广阔。孙进己等学者认为，苍海郡应包括后世的秽貊、沃沮、句丽、夫余之地，即包括今松花江流域、图们江流域以至朝鲜江原道的广阔地域。[8]杨军的观点与此相同。[9]刘子敏等学者认为，苍海郡"辖区应包括东濊、沃沮（东沃沮和北沃沮）所在领域，即今我国延边地区、牡丹江地区东部、朝鲜江原道和咸镜道以及俄国滨海地区"。[10]也可以归入此说。

此外，苗威认为，苍海郡仅包括东秽和南、北沃沮之地。《三国志》卷三〇《魏书·东夷传》所载沃沮人五千户，仅是东沃沮的

1　那珂通世原书未见，此见谭其骧主编《〈中国历史地图集〉释文汇编·东北卷》，第 49 页。

2　吉本道雅「濊貊考」『京都大學文學部研究紀要』第 48 号、2009 年 3 月。

3　〔日〕稻叶岩吉：《满洲发达史》，杨成能译，萃文斋书店，1940，第 25~28 页。

4　金毓黻：《东北通史》，第 74 页。

5　谭其骧主编《〈中国历史地图集〉释文汇编·东北卷》，第 49 页。

6　周振鹤：《西汉政区地理》，第 226~227 页。

7　王绵厚：《秦汉东北史》，辽宁人民出版社，1994，第 70~71 页。

8　孙进己、王绵厚主编《东北历史地理》第 1 卷，第 323 页。

9　杨军：《高句丽民族与国家的形成和演变》。

10　刘子敏、房国凤：《苍海郡研究》，《东疆学刊》1999 年第 2 期。参见刘子敏、姜龙范、崔永哲《东北亚"金三角"沿革开发史及其研究》，黑龙江朝鲜民族出版社，2000，第 161~166 页。

人口数字，不含北沃沮。北沃沮即"团结—克罗乌诺夫卡"文化分布区，包括中国的延边地区、牡丹江东部地区、俄罗斯滨海地区以及朝鲜半岛东北部地区，地域约是南沃沮的 6 倍，若此地域人口密度与南沃沮相同，则北沃沮人口约为 3 万户、15 万人。加上东秽 2 万户、10 万人，南、北沃沮与东秽的总人口数约为 27.5 万。恰与随南闾降汉的人口数相当。[1]

考之最早记载苍海郡的史料《史记》卷三〇《平准书》："彭吴贾灭朝鲜，置沧海之郡，则燕齐之间靡然发动。"《汉书》卷二四下《食货志下》作："彭吴穿秽貊朝鲜，置沧海郡，则燕齐之间靡然发动。"[2] 两书相对照可以发现，存在两处明显的差异：《史记》作"贾"，《汉书》作"穿"；《史记》作"灭"，《汉书》作"秽"。

钱大昕《廿二史考异》卷上：

> 《汉书·食货志》但云彭吴穿秽貊、朝鲜，置沧海郡，较之《史记》为确。予又疑"灭"当为"濊"字之讹，"濊"与"薉"、"秽"同，"贾"读为商贾之贾，谓彭吴与濊、朝鲜贸易，因得通道置郡也。[3]

按，"灭"字的繁体作"滅"，与"濊"形似易误。对照《汉书》的记载可证，《史记》之"灭"字当为"濊"字之误。"濊""薉""秽"通用，《汉书》卷六《武帝纪》注引晋灼曰："薉，古秽字。"即是其证。则《史记》的记载应为"彭吴贾秽貊、朝鲜"。

1　苗威：《乐浪研究》，高等教育出版社，2016，第 78 页。
2　《史记》卷三〇《平准书》，第 1421 页；《汉书》卷二四下《食货志下》，第 1157 页。
3　钱大昕：《廿二史考异》卷三，陈文和主编《嘉定钱大昕全集》（贰），江苏古籍出版社，1997，第 54 页。

《汉书》卷二四下《食货志》颜师古注解释"穿"字的涵义："本皆荒梗，始开通之也，故言穿也。"钱大昕认为错误："小司马误彭吴始开其道而灭之，非是。"应以《史记》"贾"字为正，意谓"彭吴与濊、朝鲜贸易，因得通道置郡也"。[1] 实则《史记》之"贾"与《汉书》之"穿"并不矛盾。说"穿"，是因为苍海郡之地与汉辽东郡并不接壤，彭吴从辽东郡出发，需要穿过一些非汉王朝郡县控制区始能抵达秽貊朝鲜之地；说"贾"，证明彭吴穿过这些非汉王朝控制区前往苍海郡之地最初的动机是贸易，是汉政府利用商人传递信息并最终导致秽君南闾等的降汉。

《汉书》卷六《武帝纪》记载此事作："东夷薉君南闾等口二十八万人降，为苍海郡。"《后汉书》卷八五《东夷传·濊传》作："元朔元年，濊君南闾等畔右渠，率二十八万口诣辽东内属，武帝以其地为苍海郡，数年乃罢。"两相对照发现，《后汉书》的记载应源于《汉书》卷六《武帝纪》、卷二四下《食货志下》，而新增"畔右渠""诣辽东内属"两项内容，未详何据。按当时的形势，秽貊人隶属于卫氏朝鲜，其降汉的举动本身就是对卫氏朝鲜的背叛，故可称其"畔右渠"，这应是《后汉书》的作者范晔根据当时的形势所引申出来的内容，并无其他史料来源。"诣辽东内属"恐怕同样也是范晔的判断，并无史料依据。《后汉书》下文称"武帝以其地为苍海郡"，若南闾已率 28 万人"诣辽东"，"其地"人口几乎全部外徙辽东，根本不可能再"以其地为苍海郡"了。《后汉书》的记载自相矛盾，也证明其"诣辽东内属"的记载并不可靠。因此，《汉书·武帝纪》所载"东夷薉君南闾等口二十八万人降"，指的是苍海郡统治下的人口数，其间并不存在大规模的人口迁徙。

---

1 钱大昕：《廿二史考异》，陈文和主编《嘉定钱大昕全集》（贰），第 54 页。

上述史料透露出的与苍海郡定位有关的信息只有一点，"穿秽貊朝鲜"。如何理解这条史料，有两点很重要。第一，什么是"秽貊朝鲜"？《后汉书》卷八五《东夷传·濊传》："濊及沃沮、句骊，本皆朝鲜之地也。"在汉武帝设立苍海郡以前，秽貊隶属于卫氏朝鲜，因此"秽貊朝鲜"之间不应加标点，其涵义是隶属于朝鲜的秽貊。同样的用例见《史记》卷一一五《朝鲜列传》"尝略属真番朝鲜""稍役属真番朝鲜蛮夷"，此"真番朝鲜"即隶属于朝鲜的真番国的意思。第二，什么是"穿"？按字面理解可以有两种解释，一是穿过，一是穿到。但是，《汉书》卷六《武帝纪》"秽君南闾降汉"条下注引服虔曰："秽貊在辰韩之北，高句丽、沃沮之南，东穷于大海。"证明东汉学者服虔已经认为，降汉的秽君南闾就是秽貊之君，那么，以其地为苍海郡，就是在秽貊之地设苍海郡。因此，"穿秽貊朝鲜"不是指穿过秽貊之地，而是指穿到秽貊之地，即穿过一些非汉王朝郡县统治区来到秽貊地。如此理解与实际情况也是相符的。《后汉书》卷八五《东夷传·濊传》："濊北与高句骊、沃沮，南与辰韩接，东穷大海，西至乐浪。"后世的乐浪郡，即卫氏朝鲜故地，彭吴不大可能穿过卫氏朝鲜统治的中心区前往秽貊地从事贸易，因此，其所穿过的非汉王朝郡县统治区，当指秽貊北方的高句丽、沃沮居住区。

结合上述对史料的分析，我们可以得出这样的结论：汉武帝时，大商人彭吴穿越高句丽、沃沮人的居住区，将贸易一直开展到秽貊人的居住区，汉武帝利用彭吴联系秽貊之君南闾，最终策反成功，南闾摆脱卫氏朝鲜的控制，转而降服于西汉，汉王朝乘机在秽貊之地设立苍海郡，所管辖的秽貊系人口达到28万。

学界一般认为，《后汉书》为之立传的秽貊人分布在今朝鲜江原道。因此，苍海郡应在今朝鲜江原道，与后来设立的临屯郡在同一地域。前引前人观点的第一种，辽东说，因地域与汉辽东郡相连，体现不出"穿"字的内涵；第二种观点，珲春说，因今珲春在汉代属沃沮人的居住区，而不是秽貉人居住区；第三种观点，夫余说，也不是秽貉人的居住区，甚至不在朝鲜半岛之内，皆与彭吴"穿秽貉朝鲜"的记载不吻合。

持第四种观点朝鲜半岛东部说和第五种观点广域说的学者，皆认为苍海郡的辖区以今朝鲜江原道为主，而两者最主要的区别是，后者注意到《汉书》卷六《武帝纪》记载苍海郡控制的人口总数达 28 万，认为如果苍海郡仅仅包括今朝鲜半岛江原道，在当时的人口密度下，绝不可能有如此之多的人口。如前所述，苍海郡设于秽貉之地，而据《三国志》卷三〇《魏书·东夷传》，秽貉族在三国时期也仅有 2 万户，学界通常按一户五口计，认为秽貉族人口约10 万人，与南闾率领的 28 万人差距很大，故而断定南闾控制的地域实远大于秽貉人的居住区，也就是远大于后世的临屯郡。

谭其骧认为，临屯郡"故地约与今朝鲜江原道相当，南至今庆尚道北界小白山、竹岭一带，北至今咸镜道定平一带，东临日本海，西至今江原道西界之分水岭"。[1] 但谭其骧的认识还是相对比较保守的。张博泉等认为"临屯郡府设在东暆县，约在今朝鲜元山附近"；[2] 日本学者三上次男认为"临屯郡以东暆县（今之江陵方面）为郡治，其郡域包含咸镜南道的南部和江原道地区"；[3] 首藤丸毛认为"在后来的沃沮、东濊地方设置了临屯郡"；[4] 田中俊明认为"临屯郡

1　谭其骧主编《〈中国历史地图集〉释文汇编·东北卷》，第 51 页。

2　张博泉、苏金源、董玉瑛：《东北历代疆域史》，第 50 页。

3　〔日〕三上次男：《乐浪郡社会的统治结构》，常伟译，顾铭学校，《东北亚历史与考古信息》1986 年第 1 期，第 39 页。

4　〔日〕首藤丸毛：《玄菟临屯真番三郡之我见》，兴国、云铎译，顾铭学校，《东北亚历史与考古信息》1986 年第 1 期，第 90 页。

位于朝鲜半岛东海岸（以临屯国的故地为中心设置临屯郡）"，[1] 都是认为临屯郡的辖区大于今江原道，也就是说，在这些学者的心目中，秽貊人的分布区大于今江原道，至少还包括今咸镜道的部分地区。这恐怕也是基于南闾所率达 28 万人而做出的思考。但总体而言，持朝鲜半岛东部说的各位学者的论述中，往往都是有意对 28 万人问题进行忽略或淡化处理，不予讨论。

《三国志》卷三〇《魏书·东夷传》记载，夫余 8 万户，高句丽 3 万户，沃沮 5000 户，秽貊 2 万户。若以为苍海郡设于夫余地，仅按一户五口计，总人口已达 40 万人，远远超出南闾所率之 28 万人，这从另一个侧面证明夫余说是难以成立的，也证明苍海郡必不包括夫余故地。

就广域说的观点而言，高句丽、沃沮、秽貊三族人口相加为 5.5 万户，按一户五口计，为 27.5 万人，与南闾之 28 万人基本相当。如果认为彭吴赴"秽貊朝鲜"所穿过之地即后世高句丽、沃沮居住区，那么，在秽貊地设立苍海郡之后，将这些地区皆纳入苍海郡也是情理之中的事情。由此看来，苍海郡的辖区，西起今中国浑江流域，向东包括朝鲜慈江道、两江道、咸镜南北道、江原道，以及韩国江原道，可能还包括朝鲜平安南道的部分地区。概言之，包括朝鲜半岛北部的大部分地区，以及中国辽宁、吉林两省东部的部分地区。

但也存在另一个问题，我们现在没有任何证据可以证明，秽貊人的家庭是平均每户五人，而且似乎存在着间接的反面证据。据朝鲜史书《三国史记》卷一三《高句丽本纪》，朱蒙生活于其中的夫余王金蛙的家中，金蛙有七个儿子，有几个妻妾不清楚，但加上朱蒙母子

1　〔日〕田中俊明：《高句丽的兴起和玄菟郡》，姚义田译，《东北亚历史与考古信息》1996 年第 2 期，第 2 页。

和金蛙本人，其家已至少有十一人。朱蒙本人后来的家庭，有正妻礼氏及其子类利，还有妾召西奴及其二子温祚、沸流，至少是六人。朱蒙之子类利即琉璃明王的家庭就更加复杂，琉璃明王至少有四妻，姓名不详的元配夫人、夫人松氏以及夫人禾姬和雉姬；至少有六子，元配夫人生二子，都切、解明，松氏生无恤，还有不知何人所生的解色朱、再思、如津，即使认为三者同母，琉璃明王也至少还要有一位史书失载的夫人。总计琉璃明王至少五妻六子，其家庭不少于十二人。当然，上述例子皆属贵族之家，可能并不具有普遍性。但是，《三国志》卷三〇《魏书·东夷传》记载，沃沮人"其葬作大木椁，长十余丈，开一头作户。新死者皆假埋之，才使覆形，皮肉尽，乃取骨置椁中。举家皆共一椁，刻木如生形，随死者为数。又有瓦鑩，置米其中，编县之于椁户边"。[1] 这种葬俗似非一家五口所能行。若以一户七八口计，则高句丽、沃沮、秽貊三族合计的 5.5 万户，总人口已近40 万人，可证南闾时降汉归入苍海郡的实非后世此三族分居区的全部地域，即苍海郡的辖区应小于上述广域说推测的范围。

　　《史记》卷三〇《平准书》："彭吴贾灭朝鲜，置沧海之郡，则燕齐之间靡然发动。"《资治通鉴》卷二六元朔三年（前 126）："以公孙弘为御史大夫。是时，方通西南夷，东置苍海，北筑朔方之郡。公孙弘数谏，以为罢敝中国以奉无用之地，愿罢之。天子使朱买臣等难以置朔方之便，发十策，弘不得一。弘乃谢曰：'山东鄙人，不知其便若是，愿罢西南夷、苍海而专奉朔方。'上乃许之。春，罢苍海郡。"[2] 两条史料皆可证明，汉王朝为维持苍海郡需要耗费大量的人力、物力，这是汉王朝主动撤销郡的最主要原因，可见汉朝郡

1　《三国志》卷三〇《魏书·东夷传》，第 846~847 页。

2　《资治通鉴》卷二六《汉纪一八》"武帝元朔三年"条，第 617 页。

县区与苍海郡之间必存在陆路通道。因此，苍海郡必然包括上述三族分布区的南部地带，而不包括其北部地区。由此推测，苍海郡的辖区是自辽东郡塞外，经浑江流域向东延伸，包括今朝鲜慈江道、两江道，以及江原道，可能包括平安南道的部分地区，但应该不包括咸镜南北道。日本学者青山公亮认为"苍海郡的疆域从现在的抚顺方面经集安到达咸兴"，[1] 大体是正确的。

《三国志》卷三〇《魏书·东夷传》称夫余"其印文言'濊王之印'，国有故城名濊城，盖本濊貊之地"，在中原史家的观念中，北起夫余立国的松花江流域，南至今朝鲜江原道的各部族，皆可统称为濊人。从这个角度讲，苍海郡并未覆盖所有濊人，而仅包括"秽貊朝鲜"，即原卫氏朝鲜统治下的濊人，或者说仅包括濊人分布区的南部。但是，苍海郡的辖区自辽东塞外向东向南延伸至江原道，正是在北部形成对卫氏朝鲜的半包围。由此看来，设置苍海郡已经体现了汉武帝灭卫氏朝鲜的战略意图，只不过由于国力消耗太大，加上公孙弘等大臣的劝谏，最终才暂时搁置了灭卫氏朝鲜的计划，暂时集中精力于北方。

第二节　真番郡考

真番郡设置于西汉武帝元封三年（前 108），郡治霅县，领县

---

[1] 〔日〕青山公亮:《汉代的乐浪郡及其边缘》，刘力译，《东北亚历史与考古信息》1985 年第 3 期。

十五，至汉昭帝始元五年（前 82 年）废止，前后存续 26 年。关于真番郡的地望问题，由于史书记载缺略，学界历来仁智互见，莫衷一是，中外学界的研究已经超过一个世纪。大体说，诸家之说可以分为相互对立的两大派说法，即真番郡在乐浪郡之北的"在北说"，和真番郡在乐浪郡之南的"在南说"。

首倡真番郡在北说者为李氏朝鲜的金致仁，认为："大率汉以五国地为四郡，而朝鲜为乐浪，濊貊为临屯，沃沮为玄菟，皆有明证，独高勾丽二千里地，岂可只为一县哉？是必为真番也。"[1] 此说成为朝鲜王朝时期的通说，对此说进行过详细论证的代表性学者为丁若镛。

> 汉帝之分置四郡者，臣以为四郡之中，唯真番一郡，在今邦域之外，其余三郡，其地可历历然指证也。乐浪者，今平安、黄海二道之地也。玄菟者，今咸镜南道千里之地也。临屯者，今潴水以南洌水以北，京畿之北郊也。至昭帝始元五年，旋罢四郡，以为二府。于是以玄菟故地为乐浪东部，以临屯故地为乐浪南部，乃徙玄菟郡于真番故地，领高句丽等三县。今班固《地理志》止有玄菟、乐浪二郡，以是也。真番者，今鸭水之北兴京之南，皆其地也。[2]

> 真番之地，虽不可详，要在今兴京之南，佟家江之左右。
> 《汉书·地理志》注云："真番郡治霅县，去长安七千六百四十

1　（朝鲜王朝）洪凤汉、李万运、朴容大编著《增补文献备考》卷一三，明文堂，2000，第178 页上。

2　（朝鲜王朝）丁若镛：《对策·地理策（乾隆己酉闰五月内阁亲试御批居首）》，《与犹堂全书》文集卷八，《韩国文集丛刊》第 281 册，第 162 页。

里。"（臣瓒注引《茂陵书》）镛案：平壤以南，虽南至东莱，无可以当七千六百里者。惟鸭水之北乌喇之界，东极沧海，地势荒远，奚但七千里而已？（盛京东至海四千三百里）臣瓒所指盖此地耳。但所谓霅县，必在兴京之南，白山之西。苟在距辽东三千里之地（距长安七千六百四十里，则距辽东三千二百九十里），则燕人无以通贾于真番，而玄菟无以合郡于真番矣。真番既合玄菟，则真番之迹，宜于玄菟求之。班《志》所云"玄菟属县西盖马"者，得非真番之故地乎？若然，真番之地，宜在兴京之南，婆猪江之左右，与古乐浪、玄菟之地，密相连接也。

秦汉之时，真番与辽东、朝鲜每相连称，以其壤地相接也。

《史记·朝鲜列传》云："全燕时，尝略属真番、朝鲜，为置吏，筑鄣塞。秦灭燕，属辽东外徼。汉兴，卫满东走出塞，居秦故空地，稍役属真番、朝鲜。"又云："满得兵威财物侵降其傍小邑。真番、临屯皆来服属，方数千里。至孙右渠，真番旁众国欲上书见天子，又拥阏不通。"（《汉书》云："真番、辰国欲上书见天子。"）《太史公自序》曰："厥聚海东，以集真藩。"（番作藩）《货殖传》云："燕北邻乌桓、扶余，东绾秽貉、朝鲜、真番之利。"（《汉书·地理志》亦载是语）郑克后《历年通考》云："《汉书》曰燕东贾真番之利，则真番在辽东之东，可知。必是咸镜以北，藩胡所居之地。"镛案：兴京之南、鸭水以北，今瑷河以东（瑷河即狄江）、婆猪江之左右，沿江千里之地，既非辽东，又非朝鲜，必古之真番也。东儒谓在咸镜以北，恐不然也。汉魏之时，豆满河以北声迹不通，盖以长白山之脉纵横千里，阻塞重叠也。燕人安得远贾此地？玄菟之西

> 盖马，必本真番之雪县。其在长白山之西，审矣。[1]

丁若镛认为，真番郡在今中国的佟家江流域。佟家江（佟佳江），汉代称盐难水，明代称婆猪江，即今浑江。朝鲜李朝学者成海应（1760~1839）也认为："真番属县多在辽东地。"[2] 丁若镛的观点对日本学者影响较大，那珂通世、白鸟库吉、箭内亘等皆主张真番郡在今鸭绿江及佟佳江流域。[3] 而此说的根源实在于东汉人应劭（约153~196）"玄菟本真番国"的说法。[4] 中国学界赞同此说的学者也比较多，最早是丁谦，认为真番郡"在今奉天兴京厅边外，东南至鸭绿江地"。[5] 此外，持此说的代表性中国学者还有张博泉[6]、顾铭学[7]、谢寿昌[8]、任邱和王桐龄[9] 等。

　　持真番郡在北说的学者，另有一些人认为真番郡在今牡丹江中游及其以东至海的地区，"真番郡十五县约在今吉林以东，至宁安以东直到海这一范围。若以燕、秦、西汉时期之真番为古之肃慎，则其十五县当即肃慎之十五部"。[10] 此说实源自朝鲜李朝学者安鼎福

1　（朝鲜王朝）丁若镛：《疆域考·真番考》，《与犹堂全书》第六集《地理集》卷一，《韩国文集丛刊》第286册，第162页。

2　（朝鲜王朝）成海应：《研经斋全集外集》卷四七《地理类·西北疆域辨》，《韩国文集丛刊》第277册，第307页。

3　白鸟库吉监修、箭内亘、稲葉岩吉、松井等著『満洲歴史地理』第1卷、丸善株式會社、昭和十五年（1940）、6頁。

4　《史记》卷一一五《朝鲜列传》司马贞《索隐》引应劭曰，第2986页。

5　丁谦：《蓬莱轩地理学丛书》第1册，北京图书馆出版社，2008，第145页。

6　张博泉：《真番郡考》，《北方文物》1985年第4期。

7　顾铭学：《战国时期燕朝关系的再探讨》，《社会科学战线》1990年第1期。又转载于刁书仁主编《中韩关系史研究论文集》，吉林文史出版社，1996。

8　谢寿昌等主编《中国古今地名大辞典》，商务印书馆，1931，第740页。

9　任邱、王桐龄：《中国史》第2编（中古史），北平文化学社印行，1933，第53页。

10　孙进己、干志耿：《汉真番郡考》，《黑龙江文物丛刊》1984年第3期；此说亦见孙进己、王绵厚主编《东北历史地理》第1卷，第347页。

《东史考异·真番考》：“意者真番之‘真’出于肃慎，而后世女真之‘真’亦袭真番欤？”[1] 只不过是将安鼎福的一种猜测加以论证而已。

但说真番在牡丹江流域，则是部分朝鲜李朝学者的认识，只不过在其论述中使用清代的地名称真番在宁古塔附近。金景善（1788~1853）《燕辕直指》卷一：

> 《汉书·地理志》有玄菟、乐浪，而真番、临屯无见焉。盖昭帝始元五年合四郡为二府，元凤元年又改二府为二郡。玄菟三县有高句丽，乐浪二十五县有朝鲜，辽东十八县有安市。独真番去长安七千里，临屯去长安六千一百里，金仑所谓我国界内不可得，当在今宁古塔等地者是也。由是论之，真番、临屯汉末即入于扶余、挹娄、沃沮，扶余五而沃沮四，或变而为勿吉，变而为靺鞨，变而为渤海，变而为女真。按渤海武王大武艺答日本圣武王书曰：“复高丽之旧居，有扶余之遗俗。”以此推之，汉之四郡，半在辽东，半在女真。[2]

下引郭钟锡《俛宇集》卷一六《答许后山书·别纸》也是持宁古塔说的。

此外，持真番郡在北说的日本学者还有那珂通世、樋口隆次郎、津田左右吉、大原利武、池内宏。[3]

中外学界主张真番郡在南说的学者也为数不少。最早是朝鲜李

1　（朝鲜王朝）安鼎福：《真番郡考》，《东史纲目·地理考》，朝鲜古书刊行会，1915，第383页。

2　（朝鲜王朝）金景善：《燕辕直指》卷一《凤凰城记》，《燕行录全集》第70册，东国大学校出版部，2001，第346~347页。

3　参见苗威《乐浪郡研究综述》，《中国边疆史地研究》2006年第3期。

朝学者韩百谦提出，真番在朝鲜、临屯、辰国之间的貊国地。[1] 朝鲜李朝文人一般认为，貊国在春川府一带，即今韩国江原道春川市，则按韩百谦说，真番当在今韩国江原道至京畿道一带。

最早力主在南说的中国学者为杨守敬，认为汉四郡的相对方位，"玄菟最北，乐浪在玄菟之南，临屯在乐浪之东，真番、带方在乐浪之南"，由其"疑带方、列口、吞列、长岑、提奚、含资、海冥七县亦真番故县也"来看，[2] 杨守敬是将真番郡定位在今朝鲜黄海道。接下来力倡此说者为傅斯年《东北史纲》，[3] 为此说较为全面地充实了证据。较后的《中国历史地图集》认为真番郡"位于今朝鲜慈悲岭以南之黄海道大部分及南汉江以北之京畿道一部分"，[4] 赵红梅认为"真番郡当位于今朝鲜半岛黄海南、北道及京畿道的一部分"，[5] 皆是对此说的丰富和发展。韩国学者李丙焘认为，"真番郡置于旧真番之地，慈悲岭以南、汉江以北，即占有今黄海道的大部分和京畿道的一部分"，[6] 日本学者田中俊明认为"真番郡比乐浪郡还往南"，[7] 也属于此一系的说法。此外，中国学者章嵚认为，真番郡"治霅县，今平壤府城西"，[8] 大体也可以归入此一系。

金毓黻认为真番郡在"忠清道一带"，[9] 是在南说的另一种观点。

1　韩百谦的著作未见，此见张博泉《真番郡考》，《北方文物》1985 年第 4 期。

2　杨守敬：《杨守敬集》第 5 册《晦明轩稿·汪士铎〈汉志释地〉驳议》，湖北人民出版社、湖北教育出版社，1997，第 1162 页。

3　傅斯年：《东北史纲》，《傅斯年文集》，上海古籍出版社，2012，第 51 页。

4　谭其骧主编《〈中国历史地图集〉释文汇编·东北卷》，第 50~51 页。

5　赵红梅：《真番郡考疑》，《社会科学战线》2004 年第 6 期。

6　〔韩〕李丙焘：《汉四郡的设置及其变迁》，姜维公、高福顺译，《中朝关系史译文集》，第 120 页。

7　〔日〕田中俊明：《高句丽的兴起和玄菟郡》，姚义田译，《东北亚历史与考古信息》1996 年第 2 期。

8　章嵚：《中华通史》第 2 册，商务印书馆，1935，第 425 页。

9　金毓黻：《东北通史》，第 68 页。

日本学者青山公亮在其论述中提到"今西博士的论断，'我推断真番郡是在忠清道及全罗北道设置的，使之作为韩民族的国家'。池内博士也表示了相同的见解：'结论完全（同今西说）相同，只是已故（今西）博士把（真番）郡的疆域推断为忠清道及全罗北道，我认为稍有些局限，似乎以忠清南道及全罗北道为宜。'"[1] 证明日本学者今西龙、池内宏皆持此观点。日本学者三上次男认为："真番郡以霅县（有锦江下游一地，或木浦，或庆州附近等诸说）为郡治，郡域包含忠清道和全罗、庆尚二道的北部。"[2] 日本学者稻叶岩吉认为真番郡在今韩国忠清道。[3] 皆可以归入此一系说法。此外，中国学者周振鹤、[4] 日本学者首藤丸毛亦持此说。[5]

也有一些日本学者认为真番郡在今韩国庆尚道、全罗道一带，其中代表性学者为砺波护、武田幸男。[6]

综合在南说和在北说，有关真番郡的地望，较有影响的说法可以分为以下几种：其一，浑江和鸭绿江流域说，说真番郡在兴京南为此说的不同表述，说真番郡在辽东可以看作此说的一种大而化之的说法；其二，牡丹江流域及其以东说，说真番郡在宁古塔为此说的不同表述，说真番郡在黑龙江地区可以看作此说的一种大而化之的说法；其三，韩国江原道说；其四，朝鲜黄海道说；其五，韩国忠清道说；其六，韩国庆尚、全罗道说。持后四种说

1 〔日〕青山公亮：《汉代的乐浪郡及其边缘》，刘力译，《东北亚历史与考古信息》1985 年第 3 期。

2 〔日〕三上次男：《乐浪郡社会的统治结构》，常伟译，顾铭学校，《东北亚历史与考古信息》1986 年第 1 期。

3 〔日〕稻叶岩吉：《满洲发达史》，杨成能译，萃文斋书店，1940。

4 周振鹤：《西汉政区地理》，第 216 页。

5 〔日〕首藤丸毛：《玄菟临屯真番三郡之我见》，兴国、云铎译，顾铭学校，《东北亚历史与考古信息》1986 年第 1 期。

6 礪波護、武田幸男『隋唐帝国と古代朝鮮』（世界の歴史 6）中央公論社、1997 年、272 頁。

法的学者对真番郡涵盖范围的认识也颇有出处，这里是就其主要部分进行归纳。[1]

此外，朝鲜李朝文人还有一种观点，认为真番郡在朝鲜李朝的废四郡范围内，即在今朝鲜两江道。但此说李朝郭钟锡已批之甚详，兹将郭氏原论摘录如下，不更加讨论。

郭钟锡《俛宇集》卷一六《答许后山书·别纸》：

> 顷对时语及于四郡三韩之地分，而盛诲引《记言》而明之曰：乐浪今平安道，真番今废四郡，玄菟今咸镜道，临屯今江原道。
>
> 真番郡治，《茂陵书》云在霅县，去长安七千六百四十里，属县为十五。霅县今不可考，而但谓之废四郡则恐有未然。鸭水以南莫非乐浪之地，则不容更有他郡于其间。且今之废四郡延袤不多，安得与乐浪、玄菟等阔大之域并列而为一郡乎，又安得容十五县之多乎……今以《后汉书》所载二郡之玄菟地方推之，其属县曰高句丽，曰西盖马，曰上殷台，而三县之地跨辽山、长白，环数千里之境。盖马在南，句丽在北，殷台虽未详，而似不出于今清人所谓宁古塔近处，然则盖马者，当是四郡玄菟之旧域也，句丽、殷台者，当是真番之旧域也。闻今三万卫之东北有云安城，此或是霅县旧治耶。想二郡之时，并合十五县之地，为句丽、殷台二县耳。[2]

1　《朝鲜简史》概括学界关于真番郡位置的观点，认为"主要有五种不同看法，第一种认为今中国辽东半岛，第二种认为今鸭绿江中游地区，第三种认为今朝鲜黄海南北道，第四种认为今朝鲜江原道地方，第五种认为今朝鲜忠清南北道地方"。朴真奭等：《朝鲜简史》，延边大学出版社，1998，第35页。

2　郭钟锡：《俛宇集》卷一六《答许后山书·别纸》，《韩国文集丛刊》第340册，景仁文化社，1999，第334页。

《史记》卷一一五《朝鲜列传》："自始全燕时，尝略属真番、朝鲜。"裴骃《史记集解》引徐广曰："（番）一作'莫'。辽东有番汗县。番音普寒反。"司马贞《史记索隐》称："徐氏据《地理志》而知也。番音潘，又音盘。汗音寒。"《史记索隐》引应劭云："玄菟本真番国。"[1] 实为辽东说、浑江和鸭绿江流域说的源头。因徐广将真番与辽东郡番汗县联系起来，故后世有真番郡在辽东的说法；因应劭将真番与玄菟郡联系起来，此玄菟郡应指内徙之后的玄菟郡，高句丽故地为其属县，故后世认为真番郡在高句丽故地；因认为高句丽故地在浑江和鸭绿江流域，故有真番郡在今浑江与鸭绿江流域的说法。

《史记》卷一一五《朝鲜列传》所载燕国"略属真番"是在"全燕时"，即燕国全盛时，虽未详载其年代，但从燕国在东北亚的发展形势分析，势必指燕国名将秦开击东胡、攻朝鲜之后。据鱼豢《魏略》："后子孙稍骄虐，燕乃遣将秦开攻其西方，取地二千余里，至满番汗为界，朝鲜遂弱。"[2] 将此记载与前引《史记·朝鲜列传》的记载相对照，可见"自始全燕时，尝略属真番、朝鲜"，就是指"秦开攻其西方，取地二千余里，至满番汗为界"，则满番汗当与真番存在一定的联系。但卢弼《三国志集解》引赵一清曰："两《汉志》俱作番汗。"认为"满番汗"即番汗县，却是不能成立的。[3]

1　《史记》卷一一五《朝鲜列传》，第 2985~2986 页。

2　《三国志》卷三〇《魏书·东夷传》裴松之注引鱼豢《魏略》，第 850 页。

3　认为满番汗即番汗的证据并不充分，持此说的学者也认为："至于'满'作何解，说法不一，可能为衍文"（谭其骧《〈中国历史地图集〉释文汇编·东北卷》，第 14 页）。以"可能"二字将此关键问题轻轻带过，显然是不足以服人的。至于将满番汗解释为汉辽东郡"文"县与"潘汗"县的合称，同样也没有史料依据（参见李健才《公元前 3—公元前 2 世纪古朝鲜西部边界的探讨》，《东北史地考略》第 3 集，吉林文史出版社，2001，第 51 页；杨昭全、孙玉梅《中朝边界史》，第 27 页）。

因秦开攻朝鲜，"取地二千余里"，按一汉里合 325 米计算，[1] 汉代的 2000 多里，相当于今天 650 公里以上，学界目前一般认为燕辽东郡番汗县在今朝鲜平安北道博川城南十里古博陵城，近清川江，[2] 由此向西，无论如何也凑不足"二千余里"的土地供秦开攻占。出于同样的考虑，金毓黻、张博泉等学者认为，满番汗指今"鸭绿江下游入海之处"，[3] 同样是不能成立的。因此，将真番定位于辽东，或定位于浑江与鸭绿江流域，尚在清川江以西，就更是不能成立的了。

《史记索隐》引应劭云："玄菟本真番国。"《汉书》卷二八下《地理志下》"玄菟郡"条注引应劭作："故真番朝鲜胡国。"两条记载相对照，可见在应劭的概念体系中，"真番朝鲜胡国"简称为"真番国"，两者为同一事，故"真番朝鲜胡国"中间不能点断。据此，《史记·朝鲜列传》的记载应为"尝略属真番朝鲜"，中间亦不应点断，"真番朝鲜"为"真番朝鲜胡国"的另一简称。同样的用词还见《史记·朝鲜列传》卫满"稍役属真番朝鲜蛮夷，及故燕齐亡命者"。根据几处用例分析，"真番朝鲜"应是隶属于卫氏朝鲜的真番国的意思。故"真番"和"朝鲜"两词的位置可以颠倒，用例见《史记》一二九《货殖列传》燕国"北邻乌桓、夫余，东

1　杨宽《中国历代尺度考》认为，汉代 1 里相当于 414 米（商务印书馆，1955）。陈梦家根据对居延地区汉代邮程的考证，认为"一汉里相当于 325 米的直线距离"，"用 400 米或 414 米折合则太大"。见《汉简考述》，《考古学报》1963 年第 1 期。此据陈梦家说。若按杨宽的说法计算，则汉里 2000 余里折合 828 公里以上。

2　博陵城与大宁江口相距更近，加之朝鲜半岛大宁江长城的发现，故有的学者认为燕与箕氏朝鲜的边界在大宁江（参见郑君雷《大宁江长城的相关问题》，《史学集刊》1997 年第 1 期）。但大宁江尚在清川江以西、以北，故笔者对此观点不加讨论。《东北历史地理》认为燕与箕氏朝鲜边界在大定江，大定江即大宁江，与此说实际相同（孙进己、王绵厚主编《东北历史地理》第 1 卷，第 222 页）。

3　金毓黻《东北通史》，第 72 页；张博泉、苏金源、董玉瑛《东北历代疆域史》，第 53 页；张博泉《东北地方史稿》，第 44 页。

绾秽貉、朝鲜真番之利"。而《汉书》卷二八下《地理志》作"北隙乌丸夫余，东贾真番之利"，也是以"真番"为"朝鲜真番"的简称。总之，真番国、真番朝鲜、朝鲜真番、真番朝鲜胡国，皆指同一"东夷小国"，其地即后来的真番郡之所在。应劭认为玄菟郡是真番国，应是其认为在始元五年四郡的并省中，真番郡并入玄菟郡的缘故。[1]

《史记》卷一一五《朝鲜列传》"真番旁众国欲上书见天子，又拥阏不通"，是汉武帝发动对卫氏朝鲜战争的重要理由之一，当是事实。学界目前一般认为，汉与朝鲜以清川江为界河，[2]既然汉辽东郡的东界已达清川江，如果真番国位于今牡丹江流域及其以东地区，其与汉辽东郡的联系无论如何不是卫氏朝鲜所能"拥阏不通"的。由此看来，真番郡位于今牡丹江流域及其以东地区的说法是不能成立的。另，《汉书》卷九五《朝鲜传》的记载作"真番、辰国欲上书见天子，又雍阏弗通"，将《史记》的"真番旁众国"改为"真番、辰国"，古辰国正是位于朝鲜半岛南部的古国，[3]其与"真番"连称，亦可证明真番在朝鲜半岛。

综上，我们认为真番郡在北说证据不充分，笔者赞同真番郡在南说。真番郡位于原"东夷小国"真番国，当不成问题，而有关真番国的最早、最翔实的记载无疑出自《史记》，将"真番"放到《史记》卷一一五《朝鲜列传》的上下文中去理解，不难得出真番在南的结论。

1　汉武帝初设之玄菟郡为真番国故地的说法是讲不通的。正如朝鲜李朝学者安鼎福所说："若玄菟即古真番，则立郡之际何不称真番而称玄菟耶？"此说李丙焘已批之甚详。参见〔韩〕李丙焘《真番郡考》，周一良译，《禹贡》第2卷第7期，1934年。

2　参见李健才《公元前3—公元前2世纪古朝鲜西部边界的探讨》，《东北史地考略》第3集，第51页；杨昭全、孙玉梅《中朝边界史》，第27页。

3　参见本书第三章第二节"辰国考"。

兹将《史记》卷一一五《朝鲜列传》原文摘录如下：

> 朝鲜王满者，故燕人也。自始全燕时，尝略属真番朝鲜，为置吏，筑鄣塞。秦灭燕，属辽东外徼。汉兴，为其远难守，复修辽东故塞，至浿水为界，属燕。燕王卢绾反，入匈奴，满亡命，聚党千余人，魋结蛮夷服而东走出塞，渡浿水，居秦故空地上下鄣，稍役属真番朝鲜蛮夷，及故燕、齐亡命者，王之，都王险。会孝惠、高后时天下初定，辽东太守即约满为外臣，保塞外蛮夷，无使盗边；诸蛮夷君长欲入见天子，勿得禁止。以闻，上许之，以故满得兵威财物侵降其旁小邑，真番、临屯皆来服属，方数千里。[1]

燕国在"略属真番朝鲜"之后，"为置吏"，显然是指秦开"取地二千余里"之后，燕国新设辽东郡；"筑鄣塞"，显然是指燕国修长城，这也就是西汉初复修的"辽东故塞"，亦即卫满"东走出塞"的塞，即今朝鲜大宁江长城；燕长城及其与朝鲜以"浿水为界"的浿水，学界一般认为即今清川江，那么，秦时的"辽东外徼"尚在清川江以东，所以西汉初才觉得"其远难守"，而主动放弃，则清川江以东至大同江流域的秦长城之间，就是所谓的"秦故空地上下鄣"；卫满立足于大同江以北的"秦故空地上下鄣"，以中原移民为基础，其所役属的"故燕、齐亡命者"应在此，而其役属的"真番朝鲜蛮夷"应在大同江以南；卫氏朝鲜都王险城，在今朝鲜平壤，其统治中心自然是在大同江流域，则其"拥阏"和"侵降"的真番，自然应在大同江流域以南。再参照秦开"取地二千余里"的距

离，则真番在今朝鲜黄海道的说法比较吻合。

从真番郡后来的变迁中也透露出与真番郡地理位置有关的信息。《后汉书》卷八五《东夷传》：

> 至昭帝始元五年，罢临屯、真番，以并乐浪、玄菟。玄菟复徒居句骊。自单单大领已东，沃沮、濊貊悉属乐浪。后以境土广远，复分领东七县，置乐浪东部都尉。[1]

《三国志》卷三〇《魏书·东夷传》：

> 汉初，燕亡人卫满王朝鲜，时沃沮皆属焉。汉武帝元封二年，伐朝鲜，杀满孙右渠，分其地为四郡，以沃沮城为玄菟郡。后为夷貊所侵，徒郡句丽西北，今所谓玄菟故府是也。沃沮还属乐浪。汉以土地广远，在单单大领之东，分置东部都尉，治不耐城，别主领东七县，时沃沮亦皆为县。[2]

参照《汉书》卷七《昭帝纪》，昭帝始元五年"罢儋耳、真番郡"，可以确定真番郡确实在此年撤销。但关于真番郡的归属，学界向来存在分歧，或认为真番郡并入乐浪郡，或认为并入玄菟郡；大体而言，对真番郡的地理位置持在南说的学者大多赞同真番郡并入乐浪，持在北说的学者大多赞同真番郡并入玄菟。之所以学者间会存在这样的分歧，实与《后汉书》卷八五《东夷传》的行文表述不清有关，称"罢临屯、真番，以并乐浪、玄菟"，给读者的感觉是，

1　《后汉书》卷八五《东夷传》，第2817页。

2　《三国志》卷三〇《魏书·东夷传》，第846页。

始元五年汉王朝对设置于朝鲜半岛的郡县进行调整时，是将四郡两两合并，实则并非如此。参照《三国志》卷三〇《魏书·东夷传》的记载可知，始元五年的四郡并省之后，玄菟郡内徙，原玄菟郡的首府沃沮城都并入乐浪，可见此次郡县调整，是将汉王朝在朝鲜半岛的属地皆划归乐浪郡管辖。玄菟郡故地并入乐浪郡之后，就是所谓的岭东七县，后来归乐浪东部都尉管辖，则乐浪郡南部都尉下辖的七县，就是原真番郡的辖区。[1]

1958 年，朝鲜平安南道平壤市贞柏里四十一番地，发现一枚印文为"夫租薉君"的银印。1961 年秋，平壤市贞柏里木椁墓中又发现一枚"夫租长印"银印。[2] 此"夫租"即"沃沮"。原玄菟郡首府所在地沃沮县的相关银印发现于乐浪郡首府所在地的今平壤一带，也可以证明玄菟郡故地后来并入乐浪郡。

《汉书》卷二八下《地理志》所载乐浪二十五县中，南部都尉所辖七县是含资、带方、海冥、列口、长岑、昭明、提奚。据《晋书》卷一四《地理志》："带方郡（公孙度置。统县七，户四千九百），带方、列口、南新、长岑、提奚、含资、海冥。"[3] 一般认为，此南新县即从前的昭明县更名，公孙氏新设的带方郡，所辖七县就是乐浪南部都尉所辖七县，亦即真番郡故地。昭明县在今朝鲜黄海道信川郡北部面土城里，列口县在今朝鲜黄海道殷粟郡，长岑县在今朝鲜黄海道松禾郡，含资县在今朝鲜黄海道瑞兴郡，带方县在今朝鲜黄海道凤山郡

1　周振鹤：《汉武帝朝鲜四郡考》，载《历史地理》第 4 辑，上海人民出版社，1986；赵红梅：《真番郡考疑》，《社会科学战线》2004 年第 6 期。

2　〔日〕冈崎敬：《有关"夫租薉君"银印问题》，常伟译，顾铭学校，《东北亚历史与考古信息》1985 年第 4 期；〔韩〕백련행：《부조예곤묘에 대하여》，《문화유산》2，1962 年；〔朝〕리순진：《자료："부조예군" 무덤에 대하여》，《고고민속》（朝鲜期刊）4，1964 年。

3　《晋书》卷一四《地理志》，第 427 页。

土城，海冥县在今朝鲜黄海道海州附近。[1] 作为真番郡故地的带方属县皆在今朝鲜黄海道境内，亦可证真番郡及其前身真番国在今朝鲜黄海道。

由此引发另一个问题。

《汉书》卷六《武帝纪》注臣瓒曰引《茂陵书》："真番郡治霅县，去长安七千六百四十里，十五县。"[2]《汉书》卷二八下《地理志下》所载乐浪郡二十五县，肯定是始元五年对四郡并省之后的结果，如果我们认为乐浪南部都尉所辖七县是自真番郡并入，东部都尉所辖七县是自玄菟郡和临屯郡并入，那么，《汉书·地理志》所载二十五县属于原乐浪郡的仅有十一县。学界公认，乐浪郡置于大同江流域的卫氏朝鲜统治重心区，也是箕氏朝鲜故地，论发达程度、人口密度皆应远远超过真番郡所在地域，为何乐浪郡仅置十一县而真番郡却有十五县。

对此问题，周振鹤的解释是：

> 以朝鲜大国所置之乐浪郡仅有十一县，真番小国何能有十五县之地？推想起来，真番国恐怕只有七县大小，汉灭朝鲜及其属国后，咸及辰国，遂以真番及辰国北部八小国置真番郡，罢郡之后，南部八县仍入辰国，而北部七县并入乐浪。
>
> 带方郡的北界也就是汉代乐浪郡与真番郡的分界，元封三年真番郡北部七县范围已由带方郡而定。其余不可考之八县（包括郡治霅县）当更在七县以南，依地理形势而论或包括今之京畿道至忠清道北境，以牙山为其南界。自礼成江以东南为平原地带，当本辰

1　谭其骧主编《〈中国历史地图集〉释文汇编·东北卷》，第 36~40 页；周振鹤：《汉武帝朝鲜四郡考》，载《历史地理》第 4 辑。

2　《汉书》卷六《武帝纪》，第 194 页。

国旧属，汉灭朝鲜真番后乘胜入据，以其地合真番国置真番郡，真
番罢郡以后，该地又复属辰国，至三国时期为马韩五十四国之属。[1]

周振鹤的观点实本于韩国学者李丙焘。《三国志》卷三〇《魏
书·东夷传》"马韩"条："从事吴林以乐浪本统韩国，分割辰韩八
国以与乐浪。"李丙焘认为，此"辰韩八国"就是真番郡南部没入
辰国的八县，包括真番郡原首府所在地霅县。

> 真番郡领域多少须较只包七县之带方郡为大也。以余测
> 之，其南境或抵今汉江附近乎？如此，则真番郡北括慈悲岭以
> 南黄海道之大部分，南括汉江以北京畿道之一部分。真番郡治
> 霅县之位置虽不明，恐是礼成江以南汉江以北之地……昭帝始
> 元五年霅县等之南半部废入辰国，其北半部并于乐浪郡，乃南
> 部都尉所管辖，其后遂为带方郡之领域。[2]

这种研究思路对日、韩学者影响很广。认为真番郡不仅仅在黄海
道，还包括京畿道部分地区，或认为还包括江原道部分地区，甚至
认为包括忠清道部分地区的观点，其出发点都是认为乐浪南部都尉
所辖七县不是真番郡的全部。因此，在研究真番郡的范围时，要在
黄海道也就是七县范围的基础上有所扩大，不同观点的差异仅仅是
向东扩大还是向南扩大的问题。可以说，真番郡在南说的诸家观
点，或多或少皆与此研究思路有关。但这种说法想象的成分太大，
实无史料证据。

1　周振鹤：《汉武帝朝鲜四郡考》，载《历史地理》第 4 辑。
2　〔韩〕李丙焘：《真番郡考》，周一良译，《禹贡》第 2 卷第 7 期，1935。

　　《汉书》卷二八下《地理志下》所载乐浪二十五县固然是昭帝始元五年（前82年）以后的情况，其中属于原乐浪郡的县有十一个，属于原真番、临屯、玄菟的县分别有七个、六个、一个（详见表4-1）。

表4-1　乐浪郡属县来源

乐　浪	真　番	临　屯	玄　菟
朝鲜、诹邯、浿水、黏蝉、遂成、增地、驷望、屯有、镂方、浑弥、吞列	含资、带方、海冥、列口、长岑、昭明、提奚	东暆、不而、蚕台、华丽、邪头昧、前莫	夫租（沃沮）

　　玄菟郡初设时有多少县固然没有史料记载，但《茂陵书》明确记载，临屯郡与真番郡一样，初设时也是十五县。玄菟郡首府内徙，其原首府所在地沃沮县都已并入乐浪，不存在将部分临屯郡属县并入玄菟郡的可能。因此，在昭帝始元五年进行郡县调整时，当是将临屯郡辖区全部并入乐浪，也就是说，在始元五年以后的乐浪郡辖区中，原临屯郡全部辖区仅构成六县。由此看来，始元五年对朝鲜半岛内郡县进行调整的过程中，不仅对郡进行并省，对县也进行了大量的并省。临屯郡十五县被合并为六县，真番郡十五县则被合并为七县，全部隶属乐浪郡，而乐浪郡原属县也应同样进行了合并，原乐浪郡辖区划分为十一县是合并之后的结果。按临屯、真番两郡诸县合并的比例推算，乐浪郡初设时应有二十四县至二十七县。极为可能的是，合并前的乐浪郡也是二十五县，对四郡进行并省之后，乐浪郡的管辖范围覆盖了汉王朝在朝鲜半岛北部的所有直辖地区，但其属县数却并未改变。

　　总之，认为乐浪郡初设时仅有十一县是没有道理的，由此出发认为真番郡的管辖范围不止包括后来乐浪郡南部都尉下辖的七县，是更没有道理的。

第三节 汉四郡民族构成

汉武帝元封三年（前108）灭卫氏朝鲜，设乐浪、玄菟、真番、临屯四郡。汉昭帝始元五年（前82年），"罢临屯、真番，以并乐浪、玄菟。玄菟复徙居句骊。自单单大领已东，沃沮、濊貊悉属乐浪"。[1] 真番郡、临屯郡撤销，玄菟郡由朝鲜半岛北部侨置于辽东，半岛北部各族皆划归乐浪郡管理，故本节研究的时间下限是公元前82年。

先说乐浪郡。[2]

《资治通鉴》卷二一载："乐浪郡，治朝鲜县，盖以右渠所都为治也。"[3] 乐浪郡初设于卫氏朝鲜统治的重心区，也是箕氏朝鲜故地的大同江中下游地区。当地的土著居民为良夷。《汉书》卷二八下《地理志》乐浪郡颜师古注："乐音洛，浪音狼。"据此，李德山认

1　《后汉书》卷八五《东夷列传》，第2817页。

2　韩国学者权五重将乐浪郡的居民分为汉人系郡民和县主民（县居民）两个系统，前者为汉人民，后者为当地土著。韩国学者尹龙九认为，乐浪前期郡县的支配势力为汉人。参见〔韩〕权五重《樂浪郡의 民에 대하여》，《東亞研究》第6辑，1985，第147~176页；〔韩〕尹龙九《樂浪前期 郡縣支配勢力의 種族系統과 性格：土壙木槨墓의 분석을 中心으로》，《역사학보》第126辑，1990年，第1~44页；〔韩〕吴永赞《樂浪郡의 土著勢力 再編과 支配構造：기원전 1세기대 나무곽무덤의 분석을 中心으로》，《韓國史論》第35辑，1996年，第1~70页。

3　《资治通鉴》卷二一《汉纪十三》"武帝元封三年"条，第689页。

为"良夷又称乐浪,'乐浪'两字当是'良'字的缓读或反切",[1]应是正确的结论。乐浪郡即得名于良夷,因乐浪郡的主体民族即是良夷。

良夷之名,最早见于《逸周书·王会篇》"良夷在子",晋人孔晁注:"良夷,乐浪之夷也,贡奇兽。"现在学界多根据孔晁注,认为良夷即乐浪夷,也即箕氏朝鲜的先民。[2]

关于良夷的起源,学界向来认识不一。[3] 有认为古朝鲜人即良夷源自秽人、貊人或秽貊人的秽貊说,代表性学者是朝鲜的李趾麟,[4] 韩国的尹乃铉、[5] 金贞培,[6] 日本的田村晃一,[7] 以及中国傅斯年、[8] 靳枫毅等;[9] 有认为源自少昊氏部落的中国移民说,代表性学者是刘永智、[10] 李洪甫;[11] 有认为源自山东莱夷的莱夷说,代表性学者是王献唐、[12] 李德山。[13]

事实上,最早见于史书记载的大同江流域的居民是《尚书·禹贡》中的岛夷。《禹贡》载:"岛夷皮服,夹右碣石入于河。"关于

1　李德山、栾凡:《中国东北古民族发展史》,中国社会科学出版社,2003,第 126 页。

2　孙进己认为:"箕子到朝鲜统治的应是良夷。"(《东北民族史研究》,中州古籍出版社,1994,第 69 页)刘子敏认为:"良夷应是古朝鲜族的先人。"(《高句丽历史研究》,延边大学出版社,1996,第 12 页)

3　对学界观点的归纳与批评,参见苗威《"良夷"解析》,《民族史研究》第 9 辑,中央民族大学出版社,2010。

4　〔朝〕李趾麟:《濊族与貊族考》,顾铭学译,《东北亚历史与考古信息》1999 年第 2 期。

5　〔韩〕尹乃铉:《民族的故乡古朝鲜巡礼》,顾铭学译,《东北亚历史与考古信息》1997 年第 1 期。

6　〔韩〕金贞培:《韩国民族的文化和起源》,高岱译,上海文艺出版社,1993,第 174 页。

7　〔日〕田村晃一:《秽貊新考》,冯继钦译,《北方文物》1992 年第 1 期。

8　傅斯年:《东北史纲》,"国立中央研究院"历史语言研究所,1932。

9　靳枫毅:《论中国东北地区含曲刃青铜剑的文化遗存》,《考古学报》1982 年第 1 期。

10　刘永智:《中朝关系史研究》,中州古籍出版社,1995,第 5 页。

11　李洪甫:《山川寻觅,史海钩沉》,《光明日报》1992 年 1 月 5 日,第 2 版。

12　王献唐:《炎黄氏族文化考》,青岛出版社,2005,第 526 页。

13　李德山、栾凡:《中国东北古民族发展史》,中国社会科学出版社,2003,第 127 页。

《禹贡》碣石，学界争论较多，此不赘述。但《史记》卷二《夏本纪》《索隐》引《太康地理志》称："'乐浪遂城县有碣石山，长城所起。'又《水经》云'在辽西临渝县南水中'。盖碣石山有二，此云'夹右碣石入于海'，当是北平之碣石。"[1] 明确指出碣石有两处，一处在汉乐浪郡遂城县，一处在汉辽西郡临渝县。此外，《汉书》卷二八下《地理志》乐浪郡遂城县注："秦筑长城之所起"，《通典》卷一八六《边防二》："碣石山在汉乐浪郡遂城县，长城起于此山。"都可以证明《禹贡》碣石在汉乐浪郡遂城县。汉乐浪郡遂城县在今朝鲜平壤市西南江西迤西之咸从里，[2] 则《禹贡》所载岛夷当居住在大同江流域。

　　殷末，箕子率五千殷遗民迁入这一地区，[3] "百工技艺皆从而往"，[4] 带来先进的农业、手工业技术，同时也带来中原地区先进的文化，"教以诗书，使知中国礼乐之制，衙门官制衣服，悉随中国"，[5] 使岛夷人的文化发生变化。《梁书》卷五四《东夷传》："东夷之国，朝鲜为大，得箕子之化，其器物犹为礼乐云。"殷文化在朝鲜半岛大同江流域的推广，使这里的文化与中原地区具有了非常大的相似性。可能也是出于这个原因，周代称与殷遗民相融合的、受殷文化影响的岛夷为良夷。[6]

　　乐浪郡的统辖范围即原箕氏朝鲜本土，其辖县在古朝鲜地域内

1　《史记》卷二《夏本纪》，第 54 页。

2　谭其骧主编《〈中国历史地图集〉释文汇编·东北卷》，第 38 页。

3　参见杨军《箕子与古朝鲜》，《吉林大学社会科学学报》1999 年第 3 期。

4　徐居正《华苑杂记》引涵虚子《天运绍统图》。转引自张博泉《箕子与朝鲜论集》，第 100 页。

5　《海东绎史》引《三才图会》，此引文不见于今本《三才图会》。

6　苗威认为，大同江流域的土著民族是良夷的第一来源，迁入大同江流域的中国大陆居民是良夷的另一来源。参见苗威《"良夷"解析》，《民族史研究》第 9 辑，中央民族大学出版社，2010。

的有十一县，朝鲜、誹邯、浿水、黏蝉、遂成、增地、驷望、屯有、镂方、浑弥、吞列。朝鲜县，在今朝鲜平壤市西南一里余之土城洞。誹邯县，在今朝鲜平安南道顺安以西。浿水县，在今朝鲜慈江道熙川郡迤东。黏蝉县，在今朝鲜平安南道龙冈郡西乙洞古城。遂成县，在今朝鲜平壤市西南江西迤西之咸从里。增地县，在今朝鲜平安南道安州附近。屯有县，在今朝鲜黄海道黄州。镂方县，在今朝鲜平安南道成川、阳德二郡之间。浑弥县，位置不详。吞列县，在今朝鲜平安南道宁远附近。[1]大体而言，乐浪郡初设时的辖区相当于今朝鲜平安南道和平壤特别市，这也就是良夷的分布区。

《汉书》卷二八下《地理志》："玄菟乐浪，武帝时置，皆朝鲜、秽貉、句丽蛮夷。"《史记》卷一一五《朝鲜列传》称卫满在夺取箕氏朝鲜政权以前即已"稍役属真番朝鲜蛮夷"，皆称卫氏朝鲜的主体民族是所谓的朝鲜蛮夷，可见朝鲜蛮夷是对良夷的另一种称谓。

乐浪郡除良夷之外，人口较多的当数汉人。中原人进入此地区相当早，《史记》卷一一五《朝鲜列传》："自始全燕时，尝略属真番、朝鲜，为置吏。"既然燕已在古朝鲜"置吏"，显然至晚在战国时已有中原人进入这一地区。秦末汉初，中原人为躲避战乱而大规模迁入这一地区，"天下叛秦，燕、齐、赵民避地朝鲜数万口"，[2]卫氏朝鲜的建国集团即是中原移民。汉代扬雄著《方言》，已把大同江流域与中国东北南部、河北北部视为一个方言区，说明这里已是汉族聚居区之一。《史记》卷一一五《朝鲜列传》中记有朝鲜相路人、相韩阴、尼谿相参、将军王唊等，韩、王均为汉姓。《后汉书》

1　谭其骧主编《〈中国历史地图集〉释文汇编·东北卷》，第34~41页。
2　《三国志》卷三〇《魏书·东夷传》，第848页。

卷七六《王景传》称其是乐浪誹邯人，其八世祖仲通过海路来到乐浪郡。皆可证明乐浪郡中有相当数量的汉人。

次说玄菟郡。

日本学者首藤丸毛认为，玄菟郡的民族构成包括高句丽、小水貊和夫余族；[1]田中俊明认为，玄菟郡统辖秽貊族；[2]张博泉认为，玄菟郡是汉朝管辖东北各族的地方行政机构之一，曾受玄菟郡管辖的有夫余（及其所属的挹娄）、高句丽（及其所属的沃沮）；[3]杨军认为，玄菟郡建立在沃沮人的聚居区，主要由沃沮、句丽两个民族构成，公元前82年后，"真番郡并入玄菟郡之后，玄菟郡才包括真番人"。[4]

《汉书》卷二八下《地理志下》记载，玄菟郡"户四万五千六，口二十二万一千八百四十五"，[5]而据《三国志》卷三〇《魏书·东夷传》，夫余户八万，显然夫余国不应包含在玄菟郡之内。秽貊人主要隶属于临屯郡。说玄菟郡可能存在少量的夫余人和秽貊人当然是完全可能的，但关于此问题并不存在史料证据。说玄菟郡后来有真番人，是支持真番郡在北说并认为后来真番郡并入玄菟郡的结果，本书支持真番郡在南说，认为真番郡后来是并入乐浪郡，故而不认为玄菟郡存在真番人。

《三国志》卷三〇《魏书·东夷传》："汉武帝元封二年，伐朝鲜，杀满孙右渠，分其地为四郡，以沃沮城为玄菟郡。"显然玄菟

1　〔日〕首藤丸毛：《玄菟临屯真番三郡之我见》，兴国、云铎译，顾铭学校，《东北亚历史与考古信息》1986年第1期，第82页。

2　〔日〕田中俊明：《高句丽的兴起和玄菟郡》，姚义田译，《东北亚历史与考古信息》1996年第2期，第2页。

3　张博泉：《汉玄菟郡考》，《吉林大学社会科学学报》1980年第6期。

4　杨军：《汉四郡的民族构成》，《北方民族》2002年第3期，第76页。

5　《汉书》卷二八下《地理志下》，第1626页。

郡建立在沃沮人的聚居区，其主体民族为沃沮人。《三国志》也提到，在昭帝始元五年的调整中，玄菟郡"徙郡句丽西北，今所谓玄菟故府是也，沃沮还属乐浪"，说明玄菟郡初设时还统辖另一民族句丽。四郡调整时，沃沮人改隶乐浪郡，玄菟郡内徙并成为主要管理句丽人的地方行政机构。

学界通常依据朝鲜史籍《三国史记》的记载，将朱蒙所部南下的时间定为公元前37年，则公元前108年玄菟郡初设时即包括的句丽人，自然不能是朱蒙率所部南迁后才形成的高句丽人。因此有学者认为，朱蒙所部进入浑江流域以前，当地已经存在一个名为句丽的部族，汉武帝设四郡时，在这个句丽族的居住地设立高句丽县，约70年以后，朱蒙所部迁入高句丽县，并与这个句丽族相融合形成新的民族共同体，新出现的民族沿用了原来的族名，也称高句丽。甚至有学者认为，在汉武帝设高句丽县以前，这个句丽族已经建立自己的国家，并对相关问题进行了考证。[1] 目前这种观点在韩国学者中影响较大。

实际上，《三国史记》的相关记载并不可靠，金富轼为了突出新罗的正统地位，人为地将新罗的建国时间前提，将高句丽的建国时间延后，以造成新罗、百济、高句丽三国中，新罗建国最早的假象。朱蒙所部南下的时间很可能早至公元前126年前后，而不是《三国史记》记载的公元前37年。[2] 因此，玄菟郡所辖句丽，就是朱蒙所部高句丽。

朱蒙所部出自东夫余，东夫余分布区在今朝鲜虚川江流域以东

1　〔朝〕姜仁淑：《关于先行于高句丽的古代国家句丽》，文一介译，《东北亚历史与考古信息》1992年第1期。

2　杨军：《高句丽王世系积年考——兼论朱蒙建国时间》，《通化师范学院学报》2009年第9期。

至海，地处今朝鲜咸镜南北道和两江道交界处，[1]朱蒙就是从这里开始迁徙的。《好太王碑》称朱蒙"命驾巡幸南下"，《三国史记》卷一三《高句丽本纪·琉璃明王》载朱蒙妻礼氏对其子说朱蒙"逃归南地"，读过《旧三国史》的李奎报在其《东明王篇》中也称朱蒙"南行至淹滞"，可见朱蒙是自虚川江流域南下。《魏书》卷一〇〇《高句丽传》称朱蒙"东南走"，[2]可能是中国史家根据自己的理解对高句丽人的朱蒙传说做了修改。朱蒙自虚川江流域南迁，则其所进入的地区不会如学界通常认为的那样，是今中国的浑江流域，而必然是在朝鲜的咸镜南道，靠近咸兴一带，也就是西汉初设玄菟郡时的沃沮城附近。[3]朱蒙南迁应在汉武帝设四郡以前，高句丽最初是活动于玄菟郡首府沃沮城附近的部族。

还有一个问题，玄菟郡是否统治全部沃沮人？沃沮分南、北两部分，分别称南沃沮、北沃沮，南沃沮也称东沃沮。[4]据《三国志》卷三〇《魏书·东夷传》："汉初，燕亡人卫满王朝鲜，时沃沮皆属焉。汉武帝元封二年，伐朝鲜，杀满孙右渠，分其地为四郡，以沃沮城为玄菟郡。"既然沃沮"皆属"于卫氏朝鲜，那么，汉灭卫氏朝鲜设四郡后，玄菟郡应该统治全部沃沮人。南沃沮分布于今朝鲜咸镜南道一带，北沃沮相当于中国延边地区、牡丹江地区东部、俄罗斯滨海地区和朝鲜半岛咸镜北道一带，故玄菟郡的北境应包括今朝鲜咸镜北道。总之，玄菟郡的主体民族是沃沮人。

最后说真番郡和临屯郡。

1　杨军：《东夫余考》，《史学集刊》2010 年第 4 期。

2　《魏书》卷一〇〇《高句丽传》，中华书局，1974，第 2214 页。

3　王健群认为："高句丽的第一个王都，应该是沃沮城，约当今日之咸兴。"参见王健群《玄菟郡的西迁和高句丽的发展》，《社会科学战线》1987 年第 2 期。

4　李强：《沃沮、东沃沮考略》，《北方文物》1986 年第 1 期。

　　《史记》卷一一五《朝鲜列传》《索隐》注真番、临屯为"东夷小国，后以为郡"，则真番、临屯二郡辖区分别是原真番国、临屯国领地。《史记·朝鲜列传》称卫满"稍役属真番朝鲜蛮夷"，真番在此处显然是用作族称。究竟是真番族得名于真番国，还是真番国得名于真番族已不可考知，但真番郡是因为设在真番族聚居的真番国故地而得名，则是没有问题的，真番郡的主体民族即真番族。《史记·朝鲜列传》载："自始全燕时，尝略属真番朝鲜，为置吏。"则真番国中早就有中原人进入，说明真番郡居民中也有汉人。

　　临屯郡领十五县，治东暆县，其中地名可考者仅六县。东暆县，在今朝鲜江原道江陵。不而县，在今朝鲜江原道安边郡。蚕台县，在今韩国江原道襄阳迆北。华丽县，在今朝鲜咸镜南道永兴附近。邪头昧县，在今朝鲜江原道通川附近。前莫县，在今朝鲜江原道通川与高城之间。[1]《三国志》卷三〇《魏书·东夷传》："自领以东七县，都尉主之，皆以秽为民。"单单大岭以东为秽貊人的分布区。设于今江原道一带的临屯郡，主体民族就是秽貊人。

　　综上可见，汉武帝初设四郡时，是以乐浪郡管理卫氏朝鲜故地，以真番郡管理真番人，以临屯郡管理秽貊人，以玄菟郡管理沃沮人以及后迁入沃沮分布区的高句丽人。昭帝始元五年的郡县并省，是将后迁入的高句丽人迁往浑江流域，使之离开朝鲜半岛并仍旧接受玄菟郡的管辖，而将朝鲜半岛内所有部族皆划归乐浪郡统一管理。后来因为乐浪郡辖区过于辽阔，才又设乐浪南部都尉管理真番故地，设乐浪东部都尉管理秽貊、沃沮故地。《三国志》卷三〇《魏书·东夷传》在记载汉武帝设四郡之后接着说："自是之后，胡汉稍别。"可见，四郡乃至后来的二郡建置，一方面体现着当地的民族分布格

[1]　谭其骧主编《〈中国历史地图集〉释文汇编·东北卷》，第42~44页。

局，另一方面也对这种民族分布格局起着定型的作用。随着夫余人的南下立国、高句丽族的形成，此地区民族格局发生了巨大变化，这种行政建置存在的基础发生了改变，建置格局自然也就不得不随之变化，这也是曹魏以后此地区的建置不同于汉四郡的根本原因。

第四节　汉四郡统治结构

《史记》卷一一五《朝鲜列传》记载：

> 自始全燕时，尝略属真番、朝鲜，为置吏，筑鄣塞。秦灭燕，属辽东外徼。汉兴，为其远难守，复修辽东故塞，至浿水为界。[1]

自燕国创设辽东郡并将朝鲜半岛北部部分地区纳入辽东郡的辖区之后，这一地区历秦、汉两代，始终处于辽东郡管辖之下。只不过西汉初期，因为"远难守"，而将辽东郡的东部边界后撤至浿水，与朝鲜以浿水为界，此时的浿水，学界通常认为指今朝鲜半岛北部的清川江。[2]

郡县体制在朝鲜半岛的真正确立是在汉武帝时期。公元前108年，汉武帝灭卫氏朝鲜，在其故地设乐浪、玄菟、真番、临屯四郡，约三分之二的朝鲜半岛被纳入汉王朝的郡县体制，由汉王朝直

1　《史记》卷一一五《朝鲜列传》，第2985页。

2　谭其骧：《〈中国历史地图集〉释文汇编·东北卷》，第46~47页。

接进行管理。至昭帝始元五年（前82年），罢临屯、真番，仅保留乐浪郡二十五县、玄菟郡三县。但玄菟郡内徙，辖区与朝鲜半岛关系不大了。东汉放弃岭东七县之后，主要位于大同江流域的十八县地区由乐浪郡直辖，汉王朝对该地区进行直接管理，朝鲜半岛其他民族，东部的沃沮、秽貊，南部的三韩，皆由乐浪郡代表中央进行管辖，汉王朝对这些地区实行间接统治。

《汉书》卷一九上《百官公卿表上》："郡守，秦官，掌治其郡，秩二千石。有丞，边郡又有长史，掌兵马，秩皆六百石。景帝中二年更名太守。"汉四郡的长官皆为太守，此不赘述。"郡尉，秦官，掌佐守典武职甲卒，秩比二千石。有丞，秩皆六百石。景帝中二年更名都尉。"[1]《汉书》卷八三《薛宣传》记载："察宣廉，迁乐浪都尉丞。"[2]薛宣曾任乐浪都尉丞，证明乐浪郡有都尉。可见，四郡的郡级官吏的设置与中原郡县是相同的。

特别需要说明的是，目前已出土"临屯太守章"封泥。王成生在《汉且虑县及相关陶铭考》一文中指出："'临屯太守章'封泥有重要价值……汉武帝太初元年规定太守章必须用五字。此封泥当是太初元年（前104）以后的遗物。此封泥与五原、上谷、辽东、辽西等郡太守章封泥[3]的规格，文字书体完全相同。东暆县尽管地处距汉长安六千里之遥的边疆地区，也同内地各郡一样共同遵守西汉王朝的法令。""该封泥是临屯郡太守官印的封泥，出土在辽西郡城，是两郡级交往的实物证据，也是考证邴集屯古城为辽西郡治所在地的有力佐证。"[4]

1　《汉书》卷一九上《百官公卿表上》，第742页。

2　《汉书》卷八三《薛宣传》，第3385页。

3　见孙慰祖主编《古封泥集成》，上海书店，1994，第117~118页。

4　王成生：《汉且虑县及相关陶铭考》，《辽海文物学刊》1997年第2期，第84页。

郡下属官的情况，史料付诸阙如，我们只能从考古资料出发加以论述。乐浪遗址出土的封泥，可作为判定乐浪郡属县存在的依据，也可用以佐证乐浪郡所属地方官吏的设立状况。先将乐浪郡出土封泥列表 4-2 如下。

表 4-2　乐浪郡出土封泥

县名	令、长	丞	尉	宰
朝鲜	朝鲜令印		朝鲜右尉	
黏蝉		黏蝉丞印		
增地	增地长印			
訹邯	訹邯长印			
东暆	东暆长印 东□长□	东□丞□		
不耐	不耐长印		不耐左尉	
蚕台	蚕台长印 蚕□长印	蚕台丞印		
华丽				
邪头昧	□头□长			邪头昧宰印
前莫		前莫丞印	□莫□尉	
夫租	夫租长印	夫租丞印		

资料来源：主要参考孙慰祖主编《封泥发现与研究》，第 126~128 页；〔日〕冈崎敬《有关"夫租薉君"银印问题》，常伟译，顾铭学校，《东北亚历史与考古信息》1985 年第 4 期。关于乐浪时代铭文的研究，参见〔韩〕金钟太《樂浪時代의 銘文考》，《美術史學研究》第 135 期，1977 年，第 8~25 页。

《汉书》卷一九上《百官公卿表上》：

县令、长，皆秦官，掌治其县。万户以上为令，秩千石至六百石。减万户为长，秩五百石至三百石。皆有丞、尉，秩四百石至二百石，是为长吏。百石以下有斗食、佐史之秩，是为少吏。大率十里一亭，亭有长；十亭一乡，乡有三老、有秩、啬夫、游徼。三老掌教化；啬夫职听讼，收赋税；游徼徼循禁贼盗。县大率方百里，其民稠则减，稀则旷，乡、亭亦如之。皆秦制也。[1]

西汉时期，以郡统县，依据县的规模，万户以上县的长官称县令，万户以下县的长官则称县长。《后汉书》卷五二《崔骃传》："及宪为车骑将军，辟骃为掾。宪府贵重，掾属三十人，皆故刺史、二千石，唯骃以处士年少，擢在其间。宪擅权骄恣，骃数谏之。及出击匈奴，道路愈多不法，骃为主簿，前后奏记数十，指切长短。宪不能容，稍疏之，因察骃高第，出为长岑长。"[2]崔骃在数谏窦宪而为窦宪所不容之后，被窦宪任命为"长岑长"，即乐浪郡长岑县的长官。证明朝鲜半岛内郡县与中原郡县一样，各县的长官也是称县令或县长。上表封泥既有县长也有县令，也可以证明这一点。值得注意的是，除首县朝鲜县的长官为县令外，其他各县的封泥皆为县长，证明乐浪各县人口皆在万户以下，各县长应"秩五百石至三百石"。

《三国志》卷三〇《魏书·东夷传》记载，高句丽五部部长的称号有"主簿""丞"，[3]这明显是对中原官称的照搬。丞是汉代县廷中重要的官职。"主簿在县廷内地位仅次于功曹，但比功曹亲近。前引《后汉书·舆服志》记载县令长出行时，后从者第一人即为主簿，紧跟在长吏后面，其亲近可见。"[4]高句丽部长的称号借用汉王

---

1 《汉书》卷一九上《百官公卿表上》，第 742 页。
2 《后汉书》卷五二《崔骃传》，第 1721~1722 页。
3 杨军：《高句丽五部研究》，《吉林大学社会科学学报》2001 年第 3 期。
4 安作璋、熊铁基：《秦汉官制史稿》下册，齐鲁书社，1984，第 173 页。

朝县级官吏的官称，与高句丽是隶属于汉王朝玄菟郡高句丽县的部族的地位正相符合。这可以证明，汉四郡的设立，是将当地民族的部落组织改造为郡县制下的基层组织。上表也可以证明四郡各县皆有丞、尉，肯定有长吏的设置。另，《后汉书》卷五一《陈禅传》记载，汉建光元年（121）陈禅"左转为玄菟候城障尉"，[1] 此"障尉"应是县下属吏。崔骃和陈禅的事例也可以证明，朝鲜半岛四郡官吏的任免权属于中央，与中原郡县官吏一样迁转。

《三国志》卷三〇《魏书·东夷传》：

> 汉武帝元封二年，伐朝鲜，杀满孙右渠，分其地为四郡，以沃沮城为玄菟郡。后为夷貊所侵，徙郡句丽西北，今所谓玄菟故府是也。沃沮还属乐浪。汉以土地广远，在单单大领之东，分置东部都尉，治不耐城，别主领东七县，时沃沮亦皆为县。汉建武六年，省边郡，都尉由此罢。其后皆以其县中渠帅为县侯，不耐、华丽、沃沮诸县皆为侯国。夷狄更相攻伐，唯不耐濊侯至今犹置功曹、主簿诸曹，皆濊民作之。沃沮诸邑落渠帅，皆自称三老，则故县国之制也。[2]

不耐濊侯所设属官有功曹、主簿，完全是汉王朝县级地方政府的官称。汉代县以下的地方基层建置是乡，"乡有三老、有秩啬夫、游徼"，[3] 沃沮人的邑落首领自称"三老"，是承认自己属于汉代县以下基层行政单位乡的属官。这说明，汉四郡不仅在朝鲜半岛诸民族居

1　《后汉书》卷五一《陈禅传》，第 1685 页。

2　《三国志》卷三〇《魏书·东夷传》，第 846 页。

3　《汉书》卷一九上《百官公卿表上》，第 742 页；《后汉书志》卷二八《百官五》作"乡置有秩、三老、游徼"（第 3624 页）。

住区设立起郡县组织，而且仿照中原，在当地诸族邑落组织的基础上建立了与中原郡县制一致的乡级地方行政组织。高句丽曾与沃沮人同属玄菟郡，自然具有同样的地方行政建置。

中原郡县制的基层官制可以与高句丽、沃沮部族首领的称号对比如下（见表4-3）。

表4-3　高句丽、沃沮与中原官制对照

	县	乡
中原郡县	令（长）、丞、尉、功曹、主簿	三老、有秩啬夫、游徼
玄菟郡	令、丞、功曹、主簿	三老
沃沮采用的汉官称号	县侯、功曹、主簿	三老
高句丽采用的汉官称号	丞、主簿	
高句丽本族的部长称号	沛者、古雏加、优台	
沃沮的社会组织	部族	邑落
高句丽的社会组织	五部	五部之下的部

通过对朝鲜半岛北部社会组织的改造，西汉在朝鲜半岛北部建立起与中原相同的郡、县、乡地方管理体制，其影响甚至在东汉将对这些地区的直接管理改为间接统治之后仍旧存在。韩国学者指出："乐浪郡是汉的殖民地。因其墓制、文物等都是中国汉代的，所以虽然在我国境内，但在考古学或美术史上应该除外。"[1]

鱼豢《魏略》记载：

　　王莽地皇时，廉斯镏为辰韩右渠帅，闻乐浪土地美，人民饶乐，亡欲来降。出其邑，见田中驱雀男子一人，其语非韩

1　〔韩〕金元龙：《乐浪郡的文化》，陈平译，《东北亚历史与考古信息》2000年第1期。

> 人。问之，男子曰："我等汉人，名户来，我等辈千五百人伐
> 材木，为韩所击得，皆断发为奴，积三年矣。"镰曰："我当降
> 汉乐浪，汝欲去不？"户来曰："可。"镰因将户来出诣含资县，
> 县言郡，郡即以镰为译，从苓中乘大船入辰韩，逆取户来降伴
> 辈，尚得千人，其五百人已死。镰时晓谓辰韩："汝还五百人，
> 若不者，乐浪当遣万兵乘船来击汝。"辰韩曰："五百人已死，
> 我当出赎直耳。"乃出辰韩万五千人，弁韩布万五千匹，镰收
> 取直还。[1]

从此记载来看，不晚于两汉之际，弁韩已经服属于辰韩。从此事件
的交涉过程来看，乐浪对三韩的统治显然远不如对半岛北部的沃
沮、秽貊等族严密，也许我们将之视为某种控制而不是统治，才是
更合适的。但是，《三国志》称三韩"汉时属乐浪郡，四时朝谒"，
三韩对乐浪郡的隶属关系毕竟还是十分明确的。汉王朝之所以没有
用管理北方诸族的方式统治三韩各部，恐怕与三韩社会发展水平的
滞后是有一定关系的。

　　《三国志》卷三〇《魏书·东夷传》："建安中，公孙康分屯有县
以南荒地为带方郡，遣公孙模、张敞等收集遗民，兴兵伐韩濊，旧
民稍出，是后倭、韩遂属带方。"汉末公孙氏割据辽东时，分乐浪
郡增设带方郡，半岛南部的三韩各部以及与倭人相关的事务，皆转
由带方郡负责。

　　《三国志》卷三〇《魏书·东夷传》：

> 部从事吴林以乐浪本统韩国，分割辰韩八国以与乐浪，吏

---

[1]　《三国志》卷三〇《魏书·东夷传》裴松之注引鱼豢《魏略》，第 851 页。

　　译转有异同，臣智激韩忿，攻带方郡崎离营，时太守弓遵、乐
　　浪太守刘茂兴兵伐之，遵战死，二郡遂灭韩。[1]

带方郡想分出辰韩八国使之改隶乐浪郡，证明三韩各国与二郡存在
明确的隶属关系；这里提到的"带方郡崎离营"显然是带方郡驻扎
在三韩地区的兵营，这些都显示出，至汉末三国时期，郡县对三韩
的控制力在强化。而辰韩各国的臣智，要激起韩人的愤怒才能发起
军事行动，说明其仍旧不是"国"内的统治者，而只是联盟的首领
而已。证明三韩各国的内部凝聚力还是有一定局限性的。

　　据同卷《濊传》："正始六年，乐浪太守刘茂、带方太守弓遵
以领东濊属句丽，兴师伐之。"可证二郡灭韩事必在曹魏正始六年
（245）之后。要之，3世纪中叶，乐浪、带方二郡联合举行大规模
军事行动，向北打压高句丽的势力，向南打压三韩的势力，试图维
持二郡对整个朝鲜半岛的统治，并确实取得了一定的成效。在北，
"不耐侯等举邑降。其八年（247），诣阙朝贡，诏更拜不耐濊王。
居处杂在民间，四时诣郡朝谒。二郡有军征赋调，供给役使，遇之
如民"。在南，"二郡遂灭韩"。但这已经是中原王朝在朝鲜半岛统治
的回光返照了，此后二郡对半岛的控制力日趋削弱。

　　《史记》卷一二九《货殖列传》称上谷至辽东"有鱼盐枣栗之
饶。北邻乌桓、夫余，东绾秽、貉、朝鲜、真番之利"，[2]说明上谷
至辽东地区都与朝鲜半岛有着密切的贸易往来。大同江流域设郡
县之后，中原与朝鲜半岛之间的贸易关系得到加强。"其田民饮食
以笾豆，都邑颇放效吏及内郡贾人，往往以杯器食。郡初取吏于

1　《三国志》卷三〇《魏书·东夷传》，第851页。
2　《史记》卷一二九《货殖列传》，第3265页。

辽东，吏见民无闭藏，及贾人往者夜则为盗，俗稍益薄"，[1]"内郡贾人"的到来，竟至引起当地风俗与社会风气的变化，可见，长期在大同江流域经营贸易的内地商人数量是相当可观的。中国内地与朝鲜半岛北部之间的贸易关系，也可以得到考古资料的证明。燕国的铸币明刀钱，[2]"大概流通于公元前第四世纪末或第三世纪初，是燕国国势最强盛的时候，因此才流行到外国去"，"朝鲜和日本也有出土"。[3]朝鲜半岛北部大量明刀钱的出土，充分证明这一地区与中国内地间的经济往来。朝鲜半岛北部设立郡县之后，中原地区先进的生产技术特别是铁器传入半岛北部，极大地推动了对这一地区的开发，由此产生的辐射作用，也拉动了半岛南部三韩地区的发展。

第五节　高句丽进入朝鲜半岛

高句丽最初兴起于中国辽宁省的浑江流域，为逃避汉王朝玄菟郡对其的控制，高句丽选择了沿乐浪郡北部外缘向东发展的道路。东汉撤销岭东七县，将单单大岭（今朝鲜境内剑山岭、阿虎飞岭

1　《汉书》卷二八下《地理志下》，第 1658 页。
2　千家驹、郭彦岗认为：明刀分三种类型，乙型是燕国的铸币。参见千家驹、郭彦岗《中国货币史纲要》，上海人民出版社，1986，第 22 页。
3　彭信威：《中国货币史》，上海人民出版社，1958，第 30~31 页。

等[1]）以东由直接管理改为间接统治，汉王朝对今朝鲜咸镜南北道一带的控制力削弱，也使高句丽向这一地区的渗透变得较为容易。

《三国史记》卷一三《高句丽本纪》记载，高句丽"伐太白山东南荇人国""伐北沃沮"，[2] 以及后来琉璃明王迁都至今中国集安，都是高句丽东进政策的体现。

《三国志》卷三〇《魏书·东夷传》记载东沃沮：

> 国小，迫于大国之间，遂臣属句丽。句丽复置其中大人为使者，使相主领，又使大加统责其租税，貊布、鱼、盐、海中食物，千里担负致之，又送其美女以为婢妾，遇之如奴仆。[3]

从高句丽对沃沮诸部统治的严密程度来看，乐浪郡、带方郡的势力早在三国时期就已经自沃沮人居住的今咸镜南北道一带退出了。高句丽何时征服沃沮人，史无明文，但同卷《濊传》记载，濊人在"汉末更属句丽"，高句丽的势力自北而南发展，既然居于今江原道一带的濊人在汉末已经隶属于高句丽，沃沮人隶属于高句丽显然在此之前。概言之，东汉末年，高句丽已经征服今咸镜南北道和江原道等地。

但是，高句丽对此地域的征服出现过反复。《三国志》卷三〇《魏书·东夷传》之《濊传》最后记载："正始六年，乐浪太守刘茂、带方太守弓遵以领东濊属句丽，兴师伐之，不耐侯等举邑降。其八年，诣阙朝贡，诏更拜不耐濊王。居处杂在民间，四时诣郡朝谒。二郡有军征赋调，供给役使，遇之如民。"其所述史事自然指濊貊人无疑。但行文中提到"领东""不耐侯"，显然都是指沃沮人。正

1　谭其骧主编《〈中国历史地图集〉释文汇编·东北卷》，第46页。
2　（高丽）金富轼：《三国史记》卷一三《高句丽本纪·玻璃明王》，第177页。
3　《三国志》卷三〇《魏书·东夷传》，第846页。

始八年（247）加封的"不耐濊王"，应该就是同卷《沃沮传》中提到的"不耐濊侯"。《沃沮传》中"不耐濊侯至今犹置功曹、主簿诸曹，皆濊民作之"的记载可以证明，沃沮、濊貊，从广义上皆可以称为"濊人"，因此，对二者与曹魏的关系，《三国志》才放在一起叙述，但以"领东濊"特指沃沮，而非江原道的濊貊。概言之，上述史料的记事，既包括江原道的濊貊人也包括咸镜南北道的沃沮人，证明在曹魏初期，乐浪、带方二郡尚一度夺回对今咸镜南北道和江原道一带的控制权。曹魏初期对此地区的濊貊人和沃沮人的统治是十分严密的，"二郡有军征赋调，供给役使，遇之如民"，这里的"民"显然指中原地区郡县管理之下的普通百姓，证明朝鲜半岛北部的濊貊人和沃沮人与中原郡县区的百姓一样，也是要负责赋税和兵役、劳役的。可以说，在曹魏初期，对朝鲜半岛北部的统治与中原地区是没有差异的。在此时期，高句丽的势力应已被逐出这一地区。

《魏毌丘俭纪功碑》：

正始三年高句骊反
督七牙门讨句骊五
复遗寇六年五月旋
讨寇将军巍乌丸单于□
威寇将军都亭侯
行裨将军领
裨将军[1]

1　〔日〕朝鲜总督府编《朝鲜金石总览》，朝鲜总督府大正十二年（1923），第2页。

《三国志》卷二八《毌丘俭传》：

> 六年，复征之，高句骊王宫遂奔买沟。俭遣玄菟太守王顺
> 追之，过沃沮千有余里，至肃慎氏南界。[1]

正史与金石文献皆记载，正始六年（245）毌丘俭征高句丽的军事
行动涉及沃沮地区。因此，日本学者池内宏认为，前引《三国志》
所载正始六年乐浪太守刘茂、带方太守弓遵征沃沮不是一次独立的
战役，而是毌丘俭正始六年征高句丽之役的组成部分，[2]应是正确的
认识。从当时的形势分析，高句丽王宫战败溃逃之后，毌丘俭一方
面派玄菟太守王顺追杀，另一方面派乐浪太守刘茂和带方太守弓遵
经略高句丽控制下的沃沮和濊地。换言之，此次乐浪、带方对朝鲜
半岛北部的经略，有幽州刺史毌丘俭的武装力量为后盾。正是在此
次战役的沉重打击之下，高句丽丧失了对沃沮和濊地的统治权，朝
鲜半岛北部咸镜南北道和江原道一带被重新置于曹魏政权的控制
之下。

　　《后汉书》卷八五《东夷传》："句骊一名貊耳，有别种，依小水
为居，因名曰小水貊，出好弓，所谓'貊弓'是也。"注引《魏氏春
秋》曰："辽东郡西安平县北有小水，南流入海，句骊别种因名之小
水貊。"[3]此小水，傅斯年《东北史纲》认为是浑江，但孙进已已指出
其说不可信，当从白鸟库吉等《满洲历史地理》，作叆河。[4]同卷《高

1　《三国志》卷二八《毌丘俭传》，第 762 页。

2　池内宏「附說　毌丘儉の高句麗征伐に關する三國史記の記事」『満鮮史研究』上世編第 1 册、
　　祖国社、1951 年。

3　《后汉书》卷八五《东夷传》，第 2814 页。

4　孙进已、王绵厚主编《东北历史地理》第 1 卷，第 368~369 页。

句骊传》记载："质、桓之间，复犯辽东西安平，杀带方令，掠得乐浪太守妻子。"[1] 孙进己认为，活动于小水流域的高句丽别种小水貊，当在此前已为高句丽吞并，无疑是正确的。由此来看，自公元 2 世纪中叶起，高句丽除东进征服朝鲜半岛北部诸族外，也在由其西部南下，在吞并小水貊之后，想要夺取汉辽东郡的西安平县。

西安平县在今中国辽宁省丹东市九连城叆河尖古城，[2] 位于鸭绿江入海口附近，很明显，高句丽的战略意图是沿鸭绿江河谷南下，最终攻克西安平县，占据直到入海口的整个鸭绿江河谷地区，由此切断朝鲜半岛的郡县与中原之间的陆路联系。质、桓之间（145~167）当是此战略的最初实施，至正始三年（242），高句丽再次进攻西安平县。对此次战役的结果史书记载不一，《三国志》卷三〇《魏书·东夷传》作"正始三年，宫寇西安平"，未讲是否攻克；《三国史记》卷一七《高句丽本纪·东川王》则记载，东川王十六年（242）"王遣将袭破辽东西安平"，[3] 称高句丽最终攻克西安平县。朝鲜半岛郡县与中原的陆路联系被切断，高句丽对朝鲜半岛的战略意图显露无余。面对此巨变，曹魏政权必然采取某种应对措施，这恐怕是毌丘俭征高句丽的导火线。《魏书》卷一〇〇《高句丽传》："魏正始中，入寇辽西安平，为幽州刺史毌丘俭所破。"[4] 品其文意，就是将高句丽进攻辽东郡西安平县视为毌丘俭征高句丽的导火线。虽然史书中没有明确记载，但高句丽战败，曹魏重新控制西安平县是情理之中的事。

在毌丘俭的打击之下，高句丽自 2 世纪以来的外拓成就几乎

1　《后汉书》卷八五《东夷传》，第 2815 页。

2　谭其骧主编《〈中国历史地图集〉释文汇编·东北卷》，第 13 页。

3　（高丽）金富轼：《三国史记》卷一七《高句丽本纪·东川王》，第 209 页。

4　《魏书》卷一〇〇《高句丽传》，第 2214 页。

荡然无存，曹魏对朝鲜半岛的统治得以强化，但这种局势未能维持多久。

朝鲜史书《三国史记》卷一七《高句丽本纪·西川王》记载，西川王"十九年（288）夏四月，王幸新城，海谷太守献鲸鱼目……冬十一月，王至自新城"。[1] 此新城后更名为敦城，韩国学者余昊奎认为在今朝鲜咸镜道的东海岸一带，[2] 公元288年西川王在此地驻扎长达7个月，记载中还提到高句丽的地方官"海谷太守"，显然高句丽对此地的统治已经相当完善，在此以前江原道已经为高句丽所控制。若此推测不误，至西晋初，或者说3世纪后期，乐浪、带方二郡已经完全丧失了对朝鲜半岛北部单单大岭以东地区的控制，今朝鲜咸镜南北道及江原道部分地区已经落入高句丽的控制之下。

正是在对外扩张之中，高句丽早期的地方行政组织开始建立起来。高句丽早期的最高一级的地方行政组织为太守辖区，上述海谷太守就是高句丽早期6个太守之一。除海谷之外，上述的新城，以及东海谷、南海谷等高句丽早期地方行政区划，皆分布在今朝鲜半岛北部的沿海地区，今朝鲜咸镜南北道大部分地区在其控制之下。高句丽的另一地方行政区划鸭绿谷，则处于鸭绿江河谷。[3] 由此我们可以看出，高句丽早期的地方行政区划具有非常强的军事性质，其重要目的恐怕就是构成对朝鲜半岛北部大同江流域的郡县统治区的战略包围。与其说是行政区划，还不如说是战区，高句丽是以这几大太守辖区来统筹对乐浪郡、带方郡的战争的，只不过中原王朝当

1　（高丽）金富轼：《三国史记》卷一七《高句丽本纪·西川王》，第213页。

2　〔韩〕余昊奎：《三世纪后期—四世纪前期高句丽的交通道与地方统治组织——以南道和北道为中心》，李慧竹译，《东北亚历史与考古信息》2000年第1期。

3　杨军：《高句丽地方官制研究》，《社会科学辑刊》2005年第6期。

时并未意识到这一点。

《晋书》卷一四《地理志》：

> 魏置东夷校尉，居襄平，而分辽东、昌黎、玄菟、带方、
> 乐浪五郡为平州，后还合为幽州。及文懿灭后，有护东夷校
> 尉，居襄平。咸宁二年十月，分昌黎、辽东、玄菟、带方、乐
> 浪等郡国五置平州。[1]

晋初仿曹魏，分幽州五郡国另立平州，朝鲜半岛上的乐浪、带方二
郡皆属平州。《晋书》卷一四《地理志》记载，乐浪郡下辖朝鲜、
屯有、浑弥、遂城、镂方、驷望六县，带方郡下辖带方、列口、南
新、长岑、提奚、含资、海冥七县，除南新县外，[2]其他十一县皆
见《汉书》卷二八下《地理志》所载乐浪属县。《晋书》还在朝鲜
县下记载"周封箕子地"，在遂城县下记载"秦筑长城之所起"。很
清楚，晋咸宁二年（276）划归平州的乐浪、带方二郡，就是自公
孙氏、曹魏以来控制朝鲜半岛的原郡县。但是，《汉书》记载乐浪郡
二十五县，除史书有明确记载放弃岭东七县之外，应存十八县，但
《晋书》乐浪、带方二郡合计十三县，不知是此前对二郡辖县进行
过并省，还是晋初的二郡有些属县已经没入高句丽。

　　西晋在咸宁二年（276）对其在东北的地方行政区划进行调整，
另设平州，应是为加强对朝鲜半岛北部地区的控制。能够刺激西晋
做出如此应对举措的外力只能是来自高句丽。由此推测，高句丽占
据单单大岭以东，或者说今朝鲜咸镜南北道一带，可能就是在公元

1　《晋书》卷一四《地理志》，第 427 页。

2　学界一般认为，带方郡南新县即原乐浪郡昭明县更名。谭其骧主编《〈中国历史地图集〉释
　　文汇编·东北卷》，第 40~41 页。

276 年前后。

《晋书》卷一四《地理志》所载各郡的户口数字显然是极不准确的。例如，称昌黎郡"统县二，户九百"，[1] 按昌黎郡在慕容廆割据辽东之前即已存在，裴嶷投靠慕容廆之前就曾任昌黎太守。慕容廆的心腹"游邃、逄羡、宋奭，皆尝为昌黎太守"。[2] 慕容皝打败宇文部之后，更是"徙其部人五万余落于昌黎"，[3] 证明昌黎郡在当时是东北地区举足轻重的郡，其户数不可能仅仅有 900 户。另，《晋书》此处所载户口都是百以上的整数，这也透露出，这些数字恐怕不是出自实际统计的结果。

但是，《晋书》记载，辽东国"统县八，户五千四百"，乐浪郡"统县六，户三千七百"，玄菟郡"统县三，户三千二百"，带方郡"统县七，户四千九百"。[4] 带方郡的户数竟然远远超过乐浪郡，与辽东国接近，说明带方这一在公孙氏割据辽东以前的"荒地"，自建安年间（196~220）设郡以后，历经半个多世纪的发展，已经成为朝鲜半岛北部人口密度相对比较高的地区，体现出其农业经济的发展水平有了长足进步。虽然仅从户数超过乐浪郡并不能判定带方郡已经超越乐浪郡成为朝鲜半岛新的经济重心区，但是，如果说带方郡的发展水平已不弱于半岛传统的经济文化重心区乐浪郡，应该是没有问题的。这也就是朝鲜半岛的郡县体制崩溃之后，高句丽与百济对带方故地展开激烈争夺的最重要原因。

《晋书》卷九七《东夷传》记载，马韩"武帝太康元年、二年，其主频遣使入贡方物"，辰韩"武帝太康元年，其王遣使献方物。

1　《晋书》卷一四《地理志》，第 427 页。

2　《资治通鉴》卷八八《晋纪十》"愍帝建兴元年（313）"条，第 2798 页。

3　《晋书》卷一〇九《慕容皝载记》，第 2822 页。

4　《晋书》卷一四《地理志》，第 427 页。

二年，复来朝贡"。但是，卷三《武帝纪》太康元年（280）、二年没有马韩、辰韩来贡的记载，只记载太康元年六月"东夷十国归化"、七月"东夷二十国朝献"、二年三月"东夷五国朝献"、六月"东夷五国内附"，参照《武帝纪》太康七年（286）"马韩等十一国遣使来献"的记载，可见，《东夷传》所谓马韩之主、辰韩之王，皆是马韩、辰韩内某一小国的国主或国王，因此《武帝纪》才将之统括进"东夷"的范围之内。由此看来，西晋时期的乐浪、带方二郡尚能维持对朝鲜半岛南部三韩诸部的统治，沿袭着三韩78国分别向中原王朝朝贡的控制模式。《晋书》所载东夷各国对西晋的最后一次朝贡是在晋惠帝永平元年（291），"是岁，东夷十七国、南夷二十四部并诣校尉内附"，[1] 可能此后不久，乐浪、带方二郡由于难以应付高句丽的进攻，已经无暇顾及对三韩诸部的控制了。

至公元3世纪后期，乐浪、带方成为孤悬海外的郡，已经丧失了对郡县辖区之外的朝鲜半岛各地的控制。半岛北部的咸镜南北道、江原道一带被并入高句丽，成为其进攻乐浪、带方二郡的桥头堡，半岛南部的三韩诸部陷入政治上的无序状态，开始相互兼并。但此时乐浪、带方二郡内部的统治还是比较稳定的。

1913年，日本人谷井氏于朝鲜黄海道凤山郡文井面昭封里第一号古墓（在沙里院东南铁路旁）发现了带有"带方太守张抚夷"等款识的方砖。砖文说："天生小人，供养君子。千人造砖，以葬父母。既好且坚，典觉记之。使君带方太守张抚夷砖。""哀哉夫人，奄背百姓。子民忧戚，夙夜不宁。"又有"大岁在戊渔阳张抚夷砖"，"大岁申渔阳张抚夷砖"。带方太守张抚夷下葬的时间是戊申

1　分见《晋书》卷九七《东夷传》，第2533、2534页；卷三《武帝纪》，第72、73、77页；卷四《惠帝纪》，第91页。

年，即晋武帝太康九年（288）。[1] 此时带方郡尚能"千人造砖"为其
父母官修墓，可见带方郡内的统治还是比较稳定的。

"八王之乱"（291~306）使西晋无力顾及边疆地区，乐浪、带
方对朝鲜半岛的统治进一步削弱，自291年以后《晋书》中再也没
有东夷诸国朝贡的记载，恐怕亦与此有关。带方郡最后一次见于史
书记载是"晋惠帝元康二年（292）九月，带方、合资、提奚、南
新、长岑、海冥、列口虫食禾叶荡尽"。[2] 大约即在此后不久，高句
丽开始蚕食乐浪、带方二郡的疆域。

《三国史记》卷一七《高句丽本纪·美川王》记载，美川王十二
年（311）"秋八月，遣将袭取辽东西安平"，位于鸭绿江入海口附近
的西安平县又一次落入高句丽手中，却未见西晋政权做出任何反应。
高句丽切断乐浪、带方二郡与中原的陆路联系的战略目标最终实现，
而此前高句丽已经控制单单大岭以东的沃沮、濊貊，至此，从西、
北、东三个方面完成对乐浪、带方的包围，因此，攻克西安平县之
后，高句丽马上发起对二郡的总攻。美川王十四年（313）"侵乐浪
郡"，十五年（314）"南侵带方郡"，[3] 乐浪、带方二郡皆为高句丽攻
占，至此，中原王朝在朝鲜半岛的郡县体制彻底崩溃。

此事件在中国史书的记载中也有线索可寻，《资治通鉴》卷八八
西晋愍帝建兴元年（313）记载：

> 辽东张统据乐浪、带方二郡，与高句丽王乙弗利相攻，连
> 年不解。乐浪王遵说统帅其民千余家归廆，廆为之置乐浪郡，

1　谭其骧主编《〈中国历史地图集〉释文汇编·东北卷》，第39页。

2　《宋书》卷三四《五行志》，第987页。

3　（高丽）金富轼：《三国史记》卷一七《高句丽本纪·美川王》，第217页。

> 以统为太守，遵参军事。[1]

同书卷九六胡三省注：

> 乐浪非汉古郡地也，慕容廆所置，见八十八卷愍帝建兴元年。以《五代志》考之，乐浪、冀阳、营邱郡，朝鲜、武宁等县，当尽在隋辽西郡柳城县界。[2]

张统率千余家内迁辽西，慕容廆为之侨置乐浪郡，也证明朝鲜半岛上的乐浪郡的陷落。此张统亦见于《三国史记》卷一七《高句丽本纪·美川王》二十年（319）："我将如孥据于河城，（慕容）廆遣将军张统掩击擒之，俘其众千余家归于棘城。"随张统内迁的不仅有乐浪郡人，亦有带方郡人。《三国史记》卷一八《高句丽本纪·故国壤王》二年（385）："先是，燕王垂命带方王佐镇龙城。"[3] 此带方人王佐，恐怕即是内迁带方郡人的后裔。

概言之，至 4 世纪初，高句丽已经占领乐浪、带方二郡辖区，控制朝鲜半岛北部各地，高句丽的疆域扩大近一倍，势力空前膨胀。

---

1 《资治通鉴》卷八八《晋纪十》"愍帝建兴元年"条，第2799页。另，此处所载随张统迁往辽西的乐浪民户有"千余家"，若按《晋书》卷一四《地理志》所载乐浪郡3700户，则迁走的居民已占乐浪总人口的三分之一，显然这是不可能的，亦可证明《晋书》所载户口数字的不可靠。

2 《资治通鉴》卷九六《晋纪十八》"成帝咸康四年四月"条，第3019页。

3 （高丽）金富轼：《三国史记》卷一七《高句丽本纪·美川王》，第217页；卷一八《高句丽本纪·故国壤王》，第222页。

中古篇

导　言

　　汉末公孙氏割据辽东时，分乐浪郡南部增设带方郡，半岛南部的三韩各部以及与倭人相关的事务，皆转由带方郡负责。曹魏正始年间，乐浪、带方二郡联合举行大规模军事行动，向北打压高句丽的势力，向南打压三韩的势力，试图维持二郡对整个朝鲜半岛的统治，并确实取得一定成效。但这已经是中原王朝在朝鲜半岛统治的回光返照了，此后二郡对半岛的控制力即日趋削弱。

　　兴起于中国辽宁桓仁一带的高句丽政权，在迁都吉林集安之后，一直坚持东向发展战略，最终征服朝鲜半岛北部的沃沮人和秽貊人，将半岛所有秽貊族系部族全部纳入其统治之下，今朝鲜咸镜南北道、两江道以及江原道一带皆成为高句丽的疆域。半岛的政治格局演变为郡县在西、高句丽在东的东西对峙格局。与此同时，高句丽在吞并辽东半岛的小水貊之后，沿鸭绿江河谷南进，与汉王朝争夺位于今中国辽宁省丹东市九连城痳河尖古城的西安平县，至311 年，高句丽最终攻克西安平县，朝鲜半岛郡县与中原的陆路联系被切断，高句丽完成自鸭绿江流域至朝鲜两江道、咸镜南道、江原道对乐浪、带方二郡的战略包围，此后更是逐渐蚕食郡县区。313 年高句丽攻占带方郡，314 年高句丽攻占乐浪郡，意味着郡县体制在朝鲜半岛的彻底崩溃。至此，曾经是汉王朝乐浪、玄菟、真番、临屯四郡管辖的地方全部成为高句丽的领土。此后，高句丽又占有辽东。可以说，高句丽疆域的核心，就是汉辽东郡等五郡的原辖区。

高句丽作为来自半岛之外的政治力量，打破了朝鲜半岛的郡县体制，瓦解了半岛内部原有的政治秩序。在此之前，中原王朝利用郡县体制控制朝鲜半岛，半岛内部诸族的政治组织演进受到来自半岛之外的政治力量的干预，被人为中止，不论是从内部来看还是就外部而言，半岛内部诸部族、方国的整合都是非常不充分的。在郡县体制瓦解之后的半岛政治上的无序状态之下，半岛南北部的部族都在迅速进行新一轮的整合与融合。

除去重复，见于朝鲜史书《三国史记》和日本史书《日本书纪》的朝鲜半岛南部小国也有五十个左右，目前学界还不能确定，其与见于中国史书《三国志》的三韩七十八国存在何种关系。更为可能的情况是，在郡县体制瓦解之后的 4 世纪上半叶，在政治上的无序状态下，原来的三韩七十八国之间经历了十分复杂的吞并、裂变、重组等过程，才形成见于《三国史记》和《日本书纪》的朝鲜半岛南部诸小国。[1] 在高句丽政权控制半岛北部以后，半岛南部也整

---

1   参见杨军《4—6 世纪朝鲜半岛研究》，吉林大学出版社，2015。

合为三个大的政治势力：西部，自汉江流域南至蟾津江流域，以马韩各部为主，形成百济；中部，在洛东江流域，可能以弁韩各部为主，形成诸小国的伽耶联盟；东部，在庆尚山脉以东，以辰韩各部为主，形成新罗。大体而言，今韩国全罗南北道、忠清南道以及京畿道、忠清北道的部分地区属于百济，今韩国庆尚南北道的东部属于新罗、西部属于伽耶。

但是，半岛南部的政治局势远不如高句丽控制下的半岛北部稳定，高句丽在今江原道与新罗的争夺，在今京畿道与百济的争夺，以及在忠清北道三国之间的争夺，使上述地区成为三国间进行拉锯战的区域，三国在此地区的疆域变动极大。此外，还涉及百济、新罗从西、东两个方向对伽耶诸小国的吞并，倭人的势力一度也曾进入这个地区。总之，郡县体制瓦解之后，4世纪的朝鲜半岛是一个诸政治势力兴起并激烈碰撞的时代，以为朝鲜半岛的历史在郡县时代之后就是所谓三国时代的观点，是不够准确的。

公元4世纪的前半叶，既是高句丽统合半岛北部诸族的时期，也是百济、新罗吞并三韩故地兴起的诸小国、自身实力迅速发展的时期，也是半岛北部大同江流域生成的汉人社会逐渐瓦解消融的时期。[1] 无论是高句丽，还是百济、新罗，其兴起都得益于对此汉人社会的吸纳，毕竟这批汉人代表着朝鲜半岛技术、文化发展的最高水平，也是他们将中国中原地区最新的技术、文化成就传播到朝鲜半岛，促进了朝鲜半岛的发展。因地缘的便利，百济成为半岛南部诸国中吸纳乐浪、带方故地汉人最多的政权，汉文化甚至以百济为桥

---

[1] 关于此汉人社会的研究，参见赵俊杰《乐浪、带方二郡覆亡前后当地汉人集团的动向与势力发展》，《吉林大学社会科学学报》2012年第1期；《4世纪西北朝鲜地区主要民族集团的动向与势力格局》，《边疆考古研究》第10辑，科学出版社，2011；《乐浪、带方二郡的兴亡与带方郡故地汉人聚居区的形成》，《史学集刊》2012年第3期。

梁，向日本列岛传播。争夺乐浪、带方故地汉人也就成为百济与高句丽战争的直接原因之一。不管怎么说，自 369 年起，百济与高句丽之间爆发争霸战。

在朝鲜半岛西部地区进行的百济与高句丽之间的争霸战，构成公元 4 世纪最后 30 年半岛历史的主旋律，而半岛的东部地区也处于激烈的对抗之中，前期表现为新罗与伽耶诸国以及倭人的对抗，后期表现为新罗南抗倭人、伽耶，北御高句丽的南北两线作战。

新罗与伽耶诸国矛盾的根本原因在于，在一种政权间关系的无序状态下，最终由谁来完成对小白山脉以东地区整合的问题。应该说，在 4 世纪下半叶，新罗的实力虽然还远远比不上高句丽和百济，但相对于伽耶诸国来说，新罗还是强大的，是最有实力整合小白山脉以东地区的，只不过新罗对此区域的整合自 4 世纪起就一直受到诸多外力的牵制，先是自日本列岛跨海而来的倭人，而后是半岛北部强大的高句丽政权，再之后还涉及新兴的百济。新罗如果不能打败这些区域之外的力量，也就无法完成对小白山脉以东地区的整合，这才是为什么新罗对伽耶诸国的吞并从 4 世纪一直持续到 562 年才最终完成的根本原因。

在公元四五世纪之交，朝鲜半岛内部的战争局势逐渐变得清晰起来。新罗无法承受南北两线作战的压力，权衡利弊，与高句丽讲和，结束北部的战争，专心对付南部的伽耶诸国。显然新罗已经意识到区域内部的整合才是最重要的，征服伽耶各国才能够有效地拓展新罗的疆域、增强新罗的实力，而与高句丽的战争显然达不到这种效果。从另一角度而言，来自北方的高句丽人的威胁对于新罗来说并不是致命的，如果地区内伽耶诸国完成整合出现一个可以抗衡新罗的政权，对于新罗未来发展的影响才是致命的。

面对来自新罗的压力，伽耶诸国求救于倭，在对高句丽的战争中处于劣势的百济也希望找到新的同盟者，在这种局势下，倭人的势力进入朝鲜半岛南部地区。先是形成一个包括百济、新罗、伽耶诸国与倭的反高句丽同盟，而后是新罗改与高句丽结盟，形成以高句丽、新罗为一方，以百济、伽耶诸国和倭为另一方的两大阵营的对峙。最终结果是，经过高句丽好太王20年的经营与征战，到其去世的时候，高句丽疆域南拓并以武力压服半岛南部诸政权，成为朝鲜半岛独一无二的霸主。也许可以说，朝鲜半岛的4世纪，以群雄混战开始，以高句丽一统结束。

高句丽在朝鲜半岛的霸权地位维持了约半个世纪。但是，高句丽实现的是一统，而不是统一，其实力仅仅能够压服半岛南部诸政权，还不足以吞并半岛南部诸政权。至5世纪中叶，百济与新罗同盟开始正式与高句丽对抗，伽耶诸国也加入这一同盟，形成半岛南部诸政权共抗高句丽的局面。高句丽与百济、新罗的战争处于胶着状态，双方皆难以有比较大的进展。新罗支持百济，使其与高句丽在战场上保持一种实力均衡的僵持状态，借以同时解除来自高句丽和百济双方的威胁，以腾出手来继续进行对小白山脉以东地区的整合，随着对洛东江下游伽耶诸国的吞并，新罗的实力有大幅增长。百济也意识到伽耶诸国的战略意义，在同一时期，也开始蚕食蟾津江流域的诸伽耶小国。概言之，在百济、新罗联合挑战高句丽的霸权地位之后，半岛南部诸政权迎来了新一轮整合，伽耶诸国被分别整合进百济、新罗，半岛北部是高句丽政权，南部是新罗、百济政权的格局才最终形成。

为政治角逐掩盖的是朝鲜半岛民族的融合和经济的发展。高句丽、百济、新罗的发展过程，也就是其疆域内诸族逐渐融合形成新的国族的过程，伽耶诸国被吞并之后，朝鲜半岛内部最终形成三个新的民族共同体，即百济人、新罗人，以及北方的高句丽人。从族源上讲，百济人、新罗人皆源自三韩族系，而高句丽人则源自秽貊族系，但由于高句丽人兴起于原汉王朝的郡县辖区之内，其中也融入了大量的汉人。[1]

由于气候的原因，也由于农业的传统，高句丽统治下的半岛北部仍旧以旱作农业为主要经济类型，而半岛南部的百济、新罗，稻作农业已经有了长足的发展，[2]结果是单位面积粮食产量的提高，成为支撑人口密度提高的经济基础。这种微妙的变化不仅是百济、新罗与高句丽长期抗衡的基础，更在不知不觉中导致朝鲜半岛经济文化重心区的南移。在前期，朝鲜半岛的上古时代，箕氏朝鲜、卫氏朝鲜至乐浪郡统治时期，经济文化重心区皆在大同江流域，在半岛北部；后期，朝鲜半岛的近古时代，自统一新罗至王氏高丽、李氏朝鲜，经济文化重心区皆在庆尚南道和全罗南北道，是在朝鲜半岛南部了。而这一对半岛历史影响至为深远的结构性变化就发生在中古时期，在高句丽、百济、新罗争霸的时代。

随着朝鲜半岛南部稻作农业的发展，半岛南部不仅成为朝鲜半岛的经济重心区，也成为整个东北亚世界的经济重心区。早在三韩时代，半岛南部的铁就已经出口日本列岛，[3]此时期倭对伽耶地区的介入，很可能与对洛东江通过海路连通日本的贸易路线的争夺有

1 　关于4~6世纪朝鲜半岛的政治格局，以及伽耶诸国的兴亡，参见杨军《4—6世纪朝鲜半岛研究》。

2 　《三国志》卷三〇《魏志·东夷传》在记载朝鲜半岛的沃沮、濊貊、马韩诸族的农业时，皆未提到水稻，只说辰韩"土地肥美，宜种五谷及稻"（第853页）。辰韩北部与马韩北部基本处于相同纬度，自然条件差不多，因此，3世纪末水稻种植自辰韩向百济所在的马韩北部地区普及是完全可能的。《三国史记》卷二三《百济本纪·多娄王》六年"二月，下令国南州郡，始作稻田。"（第280页）应该就是这个时期的事情，《三国史记》的纪年存在错误，此不赘述。

3 　《后汉书》卷八五《东夷传》"辰韩"条："国出铁，濊、倭、马韩并从市之。凡诸贸易，皆以铁为货。"（第2819页）

关。[1] 经济联系的加强导致政治联系的增强，这才是日本涉入朝鲜半岛事务的根本原因。

在吞并伽耶诸国，完成对小白山脉以东地区的整合之后，新罗乘胜北上，打败高句丽，将疆域北拓至今咸镜南道的咸兴平原。至此，新罗疆域至少包括今庆尚南北道、江原道以及全罗北道、忠清北道、京畿道、咸镜南道的大部分地区，成为半岛实力最强大的政权。为遏制新罗的进一步扩张，高句丽和百济开始联合对付新罗，半岛的三国鼎立呈现出新的格局。最终，唐朝介入半岛事务，灭亡高句丽、百济，朝鲜半岛仅存新罗一个政权，这是 7 世纪以后半岛政局的另一番变化了。

传统上所说的统一新罗实际并未统一朝鲜半岛，大同江至龙兴江一线，早期是新罗与唐朝的分界线，后期是新罗与渤海的分界线，朝鲜半岛的三分之一左右并不在新罗疆域之内。但朝鲜半岛政治格局的这一变化的影响毕竟是深远的。首先，此后朝鲜半岛内一直是单一政权，除了新罗末期的短暂分裂外，新罗、高丽、朝鲜一脉相承。其次，单一政权逐渐塑造出单一国族，今朝鲜半岛的单一民族朝鲜族逐渐形成。最后，大同江流域经历唐灭高句丽及平叛战争的破坏之后，一直未能恢复，这意味着半岛北部原来作为东北亚经济文化中心区的大同江流域的衰落，也意味着半岛北部的旱作农业区的衰落。半岛内的单一政权，新罗、高丽、朝鲜，皆以半岛南部的稻作农业区为统治基础。可以说，所谓统一新罗之后，不仅近古时期朝鲜半岛的格局逐渐显露出雏形，我们甚至可以看到当代朝鲜半岛格局的影子了。

1　〔韩〕金泰植「古代王権の成長と韓日関係——任那問題を含んで一」『日韓歴史共同研究報告書』（第 2 期）第 1 分科会（古代史）篇，http://www.jkcf.or.jp/projects/kaigi/history/second/2-1/，最后访问时间：2019 年 7 月 13 日。

第五章　新罗研究

　　关于新罗史中国学者的研究并不多，故本章研究的着眼点乃是新罗史研究中的重点问题。因此，除了新罗的起源与民族构成之外，我们还是把研究的重点放在新罗的政治、经济、文化三个领域。其中，政治领域的研究是重中之重，主要讨论四个问题，首先是新罗建国时间，这也是中外学者存在重大分歧的焦点问题，此外要讨论的是新罗初期官制、早期王系，以及新罗的州等问题。有关文化的研究，为免流于泛泛，本章的讨论集中在儒家思想对新罗的影响方面。

第一节　新罗的起源与民族构成

　　新罗是以辰韩为主体于朝鲜半岛东南隅建立的政权，经历漫长的历史蜕变，在吞并周边诸古族方国的过程中逐渐发展为成熟国家。有关新罗的起源，关乎新罗主体民族之肇源及其发展过程之民族流变，向为新罗史研究的焦点，代表性的学者主要有中国的刘子敏、苗威、孙泓，朝鲜与韩国的李丙焘、丁仲焕、金贞培、千宇宽、文暻铉、李钟旭、李贤惠、金元龙、李基白、申滢植、李基东、李成周，及日本的今西龙、末松保和、井上秀雄、滨田耕策、村上四男等。[1] 虽然中、韩、日学者对新罗的起源与民族构成已做过大量研究工作，达成诸多共识，但某些认知还有必要做进一步讨论。

　　有关新罗起源，中国史书记载不一。或认为源于辰韩。如《梁书》卷五四《东夷·新罗传》、《北史》卷九四《新罗传》："新罗者，其先本辰韩种也。"[2]《通典》卷一八五《边防一》："新罗国，魏时新卢国焉，其先本辰韩种。"[3] 或认为源于弁韩。如《旧唐书》卷一九九

1　〔韩〕朱甫暾：《新罗史研究 50 年的成果和展望》，拜根兴译，《陕西师范大学继续教育学报》2006 年第 3 期；末松保和『末松保和朝鲜史著作集』1（新羅の政治と社会上）之「自序にかへて·新羅史研究の回顧」吉川弘文館，1995 年、1-7 頁。

2　《梁书》卷五四《东夷、新罗传》，第 805 页；《北史》卷九四《新罗传》，第 3122 页。

3　〔唐〕杜佑：《通典》卷一八五《边防一》，第 4992 页。

上《新罗传》："新罗国，本弁韩之苗裔也。"[1]《新唐书》卷二二〇
《新罗传》："新罗，弁韩苗裔也。"[2]《新五代史》卷七四《四夷附录》：
"新罗，弁韩之遗种也。"[3]

文献记载不一，导致治新罗史的学者观点不尽相同。赞同辰韩
说的学者居多，如刘子敏[4]、苗威[5]、孙泓[6]、文暻铉[7]、李基白[8]、村上四
男[9]，赞同弁韩说者亦有之，如李丙焘。[10]

韩国现存成书最早的史书《三国史记》卷四六《崔致远传》
引崔致远（857~?）《上太师侍中状》：

> 伏闻东海之外有三国，其名马韩、卞韩、辰韩。马韩则高
> 丽，卞韩则百济，辰韩则新罗也。[11]

《三国史记》卷一《新罗本纪》记载：

> 始祖，姓朴氏，讳赫居世。前汉孝宣帝五凤元年甲子四月
> 丙辰，即位，号居西干，时年十三，国号徐那伐。先是，朝鲜
> 遗民分居山谷之间，为六村：一曰阏川杨山村，二曰突山高墟

1　《旧唐书》卷一九九上《新罗传》，第 5334 页。

2　《新唐书》卷二二〇《新罗传》，第 6202 页。

3　《新五代史》卷七四《四夷附录》，中华书局，1974，第 920 页。

4　刘子敏：《关于古"辰国"与"三韩"的探讨》，《社会科学战线》2003 年第 3 期。

5　苗威：《"辰韩六部"与新罗的早期历史探析》，《朝鲜·韩国历史研究》第 12 辑，延边大学出
　　版社，2012。

6　孙泓：《新罗起源考》，《朝鲜·韩国历史研究》第 12 辑，2012 年。

7　〔韩〕文暻铉：《신라국 형성과정의 연구》，《대구사학》第 6 辑，1973 年，第 1~40 页。

8　〔韩〕李基白：《韩国史新论》，第 44 页。

9　村上四男『朝鲜古代史研究』開明書院、1978 年、3 頁。

10　〔韩〕李丙焘：《韩国古代史》（下），金思烨译，六兴出版公司，1979，第 58~61 页。

11　（高丽）金富轼：《三国史记》卷四六《崔致远传》，第 655 页。亦见崔致远《孤云集》卷一。

村，三曰觜山珍支村，四曰茂山大树村，五曰金山加利村，六
曰明活山高耶村，是为辰韩六部。[1]

高丽僧人一然《三国遗事》在记载"辰韩之地，古有六村"之
后说：

> 一曰阏川杨山村南今昙严寺。长曰谒平，初降于瓢岩峰，
> 是为及梁部李氏祖……二曰突山高墟村。长曰苏伐都利，初
> 降于兄山，是为沙梁部郑氏祖，今曰南山部……三曰茂山大树
> 村。长曰俱礼马，初降于伊山，是为渐梁部，又牟梁部孙氏之
> 祖，今云长福部……四曰觜山珍支村。长曰智伯虎，初降于花
> 山，是为本彼部崔氏祖，今曰通仙部……五曰金山加里村。长
> 曰祇沱，初降于明活山，是为汉歧部，又作韩歧部裴氏祖，今
> 云加德部……六曰明活山高耶村。长曰虎珍，初降于金刚山，
> 是为习比部薛氏祖，今临川部。[2]

由于上述几种较古的文献皆称新罗起源于辰韩，故朝鲜李朝文献除
个别持新罗起源弁韩说之外，基本皆认为新罗起源于辰韩。

关于三韩，古有四说，朝鲜王朝的李学逵辨之最详：

> 三韩疆域之辨，自古无定论，其为说有四。其一，华人
> 谓辽东为三韩。其二，《宋史·地理志》有高州三韩县。辰韩
> 为扶余，弁韩为新罗，马韩为高丽。其三，崔文昌谓马韩高句
> 丽也，弁韩百济也。其四，权阳邨虽知马韩之为百济，而不知

1　（高丽）金富轼：《三国史记》卷一《新罗本纪·始祖赫居世居西干》，第1页。
2　（高丽）一然：《三国遗事》卷一《纪异》"新罗始祖赫居世王"条，第39~40页。

高句丽之非弁韩，混而言之。按大明天启初失辽阳以后，章奏
之文遂有谓辽人为三韩者，外之也。清人顾炎武讥辽人之自称
三韩以自外也。《地理志》所载，不过承讹袭谬，不当置辨也。
其源始误于文昌，再误于阳邨，至今数千年间，论说猬兴，而
迄无断案也。盖三韩，古之辰国也，其中马韩最大。秦之亡人
避役入韩地，马韩割东界以与之，是为辰韩。又其南为弁韩，
属于辰韩，共立马韩种以王三韩之地。汉初，箕准为卫满所
逐，浮海而南，至金马郡，攻马韩而有其地，仍号马韩。新莽
元年，温祚灭马韩而为百济。即知马韩为今之忠清、全罗两道
也。汉宣帝五凤元年，朴赫居世为辰韩六部民所推戴，即知辰
韩为今之庆尚道也。[1]

《后汉书》卷八五《东夷传》："韩有三种：一曰马韩，二曰辰韩，三
曰弁辰。马韩在西，有五十四国，其北与乐浪，南与倭接。辰韩在
东，十有二国，其北与濊貊接。弁辰在辰韩之南，亦十有二国，其
南亦与倭接。"[2]《三国志》卷三〇《魏书·东夷传》："濊南与辰韩，
北与高句丽、沃沮接，东穷大海，今朝鲜之东皆其地也。"濊貊的分
布区在今韩国江原道，学界无疑义，则在其南的辰韩的分布区一定
是在今韩国庆尚道。朝鲜李朝文人的见解是正确的。新罗兴起于今
韩国庆尚道亦无疑义，从地域上看，新罗应原于辰韩而不是弁韩。

　　朝鲜史书《三国史记》卷四《新罗本纪·智证麻立干》记载，
四年十月群臣上言：

1　（朝鲜王朝）李学逵：《洛下生集》册一二《海榴庵集（己卯）·三韩疆域辨》，《韩国文集丛
　　刊》第 290 册，景仁文化社，2002，第 493 页。
2　《后汉书》卷八五《东夷传》，第 2818 页。

> 始祖创业已来，国名未定，或称斯罗，或称斯卢，或言新
> 罗。臣等以为，新者德业日新，罗者网罗四方之义，则其为国
> 号宜矣。又观自古有国家者，皆称帝称王，自我始祖立国，至
> 今二十二世，但称方言，未正尊号。今群臣一意，谨上尊号新
> 罗国王。[1]

《三国遗事》卷一《纪异》"新罗始祖赫居世王"条亦载："以五凤
元年甲子，男立为王，仍以女为后，国号徐罗伐，又徐伐，或云斯
罗，又斯卢。"参之中国史书《梁书》卷五四《新罗传》："辰韩始有
六国，稍分为十二，新罗则其一也……魏时曰新卢，宋时曰新罗，
或曰斯罗。"[2]《隋书》卷八一《新罗传》："新罗国，在高丽东南，居
汉时乐浪之地，或称斯罗。"[3]皆可证新罗原名斯卢或新卢，实为辰
韩一部的名称，由此亦可证新罗源于辰韩。

另外，对比前引各种中国史料，显然持弁韩说的各种史料成书
普遍比较晚，甚至晚于新罗崔致远生活的年代。综上，在新罗起源
问题上，目前多数学者持辰韩说，无疑是正确的。

推究弁韩说的起源，可能是出于对《三国志》卷三〇《魏
书·东夷传》下述记载的误读：

> 弁辰亦十二国，又有诸小别邑，各有渠帅，大者名臣智，
> 其次有险侧，次有樊濊，次有杀奚，次有邑借。有已柢国、不
> 斯国、弁辰弥离弥冻国、弁辰接涂国、勤耆国、难弥离弥冻

1　（高丽）金富轼：《三国史记》卷四《新罗本纪·智证麻立干》，第44~45页。
2　《梁书》卷五四《新罗传》，第805页。《北史》卷九四《新罗传》、《南史》卷七九《新罗传》
　　的记载与此相同。
3　《隋书》卷八一《新罗传》，中华书局，1973，第1820页。

国、弁辰古资弥冻国、弁辰古淳是国、冉奚国、弁辰半路国、弁〔辰〕乐奴国、军弥国（弁军弥国）、弁辰弥乌邪马国、如湛、弁辰甘路国、户路国、州鲜国（马延国）、弁辰狗邪国、弁辰走漕马国、弁辰安邪国（马延国）、弁辰渎卢国、斯卢国、优由国。弁、辰韩合二十四国，大国四五千家，小国六七百家，总四五万户。其十二国属辰王。辰王常用马韩人作之，世世相继。辰王不得自立为王。[1]

陈寿此处行文混乱，前面称"弁辰亦十二国"，[2] 而且在此之前还另有对辰韩的记述，因此给读者的印象是，下面所述皆弁韩史事。而下面的国名中提到"斯卢国"，知道斯卢为新罗早期名称的读者很容易因而误认为斯卢属于弁韩，故得出新罗源自弁韩的结论。实际上，陈寿下面的行文却不仅仅记载弁韩，而是将弁韩、辰韩的国名混在一起叙述，故称"弁、辰韩合二十四国"。为区分弁韩与辰韩，在弁韩国名前，陈寿皆加"弁辰"二字。上述行文中带"弁辰"二字的有，弁辰弥离弥冻国、弁辰接涂国、弁辰古资弥冻国、弁辰古淳是国、弁辰半路国、弁〔辰〕乐奴国、弁辰弥乌邪马国、弁辰甘路国、弁辰狗邪国、弁辰走漕马国、弁辰安邪国、弁辰渎卢国，与其前面说的"弁辰亦十二国"数字正相吻合。则其余十二国，包括已柢国、不斯国、勤耆国、难弥离弥冻国、冉奚国、如湛国、户路国、州鲜国（马延国）、斯卢国、优由国、军弥国（弁军弥国）、马延国，[3] 自然就都属于辰韩之国，斯卢正在其中。可见，就《三国志》

1　《三国志》卷三〇《魏书·东夷传》，第 852~853 页。

2　弁韩因曾隶属于辰韩，故也称"弁辰"，意即属于辰韩的弁韩。参见杨军《辰国考》，《北方文物》2001 年第 3 期。

3　按《三国志》此处可能存在传抄错误，此从日本学者津田左右吉说，将马延国单列为一国，以足辰韩十二国之数。参见『津田左右吉全集』第 11 卷、岩波書店、1987 年、29 頁。

卷三〇《魏书·东夷传》的记载而言，斯卢也属于辰韩十二国之一，而不属于弁韩，只不过《三国志》的行文很容易导致误解。

三韩中，马韩才是朝鲜半岛南部的土著民族，辰韩、弁韩都是半岛土著韩人与中原移民相融合的产物。

《三国志》卷三〇《魏书·东夷传》：

> 辰韩在马韩之东，其耆老传世，自言古之亡人避秦役来适韩国，马韩割其东界地与之。有城栅。其言语不与马韩同，名国为邦，弓为弧，贼为寇，行酒为行觞，相呼皆为徒，有似秦人，非但燕、齐之名物也……今有名之为秦韩者。[1]

可见，辰韩的族源主要是两个，一是朝鲜半岛土著韩人，也就是《三国志》所载马韩，二是中原华夏族移民。构成辰韩族源的中原移民，就其原居住地而言可以分为三支：秦人、燕人、齐人。从《三国志》对辰韩语言的分析来看，可能移民中秦人占的比例比较大，因此辰韩也被称为秦韩。从"自言古之亡人避秦役来适韩国"的记载来看，中原移民大量迁入半岛南部的时间是在秦代，亦即秦始皇统一中国的公元前221年以后。因此，所谓辰国，并不是如目前学界所认为的那样，是商周古国，[2]而是秦代中原移民在朝鲜半岛南部建立的政权，也就是辰韩。从"马韩割其东界地与之"的记载来看，半岛土著韩人对大量到来的中原移民也是持防范态度的，将

1　《三国志》卷三〇《魏书·东夷传》，第852页。

2　最早提出此说的是蒙文通。参见蒙文通《周秦少数民族研究》，上海龙门联合书局，1958，第99页。罗继祖：《辰韩三韩考》，《北方文物》1995年第1期。张军：《辰国小考》，《北方文物》1995年第2期。李德山：《辰国新考》，《学习与探索》2003年第3期。王洪军：《古辰国与少昊关系考》，《哈尔滨工业大学学报》2013年第3期。苗威：《论辰韩的民族构成》，《社会科学战线》2014年第3期。

之安置在"东界",显然是为了隔断其与中原的联系。但这部分中原移民能够迁入半岛东南部的庆尚道,这本身就已经证明,这些移民是走海路迁往半岛的。[1]这是其与迁入半岛北方的中原移民的最大区别。由此分析,在航海方面占优势的齐人在移民中所占比例应大于燕人。

《逸周书·王会篇》"秽人前儿"孔晁注:"秽,韩秽,东夷别种。"[2]细品孔晁文意,是认为韩人与秽人有一定的联系,都是东夷的分支。概言之,见于文献记载的朝鲜半岛南部的土著韩人,应该是夷人的分支之一。朝鲜史书《三国史记》卷四一《金庾信传》:"罗人自谓少昊金天氏之后,故姓金。《庾信碑》亦云:'轩辕之裔,少昊之胤。'则南加耶始祖首露与新罗同姓也。"[3]若认为少昊氏属于东夷,则新罗人这种认识也可以说是正确的。但不论怎么说,少昊氏部族集团应活动于中原地区,其后裔出现在朝鲜半岛南部必然是出自迁徙的结果。李洪甫利用考古、民族、宗教等学科的理论与方法,对少昊氏东迁做深入研究后,指出:"彐、朝种族应是少昊氏的东迁分支,其对少昊氏的意识、信仰、生活和习俗的袭承关系是清楚的、具体的。"[4]但此种说法并无直接史料证据,还是有待于进一步研究的。

综上,秦代以后,朝鲜半岛南部夷人的一支韩人,与迁入该地区的中原秦人、齐人、燕人相融合,形成一个新的族群,史称辰韩,也称秦韩。汉代扬雄《方言》将大同江流域视为汉语方言区之

---

1 也有学者认为,辰韩故地的秦人系从秦故空地"上下障"经由乐浪地区而来。参见苗威《论辰韩的民族构成》,《社会科学战线》2014年第3期。

2 黄怀信、张懋镕、田旭东:《逸周书汇校集注》卷七《王会篇》,第879页。

3 (高丽)金富轼:《三国史记》卷四一《金庾信传》,第601页。

4 李洪甫:《少昊氏与朝、日民族》,《中日关系史研究》1991年第2期。

一，却未提到朝鲜半岛南部的三韩，证明辰韩虽然"语言不与马韩同"，[1] 其语言中包含大量的汉语词汇，但其语言并不是汉语。由此来看，在辰韩的两个族源中，当地土著韩人占的比重要更大一些。

在辰韩的形成过程中，还融入部分古朝鲜人。鱼豢《魏略》："初，右渠未破时，朝鲜相历谿卿以谏右渠不用，东之辰国，时民随出居者二千余户，亦与朝鲜贡蕃不相往来。"[2] 据《三国志》卷三〇《魏书·东夷传》："弁、辰韩合二十四国，大国四五千家，小国六七百家，总四五万户。"此次在历谿卿率领下迁入辰韩地区的古朝鲜人达"二千余户"，若作为一个独立的"国"存在，在弁韩、辰韩二十四国中，也属于中等国家，而不是小国。弁韩、辰韩相加"总四五万户"，假设辰韩和弁韩的人口数大致相当，则辰韩总计约二万户，那么，仅此一次迁入的古朝鲜人就已经占辰韩总人口数的十分之一左右了，可见古朝鲜人在辰韩中所占比例之大。

卫氏朝鲜灭亡后，又有部分古朝鲜人南迁进入辰国。[3] 作为卫氏朝鲜的主体民族，古朝鲜人的族源主要也是两支，一是大同江流域的土著夷人，一是中原移民，代表性的移民集团是箕子所率商遗民。两者融合之后的新族群，也就是所谓"良夷"。[4] 秦末，"陈胜等起，天下叛秦，燕、齐、赵民避地朝鲜数万口"。[5] 中原移民大量进入大同江流域，使这个地区的民族成分中，华夏族占的比例增大，以至于到汉代扬雄将大同江流域视为汉语方言区之一。由此来看，可能华夏移民在总人口中所占比例并不低于土著良夷。古朝鲜遗民

1　《三国志》卷三〇《魏书·东夷传》，第852页。

2　《三国志》卷三〇《魏书·东夷传》，第851页。

3　参见杨军《辰国考》，《北方文物》2001年第3期。

4　参见杨军《高句丽民族与国家的形成和演变》；杨军、王秋彬《中国与朝鲜半岛关系史论》。

5　《三国志》卷三〇《魏书·东夷传》，第848页。

南迁进入辰韩分布区，无疑加重了辰韩的华夏文化比重。

在辰韩形成之后，因朝鲜半岛北部已直接隶属于汉王朝，由汉乐浪郡加以管理，仍旧不断有中原移民进入辰韩地区。桓帝、灵帝时，"韩濊强盛，郡县不能制，民多流入韩国"，至汉献帝建安中，"公孙康分屯有县以南荒地为带方郡，遣公孙模、张敞等收集遗民，兴兵伐韩濊，旧民稍出，是后倭、韩遂属带方"。[1] 辰韩不仅族源中即已包含一定比例的中原移民，在其发展过程中，还不断有中原移民融入，可见辰韩各部应受到中原文化的明显影响。新罗源于辰韩，可以说，在新罗形成之初，就已经受到中原文化的明显影响。

总之，新罗的族源，从近源讲，源自辰韩中的斯卢，即源自辰韩，并加入了相当大的古朝鲜人的成分；从远源讲，有两个来源，朝鲜半岛的土著夷人和中原华夏族移民。辰韩的来源是如此，大同江流域的古朝鲜人的来源也是如此。就辰韩的情况而言，在此民族融合过程中，可能当地土著夷人占的比重要大一些；但就新罗的前身斯卢而言，可能古朝鲜人占的比重要大一些。据《三国史记》卷一《新罗本纪·始祖赫居世居西干》："先是，朝鲜遗民分居山谷之间，为六村：一曰阏川杨山村，二曰突山高墟村，三曰觜山珍支村，四曰茂山大树村，五曰金山加利村，六曰明活山高耶村，是为辰韩六部。"[2] 构成新罗主体部分的"辰韩六部"就是分居山谷之间的"朝鲜遗民"。

在新罗立国之后，也不断有各族移民进入新罗。

首先是乐浪遗民。《三国史记》卷一《新罗本纪·儒理尼师今》十四年："高勾丽王无恤袭乐浪，灭之。其国人五千来投，分居六

1　《三国志》卷三〇《魏书·东夷传》，第851页。

2　（高丽）金富轼：《三国史记》卷一《新罗本纪·始祖赫居世居西干》，第1页。

部。"[1] 其中汉族所占的比例应该是比较大的。甚至我们可以将此视为乐浪失陷之后，当地汉人社会的集体迁徙。

其次是倭人。《三国史记》卷一《新罗本纪·始祖赫居世居西干》三十八年二月："瓠公者，未详其族姓，本倭人，初以瓠系腰渡海而来，故称瓠公。"另，同卷《脱解尼师今》记载："脱解本多婆那国所生也。其国在倭国东北一千里。"[2] 日本学者认为，脱解亦是来自日本列岛。[3]

新罗早期的一系列对外征服，灭亡许多周边小国。见于《三国史记》记载的有音汁伐、悉直、押督、比只、多伐、草八、召文、甘文、骨伐等，与陈寿《三国志》所列辰韩、弁韩二十四国的国名并无重合者。对此，朝鲜李朝学者丁若镛《疆域考·八道沿革总叙》的解释是：

> 庆尚道，本辰韩之地。潢水迳其中（洛东江），南至咸安郡，北与清水合流（晋州之清川）。其在潢水之东者，为辰韩十二国，《魏志》所载已柢国、不斯国、勤耆国、难弥离国、舟奚国、军弥国、如湛国、户路国、州鲜国、马延国、斯卢国（今庆州）、优中国，今左道之地也。其在潢水、清水之南者，即古弁辰之地，东史谓之迦罗（今金海），亦称伽耶（今咸安、

1　（高丽）金富轼：《三国史记》卷一《新罗本纪·儒理尼师今》，第 7 页。

2　（高丽）金富轼：《三国史记》卷一《新罗本纪》，第 3、8 页。

3　相关研究的介绍，参见三品彰英「脱解傳説考——東海龍王と倭國」『青丘学叢』5、1931 年 8 月、72-73 頁。但是，《三国史记》称脱解来自多婆那国，《三国遗事》卷一《纪异》却称脱解来自龙城国，也称正明国、琓夏国、花厦国。颇疑此龙城国指慕容鲜卑之龙城，"在倭国东北一千里"之"东北"为"西北"之误。附此备考。另，李勤璞认为，此神话受印度文化影响。参见李勤璞《脱解神话的比较研究——新罗三姓初王神话原构图》，《欧亚学刊》第 4 辑，中华书局，2004；李勤璞《脱解，喇嘛，金九经——中韩文化三考》，辽宁教育出版社，2016。

固城），亦谓之浦上八国（漆原、熊川等）。其在潢水之西、清
水之北者，为弁辰别部，所谓大伽耶（今高灵）、古宁伽耶
（今咸昌）、碧珍伽耶（今星州）之类是也。弁辰本十二国，《魏
志》所载弥离国、接涂国、古资国（今固城）、古淳是国、半
路国、乐奴国、弥乌邪马国、甘路国、狗邪国、走漕马国、安
邪国、渎卢国（南接倭），今右道之地也（渎卢国，今之巨
济）。《三国史》有押督国（今庆山）、召文国（今义城）、骨大
国（今属永川，亦称骨代国）、音汁伐国（庆州之安康古县）、
伊西古国（今清道）、于尸山国（近东莱）、居漆山国（今东
莱），皆今左道之地也。又有甘文国（今开宁）、多伐国（近草
溪）、比只国（近草溪）、草八国（今草溪）、阿尸良国（今咸
安）、沙伐梁国（今尚州），皆今右道之地也。译言翻转，字
音讹舛，其实押督、甘文等国，即《魏志》所载辰、弁二十四
国，非别有也。其后辰、弁二十四国，尽为新罗所并。其降附
年纪并详《新罗本纪》，可按而知也。[1]

概言之，新罗初期征服的各小国，基本上都出自辰韩或弁韩。韩国
学者朴天秀认为：“加耶可分为以金官加耶与阿罗加耶为中心国的前
期以及以大伽耶为中心国的后期。前期自于金海市大成洞古墓群营
造王墓的 3 世纪中叶至金官加耶受到高句丽南伐导致金官加耶衰退
的 5 世纪初；后期自此时起至大伽耶灭亡的 562 年止。”[2] 杨军总结说：
“554 年百济惨败于新罗，使其丧失了庇护加耶诸国的实力，此后，
北南两个加耶联盟联合起来，以位于高灵的大加耶为首，集体对抗

1　（朝鲜王朝）丁若镛：《疆域考·八道沿革总叙》，《与犹堂全集》第六集《地理集》，《韩国文
　　集丛刊》第 286 册，第 287~288 页。

2　〔韩〕朴天秀『加耶と倭：韓半島と日本列島の考古学』講談社、2007 年、24 頁。

新罗，也仍旧无法挽救覆亡的命运，终于在 562 年最终为新罗所灭，成为新罗走向强盛的垫脚石。"[1]

新罗统一半岛之后，据《隋书》卷八一《东夷传·新罗》："其人杂有华夏、高丽、百济之属，兼有沃沮、不耐、韩獩之地"，[2]其国人中还杂有来自中原的汉人移民，高句丽人、百济人、沃沮人、獩貊人等。

第二节　新罗立国时间考

《三国史记》卷一《新罗本纪·始祖赫居世居西干》称新罗立国于西汉宣帝五凤元年（前 57 年）甲子四月丙辰。然杨军、姜维公皆曾撰文提出质疑，[3]日本学者村上四男、早乙女雅博等也认为，新罗应立国于公元 3~4 世纪，但并没有展开论考。[4]

最早详细记录朝鲜半岛南部古族古国信息的中国史籍是陈寿的《三国志》，其中不仅根本没有出现新罗的名字，而且称马韩"各有

1　杨军：《4—6 世纪朝鲜半岛研究》，第 171~172 页。

2　《隋书》卷八一《东夷传·新罗》，第 1820 页。

3　杨军：《新罗建国时间新探》，参见《高句丽民族与国家的形成和演变》之"附录"，第 302~314 页；姜维公《从〈三国史记·新罗本纪〉看金富轼对海东三国系年的安排：以高句丽建国时间为中心》，参见李国强、李宗勋主编《高句丽史新研究》，延边大学出版社，2006，第 158~174 页。

4　村上四男认为，新罗建国时间应在 3 世纪以后（『朝鲜古代史研究』开明书院、1978 年、1 页）；朝鲜史研究会编《〈新版〉朝鲜历史》则指出，新罗国建立于 4 世纪（三省堂，1995，第 63 页）；早乙女雅博认为，新罗建国于 4 世纪后半叶（『朝鲜半岛の考古学』同成社、2000 年、209 页）。

长帅，大者自名为臣智，其次为邑借，散在山海间，无城郭"，"凡五十余国。大国万余家，小国数千家，总十余万户"，辰韩"始有六国，稍分为十二国"，"弁辰亦十二国"，"弁、辰韩合二十四国，大国四五千家，小国六七百家，总四五万户"。三韩各国平均户数仅有二千户左右，如此规模的社会组织，我们很难相信三韩各国都是真正意义上的国家。作为对照，卫氏朝鲜的历谿卿谏卫右渠不用，率自己的属民迁往辰韩，户数就达到二千余户，亦可见所谓的三韩各"国"，其实绝大部分并未步入国家，而是比较原始的社会组织单位而已。三韩相对比而言，马韩诸国的人口规模要略大于辰韩与弁韩，马韩的小国也有数千家，而辰韩与弁韩的小国仅仅六七百家。就政治组织的发展水平而言，朝鲜半岛北部高于南部，而南部的马韩地区又高于辰韩与弁韩地区，也就是说，辰韩各国可能是半岛政治组织最不发达的地方，像《三国史记》记载的那样，早在公元前就已经出现国家，显然是不可思议的。在上述背景下，可以肯定，作为新罗前身的斯卢仅是原始社会组织的单位，尚未步入国家形态。

汉魏皆在朝鲜半岛北部设立郡县，三韩各国最初隶属乐浪郡，公孙氏设带方郡之后，转隶带方郡，要求其"四时朝谒"，"下户诣郡朝谒，皆假衣帻，自服印绶衣帻千有余人"。由此可见，陈寿生活的时代，中原王朝对朝鲜半岛的情况是相当熟悉的。《三国志·东夷传》中详细开列了三韩各国的国名，也可以证明这一点。因此，我们没有理由怀疑《三国志》记载的真实性。

在中国史籍中，新罗首次出现于《资治通鉴》卷一〇四，晋孝武帝太元二年（377）春，"高句丽、新罗、西南夷皆遣使入贡于秦"。[1]在中国正史中，新罗最早见于沈约《宋书》卷九七《夷蛮·倭

1　《资治通鉴》卷一〇四《晋纪二十六》"晋孝武帝太元二年"条，第3281页。

国传》，文帝元嘉二年（425），倭王"珍立，遣使贡献。自称使持节、都督倭百济新罗任那秦韩慕韩六国诸军事、安东大将军、倭国王"。文帝元嘉二十八年（451），"加使持节、都督倭新罗任那加罗秦韩慕韩六国诸军事，安东将军如故"。顺帝昇明二年（478），"诏除（倭王）武使持节、都督倭新罗任那加罗秦韩慕韩六国诸军事、安东大将军、倭王"。[1]从南朝宋与倭国的互动关系分析，至少说明新罗之名在南朝宋初便已为中原史家所确知，并确知在朝鲜半岛东南部有新罗、任那、加罗、秦韩、慕韩诸国，同时南朝宋还册授倭国对上述诸国进行节制与管理。至晚在公元5世纪初，新罗已经成为能够与百济、任那并列的朝鲜半岛重要政权之一。

《南齐书》卷五八《东南夷·倭国传》中亦有类似记载，建元二年（480），"进新除使持节、都督倭新罗任那加罗秦韩（慕韩）六国诸军事、安东大将军、倭王武号为镇东大将军"。《南齐书》与《宋书》不同的是，《南齐书》在叙录新罗、任那、加罗、秦韩、慕韩时区分对待，专为"加罗国"立传，并称："加罗国，三韩种也。建元元年，国王荷知使来献。"[2]此"加罗"，即见于朝鲜史籍的"驾洛""伽倻"，后为新罗吞并。很显然，在南朝齐君臣的观念中，此时加罗国的势力尚远远强于新罗，故《南齐书》为加罗立传而没有为新罗立传。

《中原高句丽碑》第一句作"高丽建兴四年五月中，高丽太王祖王命敕新罗寐锦"，碑文中还数次出现"东夷寐锦""寐锦"的字样，左侧面第5行还有"辛酉年口新罗东夷寐锦"。"寐锦"即《三国史记》所载新罗王早期称号"尼师今"的另一种汉字译写。此词

1　《宋书》卷九七《夷蛮·倭国传》，第2394~2396页。

2　《南齐书》卷五八《东南夷》，第1012页。

亦见于《日本书纪》卷九《气长足姬尊（神功皇后）》："新罗王波沙寐锦即以微叱己知波珍干岐为质。"值得注意的是，同卷在神功皇后四十六年见"卓淳王末锦旱岐告斯摩宿祢"，[1] 卓淳为神功皇后平定的任那七国之一，其王的头衔是"末锦旱岐"，"末锦"显然即"寐锦"的另一种写法，证明卓淳王的称号中也包括"寐锦"这个词。说明"寐锦"也好、"尼师今"也好，并不是新罗王的专称，而是三韩诸小国君主通用的称号。

据《三国史记·新罗本纪》，新罗从第 3 位王至第 18 位王，共有 16 个王称"尼师今"，最后一位宝圣尼师今，402~417 年在位，此后新罗君主改称"麻立干"。迟至 5 世纪初，新罗君主的称号与三韩其他小国的君主还不存在明显的区别，可以证明，新罗早期只是三韩 78 国之一，并不存在特殊性，是在其发展起来以后，才觉得有必要从君主的称号上使自己有别于其他三韩小国。从这个角度看，君主更改称号之迟，恰恰是新罗兴起时间较后的证据。

最早将新罗作为独立国家记载的是中国南朝的《梁书》。《梁书》卷五四《新罗传》是中国正史首次为新罗立传，也是在《梁书》中，记载东夷各国时，首次呈现出高句丽、百济、新罗的所谓海东三国的格局。《梁书》还记载，新罗"俗呼城曰健牟罗，其邑在内曰啄评，在外曰邑勒，亦中国之言郡县也。国有六啄评，五十二邑勒"。[2] 证明新罗已存在类似于中原郡县的地方管理机制。此时的新罗不仅已经是成熟的国家形态，而且已经是朝鲜半岛三大政治势力之一。

但《梁书》卷五四《新罗传》的记载也提到，新罗"其国小，

1　〔日〕舍人亲王等：《日本书纪》卷九《气长足尊（神功皇后）》，经济杂志社，大正六年（1917），第 199、207 页。

2　《梁书》卷五四《新罗传》，第 805 页。

不能自通使聘。普通二年（521），王姓募名秦，始使使随百济奉
献方物"。[1] 新罗最初遣使南朝梁，竟然是随百济使臣一起来的。但
因此而称"其国小"，认为其是朝鲜半岛南部的小国，显然并不符
合事实，就是与《梁书》自身在《东夷传》中将新罗与高句丽、百
济相提并论的叙事结构也是不吻合的。因此，上述史料可以证明的
是，新罗刚刚走向朝鲜半岛之外的国际政治舞台，这是与中国建立
正式的外交关系之始，因此还需要百济从中介绍。

　　但是，称新罗为小国的梁朝文献并不止上述《梁书》一种。
《梁职贡图》提到百济"旁小国有叛波卓、多罗、前罗、斯罗、止
迷、麻连、上己文、下枕罗等"，《三国史记》卷四《新罗本纪·智
证麻立干》四年（503）新罗群臣上言："始祖创业已来，国名未定，
或称斯罗，或称斯卢，或言新罗。"可见《梁职贡图》所载百济旁
小国"斯罗"即新罗，多罗为任那诸国之一，是典型的小国，由此
可见，至中国南朝梁时，尚将新罗与任那诸国并列称为"小国"。

　　结合《梁书》的记载分析，我们可以得出两方面的结论。一
方面，由于新罗此前没有与中国的中原王朝建立起直接联系，南朝
诸政权对新罗的近况了解较少，对新罗的认识还停留在从前的"小
国"的印象中。在普通二年新罗遣使之后，虽然了解到新罗已是朝
鲜半岛南部能够与百济平起平坐的政治势力，但一时之间传统的
"小国"印象还无法完全扭转过来，因此才出现了《梁书》这样自
相矛盾的记载。另一方面，也可以证明新罗的兴起只是比较晚近的
事情，与高句丽、百济相比，其实力还相对弱小。

　　综上，结合中国史书与朝鲜方面的碑刻资料进行分析，新罗立
国更可能是 4 世纪的事情。而恰恰有关 4 世纪新罗的记载最为缺略。

1　《梁书》卷五四《新罗传》，第 805 页。

至 5 世纪初，新罗再一次进入中国南朝史家的视野时，已经成为与百济等国并列的朝鲜半岛重要政权之一。但直到 6 世纪初，在朝鲜半岛的几大政权势力中，新罗还属于相对弱小的一个。

在此之后，中国方面对新罗的印象也在迅速转变。据《北齐书》卷七《武成帝本纪》，北齐武成帝河清四年（565）二月，"诏以新罗国王金真兴为使持节、东夷校尉、乐浪郡公、新罗王"，[1] 北齐不仅承认新罗独立国家的地位，而且赐给其王爵，与朝鲜半岛北方传统的强国高句丽的封爵平级。更说明问题的是"使持节、东夷校尉、乐浪郡公"的头衔。乐浪郡是两汉控制朝鲜半岛的机构，新罗王受封乐浪郡公，意味着北齐将中国在朝鲜半岛的所有领土都委托新罗加以管理；东夷校尉是历朝管理东北地方少数民族的最高官职，新罗受封此衔，意味着北齐授予新罗代表北齐管理东北少数民族的权力；而"使持节"代表着北齐授予新罗便宜行事的权力。虽然北齐授予新罗上述头衔，有着借新罗打压高句丽的意图，但能够将如此重要的头衔全部赐给新罗王，也足以证明北齐承认新罗在朝鲜半岛上的大国地位，承认新罗是与高句丽相抗衡的朝鲜半岛重要政治势力。

据《隋书》卷八一《新罗传》，隋文帝于开皇十四年（594）"拜真平为上开府、乐浪郡公、新罗王"，[2] 虽然取消了"使持节""东夷校尉"等头衔，也就是收回了代表中央管理东北少数民族的授权，但仍然承认新罗在朝鲜半岛内的大国地位。综上可证，在 6 世纪，中国人对朝鲜半岛政治格局的认识是，存在高句丽、新罗、百济所谓海东三国争雄的局面，新罗已被承认是海东三国之一，而不再认为新罗只是朝鲜半岛南部的小国了。

1　《北齐书》卷七《武成帝本纪》，中华书局，1972，第 94 页。
2　《隋书》卷八一《新罗传》，第 1820 页。

　　中国史籍对新罗的记载虽然简略，但基本上可以反映出新罗从辰韩诸国之一的斯卢，逐渐成长为朝鲜半岛三大政治势力之一的发展历程。由于前引中国诸史书的成书皆远早于朝鲜史书《三国史记》，因此我们有理由对《三国史记》与上述中国史书相冲突的记载表示怀疑。

　　金富轼撰写《三国史记》时无疑曾参考了大量的中国文献。[1]但除此之外，《三国史记》有关新罗的记事还存在着其他的史料来源。

　　《三国史记》卷四《新罗本纪·真兴王》六年（545）七月，"伊餐异斯夫奏曰：'国史者，记君臣之善恶，示褒贬于万代。不有修撰，后代何观？'王深然之，命大阿餐居柒夫等，广集文士，俾之修撰"。此事也见于卷四四《居柒夫传》："真兴大王六年乙丑，承朝旨，集诸文士，修撰国史。"[2]说明新罗曾组织文士修撰"新罗史"，但不清楚是否修撰完成。

　　《三国史记》卷三二《杂志》"祭祀"条："高句丽、百济，祀礼不明，但考《古记》及中国史书所载者，以记云尔。""《古记》云：'东明王十四年秋八月，王母柳花薨于东夫余。'""《古记》云：'温祚王二十年春二月，设坛祠天地。'""乐"条："《新罗古记》云：'初，晋人以七弦琴送高句丽，丽人虽知其为乐器，而不知其声音及鼓之之法'。"[3]由金富轼所引上述文献判断，当时似乎尚能见到新罗人撰写的"新罗史"，所谓《新罗古记》大概就属于此类文献。

　　又，《三国史记》卷四《新罗本纪·法兴王》十五年（528），言"肇行佛法"之始末时，金富轼自注："此据金大问《鸡林杂传》所

1　田中俊明「『三国史記』中国史書引用記事の再検討——特にその成立の研究の基礎作業として」『朝鮮学報』第 104 号、1982 年、35-106 頁。

2　（高丽）金富轼：《三国史记》卷四《新罗本纪·真兴王》，第 49 页；卷四四《居柒夫传》，第 626 页。

3　（高丽）金富轼：《三国史记》卷三二《杂志·祭祀》，第 443 页。

记书之。"据《三国史记》卷四六《金大问传》："金大问，本新罗贵门子弟。圣德王三年，为汉山州都督，作传记若干卷。其《高僧传》《花郎世记》《乐本》《汉山记》犹存。"[1]

金大问所撰《花郎世记》，亦见于《三国史记》卷四《新罗本纪·真兴王》三十七年（576）条：

> 金大问《花郎世记》曰："贤佐忠臣，从此而秀。良将勇卒，由是而生。"崔致远《鸾郎碑序》曰："国有玄妙之道，曰风流。设教之源，备详仙史，实乃包含三教，接化群生。且如入则孝于家，出则忠于国，鲁司寇之旨也；处无为之事，行不言之教，周柱史之宗也；诸恶莫作，诸善奉行，竺乾太子之化也。"唐令狐澄《新罗国记》曰："择贵人子弟之美者，傅粉妆饰之，名曰花郎，国人皆尊事之也。"[2]

可证金富轼作《三国史记》时，尚参考了新罗人编撰的文集、传记等文献，甚至还见到了唐朝令狐澄私撰的《新罗国记》。

在记载新罗王称号时，金富轼论曰："新罗王称居西干者一，次次雄者一，尼师今者十六，麻立干者四。罗末名儒崔致远作《帝王年代历》，皆称某王，不言居西干等，岂以其言鄙野不足称也？"[3]证明金富轼不仅见到记载新罗各国王的新罗史籍，还曾参考过新罗末年崔致远的《帝王年代历》。

综上可见，在编撰《三国史记》时，金富轼搜集的资料包括中

1　（高丽）金富轼：《三国史记》卷四《新罗本纪·法兴王》，第46、48页；卷四六《金大问传》，第658页。
2　金大问：《花郎世记》；（高丽）金富轼：《三国史记》卷四《新罗本纪·真兴王》，第52页。
3　（高丽）金富轼：《三国史记》卷四《新罗本纪》，第44页。

国史书，也包括从新罗时期流传下来的大量成书于朝鲜半岛的各类文献。一方面由于中国史书对新罗的记载相当简略，甚至是缺失，另一方面也由于金富轼在编撰中要落实其以新罗为正统的史观，因此，金富轼大量引据与中国史书相矛盾的新罗文献的记载，可以说就是必然的结局了。

金富轼自己也承认：

> 又其《古记》，文字芜拙，事迹阙亡。是以君后之善恶，臣子之忠邪，邦业之安危，人民之理乱，皆不得发路，以垂劝戒。[1]

结果，在《三国史记》中，新罗文献"芜拙"的不实记载，取代了中国史书缺略但却可靠的记载，这不能不说是《三国史记》的一大败笔。

由于其所依据的新罗文献的不可靠，也由于金富轼要人为地将新罗历史提前，以体现新罗的正统地位，结果导致了《三国史记·新罗本纪》的早期记事中，存在大量的系年混乱。姑举两例。

其一，脱解尼师今的生卒年。金富轼在《三国史记》卷一《新罗本纪·脱解尼师今》中，记载脱解尼师今即位时，"时年六十二"，而述其出生年"是始祖赫居世在位三十九年也"。按金富轼的纪年换算成公元纪年，则脱解尼师今即位年为公元 57 年，始祖赫居世在位三十九年为公元前 19 年，由此推算，脱解尼师今即位时并非 62 岁，而是 77 岁。

其二，瓠公的年龄。金富轼在《三国史记》卷一《新罗本纪·始祖赫居世居西干》三十八年（前 20 年）遣瓠公交聘于马韩

1　（高丽）金富轼：《进〈三国史记〉表》，见《东文选》卷四四《表·笺·启》，《朝鲜群书大系续续》第 9 辑，朝鲜古书刊行会 1914 年影印本，第 419 页。

时，述瓠公来历："瓠公者，未详其族姓，本倭人，初以瓠系腰，渡海而来，故称瓠公。"同卷，在脱解尼师今即位第二年（公元 58 年）正月，"拜瓠公为大辅"。九年（公元 65 年）三月，"王夜闻金城西始林树间有鸡鸣声，迟明遣瓠公视之，有金色小椟挂树枝，白鸡鸣于下"。[1]与聘马韩的时间间隔长达 85 年。即使聘马韩时瓠公年仅 20 岁，至察看金城西始林间鸡鸣时也已经 105 岁了。百岁以上的老人尚能勤于王侧，确实是不可想象的。

关于新罗国家构建的时间，《梁书》卷五四《东夷传》"序"有简明的总结：

> 东夷之国，朝鲜为大，得箕子之化，其器物犹有礼乐云。魏时，朝鲜以东马韩、辰韩之属，世通中国。自晋过江，泛海东使，有高句骊、百济，而宋、齐间常通职贡，梁兴，又有加焉。扶桑国，在昔未闻也。普通中，有道人称自彼而至，其言元本尤悉，故并录焉。[2]

三国曹魏之时，朝鲜半岛南部还是马韩、辰韩诸国，而不存在所谓新罗国家。至东晋，与中国通使的半岛国家有高句丽、百济，而没有提到新罗，至梁时，新罗才与扶桑国即日本一起出现在中国南朝的视野之中。另外，新罗国家的出现必然伴随着辰韩势力的土崩瓦解。在中国史籍中，有关辰韩的记事终于《晋书》，而《晋书》的记事"起于西晋武帝泰始元年（265），止于东晋恭帝元熙二年（420），共记两晋 156 年的历史"。[3]也就是说，新罗取代辰韩的时

1　（高丽）金富轼：《三国史记》卷一《新罗本纪》，第 3、8、9 页。

2　《梁书》卷五四《东夷传》，第 800~801 页。

3　宋衍申主编《中国史学史纲要》，东北师范大学出版社，1998，第 108 页。

间当在 265~420 年之间。

有关新罗建构国家的时间，还有一条史料颇值得重视。《三国史记》卷三《新罗本纪·奈勿尼师今》二十六年（381）：

> 遣卫头入符秦贡文物。符坚问卫头曰："卿言海东之事，与古不同，何耶？"答曰："亦犹中国时代变革，名号改易，今焉得同。"[1]

金富轼此记事当本于中国文献。杜佑《通典》卷一八五《边防一·东夷上·新罗》：

> 符坚时，其王楼寒遣使卫头朝贡。坚曰："卿言海东之事与古不同，何也？"答曰："亦犹中国，时代变革，名号改易，今焉得同。"[2]

《太平御览》卷七八一《四夷部·东夷·新罗》引《秦书》：

> 符坚时，新罗国王楼寒遣使卫头朝贡。坚曰："卿言海东之事，与古不同，何也？"答曰："亦犹中国，时代变革，名号改易。"[3]

从符坚与卫头的对话分析，在新罗奈勿王二十六年（381）之前，辰韩古国发生剧烈变动，导致"名号改易"，辰韩邑落联盟为以金

1　（高丽）金富轼：《三国史记》卷三《新罗本纪·奈勿尼师今》，第 33 页。
2　（唐）杜佑：《通典》卷一八五《边防一·东夷上·新罗》，第 4992 页。
3　《太平御览》卷七八一《四夷部·东夷·新罗》，第 3461 页下。

氏王族势力集团为核心的新罗国所取代，换言之，以朴氏王族势力集团、以昔氏王族势力集团为核心的统治被以金氏王族势力集团为核心的新罗国的统治所取代，新罗正式构建起独立成熟的国家形态。从东晋孝武帝太元二年（377）春，"高句丽、新罗、西南夷皆遣使入贡于秦"[1] 的记事看，新罗构建成熟国家应在公元 377 年之前。结合前述《晋书》分析，新罗建国当在 265~377 年，更可能是公元4 世纪。

另，据《三国史记·新罗本纪》记载，新罗早期由朴氏、昔氏、金氏轮流执政，金氏王族为新罗王始于第十三代王味邹尼师今，味邹薨后，新罗国王又转由昔氏王族继承，历儒礼、基临、讫解三代后奈勿尼师今即位，才又转回金氏王族，自此以后，新罗国王便一直把持在金氏王族势力集团手中。因此，也许我们可以将第十七代王奈勿尼师今开始执政的 356 年，作为新罗建国的标志性年代。

第三节　新罗初期官制考论

按金富轼《三国史记》记载，新罗初期即辰韩时代便已形成十七官等的完整官制体系，然事实并非如此，尚存在若干问题需要进一步深入梳理与考辨。

1　《资治通鉴》卷一〇四《晋纪二十六》"孝武帝太元二年春" 条，第 3281 页。

新罗初期职官，首见于《三国史记》卷一《新罗本纪·南解次次雄》七年七月："以脱解为大辅，委以军国政事。"出现佐助王处理军国政事的大辅。又，卷一《新罗本纪·儒理尼师今》五年十一月条，儒理王"仍命有司在处存问鳏寡孤独、老病不能自活者，给养之"。出现"有司"，即政府机构。至儒理尼师今九年，整改六部之名、赐六部之姓时，"又设官，有十七等：一伊伐餐，二伊尺餐，三迎餐，四波珍餐，五大阿餐，六阿餐，七一吉餐，八沙餐，九级伐餐，十大奈麻，十一奈麻，十二大舍，十三小舍，十四吉士，十五大乌，十六小乌，十七造位"。卷三八《杂志·职官》有相同的记载，只不过进一步指出诸官等的别名或异写，如，伊伐餐"或云伊罚干，或云于伐餐，或云角干，或云角粲，或云舒发翰，或云舒弗邯"。[1] 从《三国史记》的记事看，金富轼确信新罗初期官制的十七官等始于儒理王九年。

但在中国正史中，相关记载却始见于《隋书》和《北史》。

《隋书》卷八一《新罗传》：

> 其官有十七等：其一曰伊罚干，贵如相国；次伊尺干，次迎干，次破弥干，次大阿尺干，次阿尺干，次乙吉干，次沙咄干，次及伏干，次大奈摩干，次奈摩，次大舍，次小舍，次吉士，次大乌，次小乌，次造位。外有郡县。[2]

《北史》卷九四《新罗传》：

1　（高丽）金富轼：《三国史记》卷一《新罗本纪》，第5、6页；卷三八《杂志·职官》，第541~542页。

2　《隋书》卷八一《新罗传》，第1820页。

> 其官有十七等：其一曰伊罚干，贵如相国，次伊尺干，次迎干，次破弥干，次大阿尺干，次阿尺干，次乙吉干，次沙咄干，次及伏干，次大奈摩干，次奈摩，次大舍，次小舍，次吉士，次大乌，次小乌，次造位。外有郡县。[1]

对比《隋书》、《北史》与《三国史记》的记载，不仅重要官职的尾音存在作"干"还是作"餐"的汉字译写不同，《隋书》《北史》所载官名也没有全部出现在《三国史记》卷三八《杂志·职官》所载异名中，由此可以断定，金富轼在编撰《三国史记》时，固然可能参考了《隋书》《北史》等中国史料，但更多地却是依据朝鲜半岛流传的新罗史料。

《三国史记》卷三八《杂志·职官》：

> 新罗官号，因时沿革，不同其名，言唐夷相杂，其曰侍中、郎中等者，皆唐官名，其义若可考。曰伊伐餐、伊餐等者，皆夷言，不知所以言之之意。当初之施设，必也职有常守，位有定员，所以辨其尊卑，待其人才之大小。世久文记缺略，不可得覆考而周详。[2]

不论是作"餐"还是作"干"，金富轼都已经不解其意，说明金富轼所依据的新罗史料成书也都比较晚，其史料价值并不高于中国史书《隋书》《北史》，因二书成书的唐代，新罗尚存，并且与唐朝保持着比较密切的往来。《隋书》纪传部分，由魏征主编，成书于唐

1　《北史》卷九四《新罗传》，第 3123 页。

2　（高丽）金富轼：《三国史记》卷三八《杂志·职官》，第 541 页。

太宗贞观十年（636）；史志部分，由长孙无忌监修，成书于唐高宗
显庆元年（656）。《北史》成书于唐高宗显庆四年（659）。两书的
成书相当于新罗善德王至武烈王在位期间，正是新罗积极联络唐王
朝，以便对抗高句丽、百济的时代，此时唐朝方面对新罗情况的了
解应该是全面且真实的。如果按照《隋书》和《北史》的记载，新
罗十七等官制始见于中国北朝时期，那么，比之《三国史记》对
十七等官制出现时间的记载就晚了约四个世纪。

　　另有一则史料证明新罗上述十七等官制的出现时间不会太早。
《梁书》卷五四《新罗传》："其官名，有子贲旱支、齐旱支、谒旱
支、壹告支、奇贝旱支。"[1] 这些官名无论是与《三国史记》记载的
官名，还是与《隋书》和《北史》记载的官名，都是无法对应的。
可证《梁书》记载的是另一种新罗官制。

　　由此分析，尚存在另一种可能，《隋书》和《北史》所载官名并
不是中国南北朝时期新罗的职官情况，而是唐代新罗的职官情况，
《隋书》和《北史》的作者熟知他们那个时代的新罗职官状况，由
于对此前的新罗官制没有相关的史料记载，就将他们熟知的唐代的
新罗官制写进了《隋书》和《北史》，因为他们也不清楚这套新罗
官制的起源时间，因而想当然地认为，他们所接触到的新罗官制应
该存在了相当长的一段时间，因而其起源就必然是南北朝时期的事
情。但是，成书于贞观十年（636）的《梁书》卷五四《新罗传》
的上述记载却可以证明，《隋书》和《北史》的记载恐怕是有问题
的。《梁书》所载才是南北朝时期新罗官制的实态，而《隋书》和
《北史》的记载恐怕是唐代的新罗官制。

　　据《梁书》卷五四《新罗传》："普通二年，王募名秦，始使使

1　《梁书》卷五四《新罗传》，第805~806页。

随百济奉献方物"，"语言待百济而后通焉"，证明南朝梁与新罗间存
在着正式官方往来，梁朝对新罗的情况应该是比较了解的。《梁书》
的记载之所以与《隋书》和《北史》不同，应是根据梁朝遗留下来
的资料编撰而成的缘故。

　　细考金富轼《三国史记》有关新罗十七等官名的初次出现记
事，也可以发现《三国史记》将此官制的出现系于儒理尼师今时是
不正确的（见表5-1）。

表5-1　《三国史记》所载十七官等官名的首次出现

官　等	时　间	官　名	史料来源
第一官等	公元67年	伊伐餐（伊罚干、于伐餐、角干、角粲、舒发翰、舒弗邯）	脱解尼师今十一年二月，"以顺贞为伊伐餐，委以政事"（卷一《新罗本纪》）
第二官等	公元84年	伊尺餐（伊餐）	婆娑尼师今五年二月，"以明宣为伊餐，允良为波珍餐"（卷一《新罗本纪》）
第三官等	公元661年	迎餐（迎判、苏判）	"文武王立，讳法敏，太宗王之元子。母金氏，文明王后，苏判舒玄之季女，庾信之妹也。"（卷六《新罗本纪》）
第四官等	公元77年	波珍餐（海干、破弥干）	脱解尼师今二十一年八月，"阿飡吉门与加耶兵，战于黄山津口，获一千余级，以吉门为波珍飡，赏功也"（卷一《新罗本纪》）
第五官等	公元525年	大阿餐	法兴王十二年二月，"以大阿餐伊登为沙伐州军主"（卷四《新罗本纪》）
第六官等	公元77年	阿餐（阿尺干、阿粲）	脱解尼师今二十一年八月，"阿飡吉门与加耶兵，战于黄山津口，获一千余级，以吉门为波珍飡，赏功也"（卷一《新罗本纪》）

续表

官　等	时　间	官　名	史料来源
第七官等	公元 113 年	一吉餐（乙吉干）	祗摩尼师今二年二月，"拜昌永为伊餐，以参政事；玉权为波珍餐，申权为一吉餐，顺宣为级餐"（卷一《新罗本纪》）
第八官等	公元 149 年	沙餐（萨餐、沙咄干）	逸圣尼师今十六年正月，"以得训为沙餐，宣忠为奈麻"（卷一《新罗本纪》）
第九官等	公元 113 年	级伐餐（级餐、及伏干）	祗摩尼师今二年二月，"拜昌永为伊餐，以参政事；玉权为波珍餐，申权为一吉餐，顺宣为级餐"（卷一《新罗本纪》）
第十官等	公元 602 年	大奈麻（大奈末）	真平王二十四年，"遣使大奈麻上军入隋，进方物"（卷四《新罗本纪》）
第十一官等	公元 149 年	奈麻（奈末）	逸圣尼师今十六年正月，"以得训为沙餐，宣忠为奈麻"（卷一《新罗本纪》）
第十二官等	公元 600 年	大舍（韩舍）	真平王二十二年，"高僧圆光随朝聘使奈麻诸文、大舍横川还"（卷四《新罗本纪》）
第十三官等	公元 589 年	舍知（小舍）	"大舍二人，真平王十一年置，景德王十八年改为郎中（一云真德王五年改），位自舍知至奈麻为之"（卷三八《杂志·职官》）
第十四官等	公元 674 年	吉士（稽知、吉次）	"外位，文武王十四年以六徒真骨出居，然五京、九州别称官名，其位视京位。岳干视一吉餐，述干视沙餐，高干视级餐，贵干视大奈麻，选干（一作撰干）视奈麻，上干视大舍，干视舍知。一伐视吉次，彼日视小乌，阿尺视先沮知。"（卷四〇《杂志·职官》）

续表

官　等	时　间	官　名	史料来源
第十五官等	公元 673 年	大乌（大乌知）	"百济人位，文武王十三年以百济来人授内外官，其位次视在本国官衔。京官：大奈麻本达率，奈麻本恩率，大舍本德率，舍知本扦率，幢本奈率，大乌本将德。"（卷四〇《杂志·职官》）
第十六官等	公元 674 年	小乌（小乌知）	"外位，文武王十四年以六徒真骨出居，然五京、九州别称官名，其位视京位。岳干视一吉餐，述干视沙餐，高干视级餐，贵干视大奈麻，选干（一作撰干）视奈麻，上干视大舍，干视舍知。一伐视吉次，彼日视小乌，阿尺视先沮知。"（卷四〇《杂志·职官》）
第十七官等	公元 674 年	造位（先沮知）	"外位，文武王十四年以六徒真骨出居，然五京、九州别称官名，其位视京位。岳干视一吉餐，述干视沙餐，高干视级餐，贵干视大奈麻，选干（一作撰干）视奈麻，上干视大舍，干视舍知。一伐视吉次，彼日视小乌，阿尺视先沮知。"（卷四〇《杂志·职官》）

据表 5-1 分析，奈勿尼师今（356~402）登场前，只有 8 个官名出现于《三国史记》的记事中，依次是见于公元 67 年的伊伐餐（伊罚干、于伐餐、角干、角粲、舒发翰、舒弗邯）、见于公元 77 年的波珍餐（海干、破弥干）、见于公元 77 年的阿餐（阿尺干、阿粲）、见于公元 84 年的伊尺餐（伊餐）、见于 113 年的一吉餐（乙吉干）、见于 113 年的级伐餐（级餐、及伏干）、见于 149 年的沙餐（萨餐、沙咄干），以及见于 149 年的奈麻（奈末）。此 8 个官名中，"伊伐餐"出现最早，时间为脱解尼师今十一年（公元 67 年），与金富轼所系十七官等官制的儒理尼师今九年（公元 32 年）晚 35 年左右，而

"沙餐""奈麻"的出现已晚至逸圣尼师今十六年（149），与金富轼所系十七官等官制的儒理尼师今九年（公元 32 年）晚 117 年左右。据此可以断定，新罗初期官制体系中的官名（官等）并非同一时期出现的，而是根据官僚机构发展的实际需要不断增补的。

此外，迎餐、大阿餐、大奈麻、大舍、小舍、吉士、大乌、小乌等九个官名出现于《三国史记》记事中的时间，更晚至新罗政权的中后期，初见时间依次是：525 年的大阿餐、589 年的舍知（小舍）、600 年的大舍（韩舍）、602 年的大奈麻（大奈末）、661 年的迎餐（迎判、苏判）、673 年的大乌（大乌知）、674 年的吉士（稽知、吉次）、674 年的小乌（小乌知），以及 674 年的造位（先沮知）。根据新罗十七官等官制体系中的官名首次出现于《三国史记》记事中的情况判断，在新罗初期并不存在金富轼于儒理尼师今九年所说的十七等官制体系。

作为新罗初期官职的"大辅"始见于南解次次雄七年。据《三国史记》记载，担任过此官职者仅有脱解、瓠公、阏智三人。脱解、瓠公皆跨海渡来新罗，脱解、阏智二人又皆为卵生，由此看来，大辅一职是否真实存在过都是问题。有关大辅的相关记事，充其量体现着对新罗官制或国家形成过程中外来文化影响的扭曲记忆，以其作为史料研究新罗初期的官制恐怕是有问题的，故此姑置不论。以下讨论几种新罗初期常见职官的职能。

伊伐餐 为《三国史记》所载新罗十七等官制的第一等，亦作伊罚干、于伐餐、角干、角粲、舒发翰、舒弗邯，然金富轼《三国史记》中仅见伊伐餐、角干、舒弗邯三种别名。伊伐餐于《三国史记》记事中出现的最早时间为脱解尼师今十一年。担任此官职者有顺贞、羽乌、仇邹、利音、忠萱、连珍、于老、长萱、良夫、弘权、末仇、康世等。

　　伊伐餐的职能主要表现在两个方面。

　　一是政事。顺贞擢升伊伐餐后"委以政事"，长萱擢升舒弗邯后"以参国政"，弘权拜为舒弗邯后"委以机务"，末仇拜为伊伐餐后，因其忠贞有智略，"王常访问政要"。[1] 伊伐餐亦参与朝廷议事。如，伊伐餐弘权于儒礼尼师今十二年讨论联合百济攻伐倭国事时，建议说："吾人不习水战，冒险远征，恐有不测之危。况百济多诈，常有吞噬我国之心，亦恐难与同谋。"其建议为儒礼尼师今采纳。讫解尼师今三十七年，倭兵抄掠边户、急攻金城，讫解王欲出兵，伊伐餐康世劝说："贼远至，其锋不可当，不若缓之，待其师老。"[2] 此军事计谋确实收到奇效，倭兵粮尽而退。

　　二是军事。拜王子利音为伊伐餐后，"兼知内外兵马事"，以忠萱为伊伐餐后，"兼知兵马事"，以连珍为伊伐餐后，"兼知兵马事"，拜于老为舒弗邯后，"兼知兵马事"，拜良夫为舒弗邯后，"兼知内外兵马事"。[3] 伊伐餐还常常统兵出战。如，脱解尼师今十七年，倭兵侵木出岛，角干羽乌御之。奈解尼师今十四年七月，加罗为浦上八国所侵，命太子于老与伊伐餐利音将六部兵往救之。奈解尼师今十九年七月，百济来侵，命伊伐餐利音率精兵六千伐百济，破沙岘城。奈解尼师今二十七年十月，百济兵入牛头州，伊伐餐忠萱将兵拒之。奈解尼师今二十九年七月，伊伐餐连珍与百济战烽山下，破之。

　　总之，从金富轼《三国史记》记录的伊伐餐的活动看，伊伐餐于新罗初期官制体系中扮演着相当重要的角色，平时承担日常的民政、军政事务，战时需要将兵出战，身先士卒。

1　（高丽）金富轼：《三国史记》，第9、25、27、28页。

2　（高丽）金富轼：《三国史记》，第28、30页。

3　（高丽）金富轼：《三国史记》，第22、22、23、24、26页。

另，《三国史记》卷一《新罗本纪·祇摩尼师今》元年条记载：

> 初，婆娑王猎于榆餐之泽，太子从焉。猎后过韩歧部，伊
> 餐许娄飨之。酒酣，许娄之妻携少女子出舞，摩帝伊餐之妻亦
> 引出其女，太子见而悦之，许娄不悦。王谓许娄曰："此地名大
> 庖，公于此置盛馔美酝，以宴衎之，宜位酒多，在伊餐之上。"
> 以摩帝之女配太子焉。酒多后云角干。[1]

但是，详检金富轼《三国史记》，并未发现有"酒多"官名的记事。
新罗职官十七等的名称皆非汉语，不应唯角干一名源自汉语"酒
多"。故此条关于角干官名来源的记载是不可信的。

伊尺餐　亦作伊餐，在新罗十七官等中排第二位，在《三国史
记》的记事中一般用"伊餐"一词。在《三国史记》的记事中，伊
尺餐始见于婆娑尼师今五年，担任此官职者有明萱、允良、许娄、
摩帝、昌永、翌宗、玉权、雄宣、大宣、继元、兴宣、萱坚、康
萱、连忠、于老、长萱、良夫、弘权、智良、长昕、急利、大西知
等 22 人。

《三国史记》卷一《新罗本纪·婆娑尼师今》二十三年八月：

> 音汁伐国与悉直谷国争疆，诣王请决，王难之，谓金官国
> 首露王年老多智识，召问之。首露立议，以所争之地属音汁伐
> 国。于是，王命六部，会飨首露王。五部皆以伊餐为主，唯汉
> 祇部以位卑者主之。[2]

1　（高丽）金富轼：《三国史记》卷一《新罗本纪·祇摩尼师今》，第 12~13 页。

2　（高丽）金富轼：《三国史记》卷一《新罗本纪·婆娑尼师今》，第 11 页。

由"五部皆以伊餐为主"的记载来看，新罗六部的每一部都至少有一名伊餐，此官职在新罗初期应是按部设置的。另据同卷《祇摩尼师今本纪》："婆娑王猎于榆餐之泽，太子从焉。猎后过韩歧部，伊餐许娄飨之。酒酣，许娄之妻携少女子出舞，摩帝伊餐之妻亦引出其女，太子见而悦之，许娄不悦。"证明韩岐部在当时至少有许娄、摩帝两位伊餐。伊餐按六部设置并且每部不止一人，说明同时存在的伊餐数量是比较多的。

伊尺餐的职能也是体现在政事、军事两个方面。

政事方面，如，昌永拜伊尺餐后"以参政事"，玉权代昌永成为伊尺餐后"以参政事"。而伊尺餐雄宣在辰韩王召群臣议征靺鞨事宜时上言，陈说征讨靺鞨的利弊。伊尺餐还受王命赴地方处理政务。如，针对地方产生倭兵来侵讹言、百姓争遁山林之事，伊尺餐翌宗等依王命前去谕止。[1]

军事方面，如，伊尺餐雄宣"兼知内外兵马事"，伊尺餐大宣"兼知内外兵马事"，伊尺餐继元"委军国政事"，伊尺餐连忠"委军国事"，伊尺餐长昕"兼知内外兵马事"。除此之外，伊尺餐还亲自将兵出战。如，伊尺餐于老在助贲尼师今二年七月讨破甘文国，四年七月，与倭兵战于沙道。[2]

波珍餐　亦作海干、破弥干，在新罗十七官等中排第四位。不过，金富轼《三国史记》记事并未使用过海干、破弥干之类的别名。在金富轼《三国史记》新罗初期记事中，波珍餐始见于脱解尼师今二十一年，担任此官职者有吉门、允良、启其、玉权、昕连、仇道、康萱、正源等八人。

1　（高丽）金富轼：《三国史记》，第 13、14、15、13 页。

2　（高丽）金富轼：《三国史记》，第 14、15、18、24、29、24 页。

从此八人的活动记事看，波珍餐除任职记事外，涉及活动内容的四条记事均属军事活动。如，脱解尼师今二十一年八月，阿飡吉门因与加耶兵的战功，拜为波珍餐；伐休尼师今二年二月，拜波珍餐仇道为左军主，伐召文国；伐休尼师今五年二月，百济来攻母山城，命波珍餐仇道出兵拒之；味邹尼师今十七年十月，百济兵来围槐谷城，命波珍餐正源领兵拒之。可见，波珍餐在新罗初期的官制体系中的职能主要体现在军事方面。

阿餐　亦作阿尺干、阿粲，在新罗十七官等中排第六位。但金富轼《三国史记》记事并未使用过阿尺干、阿粲之类的别名。在金富轼《三国史记》新罗初期记事中，阿餐始见于脱解尼师今二十一年，担任此官职者有吉门、吉元、林权、吉宣、述明、夫道、急利等七人。

从此七人的活动记事看，除任职记事外，涉及活动内容的记事大体可分为四类：一是军事活动记事，如脱解尼师今二十一年八月，阿餐吉门与加耶兵战于黄山津口，获一千余级，以功拜为波珍餐；婆娑尼师今十五年二月，加耶贼围马头城，遣阿餐吉元将骑一千击走之。二是民政、军政活动记事，如讫解尼师今二年正月，阿餐急利被委以政要，兼知内外兵马事。三是民事活动记事，如沾解尼师今五年正月，汉祇部人夫道，家贫无谄，工书算，著名于时，王征之为阿餐，委以物藏库事务。四是阿餐谋叛记事，如阿达罗尼师今十二年十月，阿餐吉宣谋叛被发觉，亡入百济。

由上述记载来看，阿餐的主要职能是统兵作战，偶尔也会受国王指派，从事一些与王室有关的极其专门的工作。夫道负责的"物藏库事务"，管理仓储，很可能与军需物资的管理有关，从这个角度说，也与军事有关。总体而言，阿餐的职能主要是在军事方面。

一吉餐　又作乙吉干，在新罗十七官等中排第七位。在金富轼《三国史记》新罗初期记事中，一吉餐始见于祗摩尼师今二年，担任此官职者有申权、近宗、兴宣、仇须兮、述明、允宗、直宣、良质、大谷、长昕等十人。

从此十人的活动记事看，除任职记事外，均涉及军政内容的记事。如，阿达罗尼师今十四年八月，辰韩王命一吉餐兴宣领兵二万伐百济；伐休尼师今二年二月，拜一吉餐仇须兮为右军主，伐召文国；味邹尼师今五年八月，城主直宣率壮士击败百济入侵，被拜为一吉餐；味邹尼师今二十二年十月，百济围槐谷城，辰韩王命一吉餐良质领兵御之；儒礼尼师今九年六月，倭兵攻陷沙道城，辰韩王命一吉餐大谷领兵救之。可见，一吉餐的主要职能侧重于军事方面。

最后需要说明的是，新罗初期已存在官品等级。助贲尼师今十五年正月，"拜伊餐于老为舒弗邯，兼知兵马事"。儒礼尼师今二年二月，"拜伊餐弘权为舒弗邯，委以机务"。[1] 此两条记事表明，伊伐餐的官等显然高于伊餐。祗摩尼师今十八年，"伊餐昌永卒。以波珍餐玉权为伊餐，以参政事"。奈解尼师今三十二年三月，"拜波珍餐康萱为伊餐"。奈解尼师今三十二年三月，"拜波珍餐康萱为伊餐"。[2] 此三条记事表明，伊餐的官等高于波珍餐。从味邹尼师今二十年正月"拜弘权为伊餐，良质为一吉餐，光谦为沙餐"[3] 的记事看，拜官叙录的次序是由高至低顺序叙录。当然，亦有官员越级擢升的事例，如讫解尼师今五年正月，"拜阿餐急利为伊餐"。[4] 阿餐急

1　（高丽）金富轼：《三国史记》，第 24、27 页。

2　（高丽）金富轼：《三国史记》，第 14、23、23 页。

3　（高丽）金富轼：《三国史记》，第 27 页。

4　（高丽）金富轼：《三国史记》，第 20 页。

利越过波珍餐这一级直接擢升为伊餐。总体看来，新罗初期官职的等级依次是伊伐餐、伊餐、波珍餐、一吉餐、沙餐。

第四节　　新罗早期王系三阶段

　　系统而完整地记载新罗早期王族世系的文献典籍，当属朝鲜《三国史记》与《三国遗事》。《三国史记》为纪传体断代史，成书于 1145 年。《三国遗事》成书年代不确，以书中下限记事为高丽忠烈王七年（1281）判断，成书时间当在 1281~1289 年之间。[1]《三国史记》与《三国遗事》成书前后相差 130 多年，在记述新罗早期王系上几乎没有差异。现以新罗早期前二十四位新罗王世系为例略作比勘，A 代表《三国史记》，以杨军校勘本为准，B 代表《三国遗事》，以《六堂崔南善全集》本为准。

　　第二代王，A 又云"慈充"而 B 无，然 B 云"亦称居西干"；

　　第三代王，A 作"儒理"，而 B 作"弩礼"，B 又云"尼叱今或作尼师今"；

　　第五代王，A 述翔实而 B 述笼统；

　　第七代王，A 有二说而 B 唯取一说；

　　第九代王，A 称一作"发晖"而 B 无；

　　第十一代王，A 称又云"诸贵"而 B 无；

1　村上四男『朝鲜古代史研究』、487 頁。

第十二代王，A 作"沾解"，而 B 作"理解"，又作"诂解"；

第十三代王，A 作"味邹"，又云"味照"，而 B 称"未邹"，又作"味照""未祖""未召"；

第十四代王，B 又作"世里智"；

第十五代王，A 又作"基丘"，且云"助贲尼师今之孙也"，而 B 又作"基立"，且言"诸贲王之第二子也"（笔者按："诸贲王"显然是"助贲王"之误，可能来源于校订之舛误）；

第十七代王，A 又作"那密"，而 B 又作"□□王"；

第十八代王，B 又作"宝主""宝金"；

第十九代王，B 又作"内只"；

第二十一代王，A 又作"毗处"，云"慈悲王长子"，而 B 又作"照知"，云"慈悲王第三子"；

第二十二代王，A 作"智证"，B 作"智订"；

第二十四代王，A 作"彡麦宗"，或作"深麦夫"（笔者按："夫"当为"王"之误），而 B 作"三麦宗"，又作"深□"。

另外，A 作"尼师今"，B 作"尼叱今"，实际两者相同。

新罗早期诸王的别名、别称，《三国遗事》的叙事之间亦存在差异。如，第三代王弩礼王，《三国遗事·王历》仅作"弩礼尼叱今"，而《三国遗事·纪异》则作"朴弩礼尼叱今，一作儒礼王"，[1] 与《三国史记》相同。再如，第十三代味邹王，《三国遗事·王历》作"未邹尼叱今，一作味照，又未祖，又未召"，而《三国遗事·纪异》则作"未邹尼叱今，一作未祖，又未古"。[2] 故此，上述别名、别称的差异可能仅仅是以汉字表音的差异，其表意并无差别。在"王"

1　（高丽）一然：《三国遗事》卷一《纪异·第三弩礼王》，第 42 页。

2　（高丽）一然：《三国遗事》卷一《纪异·未邹王·竹叶军》，第 45 页。

之族姓上，A、B 一致。在前后代王的承继关系上，第十七代王，A
作"仇道葛文王之孙也，父末仇角干"，B 作"父仇道葛文王，一作
未召王之弟未仇角干"；第二十一代王，A 作"慈悲王长子"，B 作
"慈悲王三子"。本书暂以金富轼《三国史记》为准。在位年限，A、
B 并无明显差异。总之，以《三国史记》与《三国遗事》互证判断，
在新罗早期王系上，两者没有异歧（见表 5-2）。

表 5-2　《三国史记》与《三国遗事》所载新罗早期二十四代王世系

序号	《三国史记·新罗本纪》	《三国遗事·王历》	族姓	承继关系	在位年限	年限	世次
1	始祖，姓朴氏，讳赫居世，号居西干，国号徐那伐	第一赫居世，姓朴，卵生	朴氏	始祖	前 57 年~公元 4 年	61	1
2	南解次次雄，赫居世嫡子也，继父即位，称元。注曰：或云慈充	第二南解次次雄，父赫居世，此王即位亦云居西干	朴氏	始祖嫡子	公元 4 年~公元 24 年	20	2
3	儒理尼师今立，南解太子也	第三弩礼（一作弩）尼叱今，父南解。尼叱今或作尼师今	朴氏	南解王太子	公元 24 年~公元 57 年	33	3
4	脱解尼师今立，姓昔。脱解本多婆那国所生也，其国在倭国东北一千里。注曰：一云吐解	第四脱解（一作吐解）尼叱今，昔氏，父琓夏国含达婆王，一作花夏国王	昔氏	南解王婿	公元 57 年~公元 80 年	23	3
5	婆娑尼师今立，儒理王第二子。注曰：或云儒理弟奈老之子也	第五婆娑尼叱今，姓朴氏，父弩礼王	朴氏	儒理王次子	公元 80 年~公元 112 年	32	4
6	祇摩尼师今立，婆娑王嫡子。注曰：或云祇味	第六祇摩尼叱今，一作祇味，姓朴氏，父婆娑（王）	朴氏	婆娑王嫡子	112~134	22	5

续表

序号	《三国史记·新罗本纪》	《三国遗事·王历》	族姓	承继关系	在位年限	年限	世次
7	逸圣尼师今立，儒理王之长子。注曰：或云日知葛文王之子	第七逸圣尼叱今，父弩礼王之兄，或云祇磨王	朴氏	儒理王长子	134~154	20	4
8	阿达罗尼师今立，逸圣长子也	第八阿达罗尼叱今	朴氏	逸圣长子	154~184	30	5
9	伐休尼师今立，姓昔，脱解王子仇邹角干之子也。注曰：一作发晖	第九伐休尼叱今	昔氏	脱解王孙	184~196	12	5
10	奈解尼师今立，伐休王之孙也	第十奈（解）尼叱今	昔氏	伐休王孙	196~230	34	7
11	助贲尼师今立，姓昔氏，伐休尼师今之孙也，父骨正葛文王。注曰：一云诸贲	第十一助（贲）尼叱今	昔氏	伐休王孙	230~247	17	7
12	沾解尼师今立，助贲王同母弟也。封父骨正为世神葛文王	第十二理解尼叱今，一作沽解王，昔氏，助贲王之同母弟也	昔氏	助贲王同母弟	247~261	15	7
13	味邹尼师今立，姓金。注曰：一云味照	第十三未邹尼叱今，一作味照，又未祖，又未召，姓金氏，父仇道葛文王	金氏	助贲王婿	262~284	23	8
14	儒礼尼师今立，助贲王长子	第十四儒礼尼叱，一作世里智王，昔氏，父诸贲（王）	昔氏	助贲王长子	284~298	15	8
15	基临尼师今立，助贲尼师今之孙也。父乞淑用餐（一云：乞淑，助贲之孙也）。注曰：一云基丘	第十五基临尼叱今，一作基立王，昔氏，诸贲王之第二子也	昔氏	助贲王孙	298~310	12	9

续表

序号	《三国史记·新罗本纪》	《三国遗事·王历》	族姓	承继关系	在位年限	年限	世次
16	讫解尼师今立，奈解王孙也。父于老角干	第十六讫解尼叱今，父于老音角干，即奈解王第二子也	昔氏	奈解王孙	310~356	46	9
17	奈勿尼师今立，姓金，仇道葛文王之孙也，父末仇角干。注曰：一云那密	第十七奈勿麻立干，一作□□王，金氏，父仇道葛文王。一作未召王之弟（未）（仇）角干	金氏	仇道孙味邹王婿	356~402	46	9
18	实圣尼师今立，阏智裔孙，大西知伊餐之子	第十八实圣麻立干，一作宝主王，又宝金，父未邹王弟大西知角干	金氏	阏智裔孙，味邹王婿	402~417	15	9
19	讷祇麻立干立，奈勿王子也	第十九讷祇麻立干，一作内只王，金氏，父奈勿王	金氏	奈勿王子	417~458	41	10
20	慈悲麻立干立，讷祇王长子	第二十慈悲麻立干，金氏，父讷祇	金氏	讷祇王长子	458~479	21	11
21	照知麻立干立，慈悲王长子。注曰：一云毗处	第二十一毗处麻立干，一作（照）知王，金氏，慈悲王第三子	金氏	慈悲王长子	479~500	21	12
22	智证麻立干立，姓金氏，讳智大路，奈勿王之曾孙，习宝葛文王之子，照知王之再从弟也。注曰：或云智度路，又云智哲老	第二十二智订麻立干，一作智哲（老），又智度路王，金氏，父讷祇王弟期宝葛文王	金氏	奈勿王曾孙照知王再从弟	500~514	14	12

序号	《三国史记·新罗本纪》	《三国遗事·王历》	族姓	承继关系	在位年限	年限	世次
23	法兴王立，讳原宗，智证王元子	第二十三法兴王，名原宗，金氏，父智订	金氏	智证王元子	514~540	26	13
24	真兴王立，讳彡麦宗，法兴王弟葛文王立宗之子也。注曰：或作深麦夫	第二十四真兴王，名三麦宗，一作深□，金氏，父即法兴王之弟立宗葛文王	金氏	法兴王弟之子	540~576	36	14

上述新罗世系是治朝鲜半岛史的学者普遍认可的。据《三国史记·新罗本纪》记载，在前八代新罗王中，除第四代为昔氏外，均为朴氏；第九代至第十六代新罗王，除第十三代为金氏外，均为昔氏；第十七代至第五十六代王，除第五十三代至第五十五代，均为金氏。由此观之，新罗早期历史，如当今学界普遍认同的那样，为朴氏、昔氏、金氏集团轮流执政时代。不过，朴氏、昔氏、金氏集团轮流执政，在新罗早期王族世系演变中是有规律可循的，此种有规律的现象，我们认为是朴氏集团、昔氏集团、金氏集团轮流执政的三个不同阶段。

关于朴氏集团的起源，《三国史记》卷一《新罗本纪·始祖赫居世居西干》记载：

高墟村长苏伐公，望杨山麓萝井傍林间有马跪而嘶，则往观之，忽不见马，只有大卵，剖之，有婴儿出焉，则收而养之。及年十余岁，岐嶷然凤成。六部人以其生神异，推尊之，至是立为君焉。辰人谓瓠为朴，以初大卵如瓠，故以朴为姓。

居西干，辰言王。[1]

《三国遗事·纪异第二》"新罗始祖赫居世王"条：

> 乘高南望，杨山下萝井傍，异气如电光垂地，有一白马跪拜之状。寻捡之，有一紫卵。马见人长嘶上天。剖其卵得童男，形仪端美，惊异之。浴之东泉，身生光彩，鸟兽率舞，天地振动，日月清明。因名赫居世王。[2]

参之《三国史记》卷一《新罗本纪·儒理尼师今》九年春，"改六部之名，仍赐姓。杨山部为梁部，姓李；高墟部为沙梁部，姓崔；大树部为渐梁部，姓孙；干珍部为本彼部，姓郑；加利部为汉祇部，姓裴；明活部为习比部，姓薛"，作为新罗源头的六部，姓氏中并不包括第一世新罗王的姓氏朴，这暗示我们，朴氏王族不是出自"辰韩六部"，而是来源于辰韩六部之外。

如前所述，新罗源于辰韩十二国中的斯卢，由此出发对中国相关史料进行分析，发现恰可与上述朝鲜史料相印证。《三国志》卷三〇《魏书·东夷传》："弁、辰韩合二十四国……其十二国属辰王。辰王常用马韩人作之，世世相继。辰王不得自立为王。"《后汉书》卷八五《东夷传》："准后灭绝，马韩人复自立为辰王。"《晋书》卷九七《辰韩传》："辰韩常用马韩人作主，虽世世相承，而不得自立，明其流移之人，故为马韩所制也。"诸书记载一致，皆说明辰王来自辰韩之外，是由马韩人担任。

1　（高丽）金富轼：《三国史记》卷一《新罗本纪·始祖赫居世居西干》，第1~2页。

2　（高丽）一然：《三国遗事》卷一《纪异》"新罗始祖赫居世西干"条，第40页。

马克思《摩尔根〈古代社会〉一书摘要》:

> 阿兹忒克联盟并没有企图将所征服的各部落并入联盟之内;因为在氏族制度之下,语言上的分歧是阻止实现这一点的不可克服的障碍;这些被征服的部落仍受他们自己的酋长管理,并可遵循自己古时的习惯。有时有一个贡物征收者留驻于他们之中。[1]

恩格斯《家庭、私有制和国家的起源》:

> 在 1675 年前后,当它达到了极盛的时候,便征服了它四周的广大地区,把这些地方上的居民一部分驱逐出境,一部分使之纳贡。[2]

三韩当时的社会发展水平并未超越部落社会,因此,《三国史记》所载的辰韩六部也好,古朝鲜遗民六村也好,都是当地的原始社会组织,有自己的村长对日常事务进行管理,却在此之上存在一个来自辰韩部落之外的马韩人的"辰王"。参照马克思、恩格斯的经典论述可知,这个"辰王"应该就是作为辰韩征服者马韩派出的留驻于辰韩中的"贡物征收者"。由此看来,《三国史记》所载朴氏王族最初执政的时期,实际上新罗国家尚未生成。朴氏的真正身份应该是来自马韩的"贡物征收者"。但是变化也是存在的,朴氏在辰韩中的地位变得越来越牢固,甚至已经可以将这一身份传递给子孙,使

1　马克思:《摩尔根〈古代社会〉一书摘要》,人民出版社,1965,第 151 页。
2　恩格斯:《家庭、私有制和国家的起源》,《马克思恩格斯选集》第 4 卷,人民出版社,1995,第 92 页。

"贡物征收者"成为其家族世袭的身份，这说明在朴氏管理下的辰韩部落已经开始了向国家的演进。但不管怎么说，我们基本可以肯定，《三国史记》记载朴氏王族担任新罗王的时期，是新罗的前国家发展阶段。

昔氏王族源流，据《三国史记》卷一《新罗本纪·脱解尼师今》：

> 脱解尼师今立，时年六十二。姓昔，妃阿孝夫人。脱解本多婆那国所生也。其国在倭国东北一千里。初，其国王娶女国王女为妻，有娠七年，乃生大卵。王曰："人而生卵，不祥也，宜弃之。"其女不忍，以帛裹卵，并宝物置于椟中，浮于海，任其所往。初至金官国海边，金官人怪之，不取。又至辰韩阿珍浦口，是始祖赫居世在位三十九年也。时海边老母以绳引系海岸，开椟见之，有一小儿在焉，其母取养之。及壮，身长九尺，风神秀朗，智识过人。或曰："此儿不知姓氏，初椟来时，有一鹊飞鸣而随之，宜省鹊字，以昔为氏。又，解椟椟而出，宜名脱解。"脱解始以渔钓为业，供养其母，未尝有懈色。母谓曰："汝非常人，骨相殊异，宜从学，以立功名。"于是专精学问，兼知地理。望杨山下瓠公宅，以为吉地，设诡计以取而居之，其地后为月城。至南解王五年，闻其贤，以其女妻之。至七年，登庸为大辅，委以政事。儒理将死，曰："先王顾命曰：'吾死后，无论子、婿，以年长且贤者继位。'是以寡人先立，今也宜传其位焉。"[1]

---

[1] （高丽）金富轼：《三国史记》卷一《新罗本纪·脱解尼师今》，第8页。

据此传说，新罗昔氏王族的姓氏源于鸟名，亦非"辰韩六部"姓氏之一。脱解尼师今出生于"多婆那国"，《三国遗事》作龙城国，或正明国、琓夏国、琓国、花厦国，其国"在倭国东北一千里"。如此看来，脱解尼师今应来自倭地。此传说间接地反映出，辰韩六部由原来受控于马韩转而受控于倭人的历史。

倭人参理辰韩国事务可追溯至始祖时代。《三国史记》卷一《新罗本纪·始祖赫居世居西干》三十八年春三月记载，新罗遣瓠公交聘于马韩，马韩王责让瓠公曰："辰、卞二韩为我属国，比年不输职贡，事大之礼，其若是乎？"瓠公对曰："我国自二圣肇兴，人事修，天时和，仓庾充实，人民敬让，自辰韩遗民以至卞韩、乐浪、倭人，无不畏怀。"就此针锋相对的对话，金富轼给出的解释是："中国之人苦秦乱，东来者众，多处马韩东，与辰韩杂居，至是浸盛，故马韩忌之，有责焉。"[1] 可见，由于秦人、倭人与辰韩人的杂居，使辰韩国力增强，有了与马韩抗衡的资本。而此次聘使马韩的"瓠公"即为倭人。派遣倭人充当使者，恐怕与倭人势力集团的逐渐强盛有关。

南解次次雄五年三月，"闻脱解之贤，以长女妻之"。此记事表明，随着以瓠公、脱解为代表的倭人集团在辰韩势力的不断发展，辰韩不得不与倭人联姻，共同治理辰韩六部。正因倭人集团势力的强化，南解次次雄七年七月，"以脱解为大辅，委以军国政事"。倭人脱解成为辰韩联盟的枢要之人，威望日笃，以至于南解次次雄临终遗言谓男儒理、婿脱解曰："吾死后，朴、昔二姓，以年长而嗣位焉。"[2]

---

1 （高丽）金富轼：《三国史记》卷一《新罗本纪·始祖赫居世居西干》，第 3 页。

2 （高丽）金富轼：《三国史记》卷一《新罗本纪·南解次次雄》，第 5~6 页。

此时的倭人还不足以撼动朴氏王族集团势力，脱解虽"素有德望"，也不得不"推让其位"于儒理。儒理尼师今三十四年九月，谓臣僚曰："脱解身连国戚，位处辅臣，屡著功名。朕之二子，其才不及远矣。吾死之后，俾即大位，以无忘我遗训。"[1] 可见，倭人昔氏王族集团势力进一步强大，迫使马韩人主动推让"王位"，打破"辰王常用马韩人作之"的传统，转由倭人昔氏掌控辰韩的统治地位。

尽管脱解尼师今践位王座，但王位之争还是相当激烈的。脱解尼师今去世后，王位未能下传脱解之子，"臣僚欲立儒理太子逸圣。或谓逸圣虽嫡嗣，而威明不及婆娑"，[2] 遂立婆娑为尼师今。此后，第六代祗摩尼师今、第七代逸圣尼师今、第八代阿达罗尼师今均出自朴氏王族集团，直到第九代王时，脱解王之孙、仇邹角干之子伐休才有机会登上王位。

金氏王族源流，与朴氏、昔氏又存在较大差异。《三国史记》卷二《新罗本纪·味邹尼师今》：

> 味邹尼师今立，姓金。母朴氏，葛文王伊柒之女。妃昔氏，光明夫人，助贲王之女。其先阏智出于鸡林，脱解王得之，养于宫中，后拜为大辅。阏智生势汉，势汉生阿道，阿道生首留，首留生郁甫，郁甫生仇道，仇道则味邹之考也。沾解无子，国人立味邹，此金氏有国之始也。[3]

据此，金氏王族经过阏智、势汉、阿道、首留、郁甫、仇道等六代

1　（高丽）金富轼：《三国史记》卷一《新罗本纪·儒理尼师今》，第 7 页。

2　（高丽）金富轼：《三国史记》卷一《新罗本纪·婆娑尼师今》，第 10 页。

3　（高丽）金富轼：《三国史记》卷二《新罗本纪·味邹尼师今》，第 26 页。

先人的努力，至第七代味邹时才得以主宰辰韩，登上王位。而践位方式与昔氏王族相同，仍是以女婿的身份。

有关始祖阏智的传说，《三国史记》卷一《新罗本纪·脱解尼师今》九年三月：

> 王夜闻金城西始林树间有鸡鸣声，迟明遣瓠公视之，有金色小椟挂树枝，白鸡鸣于下。瓠公还告，王使人取椟，开之，有小男儿在其中，姿容奇伟。上喜，谓左右曰："此岂非天遣我以令胤乎！"乃收养之。及长，聪明多智略，乃名阏智。以其出于金椟，姓金氏。改始林名鸡林，因以为国号。[1]

依此传说，金氏王族的始祖阏智，姓氏源于"其出于金椟"，以物名取姓。从金氏王族的族姓看，仍不出自辰韩六部之赐姓当中。金氏王族来源于何处尚寻不到蛛丝马迹，或许是当地辰韩十二国之一，也就是《三国志》所称"斯卢国"、《梁书》所称"魏时曰新卢，宋时曰新罗，或曰斯罗"。可以确认的是，金氏王族的记载始见于脱解尼师今九年，其掌握政权是在沾解尼师今十五年十二月二十八日沾解王暴疾薨后。

金氏王族践位亦并非一帆风顺，第十三代王味邹尼师今薨后，金氏王族势力集团未能守住王位，王位又回到昔氏王族集团手中。此后，第十四代王儒礼尼师今、第十五代王基临尼师今、第十六代王讫解尼师今均出自昔氏，至第十七代王奈勿尼师今时，王位才又重新回到金氏王族集团手中。而奈勿即王位的理由是"讫解薨，无

1　（高丽）金富轼：《三国史记》卷一《新罗本纪·脱解尼师今》，第79页。

子，奈勿继之"，[1] 与前述的王位转换姓氏之理由如出一辙。自此之后，新罗王族谱系稳定于金氏王族一系。

《三国史记》卷四《新罗本纪·智证麻立干》四年十月：

> 群臣上言："始祖创业已来，国名未定，或称斯罗，或称斯卢，或言新罗。臣等以为，新者德业日新，罗者网罗四方之义，则其为国号宜矣。又观自古有国家者，皆称帝称王，自我始祖立国，至今二十二世，但称方言，未正尊号。今群臣一意，谨上号新罗国王。"王从之。[2]

由此可知，新罗国号的确立当为智证麻立干时期。但是，基临尼师今十年，曾有"复国号新罗"的举动，说明味邹尼师今执政时，可能将金氏家族所在的"斯卢国"之称冠于辰韩六部之上，改称新罗，但由于王权根基尚未稳定，改称新罗之事后来便了了之。基临尼师今执政期间，王权争夺日趋激烈，为安抚金氏王族势力才有"复国号"的举动。但是，这次"复国号"的目的并未达到，至讫解尼师今薨后，新罗王权还是回到金氏王族集团的手中。至于群臣所言"自我始祖立国，至今二十二世"，当从始祖赫居世始，虽有非金氏王族始祖立国之嫌，但将辰韩纳入新罗国史体系以延新罗国祚亦无可厚非。

综上，新罗早期王族世系经历三个阶段：第一阶段为以马韩人为王控制辰韩时期；第二阶段为以倭人为王控制辰韩时期；第三阶段为以辰韩中的"斯卢国"金氏为王建立独立新罗政权时期。由此

1　（高丽）金富轼：《三国史记》卷三《新罗本纪·奈勿尼师今》，第32页。
2　（高丽）金富轼：《三国史记》卷四《新罗本纪·智证麻立干》，第45页。

来看，新罗成熟国家的出现，当自第十七代王奈勿尼师今开始执政的 356 年始。

第五节　新罗的州

　　从《三国史记》的记载来看，新罗智证麻立干六年、神文王五年、景德王十六年分别对地方行政机构进行过调整，州也从军政合一的地方机构，逐渐演变为新罗最高地方行政机构，并确立起州、郡、县三级地方管理体制。由新罗州性质的变化，可以将新罗地方行政机构的变迁划分为五个时期。一是智证麻立干六年以前，二是智证麻立干六年至真平王末年，三是善德王至神文王五年，四是神文王五年至景德王十六年，五是景德王十六年以后。由于景德王十六年确立的地方行政管理体制基本沿用至新罗末年，未再发生大的变化，故本书试就前四个时期新罗州的变化分论如下。

一　智证麻立干六年以前

　　《三国史记》卷一《新罗本纪·脱解尼师今》："十一年春正月，以朴氏贵戚分理国内州郡，号为州主、郡主。"[1] 这是关于新罗州的最早记载。脱解尼师今是首位昔姓新罗王，此举措显然是王室由朴姓转为昔姓之际，对原王室朴姓贵戚的安抚，以换取其对新王的支

1　（高丽）金富轼：《三国史记》卷一《新罗本纪·脱解尼师今》，第 9 页。

持。但其继承者婆娑尼师今出自朴姓，自不必刻意笼络朴氏贵戚，因此，《三国史记》卷一《新罗本纪·婆娑尼师今》即位的第二年，"巡抚州郡，发仓赈给，虑狱囚，非二罪悉原之"，就已经开始视察州郡，其中不乏考察地方官是否称职的用意，至"十一年秋七月，分遣使十人廉察州郡主，不勤公事、致田野多荒者，贬黜之"，[1]就对州郡主进行大力整肃了。从上述记载来看，州郡主的职责包括司法和劝农。

《三国史记》卷一《新罗本纪·逸圣尼师今》十一年春二月下令："农者政本，食惟民天。诸州郡修完堤防，广辟田野。"[2]与劝农相联系，州郡主负责在辖区内兴修水利工程。《三国史记》卷二《新罗本纪·伐休尼师今》："四年春三月，下令州郡无作土木之事以夺农时。"证明州郡主也负责水利工程之外的其他大型土木工程。同纪，伐休尼师今"三年春正月，巡幸州郡，观察风俗"。表明州郡主也有教化百姓、移风易俗的责任。同卷《奈解尼师今本纪》，三年"五月，国西大水，免遭水州县一年租调"。州主应负责征发赋税和劳役。卷二《奈解尼师今本纪》，二十七年"冬十月，百济兵入牛头州，伊伐飡忠萱将兵拒之，至熊谷，为贼所败，单骑而返，贬为镇主"，[3]卷二四《百济本纪·仇首王》也载有此事："冬十月，遣兵入新罗牛头镇，抄掠民户。罗将忠萱领兵五千逆战于熊谷，大败，单骑而遁。"[4]称"牛头州"为"牛头镇"，则忠萱被贬官职应为"牛头镇主"，由此来看，州主如果拥有军权，则称"镇主"。此时期州郡主的职能主要是在行政方面，与中国州郡长官的职能基

---

1 （高丽）金富轼：《三国史记》卷一《新罗本纪·婆娑尼师今》，第10、11页。

2 （高丽）金富轼：《三国史记》卷一《新罗本纪·逸圣尼师今》，第15页。

3 （高丽）金富轼：《三国史记》卷二《新罗本纪·奈解尼师今》，第20、21、23页。

4 （高丽）金富轼：《三国史记》卷二四《百济本纪·仇首王》，第287页。

本一致。

《三国史记》卷一《新罗本纪·婆娑尼师今》五年夏五月："南新县麦连歧。"[1] 此处出现的南新县，据《晋书》卷一四《地理志》，为带方郡属县，《宋书》卷三四《五行》："晋惠帝元康二年（292）九月，带方、含资、提奚、南新、长岑、海冥、列口虫食禾叶荡尽。"证明南新县对带方郡的隶属关系至少持续至公元292年以后。学界一般认为，带方郡南新县即原乐浪郡昭明县更名。[2] 但是，李丙焘《真番郡考》提到，在黄海道信川郡北部面西湖里曾发现砖铭，文字分别为"太康四年三月昭明王某造"，"元兴三年三月廿日昭明王某造"，[3] 学界据此认定乐浪郡昭明县在今西湖里，而太康四年为公元283年，元兴三年为公元404年，证明昭明一名一直得到沿用，似未曾改名为南新。带方郡辖境"不出今朝鲜黄海道的中部和西部"，[4] 南新作为带方属县，应在此地域范围内，而早期新罗的疆域是达不到这里的，因此，《三国史记》此条记载非常可疑。

《三国史记》卷二《新罗本纪·阿达罗尼师今》："四年春二月，始置甘勿、马山二县。"[5] 可能这才是关于新罗设县的最早记载。关于马山县的记载比较混乱。《三国史记》卷三六《地理志》："马山县，本百济县，景德王改州郡名，及今并因之。"[6] 卷三七《地理志》也认为马山县属百济。卷八《神文王本纪》，六年"二月，置石山、马山、孤山、沙平四县"，[7] 证明新罗确有马山县。因此，很可能存在

1　（高丽）金富轼:《三国史记》卷一《新罗本纪·婆娑尼师今》，第10页。

2　谭其骧主编《中国历史地图集》释文汇编·东北卷，第40~41页。

3　谭其骧主编《中国历史地图集》释文汇编·东北卷，第41页。

4　谭其骧主编《中国历史地图集》释文汇编·东北卷，第46页。

5　（高丽）金富轼:《三国史记》卷二《新罗本纪·阿达罗尼师今》，第18页。

6　（高丽）金富轼:《三国史记》卷三六《地理志》，第494页。

7　（高丽）金富轼:《三国史记》卷八《新罗本纪·神文王》，第109页。

两个马山县，一属新罗、一属百济。据《三国史记》卷三六《地理志》，"石山县，本百济珍恶山县"，"孤山县，本百济乌山县"，"新平县，本百济沙平县"，[1]证明与马山县同时设置的石山、孤山、沙平本皆为百济县，前引《神文王本纪》的记事，显然是指新罗自百济手中夺占此四县并设县加以管辖，只是石山、孤山皆景德王时所改之名，此处应称珍恶山县、乌山县。据此，《地理志》与《神文王本纪》所载马山县是同一地方，而《阿达罗尼师今本纪》所载马山县却找不到任何相关记载了。

甘勿县，《三国史记》卷五《新罗本纪·真德王》元年"冬十月，百济兵围茂山、甘勿、桐岑三城"；[2]卷二八《百济本纪·义慈王》，"七年冬十月，将军义直帅步骑三千，进屯新罗茂山城下，分兵攻甘勿、桐岑二城"；[3]同样的记载也见于卷四一《金庾信传》、卷四七《丕宁子传》；卷三七《地理志》将甘勿城列入"三国有名未详地分"。上述记载皆称"甘勿县"为"甘勿城"。与之并见的茂山城，卷三四《地理志》称"茂山县"。可证，在《三国史记》的记载中，城、县是相混同的。另一个明显的例证是卷四七《奚论传》称其父赞德"真平大王选为椵岑城县令"，[4]卷四《新罗本纪·真平王》三十三年"冬十月，百济兵来围椵岑城百日。县令赞德固守，力竭死之，城没"。[5]城与县显然是同义词。在《三国史记·新罗本纪》中，出现"城"远在新罗置甘勿、马山二县之前，卷一《脱解尼师今本纪》："七年冬十月，百济王拓地至娘子谷城，遣使请会，王不行。八

1 （高丽）金富轼：《三国史记》卷三六《地理志》，第495页。
2 （高丽）金富轼：《三国史记》卷五《新罗本纪·真德王》，第65页。
3 （高丽）金富轼：《三国史记》卷二八《百济本纪·义慈王》，第325页。
4 （高丽）金富轼：《三国史记》卷四七《奚论传》，第660页。
5 （高丽）金富轼：《三国史记》卷四《新罗本纪·真平王》，第55页。

年秋八月，百济遣兵攻蛙山城。冬十月，又攻狗壤城。"[1]若将此"城"理解为"县"的同义词，则早在脱解尼师今时，新罗已有县。

《三国史记》卷三《新罗本纪·照知麻立干》二十二年秋九月：

> 王幸捺已郡。郡人波路有女子，名曰碧花，年十六岁，真国色也。其父衣之以锦绣，置舆冪以色绢，献王。王以为馈食，开见之，敛然幼女，怪而不纳。及还宫，思念不已，再三微行，往其家幸之。路经古陁郡，宿于老妪之家，因问曰："今之人以国王为何如主乎？"妪对曰："众以为圣人，妾独疑之。何者？窃闻王幸捺已之女，屡微服而来。夫龙为鱼服，为渔者所制。今王以万乘之位，不自慎重，此而为圣，孰非圣乎？"[2]

由此记载来看，古陁郡、捺已郡的辖区都是非常小的，不存在郡下设县的空间。但是，在此时期，新罗是在新征服的地区设郡的。如，《三国史记》卷二《新罗本纪·助贲尼师今》："二年秋七月，以伊飡于老为大将军，讨破甘文国，以其地为郡。"[3]"七年春二月，骨伐国王阿音夫率众来降，赐第宅、田庄安之，以其地为郡。"[4]卷三四《地理志》称"闻韶郡，本召文国"，据卷二《新罗本纪·伐休尼师今》，伐召文国是在伐休尼师今二年，应在灭召文国之后以其地设郡。卷三四《地理志》："开宁郡，古甘文小国也。真兴王十八年、梁永定元年，置军主，为青州。真平王时州废，文武王元年置甘文郡。"在

1　（高丽）金富轼：《三国史记》卷一《新罗本纪·脱解尼师今》，第9页。

2　（高丽）金富轼：《三国史记》卷三《新罗本纪·照知麻立干》，第42页。

3　（高丽）金富轼：《三国史记》卷二《新罗本纪·助贲尼师今》，第24页。此记载亦见卷四五《昔于老传》，第643页。

4　（高丽）金富轼：《三国史记》卷二《新罗本纪·助贲尼师今》，第24页。

真兴王十八年置军主之前，甘文也应为郡。类似例子还有金官郡，"古金官国（一云伽落国，一云伽耶），自始祖首露王，至十世仇亥王，以梁中大通四年、新罗法兴王十九年，率百姓来降，以其地为金官郡"。[1] 这种郡辖区可能就会比较大，是否辖县却不得而知。

此时期新罗的郡，《三国史记》卷一《新罗本纪·婆娑尼师今》五年见"古陁郡"，十四年见"古所夫里郡"，卷二《儒礼尼师今本纪》十一年见"多沙郡"，卷三《奈勿尼师今本纪》二十一年见"夫沙郡"，同卷《讷祇麻立干本纪》二十二年见"牛头郡"，三十六年见"大山郡"，同卷《慈悲麻立干本纪》八年见"沙伐郡"，同卷《照知麻立干本纪》十年见"一善郡"，二十二年见"捺已郡"，共九个。但是，其中的沙伐郡，在儒礼尼师今十年的记事中称"沙伐州"；牛头郡，在奈勿尼师今二十七年的记事中称"牛头州"。这种州、郡混称的现象表明，可能此时期新罗的州、郡并不存在隶属关系。

综上，此时期新罗已存在州、郡、县，但恐怕并不存在州下辖郡、郡下辖县的管理体制，州、郡、县作为不同的地方行政建置称谓，仅表示其不同的地位而已。州的职能主要在行政方面，具有军事职能时，州的长官州主也称镇主。

二　智证麻立干六年至真平王末年

《三国史记》卷四《新罗本纪·智证麻立干》："六年春二月，王亲定国内州郡县。置悉直州，以异斯夫为军主，军主之名始于此。"[2] 此次对州郡县的整顿，最大的变化是设立军主。

1　（高丽）金富轼：《三国史记》卷三四《地理志》，第 463、464、466 页。

2　（高丽）金富轼：《三国史记》卷四《新罗本纪·智证麻立干》，第 45 页。

关于始设军主的时间，《三国史记》存在不同记载，卷二《新罗本纪·伐休尼师今》二年"二月，拜波珍飡仇道、一吉飡仇须兮为左、右军主，伐召文国。军主之名始于此"。[1]学界一般认为，两处记载必有一误。实际上，伐休尼师今二年的记事说得很清楚，"拜波珍飡仇道、一吉飡仇须兮为左、右军主"是为"伐召文国"，此左、右军主显然是行军官，是部队的指挥官，而非地方行政长官。因此，作为军官的军主应始于伐休尼师今二年，作为地方行政长官的军主当始于智证麻立干六年。将此前的军官名用于地方行政建置，这本身已经表明，智证麻立干六年对州郡县的整顿，突出了州的军事职能。在此之前，州具有军事职能，州主称镇主，只是临时性的个别现象，至此，州具有军事职能成为常态，州的长官也随之更名为军主。

智证麻立干六年所置悉直州，原为悉直国，据《三国史记》卷一《新罗本纪·婆娑尼师今》二十三年，"悉直、押督二国王来降"。[2]卷三五《地理志》："三陟郡，本悉直国，婆娑王世来降。智证王六年、梁天监四年，为州，以异斯夫为军主。"[3]在设州之前，按新罗在新征服地区设郡的传统，应该是设悉直郡。据卷三《新罗本纪·奈勿尼师今》："四十年秋八月，靺鞨侵北边，出师大败之于悉直之原。"[4]悉直在新罗北方边疆地区。智证麻立干十三年见何瑟罗州军主，[5]卷三五《地理志》："溟州，本高勾丽河西良（一作何瑟

1　（高丽）金富轼：《三国史记》卷二《新罗本纪·伐休尼师今》，第 20 页。

2　（高丽）金富轼：《三国史记》卷一《新罗本纪·婆娑尼师今》，第 12 页。

3　（高丽）金富轼：《三国史记》卷三五《地理志》，第 488 页。

4　（高丽）金富轼：《三国史记》卷三《新罗本纪·奈勿尼师今》，第 34 页。

5　（高丽）金富轼《三国史记》卷四四《异斯夫传》："智度路王时，为沿边官，袭居道权谋，以马戏误加耶国，取之。至十三年壬辰，为何瑟罗州军主，谋并于山国。"（第 627 页）只是说明异斯夫于智证麻立干十三年任何瑟罗州军主，并不能证明此州军主始设于智证十三年。颇疑何瑟罗州军主与悉直州军主同时设置，史书失载。

罗），后属新罗"，"何瑟罗地连靺鞨"，[1]可证何瑟罗州也在新罗北方
边疆地区。由此看来，智证麻立干整顿州郡县的思路之一是，在频
发战事的边疆地区设州，突出其军事职能，将州改造成军政一体的
地方机构，可能更重视其军事职能，因此州的长官不再称州主而是
称军主。

先将《三国史记·新罗本纪》中法兴王至真平王时期有关州和
军主的记载梳理如下：

> 法兴王十二年春二月，"以大阿飡伊登为沙伐州军主"。
> 真兴王十四年秋七月，"取百济东北鄙，置新州，[2]以阿飡武
> 力为军主"。
> 真兴王十六年春正月，"置完山州于比斯伐"。
> 真兴王十七年秋七月，"置比列忽州，以沙飡成宗为军主"。
> 真兴王十八年，"以国原为小京。废沙伐州，置甘文州，以
> 沙飡起宗为军主。废新州，置北汉山州"。
> 真兴王二十六年九月，"废完山州，置大耶州"。
> 真兴王二十九年冬十月，"废北汉山州，置南川州。又废比
> 列忽州，置达忽州"。
> 真平王二十六年，"废南川州，还置北汉山州"。
> 真平王三十六年春二月，"废沙伐州，置一善州，以一吉飡
> 日夫为军主"。

1　（高丽）金富轼：《三国史记》卷三五《地理志》，第486页。
2　按（高丽）金富轼《三国史记》卷四《新罗本纪·真兴王》原文作"置新兴"（第49页）。
　　但据《三国史记》卷二六《百济本纪·圣王》"三十一年秋七月，新罗取东北鄙，置新州"
　　（第315页）以及卷四《真兴王本纪》下文"新州军主金武力以州兵赴之"，当作"新州"
　　（第50页）。

真平王四十年，"北汉山州军主边品谋复椵岑城，发兵与百济战"。[1]

上述史料反映出的新罗州的变迁是：新州—北汉山州—南川州—北汉山州、比列忽州—达忽州、沙伐州—甘文州——善州、完山州—大耶州。

《三国史记》卷三五《地理志》："汉州，本高句丽汉山郡，新罗取之。景德王改为汉州。今广州。领县二：黄武县，本高句丽南川县，新罗并之，真兴王为州，置军主。""汉阳郡，本高句丽北汉山郡（一名平壤），真兴王为州，置军主。景德王改名，今杨州旧墟。"[2] 北汉山州即高句丽之南平壤（北汉山），在后世之杨州，南川州则是高句丽南汉山，在后世之广州黄武县，因此，真兴王二十九年"废北汉山州，置南川州"，绝不是简单的更名，而是对行政区划的调整，是合并原高句丽的南、北汉山而设南川州，换言之，新罗后来的汉州与汉阳郡两个地方行政单位，在真兴王时曾经就是一个南川州。

《三国史记》卷三四《地理志》："尚州，沾解王时取沙伐国为州，法兴王十一年、梁普通六年，初置军主，为上州，真兴王十八年州废。""开宁郡，古甘文小国也。真兴王十八年、梁永定元年置军主，为青州。"[3] 参考"废北汉山州，置南川州"的例子，则真兴王十八年"废沙伐州，置甘文州"具有相同的内涵，是将沙伐州并入甘文州。《三国史记》卷三五《地理志》："朔庭郡，本高句丽比列忽

1　（高丽）金富轼：《三国史记》卷四《新罗本纪·真平王》，第46~56页。

2　（高丽）金富轼：《三国史记》卷三五《地理志》，第476、479页。

3　（高丽）金富轼：《三国史记》卷三四《地理志》，第462、464页。唯《地理志》称青州，其他相关处皆称"甘文州"。

郡，真兴王十七年、梁大平元年，为比列州，置军主。""高城郡，本高句丽达忽，真兴王二十九年为州，置军主。"[1]证明比列忽州—达忽州的变化也具有相同的意义，是将比列忽州并入达忽州。

《三国史记》卷三四《地理志》："火王郡，本比自火郡（一云比斯伐），真兴王十六年置州，名下州。"[2]卷四《真兴王本纪》，十六年正月，"置完山州于比斯伐"。[3]卷三六《地理志》："全州，本百济完山，真兴王十六年为州，二十六年州废。"[4]比斯伐即比自炑，为加耶诸国之一，在今韩国庆尚南道昌宁、洛东江北岸。[5]综合上述三条史料可见，比斯伐本属百济，因此被称为"百济完山"，真兴王十六年新罗吞并比斯伐，在其地设立完山州，一名下州。卷三四《地理志》："江阳郡，本大良（一作耶）州郡，景德王改名，今陕州。"[6]则"废完山州，置大耶州"应是将完山州并入大耶州。

《三国史记》卷四《新罗本纪·真平王》二十六年（604）："废南川州，还置北汉山州。"[7]从现存史料中看不出，南川州与北汉山州此时仍旧属于一个地方行政单位，还是被析分为两个行政区划，但是，作为一州的首府从南汉山城迁至北汉山城却是可以肯定的。由此推测，前述四例真兴王时期各州的废立，同时也是州首府所在地的变动。

新罗沙伐州在今韩国庆尚北道尚州，甘文州在今庆尚北道金泉；比列忽州在今朝鲜江原道安边，达忽州在今朝鲜江原道高城；完

1　（高丽）金富轼：《三国史记》卷三五《地理志》，第 485、489 页。

2　（高丽）金富轼：《三国史记》卷三四《地理志》，第 467 页。

3　（高丽）金富轼：《三国史记》卷一《新罗本纪·真兴王》，第 50 页。

4　（高丽）金富轼：《三国史记》卷三六《地理志》，第 497 页。

5　杨军：《任那考论》，《史学集刊》2015 年第 4 期。

6　（高丽）金富轼：《三国史记》卷三四《地理志》，第 473 页。

7　（高丽）金富轼：《三国史记》卷四《新罗本纪·真平王》，第 55 页。

山州在今全罗北道全州，大耶州在今庆尚南道陕川。显然，真兴王时州府所在地的选择都是倾向于内缩的，是选择距新罗首都更近的城。这可能有便于信息传递，以加强中央对边疆控制的意义在内。

甘文州之设是为了控制西部新夺自高句丽的疆域，达忽州之设是为了控制北部新夺自高句丽的疆域，大耶州之设是为了控制西南新夺自百济和加耶诸国的疆域，而前面所说的南川州之设是为了控制西北新夺自高句丽的原百济疆域。综上可见，真兴王时对地方行政区划的调整，主要是扩大边疆地区及新征服地区的地方行政单位，将广大地域设为一州，就是将之置于一个军主的统治之下，以便可以统筹该地区的对外战事。显然此时期新罗的州已经成为主要设置于边疆地区的军政一体的地方机构，以适应当时对外战争的需要，与其说是一种行政区划，不如理解为是战区更为合理一些。

《三国史记》卷四《新罗本纪·真兴王》：

> 十五年秋七月，修筑明活城。百济王明襛与加良来攻管山城，军主角干于德、伊飡耽知等逆战失利，新州军主金武力以州兵赴之，及交战，裨将三年山郡高于都刀急击杀百济王，于是诸军乘胜，大克之，斩佐平四人，卒二万九千六百人，匹马无反者。[1]

此时期新罗的"州兵"已成为新罗最重要的武装力量，类似于边防军，从战争的规模来看，金武力属下的新州州兵数量相当可观，而且具有较强的战斗力。新州军主的裨将来自三年山郡，也可以证明州郡之间存在着非常强的隶属关系。概言之，此时期新罗的州就是

---

1 （高丽）金富轼：《三国史记》卷四《新罗本纪·真兴王》，第50页。

一种军镇，所以其长官称军主。

除上述四州，新州—北汉山州—南川州—北汉山州、比列忽州—达忽州、沙伐州—甘文州——善州、完山州—大耶州，《三国史记》卷五《新罗本纪·善德王》："八年春二月，以何瑟罗州为北小京，命沙飡真珠镇之。"[1] 在善德王改为北小京之前，是存在何瑟罗州的。加上此前即存在的牛头州，真兴王时期新罗最多时可能存在六州。其中牛头、何瑟罗、沙伐、一善四州设州较早。

三 善德王至神文王五年

真平王以后新罗州的变动情况，按见于史料记载的先后分考如下。

1. 押梁州、押督州

《三国史记》卷五《新罗本纪·善德王》，十一年"拜庾信为押梁州军主"。[2] 卷四一《金庾信传》也称其为"押梁州军主"，但卷五《真德王本纪》却称其为"押督州都督"。按"押督"首见于卷一《婆娑尼师今本纪》，二十三年"悉直、押督二国王来降"，按新罗前期惯例，应是设押督郡管理押督国旧地。此后，婆娑尼师今"二十七年春正月，幸押督，赈贫穷。三月，至自押督"。同卷《逸圣尼师今本纪》："十三年冬十月，押督叛，发兵讨平之，徙其余众于南地。"[3] 所见"押督"应皆为郡名。另据卷五《新罗本纪·太宗王》，八年五月"移押督州于大耶"，[4] 可见逸圣尼师今平押督郡之叛后，移民南地，行政建置随人，押督郡从新罗北部搬到了南部，靠

1　（高丽）金富轼：《三国史记》卷五《新罗本纪·善德王》，第61页。

2　（高丽）金富轼：《三国史记》卷五《新罗本纪·善德王》，第62页。

3　（高丽）金富轼：《三国史记》卷一《新罗本纪·婆娑尼师今、祗摩尼师今》，第12、15页。

4　（高丽）金富轼：《三国史记》卷五《新罗本纪·太宗王》，第73页。

近后来的大耶州。押督郡何时改为州不详，但太宗武烈王时并入大耶州。因此金庾信应称"押督州都督"或"押督州军主"。若以金庾信任职为押督州建州之始，则押督州自善德王十一年（642）至太宗武烈王八年（661），共存在 20 年。显然，这是征服百济前后的临时性设置，应主要出自对百济作战的军事需要，因此在灭百济之后取消，其辖区并入大耶州。

2. 牛头州、首若州

《三国史记》卷五《新罗本纪·真德王》，元年，"大阿飡守胜为牛头州军主"。[1] 另，卷六《文武王本纪》，元年七月，"述实、达官、文颖为首若州总管"。[2] 据卷三五《地理志》："善德王六年、唐贞观十一年，为牛首州，[3] 置军主。（一云：文武王十三年、唐咸亨四年，置首若州。）"[4] 卷三七《地理志》牛首州："首，一作头。一云首次若，一云乌根乃。"[5] 可证牛头州也作牛首州，应是其不同汉语译名，新罗语本名为"首次若"，也可以省略第二个音节称"首若"。总之，首若州即牛头州。

3. 何瑟罗州、河西州

《三国史记》卷五《新罗本纪·太宗王》，五年"三月，王以何瑟罗地连靺鞨，人不能安，罢京为州，置都督以镇之。又以悉直为

1　（高丽）金富轼：《三国史记》卷五《新罗本纪·真德王》，第 65 页。

2　（高丽）金富轼：《三国史记》卷六《新罗本纪·文武王》，第 79 页。

3　"牛首州"，（高丽）金富轼《三国史记》卷三五《地理志》原文为"中首州"（第 483 页）。按中首州他处未见。《三国史记》卷三七《地理志》牛首州"首一作头"（第 514 页）。卷一〇《新罗本纪·哀庄王》，五年"牛头州兰山县伏石起立"（第 138 页）；同卷《宪德王本纪》，十七年"牛头州大杨管郡黄知奈麻妻一产二男二女"（第 143 页）。据本卷下文，朔庭郡兰山县、大杨管郡皆属本州岛。此处"中"字应为"牛"字之误，故改为"牛首州"。

4　（高丽）金富轼：《三国史记》卷三五《地理志》，第 483 页。

5　（高丽）金富轼：《三国史记》卷三七《地理志》，第 514 页。

北镇"。[1] 何瑟罗由京改州。悉直早期曾建州，但不清楚此时是否是
由州改镇。

《三国史记》卷六《新罗本纪·文武王》，元年七月，"文训、真
纯为河西州总管"。[2] 卷三五《地理志》"溟州，本高句丽河西良（一
作何瑟罗）"，卷三七《地理志》何瑟罗州"一云河西良，一云河
西"。可见河西州即何瑟罗州。

4. 公州

《三国史记》卷五《新罗本纪·太宗王》，六年九月，"公州基郡
江中大鱼出死"。[3] 据卷三六《地理志》："熊州，本百济旧都。唐高
宗遣苏定方平之，置熊津都督府。罗文武王取其地有之，神文王改
为熊川州，置都督，景德王十六年改名熊州。今公州。"[4] 卷五《太宗
武烈王本纪》所见"公州"是编史者误用后世地名。至新罗文武王
时才占据该地，此时新罗根本无"公州"。

5. 上州、下州

《三国史记》卷五《新罗本纪·太宗王》：八年春二月，"迊飡
文忠为上州将军，阿飡真王副之。阿飡义服为下州将军"。[5] 卷三四
《地理志》："尚州，沾解王时取沙伐国为州，法兴王十一年、梁普通
六年，初置军主，为上州。"则上州即从前的沙伐州。"火王郡，本
比自火郡（一云比斯伐），真兴王十六年置州，名下州，二十六年
州废。"则下州即从前的完山州。《地理志》称真兴王二十六年取消
完山州，但参考卷三四《地理志》："良州，文武王五年、麟德二年，

1　（高丽）金富轼：《三国史记》卷五《新罗本纪·太宗王》，第69页。

2　（高丽）金富轼：《三国史记》卷六《新罗本纪·文武王》，第79页。

3　（高丽）金富轼：《三国史记》卷五《新罗本纪·太宗王》，第69页。

4　（高丽）金富轼：《三国史记》卷三六《地理志》，第493页。

5　（高丽）金富轼：《三国史记》卷五《新罗本纪·太宗王》，第73页。

割上州、下州地，置歃良州。"[1] 可见太宗武烈王至文武王时期一直存在下州，应是废完山州之后建下州，其疆域包括在下州疆域之中。卷八《神文王本纪》："五年春，复置完山州，以龙元为总管。"[2] 是又废下州，改置完山州。

6. 一善州、汉山州

《三国史记》卷六《新罗本纪·文武王》四年"秋七月，王命将军仁问、品日、军官、文颖等，率一善、汉山二州兵，与府城兵马，攻高勾丽突沙城，灭之"。一善州即沙伐州，汉山州应即前文所述北汉山州。此两州皆已见前。

另，同纪八年六月"迊湌军官、大阿湌都儒、阿湌龙长为汉城州行军总管，迊湌崇信、大阿湌文颖、阿湌福世为卑列城州行军总管"，"仁问、天存、都儒等领一善州等七郡及汉城州兵马赴唐军营"。[3] 所提到的"汉城州"即"汉山州"。"卑列城州"仅此一见，卷七《文武王本纪》引其给薛仁贵的信中提道："卑列之城，本是新罗，高丽打得三十余年，新罗还得此城，移配百姓，置官守捉。"[4] 新罗何时夺回此城不详，但在此形势下，似不可能立刻建州，上述"卑列城州行军总管"应只是行军官职，并不存在卑列城州。

《三国史记》卷六《新罗本纪·文武王》，元年七月，"军官、薮世、高纯为南川州总管"。[5] 如前所述，南川州即汉山州，此类史料应是以已废旧建置名为行军官名。

7. 居列州

《三国史记》卷六《新罗本纪·文武王》，五年"冬，以一善、

1　（高丽）金富轼：《三国史记》卷三四《地理志》，第462、467、466页。

2　（高丽）金富轼：《三国史记》卷八《新罗本纪·神文王》，第109页。

3　（高丽）金富轼：《三国史记》卷六《新罗本纪·文武王》，第81~82、84页。

4　（高丽）金富轼：《三国史记》卷七《新罗本纪·文武王》，第98页。

5　（高丽）金富轼：《三国史记》卷六《新罗本纪·文武王》，第79页。

居列二州民输军资于河西州"。[1] 居列，也写作居烈。

8. 比列忽州

《三国史记》卷六《新罗本纪·文武王》，八年三月，"置比列忽州，仍命波珍飡龙文为总管"。[2]

9. 所夫里州

《三国史记》卷七《新罗本纪·文武王》，十一年，"置所夫里州，以阿飡真王为都督"。[3] 但卷三六《地理志》："扶余郡，本百济所夫里郡，唐将苏定方与庚信平之。文武王十二年置总管。"[4] 所载设州时间存在差异。

10. 歃良州

《三国史记》卷三四《地理志》："良州，文武王五年、麟德二年，割上州、下州地，置歃良州。"

11. 武珍州

《三国史记》卷七《新罗本纪·文武王》，十八年"夏四月，阿飡天训为武珍州都督"。[5]

另据卷八《新罗本纪·神文王》：六年"以泗沘州为郡，熊川郡为州，发罗州为郡，武珍郡为州"。[6] 泗沘州即所夫里州。[7] 似神文王六年以前还有发罗州，而武珍是郡非州，究竟何时降为武珍郡亦无考。

12. 汤井州

《三国史记》卷三六《地理志》："汤井郡，本百济郡，文武王

1　（高丽）金富轼：《三国史记》卷六《新罗本纪·文武王》，第 83 页。

2　（高丽）金富轼：《三国史记》卷六《新罗本纪·文武王》，第 84 页。

3　（高丽）金富轼：《三国史记》卷七《新罗本纪·文武王》，第 100 页。

4　（高丽）金富轼：《三国史记》卷三六《地理志》，第 495 页。

5　（高丽）金富轼：《三国史记》卷七《新罗本纪·文武王》，第 103 页。

6　（高丽）金富轼：《三国史记》卷八《新罗本纪·神文王》，第 109 页。

7　（高丽）金富轼：《三国史记》卷三七《地理志》所夫里郡"一云泗沘"（第 521 页）。

十一年、唐咸亨二年，为州，置总管。咸亨十二年，废州为郡。"[1]
则汤井作为州存在 11 年，至文武王二十一年废。

综上，善德王至神文王五年，新罗共有 10 个州：牛头（首若）、
河西（何瑟罗）、上州（沙伐、一善）、下州（完山）、汉山（南川、
汉城）、居列（居烈）、比列忽、所夫里、歃良、武珍或发罗。《三
国史记》卷八《新罗本纪·神文王》："五年春，复置完山州，以
龙元为总管。挺居列州，[2]以置菁州，始备九州，以大阿飡福世为
总管。"[3]如前所述，神文王分居列州设菁州，则应存在 11 个州，说
"始备九州"是不正确的。

《三国史记》卷七《新罗本纪·文武王》，十三年"始置外司
正，州二人、郡一人"，[4]卷四〇《职官志》外官："外司正百三十三
人，文武王十三年置。"[5]据上述，除去始见于文武王十八年的武珍
州，则文武王十三年有 9 个州、115 个郡。卷四〇《职官志》亦载
"郡太守百十五人"，[6]可证《职官志》外官条所载史料是文武王时事，
则其下所载"县令二百一人"[7]应亦为文武王时的情况。《三国史记》
卷一〇《新罗本纪·元圣王》五年"九月，以子玉为杨根县小守，
执事史毛肖驳言：'子玉不以文籍出身，不可委分忧之职。'"[8]则"小

1 （高丽）金富轼：《三国史记》卷三六《地理志》，第 496 页。
2 （高丽）金富轼：《三国史记》卷三四《地理志》："康州，神文王五年、唐垂拱元年，分居陁
   州置菁州，景德王改名，今晋州。"（第 470 页）同卷"居昌郡，本居烈郡（或云居陁）"（第
   472 页）。卷六《文武王本纪》，三年"二月，钦纯、天存领兵攻取百济居列城，斩首七百余
   级"（第 81 页）。居列州与完山州一样，都是夺自百济的疆域。
3 （高丽）金富轼：《三国史记》卷八《新罗本纪·神文王》，第 109 页。
4 （高丽）金富轼：《三国史记》卷七《新罗本纪·文武王》，第 101~102 页。
5 （高丽）金富轼：《三国史记》卷四〇《职官志》，第 595 页。
6 （高丽）金富轼：《三国史记》卷四〇《职官志》，第 595 页。
7 （高丽）金富轼：《三国史记》卷四〇《职官志》，第 596 页。
8 （高丽）金富轼：《三国史记》卷一〇《新罗本纪·元圣王》，第 135 页。

守"或"少守"也为县级长官。卷四〇《职官志》外官："少守（或云制守）八十五人。"[1] 则新罗此时共有 286 个县。

四　神文王五年至景德王十六年

神文王以后新罗州的变化。《三国史记》卷八《新罗本纪·神文王》，六年"以泗沘州为郡，熊川郡为州，发罗州为郡，武珍郡为州"。两升两降，仍是 11 个州。七年"三月，罢一善州，复置沙伐州，以波珍飡官长为总管"。[2] 以熊川州取代泗沘州（所夫里）、以武珍州取代发罗州、以沙伐州取代一善州，但全国分 11 个州的总格局没有变。此时期州的长官仿中国，改称都督或总管，可见其仍具有比较强的军事职能。

《三国史记》卷八《新罗本纪·神文王》七年"秋，筑沙伐、歃良二州城"。十一年春三月"沙火州献白雀"。同卷《孝昭王本纪》，"六年秋七月，完山州进嘉禾"。"七年春正月，以伊飡体元为牛头州总管。"同卷《圣德王本纪》，"三年春正月，熊川州进金芝"。"七年春正月，沙伐州进瑞芝。""八年春三月，菁州献白鹰。"十三年"秋，歃良州山橡实化为栗"。十四年"六月，大旱，王召河西州龙鸣岳居士理晓祈雨于林泉寺池上"。十七年"筑汉山州都督管内诸城"。[3] 卷九《景德王本纪》，十二年"武珍州献白雉"。[4] 至景德王整顿州县体制以前，见于记载的新罗州共 10 个：沙伐、歃良、沙火、完山、牛头、熊川、菁、河西、汉山、武珍。除居列、比列忽二州之外，神文王时的 11 个州有 9 个见于记载，应该说，景德王

1　（高丽）金富轼：《三国史记》卷四〇《职官志》，第 595 页。

2　（高丽）金富轼：《三国史记》卷八《新罗本纪·神文王》，第 110 页。

3　（高丽）金富轼：《三国史记》卷八《新罗本纪》，第 110~115 页。

4　（高丽）金富轼：《三国史记》卷九《新罗本纪·景德王》，第 125 页。

之前，一直保持着神文王时确立的 11 个州体制。沙火州仅此一见，颇疑为比自火之误，应即比斯伐，即完山州。

《三国史记》卷九《新罗本纪·景德王》景德王十六年冬十二月：

> 改沙伐州为尚州，领州一，郡十，县三十；歃良州为良州，领州一，小京一，郡十二，县三十四；菁州为康州，领州一，郡十一，县二十七；汉山州为汉州，领州一，小京一，郡二十七，县四十六；首若州为朔州，领州一，小京一，郡十一，县二十七；熊川州为熊州，领州一，小京一，郡十三，县二十九；河西州为溟州，领州一，郡九，县二十五；完山州为全州，领州一，小京一，郡十，县三十一；武珍州为武州，领州一，郡十四，县四十四。[1]

经过景德王的调整，始确立新罗的九州之制，州—郡—县三级地方管理体制也最终定型，州也最终演变为地方一级行政单位。据上述史料统计，九州共辖 117 郡，293 县，平均每州辖 13 郡，每郡辖 2.5 县。同文武王时相比，郡增加 2 个，县增加 5 个，可以说，基本没有太大变化。[2] 据《三国史记·地理志》可知，大多数郡县在景德王

---

[1] （高丽）金富轼：《三国史记》卷九《新罗本纪·景德王》，第 126~127 页。

[2] 新罗郡县数字史料记载存在出入。据（高丽）金富轼《三国史记》卷九《新罗本纪·景德王》的记载统计，为 9 州、5 小京、117 郡、293 县，合计行政单位 424 个。但卷三四《地理志》却称"九州所管郡县无虑四百五十"，而据卷三四至三六《地理志》统计，新罗景德王时有 120 郡、304 县，合计 9 州、5 小京，共为行政单位 438 个。则《地理志》"无虑四百五十"之说只是约数，新罗行政单位总数大约在四百二三十个，其中郡县合计约为四百一二十个。另据卷三七《地理志》，"高勾丽州郡县，共一百六十四"，"百济州郡县，共一百四十七"，新罗沿袭的高句丽、百济郡县达 311 个，可见新罗故地的行政单位远少于其夺自高句丽、百济的新疆域。

时期改名。

关于州的职官，《三国史记》卷四○《职官志》外官：

> 都督九人，智证王六年以异斯夫为悉直州军主，文武王元年改为总管，元圣王元年称都督。位自级飡至伊飡为之。仕臣（或云仕大等）五人，真兴王二十五年始置，位自级飡至波珍飡为之。州助（或云州辅）九人，位自奈麻至重阿飡为之。郡太守百十五人，位自舍知至重阿飡为之。长史（或云司马）九人，位自舍知至大奈麻为之。仕大舍（或云少尹）五人，位自舍知至大奈麻为之。外司正百三十三人，文武王十三年置，位未详。少守（或云制守）八十五人，位自幢至大奈麻为之。县令二百一人，位自先沮知至沙飡为之。[1]

此处是将州、小京、郡、县的职官混在一起加以记载，为明晰起见，列表 5-3 如下。

表 5-3　新罗州、小京、郡、县职官

州	小 京	郡	县
都督（总管、军主） 州助（州辅） 长史（司马） 外司正	仕臣（仕大等） 仕大舍（少尹）	太守 外司正	县令 少守（小守、制守）

州的长官原称军主，文武王元年改称总管，元圣王元年改为都督。现将见于《三国史记·新罗本纪》的军主、总管、都督的官等

1　（高丽）金富轼：《三国史记》卷四○《职官志》，第 595~596 页。

梳理如下。

关于军主。卷四《新罗本纪·法兴王》十二年春二月，"以大阿飡伊登为沙伐州军主"；同卷《真兴王本纪》十四年秋七月，"取百济东北鄙，置新州，以阿飡武力为军主"；十七年秋七月，"置比列忽州，以沙飡成宗为军主"；十八年，"废沙伐州，置甘文州，以沙飡起宗为军主"；同卷《真平王本纪》三十六年春二月，"废沙伐州，置一善州，以一吉飡日夫为军主"；卷五《真德王本纪》元年二月，"大阿飡守胜为牛头州军主"；卷九《宣德王本纪》四年春正月，"以阿飡体信为大谷镇军主"。[1] 曾任军主的有大阿飡、阿飡、沙飡、一吉飡。

关于总管。卷六《新罗本纪·文武王》八年三月，"置比列忽州，仍命波珍飡龙文为总管"；卷八《神文王本纪》五年，"置菁州，始备九州，以大阿飡福世为总管"；七年三月，"复置沙伐州，以波珍飡官长为总管"；同卷《孝昭王本纪》七年春正月，"以伊飡体元为牛头州总管"。曾任总管的有波珍飡、大阿飡、伊飡。

关于都督。卷五《善德王本纪》十一年八月，"百济将军允忠领兵攻拔大耶城，都督伊飡品释，舍知竹竹、龙石等死之"；同卷《太宗王本纪》八年五月，"移押督州于大耶，以阿飡宗贞为都督"；[2] 卷六《文武王本纪》四年正月，"以阿飡军官为汉山州都督"；卷七《文武王本纪》十一年七月，"置所夫里州，以阿飡真王为都督"；十八年四月，"阿飡天训为武珍州都督"；卷一〇《宪德王本纪》三年二月，"以伊飡雄元为完山州都督"；五年正月，"以伊飡宪昌为武珍州都督"；[3] 卷一一《文圣王本纪》十四年二月，"波珍飡真亮为熊

1　（高丽）金富轼：《三国史记》卷九《新罗本纪·宣德王》，第 131 页。

2　（高丽）金富轼：《三国史记》卷五《新罗本纪·善德王、太宗王》，第 62、73 页。

3　（高丽）金富轼：《三国史记》卷一〇《新罗本纪·宪德王》，第 140、141 页。

川都督"。[1] 曾任都督的有伊飡、阿飡、波珍飡。

《三国史记》卷三八《职官志》:

儒理王九年，置十七等：一曰伊伐飡（或云伊罚干，或云于伐飡，或云角干，或云角粲，或云舒发翰，或云舒弗邯）；二曰伊尺飡（或云伊飡）；三曰迊飡（或云迊判，或云苏判）；四曰波珍飡（或云海干，或云破弥干）；五曰大阿飡。从此至伊伐飡，唯真骨受之，他宗则否。六曰阿飡（或云阿尺干，或云阿粲），自重阿飡至四重阿飡；七曰一吉飡（或云乙吉干）；八曰沙飡（或云萨飡，或云沙咄干）；九曰级伐飡（或云级飡，或云及伏干）；十曰大奈麻（或云大奈末），自重奈麻至九重奈麻；十一曰奈麻（或云奈末），自重奈麻至七重奈麻；十二曰大舍（或云韩舍）；十三曰舍知（或云小舍）；十四曰吉士（或云稽知，或云吉次）；十五曰大乌（或云大乌知）；十六曰小乌（或云小乌知）；十七曰造位（或云先沮知）。[2]

伊飡为二等、波珍飡为四等、大阿飡为五等、阿飡为六等、一吉飡为七等、沙飡为八等。可见，同样作为州的长官品级差异却比较大。大体来看，称军主时任职者品级相对较低，改称总管、都督之后，任职者的品级有明显的提高，反映出州的长官在新罗的职官体系中占有越来越重要的地位。但是，史料没有发现《职官志》中提到的第九等级飡的任职实例。《职官志》所载州助，"位自

1　（高丽）金富轼：《三国史记》卷一一《新罗本纪·文圣王》，第 152 页。

2　（高丽）金富轼：《三国史记》卷三八《职官志》，第 541~542 页。

奈麻至重阿湌为之"，其官等处于十一等至六等，明显低于军主、总管或都督，应是州里位居第二位的行政官员。长史，"位自舍知至大奈麻为之"，官等处于十三等至十等，低于州助，应是居第三位的行政官员了。外司正官等不详，但由其每州置两员来看，级别应在长史之下。如前所述，《职官志》所载应为文武王时的情况，也就是说，州设总管（军主、都督）一人、州助（州辅）一人、长史（司马）一人、外司正两人的职官设置，是新罗兼并高句丽、百济前后的事情。其他时期州里的职官设置情况就没有史料可以具体说明了。

第六节　新罗社会经济的发展

新罗社会经济发展水平的高下，直接反映出新罗社会的物质文明程度，是新罗社会发展的标志之一。新罗努力发展农业、手工业、商业贸易，使国力不断提升，是其形成统一新罗局面的经济基础。

一　农业

新罗所在的辰韩之地，即今韩国庆尚南道，自然地理条件优越，气候温暖湿润，土地平坦肥沃，大小河川纵横，非常适合发展农业。陈寿在《三国志》卷三〇《东夷传》中称赞弁韩"土地肥美，宜种五谷及稻，晓蚕桑，作缣布"，[1]又将弁辰二十四国合称，可见此记载亦适用于辰韩地区。

何为"五谷"，古人的认识不一。《周礼·天官·疾医》"以五味、五谷、五药养其病"，郑玄注："五谷，麻、黍、稷、麦、豆也。"[2]《孟子·滕文公上》"五谷熟而民人育"，赵岐注："五谷谓稻、黍、稷、麦、菽也。"[3]《楚辞·大招》"五谷六仞"，王逸注："五谷，稻、稷、麦、豆、麻也。"[4]《三国志》的行文为"五谷及稻"，可见其所说"五谷"不包括稻，应从郑玄说，释五谷为麻、黍、稷、麦、豆。在《三国志》卷三〇《东夷传》所载东北亚诸族中，除上述于"弁韩"条下记载有稻外，仅于《倭传》中提到"种禾稻、纻麻，蚕桑、缉绩，出细纻、缣绵"。[5]由此推测，朝鲜半岛东南部弁、辰地区的水稻种植，可能是自日本列岛引进的。自辰韩时期起，半岛南部的庆州一带就已经既存在种植麻、黍、稷、麦、豆的旱作农业，也存在种植水稻的稻作农业。

《三国志》卷三〇《东夷传》称马韩人"常以五月下种讫，祭鬼神，群聚歌舞，饮酒昼夜无休……十月农功毕，亦复如之"，[6]五月播种、十月收获，其粮食作物的种植显然是一年一季。但是，水稻的单位面积产量远远超过旱田各种作物。辰韩、弁韩地区水田旱地并存，粮食作物的单位面积产量已经超过朝鲜半岛北方，带来的直接结果就是人口密度已经超过北方。据《三国志》卷三〇《东夷

1　《三国志》卷三〇《东夷传》，第853页。

2　（清）孙诒让：《周礼正义》卷九《天官·疾医》，王文锦、陈玉霞点校，中华书局，1987，第326页。

3　（清）焦循：《孟子正义》卷一一《滕文公上》，沈文倬点校，中华书局，1987，第383页。

4　（宋）洪兴祖：《楚辞补注》卷一〇《大招》，白化文等点校，中华书局，1983，第219页。

5　《三国志》卷三〇《魏书·东夷传》，第855页。

6　《三国志》卷三〇《魏书·东夷传》，第852页。

传》记载，朝鲜半岛东部，自南向北依次是辰韩、弁韩居住区，秽貊居住区，南、北沃沮居住区，分布在今庆尚道和全罗道的辰韩、弁韩总人口合计为四五万户，分布在今江原道的秽貊人总人口有两万户，分布在今咸镜南北道的沃沮人总人口只有五千户，显然南部的人口总量已经远远超出北方。上述三族的分布面积相差不大，证明半岛南部的人口密度已经开始超过北方。

新罗立国之后，稻作农业技术日趋成熟，稻作农业的优势也越来越明显地体现出来。新罗也非常重视发展稻作农业。据《隋书》卷八一《新罗传》："田甚良沃，水陆兼种。其五谷、果菜、鸟兽物产，略与华同。"[1] "水陆兼种"说明新罗的农业始终是旱作农业与稻作农业并行发展，"略与华同"说明新罗的农业技术已经达到接近中原地区的水平。有学者认为，"水陆兼种"是指新罗人在隋代已实行水稻轮作法，即在收割水稻之后再种植大麦的双季耕作法。[2] 而且中原地区所有的水果、蔬菜等农副产品，在新罗所统辖地区均有种植。可以想见，当时新罗人农业经济有了长足的进步。

在此基础上，稻作农业的优势进一步凸显。唐灭高句丽、百济时，高句丽总人口为 69.7 万户，百济总人口为 76 万户。新罗长期与高句丽、百济抗衡，其总人口也应大体相当。由此推测，当时朝鲜半岛南部的新罗、百济总人口达 140 万户左右，而半岛北部的高句丽尽管疆域是新罗、百济的数倍，其总人口反而远少于新罗、百济，可见至 7 世纪时，半岛南部的人口密度已经是半岛北部高句丽控制区的数倍。而支持半岛南部人口高密度的，就是半岛南部发达的稻作农业经济。

1　《隋书》卷八一《新罗传》，第 1821 页。

2　姜孟山：《朝鲜封建社会论》，延边大学出版社，1999，第 39 页。

随着铁制农具的普遍使用，新罗人的农业生产力得到进一步提高。有关辰韩地区的新罗人何时开始使用铁制农具，史无明载，而庆州皇吾里墓葬出土的多种铁制农具为我们提供了大量实物证据。如，第 16 号墓第 3、4、10 椁中各出土一把铁耙，第 7 椁中出土两把铁耙，第 16 号墓第 10 椁中出土一把长 12 厘米、宽 10.5 厘米的小镐；皇南里被破坏了的古墓第 3 椁中出土一把铁耙；庆尚南道昌宁第 89 号墓出土一把小锨。[1] 可见，辰韩故地的新罗人至少在隋朝以前就已经开始使用铁制的铁耙、铁镐、铁锨、铁镰等农具了。除铁制农具外，新罗人还采用了牛耕的种植方法，如智证麻立干三年（502）三月，"分命州郡主劝农。始用牛耕"。[2] 牛耕种植法的应用，大大提高了农业生产力，为耕地面积的扩大提供了先决条件。

新罗立国后相当重视农业生产，金富轼《三国史记》对此有相当多的记录。如，卷一《新罗本纪·始祖赫居世居西干》十七年，"王巡抚六部，妃阏英从焉。劝督农桑，以尽地利"。同卷《婆娑尼师今本纪》三年正月，下令曰："今仓廪空匮，戎器顽钝，倘有水旱之灾，边鄙之警，其何以御之？宜令有司劝农桑，练兵革，以备不虞。"十一年秋七月，"分遣使十人，廉察州郡主，不勤公事，致田野多荒者，贬黜之"。[3] 卷二《新罗本纪·伐休尼师今》四年三月，"下令州郡无作土木之事以夺农时"。同卷《味邹尼师今本纪》十一年二月下令："凡有害农事者，一切除之。"同卷《讫解尼师今本纪》九年二月下令："今则土膏脉起，农事方始，凡所劳民之事，皆停

1　〔朝〕朝鲜社会科学院历史研究所：《朝鲜全史》第 4 卷，曹中屏、王玉林译，中国朝鲜历史研究会，1987，第 216 页；早乙女雅博『朝鮮半島の考古學』，221 頁。

2　（高丽）金富轼：《三国史记》，第 45 页。

3　（高丽）金富轼：《三国史记》卷一《新罗本纪》，第 2、10、11 页。

之。"[1] 卷三《新罗本纪·照知麻立干》十一年春正月，"驱游食百姓归农"。[2] 从上述记事看，新罗统治者不仅亲巡州郡，劝督农桑，还下教令妨碍农事的徭役不应在农忙时施行，尤其是遣使廉察州郡，贬黜督促农事不利致田野荒芜的官员，表明新罗统治者对农业生产的重视。

新罗也非常注意兴修水利工程。如，卷一《新罗本纪·逸圣尼师今》十一年春二月，下令："农者政本，食惟民天。诸州郡修完堤坊，广辟田野。"[3] 以"诸州郡"观之，此次堤坊的修筑行为属新罗全局性质的，工程量应相当浩大。卷二《新罗本纪·讫解尼师今》二十一年，"始开碧骨池，岸长一千八百步"。[4] 很显然，这又是一项浩大的水利灌溉工程。卷三《新罗本纪·讷祇麻立干》十三年，"新筑矢堤，岸长二千一百七十步"。[5] 卷四《新罗本纪·法兴王》十八年三月，"命有司修理堤防"。[6] 很显然此两条记事是对河湖的疏浚整治。大规模水利工程的修建，无疑会对稻作农业的发展起到特殊的推动作用。

新罗统治者也效仿中原的礼乐制度，遍祭山川，祈望获得粮食丰收。如，婆娑尼师今三十年（109）七月，"蝗害谷，王遍祭山川，以祈禳之，蝗灭，有年"。[7]

由于新罗统治者对农业生产的高度重视，常连年获得丰收。如，婆娑尼师今五年二月，"南新县麦连歧，大有年，行者不赍粮"。

1　（高丽）金富轼：《三国史记》卷二《新罗本纪》，第20、27、30页。

2　（高丽）金富轼：《三国史记》卷三《新罗本纪·照知麻立干》，第41页。

3　（高丽）金富轼：《三国史记》卷一《新罗本纪·逸圣尼师今》，第15页。

4　（高丽）金富轼：《三国史记》卷二《新罗本纪·讫解尼师今》，第30页。

5　（高丽）金富轼：《三国史记》卷三《新罗本纪·讷祇麻立干》，第37页。

6　（高丽）金富轼：《三国史记》卷四《新罗本纪·法兴王》，第48页。

7　（高丽）金富轼：《三国史记》卷一《新罗本纪·婆娑尼师今》，第2、10、12页。

助贲尼师今十三年，"大有年"。[1]

此外，《三国史记》卷一〇《新罗本纪·兴德王》三年（828）十二月，"入唐回使大廉持茶种子来，王使植地理山。茶自善德王时有之，至于此盛焉"。[2] 安鼎福《东史纲目》亦云："东方初无茶，善德王时始有之。至是，入唐使大廉持茶种来，王使植地理山，至此盛焉。"[3] 安鼎福所载"善德王"乃"兴德王"之误。可见由唐朝引进的茶业种植在新罗亦得到普遍推广，并形成了相当规模的茶业经济。

二　手工业

随着农业的不断进步，辰韩国的手工业亦逐渐开展起来，其中，纺织业、冶铁业都有较大规模发展。

辰韩时期新罗人的纺织业已初具规模。《三国史记》卷一《新罗本纪·儒理尼师今》九年："自秋七月既望，每日早集大部之庭绩麻，乙夜而罢。至八月十五日，考其功之多少，负者置酒食以谢胜者。于是歌舞百戏皆作，谓之嘉俳。是时，负家一女子起舞，叹曰：'会苏，会苏！'其音哀雅，后人因其声而作歌，名《会苏曲》。"[4] 这是对辰韩六部家庭纺织业技能比赛的描述，用一个月的纺织成绩作为考察胜负的标准，说明辰韩人的家庭纺织业相当繁荣。

辰韩存在麻的种植，也存在麻纺织业。"晓蚕桑，作缣布"，证明辰韩已经存在种桑养蚕缫丝技术，并存在丝织业。因此《梁书》

1　（高丽）金富轼：《三国史记》卷二《新罗本纪·助贲尼师今》，第24页。

2　（高丽）金富轼：《三国史记》卷一〇《新罗本纪·兴德王》，第145页。

3　（朝鲜王朝）安鼎福：《东史纲目》卷五上，《朝鲜群书大系续续》第16辑，朝鲜古书刊行会，1915，第24页。

4　（高丽）金富轼：《三国史记》卷一《新罗本纪·儒理尼师今》，第7页。

卷五四《新罗传》称其"多桑麻，作缣布"，[1]新罗立国后，也存在着发达的麻纺织业和丝纺织业。

辰韩时期已存在冶铁业。《三国志》卷三〇《魏书·东夷传》记载，辰韩"国出铁，韩、濊、倭皆从取之。诸市买皆用铁，如中国用钱，又以供给二郡"。《后汉书》卷八五《东夷传》也记载，辰韩"国出铁，濊、倭、马韩并从市之。凡诸贸易，皆以铁为货"。公元 3 世纪之前，辰韩地区不仅生产铁制品，还将铁制品作为货币等价物，同时还可"供给"乐浪、带方二郡，说明其铁产量是相当可观的。

儒礼尼师今六年五月，"闻倭兵至，理舟楫，缮甲兵"。[2]说明在儒礼尼师今六年之前新罗人已经将"铁"应用于战争。韩国学者李盛周依据朝鲜半岛南部的昌原茶户里、金海良洞里、庆州入室里、同九政洞、同朝阳洞、大邱坪里洞等土圹木棺墓，以及三千浦勒岛、光州新昌里、釜山福泉洞莱城遗址等出土的铁器，认为若将青铜制武器的完全消失确定为向铁制品置换的下限，那么以岭南地区为中心的朝鲜半岛南部，出现铁制品的时间在公元 1 世纪中叶前后。[3]

除铁制品外，新罗还可以生产金、银、珠玉等制品。《三国史记》卷一《新罗本纪·逸圣尼师今》十一年二月，下令"禁民间用金、银、珠玉"，[4]就可以证明这一点。再结合铁制品的生产，可以判定辰韩的金属加工业已初具规模。

《三国志》卷三〇《魏书·东夷传》称辰韩人"行酒为行

1　《梁书》卷五四《新罗传》，第 805 页。

2　（高丽）金富轼：《三国史记》卷二《新罗本纪·儒礼尼师今》，第 28 页。

3　李盛周著、木村光一編訳、原久仁子共訳『新羅·伽耶社會の起源と成長』、39 頁。

4　（高丽）金富轼：《三国史记》卷一《新罗本纪·逸圣尼师今》，第 15 页。

觞"，[1] 证明辰韩人已经掌握了酿酒技术。这从另一个角度证明辰韩的农业是比较发达的，已经有剩余粮食可供酿酒。

新罗成熟国家成立初期，矿冶业在辰韩的基础上继续向前发展，矿冶制品得到广泛应用。《三国史记》卷三《新罗本纪·讷祇麻立干》十八年十月，新罗王"以黄金、明珠报聘百济"。[2] 卷四《新罗本纪·真兴王》三十五年三月，"铸成皇龙寺丈六像，铜重三万五千七斤，镀金重一万一百九十八分"。[3] 从日本学者关于朝鲜半岛考古学的研究看，在 4 世纪末 5 世纪初，新罗古坟出土了相当多的用作装饰品的金、银制品，被认为是地金的铁铤、环头大刀和矛等，以及用作武器、武具的铁制品。[4] 从有关冶金制品的记录以及出土的相关文物不难看出，新罗初期的矿冶业是相当发达的。

统一新罗形成前后，随着与隋唐帝国经济交流的密切，新罗手工业获得长足进步。在手工业各门类中，矿冶业发展得相当迅速，主要生产铁、金、银、铜等。铁制品主要用于农业生产工具与作战用的兵器与铠甲。此外，铁也用于制作其他武器。如，太宗武烈王八年五月九日，"高句丽将军恼音信与靺鞨将军生偕合军，来攻述川城，不克。移攻北汉山城，列抛车飞石，所当陴屋辄坏。城主大舍冬陁川使人掷铁蒺藜于城外"，[5] "铁蒺藜"是一种铁质尖刺撒布于行军路线上的障碍物，有 4 根伸出的铁刺，长数寸，凡着地者必有一刺朝上，用以迟滞敌军行动，新罗城主冬陁川以铁蒺藜延缓高句丽军的攻城。铁制品也用于"色服"的装饰物。新罗律令规定：六头

1　《三国志》卷三〇《魏书·东夷传》，第 852 页。

2　（高丽）金富轼：《三国史记》卷三《新罗本纪·讷祇麻立干》，第 37 页。

3　（高丽）金富轼：《三国史记》卷四《新罗本纪·真兴王》，第 51 页。

4　早乙女雅博『朝鮮半島の考古學』、221 頁。

5　（高丽）金富轼：《三国史记》卷五《新罗本纪·太宗王》，第 73 页。

品的"带，只用乌犀鍮铁铜"，"靴带，用乌犀鍮铁铜"；五品头的
"腰带，只用铁"，"靴带，只用鍮铁铜"；四品头的"腰带，只用铁
铜"，"靴带，只用铁铜"；平人的"带，只用铜铁"，"靴带，只用铜
铁"。[1] 可见，铁制品也在新罗人的等级标志物上普遍应用。

　　金、银制品主要为储藏物、生活器物，也用于色服等装饰。据
《三国史记·新罗本纪》真德王七年十一月，"遣使大唐，献金總
布"。文武王五年，"唐皇帝遣使来吊，兼进赠紫衣一袭、腰带一条、
彩绫罗一百匹、绢二百匹。王赠唐使者金帛尤厚"。文武王十二年
九月朝唐，"兼进贡银三万三千五百分，铜三万三千分，针四百枚，
牛黄百二十分，金百二十分，四十升布六匹，三十升布六十匹"。
圣德王二十二年夏四月，"遣使入唐，献果下马一匹、牛黄、人蓡、
美髢、朝霞、鱼牙、镂鹰铃、海豹皮、金银等"。圣德王二十九年
二月，"遣王族志满朝唐，献小马五匹、狗一头、金二千两、头发
八十两、海豹皮十张"。[2] 景文王九年七月：

　　　　遣王子苏判金胤等入唐谢恩，兼进奉马二匹、麸金一百
　　两、银二百两、牛黄十五两、人参一百斤、大花鱼牙锦一十
　　匹、小花鱼牙锦一十匹、朝霞锦二十匹、四十升白毡布四十
　　匹、三十升纻衫段四十匹、四尺五寸头发百五十两、三尺五寸
　　头发三百两、金钗头五色綦带并班胸各一十条、鹰金镮碮子
　　并纷鎝红韬二十副、新样鹰金镮碮子纷鎝五色韬三十副、鹰
　　银镮碮子纷鎝红韬二十副、新样鹰银镮碮子纷鎝五色韬三十
　　副、鹞子金镮碮子纷鎝红韬二十副、新样鹞子金镮碮子纷鎝五

1　（高丽）金富轼：《三国史记》卷三三《杂志·色服》，第453~455页。

2　（高丽）金富轼：《三国史记》，第67、101、116、117页。

色帕三十副、鹞子银镶碹子纷镕红帕二十副、新样鹞子银镶
碹子纷镕五色帕三十副、金花鹰铃子二百颗、金花鹞子铃子
二百颗、金镂鹰尾筒五十双、金镂鹞子尾筒五十双、银镂鹰尾
筒五十双、银镂鹞子尾筒五十双、系鹰绯缬皮一百双、系鹞子
绯缬皮一百双、瑟瑟钿金针筒三十具、金花银针筒三十具、针
一千五百。[1]

从这些朝贡资料可透露出这样的信息：第一，金、银作为贡
品以两为单位贡献上国；第二，以金、银作为器物的装饰成分制成
各种物品贡献于上国；第三，从贡献的数量上看，金银产量相对比
较大。

金银制品除贡献上国外，在国内贵族家庭中亦广泛使用。文武
王二十年三月，"以金银器及杂彩百段赐报德王安胜，遂以王妹妻
之"。[2]可见，以金银作为生活器具在新罗贵族阶层广泛使用，以象
征地位尊贵。这种尊贵地位在"色服"上也有所反映，新罗律令规
定：六头品妇的"钗，禁纯金以银刻镂及缀珠"；五品头女的"钗，
用白银已下"；四品头女的"钗，禁刻镂、缀珠及纯金"；平人女的
"钗，用鍮石已下"。[3]

金、银制品在日常生活中的广泛应用在考古学上也得到了印
证，依据日本学者对朝鲜半岛出土文物编年，4世纪末5世纪初的
新罗人，其冠有金、金铜、银制成者，其冠帽有金、金铜、银、白
桦树皮制成者，冠饰有金、金铜、银制成者，耳饰有金制成者，手
镯有金、银、铜、玉、玻璃制成者，戒指有金、银、玉制成者，带

1　（高丽）金富轼：《三国史记》，第67、82、101、116、117、155~156页。

2　（高丽）金富轼：《三国史记》卷七《新罗本纪・文武王》，第103页。

3　（高丽）金富轼：《三国史记》卷三三《杂志・色服》，第453~455页。

金具有金、金铜、银制成者，腰佩有金、金铜、银制成者，饰履有金铜制成者。[1] 尽管金、银制品多用于贡品与器物、装饰品，然从其应用的广泛度与数量可知新罗的金银手工业相当发达。

铜制品除作为装饰物广泛应用于新罗外，同时还可用于朝贡上国的贡品，还可塑造佛像。不过，其最广泛的应用在于"官印"。《三国史记》卷七《新罗本纪·文武王》十五年正月，下教："以铜铸百司及州郡印。"[2] 新罗的官僚机构几乎均用铜印。另外，卷三三《杂志》记载，真骨大等"腰带，禁研文白玉"，"靴带，禁隐文白玉"，[3] 说明制玉业也较发达。

纺织业在统一新罗时期更为发达，其纺织品应用于社会生活的各个领域。在第二十三代王法兴王时制定的六部人服色尊卑之制时，先后记载有罽绣锦罗、罽绣锦、罽罗、繐罗、纺罗、野草罗、布纺罗、乘天罗、越罗、纱绢、绫绢、罗絁绢布、纱絁绢布、絁绢布、绵、布、小文绫絁绢布、絁绢绵布、絁绵布、绵布、絁绵、皮麻等。其色，有赭黄、紫、紫粉、黄、屑绯红、灭紫、绯、青等。[4] 从纺织品的种类、颜色观之，统一新罗时期的纺织业相当发达。

除矿冶业、纺织业外，统一新罗时期的其他手工业亦基本发展至专门化的程度，新罗"内省"（殿中省）管辖下设有诸多的典、房、宫、监、局等管理专门化手工业的部门，如黑铠典（卫武监）、朝霞房、锦典（织锦房）、染宫、红典、苏芳典、漂典、铁鍮典（筑冶房）、漆典（饰器房）、毛典（聚毳房）、秋典、皮典（鞄人房）、皮打典、靴典、麻典（织纺局）、麻履典、席典、瓦器典（陶

1 早乙女雅博『朝鮮半島の考古學』、221 頁。
2 （高丽）金富轼：《三国史记》卷七《新罗本纪·文武王》，第 102 页。
3 （高丽）金富轼：《三国史记》卷三三《杂志·色服》，第 453 页。
4 （高丽）金富轼：《三国史记》卷三三《杂志·色服》，第 453~455 页。

登局）、祭典、药典、绮典（别锦局）、杨典（司篚局）等。[1] 这说明统一新罗前后，新罗的手工业已形成较为完整的体系。

三　商业

辰韩时期商业已有所发展。《三国志》卷三〇《魏书·东夷传》称辰韩"国出铁，韩、濊、倭皆从取之。诸市买皆用铁，如中国用钱"，辰韩与周边地区存在着大规模的铁制品贸易，甚至铁制品已成为货币等价物，足见商业活动较为活跃。

《三国史记》卷三《新罗本纪·讷祇麻立干》二十二年四月，"教民牛车之法"，[2] 为商业贸易提供了载货工具。照知麻立干九年三月，"始置四方邮驿，命所司修理官道"，[3] 使国内交通道路初步形成网状系统，为商业贸易提供了便捷的交通条件。总之，牛车的应用，官道的通畅，进一步繁荣了新罗内地的商业贸易。

照知麻立干十二年三月，"初开京师市，以通四方之货"；智证麻立干十年正月，"置京都东市"；孝昭王四年十月，"置西、南二市"。[4] 据《三国史记》卷三八《杂志》，新罗还设置了管理市场秩序的"东市典""西市典""南市典"，各配置"监二人""大舍二人""书生二人""史四人"。皆可证明新罗首都商业的繁荣。据《三国遗事》卷一记载，太宗大王（654~661）时，"城中市价布一匹租三十硕，或五十硕，民谓之圣代"。[5] 可见，经过照知、智证、孝昭三代新罗王的努力，新罗都城已建立起完善的市场贸易体系。

1　（高丽）金富轼：《三国史记》卷三九《职官志》，第 572~578 页。

2　（高丽）金富轼：《三国史记》卷三《新罗本纪·讷祇麻立干》，第 37 页。

3　（高丽）金富轼：《三国史记》卷三《新罗本纪·照知麻立干》，第 41 页。

4　（高丽）金富轼：《三国史记》，第 41、45、112 页。

5　（高丽）一然：《三国遗事》卷一，第 57 页。

《三国遗事》卷一："新罗全盛之时，京中十七万八千九百三十六户，一千三百六十坊，五十五里，三十五金入宅。""第四十九宪康大王代，城中无一草屋，接角连墙，歌吹满路，昼夜不绝。"[1] 安鼎福《东史纲目》卷五上，宪康王六年（879），"都人以富润之家，谓之金入宅，京中凡三十五宅。又以四时游赏之地，为四节游宅，春东野宅，夏谷良宅，秋仇知宅，冬加伊宅。屋庐比栉，歌吹沸腾"。[2] 新罗都城的繁荣富庶由此可见一斑。

随着国内商业经济的发展，对外贸易亦相当繁荣。在对外贸易中，新罗对隋唐的贸易最为重要，据朴真奭统计，从 703 年至 897 年的 195 年间，新罗以贺正、朝贡、贡方物、献方物、朝唐、谢恩、入宿卫等各种名义向唐朝派遣使团共 89 次，平均每两年多就派遣一次，甚至有时一年派遣朝贡使团达二至三次。[3] 虽然名义上是新罗向上国唐朝贡献"方物"，唐朝向新罗回赐必要的物品，但实质上是新罗与唐朝之间利用朝贡使团的往来进行的官方贸易。

除官方贸易外，私下交换的商品亦为数可观。韩国学者全海宗将唐与新罗的贸易分为官贸易、附带贸易、公认民间贸易与秘贸易四种形态。[4] 就官贸易而言，总体说来，新罗向唐朝输出的商品主要有：朝霞绸、朝霞锦、大小花鱼牙锦、鱼牙绸、三十升纻衫缎、龙绡、布等各种织物类；金、银、铜等金属类；金钗头、鹰金银鏁镦子、鹞子金银鏁镦子、镂鹰铃、金花鹰鎅铃子、金银镂鹰尾筒、金银镂鹞子尾筒、瑟瑟细金针筒、金花银针筒、针、金银佛像等金属

1　（高丽）一然：《三国遗事》卷一，第 39 页。

2　（朝鲜王朝）安鼎福：《东史纲目》卷五上，第 24 页。

3　朴真奭：《中朝经济文化交流史研究》，辽宁人民出版社，1984，第 332~334 页。

4　〔韩〕全海宗：《中世纪韩中贸易形态初探：侧重考察公贸易和秘贸易》，参见全海宗《中韩关系史论集》，全善姬译，中国社会科学出版社，1997，第 244 页。

工艺品类；人参、牛黄、茯苓等药材类；马、果下马、狗、海豹皮、击鹰等牲畜和毛皮类。唐朝对新罗输出的商品有：彩素、锦彩、绫彩、五色罗彩、绫罗、瑞文锦、绢、帛等织物类；锦袍、紫袍、绿袍、紫罗绣袍、押金线绣罗裙衣、金带、银带、银细带、锦细带等衣服类；金器、银器、金银组器物、银碗银榼等金属工艺品；《最胜王经》《道德经》《孝经》，文宣王、十哲、七十二弟子像等各种书籍类；其他还有茶种子、白鹦鹉、佛牙、甲具等。[1]

就公认民间贸易而言，贸易的商品与官贸易的商品大略相同，规模似乎亦较大。如唐开元二年（714）闰三月敕曰："诸锦、绫、罗、縠、绣、织成紬绢、丝、牦牛尾、真珠、金、铁，并不得与诸蕃互市，及将入蕃；金铁之物，亦不得将度西北诸关。"[2]又《唐令拾遗》载：唐开元二十五年（737），"诸锦、绫、罗、縠、紬、绵、绢、丝、布、牦牛尾、真珠、金、银、铁，并不得度西边、北边诸关及至边缘诸州兴易"。[3]唐建中元年（780）十月六日敕："诸锦、罽、绫、罗、縠、绣、织成细紬、丝、布、牦牛尾、真珠、银、铜、铁、奴婢等，并不得与诸蕃互市。"[4]这里所述的"诸蕃"显然包括新罗在内，"至边缘诸州兴易"显然也包括与新罗贸易在内。既然唐朝屡次下令禁止上述商品进行民间贸易，说明上述商品在禁令之下，商人因利润的诱惑，仍有唐朝商人与新罗等诸蕃商人进行贸易现象的普遍发生，说明民间贸易较为兴盛。另外，开成元年（836）六月，淄青节度使奏："新罗、渤海将到熟铜，请不禁断。是月，京兆

1　朴真奭：《中朝经济文化交流史研究》，辽宁人民出版社，1984，第332~334页。

2　（宋）王溥：《唐会要》卷八六《市》，中华书局1955年影印本，第1581页。

3　〔日〕仁井田升：《唐令拾遗》，栗劲等编译，长春出版社，1989，第643页。

4　（宋）王钦若等编《册府元龟》卷九九九《外臣部·互市》，中华书局1960年影印本，第11727页下。

府奏准。"[1] 说明民间贸易不仅唐朝商人持有积极态度，新罗、渤海等诸蕃商人亦积极参与其中。

综上所述，经过辰韩与新罗的努力，朝鲜半岛南部的社会经济得到长足进步，无论是农业、手工业，还是商业贸易，均取得突破性发展，为朝鲜半岛统一政权的出现与发展奠定了物质基础。

第七节　新罗儒家思想文化的发展

新罗向来被誉为海东"文献之邦""君子之国"，新罗儒家思想文化的发展经历了漫长的演进历程，至唐朝中后期出现"崇尚信义，笃好儒术。礼让成俗，柔谨为风"[2] 的繁荣昌盛局面。

辰韩"无文字，刻木为信"，[3] 但至脱解尼师今时，"脱解始以渔钓为业，供养其母，未尝有懈色。母谓曰：'汝非常人，骨相殊异，宜从学，以立功名。'于是专精学问，兼知地理"。脱解尼师今已"专精学问"，证明新罗自立国之初，不仅引进了汉字作为书写系统，而且出现了系统的知识和学术，已改变了辰韩"无文字"的社会面貌。

至新罗真兴王时代，官僚贵族集团已开始产生"以史资鉴"的

1　（宋）王钦若等编《册府元龟》卷九九九《外臣部·互市》，第 11727 页下。
2　（朝鲜王朝）李浚庆：《东皋遗稿》卷五《录遗许太史国朝鲜风俗》，《韩国文集丛刊》第 28 册，景仁文化社，1996，第 347 页。
3　《梁书》卷五四《新罗传》，第 806 页。

思想，真兴王六年（545）七月，"伊餐异斯夫奏曰：'国史者，记君臣之善恶，示褒贬于万代。不有修撰，后代何观？'王深然之，命大阿餐居柒夫等，广集文士，俾之修撰"。新罗修史的具体情况已不得而知，但据《续高僧传》卷一三《圆光传》，释圆光，"辰韩新罗人也。家世海东，祖习绵远。而神器恢廓，爱染篇章，校猎玄儒，讨雠子史。文华腾翥于韩服，博赡犹愧于中原"。[1]新罗国内不仅有儒家经典，而且有子、史类著作，已经有丰富的典籍文献。在这种历史背景下，儒学在新罗也得到广泛的传播。

真兴王二十九年（568）所立《真兴王巡狩碑》：

> 夫纯风不扇，则世道乖真；玄化不敷，则耶为交竟，是以帝王建号，莫不修己以安百姓。然朕历数当躬，仰绍太祖之基，纂承王位，竞身自慎，恐违乾道。[2]

其中，"修己以安百姓"显然出自《论语》，"乾道"观念显然出自《周易》。证明碑文的作者对儒家经典相当熟悉。正如高明士所说，"此碑文除显示汉文造诣精深外，说明真兴王严以律己，关心民瘼，秉承祖荫、天命，以统治广土众民。其统治理念，充分说明是儒教的王道思想"。[3]

《三国史记》卷四五《金后稷传》：

> 大王颇好田猎，后稷谏曰："古之王者，必一日万机，深

1　（唐）道宣：《续高僧传》卷一三《圆光传》，郭绍林点校，中华书局，2014，第438页。

2　末松保和「真興王磨雲嶺碑の発見」『末松保和朝鮮史著作集』2（新羅の政治と社会下）吉川弘文館、1995、110-111頁。

3　高明士：《东亚教育圈形成史论》，上海古籍出版社，2003，第183页。

思远虑，左右正士，容受直谏，孳孳矻矻，不敢逸豫，然后德政醇美，国家可保。今殿下日与狂夫猎士，放鹰犬，逐雉兔，奔驰山野，不能自止。老子曰：'驰骋田猎，令人心狂。'《书》曰：'内作色荒，外作禽荒，有一于此，未或不亡。'由是观之，内则荡心，外则亡国，不可不省也，殿下其念之。"[1]

金后稷引用老子《道德经》与《尚书》来规劝真平王重社稷而轻畋猎，亦证明新罗君臣对儒家经典及先秦诸子的著作皆相当熟悉。新罗国通过研习、借鉴儒家思想文化，至隋时已出现"倾慕华风锐意华化"[2]的文化现象。

唐初，新罗为加快儒学化的步伐，持续派贵族子弟至唐朝京师国子监接受儒家经史教育。唐吴兢《贞观政要》卷七《崇儒学》记载，唐贞观二年（628），"四方儒生负书而至者，盖以千数。俄而吐蕃及高昌、高丽、新罗等诸夷酋长，亦遣子弟请入于学"，可见，唐太宗贞观二年，新罗人已来到唐朝学习儒家经史。[3]

此后，新罗派遣贵族子弟入唐国学的记事便屡见于文献记载。如，《三国史记》卷五《新罗本纪·真德王》二年（648），"遣伊餐金春秋及其子文王朝唐，太宗遣光禄卿柳亨郊劳之。既至，见春秋仪表英伟，厚待之。春秋请诣国学，观释奠及讲论，太宗许之，仍赐御制《温汤》及《晋祠碑》并新撰《晋书》"。[4]《旧唐书》卷

1　（高丽）金富轼：《三国史记》卷四五《金后稷传》，第 639~640 页。

2　严耕望：《新罗留唐学生与僧徒》，《唐史研究丛稿》，香港新亚研究所，1969，第 432 页。

3　（唐）吴兢：《贞观政要》卷七《崇儒》，上海古籍出版社，1978，第 216 页。关于新罗人初入唐朝国学的时间，史籍记载稍有分歧。《贞观政要》《旧唐书》记为贞观二年（628），《唐会要》卷三五《学校》、《通典》卷五三《礼十三·大学》记为贞观五年，《新唐书》卷一九八《儒学传》记于贞观六年，《资治通鉴》卷一九五《唐纪十一》系于贞观十四年（第 6153 页）。《三国史记》卷五《新罗本纪》记载新罗人初入唐学习为善德王九年（唐贞观十六年，642）。

4　（高丽）金富轼：《三国史记》卷五《新罗本纪·真德王》，第 65 页。

一九九上《新罗传》，唐开元十六年（728），新罗"遣使来献方物，又上表请令人就中国学问经教，上许之"。[1]《全唐文》卷一〇〇〇《分别还蕃及应留宿卫状》，新罗宪德王十七年（825）五月，遣王子金昕入唐朝贡，奏言："先在太学生崔利贞、金叔贞、朴季业四人，请放还蕃，其新赴朝贡金允夫、金立之、朴亮之等一十二人，请留在宿卫。仍请配国子监习业，鸿胪寺给资粮。"[2]新罗景文王八年（868），崔致远"年十二从商船入中原，十八举进士第"。[3]景文王九年（869）七月，"又遣学生李同等三人，随进奉使金胤，入唐习业，仍赐买书银三百两"。[4]真圣王三年（889），"遣崔承佑入学于唐"。[5]严耕望亦说："唐代四裔其他诸国派遣留学生留华就学，固不乏其例，然同时在唐多至一两百人，惟新罗为然。"[6]可以想见当时新罗派遣贵族子弟诣唐国学习业之盛况。

《唐会要》卷三六《附学读书》记载。唐开成二年（837），"新罗差入朝宿卫王子，并准旧例，割留习业学生，并及先住学生等，共二百十六人，请时服粮料"。[7]《旧唐书》卷一九九上《新罗传》记载，唐开成五年（840）四月，"鸿胪寺奏：新罗国告哀，质子及年满合归国学生等共一百五人，并放还"。[8]新罗诣唐国学

---

1 《旧唐书》卷一九九上《新罗传》，第 5337 页。

2 （清）董诰等编《全唐文》卷一〇〇〇《分别还蕃及应留宿卫状》，上海古籍出版社，1990，第 4593 页中。

3 〔朝〕徐有榘：《校印桂苑笔耕集序》，见（新罗）崔致远著，党银平校注《桂苑笔耕集校注》，中华书局，2007，第 5 页。

4 （高丽）金富轼：《三国史记》，第 156 页。

5 （朝鲜王朝）安鼎福：《东史纲目》卷五上，《朝鲜群书大系续续》第 16 辑，朝鲜古书刊行会 1915 年影印本，第 45 页。

6 严耕望：《新罗留唐学生与僧徒》，《唐史研究丛稿》，香港新亚研究所，1969，第 432 页。

7 （宋）王溥：《唐会要》，中华书局，1955，第 668 页。

8 《旧唐书》卷一九九上《新罗传》，第 5339 页。

研读儒家经史的贵族子弟，同时在唐者可达 216 人，一次放还新罗者可达 105 人。对此，今人刘希为估计，"留学生学习年限比较长，又无接替规定，积久留学人数当不在少数"，"加上在州县学校就读和私慕来者，推论新罗在唐留学生将有二百人以上"。[1] 严耕望认为，"自太宗贞观十四年（640）新罗始派遣留学生起至五代中叶，三百年间，新罗所派遣之留唐学生，最保守之估计有两千人"。[2]

新罗除派遣贵族子弟入唐国学研读儒家经史外，还经常向唐朝奏请儒家文献。如，《旧唐书》卷一九九上《新罗传》，唐垂拱二年（686），"因上表请《唐礼》一部并杂文章，则天令所司写《吉凶要礼》，并于《文馆词林》采其词涉规诫者，勒成五十卷以赐之"。[3] 圣德王十六年（717）九月，"入唐大监守忠回，献文宣王十哲七十二弟子图，即置于太学"。[4] 关于此条记事，高明士认为，"除王子金守忠于十三年（714）二月入唐宿卫，十六年归国或是事实以外，其余皆与现行制度不符"，"自唐携回文宣王等图像，放置于大学，其事应迟至景德王十八年以后"。[5] 尽管金富轼在系年安排上出现差错，然新罗仿照唐朝模式，于朝鲜半岛宣扬儒家思想文化却是不争的事实。总体说来，新罗国不断向唐朝奏请经史文章，为新罗国的儒家思想文化繁荣奠定了坚实基础。

新罗国最有效的儒学化措施当属设立新罗国学。《三国史记》

1　刘希为：《唐代新罗侨民在华社会活动的考述》，《中国史研究》1993 年第 3 期。

2　严耕望：《新罗留唐学生与僧徒》，《唐史研究丛稿》，香港新亚研究所，1969，第 441 页。

3　（高丽）金富轼《三国史记》卷八《新罗本纪》的记载，除将《唐礼》改为《礼记集解》，余同。

4　（高丽）金富轼：《三国史记》卷八《新罗本纪》，第 115 页。

5　高明士：《唐代东亚教育圈的形成：东亚世界形成史的一侧面》，台北，"国立编译馆中华丛书编审委员会"，1984，第 334~335 页。

卷八《新罗本纪》载，神文王二年（682）六月，"立国学，置卿一人"。[1]这在新罗的儒家思想文化发展史上具有里程碑的意义，标志着新罗儒学化达到了高峰。景德王六年（747）正月，"置国学诸业博士、助教"，[2]讲授儒学，从制度层面进一步规范国学的管理，使之在传播儒家经史、推行儒学化教育策略上发挥更大的示范作用。

对于儒家思想文化的教授之法，按《三国史记》卷三八《杂志·职官》记载：

> 以《周易》《尚书》《毛诗》《礼记》《春秋左氏传》《文选》，分而为之业。博士若助教一人，或以《礼记》《周易》《论语》《孝经》，或以《春秋左传》《毛诗》《论语》《孝经》，或以《尚书》《论语》《孝经》《文选》，教授之。诸生读书，以三品出身，读《春秋左氏传》，若《礼记》，若《文选》而能通其义，兼明《论语》《孝经》者为上；读《曲礼》《论语》《孝经》者为中；读《曲礼》《孝经》者为下。若能兼通五经、三史、诸子百家书者，超擢用之。或差算学博士若助教一人，以《缀经》《三开》《九章》《六章》，教授之。[3]

可见，新罗国学大体分为四个层级，其中，三个层级皆需要专门研习儒家经典。新罗国学规定学生及其授业期限为："凡学生，位自大舍已下至无位，年自十五至三十，皆充之。限九年。"在这九年研习期限内，"若朴鲁不化者罢之。若才器可成而未熟者，虽逾九年，

1　（高丽）金富轼：《三国史记》卷八《新罗本纪》，第109页。

2　（高丽）金富轼：《三国史记》卷九《新罗本纪》，第125页。

3　（高丽）金富轼：《三国史记》卷三八《杂志·职官》，第554页。

许在学，位至大奈麻、奈麻而后出学"。[1]足见新罗对儒学化相当重视，采取优胜劣汰的管理措施，激励学生刻苦研习儒家经史文献。

新罗历代国王非常重视国学，《三国史记》屡有新罗王幸国学的记事，如卷九《新罗本纪》，惠恭王元年（765），"幸太学，命博士讲《尚书》义"。[2]卷一一《新罗本纪》，宪康王五年（879）二月，"幸国学，命博士已下讲论"。[3]

受儒家思想文化以及礼乐制度的影响，新罗国王的年号、谥号始同中国之制。据《三国史记·新罗本纪》，法兴王二十三年（536）"始称年号，云建元元年"后，新罗王改元热情持续增高，真兴王十二年（551）正月"改元开国"，真兴王二十九年（568）"改元大昌"，真兴王三十三年（572）正月"改元鸿济"，真平王六年（584）二月"改元建福"，[4]善德王三年（634）正月"改元仁平"，真德王元年（647）七月"改元太和"，直至真德王四年（650）"始行中国永徽年号"，[5]新罗改称年号活动才告一段落。新罗的谥法始于智证王时代，智证麻立干十五年（514），"王薨，谥曰智证。新罗谥法始于此"。此后新罗诸王薨后均有谥号，法兴王、真兴王、真智王等称号都是谥号。

在衣冠制度上，经过金春秋的努力，新罗衣冠也"从中华制"。《三国史记》卷三三《杂志·色服》：

> 新罗之初，衣服之制，不可考也。至第二十三叶法兴王，

1　（高丽）金富轼：《三国史记》卷三八《职官志》，第554页。

2　（高丽）金富轼：《三国史记》卷九《新罗本纪·惠恭王》，第129页。

3　（高丽）金富轼：《三国史记》卷一一《新罗本纪·宪康王》，第157页。

4　（高丽）金富轼：《三国史记》卷四《新罗本纪》，第48、49、51、51、53页。

5　（高丽）金富轼：《三国史记》卷五《新罗本纪》，第61、65、67页。

> 始定六部人服色尊卑之制，犹是夷俗。至真德在位二年，金春秋入唐，请袭唐仪，玄宗皇帝诏可之，兼赐衣带。遂还来施行，以夷易华。文武王在位四年，又革妇人之服，自此已后，衣冠同于中国。[1]

可见，新罗国在年号、谥号、服制等诸方面已全面接受儒家思想文化的影响。

儒家思想文化以及礼乐制度的影响也体现在新罗的官员任用上。元圣王五年（789）九月，元圣王拟以子玉为杨根县小守，执事史毛肖驳议说："子玉不以文籍出身，不可委分忧之职。"而侍中则辩论道："虽不以文籍出身，曾入大唐为学生，不亦可用耶？"[2] 对于"县小守"这样的地方官职的任用，都如此苛刻地考核其文籍出身，可以想见比子玉位重的官员更应考虑其文籍出身。

1934 年发现于庆州北村见谷面金丈里的石刻，刻有两位年轻人"发誓在三年内习得《诗经》《书经》《礼记》"[3] 等誓词，在高明士看来，"这两位青年要宣誓通三（四）经（包括《孝经》《论语》），这个抱负相当远大，决非一般人所能做到，若说这两位青年是属于一般'有为人士'，实难令人置信"。[4] 于此不难想见，新罗社会崇尚儒学已成为一种潮流。

正因如此，新罗涌现出相当多的儒学造诣精深的文人志士。太宗大王第二子金仁问，"幼而就学，多读儒家之书，兼涉庄、老、浮屠之说。又善隶书、射、御、乡乐，行艺纯熟，识量宏弘，时人

1　（高丽）金富轼：《三国史记》卷三三《杂志·色服》，第 452 页。

2　（高丽）金富轼：《三国史记》卷一〇《新罗本纪·元圣王》，第 135 页。

3　参见〔韩〕崔要德《韩国儒学思想研究》，学苑出版社，1998，第 181 页。

4　高明士：《唐代东亚教育圈的形成：东亚世界形成史的一侧面》，第 305 页。

推许"。[1] 任那加良人强首，"自知读书，通晓义理"，其父遂令就师读《孝经》《曲礼》《尔雅》《文选》。"及太宗大王即位，唐使者至，传诏书，其中有难读处，王召问之，在王前一见说释无疑滞。王惊喜，恨相见之晚。"可见，强首具有深邃的儒家思想文化造诣。甚至文武王对其评价说："强首文章自任，能以书翰致意于中国及丽、济二邦，故能结好成功。我先王请兵于唐，以平丽、济者，虽曰武功，亦由文章之助焉。则强首之功，岂可忽也？"[2] 王京沙梁部人崔致远，年十二随海舶入唐求学，追师学问无怠，有"《四六集》一卷，又《桂苑笔耕》二十卷"，[3] "又有《文集》三十卷行于世"。崔承佑，"以唐昭宗龙纪二年入唐，至景福二年，侍郎杨涉下及第。有《四六》五卷，自序为《糊本集》"。崔彦撝，"年十八，入唐游学，礼部侍郎薛廷珪下及第。四十二还国为执事侍郎瑞书院学士，及太祖开国，入朝，仕至翰林院大学士平章事"。金大问，"本新罗贵门子弟，圣德王三年，为汉山州都督，作传记若干卷。其《高僧传》《花郎世记》《乐本》《汉山记》犹存"。[4] 仅从金仁问、强首、崔致远、崔承佑、崔彦撝、金大问等文人的儒家思想文化造诣不难看出，儒家思想文化在新罗社会生活中的影响相当深远。

综上，与唐朝建立藩属关系后，新罗的儒家思想文化迅速发展，一跃成为东方的"小中华"。对于新罗儒家思想文化的发展盛况，唐玄宗给予了较高评价。唐玄宗在金志良入朝时降诏书称："卿二明庆祚，三韩善邻，时称仁义之乡，世著勋贤之业，文章礼乐，阐君子之风，纳款输忠，效勤王之节。固藩维之镇卫，应谅忠义之

---

1 （高丽）金富轼:《三国史记》卷四四《金仁问传》，第 628 页。

2 （高丽）金富轼:《三国史记》卷四六《强首传》，第 652~653 页。

3 《新唐书》卷六〇《艺文志》，第 1617 页。

4 （高丽）金富轼:《三国史记》卷四六《金大问传》，第 656~658 页。

仪表。岂殊方悍俗可同年而语耶？"[1] 在唐玄宗看来，当时的新罗就是具有"文章礼乐"，"君子之风"的"仁义之乡"。唐开元二十五年（737），第三十三代新罗王兴光卒，玄宗选派左赞善大夫邢璹作为使臣前往新罗吊祭，并册立其子承庆，阐述选派理由时说："新罗号为君子之国，颇知书记，有类中国。以卿学术，善与讲论，故选使充此。到彼宜阐扬经典，使知大国儒教之盛。"[2] 玄宗又称新罗为"君子之国"，称赞其思想文化、礼乐制度"有类中国"。虽然唐玄宗对新罗儒家思想文化的发展有溢美的成分，但应基本反映了新罗儒家思想文化繁荣的盛况。

《三国史记》卷一二《新罗本纪》在总结新罗历史时，金富轼评论道："今但原厥初在上者，其为己也俭，其为人也宽，其设官也略，其行事也简，以至诚事中国，梯航朝聘之使，相续不绝，常遣子弟，造朝而宿卫，入学而讲习，于以袭圣贤之风化，革鸿荒之俗，为礼义之邦。"[3] 可见，"君子之国""礼义之邦"充分概括了新罗儒家思想文化繁荣的面相。

1　（高丽）金富轼：《三国史记》卷八《新罗本纪·圣德王》，第118页。

2　《旧唐书》卷一九九上《新罗传》，第5337页。

3　（高丽）金富轼：《三国史记》卷一二《新罗本纪》，第171页。

第六章　百济研究

　　百济，即见于《三国志》卷三〇《魏书·东夷传》的马韩之"伯济"。在三韩诸部的整合过程中，百济逐渐吞并马韩各部，成为朝鲜半岛南部最重要的政治势力。[1] 但在 4 世纪以前，它仅仅是三韩七十八国之一，并不具有特殊地位。成书于 5 世纪上半叶的《后汉书》，卷八五《东夷传·三韩》在记载三韩"凡七十八国"之后，特别指出"伯济是其一国"；但成书于 3 世纪末的《三国志》却没有类似的行文，证明至 3 世纪末，至少在中原史家眼中，百济还是

1　日本学者那珂通世认为，百济、新罗逐渐吞并马韩、辰韩诸小国成为朝鲜半岛之大国是东晋时事。实则这种吞并应始于西晋。白鸟库吉认为，高句丽、百济、新罗、任那等国，乘乐浪、带方二郡衰落之际，吞并其相邻诸族。是正确的结论。参见那珂通世『外交繹史』卷二第十一章「三韩考」故那珂博士功績紀念会編『那珂通世遺書』、135 頁。

三韩七十八国中很普通的一个，没有对其作特殊记载的必要。因此，中国史书对百济的起源语焉不详，使之成为学界争论颇多的焦点问题。百济的疆域与族群同样是中外学者存在分歧的焦点问题。本章最后讨论的百济的经济文化，则是中国学者研究比较少的盲点问题。

第一节　百济起源考

关于百济的起源，史书的记载存在差异，导致学者间认识存在分歧。[1] 见于中国史书较早的说法是百济出自夫余。[2]《魏书》卷一〇〇《百济传》："百济国，其先出自夫余。"同卷还记载了北魏延兴二年（472），百济王余庆在给北魏的表文中提到"臣与高句丽源出夫余，先世之时，笃崇旧款"。[3] 稍后，同是成书于贞观十年（636）的《周书》和《隋书》却给出两种不同的答案。《周书》卷四九《百济传》："百济者，其先盖马韩之属国，夫余之别种。"[4] 在调和之前的夫余说的基础上，提出百济源于马韩的新说。《隋书》卷

1　韩国学者李丙焘认为，百济兴起于辰韩故地；都守熙认为，百济是夫余移民在朝鲜半岛中部地区建立的小国。参见〔韩〕都守熙《백제의 전기판도와 그 언어자료》，《百濟研究》第 26 辑，1996 年，第 107~127 页。
2　杨军认为百济起源于高句丽沸流部。参见杨军《从扶余南下看百济国族源》，《北方民族》2001 年第 2 期。
3　《魏书》卷一〇〇《百济传》，第 2217 页。
4　《周书》卷四九《百济传》，第 886 页。

八一《百济传》："百济之先，出自高丽国。"[1] 又认为百济出自高句丽。稍后成书的《北史》又倡新说，其卷九四《百济传》："百济之国，盖马韩之属也，出自索离国。"[2]

朝鲜、日本史书皆支持高句丽说。

朝鲜史书最早记载此问题的是《三国史记》卷二三《百济本纪·始祖温祚王》：

> 百济始祖温祚王，其父邹牟，或云朱蒙。自北扶余逃难，至卒本扶余。扶余王无子，只有三女子，见朱蒙，知非常人，以第二女妻之。未几，扶余王薨，朱蒙嗣位。生二子，长曰沸流，次曰温祚。及朱蒙在北扶余所生子来为太子，沸流、温祚恐为太子所不容，遂与乌干、马黎等十臣南行，百姓从之者多……后以来时百姓乐从，改号百济。其世系与高句丽同出扶余，故以扶余为氏。[3]

日本史书中的相关记载见《续日本纪》卷四〇《桓武纪》：

> 其百济远祖都慕王者，河伯之女感日精而所生……夫百济太祖都慕大王者，日神降灵，奄扶余而开国。[4]

《续日本纪》所说的都慕王，既然是"河伯之女感日精而所生"，显然即是高句丽始祖朱蒙，但其称百济"奄扶余而开国"，即立国于

1　《隋书》卷八一《百济传》，第 1817 页。
2　《北史》卷九四《百济传》，第 3118 页。
3　（高丽）金富轼：《三国史记》卷二三《百济本纪·始祖温祚王》，第 274~275 页。
4　〔日〕藤原继绳等：《续日本纪》卷四〇《桓武纪》，经济杂志社，大正四年（1914），第 827~834 页。

夫余故地，显然是不正确的。

值得注意的是，关于高句丽始祖朱蒙与百济始祖的关系，《三国史记》卷二三《百济本纪》金富轼自注中给出两种与正文不同的说法。

> 或云：朱蒙到卒本，娶越郡女，生二子。
>
> 一云：始祖沸流王，其父优台，北扶余王解扶娄庶孙，母召西奴，卒本人延陁勃之女，始归于优台，生子二人，长曰沸流，次曰温祚。优台死，寡居于卒本，后朱蒙不容于扶余，以前汉建昭二年春二月，南奔至卒本，立都号高句丽，娶召西奴为妃，其于开基创业颇有内助，故朱蒙宠接之特厚，待沸流等如己子。及朱蒙在扶余所生礼氏子孺留来，立之为太子，以至嗣位焉。于是，沸流谓弟温祚曰："始大王避扶余之难，逃归至此，我母氏倾家财助成邦业，其勤劳多矣。及大王厌世，国家属于孺留，吾等徒在此，郁郁如疣赘。不如奉母氏南游卜地，别立国都。"遂与弟率党类渡浿、带二水，至弥邹忽以居之。《北史》及《隋书》皆云："东明之后有仇台，笃于仁信，初立国于带方故地，汉辽东太守公孙度以女妻之，遂为东夷强国。"未知孰是。[1]

与正文相参照，金富轼共提供给我们三种说法。其一，朱蒙娶卒本夫余王第二女，生温祚、沸流；其二，朱蒙娶越郡女，生温祚、沸流；其三，温祚、沸流生父为北夫余王庶孙优台，生母为卒本人延陁勃之女，朱蒙为温祚、沸流继父。若从父系血缘论，前两种说法

---

[1] （高丽）金富轼：《三国史记》卷二三《百济本纪·始祖温祚王》，第275页。

认为百济始祖是高句丽始祖朱蒙之子，第三种说法认为百济始祖是北夫余王庶孙优台之子。但在《三国史记》所载高句丽朱蒙神话中，朱蒙的父系血缘也可以上溯到北夫余。可见，《三国史记》的三种说法虽然细节各有不同，但都是认为，百济始祖的血缘关系追根溯源可以上溯到北夫余。

金富轼还为我们提供了另一个重要的线索，他将见于朝鲜史料的"优台"与见于中国史料的"仇台"相对应。金富轼提到的中国史书《北史》《隋书》的相关记载如下。

《北史》卷九四《百济传》：

> 百济之国，盖马韩之属也，出自索离国。其王出行，其侍儿于后妊娠，王还，欲杀之。侍儿曰："前见天上有气如大鸡子来降，感，故有娠。"王舍之。后生男，王置之豕牢，豕以口气嘘之，不死；后徙于马阑，亦如之。王以为神，命养之，名曰东明。及长，善射，王忌其猛，复欲杀之。东明乃奔走，南至淹滞水，以弓击水，鱼鳖皆为桥，东明乘之得度，至夫余而王焉。东明之后有仇台，笃于仁信，始立国于带方故地。汉辽东太守公孙度以女妻之，遂为东夷强国。初以百家济，因号百济。[1]

《隋书》卷八一《百济传》

> 百济之先，出自高丽国。其国王有一侍婢，忽怀孕，王欲杀之，婢云："有物状如鸡子，来感于我，故有娠也。"王舍之。后遂生一男，弃之厕溷，久而不死，以为神，命养之，名

1　《北史》卷九四《百济传》，第3118页。

日东明。及长，高丽王忌之，东明惧，逃至淹水，夫余人共奉
之。东明之后有仇台者，笃于仁信，始立其国于带方故地。汉
辽东太守公孙度以女妻之，渐以昌盛，为东夷强国。初以百家
济海，因号百济。[1]

《隋书》与《北史》所载神话内容完全一致，但《隋书》称百济出
自高句丽，那么其所称"东明"就应该是指高句丽始祖朱蒙，其后
所载"东明之后有仇台者"，"始立其国于带方故地"，则仇台就变成
朱蒙的后裔并成为百济的开国者了。这显然不合理，故《北史》进
行修正，将仇台确定为夫余王之后，那么东明就只能指夫余的开国
者了，而这个东明也就只能来自索离国，因此才将百济溯源至索离
国。《北史》宁可修正《隋书》对百济起源的认识，也不肯对神话
内容进行修正，证明《北史》《隋书》所载神话有着共同的史源。

　　实际上，提到仇台的中国史书还有《周书》卷四九《百济传》：
"有仇台者，始国于带方。"[2] 仅此一句，并未提及东明神话，由此推
测，东明神话是后来才被与仇台立国的传说组合到一起的。《隋书》
的记载存在自相矛盾之处，应该是这种组合的比较原始的版本。因
此，上引《隋书》的记载应分为两个自然段。

　　　　其国王有一侍婢，忽怀孕，王欲杀之，婢云："有物状如鸡
子，来感于我，故有娠也。"王舍之。后遂生一男，弃之厕溷，
久而不死，以为神，命养之，名曰东明。及长，高丽王忌之，
东明惧，逃至淹水，夫余人共奉之。

1　《隋书》卷八一《百济传》，第 1817~1818 页。

2　《周书》卷四九《百济传》，第 886 页。

　　东明之后有仇台者，笃于仁信，始立其国于带方故地。汉
辽东太守公孙度以女妻之，渐以昌盛，为东夷强国。初以百家
济海，因号百济。

两个自然段存在不同的史源，因皆出现"东明"这个人物而被嫁接
到一起。抛开神话不论，可见中国史籍有一种东明之后仇台立国于
带方的说法。这种说法的来源已不可知，但肯定要早于《北史》和
《隋书》，为《北史》和《隋书》所本。

　　此故事的核心内容有四：其一，百济开国于带方郡故地；其二，
百济开国者名仇台，是"东明"之后，也就是中国史书为之立传的
夫余的后裔；其三，汉辽东太守公孙度曾与仇台联姻；其四，"以百
家济海"证明仇台曾率部迁徙，是后进入的带方故地。

　　《三国志》卷三〇《魏书·东夷传》：

　　汉末，公孙度雄张海东，威服外夷，夫余王尉仇台更属辽
东。时句丽、鲜卑强，度以夫余在二虏之间，妻以宗女。[1]

从与公孙度联姻来看，《三国志》的尉仇台应即《北史》《隋书》的
仇台。《三国志》也提到"句丽呼相似为位"，而高句丽"言语诸
事，多与夫余同"，也应称相似为"位"。此"位"显然并非汉语，
而是对夫余语的汉字译写，本着译音无定字的原则，可以作"位"，
当然也可以作"尉"，都是与"仇台"相似的意思。也就是说，存
在不止一位名"仇台"的夫余王，反映的是夫余人的重名现象，与
公孙度联姻的不是第一个。但这个仇台是夫余王，真正是"东明

1　《三国志》卷三〇《魏书·东夷传》，第842页。

之后"。

　　将前述百济开国传说与《三国志》的记载相参照,可以发现,故事的梗概是相同的,由此可见,以东明之后仇台为百济始祖的说法,恐怕是涉于《三国志》而误。但是,《三国志》的上述记载与百济本无任何关系,之所以会与百济开国的记载相牵混,证明在此之前一定存在另一个版本的百济建国记事,因某些关键内容与《三国志》的上述记载相似,导致后人将两者相混同、相嫁接。而上述《三国志》记事的关键词,可以说,一是公孙度,一是尉仇台,一是联姻。能与百济相联系的只能是尉仇台。因此,原本的记事应该不包括公孙度与百济联姻的内容。如果我们将《北史》《隋书》记载中有关公孙度与百济联姻的内容剔除,那么,《北史》《隋书》的相关记载就可以简化为:

　　　　东明之后有仇台者,笃于仁信,始立其国于带方故地,渐以昌盛,为东夷强国。初以百家济海,因号百济。

《周书》卷四九《百济传》:"有仇台者,始国于带方。"应该是对此记载的一个简化版。这个记载才是《周书》《北史》《隋书》等中国史书记载的来源。此处的"东明"无疑是指夫余开国始祖,也就是说,此记事认为,百济开国者仇台出自中国史书为之立传的夫余,应即朝鲜史书所称北夫余。

　　综上,《北史》《隋书》所载百济开国记事至少已经历两次改编。第一次,是因为原始记事中提到仇台,因而将此记事与《三国志》所载夫余后王仇台的记事相嫁接,添入仇台与公孙度联姻的内容。第二次,是因为原始记事中提到东明,因而纳入东明神话的相关内容。经历此两次改编之后才最终成为《北史》和《隋书》所记载的样子。如果剔除《北史》和《隋书》记事的所有后加入的内容，那么，其原始记事显然是支持百济出自夫余说的，或具体说，是认为百济出自北夫余的。从其"初以百家济海，因号百济"的记载来看，这条原始记事所载百济起源，实际上讲的是百济王室的起源，或者说讲的是百济统治阶层的起源，而不是百济国族的起源。

将还原后的中国方面的记事与前引朝鲜史书《三国史记》的相关记载相对照可以发现，除金富轼将中国史书的仇台对应于朝鲜史书的优台之外，两者实无相通之处。中国记事中的要素"东明之后仇台""始立其国于带方故地""初以百家济海，因号百济"等，皆不见于《三国史记》的记载。另据《三国志》卷三〇《魏书·东夷传》高句丽，"其官有相加、对卢、沛者、古雏加、主簿、优台、丞、使者、皂衣先人"，[1] 优台实为高句丽官名，而上述史料所称仇台无疑是人名，两者实不相通，是金富轼搞错了。除去此点之外，中国方面的记事与《三国史记》的记载没有相通之处。也就是说，《三国史记》所载百济国起源记事存在与中国上述记事不同的史源。《续日本纪》的记载与《三国史记》是相通的，应与《三国史记》存在相同的史源。

至此，我们可以发现记载百济起源的两种不同史源。中国诸史来源相同，但屡经嫁接与修正；《续日本纪》《三国史记》与中国诸史史源不同。两种史源的主要区别在于是否涉及高句丽，而其将百济溯源于夫余则是相同的。另，上述记载皆是追溯百济王室或统治阶层的起源，而未涉及下层民众，在这一点上两种史源也是相同的。

上述中国记事提到百济始立国于带方郡，应是认为百济开国之

1　《三国志》卷三〇《魏书·东夷传》，第843页。

初，其下层民众以原带方郡居民为主。此为一说。

《梁书》卷五四《百济传》：

> 百济者，其先东夷有三韩国，一曰马韩，二曰辰韩，三曰弁韩。弁韩、辰韩各十二国，马韩有五十四国。大国万余家，小国数千家，总十余万户，百济即其一也。[1]

认为百济国民以三韩中的马韩为主，此为另一说。《北史》卷九四《百济传》："百济之国，盖马韩之属也。"《旧唐书》卷一九九上《百济传》："百济国，本亦扶余之别种，尝为马韩故地。"[2] 皆继承此说。

《三国史记》卷四六《崔致远传》引崔致远《上太师侍中状》：

> 伏闻东海之外有三国，其名马韩、卞韩、辰韩。马韩则高丽，卞韩则百济，辰韩则新罗也。[3]

称百济源于三韩中的弁韩。但这种说法在朝鲜古籍中并不多见。就是《三国史记》卷二三《百济本纪》也记载：

> （温祚王）二十四年秋七月，王作熊川栅。马韩王遣使责让曰："王初渡河，无所容足，吾割东北一百里之地，安之，其待王不为不厚。宜思有以报之。今以国完民聚，谓莫与我敌，大设城池，侵犯我封疆，其如义何？"
>
> （温祚王）二十六年秋七月，王曰："马韩渐弱，上下离心，

1　《梁书》卷五四《百济传》，第 804 页；《南史》卷七九《百济传》的记载与此相同。

2　《旧唐书》卷一九九上《百济传》，第 5328 页。

3　（高丽）金富轼：《三国史记》卷四六《崔致远传》，第 655 页。亦见崔致远《孤云集》卷一。

其势不能久。傥为他所并，则唇亡齿寒，悔不可及。不如先人
而取之，以免后艰。"冬十月，王出师，阳言田猎，潜袭马韩，
遂并其国邑。[1]

显然也是认为百济出自马韩。从这个角度说，中朝史籍的记载基本
一致，皆认为百济国民众基本出自三韩中的马韩。

综上，关于百济国的起源，其王室或者统治阶层源自夫余，其
民众或被统治民族源自三韩，具体说，王室或者统治阶层源自北夫
余，即中国正史为之立传的夫余，其民众或被统治民族源自马韩。[2]
概言之，百济是北夫余移民在马韩分布区建立的政权。[3] 由于百济初
立国于带方郡故地，当然也会杂有大量的汉人。

《后汉书》卷八五《东夷传》：

韩有三种：一曰马韩、二曰辰韩、三曰弁辰。马韩在西，
有五十四国，其北与乐浪，南与倭接，辰韩在东，十有二国，
其北与濊貊接。弁辰在辰韩之南，亦十有二国，其南亦与倭
接。凡七十八国，伯济是其一国焉。[4]

1　（高丽）金富轼：《三国史记》卷二三《百济本纪·始祖温祚王》，第 277~278 页。

2　李宗勋认为，百济是以马韩为基础，以夫余、高句丽人为统治贵族，并由多个族群构成的
　　政治共同体。与本书的观点最为接近。参见李宗勋《百济族源与丽济交融过程之考察》，载
　　《朴文一教授 80 周年寿辰纪念史学论集》，香港亚洲出版社，2012。

3　持百济源自马韩说的代表性中国学者有刘子敏、苗威，但他们没有区分百济的统治阶层和被
　　统治阶层，而一概认为源自马韩。刘子敏认为，百济王室起源于夫余的诸种说法，皆是百济
　　王室为与高句丽争雄所做的附会。参见刘子敏《百济起源与夫余、高句丽无关》，《朝鲜·韩
　　国历史研究》第 12 辑，延边大学出版社，2012；苗威《百济前期疆域述考》，《朝鲜·韩国
　　历史研究》第 14 辑，延边大学出版社，2013。

4　《后汉书》卷八五《东夷传》，第 2818 页。

此记载当是《梁书·百济传》《北史·百济传》之所本，只不过两者将《后汉书》上述记载中的"伯济"转引为"百济"。看来，《梁书》《北史》的作者认为，《后汉书》所载三韩七十八国之一的"伯济"即"百济"。但是，中国诸史有关百济的原始资料中，称百济国的得名是"初以百家济海，因号百济"，完全由汉字的意义出发解释百济一名的含义，若是，则"百济"显然不能写为"伯济"。而《三国志》《后汉书》所载三韩国名，基本皆不出于汉语，则"伯济"一名更可能是三韩语名称的汉字译写。[1]换句话说，"百济""伯济"，一为汉语名称，一为三韩语名称，只不过发音偶然相同而已，二者不存在对应关系，更不能互换。由中国记事称百济始祖仇台与公孙度联姻来看，百济立国应是东汉末年的事。《后汉书》所载"伯济"应在"百济"之前即已存在。两者是否存在某种联系已不得而知。

需要说明的是，《资治通鉴》卷九七"东晋永和二年（346）"条记载：

> 初，夫余居于鹿山，为百济所侵，部落衰散，西徙近燕，而不设备。燕王皝遣世子儁帅慕容军、慕容恪、慕舆根三将军，万七千骑，袭夫余，儁居中指授，军事皆以任恪，遂拔夫余，虏其王玄及部落五万余口而还。[2]

---

[1]　王禹浪认为百济的百字读 mo，与靺、勿音韵同，百济即勿吉、靺鞨，即满语的窝集。百济与沃沮、勿吉相通。参见王禹浪《勿吉、靺鞨称号含义与食盐树之谜》，《历史地理》第 14 辑，上海人民出版社，1998。

[2]　《资治通鉴》卷九七《晋纪十九》"穆帝永和二年"条，第 3069 页。

朝鲜李朝学者安鼎福认为，此百济"疑为句丽之误"，[1] 中国学者金毓黻也认为"斯诚为理所必无之事……故谓所侵者为高句骊无疑也"，[2] 多数中国学者皆支持这种观点，也有中国学者认为此处百济为鲜卑之误，[3] 或为"挹娄"或"勿吉"之误。[4] 这些观点的共同之处在于，皆认为此处"百济"二字为误字，若是，则百济始见于《资治通鉴》是在卷一〇四"前秦太元二年（377）"条，与新罗相同。

第二节　百济疆域变迁

关于百济早期疆域，中国记事称百济始建国于带方郡故地，则在马韩诸国中，百济的位置应该偏北、靠近乐浪郡。

《三国史记》卷二三《百济本纪·始祖温祚王》在记载百济迁徙时提及"渡浿、带二水"，此带水，日本学者那珂通世认为指临津江，津田左右吉认为指汉江，[5] 恐皆不可靠，应以《中国历史地图

1　（朝鲜王朝）安鼎福：《东史纲目》附卷上《考异·优台仇台之别》，《朝鲜群书大系续续》第18辑，朝鲜古书刊行会，1915，第307页。

2　金毓黻：《东北通史》，第167页。

3　李健才：《再论北夫余、东夫余即夫余的问题》，载《东北史地考略》（续集），吉林文史出版社，1995，第12~13页。

4　王绵厚：《东北古代夫余部的兴衰和王城变迁》，《辽海文物学刊》1990年第2期。

5　津田左右吉『朝鮮歴史地理』第1卷（歴史調查報告：第2）第一「浿水考」南満洲鉄道株式會社、大正二年（1913）、25頁。

集》为准，指今瑞兴江。[1] 此浿水，学界目前通常认为指礼成江。但是，百济最初兴起之地却并不在瑞兴江和礼成江流域。

《三国遗事》卷二称百济始祖温祚"移都汉山（今广州）"，近肖古王"取高句丽南平壤，移都北汉城（今杨州）"。[2]《新增东国舆地胜览》卷六京畿道广州："本百济南汉山城，始祖温祚王十三年自慰礼城移都之，近肖古王二十六年又移都南平壤城（今京都）。"卷三"汉城府"条："本高句丽北汉山郡，百济温祚王取之筑城，近肖古王自南汉山徙都焉。"[3] 可见，日本学者津田左右吉认为，百济温祚王移都之地为南汉山城，即朝鲜王朝时期的广州，近肖古王移都之地为北汉山城，即朝鲜王朝时期的杨州，[4] 无疑是正确的。朝鲜时期的广州在今韩国京畿道广州市，朝鲜王朝初期的杨州在今韩国首尔市，百济第一个都城慰礼城当在今韩国首尔一带。《三国史记》卷二三《百济本纪·始祖温祚王》称其"都河南慰礼城"，则慰礼城在汉水以南。学界一般认为，此慰礼城在今韩国首尔，很可能就是目前已经发现的风纳土城和梦村土城。[5] 风纳土城位于今首尔市松坡区风纳洞，梦村土城位于今首尔市南部松坡区奥林匹克公园内，再加上首尔市松坡区芳荑洞的百济古墓群也具有百济早期墓葬的特征，因此目前学界一般认为，百济最早的都城慰礼城在今首尔市松坡区。

《三国史记》卷二三《百济本纪·始祖温祚王》记载，此时百

1　谭其骧主编《〈中国历史地图集〉释文汇编·东北卷》，第48~49页。但该书称瑞兴江下游名载宁江并不准确，应是瑞兴江注入载宁江。

2　（高丽）一然：《三国遗事》卷二，第87页。

3　（朝鲜王朝）卢思慎等：《新增东国舆地胜览》卷六，第115页；卷三，第61页。

4　津田左右吉『朝鲜历史地理』第1卷（历史调查报告：第2）第三「百济慰礼城考」、39-49页。

5　〔韩〕朴淳发：《百济都城的考古发现与研究》，《南京晓庄学院学报》2012年第4期；〔韩〕权五荣：《百济最初的王城——风纳土城之调查》，《东南文化》2011年第2期。

济的疆域是"北至浿河，南限熊川，西穷大海，东极走壤"。[1] 浿河即礼成江，为百济北部界河。百济是在汉江流域兴起的。

温祚"作熊川栅"之后，马韩王曾遣使指责百济："王初渡河，无所容足，吾割东北一百里之地安之。其待王不为不厚，宜思有以服之。今以国完民聚，谓莫与我敌，大设城池，侵犯我封疆，其如义何？"说明百济国都城虽然在汉江以南，但其在汉江以南的疆域十分有限，不过是"百里之地"，其南界熊川显然距汉江不远。有学者认为，熊川栅在今韩国京畿道安城郡一带，[2] 若从南北距离上看是完全可能的。

百济北部疆域以及其与带方郡相邻的地带，可能是经济欠发达、人口密度比较低的地区。在大旱之后，"汉水东北部落饥荒，亡入高句丽者一千余户，浿、带之间空无居人"，[3] 百济王"巡抚，东至走壤，北至浿河"，此次旱灾最为严重的地区显然是瑞兴江至礼成江之间的地区，但仅仅逃亡高句丽一千余户，就导致该地区"空无居人"了，可见其间的人口密度是相当低的。百济王为此巡视，"北至浿河"，也证明礼成江为其北部边界。

据《后汉书》卷八五《东夷传·三韩》，马韩五十四国总"十余万户"，平均每国约二千户。《周书》卷四九《百济传》称其疆域："东西四百五十里，南北九百余里"，[4] 此时百济已据有马韩故地，若按马韩五十四国共处上述地域计算，百济仅汉江以南就有"百里之地"，则上述《三国史记》所载百济疆域，即使就汉末三国时期马韩五十四国的格局而言，百济也属于三韩中规模较大的国。因一次

1　（高丽）金富轼：《三国史记》卷二三《百济本纪·始祖温祚王》，第 277 页。

2　苗威：《百济前期疆域述考》，《朝鲜·韩国历史研究》第 14 辑，延边大学出版社，2013。

3　（高丽）金富轼：《三国史记》卷二三《百济本纪·始祖温祚王》，第 278 页。

4　《周书》卷四九《百济传》，第 886 页。

旱灾流亡高句丽的人口即达千余户，也反映出百济户口远超过马韩五十四国每国二千余户的平均数字。另，也只有在高句丽占据今江原道的濊貊居住区之后，百济、高句丽才可能交界，百济流民才有流亡高句丽的可能，这应该是 3 世纪后期的事情，准确地说，是公元 276 年以后的事情。[1] 因此，前引《三国史记》所载百济疆域，最早亦应该是 3 世纪末的情况，《三国史记》将之作为温祚王时事，系于公元前 6 年，显然是靠不住的。

《三国志》卷三〇《魏书·东夷传》称三韩，"其北方近郡诸国差晓礼俗，其远处直如囚徒奴婢相聚"。百济无疑属于"北方近郡诸国"之一，是三韩诸国中社会发展水平相对较高的。可是晚至 3 世纪末，在三韩诸国中疆域较大、人口较多、发展水平较高的百济，其北疆人口密度还是比较低的，这充分反映出三韩诸国的落后状态。

百济自瑞兴江流域越过低度开发的"浿带之间"南下，渡过汉江立都，恐怕与高句丽早期自西向东迁都具有相同的目的，即远离郡县治所，以减轻郡县的控制力度。据《三国史记》卷二四《百济本纪·责稽王》记载，"汉与貊人来侵，王出御，为敌兵所害，薨"。汾西王"为乐浪太守所遣刺客贼害，薨"。体现出此一时期郡县与百济之间控制与反控制斗争的激烈程度。只不过此"乐浪"应为"带方"之误。

公元 3 世纪末至 4 世纪初，百济迎来第一次高速发展时期。一方面是因为高句丽攻克乐浪、带方二郡，朝鲜半岛的郡县体制崩溃，束缚百济发展的外部力量不复存在，但更为重要的是，百济的

1　参见杨军《4—6 世纪朝鲜半岛研究》。

稻作农业开始发展起来，[1]农业技术的革新为百济的发展提供了强有力的经济保障。我们还需要注意一点，百济处于三韩北部，稻作农业已经在百济推广，其南部纬度更低的三韩诸国当已普及稻作农业，这甚至可以称为是朝鲜半岛南部地区的农业革命，可以说，是稻作农业的发展使半岛南部的历史进入一个新的时代。

就在三韩诸国势力上升之际，朝鲜半岛的郡县体制崩溃，也给三韩诸国提供了发展的契机，面对这种政治格局的巨变，百济的态度也是经历过变化的。

《三国史记》卷二四《百济本纪·责稽王》记载，责稽王即位当年（286），"高句丽伐带方，带方请救于我。先是，王娶带方王女宝菓为夫人，故曰：'带方，我舅甥之国，不可不副其请。'遂出师救之，高句丽怨"。很可能是乐浪、带方二郡与高句丽抗衡的过程中，曾动员所属三韩诸国助战，百济当时并未认清形势，出兵助带方郡，因而触怒了高句丽。但至汾西王七年（304），郡县体制行将瓦解的趋势日益明显，百济转而落井下石，"潜师袭取乐浪西县"。但是，汾西王"为乐浪太守所遣刺客贼害"，可能百济受到来自郡县的反击，遭受重创，因此，在高句丽攻克乐浪、带方二郡之后的一段时间里，《三国史记》卷二四《百济本纪》中没有任何出兵北上的记载。我们可以将4世纪以前理解为百济的蛰伏发展时期。

---

1 （高丽）金富轼：《三国史记》卷二三《百济本纪·多娄王》六年（公元33年）"二月，下令国南州郡，始作稻田"（第280页）。此纪年显然有误。如果我们联系前面论述的《三国史记》所载百济始祖温祚王时期的疆域，实际是276年以后的情况，那么，此处系于百济第二位王多娄王时期的"始作稻田"一事，也应该理解为是3世纪末期的事情。《三国志》卷三〇《魏志·东夷传》在记载朝鲜半岛的沃沮、濊貊、马韩诸族的农业时，皆未提到水稻，只有在记载辰韩时称"土地肥美，宜种五谷及稻"。辰韩北部与马韩北部基本处于相同纬度，自然条件差不多，因此，3世纪末水稻种植自辰韩向百济所在的马韩北部地区普及是完全可能的。

关于百济早期历史，另有一条中国史书的记载需要订正，为叙述方便，先将各史相关记载排比如下。

《宋书》卷九七《百济传》：

> 百济国，本与高骊俱在辽东之东千余里，其后高骊略有辽东，百济略有辽西。百济所治，谓之晋平郡晋平县。[1]

《梁书》卷五四《百济传》：

> 其国本与句骊在辽东之东。晋世句骊既略有辽东，百济亦据有辽西、晋平二郡地矣，自置百济郡。[2]

《南史》卷七九《百济传》：

> 其国本与句丽俱在辽东之东千余里，晋世句丽既略有辽东，百济亦据有辽西、晋平二郡地矣，自置百济郡。[3]

谓"百济略有辽西"的说法始于《宋书》，但《宋书》称晋平郡晋平县为"百济所治"，也就是都城所在，并未说晋平郡晋平县也是百济所略。至《梁书》始将辽西、晋平二郡并列，造成二郡皆百济所略的错误，又称其"自置百济郡"。

宋摹本萧绎《梁职贡图》于百济使旁题记：

1　《宋书》卷九七《百济传》，第 2393 页。

2　《梁书》卷五四《百济传》，第 804 页。

3　《南史》卷七九《百济传》，中华书局，1975，第 1972 页。

> 百济，旧来夷，马韩之属。晋末驹丽略有辽东、乐浪，亦
> 有辽西晋平县。自晋已来，常修蕃贡。义熙中其王余腆、宋元
> 嘉中其王余毗、齐永明中其王余太，皆受中国官爵。梁初以太
> 为征东将军，寻为高句骊所破。普通二年，其王余隆遣使奉
> 表，云累破高丽。所治城曰固麻，谓邑曰檐鲁，于中国郡县，
> 有二十二檐鲁，分子弟宗族为之。旁小国有叛波卓、多罗、前
> 罗、斯罗、止迷、麻连、上己文、下枕罗等……[1]

将《梁书》卷五四《百济传》的相关记载与之相对照：

> 晋世句骊既略有辽东，百济亦据有辽西、晋平二郡地矣，
> 自置百济郡。晋太元中，王须，义熙中，王余映，宋元嘉中，
> 王余毗，并遣献生口……齐永明中，除大都督百济诸军事、镇
> 东大将军、百济王。天监元年，进太号征东将军。寻为高句骊
> 所破，衰弱者累年，迁居南韩地。普通二年，王余隆始复遣使
> 奉表，称"累破句骊，今始与通好"……号所治城曰固麻，谓
> 邑曰檐鲁，如中国之言郡县也。其国有二十二檐鲁，皆以子弟
> 宗族分据之。[2]

两段文字相对照可以发现，其史源是相同的，而《梁职贡图》显然
不如《梁书》文字通顺，因此，更为可能的情况是，《梁书》的记载
源于《梁职贡图》。而《梁职贡图》是称百济"亦有辽西晋平县"，
既未言此县为百济所略得，也未说此为"百济所治"，此条记载所

1　《梁职贡图》是南朝梁代萧绎所绘的绘画作品，原作已失，现存宋人摹本，现藏于中国国家
　　博物馆。
2　《梁书》卷五四《百济传》，第804~805页。

传递的信息仅仅是晋末时百济国内有辽西郡晋平县。由此看来，《宋书》卷九七《百济传》称其"略有辽西"，为一误；将晋平县与辽西拆分，为二误；在晋平县上加晋平郡字样，为三误；《梁书》进一步称百济"据有辽西、晋平二郡"，是四误。后世所传"晋世句丽既略有辽东，百济亦据有辽西、晋平二郡地"的记载，为史书传抄中四层错误叠加所致，其原型应该就是《梁职贡图》所载"亦有辽西晋平县"。

　　《宋书》称"百济所治，谓之晋平郡晋平县"，《梁书》称百济"所治城曰固麻"，与《梁职贡图》相同。刘永智认为，"固麻"即百济都城熊津，晋平郡晋平县则是迁都熊津之前的都城汉城，又引《北史》卷九四《百济传》"其都曰居拔城"的记载，认为晋平、居拔为同音异译。[1]但《北史》原文为："其都曰居拔城，亦曰固麻城"，[2]是将居拔视为固麻的同音异译。此观点恐不能成立。但是，如果百济仿中原体制建立郡县制，或是在与中原王朝交往时为自己的地方建置"檐鲁"另起汉名，称其都城所在为"晋平郡晋平县"，也都是可能的。

　　关于百济略有辽西的记载，虽有个别学者当成信史，[3]但前辈学者已批之甚详，[4]此不赘述。刘永智、刘子敏认为"辽西"应为"浿

1　刘永智：《百济略有辽西辨》，《学术研究丛刊》1983 年第 4 期。

2　《北史》卷九四《百济传》，中华书局，1974，第 3118 页。

3　金宪淑：《"百济略有辽西"记事初探》，《延边大学学报》2000 年第 3 期。另，民国时期的丁谦相信此记载，其在《宋书夷貊传地理考证》中认为："晋平，郡名，为百济所自立，故晋、魏诸史皆不载，似即今锦州府地。"《梁书夷貊传地理考证》："其据有辽西二郡，盖乘后燕乱亡时，由海道袭而得之。按《晋地志》，辽西郡置于今直隶永平府地，晋平，郡名，无考，当即燕州州，今为热河朝阳府地。"

4　刘子敏：《驳〈"百济略有辽西"记事初探〉》，《延边大学学报》2001 年第 1 期；刘永智：《百济略有辽西辨》，《学术研究丛刊》1983 年第 4 期。

西"之误，[1]只是根据当时形势的推测，亦无文献、版本方面的证据。

《宋书》卷九七《百济传》见"西河太守"，[2]《魏书》卷一〇〇《百济传》见"带方太守"，[3]《南齐书》卷五八《百济传》见"广阳太守""朝鲜太守""清河太守""广陵太守""城阳太守"。[4]参之《梁书》卷五四《百济传》："谓邑曰檐鲁，如中国之言郡县也。其国有二十二檐鲁。"可见，百济语言中的"檐鲁"，在书面语中是借用汉字称某某郡的，其长官也是借用中国郡的长官名号称"太守"。百济当时共有22郡，从见于上述史书记载的百济郡名来看，大多借自中国郡县名，因此，百济自有"辽西郡"，与中国东北的辽西郡没有关系，后人不察，见到辽西一名，误以为是中国辽西郡，遂认为百济曾经占领中国辽西，遂至以讹传讹。

《宋书》"西河太守"为元嘉二十七年（450）百济使臣所假官衔，证明不晚于5世纪中期，百济已经建立起类似于中原郡县制的地方管理体制。《梁书》卷五四《百济传》："后渐强大，兼诸小国。"[5]则4世纪前期，百济恐怕还在忙于对周边马韩诸小国的兼并征服，是否出现"檐鲁"体制不得而知。

高句丽与百济之间的大规模战争爆发于公元369年。《三国史记》卷一八《高句丽本纪·故国原王》："三十九年（369）秋九月，王以兵二万南伐百济，战于雉壤，败绩。"[6]卷二四《百济本纪·近肖

1　两者观点的分歧在于浿水所指，刘永智认为指临津江（刘永智：《百济略有辽西辨》，《学术研究丛刊》1983年第4期）；刘子敏认为指大同江（刘子敏：《驳〈"百济略有辽西"记事初探〉》，《延边大学学报》2001年第1期）。

2　《宋书》卷九七《百济传》，第2394页。

3　《魏书》卷一〇〇《百济传》，第2217页。

4　《南齐书》卷五八《百济传》，第1011页。

5　《梁书》卷五四《百济传》，第804页。

6　（高丽）金富轼：《三国史记》卷一八《高句丽本纪·故国原王》，第221页。

古王》亦载有此事："二十四年（369）秋九月，高句丽王斯由帅步骑
二万，来屯雉壤，分兵侵夺民户。王遣太子以兵径至雉壤，急击破
之。"[1] 从"侵夺民户"的记载来看，高句丽发动战争的目的在于开疆
拓土。卷二四《百济本纪·近仇首王》："近仇首王，近肖古王之子。
先是，高句丽国冈王斯由亲来侵，近肖古王遣太子拒之。至半乞
壤……进击，大败之，追奔逐北，至于水谷城之西北。"[2] 证明战场雉
壤也名半乞壤，距水谷城不远。韩国学者金泰植认为水谷城在今朝鲜
黄海北道新溪郡多栗面，雉壤（半乞壤）在今黄海道延白郡银川面；[3]
中国学者苗威认为水谷城在今黄海北道平山郡南山城礼成江西岸的城
隍山城，雉壤在今黄海南道白川郡雉壤城。[4] 总之，战场是在礼成江
流域。也就是说，此时高句丽与百济的分界线大约在礼成江流域。

　　但是，日本学者津田左右吉认为，此时期高句丽与百济的分界
线在大同江流域与礼成江流域的分水岭，也就是从前乐浪、带方二
郡的分界线，在今朝鲜黄海道遂安至谷山一线。[5] 恐怕失之过北。中
国学者一般认为，带方郡所辖七县，带方县在今朝鲜黄海道凤山郡
土城、列口县在今朝鲜黄海道殷粟郡、长岑县在今朝鲜黄海道松禾
郡、含资县在今朝鲜黄海道瑞兴郡、海溟县在今朝鲜黄海道海州附
近，大体上说，带方七县"疆界不出今朝鲜黄海道的中部和西部"。[6]
百济的势力似不可能达到尚在瑞兴北部的遂安、谷山。前述战役中

1　（高丽）金富轼：《三国史记》卷二四《百济本纪·近肖古王》，第293页。
2　（高丽）金富轼：《三国史记》卷二四《百济本纪·近仇首王》，第293~294页。
3　〔韩〕金泰植「古代王権の成長と韓日関係―任那問題を含んで―」『日韓歴史共同研究
　　報告書』（第2期）第1分科会（古代史）篇，http://www.jkcf.or.jp/projects/kaigi/history/
　　second/2-1/，最后访问时间：2019年7月13日。
4　苗威：《百济前期疆域述考》，《朝鲜·韩国历史研究》第14辑，延边大学出版社，2013。
5　津田左右吉『朝鮮歴史地理』第1卷（歴史調査報告：第2）第四「好太王征服地域考」、
　　57頁。
6　谭其骧主编《〈中国历史地图集〉释文汇编·东北卷》，第46页。

百济部队追击高句丽的终点是水谷城，在《三国史记》中也被称作是百济的"北鄙"，应在百济边境处，笼统地说，在今朝鲜黄海北道新溪至平山一带，由此向西，就是原带方郡含资县所在的瑞兴了，当时应属于高句丽控制区。那么，此时期百济的北部疆域与带方郡灭亡以前一样，仍旧是在礼成江流域，也就是在带方郡原统治区之外，传统说法认为百济立国于带方郡故地显然并不准确。

自公元 369 年起，百济与高句丽之间断断续续地进行了约 30 年战争。从百济一方来看，经历了近肖古王、近仇首王、辰斯王、阿莘王等四代王，从高句丽一方来看，经历了故国原王、小兽林王、故国壤王、广开土王等四代王。从历次战役的地点来看，双方主要是在礼成江流域进行拉锯战。

《三国史记》卷二四《百济本纪·近肖古王》二十六年（371）："高句丽举兵来，王闻之，伏兵于浿河上，俟其至，急击之，高句丽兵败北。"[1] 此浿河即礼成江。二十八年（373），百济"筑城于青木岭"，在今京畿道开城附近。三十年（375），"高句丽来攻北鄙水谷城，陷之"。[2] 同书卷二五《百济本纪·辰斯王》二年（386），"发国内人年十五岁已上，设关防，自青木岭，北距八坤城，西至于海"。[3] 总体而言，在高句丽广开土王以前，是百济在战争中略占上风。

百济曾于近肖古王二十六年（371）、近仇首王三年（377）两次进攻后来成为高句丽都城的平壤。《三国史记》卷二四《百济本纪·近肖古王》二十六年（371）："冬，王与太子帅精兵三万，侵高句丽，攻平壤城。丽王斯由力战拒之，中流矢死，王引军退。移都

---

1 （高丽）金富轼：《三国史记》卷二四《百济本纪·近肖古王》，第 293 页。

2 （高丽）金富轼：《三国史记》卷二四《百济本纪·近肖古王》，第 293 页。

3 （高丽）金富轼：《三国史记》卷二五《百济本纪·辰斯王》，第 296 页。

汉山。"[1] 日本学者津田左右吉，根据《三国史记》卷三七《地理志》：
"近肖古王，取高勾丽南平壤，都汉城"；[2] 卷三五《地理志》汉阳
郡，"本高勾丽北汉山郡（一云平壤）"；《三国遗事》卷二《前百济》：
"近肖古王，咸安元年，取高句丽南平壤，移都北汉城（今杨州）。"[3]
认为近肖古王二十六年（371）进攻的平壤是南平壤，即北汉山城，
在今韩国首尔。[4] 如前所述，百济北疆早已至礼成江流域，不可能迟
至此时才攻占今首尔一带，高句丽王也没有理由出现在百济腹地。
故目前学界多认为，此高句丽平壤在今朝鲜平壤。

　　《三国史记》卷三七《地理志》在上述记载之前有"按古典记"
四字，证明《三国史记》的记载另有所本。咸安为东晋简文帝年
号，《三国遗事》所说"咸安元年"，实即《三国史记》所说"近肖
古王二十六年"，为公元 371 年，可见，《三国遗事》的记载与《三
国史记》出自同一史源，只不过《三国遗事》保留了原记载的纪年
方式，采用中国年号称"咸安元年"，而《三国史记》因体例的关
系，将之改为近肖古王二十六年。换言之，《三国遗事》的行文可
能更接近于原始史料，细品其文意，原始史料可能也是一种编年体
文献，用中国年号纪年，在咸安元年条下记载了百济两件大事，其
一是"取高句丽南平壤"，其二是"移都北汉城"。北汉城下小字注
"今杨州"应是《三国遗事》的作者一然所加。由《三国史记》卷
二四《百济本纪·近肖古王》的记事仅写"冬"而没有系月来看，
应该是原始史料中就没有此两件事发生的具体时期，因无具体时间

1　（高丽）金富轼：《三国史记》卷二四《百济本纪·近肖古王》，第 293 页。

2　（高丽）金富轼：《三国史记》卷三七《地理志》，第 519 页。

3　（高丽）一然：《三国遗事》卷二，第 87 页。

4　津田左右吉『朝鮮歷史地理』第 1 卷（歷史調查報告：第 2）第四「好太王征服地域考」、
　　55 頁。

可明，所以两件事在叙述时就紧密相接，后人不查，误为一事，理解成夺取高句丽南平壤之后迁都于此，却未深思，于攻克当年迁都新占领的城市是多么的不合常理。故前引《三国遗事》"近肖古王，咸安元年，取高句丽南平壤"的记载，应是《三国史记》所载百济近肖古王二十六年进攻高句丽平壤史事之误载，百济此年进攻的是高句丽平壤，而不是南平壤。总之，该年百济迁都之汉山城，或称汉城、北汉山城，即高句丽南平壤，在今韩国首尔，同年百济进攻的高句丽平壤则在今朝鲜平壤。

关于此次战役，中国史书也有相关记载。《魏书》卷一〇〇《高句丽传》记载，延兴二年（472），百济王余庆上表称："臣与高句丽源出夫余，先世之时，笃崇旧款。其祖钊轻废旧好，亲率士众，陵践臣境。臣祖须整旅电迈，应机驰击，矢石暂交，枭斩钊首。"[1] 按《三国史记》，高句丽故国原王斯由一名"钊"，百济近仇首王一名"须"。[2] 上引《三国史记》称此次攻平壤之役，是百济"王与太子帅精兵三万"，《魏书》所引百济上表又称"臣祖须"，证明真正指挥此次对高句丽作战的应该是当时还是太子的近仇首王。《魏书》对战争的过程虽然语焉不详，但称高句丽王钊死于是役，无疑是指上述 371 年的战事。

关于百济后期疆域，在百济灭亡后，唐朝在其故地设立熊津、马韩、东明、金连、德安五都督府及带方州，后又将熊津、马韩、东明、金连、德安五都督府及带方州合并为一个统一的熊津都督府。[3] 据《三国史记》卷三七《地理志》：

1　《魏书》卷一〇〇《百济传》，第 2217 页。

2　（高丽）金富轼：《三国史记》卷一八《高句丽本纪·故国原王》，第 229 页；卷二四《百济本纪·近肖古王》，第 294 页。

3　参见赵智滨《关于唐代熊津都督府的几个问题》，《东北史地》2010 年第 6 期。

（熊津）都督府一十三县：嵎夷县；神丘县；尹城县，本悦巳；麟德县，本古良夫里；散昆县，本新村；安远县，本仇尸波知；宾汶县，本比勿；归化县，本麻斯良；迈罗县；甘盖县，本古莫夫里；奈西县，本奈西分；得安县，本德近支；龙山县，本古麻山。东明州四县：熊津县，本熊津村；卤辛县，本阿老谷；久迟县，本仇知；富林县，本伐音村。支浔州九县：己汶县，本今勿；支浔县，本只乡村；马津县，本孤山；子来县，本夫首只；解礼县，本皆利伊；古鲁县，本古麻只；平夷县，本知留；珊瑚县，本沙好萨；隆化县，本居斯勿。鲁山州六县：鲁山县，本甘勿阿；唐山县，本仇知只山；淳迟县，本豆尸；支牟县，本只马马知；乌蚕县，本马知沙；阿错县，本源村。古四州，本古沙夫里，五县：平倭县，本古沙夫村；带山县，本大尸山；辟城县，本辟骨；佐赞县，本上杜；淳牟县，本豆奈只。沙泮州，本号尸伊城，四县：牟支县，本号尸伊村；无割县，本毛良夫里；佐鲁县，本上老；多支县，本夫只。带方州，本竹军城，六县：至留县，本知留；军那县，本屈奈；徒山县，本抽山；半那县，本半奈夫里；竹军县，本豆肹；布贤县，本巴老弥。分嵯州，本波知城，四县：贵旦县，本仇斯珍分；首原县，本买省坪；皋西县，本秋子分；军支县。[1]

统一后的熊津都督府至少包括八州。熊津州（州治在今忠清南道扶余，州境大致在忠清南道南部地区）、东明州（州治在今忠清南道公州，州境大致在忠清南道东北部地区）、支浔州（州治在今忠清

1　（高丽）金富轼：《三国史记》卷三七《地理志》，第533~534页。

南道大兴，州境大致在忠清南道西北部地区）、古四州（州治在今全罗北道古阜，州境大致在全罗北道中部地区）、鲁山州（州治在今全罗北道咸悦，州境大致在全罗北道北部地区）、沙泮州（州治在今全罗南道灵光，州境大致在全罗北道西南部地区和全罗南道西北部地区）、带方州（州治在今全罗南道罗州西二十五里的会津古邑，州境大致在全罗南道西南部地区）、分嵯州（州治在今全罗南道乐安，州境大致在全罗南道东南部地区）。

总体来看，百济前期以汉江流域为中心，后期以锦江流域为中心，建立了一个占据今朝鲜半岛西南部的强大王国。今天韩国的首尔（汉城）特别市、仁川广域市、光州广域市、大田广域市、京畿道、江原道西部、忠清南道、忠清北道西部、全罗北道、全罗南道、济州道、庆尚南道西部，朝鲜的黄海北道、开城市都曾经是百济的领土。

第三节　百济国族群与人口

如前所述，百济国的统治阶层出自夫余，但由于百济立国于马韩故地，其主体民族应是马韩。据《三国志》卷三〇《魏书·东夷传》，"辰韩在马韩之东，其耆老传世，自言古之亡人避秦役来适韩国，马韩割其东界地与之。有城栅。其言语不与马韩同"，"弁辰与辰韩杂居，亦有城郭。衣服居处与辰韩同。言语法俗相似"。辰韩与弁韩后起，皆是朝鲜半岛南部土著韩人与中原移民相融合的产物。因此，辰韩与弁韩语言相似，而与马韩语言不同。从这个角度说，马韩可能是比较纯粹的当地土著韩人。

但是，在百济兴起之前，马韩的民族成分已经变得比较复杂了。《三国志》卷三〇《魏书·东夷传》：

> 侯准既僭号称王，为燕亡人卫满所攻夺，将其左右宫人走入海，居韩地，自号韩王。其后绝灭，今韩人犹有奉其祭祀者。汉时属乐浪郡，四时朝谒。桓、灵之末，韩濊强盛，郡县不能制，民多流入韩国。建安中，公孙康分屯有县以南荒地为带方郡，遣公孙模、张敞等收集遗民，兴兵伐韩濊，旧民稍出，是后倭韩遂属带方。[1]

百济兴起以前，当地土著马韩人中至少掺杂了卫氏朝鲜遗民和汉人移民，而卫氏朝鲜人本来又拥有明显的汉人血统，并深受中原文化的影响，因而，马韩地区汉文化的影响明显得到加强。

百济兴起之初，也有大量汉族人口进入百济管辖之下。《汉书》卷二八下《地理志下》记载，乐浪郡人口有 62812 户，406748 口。[2]此是四郡并省之后的数字，其中应该包括东部濊貊、沃沮等族的户口。据《三国志》卷三〇《魏书·东夷传》可知，下至三国时期，濊貊人有 2 万户，而沃沮人仅 5000 户。由此推测，汉代乐浪郡统治中心、大同江下游地区人口不少于 3.7 万户、24 万口，中原移民及其后裔当占多数。乐浪郡辖区内形成一个人口众多的汉人移民社会，这是汉王朝统治朝鲜半岛的基础。

1　《三国志》卷三〇《魏书·东夷传》，第 850~851 页。
2　《汉书》卷二八下《地理志下》，中华书局，1962，第 1627 页。

汉末，公孙氏以"屯有以南荒地"设带方郡，标志着乐浪郡的汉人移民社会的南拓。《晋书》卷一四《地理志》记载，辽东国"统县八，户五千四百"，乐浪郡"统县六，户三千七百"，玄菟郡"统县三，户三千二百"，带方郡"统县七，户四千九百"。[1]《晋书》所载户口数字虽然极不准确，但是，带方郡的户数超过乐浪郡，与辽东国接近的趋势则是非常明显的。证明经三国至晋初，乐浪、带方二郡在北方与高句丽政权连年征战，当地汉人移民社会明显存在南移的趋势，带方郡已经逐渐取代乐浪郡成为半岛汉人移民社会的中心。

就考古资料而言，木椁墓在大同江、载宁江流域流行于西汉后期至东汉中期，砖室墓则出现于东汉中期，至东汉末期开始流行。载宁江流域的黄海南、北道发现的砖室墓在绝对数量上并不比乐浪郡治所在的平壤市大同江南岸区域多，但其在各类墓葬中所占比例较高，且黄海南、北道木椁墓发现极少。[2]也可以证明带方郡渐成为汉人移民社会的中心。

二郡覆亡后，当地汉人除大量融入高句丽之外，也有相当部分进入百济。

百济对二郡汉人的觊觎可以上溯至 3 世纪中期。《三国史记》卷二四《百济本纪·古尔王》十三年（246）：

> 秋八月，魏幽州刺史毌丘俭与乐浪太守刘茂、带方太守王遵伐高句丽，王乘虚遣左将真忠袭取乐浪边民，茂闻之怒，王恐见侵讨，还其民口。

<hr />

1　《晋书》卷一四《地理志》，第 427 页。
2　赵俊杰：《乐浪、带方二郡覆亡前后当地汉人集团的动向与势力发展》，《吉林大学社会科学学报》2012 年第 1 期。

这一条记事前不久，古尔王九年（242）二月"命国人开稻田于南泽"，[1]已在境内发展稻作农业，对二郡汉人的掳掠当是出于对劳动力特别是汉人所掌握的先进生产技术的需求。

在二郡覆亡前后，《三国史记》中有数条记载可以证明百济掠有相当数量的汉人，兹罗列如下。卷二四《百济本纪·责稽王》元年（286）：

> 高句丽伐带方，带方请救于我。先是，王娶带方王女宝菓为夫人。故曰："带方，我舅甥之国，不可不副其请。"遂出师救之，高句丽怨。王虑其侵寇，修阿日城、蛇城备之。

卷二四《百济本纪·责稽王》十三年（298）：

> 秋九月，汉与貊人来侵，王出御，为敌兵所害，薨。[2]

卷二四《百济本纪·汾西王》七年（304）：

> 春二月，潜师袭取乐浪西县。
> 冬十月，王为乐浪太守所遣刺客贼害，薨。[3]

百济是否与带方通婚姑且不论，其与高句丽争夺带方故地特别是带方故地的汉人社会则属事实。责稽王十三年条与汉人联合作战的"貊人"应指高句丽，当地的汉人社会倒向高句丽一边，以至百济战败，

1　（高丽）金富轼：《三国史记》卷二四《百济本纪·古尔王》，第288页。
2　（高丽）金富轼：《三国史记》卷二四《百济本纪·责稽王》，第290页。
3　（高丽）金富轼：《三国史记》卷二四《百济本纪·汾西王》，第291页。

责稽王被杀。汾西王七年条两见乐浪，颇疑皆为带方之误。汾西王"潜师袭取乐浪西县"导致其遇刺身亡，亦可反证其"袭取"是相当有收获的，应是有大量汉人进入百济。责稽王、汾西王两代王皆死于与二郡故地汉人社会的博弈之中，亦可证明百济收获应为不少。

《三国史记》卷二四《百济本纪·近肖古王》三十年（375）：

> 《古记》云："百济开国已来，未有以文字记事。至是，得博士高兴，始有书记。"然高兴未尝显于他书，不知其何许人也。[1]

这应该是百济得到部分原乐浪郡、带方郡所属汉人集团的最直接的个案证据。此汉人集团不仅掌握着当时朝鲜半岛最先进的技术，同时也代表着半岛的最高文化水平。二郡覆亡后，此汉人集团分别进入高句丽和百济，对两国经济文化的发展起到了巨大的推动作用。

由墓中发现的干支或年号可知，胎封里1号墓、平壤驿内砖室墓、安岳3号墓的时代分别为348年、353年、357年，显示出4世纪中叶西北朝鲜地区汉人集团势力的快速增长态势。但357年之后，黄海南道一带发现的纪年铭文砖仅有"元兴三年"砖一件，可证此地的汉人聚居区已迅速走向解体。[2]此后，自369年开始的百济与高句丽的拉锯战，应与争夺汉人人口有关。[3]其中尤需关注的是，百济近肖古王二十七年（372）、二十八年（373）连年遣使朝觐，恐怕

1　（高丽）金富轼：《三国史记》卷二四《百济本纪》，第293页。

2　本自然段内容，摘引自赵俊杰《乐浪、带方二郡的兴亡与带方郡故地汉人聚居区的形成》，《史学集刊》2012年第3期。

3　（高丽）金富轼：《三国史记》卷二四《百济本纪·近肖古王》二十四年（369）秋九月："高勾丽王斯由帅步骑二万，来屯雉壤，分兵侵夺民户。"（第293页）高句丽所侵夺之民户，可能即出离带方郡故地的汉人集团。

也是出于笼络刚刚征服的汉人集团的需要。由此推测，此汉人集团进入百济约为 4 世纪 60 年代的事情，约 10 年之后，以高兴任博士掌书记为标志性事件，代表着此汉人集团已经为百济所用，逐渐融入百济政权之中。

在百济国族形成和发展的过程中融入大量汉人，使得百济风俗文化与华夏汉文化存在比较大的相似性。如，《梁书》卷五四《百济传》称"其言参诸夏，亦秦韩之遗俗云"，百济语言受汉语影响比较大当是事实，但在解释这一现象的成因时，《梁书》的作者仅仅推测是受到辰韩（秦韩）遗风的影响，却显然失之片面了。《梁书》还提到，百济"言语服章略与高骊同"，[1] 说明百济人的语言服饰与朝鲜半岛北方的高句丽人存在相似之处，也就是体现出夫余族系的特点，这无疑是夫余移民带来的影响。从这个角度来看，韩国学者都守熙认为，百济中期的语言呈现出复合语言的特点，存在统治阶层语言和被统治阶层语言的区分，[2] 应该是正确的结论。统治阶层的语言源于高句丽语或夫余语，被统治阶层的语言应源自马韩语。《梁书》卷五四《新罗传》提到新罗"语言待百济而后通焉"，[3] 似乎同新罗语相比较，百济语与汉语更为接近一些。由此也可以反映出，百济人中杂有汉族移民成分，其文化受汉文化影响比较大。

考古资料也可以证明这一点。最典型的是百济武宁王陵，无论是墓葬的形制还是出土的器物，都明显反映出中国文化的影响，[4] 特

1　《梁书》卷五四《百济传》，第 805 页。

2　〔韩〕都守熙：《백제의 전기판도와 그 어자료》，《百濟研究》第 26 辑，1996 年，第 107~127 页。

3　《梁书》卷五四《新罗传》，第 806 页。

4　赵俊杰：《再论百济武宁王陵形制与构造的若干问题》，《边疆考古研究》第 7 辑，科学出版社，2008。丁利民：《百济武宁王陵中的南朝文化因素研究》，硕士学位论文，南京师范大学，2007。王俊、邵磊：《百济武宁墓志与六朝墓志的比较研究》，《南方文物》2008 年第 3 期。另，栾国琴认为，百济金铜大香炉是以中国汉代博山香炉为原型的。参见栾国琴《试析百济金铜大香炉中的中国文化因素》，《哈尔滨师范大学社会科学学报》2013 年第 3 期。

别是其中发现的南朝梁的铁五铢钱，[1] 更证明其与南朝的密切关系。《大周故明威将军守右卫龙亭府折冲都尉陈府君墓志铭并序》："君讳法子，字士平，熊津西部人也……远祖以衰汉末年，越鲸津而避地；胤绪以依韩导日，托熊浦而为家。"[2]《大唐故右威卫将军上柱国祢公墓志铭并序》："公讳军，字温，熊津嵎夷人也。其先与华同祖，永嘉末，避乱适东，因遂家焉……汗马雄武，擅后异于三韩；华构增辉，英材继响。"[3] 这些资料都从另一侧面表明，百济人中杂有汉族移民成分。

关于百济国的人口规模，碑刻资料与传世文献的记载差异非常大。《大唐平百济国碑铭》：

> 凡置五都督，卅七州，二百五十县，户廿四万，口六百廿万。[4]

《旧唐书》卷四《高宗本纪》：

> 国分为五部，郡三十七，城二百，户七十六万，以其地分置熊津等五都督府。[5]

《三国遗事》卷一《卞韩、百济》：

> 百济全盛之时，十五万二千三百户。[6]

1　邵磊：《百济武宁王陵随葬萧梁铁五铢钱考察》，《中国钱币》2009 年第 3 期。

2　拜根兴：《入唐百济移民陈法子墓志关联问题考释》，《史学集刊》2014 年第 3 期。

3　拜根兴：《唐代高丽百济移民研究》，中国社会科学出版社，2012，第 306~307 页。

4　拜根兴：《唐朝与新罗关系史论》，中国社会科学出版社，2009，第 69 页。

5　《旧唐书》卷四《高宗本纪》，第 81 页。

6　（高丽）一然：《三国遗事》卷一《卞韩、百济》，第 38 页。

《新唐书》《唐会要》《通典》的记载与《旧唐书》大体一致。总的来说，中国史料的记载比较一致，都是 76 万户；朝鲜史料《三国遗事》称 152300 户；而碑刻资料则为 24 万户、620 万人。

首先我们要搞清楚，《三国遗事》所说的"百济全盛之时"是指什么时期，才能确定其所提供的百济户口数是什么时代的数字。

同样是《三国遗事》卷一提到"高丽全盛之日，二十一万五百八户"。[1] 高句丽最早的人口数字见于《三国志》卷三〇《魏书·高句丽传》，称高句丽共 3 万户。但此时的高句丽族尚未最后定型，沃沮、秽貊都未融入高句丽族之中，这只是处于形成过程中的高句丽族的人口数。《三国志》同传记载，秽"汉末更属句丽"，沃沮"迫于大国之间，遂臣属句丽"，则此时高句丽政权下辖的人口，除高句丽人以外，至少还包括秽人与沃沮人。按《三国志》的记载，秽人 2 万户，沃沮人 5000 户。共计 2.5 万户。高句丽打败夫余后，有万余名夫余人来投，[2] 实际数字恐怕远高于此，汉末"中国大乱，汉人避乱来投者甚多"，[3] 这两项人口数字仅以一万多户计算，则三国时期高句丽政权实际控制的人口也应接近 7 万户。

《魏书》卷一〇〇《高句丽传》载李敖"至其所居平壤城，访其方事"，称高句丽"民户参倍于前"。[4] 既然称"民户"，应是指高句丽政权所辖的全部人口，而不仅仅指高句丽族。按曹魏时高句丽政权所辖人口约 7 万户计算，北魏时高句丽政权所辖人口应达 21 万户，与《三国遗事》卷一所载数字相当。因此，《三国遗事》所载的"二十一万五百八户"，指的是南北朝时期高句丽政权所辖

1　（高丽）一然：《三国遗事》卷一《高句丽》，第 38 页。

2　（高丽）金富轼：《三国史记》卷一四《高句丽本纪·大武神王》，第 186 页。

3　（高丽）金富轼：《三国史记》卷一六《高句丽本纪·故国川王》，第 203 页。

4　《魏书》卷一〇〇《高句丽传》，第 2215 页。

全部人口。李敖至高句丽事，《资治通鉴》载于元嘉十二年（435），此时高句丽不仅已迁居平壤，据有朝鲜半岛的大同江流域，而且也已经占据辽东半岛，[1] 就在第二年，北魏进攻辽西的冯文通时，高句丽甚至能"使其大将葛蔓卢以步骑二万人迎文通"，[2] 进军至辽西地区。这个时期显然可以看作高句丽的全盛时期。因此，《三国遗事》所载"高丽全盛之日，二十一万五百八户"，是高句丽在南北朝时期的全部人口，所谓"高丽全盛之日"是指中国的南北朝时期。

参照《三国遗事》卷一对高句丽的记事可知，其所谓"百济全盛之时"，也应该是指南北朝时期。那么，152300 户就不是百济灭亡前的人口数字，而是南北朝时期百济的人口数字。同一时期的高句丽拥有 210508 户，远多于百济，这与两者当时表现出来的国力也是相匹配的。

《三国志》卷三〇《魏书·东夷传》记载，马韩七十八国总计有十余万户，南北朝时期，百济虽然尚未占据全部马韩分布区，但总体来说，同三国时期相比，百济占据的朝鲜半岛西南部地区人口的增幅并不是很大。

《大唐平百济国碑铭》是唐朝平百济主将苏定方等人于显庆五年（660）八月十五日树立的。此时唐军刚刚灭亡百济，肯定不可能展开人口统计，其所提到的人口数字来源不详。但此数字最为可疑之处在于，户数仅 24 万，口数却达 620 万，平均每户人口达 25 人。不仅在朝鲜半岛，就是在整个东亚世界，此时期也没有与之相近似的户均人口数字。可以断定，《大唐平百济国碑铭》所载户数、

1　《资治通鉴》卷一一四《晋纪三十六》"安帝义熙元年（405）"条："燕王熙伐高句丽。戊申，攻辽东。城且陷，熙命将士：'毋得先登，俟刬平其城，朕与皇后乘辇而入。'由是城中得严备，卒不克而还。"（第 3599 页）说明高句丽在 405 年以前已经据有辽东半岛。

2　《魏书》卷四《太武帝纪》，第 87 页。

口数必有一误，或两者都有问题。

中国史书皆载，高句丽灭亡时 69.7 万户，略少于百济。在南北朝以后，朝鲜半岛南部的稻作农业趋向成熟，稻作农业相对于旱作农业的优势充分地体现出来，粮食单位面积产量远高于朝鲜半岛北方，其所能供养的人口数增加，导致朝鲜半岛南部人口的增长快于北方，人口密度也远大于北方。从这种历史背景来看，百济疆域虽远小于高句丽，其人口略多于高句丽完全是可能的。因此，中国史书所载百济 76 万户，应为更可信的数字。若按一户五口计，百济灭亡前有人口 380 万左右。由此来看，《大唐平百济国碑铭》所载户数、口数恐怕皆不可信。

依百济灭亡前总人口 76 万户计，从南北朝至唐初，百济的人口增长了约五倍。这不仅与百济疆域的拓展有关，更体现着朝鲜半岛南部人口密度的增加。

第四节　百济的经济文化

关于百济经济文化的发展状况，中国学者研究比较少，[1] 可以说是中国学界的一个盲点问题，因此笔者不惮鄙陋，试略做讨论。

百济的地形具有多样性，低山、丘陵和平原交错分布，其中黄

1　研究状况，参见冯立君《韩国与中国近 30 年百济史研究述要——以对外关系史研究为中心》，《朝鲜·韩国历史研究》第 15 辑，延边大学出版社，2014。关于百济经济的研究，较早的有李成德《试析百济国家的社会性质》，《史学月刊》1987 年第 4 期。

海沿岸的汉江平原、湖南平原等地具有较好的农业生产条件。有汉江、熊津河（锦江）、蟾津江（基汶河）等大型河流，有利于农业灌溉。从当代朝鲜半岛西南部的气候数据看，属于温带季风气候，海洋性特征显著，年平均降水量 1500 毫米左右，也有利于农业生产。总的来说，百济的自然环境虽不如同时代的黄河流域和长江流域，但也是宜于农业生产的。

《隋书》卷八一《百济传》："有五谷、牛、猪、鸡，多不火食。厥田下湿，人皆山居。有巨栗。"《北史》卷九四《百济传》："土田下湿，气候温暖，人皆山居。有巨栗，其五谷、杂果、菜蔬及酒醴肴馔之属，多同于内地。唯无驼、骡、驴、羊、鹅、鸭等。"[1] 百济畜养牛，其主要作用应该是使用牛耕的办法进行深耕，以提高粮食产量。借助于良好的农业生产条件，百济农业比较发达，有五谷、杂果、菜蔬，品种多样，而且与中国中原地区的作物品种很相似。不过受制于自然条件，百济农业生产结构中种植业比较发达，而畜牧业的比重较小，只有牛、猪、鸡，无驼、骡、驴、羊、鹅、鸭等家养动物。

《隋书》《北史》皆提到百济"有五谷"，"其五谷、杂果、菜蔬"等"多同于内地"，证明百济有着与中原地区相似的旱作农业，甚至粮食作物、水果、蔬菜的品种都与中国北方的旱作农业区相同。但是，《三国史记》卷二三《百济本纪·多娄王》六年"二月，下令国南州郡，始作稻田"。证明百济也存在稻作农业。正是稻作农业的发展，才支撑了百济较高的人口密度。《北史》还提到百济有"酒醴"，不仅证明百济的粮食种植比较发达，有余粮用于酿酒，而且证明百济已经熟练掌握酿制米酒的技术。

百济在朝鲜半岛立国三百余年，与新罗、高句丽、倭国进行激

1　《隋书》卷八一《百济传》，第 1818~1819 页;《北史》卷九四《百济传》，第 3120 页。

烈角逐，征战不断，因而军事手工业的发展水平相对比较高。

《高句丽好太王碑文》："十七年丁未，教遣步骑五万，□□□□□□□□。王师□□合战，斩杀荡尽。所获铠钾一万余领，军资器械，不可称数。"[1] 好太王十七年（407），高句丽一次性从百济手中获得铠甲一万余领，说明百济军事手工业的规模相当惊人。《新唐书》卷二二〇《百济传》："后五年（626），献明光铠，且讼高丽梗贡道。"《旧唐书》卷一九九上《百济传》："（贞观）十一年（637），遣使来朝，献铁甲雕斧。太宗优劳之，赐彩帛三千段并锦袍等。"[2] 明光铠是我国中古时期出现的一种重要防护装具，制作精良，工艺复杂，百济能制作并献于唐朝，说明百济的军事手工业水平已达到相当水准。

日本史书《古事记》卷中《应神天皇》记载："百济国主照古王以牡马壹匹、牝马壹匹付阿知吉师以贡上（此阿知吉师者，阿直史等之祖），亦贡上横刀及大镜。"《日本书纪》卷九《气长足姬尊（神功皇后）》五十二年（372）"秋九月丁卯朔丙子，久氏等从千熊长彦诣之，则献七枝刀一口、七子镜一面，及种种重宝"。百济进献给日本的七枝刀实物，1874 年被日本奈良县天理市布留町石上神宫的宫司菅政友发现，此后成为日本学界关注的一个热点问题。百济能向日本赠送"横刀及大镜"，也足以证明其冶炼技术水平比较高。

位于今韩国忠清南道公州的武宁王陵有大量精美的随葬品，其中有金冠饰、金耳饰、银带具、镀金铜履及由金、玉、琥珀、琉璃

1　耿铁华：《好太王碑一千五百八十年祭》，中国社会科学出版社，2003，第 413 页。由于碑文缺损，碑文未显示高句丽军进攻对象。但从碑文上下文意判断，高句丽的作战目标应为百济。

2　《新唐书》卷二二〇《百济传》，第 6199 页；《旧唐书》卷一九九上《百济传》，第5329~5330 页。

制成的各种精美饰品；有金银装饰的环首铁刀；有钵、盏、熨斗、铜镜等青铜器皿与用具；有罐、壶、盏、瓶等青瓷器；有木枕与足枕等木质器。由这些种类众多、数量丰富的精美随葬品可以看出，百济的民用手工业水平也是相当高的。

根据文献记录和考古发掘，百济没有自己的文字，而是借用汉字。公元 4 世纪中叶，百济占领带方郡南部地区，接收了原属于带方郡的大批汉人。《三国史记》卷二四《百济本纪·近肖古》三十年十一月引《古记》："百济开国已来，未有以文字记事。至是，得博士高兴，始有《书记》。"百济不仅引进汉字作为书面语，而且已经开始编纂自己的史书，从此开始，百济形成比较良好的修史传统，其史学之发达甚至对日本也产生了一定的影响。[1]

从近肖古王时代开始，汉字文化开始渗透到百济社会的方方面面。

首先是运用于本国的社会生活。韩国曾出土许多百济时代的竹简，内容均是用汉文书写的。百济的金石文字也全是用汉文书写的，如《王兴寺遗址塔基出土舍利容器铭文》和《弥勒寺址石塔金制舍利奉安记》。《周书》卷四九《百济传》："其秀异者，颇解属文。"[2]百济人的汉语文学功底较强，甚至连中原人都认为其优秀者水平颇高。

其次是用于对外交往。《宋书》卷九七《百济传》：

元嘉二年，太祖诏之曰："皇帝问使持节、都督百济诸军事、镇东大将军、百济王。累叶忠顺，越海效诚，远王纂戎，聿修先业，慕义既彰，厥怀赤款，浮梓骊水，献賝执贽，故嗣

1　　金廷鹤、沉默：《百济人曾大批参加古代日本史书的编纂》，《国外社会科学》1983 年第 5 期。
2　　《周书》卷四九《百济传》，第 887 页。

位方任，以藩东服，勉勖所莅，无坠前踪。今遣兼谒者闾丘恩
子、兼副谒者丁敬子等宣旨慰劳称朕意。"

　　二年，庆遣使上表曰："臣国累叶，偏受殊恩，文武良辅，
世蒙朝爵。行冠军将军右贤王余纪等十一人，忠勤宜在显进，
伏愿垂愍，并听赐除。"[1]

　　中原王朝给百济的诏书和百济的上表都是用汉文书写的。当
然，百济同高句丽、新罗、倭国往来的文书也是用汉文书写的。甚
至百济送给日本的七枝刀，刀身上刻有汉字铭文。

　　再次是借助汉字学习中原先进文化。《梁书》卷五四《百济传》：
"大同七年，累遣使献方物；并请《涅盘》等经义、《毛诗》博士，
并工匠、画师等，敕并给之。"《旧唐书》卷一九九上《百济传》：
"其书籍有《五经》、子、史，又表疏并依中华之法。"百济国人学
习中原的文化典籍，这说明借助汉字中原文化在百济也得到传播。

　　百济南下朝鲜半岛汉江流域之后，佛教文化开始从中原传入，
并逐渐成为百济的主流意识形态。《三国史记》卷二四《百济本
纪·枕流王》元年"九月，胡僧摩罗难陀自晋至，王迎之致宫内礼
敬焉。佛法始于此。二年春二月，创佛寺于汉山，度僧十人"。[2]枕
流王元年（384），东晋胡僧摩罗难陀来到百济传播佛教，得到百济
王室的大力支持。公元 385 年，百济开始出现佛寺。

　　《周书》卷四九《百济传》："僧尼寺塔甚多，而无道士。"[3]百济
佛教不断发展壮大，到了后期，建造了许多佛寺佛塔，比较著名的
有王兴寺、军守里寺、弥勒寺、定林寺，其中定林寺的佛塔保留至

1　《宋书》卷九七《百济传》，第 2394 页。

2　（高丽）金富轼：《三国史记》卷二四《百济本纪·枕流王》，第 294~295 页。

3　《周书》卷四九《百济传》，第 887 页。

今。根据《王兴寺遗址塔基出土舍利容器铭文》，王兴寺为百济昌王于丁酉年（577）为其故去的王子所建。扶余军守里寺遗址中发掘出土的观音菩萨铜立像，身穿天衣，以斜十字交叉的形式交叉于身前，衣襟向两侧伸展开来其形如翅膀，观音像的脸庞圆润温和，以"百济的微笑"而被世人所知。2009年，在全罗北道益山市弥勒寺址石塔遗址发现刻在金版上的《金制舍利奉安记》。

综上，佛教在东晋时期传入百济，其发展得到了王室的大力支持，可谓一枝独秀，其他宗教如道教毫无立足之地。最终佛教成为百济社会宗教信仰的主流，对百济社会产生了深远的影响。

从文献记载来看，百济王室一直姓夫余（扶余）。《隋书》卷八一《百济传》："国中大姓有八族，沙氏、燕氏、劦氏、解氏、贞氏、国氏、木氏、苩氏。"[1] 其中沙氏为沙宅氏的简写，劦氏为祖弥氏（姐弥氏）的简写，木氏是木劦氏的简写。八大族外，百济还有鬼室、黑齿等姓氏。除此之外，百济还有明显来自汉人的王、祢、陈、高、杨、张等姓氏，以及来自倭国的物部等姓氏。部分百济贵族不仅有姓，还有字，如黑齿常之字恒元、祢军字温，明显受中国文化的影响。

《周书》卷四九《百济传》："婚娶之礼，略同华俗。"[2] 百济的婚姻情况与内地有相似之处，一个十分重要的特点就是同姓不婚。从现有的资料来看，百济王一般与沙氏、燕氏、劦氏、解氏、真氏、国氏、木氏、苩氏八大贵族世家联姻，如近仇首王之母为真氏，武王娶妻沙（宅）氏，这同新罗、倭国所实行的同姓婚形成了鲜明的对比。

《魏书》卷一○○《百济传》："衣服饮食与高句丽同。"《梁书》卷五四《百济传》："其人形长，衣服净洁。"《周书》卷四九《百济

1　《隋书》卷八一《百济传》，第1818页。

2　《周书》卷四九《百济传》，第887页。

传》：“其衣服，男子略同于高丽……妇人衣似袍，而袖微大。”[1] 百济男子的衣服与高句丽有相似之处，女子的衣服像袍子，而袖子微大，百济人还十分注意衣服的干净整洁。《旧唐书》卷一九九上《百济传》：“其王服大袖紫袍，青锦裤，乌罗冠，金花为饰，素皮带，乌革履。官人尽绯为衣，银花饰冠。庶人不得衣绯紫。”[2] 百济王服大袖紫袍，穿青锦裤，戴乌罗冠，其冠饰金花。文武百官则一律穿用绯色的朝服，庶民百姓不得穿紫色与绯色的衣服。

《隋书》卷八一《百济传》：“官有十六品：长曰左平，次大率，次恩率，次德率，次杆率，次奈率，次将德，服紫带；次施德，皂带；次固德，赤带；次李德，青带；次对德以下，皆黄带；次文督，次武督，次佐军，次振武，次克虞，皆用白带。其冠制并同，唯奈率以上饰以银花。”[3] 百济官员的冠带依品级不同使用紫、皂、赤、青、黄、白六种不同的颜色，六品奈率以上官员，其冠饰银花。在全罗南道罗州伏岩里出土有百济贵族的银制冠装饰，两朵类似并蒂莲的唐草纹花蕾自主枝向后弯曲，造型优美。[4]

《旧唐书》卷二九《音乐志》：“宋世有高丽、百济伎乐。魏平拓（冯）跋，亦得之而未具。周师灭齐，二国献其乐……《百济乐》，中宗之代，工人死散。岐王范为太常卿，复奏置之，是以音伎多阙。舞二人，紫大袖裙襦，章甫冠，皮履。乐之存者，筝、笛、桃皮筚篥、箜篌、歌。此二国，东夷之乐也。”[5]《册府元龟》卷五七〇《掌礼部·作乐》：“建德六年，既平北齐，威振海外，高丽、百济二

1　《魏书》卷一〇〇《百济传》，第2217页；《梁书》卷五四《百济传》，第805页；《周书》卷四九《百济传》，第887页。

2　《旧唐书》卷一九九上《百济传》，第5329页。

3　《隋书》卷八一《百济传》，第1818页。

4　参见宋成有《百济冠带文化论》，《北大史学》第19辑，北京大学出版社，2014。

5　《旧唐书》卷二九《音乐志》，第1069、1070页。

国为献其乐，列于乐部，谓之国伎。"[1] 百济的宫廷乐舞为长袖舞，人数一般为两人，紫色大袖，穿襦裙，戴章甫冠，及皮履。建德六年（577），百济献其乐舞给北周，被北周列于乐部，谓之国伎，后成为唐朝正式的宫廷乐舞。

1　（宋）王钦若等编《册府元龟》卷五七〇《掌礼部·作乐》，中华书局，1960，第 6860 页。

第七章　高句丽研究

近年来，高句丽研究成为中韩学者共同关注的焦点问题，本书的作者也参与了相关问题的讨论，在此不拟重复。本章重点是要阐释我们对高句丽史一些具体问题的新观点。首先，朱蒙南迁是在公元前 126 年前后迁入朝鲜半岛北部的咸兴一带，而不是像中外学界通常认识的那样，是于公元前 37 年迁入辽宁桓仁一带。由此出发，关于高句丽早期历史的许多问题都需要重新理解，而在此我们关注的则是高句丽早期五部问题。高句丽人口问题是研究较多的焦点问题，而高句丽地方官制问题则研究相对比较少，我们在此都提出自己的看法。关于莫离支，我们是在日本学者已有研究的基础上提出自己的新见解。

第一节　高句丽王系积年考：兼论朱蒙迁徙时间

　　由于中国史书对高句丽王世系的记载不连贯，因此，《三国史记》所载高句丽王的世系和在位时间尽管存在诸多问题，但目前仍为多数研究者所采用。自发现《好太王碑》以来，学界对高句丽王世系问题多所研究，最早涉及这一问题的是清代的杨同桂。杨同桂《沈故》卷一《高丽墓碑》：

　　　　唯朱留以下十七世，碑既不详，史亦脱略，今参考诸史，列表以补所缺。又，此碑以史推之，当系王安之墓。且碑文"国冈王"一句，前后三见，惟前一段"好太王"三字上有"平安"二字，则"平安"当是王名，"国冈王""广开土境"云云，当是彼时尊号。至碑之"百残"，疑系百济，或以戕害王钊之故，恶而改之，如高勾骊之改下勾骊欤？考次其系如左：

　　　　王朱蒙。《北魏书》：至纥升骨城，号曰高勾骊，因以为氏。朱蒙死，子闾达立；闾达死，子如栗立。（与碑不合，必系传闻之误。）唐总章二年伐高丽，《秘记》：不及九百年，有八十大将灭。高氏自汉有国，今九百年，云云。以此推之，朱蒙当兴于汉初。（《东藩纪要》以为，元年即汉元帝建昭二年者，非。）

　　　　王如栗。《北史》：朱蒙死，子如栗立。（《朝鲜史略》：朱蒙子类利。与碑之儒留，皆音之转。）

　　王莫来。《北魏书》：如栗死，子莫来立。《周书》：莫来渐盛，击夫余而臣之。（《史略》作太神武王，名无恤，琉璃王太子。）

　　王某。《汉书》：武帝灭朝鲜，置四郡，以高勾骊为玄菟郡属县。

　　王某。《文献通考》：昭帝赐以衣帻，从玄菟郡受之。

　　王某。

　　王某。

　　王骄。《后汉书》：王莽初，发勾骊兵以伐匈奴，其人不欲行。莽将严尤诱勾骊侯骄斩之，莽更高勾骊王为下勾骊侯。（《三国志》“骄”作“驹”。）

　　王某。（《纪要》曰：慕本王名解忧，大神武太子。元年即汉光武建武二十四年戊申。）

　　王宫。（《文献通考》：和帝时寇辽东，耿夔击破之。《三国志》：后汉殇、安之间，宫数寇辽东。《后汉书》：建光元年，宫率马韩、秽貊围玄菟，夫余王子与州郡讨破之。是岁，宫死，子遂成立。（《纪要》曰：太祖王为琉璃王之孙。元年即光武二十九年癸丑，在位九十二年。）

　　王遂成。《后汉书》：姚光上言，欲因其丧伐之，以陈忠言，乃遣吊问（建）[延]。（建）[延]光（二）[元]年，诣玄菟降。遂成死，子伯固立。《三国志》《北史》无遂成一代。（《纪要》曰：次大王为太祖王之弟。元年即质帝本初元年丙戌。）

　　王伯固。《后汉书》：伯固立后，秽貊率服，东陲少事。顺帝阳嘉元年，置玄菟郡屯田六部。《三国志》：熹平中，乞属玄菟。公孙度时，助度击富山贼。《北史》：伯固死，子伊夷模立。（《纪要》曰：新大王为次大王之弟。元年即桓帝延熹八年乙巳。）

王伊夷模。《北史》：建安中，公孙康击之，破其国，乃更作新国。（即丸都）伊夷模死，子位宫立。

王位宫。《三国志》《北史》云，似其曾祖宫，故名。（据此不列遂成一代）魏景初二年，位宫助公孙渊。正始五年，毌邱俭讨位宫，大战于沸流，败之，登丸都。六年，俭复讨之，位宫奔沃沮。（六年，《梁书》作嘉平五年。）

王某。《通典》：百济、新罗，魏以后分三韩地，当在此王时。（《纪要》曰：中川王名然弗，东川王太子。元年即汉后帝延熙十一年戊辰。）

王某。（《纪要》曰：西川王名药卢，中川王二子。元年即晋武帝泰始六年庚寅。）

王某。（《纪要》曰：烽上王名相夫，西川王太子。元年即晋惠帝元康二年壬子。）

王乙弗利。《梁书》《北史》：位宫玄孙乙弗利，频寇辽东，慕容廆不能制。弗利死，子钊立。（《纪要》曰：美川王名乙弗，烽上王之侄。）

王钊。《梁书》作刘，讹。《隋书》称昭烈帝。《梁书》：晋康帝建元元年，（《北史》作成帝咸康七年）慕荣皝伐之，大破钊军，追至丸都，毁其城。晋武帝太元十年，勾丽攻辽东，钊后为百济所杀。（《纪要》曰：故国原王元年，即晋成帝咸和六年辛卯。以下尚有小兽林王、故国壤王二代，共二十一年，与史不合，故不取。）

王安。《梁书》《北史》：后燕慕容垂死，子宝立，以勾骊王安为平州牧。按：宝立只一年而亡，在晋太元二十一年之际，则钊后即为王安无疑。又按：宝立之年系属丙申，与碑中之六年支干相合。且自莫来之后至此，不过四百余年，则十七世之数亦不相远。以碑之岁月与史相证，则安当立于太元十六年辛未，当卒于义熙八年壬子。又，《文献通考》：宋昇明二年，倭人表称，昔祖祢东征西服，渡平海北各国，累叶朝宗，道径百济，装饰船舫，而勾骊无道，掠抄边隶，虔刘不已，云云。自昇明前溯义熙六十余年，表所言渡平各国，当即碑中倭渡海破百济，随破新罗，以为臣民事。[1]

综上，杨同桂依据《好太王碑》并参考《三国史记》，排出高句丽王安以前的世系为：

> 朱蒙—如栗—莫来—王某—王某—王某—王某—王驹—解忧—宫—遂成—伯固—伊夷模—位宫—然弗—药卢—相夫—乙弗利—王钊—王安。

这是最早的对高句丽王世系的研究，但未引起学界关注。

朝鲜学者孙英钟认为，《三国史记》在朱蒙和琉璃明王之间漏载了三位国王，而这三位国王就是中国史书《魏书》和《北史》中提到的始闾谐（闾达、儒留）、如栗、莫来。孙英钟认为，高句丽最初四位王及其在位时间分别是：朱蒙（前277~前259）、儒留（前259~前236）、如栗（前236~前223）、莫来（前223~前209），而"公元

1　（清）杨同桂《沈故》卷一《高丽墓碑》。参见金毓黻《辽海丛书》第1册，辽沈书社，1985，第287~288页。

前 208 年至前 19 年的记载未能留下来"。[1] 孙英钟提出，朱蒙建国的
时间应该向前提 240 年，也就是说，朱蒙南迁的时间比《三国史记》
记载的公元前 37 年要早上 240 年，应是公元前 277 年前后的事情。

曾巩《元丰类稿》卷三一"高丽世次"：

> 朱蒙死，子如栗立；如栗死，子莫来立；骁立。光武建武
> 八年，高句丽遣使朝贡，复其王号。莫来裔孙宫立，宫死，子
> 遂成立；遂成死，子伯固立；伯固死，子伊夷模立；伊夷模
> 死，子位宫立；位宫死，元孙乙弗利立；弗利死，子钊立；安
> 立；钊曾孙琏立；琏死，孙云立；云死，子安立；安死，子延
> 立；延死，子成立；成死，子汤立；汤死，子元立；元死，弟
> 建武立；建武死，弟之子藏立。[2]

李大龙《〈三国史记·高句丽本纪〉研究》根据中国史书进行研究，
提出关于高句丽王系的新见解。[3]

现将上述各家之说整理为表 7-1"高句丽王世系诸说"与表
7-2"高句丽王在位时间诸说"。

表 7-1　高句丽王世系诸说

世次	金富轼说	曾巩说	杨同桂说	孙英钟说	李大龙说
1	朱蒙	朱蒙	朱蒙	朱蒙	朱蒙
2	类利	如栗	如栗	儒留	?

1　〔朝〕孙英钟：《关于高句丽初期部分史实的年代问题》，刘宇摘译，《东北亚历史与考古信息》1987 年第 1 期。
2　曾巩：《元丰类稿》卷三一"高丽世次"，《景印文渊阁四库全书》第 1098 册，第 629 页上、下。
3　李大龙：《〈三国史记·高句丽本纪〉研究》，博士学位论文，中央民族大学，2009，第 9 页。

续表

世次	金富轼说	曾巩说	杨同桂说	孙英钟说	李大龙说
3	无恤	莫来	莫来	如栗	？
4	解色朱	骀	？	莫来	？
5	解忧	宫	？	类利	宫
6	宫	遂成	？	无恤	遂成
7	遂成	伯固	？	解色朱	伯固
8	伯固	伊夷模	骀	解忧	伊夷模
9	伊夷模	位宫	解忧	宫	位宫
10	位宫（延忧）	乙弗利	宫	遂成	然弗？
11	忧位居	钊	遂成	伯固	药卢？
12	然弗	安	伯固	伊夷模	相夫？
13	药卢	琏	伊夷模	延忧	乙弗利
14	相夫	云	位宫	位宫（忧位居）	斯由（钊）
15	乙弗利	安	然弗	然弗	丘夫？
16	斯由（钊）	延	药卢	药卢	伊连？
17	丘夫	成	相夫	相夫	谈德（安）
18	伊连	汤	乙弗利	乙弗利	巨连（琏）
19	谈德（安）	元	王钊	斯由（钊）	罗云（云）
20	巨连（琏）	建武	王安	丘夫	兴安（安）
21	罗云（云）	藏		伊连	宝延（延）
22	兴安（安）			谈德（安）	成
23	宝延（延）				汤
24	平成				元
25	阳成				建武
26	元				藏
27	建武				
28	藏				

表 7-2　高句丽王在位时间诸说

世　次	金富轼说	孙英钟说（生卒年） ［在位时间］[1]	李大龙说
1	朱蒙（前 37 年～前 19 年）	朱蒙（前 118 年～前 79 年）［前 97 年～前 79 年］	朱蒙（前 37 年～公元 12 年）
2	类利（前 19 年～公元 18 年）	儒留（前 100 年～前 56 年）［前 79 年～前 56 年］	？
3	无恤（公元 18 年～公元 44 年）	如栗（前 80 年～前 43 年）［前 56 年～前 43 年］	？
4	解色朱（公元 44 年～公元 48 年）	莫来（前 62 年～前 19 年）［前 43 年～前 19 年］	？
5	解忧（公元 48 年～公元 53 年）	类利（前 42 年～公元 18 年）［前 19 年～公元 18 年］	宫（？～121）
6	宫（公元 53 年～146）	无恤（前 17 年～公元 44 年）[2]［前 18 年～公元 44 年］	遂成（121～132 前）
7	遂成（146～165）	解色朱（前 15 年～公元 48 年）［公元 44 年～公元 48 年］	伯固（132 前～190 年前后）
8	伯固（165～179）	解忧（公元 30 年～公元 53 年）［公元 48 年～公元 53 年］	伊夷模（190 年后即位，204 年在位）
9	伊夷模（179～197）	宫（公元 47 年～165）［53～146］[3]	位宫（233～245）
10	位宫（197～227）	遂成（公元 71 年～165）［146～165］	然弗？
11	忧位居（227～248）	伯固（公元 89 年～179）［165～179］	药卢？
12	然弗（248～270）	伊夷模（？～197）［179～197］	相夫？
13	药卢（270～292）	延忧（？～227）［197～227］	乙弗利（308 年在位）
14	相夫（292～300）	位宫（209～248）［227～248］	斯由（342 年前后在位）
15	乙弗利（300～331）	然弗（224～270）［248～270］	丘夫？
16	斯由（331～371）	药卢（？～292）［270～292］	伊连？
17	丘夫（371～384）	相夫（？～300）［292～300］	谈德（396～412）

续表

世　次	金富轼说	孙英钟说 （生卒年）［在位时间］[1]	李大龙说
18	伊连（384~391）	乙弗利（？~331）［300~331］	巨连（413~491）
19	谈德（392~413）	斯由（？~371）［331~371］	罗云（491~519）
20	巨连（413~491）	丘夫（？~384）［371~384］	兴安（519~526）
21	罗云（492~519）	伊连（？~391）［384~391］	宝延（526~548）
22	兴安（519~531）	谈德（374~412）［391~412］	成（548~559）
23	宝延（531~545）		汤（559~590）
24	平成（545~559）		元（590~618）
25	阳成（559~590）		建武（619~642）
26	元（590~618）		臧（642~668）
27	建武（618~642）		
28	臧（642~668）		

注：

[1] 重点号（·）为大致年代。

[2] 原文如此，但其生年肯定有误。原文不合情理处尚多，不一一辨正。

[3] 原文作［53~46］，明显有误，参之下文次大王在位时间，可知"46"应为"146"。

研究高句丽王的世系与积年问题，可与《三国史记》相参证的最重要史料，是中国历代正史的"高句丽传"和"高丽传"。但是，这些"高句丽传"和"高丽传"对高句丽王世系的记载不仅是不完整的，彼此之间还存在矛盾。因此，我们不得不首先对中国历代正史中的"高句丽传"和"高丽传"相互矛盾的记载作一番考辨。

《三国志》卷三〇《魏书·高句丽传》记载"宫死，子伯固立"，[1] 认为伯固为宫之子。《梁书》卷五四《高句丽传》、《北史》卷

1　《三国志》卷三〇《魏书·高句丽传》，第845页。

九四《高丽传》的记载与此相同。《魏书》卷一〇〇《高句丽传》称"宫曾孙位宫",[1]按《三国史记》所载世系,宫以下为伯固—伊夷模—位宫,可见,《魏书》也认为伯固是宫之子。但《后汉书》卷八五《东夷传·高句骊》却称伯固为遂成之子、宫之孙。学者们对此问题的认识也存在分歧。刘子敏认为《后汉书》的记载是正确的,[2]朴灿奎认为伯固与遂成都是宫之子,伯固为遂成之弟。[3]但参照《后汉书》卷五一《桥玄传》的记载"桓帝末,鲜卑、南匈奴及高句骊嗣子伯固并畔",[4]称伯固为"高句丽嗣子",可证伯固为前王之子,而非前王之弟。问题是,伯固究竟是宫之子,还是遂成之子。

《后汉书》卷八五《东夷传·高句骊》记载:"句骊王宫生而开目能视,国人怀之,及长勇壮,数犯边境。和帝元兴元年(105)春,复入辽东,寇略六县。"[5]证明宫的即位不晚于105年春。而据刘子敏的考证,伯固至少活到汉献帝即位初年,即190年前后。[6]如果认为伯固是宫之子,那么,父子二人共在位不少于85年,这是个颇值得怀疑的数字。因此我们认为,应该以《后汉书》的记载为准,即伯固为宫之孙、遂成之子。

《梁书》卷五四《高句骊传》在记载毌丘俭讨伐位宫之役后,含混地说到"其后复通中夏",接着记载慕容廆时"句骊王乙弗利频寇辽东,廆不能制",[7]可见《梁书》的作者不清楚位宫至乙弗利

1　《魏书》卷一〇〇《高句丽传》,第2214页。

2　刘子敏:《高句丽新大王伯固考》,《延边大学学报》1995年第3期。

3　朴灿奎:《高句丽太祖王宫考》,《东疆学刊》2000年第4期;《高句丽之新大王和故国川王考》,《东疆学刊》2001年第1期。

4　《后汉书》卷五一《桥玄传》,第1696页。

5　《后汉书》卷八五《东夷传·高句骊》,第2814页。

6　刘子敏:《高句丽新大王伯固考》,《延边大学学报》1995年第3期。

7　《梁书》卷五四《高句骊传》,第803页。

之间的世次。《魏书》卷一〇〇《高句丽传》、《北史》卷九四《高丽传》都称乙弗利是位宫的玄孙。《隋书》卷八一《高丽传》记载："位宫玄孙之子曰昭列帝，为慕容氏所破，遂入丸都，焚其宫室，大掠而还"，[1]昭列帝无疑是指乙弗利之子钊，可见《隋书》也认为乙弗利是位宫的玄孙。

《魏书》卷一〇〇《高句丽传》、《北史》卷九四《高丽传》、《隋书》卷八一《高丽传》都记载，琏是钊的曾孙。《北史》在钊与琏中间加入"安"，却未说明与二者的关系。但《梁书》卷五四《高句丽传》记载："（慕容）垂死，子宝立，以句丽王安为平州牧，封辽东、带方二国王。安始置长史、司马、参军官，后略有辽东郡。至孙高琏。"[2]以琏为安之孙，则安当为钊之子。

《梁书》卷五四《高句丽传》、《南史》卷七九《高句丽传》称琏之后是"子云"即位，但《魏书》卷一〇〇《高句丽传》、《北史》卷九四《高丽传》却称云是琏之孙。按中国各正史所载，琏以下的世系为：琏—云—安—延—成—汤—元—建武—臧，其中建武为元的异母弟，臧为建武弟大阳之子，各史的记载没有分歧，因此，《周书》《隋书》的记载与《魏书》《北史》是一致的。各书都称琏享年百余岁，按常理而言，继承琏的应该是其孙，其子没能继位。《梁书》《南史》的记载有误。参之《三国史记》，安、延应为兄弟，《周书》卷四九《高丽传》称成是琏的五世孙，《隋书》卷八一《高丽传》称汤是琏的六世孙，与之相吻合。

《魏书》卷一〇〇《高句丽传》记载，始祖朱蒙以下的世系为：朱蒙—始闾谐（闾达）—如栗—莫来，朱蒙去世后，继任者为其子

---

1 《隋书》卷八一《高丽传》，第 1813~1814 页。
2 《梁书》卷五四《高句骊传》，第 803 页。

始闾谐（闾达）。《北史》卷九四《高丽传》却称："朱蒙死，子如栗立。如栗死，子莫来立。"[1]认为继承朱蒙的是其子如栗，完全不见始闾谐（闾达）一世。《周书》卷四九《高丽传》："朱蒙长而有材略，夫余人恶而逐之。土于纥升骨城，自号曰高句丽，仍以高为氏。其孙莫来渐盛。"[2]说明《周书》赞同《北史》所载世次。有的学者据此认为，《隋书》卷八一《高丽传》："朱蒙建国，自号高句丽，以高为氏。朱蒙死，子闾达嗣。至其孙莫来兴兵，遂并夫余。"[3]"其孙莫来"指朱蒙之孙，由此认定《隋书》也是支持《北史》所载世次的。但细品文意，"其孙莫来"应指闾达之孙，而不是朱蒙之孙，《隋书》应是支持《魏书》的记载的。考之《北史》卷九四《高丽传》，其中虽然有"朱蒙死，子如栗立"的记载，但也提到"朱蒙逃后，生子始闾谐。及长，知朱蒙为国王，即与母亡归之。名曰闾达，委之国事"。[4]这些记载与《魏书》对始闾谐（闾达）的记载是一致的。《北史》并未解释，在朱蒙去世后，朱蒙已"委之国事"的始闾谐（闾达）为何未能即位，却是"子如栗立"，显然，《北史》的世系记载存在问题。中华书局点校本《北史》的校勘记认为，此处《北史》的记载应为"朱蒙死，［闾达代立。闾达死，］子如栗立。如栗死，子莫来立"，是现存《北史》脱七字，[5]这是有道理的。朱蒙以下四世的世系应以《魏书》所载为准。

从莫来至宫，中间经历几世，中国史书中找不到任何线索。立于414年的高句丽《好太王碑》记载：朱蒙去世后，"顾命世子儒留

1　《北史》卷九四《高丽传》，第3111页。

2　《周书》卷四九《高丽传》，第884页。

3　《隋书》卷八一《高丽传》，第1813页。

4　《北史》卷九四《高丽传》，第3111页。

5　《北史》卷九四《高丽传》，第3139页。

王，以道兴治。大朱留王绍承基业。沓至十七世孙国冈上广开土境平安好太王"，这里的"十七世孙"，朝鲜学者多认为，应该理解为17代人。《三国史记》所载王系，自朱蒙至好太王只有十二世，少五世，[1]因此，高句丽国存在的时间应该再向上追溯五代。[2]杨通方认为不是指十七代人，而是指自朱蒙至好太王，高句丽共传十七位王，《三国史记》记载朱蒙至好太王为十九位王，是有两代王误载。[3]朴真奭、王健群也认为应指十七位王，但认为应从第三位王大朱留王算起，碑文所载大朱留王即《三国史记》所载大武神王，而在《三国史记》的记载中，自大武神王至好太王，正好十七位王。[4]但碑文中既然说的是"十七世孙"，恐怕不应该理解为十七位王。前引杨同桂《沈故》卷一《高丽墓碑》也是自大武神王算起，认为下至好太王为十七代人。

　　《三国史记》卷一八《高句丽本纪》记载，好太王是长寿王琏之父。而在中国史书的相关记载中，不是将琏称为钊之曾孙，就是称为安之孙，却没有提到其父亲的名字。也就是说，中国史书中没

1　朝鲜学者认为，计算几世孙不应将始祖计算在内。如计入始祖朱蒙，自朱蒙至好太王应为十八代，而《三国史记》只记载了十三代，即好太王为朱蒙的十二世孙，少五代人。但中国史书计算几世孙时是以始祖为第一世的。如，《周书》卷四九《高丽传》称成为琏的五世孙、《隋书》卷八一《高丽传》称汤是琏的六世孙，都可以证明这一点。因此，朝鲜学者这种计算方法是错误的。按《三国史记》所载，好太王应为朱蒙十三世孙，比之《好太王碑》的记载少四世。

2　〔朝〕孙永钟：《高句丽建国年代的再探讨》，文一介译，《东北亚历史与考古信息》1991年第1期；〔朝〕蔡熙国：《高句丽封建国家的建国年代问题》，颜雨泽译，《东北亚历史与考古信息》1999年第1期。

3　杨通方：《高句丽不存在山上王延优其人——论朝鲜〈三国史记〉有关高句丽君主世系问题》，《世界历史》1981年第3期。姜维东也认为，《三国史记》所载山上王与故国川王的事迹实为一人。姜维东：《高句丽延优传说》，《博物馆研究》2010年第1期。

4　朴真奭：《关于高句丽存在山上王与否的问题——与杨通方同志商榷》，《世界历史》1989年第2期；另参见朴真奭《高句丽好太王碑研究》，延边大学出版社，1999，第56~73页；王健群《好太王碑研究》，吉林人民出版社，1984，第206页。

有任何关于好太王的记载。在上述我们依据中国史书的记载所列出的高句丽王的世系中，好太王应位于琏的上一代，从这里算起，至宫共计十二世，再加上朱蒙至莫来的四世，已十六世。

《汉书》卷九九中《王莽传中》记载，王莽时，严尤曾诱斩"高句丽侯驺"。[1] 而《三国史记》卷一三《高句丽本纪·琉璃明王》三十一年条则称："（严）尤诱我将延丕斩之，传首京师。"[2] 对是否存在高句丽侯驺，严尤所杀是高句丽侯驺，还是高句丽将延丕等问题，学术界存在较大分歧。[3]

《汉书》卷九九中《王莽传中》记载，"（始建国元年，公元9年），五威将奉符命，赍印绶，王侯以下及吏官名更者，外及匈奴、西域、徼外蛮夷，皆即授新室印绶，因收故汉印绶"，"其东出者，至玄菟、乐浪、高句丽、夫余"，[4] 说明此时新莽政权与东方各地保持着密切联系，应对当地情况较为熟悉，认为严尤斩延丕谎报为高句丽侯驺，或驺不是高句丽侯而严尤谎报其为高句丽侯等解释是说不通的，与其对前引《汉书》作穿凿附会的解释，不如相信这条记载的真实性。如果在莫来与宫之间加入驺，那么，自朱蒙至好太王已达17世。

但是，按《汉书》卷九九中《王莽传中》的记载，驺被杀于始建国四年（公元12年），《后汉书》卷八五《东夷传·高句骊》记载，宫死于建光元年（121），如果宫是继驺之后的高句丽国王，则其在位长达109年，这当然是不可能的。因此，《好太王碑》所说17世孙，当是指大朱留王的17世孙，自朱蒙至好太王为19世，驺与

1　《汉书》卷九九中《王莽传中》，第4130页。

2　（高丽）金富轼：《三国史记》卷一三《高句丽本纪·琉璃明王》，第182页。

3　李大龙：《关于高句丽侯驺的几个问题》，《学习与探索》2003年第5期。

4　《汉书》卷九九《王莽传》，第4114、4115页。

宫之间有两代高句丽王中国史书失载。

综上，根据中国史书，我们可以将高句丽王的世系列图如下（图7-1）。

朱蒙—始闾谐（闾达）—如栗—莫来—驹—？—？—宫—遂成—伯固—伊夷模—位宫—？—？—？—乙弗利—钊—安—？—琏—？—云┬安
　　　　　　　　　　　　　　　　　　　　　　　　　　　└延成—汤—元┬
　　└建武—臧

图7-1　中国史书所载高句丽王世

高句丽自朱蒙建国至臧灭亡，共历27世。由于中国历代正史中没有驹至宫、位宫至乙弗利之间各经历几王的记载，所以，根据中国史书已无法考知，上述27世共历多少王。

《好太王碑》记载了高句丽前三代王，即朱蒙、儒留、大朱留王，并明确朱蒙与儒留是父子关系。那么，儒留就是中国史书中的始闾谐（闾达）、《三国史记》中的琉璃明王类利。《好太王碑》虽然没有记载儒留与大朱留王的关系，但《三国史记》记载，琉璃明王之子大武神王也称"大解朱留王"，则大朱留王是儒留王之子，也就是中国史书中的如栗。如前所示，如栗至宫应该有四世，中国史书在如栗以下记载二王：莫来、驹，《三国史记》在大武神王以下也记载二王：闵中王解色朱、慕本王解忧（解爱娄），二者之间又无法找到关联。因此，很可能这就是如栗以下的四王，是中国史书与《三国史记》各记载了一半。

《三国史记》认为，宫、遂成、伯固都是兄弟关系，这显然是错误的。按中国史书所载世系，位宫与乙弗利之间还有三代，而在《三国史记》的记载中则为东川王、中川王、西川王、烽上王四代。

中国各正史都记载，毌丘俭征高句丽时，高句丽在位的王是位宫，而在《三国史记》中，该记事却出现在东川王的本纪中。[1] 可见，杨通方的分析是正确的，高句丽可能并不存在山上王延优其人，[2] 位宫应该是东川王之名。

与中国史书所载钊之子安相对应的是《三国史记》中的故国原王和小兽林王，多出一位王，《三国史记》记载，小兽林王是故国原王之子，因此，很可能是中国史书漏载了一王。自长寿王琏以下，中国史书与《三国史记》的记载都是一致的。

综合中国史书与《三国史记》，我们可以排出 27 世 29 王的高句丽王世系（图 7-2）[3]。

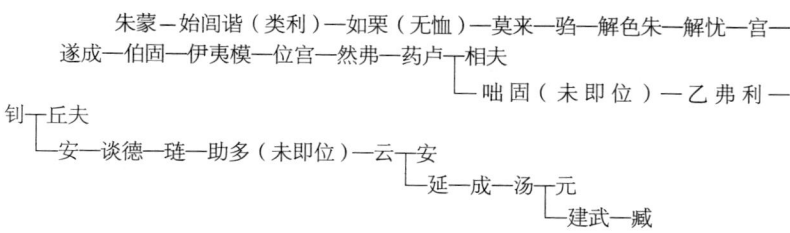

图 7-2　高句丽王世系

1　杨保隆认为，毌丘俭征讨的高句丽王不是山上王位宫，而是东川王忧位居（杨保隆：《各史〈高句丽传〉的几个问题辨析》，《民族研究》1987 年第 1 期）。但杨保隆主要是从《三国史记》所载高句丽王世系积年出发，如前所述，《三国史记》所载高句丽王的世系积年却是有问题的。对此刘子敏已有辩驳（参见刘子敏《高句丽历史研究》，第 153~156 页）。

2　杨通方：《高句丽不存在山上王延优其人——论朝鲜〈三国史记〉有关高句丽君主世系问题》，《世界历史》1981 年第 3 期。

3　郑春颖认为："关于高句丽早期三王的世系，中原古籍与朝韩史料都存在某种偏差。《魏书》卷一〇〇《高句丽传》错将闾达列入王系凭空增加一代；《北史》卷九四《高丽传》误以大臣为朱蒙子嗣，《三国史记》则完全缺失闾达一人的记载。高句丽早期三王的世系应是朱蒙—如栗—莫来，父子三代相传，如栗又称类利、孺留，莫来又称无恤。闾达可能是朱蒙临终托故的顾命大臣。"郑春颖：《高句丽闾达、如栗、莫来考辨》，《博物馆研究》2007 年第 4 期。

需要说明的是，《隋书》卷一《高祖纪上》开皇元年十二月，"高丽王高阳遣使朝贡，授阳大将军、辽东郡公"，卷二《高祖纪下》开皇十年七月，"高丽辽东郡公高阳卒"，《北史》卷一一一《隋高祖本纪》的记载与此相同，是否存在一个上述世系所不包括的"高阳"？

《册府元龟》卷九六三《外臣部·封册》"（开皇）十年七月，高丽辽东郡公高汤卒"，与前引《隋书》记载的是同一件事，显然，"高阳"就是"高汤"。长寿王以下五王，《三国史记》所载名字依次为：罗云、兴安、宝延、平成、阳成，而中国史书则作：云、安、延、成、汤，前四位显然都是取其本名的最后一字。如果依这种惯例，阳成应称成，却与平成相重，因而中国史书多称其为"汤"。所谓"高阳"，也是对阳成的省称，为避免与平成相重，不称其后一字，而改称其前一字，就成了"阳"，加上姓氏则为"高阳"。所以，"高阳"就是"高汤"，并不是另一位高句丽王。

《周书》卷四九《高丽传》记载，琏死于太和十五年（491），《梁书》卷五四《高句丽传》记载，云死于天监十七年（518），安死于普通七年（526），延死于太清二年（548）。各史虽然未载成之死，但《北齐书》卷五《废帝纪》、《北史》卷七《齐废帝纪》都记载，乾明元年（560），[1]"以高丽王世子汤，为使持节领东夷校尉、辽东郡公、高丽王"，则成很可能死于559年。

前引《隋书》卷二《高祖纪下》与《册府元龟》卷九六三《外臣部·封册》称汤死于开皇十年（590），但《隋书》卷八一《高丽传》载有开皇十七年给汤的玺书，其中指责汤"驱逼靺鞨"，而

1　《北齐书》卷五《废帝纪》作乾明元年二月戊申，《北史》卷七《齐废帝纪》作乾明元年正月，时间上二者小有差异。

粟末靺鞨降隋内附约在 598 年，[1] 高句丽"驱逼靺鞨"当在此前不久。因此，《隋书》卷二《高祖纪下》与《册府元龟》卷九六三《外臣部·封册》的记载有误，汤去世的时间应在开皇十七年接到玺书之后。《隋书》卷八一《高丽传》记载，开皇十八年（598），高句丽王"元率靺鞨之众万余骑寇辽西"，此时高句丽王已是元，证明汤死于 597~598 年。《新唐书》卷二二〇《高丽传》称元死于"隋末"，《隋书》卷八一《高丽传》记载，大业十年（614）隋征高句丽时，高句丽王是元，"仍征元入朝，元竟不至。帝敕诸军严装，更图后举，会天下大乱，遂不克复行"。[2] 隋末大乱始于大业十二年（616），此时高元尚在，依此记载，元应死于 616~617 年。《三国史记》载其死于 618 年，则属于唐初而不是隋末，与中国史书的记载有异。《通典》卷一八六《边防二·高句丽》记载"其王元在位十八年"，[3] 若元死于 618 年，则不论其即位是 597 年还是 598 年，都肯定超过 18 年了，由此估算，元应死于 616 年，即位于 598 年，才合在位 18 年之数。因此，汤应死于 598 年。

此外，"两唐书"的《高丽传》都记载，建武死于贞观十六年（642）。

综上，中国史书所载长寿王以下的积年是基本清楚的。《三国史记》记载，兴安死于 531 年、宝延死于 545 年、阳成死于 590 年，都是不正确的。在《三国史记》上述三王的本纪之末，金富轼都加自注对其卒年进行考辨。卷一九《高句丽本纪·安臧王》末的自注："是梁中大通三年，魏普泰元年也。《梁书》云：安臧王在位第八年，普通七年卒。误也。"同卷《安原王本纪》末的自注："是梁大

1　杨军：《粟末靺鞨与渤海国》，《中国边疆史地研究》2005 年第 3 期。

2　《隋书》卷八一《高丽传》，第 1817 页。

3　（唐）杜佑：《通典》卷一八六《边防二·高句丽》，第 5016 页。

同十一年，东魏武定三年也。《梁书》云：安原以大清二年卒，以其子为宁东将军、高句丽王、乐浪公。误也。"同卷《平原王本纪》末的自注："是开皇十年。《隋书》及《通鉴》书高祖赐玺书于开皇十七年，误也。"[1]金富轼指出中国史书与朝鲜半岛流传的古籍记载不同，然后就下断言，中国史书的记载"误也"，而未阐述任何理由。所以，对上述诸王积年的记载，我们不应该轻信成书很晚的《三国史记》，还是应以成书在前的中国正史为准。

关于好太王的在位时间，《好太王碑》与《三国史记》的记载有一年的差异。按《好太王碑》推算应为391~412年，《三国史记》的记载却是392~413年，这自然应以《好太王碑》为准。

《三国史记》认为遂成于146年即位、伯固于165年即位，都是不正确的。《后汉书》卷八五《东夷传·高句骊》明确记载宫死于建光元年（121），遂成即位当在该年。"遂成死，子伯固立。其后秽貊率服，东垂少事，顺帝阳嘉元年（132），置玄菟郡屯田六部。质、桓之间（146~167），复犯辽东西安平"，[2]则伯固的即位应不晚于132年。《三国志》卷三〇《魏书·高句丽传》："熹平中（172~178），伯固乞属玄菟。公孙度之雄海东也，伯固遣大加优居、主簿然人等助度击富山贼。"[3]因此，刘子敏认为伯固至少活到汉献帝即位初年，即190年前后，[4]是有道理的，对伯固的去世时间我们取刘子敏说，定为191年。[5]据此，我们暂把伯固的在位时间定为132~191年。

自骓被杀的公元12年至高句丽灭亡的668年，计656年共历

1　分见（高丽）金富轼《三国史记》卷一九《高句丽本纪》，第235、236、240页。

2　《后汉书》卷八五《东夷传·高句骊》，第2815页。

3　《三国志》卷三〇《魏书·高句丽传》，第845页。

4　刘子敏：《高句丽新大王伯固考》，《延边大学学报》1995年第3期。

5　刘子敏：《高句丽历史研究》，第151页。

23 世，平均一世 28.5 年。如果依照这个平均数推算朱蒙至驹五世，则应为 142 年。按纪年比较准确的好太王以下十世的平均值推算，五世为 138 年。由此推测，则朱蒙建国应在公元前 126 年前后。即使我们不计特别长寿的长寿王，以文咨明王以下七世推算，结果也差不多。由此我们推测，朱蒙率部迁徙应在公元前 126 年前后，而不是《三国史记》记载的公元前 37 年。

《三国史记》卷六《新罗本纪·文武王》十年条记述，公元 670 年，新罗文武王封高句丽王裔安胜为王时，在册文中写道：

> 公太祖中牟王，积德北山，立功南海，威风振于青丘，仁教被于玄菟，子孙相继，本支不绝，开地千里，年将八百。至于建、产兄弟，祸起萧墙，衅成骨肉，家国破亡，宗社湮灭。[1]

证明从朱蒙建国至为唐朝所灭，高句丽共存在了近 800 年。如果我们将朱蒙建国定在公元前 126 年前后，下至 668 年，高句丽大约存在 794 年，与上述记载正相吻合。如果依《三国史记》的记载，将朱蒙建国定于公元前 37 年，高句丽仅存在 705 年，与"年将八百"的记载显然是不吻合的。

关于高句丽政权存在的时间，史书中存在不同的记载。《唐会要》卷九五《高句丽》记载，贾言忠对唐高宗说："（乾元三年，760）臣闻《高丽秘记》云：'不及千年，当有八十老将来灭之。'自前汉之高丽氏即有国土，及今九百年矣，李绩年登八十，亦与其记符同。"[2] 唐灭高句丽时统兵的李绩年 74 岁，远不及 80 岁；如认为

1　（高丽）金富轼：《三国史记》卷六《新罗本纪·文武王上》，第 88 页。

2　（宋）王溥：《唐会要》卷九五《高句丽》，中华书局，1955，第 1709 页。

高句丽汉代立国，即使从西汉建国之年算起，至其灭亡也仅有 870
年。由此可见，贾言忠所说不足为据。且其所引《高丽秘记》不过
是图谶一类的东西，也不足为据。[1]

　　上引《高丽秘记》的说法，《新唐书》卷二二〇《高丽传》将
"千年"改为"九百年"，以与下文的"及今九百年矣"对应。《三
国史记》卷二二《高句丽本纪·宝藏王（下）》的记载本于《新唐
书》，实为妄改。《元丰类稿》卷三一《请访问高骊世次札子》"盖
自朱蒙至藏，可考者一姓九百年，传二十一君而失国"，是继承了
《新唐书》之误。

　　日本史书《日本书纪》卷二七"天智天皇七年十月"条记载：

> 大唐大将军英公，打灭高丽。高丽仲牟王初建国时，欲治
> 千岁也。母夫人云："若善治国，可得也。若或有本，有不可得
> 也。但当有七百年之治也。"今此国亡者，当在七百年之末也。[2]

认为高句丽立国时间为 700 年，恰与《三国史记》的记载相符。但
据《三国史记》的记载可知，朱蒙之母死于夫余，未随朱蒙南迁，
则《日本书纪》的上述记载或是后人编造，或是日本方面的传闻之
误，也不足为据。但其中反映的高句丽人"欲治千岁"的想法，与
《高丽秘记》中表现出来的心态是一致的。说明"欲治千年""不及
千年"都是时人的想象，没有历史依据。

　　如此说来，《三国史记》所载朱蒙、琉璃明王、大武神王的积年
都是有问题的，再加上从中、朝史书都无法考证出莫来与骀的即位

1　参见姜维恭《所谓高丽秘记究竟是什么？》，载姜维恭《高句丽历史研究初编》，吉林大学出
　　版社，2005，第 236~240 页。
2　〔日〕舍人亲王等：《日本书纪》卷二七《天命开别天皇（天智天皇）》，第 573 页。

时间，因此，自朱蒙至驹，共五代王积年无考。除上述根据中国各正史所作的订正外，其他诸王的积年依据《三国史记》的记载，我们可以整理出新的高句丽王世系年表如下，其中前四位王的在位时间是根据《三国史记》所载前三位王的在位年数和我们对朱蒙建国时间的估算所做的推测，带问号的是尚不能确定的内容（表7-3）。

表7-3 高句丽王系积年

世次	王序	王号	王名	在位时间	与前王关系
1	1	东明圣王	朱蒙（邹牟、象解）	约前126~前107	
2	2	琉璃明王（儒留王）	类利（始闾谐、闾达）	约前107~前71	子
3	3	大武神王（大朱留王）	无恤（如栗）	约前71~前45	子
4	4		莫来	约前45~？	子
5	5		驹	？~12	子？
6	6	闵中王	解色朱	12~49	子？
7	7	慕本王	解忧（解爱娄）	49~53	子？
8	8	太祖大王	宫（于漱）	53~121	子？
9	9	次大王	遂成	121~132	子
10	10	新大王	伯固	132~191	子
11	11	故国川王	男武（伊夷模）	191~227	子
12	12	东川王	优位居（郊彘、位宫）	227~248	子？
13	13	中川王	然弗	248~270	子
14	14	西川王	药卢	270~292	子
15	15	烽上王（雉葛）	相夫（歃矢娄）	292~300	子
16	16	美川王（好壤王）	乙弗（乙弗利、忧弗）	300~331	侄
17	17	故国原王（国冈上王）	斯由（刘、钊）	331~371	子

续表

世次	王序	王号	王名	在位时间	与前王关系
18	18	小兽林王（小解朱留王）	丘夫	371~384	子
18	19	故国壤王	伊连（于只支、安）	384~391	弟
19	20	广开土王	谈德	391~412	子
20	21	长寿王	连（琏）	412~491	子
22	22	文咨明王（明治好王）	罗云（云）	491~519	孙
23	23	安臧王	兴安（安）	519~526	子
23	24	安原王	宝延（延）	526~548	弟
24	25	阳原王（阳冈上好王）	平成（成）	548~559	子
25	26	平原王（平冈上好王）	阳成（汤）	559~598	子
26	27	婴阳王（平阳）	元（大元）	598~616	子
26	28	荣留王	建武	616~642	弟
27	29	宝臧王	臧	642~668	侄

公元前 108 年汉武帝灭卫氏朝鲜设四郡，其中的玄菟郡下辖有高句丽县，其县名应取自当地族群的名称，对此中外学术界都没有异议。但问题在于，如按《三国史记》的记载，认为朱蒙所部南迁是在公元前 37 年，那么，汉武帝设四郡时，朱蒙所部尚未自夫余族中分离出来，尚不存在后世的高句丽族，玄菟郡高句丽县不会是得名于朱蒙所部。因此，有的学者认为，朱蒙所部进入浑江流域以前，当地已经存在一个名为句丽的部族，汉武帝设四郡时，在这个句丽族的居住地设立了高句丽县，约 70 年以后，朱蒙所部迁入高句丽县，并与这个句丽族相融合形成新的民族共同体，新出现的民族沿用了原来的族名，也称高句丽。甚至有的学者认为，在汉武帝设高句丽县以前，这个句丽族已经建立了自己

的国家，并对相关问题进行考证。[1]

但是，通过对高句丽王的世系和积年进行重新研究我们可以发现，《三国史记》关于朱蒙南迁时间的记载不可信，朱蒙所部进入浑江流域是在公元前 126 年前后。这个年代虽然出自推算，可能存在一定的出入，但有一点是可以肯定的，即朱蒙所部进入浑江流域是在汉武帝灭卫氏朝鲜设四郡以前。因此，汉王朝设立的玄菟郡高句丽县，最初就是得名于朱蒙所部的族称，在朱蒙所部之前，并不存在一个同名句丽的部族。

朱蒙所部进入浑江流域是公元前 126 年前后的事情，《三国史记》称朱蒙在位 19 年，如果这种说法可信，则朱蒙应去世于公元前 107 年前后。《汉书》卷二八下《地理志下》称玄菟郡"武帝元封四年开"，如果我们将汉朝的军事行动与设郡视为同步进行的话，那么，汉军征服包括浑江流域在内的玄菟郡后来所辖各地是在元封四年（前 107），朱蒙恰恰于此时去世，可能二者之间存在某种联系。

近年，有中国学者提出，《汉书》所载在王莽时被杀的高句丽侯驺就是朱蒙，[2]虽然这种观点受到部分学者的质疑，[3]但其提出的朱蒙死于被杀说是值得我们进一步思考的。从本节对高句丽王系积年的分析来看，朱蒙很可能是在汉军征服浑江流域时被杀的。

琉璃明王在位的第 22 年迁都国内地区，显然是为了摆脱高句丽县的控制，按上表推算此事应发生在公元前 86 年前后。那么，汉昭帝始元五年（前 82 年）并省四郡，将玄菟郡治所从沃沮人的居住

1 〔韩〕姜仁淑：《关于先行于高句丽的古代国家句丽》，文一介译，《东北亚历史与考古信息》1992 年第 1 期。

2 刘子敏：《朱蒙之死新探——兼说高句丽迁都"国内"》，《北方文物》2002 年第 4 期；刘矩、季天水：《"高句丽侯驺"考辨》，《社会科学战线》2007 年第 4 期。

3 耿铁华：《王莽征高句丽兵伐胡史料与高句丽王系问题——兼评〈朱蒙之死新探〉》，《北方文物》2005 年第 2 期。

区迁到"句丽西北",[1] 则是汉王朝针对高句丽迁都所作出的加强对高句丽控制的措施。琉璃明王三十三年,《三国史记》有"命乌伊、摩离领兵二万,西伐梁貊,灭其国,进兵袭取汉高句丽县"的记载,[2] 按上表纪年推算,这应是公元前75年前后的事情。汉昭帝元凤五年(前76年),汉王朝曾经"发三辅及郡国恶少年、吏有告劾亡者,屯辽东",加强辽东地区的军事力量,这应与琉璃明王时期高句丽对梁貊和高句丽县的军事行动有关。元凤六年,汉王朝"募郡国徒筑辽东、玄菟城",[3] 在四郡并省后,高句丽县是玄菟郡首县,二者治所应同在一城,因此,筑玄菟城也可以理解为筑高句丽县城。此事恰与我们估算的"袭取汉高句丽县"的时间相吻合,应是汉王朝重新夺回玄菟城之后的举措。

综上,通过对《三国史记·高句丽本纪》早期记事系年的重新估算,我们可以发现这些记事与中国史籍记载的对应关系,这可以从另一个角度为我们重新排定的高句丽王系与积年提供佐证。

第二节 朱蒙南迁地域考

关于朱蒙所部南迁后最初居住的地域,《好太王碑》称朱蒙"于沸流谷忽本西城山上而建都焉",《魏书》卷一〇〇《高句丽传》称

---

1 《三国志》卷三〇《魏书·东夷传》,第846页。
2 (高丽)金富轼:《三国史记》卷一三《高句丽本纪》,第182页。
3 《汉书》卷七《昭帝纪》,第232页。

其至"纥升骨城",《三国史记》称其"至卒本川",金富轼自注,"《魏书》云至纥升骨城","结庐于沸流水上"。[1] 学界目前基本认定,"沸流谷、沸流水、忽本、卒本川、纥升骨城等不同名称,应该在一处,只是其指示物不同。沸流谷、沸流水,是指水而言,忽本、卒本同,卒本川是指山间的平地,而且很可能是由沸流水冲积而成的,所以高句丽政权又称卒本夫余。迄今,大家比较一致的看法,沸流水,即富尔江、浑江;卒本川则在桓仁"。[2] 一般认为,今辽宁桓仁的五女山城,就是高句丽纥升骨城。但更可能的情况是,尽管高句丽人曾经进入这一地区,甚至可能一度以此为统治中心,但这里却不是朱蒙所部南迁后最初居住的地区。

在考察朱蒙所部南迁后的居住地之前,我们首先有必要考证一下朱蒙所部南迁的出发地,而这又需要从朱蒙神话出发。

《旧三国史·东明王本纪》:

> 夫余王解夫娄老无子,祭山川求嗣。所御马至鲲渊,见大石流泪。王怪之,使人转其石,有小儿金色蛙形。王曰:"此天锡我令胤乎!"乃收养之,名曰金蛙,立为太子。其相阿兰弗曰:"日者,天降我曰:'将使吾子孙立国于此,汝其避之。'东海之滨有地,号迦叶原,土宜五谷,可都也。"阿兰弗劝王移都,号东夫余。于旧都,解慕漱为天帝子来都。[3]
>
> 汉神雀三年壬戌岁,天帝遣太子降游扶余王古都,号解慕漱。从天而下,乘五龙车,从者百余人,皆骑白鹄。彩云浮于

1　(高丽)金富轼:《三国史记》卷一三《高句丽本纪》,第 176 页。

2　魏存成:《高句丽考古》,吉林大学出版社,1994,第 13 页。

3　(高丽)金富轼《三国史记》卷一三《高句丽本纪·始祖东明圣王》的相关记载与此基本相同,但是不包括下一自然段的内容。

上，音乐动云中。止熊心山，经十余日始下。首戴鸟羽之冠，
腰带龙光之剑。朝则听事，暮即升天，世谓之天王郎。[1]

《三国遗事》卷一《纪异·北扶余》引《古记》：

> 前汉宣帝神爵三年壬戌四月八日，天帝子降于讫升骨城
> （在大辽医州界），乘五龙车，立都称王，国号北扶余，自称名
> 解慕漱。生子名扶娄，以解为氏焉。王后因上帝之命，移都于
> 东扶余。东明帝继北扶余而兴，立都于卒本州，为卒本扶余，
> 即高句丽之始。[2]

对照《旧三国史》《三国史记》的相关记载，我们可以肯定，上引
一然《三国遗事》记事的后半部分的错误在于，因将两个解慕漱混
为一谈，所以将建立北夫余的解慕漱当成夫娄之父，实际上，在朱
蒙神话中，其应该是朱蒙生父。因此，如果删去"名扶娄，以解为
氏焉。王后因上帝之命，移都于东扶余"一段，将原文变成"生子
东明帝，继北扶余而兴"，才是正确的记述。

但是，将《三国遗事》和《旧三国史》的记载相对照，我们不
难发现，夫娄所部最初的称号就是"扶余"，无所谓"东""北"，
只是在夫娄所部东迁迦叶原之后，夫余一分为二，夫娄所部才改称
东夫余，而留居原地的称北夫余。在朱蒙神话中，朱蒙生父解慕漱
为北夫余的创立者，而其养父金蛙则继夫娄之后成为东夫余的统治
者。从血统上讲，朱蒙系出北夫余，但他却从小生活在东夫余中，

1　（高丽）李奎报：《东国李相国集》卷三《东明王篇》注引《旧三国史》。
2　（高丽）一然：《三国遗事》卷一《纪异·北扶余》，第36页。

最终是因为受到金蛙诸子的排斥，而从东夫余率部南迁的。

　　对于朱蒙的出身，传世文献与石刻资料的记载并不相同。从《旧三国史》《三国史记》《三国遗事》以及《魏书·高句丽传》所载朱蒙神话分析，朱蒙无疑是出自东夫余。但《好太王碑》和《冉牟墓志》却皆称其出自北夫余。结合上述分析我们可以认为，传世文献因为重点在于叙述朱蒙南迁的故事，侧重点在指明朱蒙南迁的始发地，因而称其出自东夫余；石刻资料因为重点在于叙述朱蒙的家世、血统，因而称其出自北夫余。两者并不矛盾。概言之，朱蒙是自东夫余居住区开始迁徙的。

　　关于东夫余，学界历来分歧较大。中国史书中没有提到东夫余，日本学者白鸟库吉[1]、那珂通世[2]、津田左右吉[3]、池内宏[4]、岛田好[5]、小川裕人[6]、日野开三郎[7]，以及韩国学者卢泰敦[8]、宋镐晟[9]皆认为，公元 285 年，夫余受到慕容廆的打击，王城被攻克，"子弟走保沃沮"，这部分夫余人就是见于朝鲜史籍的东夫余。但是，正如

1　　白鸟库吉「夫余国の始祖東明王の伝説に就いて」『白鸟库吉全集』第五卷、岩波書店、1970 年。南满洲鉄道株式会社编『满洲歴史地理』丸善株式会社、1926 年、18 頁；因该书第一篇「汉代の朝鲜」执笔者为白鸟库吉和箭内亘，故一般认为本章内容为白鸟库吉的观点。

2　　故那珂博士功績紀念会编『那珂通世遺書』，转引自岛田好「東夫餘の位置と高句麗の開國傳說」『青丘學叢』第 16 号、1934 年。

3　　津田左右吉「三國史記高句麗紀の批判」『满鲜地理歴史研究報告』第 9 册。

4　　池内宏：《夫余考》，原载『满鲜地理歴史研究報告』第 13 册，后收入池内宏『满鲜史研究』上世第 1 册、吉川弘文館、1979 年。

5　　岛田好「東夫餘の位置と高句麗の開國傳說」『青丘學叢』第 16 号、1934 年。

6　　〔日〕小川裕人：《关于靺鞨史研究的诸问题》，刘凤翥译，载《民族史译文集》第 2 集，中国社会科学院民族研究所历史研究室资料组，1978 年。

7　　日野開三郎『东北アジア民族史』（上）、三一書房、1988 年。

8　　〔韩〕卢泰敦：《夫余国的境域及其变迁》，尚来实译，《东北亚历史与考古信息》2002 年第 1 期。

9　　〔韩〕宋镐晟：《夫余研究》，常白衫译，《东北亚历史与考古信息》2002 年第 1 期。

李健才已经指出的，[1]此说面临的最大问题是，《晋书》卷九七《夫余传》记载："明年（286），夫余后王依罗遣诣龛，求率见人还复旧国。"在晋东夷校尉何龛的支持下，依罗率夫余人复国，《晋书》称其"还复旧国"，[2]说明依罗所率即当初离开"旧国""走保沃沮"的那部分夫余人，可见他们并未成为另一支夫余，而是在第二年就重返故都复国了。

李健才认为，在公元 337 年以后，夫余王城迁往今吉林农安一带以后，旧都吉林市一带被称为东夫余，[3]这也一直是中国学者的主流观点。李健才依据《资治通鉴》卷九七《晋纪十九》"初，夫余居于鹿山，为百济所侵，部落衰散，西徙近燕"的记载，认为夫余自鹿山西迁的年代当在慕容皝称燕王的 337 年至 346 年之间，而后取此时间段的下限，认为：

> 346 年，夫余西迁后，出现了两个夫余，一是原来以鹿山为前期王城（今吉林市龙潭山到东团山之间）的夫余；二是西迁后，以今农安为后期王城（即渤海夫余府、辽代黄龙府）的夫余。为了区别这两个夫余，便将初居鹿山的夫余称为东夫余。[4]

基于上述认识，中日学者对东夫余所在地的理解也明显分为两派。支持 285 年以后出现东夫余说法的学者皆认为，东夫余应在沃沮分

1　李健才：《三论北夫余、东夫余即夫余的问题》，《社会科学战线》2000 年第 6 期。

2　《晋书》卷九七《四夷传·夫余国》，第 2532 页。

3　李健才：《北扶余、东扶娄、豆莫娄的由来》，《东北史研究》1983 年第 1 期。

4　李健才：《再论北夫余、东夫余即夫余的问题》，《东北史地考略（续集）》，吉林文史出版社，1995，第 12~13 页。

布区。但这些学者对东夫余具体所在地的认识也存在比较大的差异，白鸟库吉认为在今长白山附近，津田左右吉认为在松花江上游，那珂通世认为在鸭绿江流域，宋镐晟认为在今吉林市一带，池内宏、岛田好、小川裕人认为在北沃沮的分布区，大体包括今中国吉林省东部至朝鲜的咸镜北道、两江道一带。支持迁都说的学者皆认为，东夫余应在今吉林省吉林市一带。

除上述两种主流观点之外，张博泉先生新倡夫余为沃沮说，认为东夫余即东沃沮，北夫余即北沃沮，东夫余在今朝鲜咸镜道。[1] 孙正甲认为东夫余有二，一是夫娄所部，后为高句丽所灭，二是 285 年以后"走保沃沮"的夫余，这才是《好太王碑》中提到的东夫余。[2] 关于东夫余的地域，张昌熙认为存在变化，但大体在东至图们江、西至二道江的范围内。[3]

关于东夫余的地理位置，朝鲜李朝时代的古籍中也颇多异说。李种徽《修山集》卷三《环碧亭记》认为"盖马山东数千里，古东扶余之国也"，[4] 即在今朝鲜咸镜南北道和两江道。许穆《记言》卷三五《东事·地乘》认为成川是"古沸流之国，亦曰东扶余"，[5] 即在今朝鲜平安南道。李德懋《青庄馆全书》卷二六《纪年儿览下》认为"在高勾丽北界"，[6] 则在今中国吉林境内。丁若镛《与犹堂全集》

1　张博泉：《北夫余与东夫余史地考略》，《史学集刊》1999 年第 4 期。这种观点最早在张博泉等著《东北历代疆域史》一书中就有所反映。

2　孙正甲：《夫余源流辨析》，《学习与探索》1984 年第 6 期。

3　张昌熙：《东夫余及其地望初探》，《延边大学学报》1986 年第 4 期。

4　（朝鲜王朝）李种徽：《修山集》卷三《环碧亭记》，《韩国文集丛刊》第 247 册，景仁文化社，2001，第 329 页。

5　（朝鲜王朝）许穆：《记言》卷三五外篇《东事四·地乘》，《韩国文集丛刊》第 98 册，第 208 页。

6　（朝鲜王朝）李德懋：《青庄馆全书》卷二六《纪年儿览下·卞韩附东扶余国》，《韩国文集丛刊》第 257 册，第 436 页。

第一集《诗文集》《对策·地理策》认为夫余有四，"其二曰东扶余。汉初，北扶余王解夫娄徙都东海之滨，其地曰迦叶原。迦叶者，河西之声转，今之江陵，即其地也"。"臣以为濊貊者，北夫余之本名也。其以江陵为濊，春川为貊者，中世之冒名也。盖昔北夫余王解夫娄东徙江陵，遂使江陵谬冒濊貊之名。"[1] 认为东夫余在江陵，即在今朝鲜江原道。李瀷《星湖全集》卷二六《答安百顺（丁丑）》认为在鸭绿江一带，则涉及朝鲜的平安北道和慈江道，以及中国辽宁东部地区。

东夫余为沸流国说，因与《三国史记》卷一三《高句丽本纪》有关东夫余和沸流国的记载相矛盾，且没有提出有力的史料证据，已为学术界所抛弃。认为东夫余在成川，是因为成川有沸流江。李万敷（1664~1732）《息山集别集》卷四《地行附录·纥骨》称成川："水自吴江山及大母院洞合流，至纥骨为沸流江。山下有石穴四，水入穴，沸腾而出，故曰沸流。"[2] 成海应《研经斋全集》卷一五《沸流水辨》："考之东史，以成川为卒本者，以有沸流水也。"[3] 因此水与沸流国立国之地的沸流水重名，因而朝鲜学者误认为沸流国在成川，所以，该说也随东夫余为沸流国说的被抛弃而不再有人赞同。

韩国学者李丙焘受丁若镛影响，提出夫余人的分支"雄踞于东海岸一带，形成联盟社会者，则是临屯国（后日汉之临屯郡），后汉时代便在这里出现了沃沮和东濊（东部濊貊）的二联盟体。而高句

1　（朝鲜王朝）丁若镛：《与犹堂全书》第一集《诗文集》第八卷《对策·地理策》，《韩国文集丛刊》第281册，第163页。

2　（朝鲜王朝）李万敷：《息山集别集》卷四《地行附录·纥骨》，《韩国文集丛刊》第179册，景仁文化社，1998，第95页。

3　（朝鲜王朝）成海应：《研经斋全集》卷一五《沸流水辨》，《韩国文集丛刊》第273册，景仁文化社，2001，第354页。

丽广开土王碑出现的东夫余，便是特别指称此东濊社会的"。[1] 此说已受到韩国学者卢泰敦的批判。[2] 东夫余位于江陵说自然也受到质疑。

综上，我们可以将学术界对东夫余地理位置的诸家说法归纳为三类。其一，认为东夫余在朝鲜咸镜南北道一带。即认为东夫余在沃沮分布区，这也是目前国外学术界的主流观点。其二，认为东夫余在中国吉林市一带。认为东夫余在松花江上游、长白山附近诸说可以归入此类。这也是目前中国学术界的主流观点。其三，认为东夫余在鸭绿江流域。

但是，在朱蒙神话中，夫娄是率部迁往"东海之滨有地，号迦叶原"，也就是说，东夫余的地望必须同时满足两个条件，一是在夫余故地以东，二是在海滨。后两类观点显然做不到这一点，第二类观点所说东夫余地望不在海滨，第三类观点所说东夫余地望在夫余故地以南，而不是以东。

《好太王碑》记载，高句丽好太王曾征服东夫余：

> 廿年庚戌，东夫余旧是邹牟王属民，中叛不贡，王躬率往讨，军到余城，而余举国骇服□□□□□□□□王恩普覆，于是旋还。又其慕化随官来者，味仇娄鸭卢、卑斯麻鸭卢、椯社娄鸭卢、肃斯舍鸥卢□□□鸥卢。

有学者认为，碑文中提到的东夫余"味仇娄"，即见于中国史书的作为北沃沮别名的"置沟娄"，[3] 高句丽语"沟娄"意为城，"置沟娄"

1　〔韩〕李丙焘：《夫余考》，李云铎译，《东北亚历史与考古信息》2002 年第 1 期。

2　〔韩〕卢泰敦：《夫余国的境域及其变迁》，尚求实译，《东北亚历史与考古信息》2002 年第 1 期。

3　《三国志》卷三〇《魏书·东夷传》"北沃沮"条："北沃沮，一名置沟娄。"（第 847 页）

即置城，即后来高句丽的栅城。又因对高句丽栅城所在地存在不同认识，而给予东夫余不同的定位，但诸家之说大体不出今中国吉林的东部和朝鲜咸镜北道、两江道的范围。[1]

应该说，"置沟娄"即置城是没有问题的，我们姑且不论置城是否可以直接音转为栅城，说"味仇娄"即"置沟娄"恐怕就是有问题的。

其一，《好太王碑》非常明显是以"味仇娄鸭卢"为一词组，[2] 在可识读的碑文中，至少存在四个某某"鸭卢"，应该说，这一词组包括"味仇娄"和"鸭卢"两个专有名词。如果将味仇娄解释为置城，则势必将鸭卢理解为首领的称号，而这一点却是无法证明的。

其二，《三国志》的记载非常明确，"置沟娄"是北沃沮的别称，而不是北沃沮境内某城的名称，见于《好太王碑》的东夫余城名不止一处，没有理由将其中的一个视为北沃沮的别称"置沟娄"。概言之，这种将城名与族名对接的研究方法，至少从目前来看是缺乏史料证明的。

李丙焘认为，《三国志》卷二八《毌丘俭传》所载高句丽王在遭遇魏军打击时所逃避的"买沟"，应为"买沟娄"，即《好太王碑》的"味仇娄"，也即"置沟娄"，[3] 但没有任何证据可以证明《三国志》此处有脱字，这种改史求证的方法显然也是不可取的。

1　栅城所在地大体上有朝鲜钟城说、庆兴及镜城说、俄国双城子说、我国珲春城墙砬子城说、珲春八连城说、珲春温特赫部城说、珲春萨其城说、延吉一带的三城（城子山山城、兴安古城和河龙古城）说等诸种说法。参见刘子敏《高句丽疆域沿革考辨》，《社会科学战线》2001年第4期。

2　王健群、朴真奭、耿铁华的释文此处皆同。参见耿铁华《好太王碑一千五百八十年祭》，中国社会科学出版社，2003，第399~414页。

3　〔韩〕李丙焘:《韓國古代史研究》，博英社，1976，第203~205页。此说还得到卢泰敦的支持。转引自〔韩〕卢泰敦《夫余国的境域及其变迁》，尚求实译，《东北亚历史与考古信息》2002年第1期。谭其骧《〈中国历史地图集〉释文汇编·东北卷》也持此观点（第29页）。

　　但我们需要注意的是，在前引《好太王碑》文中，"夫余"也省称为"余"，"军到余城，而余举国骇服"，"余城"应是夫余都城的省称，"余"为夫余的省称。因此，在《好太王碑》所载守墓烟户中出现的"卖句余民"，应是"卖句的夫余之民"的省称。"卖句余民"被列于守墓烟户之首，这与征服东夫余是好太王一生的重要功绩也是相吻合的。但是，此"卖句"是否即《三国志》卷二八《毌丘俭传》中提到的"买沟"，现在也无从考知了。

　　《好太王碑》在记载守墓烟户时，在"卖句余民"之下，紧接着就是"东海贾"。既然我们可以肯定"卖句余民"指夫余之民，那么，其下的"东海贾"也应与东夫余有关。"东海贾"的意义存在两种可能：其一，"贾"指商人，东海才是地名；其二，"贾"是"谷"的同音伪字，应为"东海谷"，但不论是哪一种可能，都与高句丽早期的地方行政建置东海谷有关。也就是说，高句丽的东海谷就是东夫余旧地，得名于"东海之滨有地"。而见于朱蒙神话的东夫余迁入之地，正是"东海之滨有地，号曰迦叶原"。[1]

　　东海谷的位置史书中没有具体记载。但见于《三国史记》的高句丽早期太守辖区共有6处：新城、栅城、东海谷、海谷、南海（谷）、鸭渌谷。鸭渌谷在南、新城在西，其他四处都在东部。

　　据中国史书记载，东汉安帝元初五年（118），高句丽"与濊貊寇玄菟，攻华丽城"，高句丽已经开始了对秽人的征服。但安帝建光元年（121），"幽州刺史冯焕、玄菟太守姚光、辽东太守蔡讽等将兵出塞击之，捕斩濊貊渠帅"，[2]使秽貊重新隶属汉朝。秽人至"汉末更属句丽"，正始六年（245）毌丘俭征高句丽时，曹魏政权又夺回

1　（高丽）金富轼：《三国史记》卷一三《高句丽本纪·始祖东明圣王》，第174页。
2　《后汉书》卷八五《东夷传·高句丽》，第2814页。

对秽人的统治权。[1] 在设置栅城、东海谷等地方建置时，高句丽人尚未能征服秽貊人。而高句丽征服沃沮人的时间却相对较早。因此，包括东海谷在内的这些地方行政建置，只能是置于《三国志》所载东沃沮的分布区。也就是说，朝鲜史籍中所载东夫余在中国史书所载东沃沮的分布区。

朱蒙灭太白山东南荇人国和北沃沮后，[2]《三国史记·高句丽本纪》中记载了高句丽与东夫余之间的一系列战争与外交事件，证明东夫余在长白山以南、以东，北沃沮以南，东到海，也就是东沃沮的北部地区。传说中东夫余王金蛙是在"太白山南优渤水"见到朱蒙之母河伯女柳花的，也暗示东夫余在长白山以南。大体说，东夫余分布区在今朝鲜虚川江流域以东至海，地处今朝鲜咸镜南北道和两江道交界处。[3] 这里地处日本海之滨，基本上处在位于中国吉林市一带的夫余故地的东南方。[4]

《资治通鉴》卷七五《魏纪七》邵陵厉公正始七年（246）：

---

1 日本学者池内宏认为，《后汉书》卷八五《东夷传·秽》所载"正始六年（245），乐浪太守刘茂、带方太守弓遵以领东秽属句丽，兴师伐之"，不是一次独立的战役，而是毌丘俭征高句丽之役的组成部分，是毌丘俭派王颀追击高句丽王并经略沃沮地的同时，派刘茂、弓遵经略岭东秽地。参见池内宏"公孫氏の带方郡設置と曹魏の樂浪带方二郡""曹魏の東方經略"『満鮮史研究』上世第 1 册，237-293 頁。

2 （高丽）金富轼：《三国史记》卷一三《高句丽本纪》，第 177 页。

3 （朝鲜王朝）丁若镛：《与犹堂全集》第六集《地理集》第二卷《疆域考》"秽貊考"提出："阿兰弗所云东海之滨，必当求之于咸兴以南沿海之地，不可以他求也。"认为东夫余迁往的"东海迦叶原"，当在今朝鲜咸镜南道的咸兴附近，虽然失之过南，但是其研究思路却是正确的。

4 （高丽）一然：《三国遗事》卷一《纪异·北扶余》引《古记》："汉宣帝神爵三年壬戌四月八日，天帝降于讫升骨城（在大辽医州界），立都称王，国号北夫余。"辽无医州，但这种表述证明，在一然的心目中，北夫余应在辽东一带。这种观念在朝鲜古代甚为流行，如，（朝鲜王朝）南九万（1629~1711）《药泉集》卷一〇《疏札·进盛京地图兼陈北关事札（五月十八日）》认为："至于辽左，初是箕子受封之疆，而开原县乃古扶余国。"此说亦见于安鼎福《东史纲目》、丁若镛《疆域考》。正是基于北夫余在开原一带的错误地理观念，朝鲜古籍才称夫娄所部的迁徙为东迁，今虚川江流域正在开原以东。

> 位宫单将妻子逃窜，俭引军还。未几，复击之，位宫遂奔
> 买沟。俭遣玄菟太守王颀追之，过沃沮千有余里，至肃慎氏南
> 界，刻石纪功而还。[1]

《三国志》卷三〇《魏书·东夷传》：

> 毌丘俭讨句丽，句丽王宫奔沃沮，遂进师击之。沃沮邑落
> 皆破之，斩获首虏三千余级，宫奔北沃沮，一名置沟娄，去南
> 沃沮八百余里，其俗南北皆同，与挹娄接。[2]

对比两条史料可知，高句丽王宫逃奔的路线大体是：沃沮（东沃
沮）或买沟—北沃沮（置沟娄）—肃慎（挹娄）南界。可证，买沟
为东沃沮的地名。见于《好太王碑》的"卖句"为东夫余的地名，
而东夫余的分布区恰在中国史书所记载的东沃沮的分布区。由此
推测，买沟、卖句，即使不是一地异名，也应相距不远。"买"与
"卖"、"沟"与"句"形近易误，颇疑两者为同一地名，存在误写，
附此待考。

买沟一名也见于《三国史记》卷一四《高句丽本纪·大武神
王》十三年，"秋七月，买沟谷人尚须，与其弟尉须及堂弟于刀等来
投"。[3] 若买沟为东夫余地名，则尚须、尉须、于刀等人应为降附高
句丽政权的东夫余人。若此说成立，则东夫余在大武神王时尚未被
高句丽征服。

---

1 《资治通鉴》卷七五《魏纪七》"邵陵厉公正始七年"条，第 2365~2366 页。
2 《三国志》卷三〇《魏书·东夷传》，第 847 页。
3 （高丽）金富轼：《三国史记》卷一四《高句丽本纪·大武神王》，第 187 页。

《三国史记》卷一三《高句丽本纪·琉璃明王》：

> 扶余王带素使来让王曰："我先王与先君东明王相好，而诱我臣逃至此，欲完聚以成国家。夫国有大小，人有长幼，以小事大者，礼也；以幼事长者，顺也。今王若能以礼、顺事我，则天必佑之，国祚永终；不然，则欲保其社稷，难矣。"于是，王自谓立国日浅，民孱兵弱，势合忍耻屈服，以图后效，乃与群臣谋，报曰："寡人僻在海隅，未闻礼义。今承大王之教，敢不唯命之从。"[1]

《三国史记》中还有琉璃明王"惮扶余强大，欲以太子都切为质"的记载。[2] 由此看来，《好太王碑》称东夫余是高句丽始祖朱蒙的属民，显然是夸大之词，在高句丽立国之初，东夫余的势力要远强于高句丽。

《三国史记》卷一五《高句丽本纪·太祖大王》四年（公元56年）："伐东沃沮，取其土地为城邑，拓境东至沧海，南至萨水。"[3] 参之卷一四《高句丽本纪·大武神王》二十七年（公元44年）："汉光武帝遣兵渡海伐乐浪，取其地为郡县，萨水以南属汉"，[4] 可知此前高句丽南界已至萨水，此次伐东沃沮，只是其疆域的东拓。自此，萨水以北、东至海的地域全部落入高句丽的控制，东夫余被高句丽吞并不会晚于此时。《三国遗事》卷一《纪异》"东夫余"条："至地皇三年壬午（公元22年），高丽王无恤伐之，杀王带素，国除。"称

1　（高丽）金富轼：《三国史记》卷一三《高句丽本纪·琉璃明王》，第181页。

2　（高丽）金富轼：《三国史记》卷一三《高句丽本纪·琉璃明王》，第179页。

3　（高丽）金富轼：《三国史记》卷一五《高句丽本纪·太祖大王》，第192页。

4　（高丽）金富轼：《三国史记》卷一四《高句丽本纪·大武神王》，第188页。

东夫余灭亡于公元 22 年，也是可能的。[1]

　　在《三国史记·高句丽本纪》中，公元 98~245 年陆续有关于栅城、东海谷、南海（谷）的记事，245 年以后却仅见海谷及其首府新城的记事，分别见于 276 年、288 年、293 年、335 年、339 年，这可能就是《好太王碑》中说的东夫余 "中叛不贡" 的时期。《三国史记》系毌丘俭征高句丽事于 246 年，由此推测，东夫余可能是乘高句丽受到曹魏打击、实力大为削弱之机，游离于高句丽政权的统治之外。在此时期，东夫余可能与中国史书所载夫余存在某种联系，因此，在 285 年夫余受到慕容廆打击时才能 "子弟走保沃沮"，也就是投靠东夫余。至好太王时高句丽才完成了对东夫余的重新征服，因此，435 年出使高句丽的李敖称高句丽疆域 "北至旧夫余"，指的就是刚被好太王征服不久的原东夫余。

　　白鸟库吉认为，中国正史为之立传的夫余在 346 年受到慕容皝的打击后亡国，此后见于史书记载的夫余都是指东夫余，[2] 至 494 年 "扶余王及妻孥以国来降"，[3] 意味着东夫余灭亡。但《魏书》卷五《高宗本纪》所载太安三年（457）向北魏朝贡的夫余，与其理解为东夫余，不如理解为更靠近中原的以今吉林农安一带为中心的夫余，且诸史书皆未明确记载夫余在受到慕容皝的打击后亡国，因

1　由于《三国史记·高句丽本纪》所载高句丽王世系和在位时间的错乱，其所载上述事件发生的时间可能并不准确。但其中提到的东汉光武帝刘秀（公元 25 年~公元 57 年）的在位时间，按本书所考的高句丽王世系，跨闵中王、慕本王、太祖大王三代，《三国史记》所载，高句丽伐东沃沮、拓境至萨水的太祖大王四年，东汉仍在刘秀统治期间。概言之，这些事件都发生于刘秀在位期间，笼统说是东汉初年的事，也就是说高句丽征服东夫余可能是在东汉初年。因此，《三国遗事》称东夫余亡于公元 22 年，也是可能的。而据前文考证，大武神王的在位时间，更可能是公元前 71~ 前 45 年，如此，则高句丽征服东夫余肯定不是在大武神王在位期间，这与上文关于 "买沟谷人尚须" 的记载的分析也是相吻合的。

2　白鸟库吉「夫余国の始祖東明王の伝説に就いて」『白鸟库吉全集』第五卷。

3　（高丽）金富轼：《三国史记》卷一九《高句丽本纪·文咨王》，第 232 页。

此不取白鸟库吉之说。

联系上述东夫余分布地域来看，东夫余是夫余东迁时居于最东方的一支，与中国正史中的夫余属于同族，则中国正史为之立传的夫余即朝鲜史书所载北夫余。

朱蒙所部出自东夫余，东夫余分布区在今朝鲜虚川江流域以东至海，地处今朝鲜咸镜南北道和两江道交界处，朱蒙就是从这里开始迁徙的。

关于朱蒙所部迁徙的方向，《好太王碑》称朱蒙的迁徙是"命驾巡幸南下"，《三国史记》卷一三《高句丽本纪·琉璃明王》载朱蒙妻礼氏对其子说朱蒙"逃归南地"，读过《旧三国史》的李奎报在其《东明王篇》中也称朱蒙"南行至淹滞"，可见朱蒙是自虚川江流域南下。

《三国史记·高句丽本纪》中，还有很多称东夫余为北夫余，或证明东夫余在高句丽之北的记载：

> 矛川上有黑蛙，与赤蛙群斗，黑蛙不胜死。议者曰："黑，北方之色，北扶余破灭之征也。"（《琉璃明王本纪》）[1]
>
> 扶余王带素遣使送赤乌，一头二身。初，扶余人得此乌，献之王。或曰："乌者，黑也，今变而为赤，又一头二身，并二国之征也，王其兼高句丽乎？"带素喜送之，兼示或者之言。王与群臣议，答曰："黑者，北方之色，今变而为南方之色。又，赤乌，瑞物也，君得而不有之，以送于我，两国存亡，未可知也。"……上道有一人，身长九尺许，面白而目有光，拜王曰："臣是北溟人怪由，窃闻大王北伐扶余，臣请从行，取扶余

1　（高丽）金富轼：《三国史记》卷一三《高句丽本纪》，第181页。

王头。"(《大武神王本纪》)[1]

显然，东扶余因在高句丽之北，也被高句丽人称为北夫余，这从另一角度证明，朱蒙迁徙是南下。《魏书》卷一〇〇《高句丽传》称朱蒙"东南走"，可能是中国史家根据自己的理解对高句丽人的朱蒙传说作了修改。

朱蒙自虚川江流域南迁，则其所进入的地区不会如通常认为的那样，是今中国的浑江流域，而必然是在朝鲜的咸镜南道靠近咸兴一带，也就是西汉初设玄菟郡时的沃沮城附近。[2]

《三国志》卷三〇《魏书·东夷传》：

> 汉武帝元封二年，伐朝鲜，杀满孙右渠，分其地为四郡，以沃沮城为玄菟郡。后为夷貊所侵，徙郡句丽西北，今所谓玄菟故府是也。沃沮还属乐浪。[3]

此沃沮城在今朝鲜咸镜南道的咸兴，而朱蒙南迁应在汉武帝设四郡以前，可见高句丽最初是活动于玄菟郡首府沃沮城附近的部族。《三国志》卷三〇《魏书·东夷传》："汉武帝伐灭朝鲜，分其地为四郡，自是之后，胡汉稍别。"可证汉武帝灭卫氏朝鲜后设四郡，是考虑到当地土著部族的分布的，而玄菟郡可能主要是管辖沃沮人和高句丽人。

1　（高丽）金富轼：《三国史记》卷一四《高句丽本纪》，第 184~185 页。
2　王健群认为："高句丽的第一个王都，应该是沃沮城，约当今日之咸兴。"与本书观点相同，但其论证的出发点和方式与本书大异。参见王健群《玄菟郡的西迁和高句丽的发展》，《社会科学战线》1987 年第 2 期。
3　《三国志》卷三〇《魏书·东夷传》，第 846 页。

　　高句丽人后来居于浑江流域以及定都于今辽宁桓仁，当是昭帝始元五年（前 82 年）迁玄菟首府时，对玄菟郡直接控制下的高句丽族进行了强制性迁徙的结果。也许这才是"徙郡句丽西北"的另一层含义。高句丽兴起后讳言曾受制于西汉，因此叙述其历史时都是直接自定居浑江说起，这才导致史书中将朱蒙迁入地理解为浑江的错误。

　　但是，对于高句丽人早期的居住区，《三国史记》的记载中还是留下了一些线索。

　　其一，琉璃明王称"寡人僻在海隅"。[1] 若将朱蒙迁入地理解为朝鲜咸镜南道的咸兴附近，这里正临日本海。按照本书的推算，琉璃明王在位的时间约为公元前 107 年至公元前 71 年之间，其统治的前期，在汉王朝并省四郡之前，高句丽人仍居住在咸兴附近，琉璃明王自称"僻在海隅"，既是自谦，也是对高句丽所处地理位置的真实描述。可是，如按学界通说，认为朱蒙迁入地在今辽宁桓仁一带，或浑江、富尔江流域，距渤海就有一定距离了，而且也没有证据可以证明，高句丽在琉璃明王统治时期，其势力已经南达渤海。

　　其二，琉璃明王迁都后，与朱蒙旧臣陕父发生矛盾，"陕父愤，去之南韩"。[2] 若将高句丽人的旧地理解为咸兴附近，则地距三韩的分布区不远，陕父迁往三韩的居住区还是完全可能的。可是，如按学界通说，认为朱蒙迁入地在今辽宁桓仁一带，距朝鲜半岛南部的三韩分布区很远，中间还分布着其他部族，说陕父迁往三韩的居住区就是完全不可理解的了。

　　其三，高句丽早期就征服了太白山东南荇人国、北沃沮，这都

1　（高丽）金富轼：《三国史记》卷一三《高句丽本纪·琉璃明王》，第 181 页。
2　（高丽）金富轼：《三国史记》卷一三《高句丽本纪·琉璃明王》，第 180 页。

可以证明高句丽早期活动于朝鲜半岛北部的东沃沮分布区，如果认为高句丽此时已经活动于浑江流域，上述记载就都成为无法理解的事情了。

除此之外，在《旧三国史》所载朱蒙神话中我们也可以发现一些线索。如，沸流王松让在与朱蒙第一次见面时说："僻在海隅，未曾得见君子，今日邂逅，何其幸乎！君是何人，从何而至？"松让作为朱蒙所部迁入地区土著部族的首领，称自己"僻在海隅"，说明朱蒙所部迁入的地区距海不远，这正可以与前引琉璃明王称"寡人僻在海隅"相印证。

《三国志》卷三〇《东夷·沃沮传》："北沃沮，一名置沟娄，去南沃沮八百余里。"《后汉书》卷八五《东夷传·沃沮》称东沃沮"其地东西夹，南北长，可折方千里"。东沃沮广义上包括南、北沃沮，狭义上就是指南沃沮，但不管从广义理解还是从狭义理解，东沃沮地仅"可折方千里"，则南北沃沮间"八百余里"的距离，指的不会是沃沮人分布区由南至北的距离，而应是说南、北沃沮地域并不相接，中间有八百余里的距离。东夫余以及刚刚自东夫余中迁出的高句丽，应该都活动在此范围内。原本连成一片的沃沮人的分布区被后迁入的东夫余和高句丽分为两部分，因而才分为南北二部。

高句丽早期的积极东拓，就是定都今桓仁一带后，为重新占领其原居住区而进行的努力，也是其在逐渐摆脱汉王朝的控制以后，试图回归被强制迁徙以前的故地的一种努力。

《好太王碑》记载高句丽曾经讨伐东夫余，并称"东夫余旧是邹牟王属民"，不论朱蒙是否曾征服过东夫余，在《好太王碑》和《冉牟墓志》出现的 5 世纪，东夫余肯定已成为高句丽人的属部，因此，高句丽王室自然不愿意承认自己的祖先出自东夫余，而从父系血统的角度称朱蒙出自北夫余。由于高句丽王室讳言朱蒙出自东夫余而改称朱蒙出自北夫余，当初自东夫余随朱蒙南迁的部众的后裔，自然也就要同样称自己的祖先是自北夫余随朱蒙迁徙的，比较典型的例子是《冉牟墓志》第5~6行："奴客祖先于□□北夫余随圣王来。"因此，同见于《冉牟墓志》的"北扶余守事"牟头娄所辖地区，应就是从前东夫余活动的地区。联系《好太王碑》所载高句丽广开土王二十年（410）对东夫余的征伐来看，撰写《冉牟墓志》的牟头娄很可能是高句丽重新征服东夫余之后管理该地区的第一任长官"北扶余守事"。

关于朱蒙所部最初迁入的沸流江在何处，朝鲜史籍中存在另外一种说法。郑麟趾《高丽史》卷五八《地理志》"成州"条：

> 本沸流王松让之故都。太祖十四年，置刚德镇。显宗九年，改今名，为防御使，后为知郡事。别号松让（成庙所定），有温泉。[1]

从朝鲜成宗（1457~1494）确定成州别号"松让"来看，认为朱蒙所部最初迁入的沸流江在朝鲜成川，这不是郑麟趾个人的看法，而是在15世纪的李朝文人中甚为流行的观点。此后，朝鲜地志大多沿袭这一说法，并有丰富和补充。如，《新增东国舆地胜览》卷五四《成川》"建置沿革"条："本沸流王松让故都，高句丽始祖东明王自北扶余来都卒本川，松让以其国降，遂置多勿都，封松让为多勿侯。""山川·沸流江"条："即卒本川，俗称游车衣津，在客馆西三十步。其源二：一出阳德县吴江山，一出孟山县大母院洞。至府

1　（朝鲜王朝）郑麟趾：《高丽史》卷五八《地理志》，台北，文史哲出版社，1972，第277页。

北三十里合流，历纥骨山下。山底有四石穴，水入穴中通流，沸腾西出，故名沸流江。""城郭·纥骨山城"条："在降仙楼西。世传松让所筑，可容千兵。沸流水回抱其下。"[1]并在"古迹"条里详细记载朱蒙神话，特别是与沸流国相关的部分。《东国舆地志》卷九《成川》"建置沿革"条："本沸流王松让故都，高勾丽东明王自北扶余来居卒本川，松让以其国降。"[2]

但是，丁若镛曾对此说进行过激烈的批判：

> 郑麟趾《地志》云：成州本沸流王松让之故都。高丽显宗九年改今名。别号松让，成庙所定。有温泉。《舆地胜览》云：成川府，本沸流王松让旧都，高句丽始祖东明王自北扶余来都卒本川，松让以其国降。又云：纥骨山，在成川府西北二里。有十二峰。又云：沸流江，在成川府西北，北江即卒本川也。历纥骨山，入于大同江。纥骨山下有四石穴，水入穴中，沸腾西出，故名。镛案：郑史之纰谬，指不胜屈，此尤其甚者也。大抵句丽之迹，起于扶余，南渡为卒本，又南为国内、丸都，又南为平壤。其势有进而无退。若如郑说，先都成川，密近平壤，忽又北迁，邑于句丽，殆三百年始乃南迁，得都平壤，有是理乎？金富轼明以卒本谓在玄菟，忽于数百年之后，别创无根之说，可乎？[3]

金正浩《大东地志》卷二二《成川》就完全没有提到上述内

1　（朝鲜王朝）卢思慎等：《新增东国舆地胜览》，第987、988页。

2　《东国舆地志》卷九《成川》，第540~541页。

3　（朝鲜王朝）丁若镛：《疆域考·卒本考》，《与犹堂全集》第六集《地理集》，《韩国文集丛刊》第286册，第275页。

容，可见是受丁若镛说的影响。此说后来也就被学者所抛弃。

　　但是，成川属今朝鲜平安南道，与我们前面考定的朱蒙迁入的今朝鲜咸镜南道咸兴相距不远，因此，见于朝鲜史籍的上述说法，也不是绝对不可能的。因为朱蒙所部最初迁入的地区有河名沸流，在他们被汉王朝强迁至新的地区之后，再用从前居住区的河名来命名新居住地内的河流，因而出现了成川和中国辽宁境内两条河流同名沸流的情况，道理上也是讲得通的。综上，对朝鲜史籍的上述记载，很有重新加以研究的必要，附此备考。

第三节　高句丽早期五部考

　　最早记载高句丽五部的中国史书是《三国志》卷三〇《魏书·东夷传》：

　　　　本有五族，有涓奴部、绝奴部、顺奴部、灌奴部、桂娄部。本涓奴部为王，稍微弱，今桂娄部代之。[1]

《后汉书》卷八五《东夷·高句骊传》的记载与此基本相同：

　　　　凡有五族，有消奴部、绝奴部、顺奴部、灌奴部、桂娄

1　《三国志》卷三〇《魏书·东夷传》，第843页。

部。本消奴部为王，稍微弱，后桂娄部代之。[1]

两条记载相对照可以发现，《后汉书》抄自《三国志》，并没有新的资料来源。《三国志》称"今桂娄部代之"，证明三国时代高句丽五部中居于主导地位的已经是桂娄部，但桂娄部主政始于何时却不得而知。《后汉书》此处改为"后桂娄部代之"，是范晔意识到《三国志》此处"今"字具有指示时代的功能，不能照录进《后汉书》，因《后汉书》所记载的朝代较《三国志》为早，因而改为"后"，并不能以此证明桂娄部取代涓奴部是在中国的三国时期。

《通典》卷一八六称高句丽："其国有五部，皆贵人之族也。"[2] 证明五部在高句丽早期的政治生活中发挥着重要的作用，而高句丽早期最重要的官职主要是两种：左、右辅和国相。因此，从左、右辅和国相的任职人员的出身上，我们当可以发现关于五部的线索。[3]

1　《后汉书》卷八五《东夷·高句骊传》，第 2813 页。

2　（唐）杜佑：《通典》卷一八二《边防二·高句丽》，第 5015 页。

3　学界另一种研究思路是，由《三国史记》所记载的朱蒙身边的贵族中，去寻找与中国史书所载五部的对应关系。张博泉指出："《通典》谓五部'皆贵人之族'，这可以作为探讨问题的一个线索。这些'贵人之族'，当然是朱蒙所注重、尊敬和联合的主要对象，而这些'贵人之族'也一定在与朱蒙联合时留下他们的族称。"他认为，随朱蒙南迁的部众构成了中国史书中的顺奴部，朱蒙在毛屯谷遇到的再思、武骨、默居三人，代表两个部，再思代表绝奴部，武骨、默居代表灌奴部；卒本夫余即桂娄部，古高夷后来成为消奴部［参见张甫白（博泉）《高句丽五部与统一的民族和国家》，《黑龙江社会科学》1996 年第 1 期］。李大龙的观点与此类似，认为"朱蒙统率南下的以乌引、乌违为首的属部是构成高句丽王族的主体，也是形成桂娄部的主要部分，而途中遇到的以再思、武骨、默居为首的三部则分别构成了绝奴部、顺奴部、灌奴部的主体，消奴部则应该是高句丽县境内原有的部落"（参见李大龙《由解明之死看高句丽五部的形成与变迁——以桂娄部为中心》，《东北史地》2009 年第 3 期）。而王绵厚则认为，再思、武骨、默居所部构成消奴部的主体（参见王绵厚《西汉时期的高句丽"五部"与"第二玄菟郡"》，《东北史地》2005 年第 6 期）。

现根据《三国史记》的记载将高句丽历任左、右辅与国相列表7-4如下。需要说明的是，因为《三国史记》的纪年存在错误，表7-5中根据本书对高句丽王的世系和在位时间的考辨，对此进行了修正。

表 7-4　高句丽历任左右辅

人名	就任年代		退任年代		官职	出身部
	《三国史记》系年	修正年	《三国史记》系年	修正年		
乙豆智	大武神王八年（公元25年）	前64年	大武神王十年（公元27年）	前62年	右辅	
	大武神王十年（公元27年）	前62年			左辅	
松屋句	大武神王十年（公元27年）	前62年			右辅	多勿部
穆度娄	太祖大王七十一年（123）	123	次大王二年（147）	147	左辅	
高福章	太祖大王七十一年（123）	123	次大王二年（147）	147	右辅	沸流部
弥儒	次大王二年（147）	147			右辅*	贯那部
菸支留	次大王二年（147）	147			左辅	桓那部

*（高丽）金富轼《三国史记》卷一五《高句丽本纪·次大王》二年二月，"拜贯那沛者弥儒为左辅"，"三月，诛右辅高福章"，七月"左辅穆度娄称疾退老，以桓那于台菸支留为左辅"（第19页），既然菸支留是接替了左辅穆度娄，则弥儒应是接替了右辅高福章，否则，次大王时就出现了两位左辅却没有右辅的奇怪现象。因此，《次大王本纪》上述记载有误，应是诛右辅高福章以后任命弥儒为右辅。

表 7-5　高句丽历任国相

人名	就任年代	退任年代	退任原因	出身部
明临答夫	新大王二年（166）	新大王十五年（179）	卒	椽那部
乙巴素	故国川王十三年（191）	山上王七年（203）	卒	
高优娄	山上王七年（203）	东川王四年（230）	卒	沸流部

续表

人名	就任年代	退任年代	退任原因	出身部
明临于漱	东川王四年（230）	中川王七年（254）	卒	椽那部
阴友	中川王七年（254）	西川王二年（271）	卒	沸流部
尚娄	西川王二年（271）	烽上王三年（294）	卒	沸流部
仓助利	烽上王三年（294）			南部（灌奴部）*

　　*（高丽）金富轼《三国史记》卷一七《高句丽本纪·烽上王》称仓助利为"南部大使者"（第214页）。《后汉书》卷八五《东夷传·高句丽》注"四曰南部，一名前部，即灌奴部也"（第2813页）。

　　综合以上两表可以发现，在《三国史记》的记载中，左、右辅和国相皆出自多勿部、沸流部、贯那部、桓那部、椽那部等五部之中，由此可以断定，《三国志》所载五部，就是《三国史记》所载多勿部、沸流部、贯那部、桓那部、椽那部等五部。

　　《三国史记》称朱蒙所部南迁后，"松让以国来降，以其地为多勿都，封松让为主"，[1] 可见，松让原是当地的统治者，《旧三国史》所载朱蒙神话中，松让自称"予是仙人之后，累世为王"，也可以证明这一点。在朱蒙所部迁徙至此地后，松让降于朱蒙，其部改称多勿部，后来，琉璃明王还"纳多勿侯松让之女为妃"。[2] 因此，从政权更迭的角度看，《三国史记》中的多勿部即《三国志》中"本涓奴部为王"的涓奴部。而随朱蒙自夫余迁徙来的部众因最初居住于沸流水流域，就是后来的沸流部，即《三国志》中取代涓奴部的桂娄部。上列两表中出现的部共计10次，其中沸流部出现4次，居于首位，也证明沸流部在高句丽早期的政治生活中发挥着特殊作用，

1　（高丽）金富轼：《三国史记》卷一三《高句丽本纪·始祖东明圣王》，第176页。

2　（高丽）金富轼：《三国史记》卷一三《高句丽本纪·玻璃明王》，第178页。

应该是高句丽王室所在部，即桂娄部。

《三国志》中还提到"绝奴部世与王婚"，考之《三国史记·高句丽本纪》，常与王室通婚的是椽那部，中川王后即椽氏，椽那部的明临笏睹曾尚公主。公元 190 年，于畀留、左可虑"缘以王后亲戚执国权柄"，后"与四椽那谋叛"。[1] 都可以证明椽那部即绝奴部。

"灌"与"贯"音同，《三国史记》中的贯那部，即《三国志》中的灌奴部。那么，《三国史记》中的桓那部即《三国志》中的顺奴部。

中国史书所记五部与《三国史记》所载部名的对应关系见表7-6。

表 7-6　中朝史籍所载五部对照

《三国志》	桂娄	涓奴	灌奴	绝奴	顺奴
《三国史记》	沸流	多勿	贯那	椽那	桓那

韩国学者林起焕认为，《三国史记》中的沸流部就是多勿部，对应于《三国志》中的涓奴部，但他没有提到《三国志》中的桂娄部是《三国史记》中的哪一部，其他的对应关系与本书相同。[2] 中国学者孙进己、孙泓、姜孟山、朴灿奎等都认为，沸流部即涓奴部，椽那部即绝奴部，贯那部即灌奴部，桓那部即顺奴部。其中对椽那、贯那、桓那三部的理解与本书相同。另，刘子敏认为，《三国史记》

---

1 （高丽）金富轼：《三国史记》卷一六《高句丽本纪·故国川王》，第 202 页。
2 〔韩〕林起焕：《高句麗初期五部的形成與變遷》，《초기 고구려역사 연구：2007 년 한중 고구려역사 학술회의》，동북아역사재단，2008，第 89~118 页；〔韩〕余昊奎：《鸭绿江中游地区高句麗国家的形成》，载《韩国高句丽史研究论文集》，高句丽研究财团，2006，第 103~138 页。

中所载贯那、桓那、椽那、掾那都是同一部落名称的不同写法，皆同于中国史书中的灌奴部。耿铁华认为，贯那与桓那很可能都是灌奴部，提那部为顺奴部。[1] 皆与本书观点不同。

　　多勿部、沸流部、贯那部、桓那部、椽那部名称的始见时间，《三国史记》的记载差异较大。多勿部始见于始祖东明圣王二年，《三国史记》的纪年为公元前 36 年，按我们修正后的纪年约为公元前 125 年前后。多勿部是由原松让所部改编而成，所以其部形成的历史还可以上溯到此之前很久。沸流部始见于大武神王十五年，《三国史记》的纪年为公元 32 年，按我们修正后的纪年约为公元前 57 年前后。但如果我们将沸流部视为《三国志》中所载桂娄部，也就是朱蒙所部的话，则其出现应上溯至朱蒙的南迁，按我们修正后的纪年约为公元前 126 年前后的事情。

　　椽那部始见于大武神王五年，《三国史记》的纪年为公元 22 年，按我们修正后的纪年约为公元前 67 年。《三国史记》记载：

> 　　扶余王从弟谓国人曰："我先王身亡国灭，民无所依。王弟逃窜，都于曷思。吾亦不肖，无以兴复。"乃与万余人来投。王封为王，安置椽那部。[2]

这里的"安置椽那部"，《东国通鉴·高句丽》作"置椽那部"，证明最初设立椽那部，就是为安置这部分夫余降人。据《三国志》卷三〇《魏书·东夷传》的记载，高句丽在三国时代人口才仅有 3 万户，如依一户五口计，总人口约为 15 万人，五部平均每部控制 3 万

1　中国学者的观点参见何海波、魏克威《国内高句丽五部研究综述》，《长春师范学院学报》2009 年第 5 期。

2　（高丽）金富轼：《三国史记》卷一四《高句丽本纪·大武神王》，第 186 页。

人左右。西汉时代高句丽政权初建时期，其五部的人口数肯定要更少。椽那部下辖四个部，此次随夫余王从弟来投的人口就占了一万多人，可见，这部分降附的夫余人构成了椽那部的主体。如果此前已经存在椽那部，是将这部分夫余人并入椽那部，那么，后并入的夫余人在人数上多于椽那部的原部民，是非常不便于进行统治的。因此，我们认为，《东国通鉴》的记载是更为直接准确的，高句丽是为了安置这部分降附的夫余人才设立了椽那部。

　　上述事件发生于夫余王带素被杀以后，因此，《三国史记》将此事系于大武神王五年恐怕是有问题的。相关人物的关系如下：

金蛙——带素
朱蒙——琉璃明王——大武神王

朱蒙为金蛙养子，"金蛙有七子，常与朱蒙游戏，其伎能皆不及朱蒙，其长子带素"，[1] 显然，带素年纪远大于朱蒙。若按《三国史记》的记载，朱蒙40岁时去世，而后琉璃明王在位37年，至大武神王五年，朱蒙若在，也已经年过80了，依此推算，带素的年龄至少也应在90岁上下。《三国史记》称："扶余王举国出战，欲掩其不备，策马以前，陷泞不能进退。王于是挥怪由，怪由拔剑号吼击之，万军披靡不支，直进执扶余王斩头。"[2] 从这段对带素被杀过程的描写来看，显然是不可能发生在90岁老人身上的事情，《三国史记》的相关记载是不可信的。从朱蒙与带素的年龄推测，这更可能是朱蒙在位后期的事情。也许正是因为朱蒙刚刚打败东夫余、杀其王带素，收编了大

1　（高丽）金富轼：《三国史记》卷一三《高句丽本纪·始祖东明圣王》，第175页。
2　（高丽）金富轼：《三国史记》卷一四《高句丽本纪·大武神王》，第185页。

量的夫余人，实力大增、兵威正盛，他才敢于与汉王朝的部队正面对抗。由此看来，椽那部的出现很可能是公元前 108 年前后的事情。

贯那部始见于太祖大王二十年（公元 72 年），桓那部始见于太祖大王二十二年（公元 74 年），按我们修正过的时间来看，这两个部的出现比之沸流部要晚近 200 年。贯那部、桓那部出现于《太祖大王本纪》中，就已经具有强大的武力，可以独立出兵吞并邻近的其他部落，可见其形成已经有一段时间了，始见于《三国史记》的时间并不是其创建时间。另外，在大武神王十五年还出现过南部使者邹壳素，按我们修正后的年代，应为公元前 57 年前后，按中国史书所载方位部名与上述五部名称的对应关系，南部就是灌奴部，也就是贯那部。由此推测，贯那、桓那两部的出现也应该是公元前 57 年以前的事情。

综上，不晚于公元前 57 年，高句丽五部已经形成。认为高句丽五部形成于朱蒙建国之前或朱蒙建国之时的学界传统观点恐怕是不能成立的。[1]此外，孙进己等学者认为，"高句丽五部的形成，应是公元一世纪"，[2]刘子敏认为五部是朱蒙建国后经过几代王的努力才逐渐形成，[3]朴灿奎认为，五族演变为五部最终完成于大武神王时期，[4]如果从高句丽世系的角度看，都是有道理的，只不过这些学者都受到《三国史记》所载错误王系的影响，因而其结论与本书有一定的差异。

汉昭帝始元五年（前 82 年），高句丽被强制西迁之前，应该只

1　相关观点参见何海波、魏克威《国内高句丽五部研究综述》，《长春师范学院学报》2009 年第 5 期。

2　孙进己、王绵厚主编《东北历史地理》第 1 卷，第 365~367 页。

3　刘子敏：《高句丽历史研究》，第 59 页。

4　朴灿奎：《〈三国志·高句丽传〉研究》，吉林人民出版社，2000，第 77~78 页。

有桂娄、涓奴、绝奴三个部，并不存在高句丽五部组织。灌奴部、顺奴部应是高句丽被强制迁至今中国辽宁境内以后组建的。

据《三国史记》记载，中川王"立椽氏为王后"，但另有"贯那夫人"，[1]两者显然分别出自椽那部（绝奴部）和贯那部（灌奴部），证明不仅"绝奴部世与王婚"，贯那部（灌奴部）也有与王室通婚的特权。由此看来，贯那部也应以夫余人为主体。《翰苑·蕃夷部》注："内部虽为王宗，列在东部之下。其国从事以东为首，故东部居上。"东部即顺奴部（桓那部），我们很难想象，在其余四部皆以夫余人为主体，或以夫余人为统治者的情况下，会将一个异族为主体的部列于其他四部之上，因此，顺奴部（桓那部）也应以夫余人为主体。对照涓奴部（多勿部）和绝奴部（椽那部）的情况，估计后组建的灌奴、顺奴二部具有与之相类似的特性，即，是以夫余人为主体或夫余人占据主导地位的主动降附的部族。

虽然桂娄部即朱蒙所部的民族成分比较复杂，但综观五部的民族构成，应该说，可能夫余人占的比例还是稍大一些，至少我们可以肯定，夫余人在五部中都是占据主导地位的。因此，高句丽族的族源虽然是多源的，[2]如果我们要以一个主要来源进行概括的话，说高句丽人出自夫余还是有道理的。[3]

在汉兵进军朝鲜半岛之前，高句丽并不存在五部，而是仅有三

1　（高丽）金富轼：《三国史记》卷一七《高句丽本纪·中川王》，第211页。

2　高句丽族族源的多源说，参见孙进己《高句丽的起源及前高句丽文化的研究》、杨军《高句丽族属溯源》，皆载《社会科学战线》2002年第2期；杨保隆《高句骊族族源与高句骊人流向》，《民族研究》1998年第4期；杨军《从"别种"看高句丽族源》，《东疆学刊》2002年第1期。

3　关于高句丽的族源，国内学者存在秽貊说、高夷说、炎帝族系说、商人说、高夷—貊部说、夫余说、多元说等七种不同的观点。夫余说的代表性学者为金岳、王健群、李德山。参见王绵厚《高句丽起源的国内外代表性观点解析——再论高句丽族族主体为辽东"二江"和"二河"上游"貊"部说》，《社会科学辑刊》2006年第1期；何海波《国内高句丽族源研究综述》，《长春师范学院学报》2008年第4期。

部，分别为后世的多勿部、沸流部、橡那部，亦即中国史书记载的桂娄部、涓奴部、绝奴部。

《三国志》卷三〇《东夷·高句丽传》：

> 王之宗族，其大加皆称古雏加。涓奴部本国主，今虽不为王，适统大人，得称古雏加，亦得立宗庙，祠灵星、社稷。绝奴部世与王婚，加古雏之号。[1]

五部中，涓奴部（多勿部）、绝奴部（橡那部）的大加拥有与王部即桂娄部（沸流部）的大加同样的特权，可以称"古雏加"，证明两部的地位比较特殊。按《三国志》的解释，涓奴部是因为曾经是"国主"，绝奴部是因为"世与王婚"，但更深层次的原因却可能是，这两部与王部桂娄部都是在朱蒙时代建立的，是高句丽被汉王朝强制性迁徙到今辽宁桓仁一带以前的旧部，是资格最老的，因此才享有一定的特权。而另外两部，灌奴部（贯那部）、顺奴部（桓那部），应该是高句丽迁入今辽宁桓仁一带以后才组建的。

据《三国史记》卷一三《高句丽本纪·始祖东明圣王》，朱蒙在位的第六年和第十年，还分别征服了"太白山东南荇人国"和"北沃沮"，但却是"以其地为城邑"，并没有将之设置为新的部，可见，多勿部、橡那部被编为与朱蒙所部并列的部，是有着特殊原因的。从现有资料分析，原因可能主要是两个方面：其一，两部都是以夫余人为主体的；其二，两部都是主动降附的，而不是被朱蒙所部武力征服的。由此看来，朱蒙所部在进入咸兴附近地区后，一方面极力拉拢该地域内的夫余人，与自己结成联盟；另一方面，则

1　《三国志》卷三〇《东夷·高句丽传》，第 843 页。

采用武力手段，对当地土著部族进行征服。通过这种方法，朱蒙所部作为外来的移民集团，不仅在当地得以立足，还迅速地建立起自己的势力范围，成为当地举足轻重的力量之一。

朱蒙去世后，琉璃明王委曲求全，接受汉高句丽县的领导，这不仅仅是因为受到了来自汉王朝的军事打击，也是因为随着朱蒙的去世，其内部也在经历着一场危机。

首先是因为继承问题，朱蒙所部出现了第一次分裂，朱蒙庶子沸流、温祚兄弟"与乌干、马黎等十臣南行"，[1]成为后世百济国的始祖，朱蒙所部的实力严重受损。[2]其次，由于朱蒙的去世，也由于朱蒙所部实力的削弱，朱蒙在世时新征服的一些当地部族可能出现了脱离朱蒙所部控制走向独立的趋势。对此，新继位的琉璃明王没有足够的实力可以凭武力解决问题，他可能是通过与这些部族的首领通婚的方法，维持双方的联盟关系。在朱蒙去世的第二年，琉璃明王"纳多勿侯松让之女为妃"，转过年来又娶鹘川人之女禾姬与汉人之女雉姬，[3]可能都是出于同样的原因。琉璃明王以这种方法维持住了在当地的统治地位，因此《好太王碑》才说他"以道兴治"。

联系琉璃明王"纳多勿侯松让之女为妃"的记载来看，绝奴部（椽那部）的"世与王婚"可能也开始于琉璃明王时代，我们由此

1　（高丽）金富轼：《三国史记》卷二三《百济本纪·始祖温祚王》，第274页。

2　关于沸流、温祚南迁的时间，《三国史记》卷二三《百济本纪·始祖温祚王》记载："及朱蒙在北扶余所生子来为太子，沸流、温祚恐为太子所不容，遂与乌干、马黎等十臣南行"，似乎其南迁是在朱蒙去世以前。但同卷的注中记载："及朱蒙在扶余所生礼氏子孺留来，立之为太子，以至嗣位焉。于是沸流谓弟温祚曰：'始，大王避扶余之难，逃归于此，我母氏倾家财助成邦业，其勤劳多矣。及大王厌世，国家属于孺留，吾等徒在此，郁郁如疣赘，不如奉母氏南游卜地，另立国都。'遂与弟率党类，渡浿、带二水，至弥邹忽以居之。"（第274、275页）证明其南迁是在朱蒙去世琉璃明王即位以后。在《三国史记》的纪年中，温祚王元年比琉璃明元年晚一年，也可以证明其南迁是在琉璃明王即位以后。

3　（高丽）金富轼：《三国史记》卷一三《高句丽本纪·玻璃明王》，第178页。

可以发现，琉璃明王正是通过与绝奴部（椽那部）、涓奴部（多勿部）的首领进行联姻，来加强三部之间的联盟关系。从后来的历史发展看，琉璃明王的这一措施无疑是非常成功的，在朱蒙被杀后的动荡时期里，绝奴部、涓奴部留在高句丽联盟之中，这是高句丽得以存在和发展的重要因素。

从《三国史记》卷一三《高句丽本纪·琉璃明王》的记载来看，琉璃明王在位期间还有两件事对高句丽的早期发展形成过比较大的影响，其一是迁都，其一是陕父的南迁，两者同发生于琉璃明王在位的第 22 年。

> 冬十月，王迁都于国内，筑尉那岩城。十二月，王田于质山阴，五日不返。大辅陕父谏曰："王新移都邑，民不安堵，宜孜孜焉刑政之是恤，而不念此，驰骋田猎，久而不返。若不改过自新，臣恐政荒民散，先王之业坠地。"王闻之震怒，罢陕父职，俾司官园。陕父愤，去之南韩。[1]

琉璃明王在位的第 22 年，按《三国史记》的记载为公元 3 年，按我们修正后的时间，大约为公元前 86 年。而据《后汉书》卷八五《东夷传·秽》："昭帝始元五年（前 82 年），罢临屯、真番，以并乐浪、玄菟。玄菟复徙居句骊，自单单大领已东，沃沮、秽貊悉属乐浪。"公元前 82 年对朝鲜半岛郡县体制所做的调整中，"沃沮、秽貊悉属乐浪"，就是将玄菟郡内迁，玄菟郡辖下的当地土著部族全部改归乐浪郡统辖。而高句丽人因是后迁入该地的部族，又曾在当地从事征服和扩张，并曾与汉兵对抗，汉王朝觉得有对其加强控制的

1　（高丽）金富轼：《三国史记》卷一三《高句丽本纪·琉璃有王》，第 179~180 页。

必要，因此，在将玄菟郡内迁的同时，强制高句丽人随玄菟郡内迁
至今辽宁境内。一方面是为了玄菟郡可以就近加强对高句丽人的控
制，另一方面也是为了恢复沃沮、秽貊分布区原有的族群分布格局
和区域内秩序。玄菟郡内迁和高句丽人被强制迁徙的时间，与我们
修正后的琉璃明王迁都的时间非常接近，很可能，《三国史记》所载
琉璃明王迁都一事，正是对高句丽人被强制迁往今辽宁的历史事实
的扭曲反映。因此，如果我们可以认定今辽宁桓仁的五女山城是高
句丽早期都城的话，这里更可能就是见于《三国史记》记载的尉那
岩城，而不是朱蒙最初所都的纥升骨城。陕父"去之南韩"，可能
反映的是部分拒绝内迁的高句丽人逃往南部三韩居住区的史实。

　　不论原因是什么，陕父的南迁是朱蒙所部经历的第二次分裂。如
果我们说，第一次分裂是原来支持朱蒙的土著部族的势力，在朱蒙去
世之后自朱蒙所部中分离出去的话，那么，第二次分裂就是随朱蒙南
迁的夫余人部众自朱蒙所部中分离出去。陕父所部的出走，使桂娄部
（沸流部）的力量削弱，也促使琉璃明王更加依赖涓奴部（多勿部）
和绝奴部（椽那部）的支持。琉璃明王与松让之女所生的大武神王成
为其后的高句丽王，[1] 就是高句丽内部各部势力消长的最直接反映。

　　从《三国史记》的记载来看，琉璃明王共有六子：都切、解
明、大武神王、闵中王、再思、如津。都切被称为太子，是琉璃
明王的长子，死于琉璃明王二十年，事迹不详。[2] 迁都的次年，即琉璃

1　（高丽）金富轼：《三国史记》卷一四《高句丽本纪·大武神王》："讳无恤，琉璃明王第三
　　子……琉璃明王在位三十三年甲戌，立为太子，时年十一岁，至是即位。母松氏，多勿国王
　　松让女也。"（第184页）如下文所述，大武神王应出生于琉璃明王三年，在被立为太子时虚
　　岁31岁。此处记载"时年十一岁"，应是脱"三"字。
2　刘子敏认为《三国史记》的记载有误，琉璃明王长子都切的生母才是松让之女，琉璃明王其
　　他五个儿子，包括大武神王，都是禾姬所生。参见刘子敏《高句丽大武神王研究》，《北方文
　　物》2009年第2期。

明王二十三年，在都切去世 3 年后，"立王子解明为太子"。解明于琉璃明王二十八年自杀，"时年二十一岁"，则其出生于琉璃明王八年。松让之女与琉璃明王结婚后一年多即去世，因此，大武神王只能生于其母去世的那一年，即琉璃明王三年。如此算来，大武神王比解明大 5 岁，应为琉璃明王的次子，而不是像《三国史记》记载的那样，是琉璃明王的"第三子"。

如果都确切为琉璃明王长子，那么，至少可以证明两件事。其一，都切绝非松让之女所生；其二，都切生母嫁给琉璃明王要早于松让之女。就当时的形势分析，都切之母更可能是出自朱蒙所部的移民集团，其家族是自东夫余随朱蒙南迁的夫余人，即与陕父同部。

《三国史记》卷一三《高句丽本纪·琉璃明王》：

> 初，朱蒙在扶余，娶礼氏女有娠。朱蒙归后乃生，是为类利。幼年出游陌上弹雀，误破汲水妇人瓦器。妇人骂曰："此儿无父，故顽如此。"类利惭，归问母氏："我父何人，今在何处？"母曰："汝父非常人也，不见容于国，逃归南地，开国称王。归时谓予曰：汝若生男子，则言我有遗物，藏在七棱石上、松下，若能得此者，乃吾子也。"……乃搜于柱下，得断剑一段，遂持之与屋智、句邹、都祖等三人，行至卒本，见父王，以断剑奉之，王出己所有断剑合之，连为一剑。王悦之，立为太子，至是继位。[1]

虽然此则故事中没有纪年，但是，大武神王"幼年"即寻断剑南下

1　（高丽）金富轼：《三国史记》卷一三《高句丽本纪·琉璃明王》，第 177~178 页。

认父，可以肯定，在其继位为高句丽王之前，已经在高句丽人中生活了相当一段时间，在继位之前已经娶妻生子是完全正常的。大武神王在"朱蒙归后乃生"，即生于朱蒙率部南迁之后，若按《三国史记》的纪年来说，就是生于公元前 37 年或公元前 36 年，至其继位的第二年"纳多勿侯松让之女为妃"时，大武神王已经虚岁 19 或 20 了。古人早婚，这个年纪已婚并已有了长子都切，也是完全可能的。

在《三国史记·高句丽本纪》的早期记事中，高句丽王的正妻称"元妃"或"王后"，其他妃嫔则有"次妃""小后""少后""妃""夫人"等称号，相关史料排比如下：

（1）好童，王之次妃曷思王孙女所生也，颜容美丽，王甚爱之，故名好童。元妃恐夺嫡为太子，乃谮于王。（卷一四《高句丽本纪·大武神王》）

（2）立妃于氏为王后，后提那部于素之女也……中畏大夫沛者於畀留、评者左可虑，皆以王后亲戚，执国权柄。（卷一六《高句丽本纪·故国川王》）

（3）王以无子，祷于山川。是月十五夜，梦天谓曰："吾令汝小后生男，勿忧。"王觉，语群臣曰："梦天语我谆谆如此，而无小后奈何？"……酒桶女生男。王喜曰："此天贵予嗣胤也。"始自郊豕之事，得以幸其母，乃名其子曰郊彘，立其母为小后。（卷一六《高句丽本纪·山上王》）

（4）东川王，讳忧位居，少名郊彘，山上王之子。母酒桶村人，入为山上小后，史失其族姓。（卷一七《高句丽本纪·东川王》）

（5）立椽氏为王后……贯那夫人，颜色佳丽，发长九尺，

　　　王爱之，将立以为小后。（卷一七《高句丽本纪·中川王》）[1]

史料（1）可以证明，"元妃"即"王后"的别称。史料（2）证明，"王后"也可以简称为"后"。史料（3）中的"小后"有的版本作"少后"可以证明，"小后"即"少后"的别称。对比史料（1）和（3）可知，"次妃"应为"小后""少后"的另一称号，此三者并不存在明显的差别。史料（5）可以证明，"夫人"的地位在"次妃"或"小后""少后"之下。将史料（5）与史料（2）相对照可以发现，"夫人"进一级则为"小后"，"妃"进一级则为"王后"，可证"妃"的地位与"次妃"或"小后""少后"相同，"妃"应是"次妃"的简称。

　　《三国史记》卷一三《高句丽本纪·琉璃明王》中两次出现松让之女的称号，一为"纳多勿侯松让之女为妃"，一为"王妃松氏薨"，都是称其为"妃"。可见，松氏的地位是"次妃"，也可以称"小后""少后"，并不是琉璃明王的正妻，因此不能称"王后"或"元妃"。

　　琉璃明王之子解明自杀前，"或止之曰：'大王长子已卒，太子正当为后。今使者一至而自杀，安知其非诈乎？'"[2] 说这个话的人认为，琉璃明王的长子都切去世之后，高句丽王位的继承者理应属于解明，证明都切、解明应为同母兄弟，其母是琉璃明王的"原配"正妻，都切、解明才是"嫡出"。大武神王实际上是"庶出"的诸子，而不是琉璃明王的嫡子。

　　在琉璃明王二十三年，即陕父南迁的第二年，琉璃明王立比大武

1　（高丽）金富轼:《三国史记》，第 188、201~202、205~206、208、211 页。

2　（高丽）金富轼:《三国史记》卷一三《高句丽本纪·玻璃明王》，第 180 页。

神王小 5 岁的解明为太子，一方面是因为解明是正妻所生的嫡子，另一方面，显然也具有安抚移民集团的意味。解明最终无罪而被迫自杀，松让的外孙于琉璃明王三十三年被立为太子，都可以反映出土著势力在高句丽政权中地位的上升。如津在琉璃明王去世前"溺水死"，[1]但琉璃明王还有另一个儿子再思，《三国史记》卷一五《高句丽本纪·太祖大王》："太祖大王讳宫，小名于漱，琉璃明王子古邹加再思之子也。母太后，扶余人也。"再思的妻子是夫余人，也就是出自随朱蒙南下的移民集团。但再思未能被立为太子，最终也未能继承王位，从另一个侧面证明了在琉璃明王统治期间夫余移民势力的衰落。

汉武帝初设玄菟郡时，是否同时设立了高句丽县，史无明文。《汉书》卷二八下《地理志下》记载玄菟郡三县：高句丽、上殷台、西盖马，但这肯定是始元五年（前 82 年）以后的情况了。参之《汉书》卷六《武帝纪》注臣瓒引《茂陵书》，后来并省的真番郡、临屯郡初设时都是一五县，《汉书》卷二八下《地理志下》载，乐浪郡二十五县，可见，玄菟郡初设时应不会少于十县。

《汉书》卷二八下《地理志下》记载的西汉幽州刺史部东北五郡户口数与属县数见表 7-7。

表 7-7　西汉幽州刺史部东北五郡户口数与属县数

郡　　名	右北平郡	辽西郡	辽东郡	玄菟郡	乐浪郡
户　数	66689	72654	55972	45006	62812
口　数	320780	352325	272539	221845	406748
县　数	16	14	18	3	25
县均户数	4168	5190	3110	15002	2513

1　（高丽）金富轼：《三国史记》卷一三《高句丽本纪·玻璃明王》，第 182 页。

　　由此我们也可以发现，玄菟郡仅辖三县是极为特殊的，这应该是高句丽兴起后的情况。概言之，玄菟郡初设时所辖应超过十县。《汉书》记载其所辖仅三县，但其户口数却与辖十八县的辽东郡相差无几，应是高句丽兴起后，原玄菟郡辖县逐渐为高句丽吞并之后的情况。《三国志》卷三〇《魏书·东夷传》称高句丽三万户，玄菟郡的户口数如果减去三万户，县均户数为五千户，与辽西郡大体相当。由此看来，高句丽兴起以后，至少在汉至三国时期，其户口数还是包括在玄菟郡的户口数内的。由此推测，高句丽县应是玄菟郡初设时就存在的旧县，只不过其最初位于朝鲜半岛，在首府沃沮城附近，但不是玄菟郡的首县。在玄菟郡内徙以后，高句丽县以及下辖的高句丽族皆随之内徙，高句丽县也才成为玄菟郡的首县。

　　对于高句丽县的所在地，目前学术界看法不一。张博泉认为高句丽县在东辽河东岸赫尔苏驿附近，[1]谭其骧认为在辽宁新宾兴京老城附近，[2]李健才、孙进己、倪屹、徐家国等认为在新宾永陵镇古城。[3]如果我们认为，今辽宁桓仁五女山城一带是高句丽内迁之后的居住地的话，那么，迁徙至"句丽西北"的玄菟郡和高句丽县，[4]就应在今辽宁桓仁五女山城西北方向不远处。因此，学界通常认为玄菟郡高句丽县在今辽宁新宾一带的看法，应该说是正确的。

　　琉璃明王三十三年，《三国史记》有"命乌伊、摩离领兵二万，西伐梁貊，灭其国，进兵袭取汉高句丽县"的记载，按我们修正

1　张博泉：《汉玄菟郡考》，《吉林大学社会科学学报》1980年第6期；张博泉：《东北地方史稿》，第63页。
2　谭其骧主编《〈中国历史地图集〉释文汇编·东北卷》，第18~22页。
3　李健才：《玄菟郡的建立和迁移》，《东北地方史研究》1990年第1期；孙进己、王绵厚主编《东北历史地理》第1卷，第325~328页；倪屹：《第二玄菟郡探讨》，《延边大学学报》2002年第2期；徐家国：《汉玄菟郡二迁址考略》，《社会科学辑刊》1984年第3期。
4　《三国志》卷三〇《魏书·东夷传》，第846页。

后的纪年，这应是公元前 75 年前后的事情。汉昭帝元凤五年（前 76 年），汉王朝曾经"发三辅及郡国恶少年、吏有告劾亡者，屯辽东"，加强辽东地区的军事力量，估计此事应与琉璃明王时期对梁貊和高句丽县的军事行动有关。元凤六年，汉王朝"募郡国徒筑辽东、玄菟城"，四郡并省后，高句丽县已经是玄菟郡的首县，玄菟郡与高句丽县的治所应该在同一城，因此，筑玄菟城我们也可以理解为是筑高句丽县城，这应该是原高句丽县为高句丽人攻破之后的事情，但此次筑城究竟是对原城的修复，还是另筑新城，却不得而知。但基本可以肯定的是，公元前 75 年前后，也就是内迁之后还不到十年，高句丽已经与管辖它的高句丽县甚至玄菟郡发生正面的冲突，开始试图摆脱汉王朝对其的控制。从接受强制迁徙到武力对抗，其间的巨大变化暗示我们，在此期间高句丽人的实力在迅速膨胀，估计当地土著夫余人并入高句丽，新组建灌奴、顺奴二部，即在此期间。因此，高句丽五部的最后形成应在公元前 82 年至公元前 75 年之间。

关于五部的分布地域，李殿福认为：桂娄部在今桓仁五女山城附近、绝奴部在吉林通化县一带、顺奴部在今吉林集安县、灌奴部在桓仁县南部和宽甸县北部一带、涓奴部在今辽宁新宾县。[1]孙进己、艾生武认为，桂娄部在今集安县霸王朝山城一带、涓奴部在今富尔江上游、绝奴部在今通化境内的浑江上游地区、顺奴部在今吉林长白县一带、灌奴部在今集安县东南的鸭绿江两岸。[2]耿铁华认为，桂娄部在今集安市及岭前一带；绝奴部在今通化市、通化县一带；涓奴部在今桓仁、新宾一带；灌奴部在今宽甸东北和朝鲜楚山郡一带；

1　李殿福：《两汉时代的高句丽及其物质文化》，《辽海文物学刊》1986 年创刊号。此见李殿福《东北亚研究——东北考古研究（二）》，中州古籍出版社，1994，第 156~164 页。

2　孙进己、艾生武：《关于高句丽社会性质的几个问题》，《朝鲜史通讯》1982 年第 4 期。

顺奴部在今朝鲜满浦至江界一带。[1] 但是，这些研究皆立足于桂娄部居中、绝奴部在其北、顺奴部在其东、灌奴部在其南、消奴部在其西的五部相对方位，而关于五部相对方位的记载却出现得比较晚。

关于五部相对方位的最早记载始见于陈大德《奉使高丽记》：

> 又其国有五部，皆贵人之族也。一曰内部，即后汉时桂娄部也，一名黄部。二曰北部，即绝奴部也，一名后部，一名黑部。三曰东部，即顺奴部也，一名左部，一名上部，一名青部。四曰南部，即灌奴部也，一名前部，一名赤部。五曰西部，即消奴部也，一名右部，一名下部，一名白部。内部姓高，即王族也。[2]

将五部与黄、黑、青、赤、白五种颜色相对应的称号，应是受中原地区五行观念的影响，肯定是后起的称号。而称桂娄部为内部，绝奴部为北部、后部，顺奴部为东部、左部，灌奴部为南部、前部，消奴部为西部、右部，应该指的是五部之间的相对方位。但陈大德所说应该是唐初的情况，此时高句丽早已迁都平壤了，当其定都于今辽宁桓仁五女山城时，以及其定都于今吉林集安时，情况是否如此，已无从考究。将此方位用于研究高句丽早期五部，特别是其定都于桓仁时期的五部，显然是有问题的。

如前所考，高句丽五部的组建并不是同步的，当其居于朝鲜咸

1　耿铁华：《中国高句丽史》，吉林人民出版社，2002，第124页。

2　高福顺等：《〈高丽记〉研究》，吉林文史出版社，2003，第106页。此段引文见于《翰苑》，亦见于《后汉书》卷八五《东夷传·高句骊》的李贤注，该书认为应为陈大德《奉使高丽记》的佚文。姜维东认为，李贤注《后汉书》时，即引自陈大德《奉使高丽记》。参见姜维东等《正史高句丽传校注》，吉林人民出版社，2006，第25页。

兴一带时仅有三部，桂娄部、绝奴部、涓奴部。公元前 82 年，高句丽被汉王朝强制迁徙到今辽宁桓仁一带时，在其故地仍留有部分高句丽部众。如果按照本书修正后的高句丽王世系和在位时间，将《三国史记》所载高句丽琉璃明王迁都一事理解为对此次迁徙的反应的话，那么，"在古都"，[1] 即在高句丽故地的统治者是琉璃明王的太子解明。可能琉璃明王被迫内迁时感到吉凶未卜，因此偷偷将太子和一部分部众留下来，以保存力量。由此推测，随太子解明一起留"在古都"的部众，当以桂娄部为多，也就是当年随朱蒙南迁的部众的后裔。

大武神王时有右辅名松屋句，应出自涓奴部，证明涓奴部也有部众随琉璃明王迁往今桓仁一带。但涓奴部在朱蒙所部到来前即是当地的土著部族，而且在当地称王，因此，其部众随迁人数可能不会太多。琉璃明王带到桓仁一带的部众，可能更主要的是出自新组建的绝奴部（椽那部）。

在迁都以前，琉璃明王娶松让之女为妻，证明朱蒙家族是与新归附的松让所部（涓奴部）通婚的。在迁都以后，椽那部很快取代松让所部，成为与高句丽王室世代通婚的部。此后虽然也有王后来自涓奴部的情况，[2] 但毕竟其与王室的关系是称不上世婚的。相比之下，高句丽王自贯那娶妾的情况似乎更多见一些，[3] 从这个角度来看，椽那、贯那与高句丽王室的关系都比涓奴部要亲近一些。贯那是高

---

1 （高丽）金富轼：《三国史记》卷一三《高句丽本纪·玻璃明王》，第 180 页。

2 （高丽）金富轼：《三国史记》卷一七《高句丽本纪·西川王》记载，西川王的王后就是"西部大使者于漱之女"（第 212 页）。西部就是中国史书中的涓奴部，也就是《三国史记》中的多勿部。

3 《三国志》卷三〇《魏书·东夷传·高句丽》："伊夷模无子，淫灌奴部，生子名位宫。"（第845 页）据《三国史记》卷一七《高句丽本纪·中川王》记载，中川王有"贯那夫人"（第211 页）。都是高句丽王与贯那部通婚的例子。

句丽迁入今辽宁桓仁一带以后才组建的，可见椽那部恐怕是主体部分都迁至桓仁一带了。

　　汉王朝强制迁徙高句丽人之后，从地域分布格局来看，五部主要分布在两个地区，一是高句丽人故地所在的朝鲜咸兴一带，一是新迁入的桓仁一带。朝鲜咸兴一带为高句丽余部，仅包括三个部：桂娄部、涓奴部、绝奴部。由琉璃明王对解明"结怨于邻国"黄龙国的做法十分不满来看，留居该地的高句丽部众实力较弱，因此琉璃明王才不希望与周边地区的政治势力发生任何冲突。桓仁一带的五部，既有随琉璃明王迁徙的故地三部的部分部众，还有新组建的两个部，五部俱全，其中灌奴、顺奴二部只分布于桓仁一带。迁都之后，五部内部出现了基于地域的集团并出现矛盾和斗争，留于故地的太子解明之死，可能就是这种矛盾与斗争的牺牲品。

　　由于桂娄部、涓奴部留于故地的部众较多，实力相对受到削弱，因此，在太祖大王以后，绝奴部（椽那部）、灌奴部（贯那部）在高句丽的政治生活中发挥着越来越重要的作用。特别是绝奴部（椽那部）。绝奴部（椽那部）的皂衣明临答夫杀次大王、立新大王，成为国相，"加爵为沛者，令知内外兵马，兼领梁貊部落"，[1]控制了高句丽的军政大权。在明临答夫去世后，在故国川王时代，绝奴部（椽那部）的"子弟并恃势骄侈，掠人子女，夺人田宅，国人怨愤。王闻之怒，欲诛之"，[2]最终导致了绝奴部四椽那的叛乱。但在四椽那的叛乱被平定以后，似乎绝奴部（椽那部）也没有受到应有的制裁，此后还出现了绝奴部（椽那部）的于台明临于漱出任国相的事情。

　　迁入桓仁一带以后，高句丽人主要是东向发展，这一方面是因

1　（高丽）金富轼：《三国史记》卷一六《高句丽本纪·新大王》，第200页。

2　（高丽）金富轼：《三国史记》卷一六《高句丽本纪·故国川王》，第202页。

为汉高句丽县在其居住地以西，使高句丽的西向发展受到限制，但
另一方面，可能也是因为在东部故地还有部分高句丽余部，因此高
句丽人希望重新占据这一地区。在高句丽人重新占据朝鲜半岛西北
部地区之后，分于两地的五部应该重新整合起来了。

《三国志》卷三〇《魏书·东夷传》记载：

> 伯固死，有二子，长子拔奇，小子伊夷模。拔奇不肖，国
> 人便共立伊夷模为王……建安中，公孙康出军击之，破其国，
> 焚烧邑落。拔奇怨为兄而不得立，与涓奴加各将下户三万余口
> 诣康降，还住沸流水……伊夷模更作新国，今日所在是也。拔
> 奇遂往辽东，有子留句丽国，今古雏加驳位居是也。[1]

伯固在位时，高句丽早已迁都至今吉林集安一带了。拔奇作为王
子，所率应为王部桂娄部的部众。在此次动乱中，桂娄部、涓奴部
各有 3 万余人"还住沸流水"，此沸流水当然不会是在朝鲜半岛咸
兴一带的高句丽故地，而是指今辽宁桓仁附近的富尔江、浑江河谷
地区。由此分析，在高句丽人重新占据朝鲜半岛西北部地区之后，
是将原来留居故地的三部部众也都迁往都城附近，即今桓仁一带，
后来迁都今集安时，五部又都由桓仁一带迁往新都今集安附近。因
此，在发生上述动乱时，桂娄部、涓奴部才"还住沸流水"，就是
回到他们在桓仁附近的原居住地。两部的这一行动，实质上是对新
王伊夷模的背叛，并由此导致了高句丽国的短期分裂，桂娄部、涓
奴部活动于桓仁附近，而其余三部则居住在今吉林集安附近。

但是，这次分裂的时间不长，就以桂娄部、涓奴部重新隶属于

故国川王，而拔奇逃往辽东宣告结束。拔奇的儿子驳位居也留在高句丽国，没有随拔奇出奔辽东，可见拔奇大约是孤身出逃，其部众都重新隶属于高句丽国。

在《三国史记》卷一七《高句丽本纪·东川王》的记事中，出现了"下部刘屋句"，"下部"的称呼也见于石刻资料和日本史书：

（1）德尊长罗境内募人三百新罗内幢主下部拔位使者补奴。（前面第9行）（《中原高句丽碑》）

（2）高丽遣上部大相桓父、下部大相师须娄等朝贡。（《日本书纪》卷二九）

（3）高丽王遣下部助有、挂娄毛切大古昂加贡方物。（《日本书纪》卷二九）

但是，"下部"指高句丽五部中的哪一部史书中却没有明确记载。根据陈大德《奉使高丽记》的记载来看，东部顺奴部（桓那）也称上部，[1] 那么，所谓下部应该就是与之在方位上相对的西部涓奴部，也就是多勿部。[2]《奉使高丽记》中还提道："内部虽为王宗，列在东部之下。"证明在上述绝奴部权力扩张的同时，顺奴部的地位也有明显的提高，被称为"上部"，地位甚至在王部也就是桂娄部之上。在此之后灌奴部的势力也有所上升，见于《三国史记》记载的最后一位国相仓助利就出自南部，也就是灌奴部，仓助利废烽上王、立

1　　高福顺等：《〈高丽记〉研究》，第106页。
2　　日本学者提出过这种观点，但未加以论证。参见末松保和「朝鮮古代史の諸相」『末松保和朝鮮史著作集』3（高句麗と朝鮮古代史）、吉川弘文館、1955年、62页。中国学者高福顺持同样观点，因而在校正陈大德《奉使高丽记》佚文时，在有关消奴部的记载中补"一名下部"。参见高福顺等《〈高丽记〉研究》，第106页。

美川王，反映出灌奴部在当时的政治地位也是不低的。与此形成鲜明对照的是，不仅桂娄部的地位下降，涓奴部也在此时期被贬称为"下部"，地位也明显降低，这应该是桂娄部和涓奴部曾经追随拔奇叛国最终给两部带来的负面影响了。

第四节　高句丽地方官制

高句丽立国之初，接受西汉玄菟郡高句丽县的统治。高句丽县令掌管作为赋役、军役征发依据的高句丽人的户籍。直到王莽统治时期，还征发高句丽人从军征讨匈奴。在这种统治强度下，高句丽人不可能形成自己的官制系统，而只能成为高句丽县的下属机构。

高句丽人的早期开拓主要是东向发展，这自然也有逐渐摆脱高句丽县控制的意图。虽然无法断定《三国志》卷三〇《魏书·高句丽传》所载"后稍骄恣，不复诣郡"是何年代的事情，但参之同卷称王莽时征发高句丽人伐匈奴，高句丽人"不欲行"，"皆亡出塞"，说明至晚在西汉末期，高句丽人活动的中心地区已在塞外，高句丽县的控制力在削弱。正是从这一时期开始，高句丽人才有可能发展出自己的官制体系。

高句丽人出自夫余。据《三国志》卷三〇《魏书·夫余传》记载："国有君王，皆以六畜名官，有马加、牛加、猪加、狗加、大使、大使者、使者。邑落有豪民，名下户皆为奴仆。诸加别主四出，道大者主数千家，小者数百家。"夫余之官只有两类：加、使

者。但夫余人的旧俗是："水旱不调，五谷不熟，辄归咎于王，或言
当易，或言当杀。"[1] 显然并不存在成熟的王权，早期的夫余王不过
是部落联盟的首领而已。那么，夫余人的"加"，其身份是掌控夫
余人联盟的强大部落的首领们；"使者"，是强大部落的首领们派出
的负责管理各依附部落的亲信，他们也被称为"诸加别主"，这个
称呼反映出他们的身份是"加"的代表，而不是独立的部落首领。
因为夫余人已走向农业与定居，同一部落的人们出于农业生产的需
要组成不同的定居点，即"邑落"，负责管理"邑落"的是隶属于
"使者"的"豪民"。既然称其为"民"，可能其尚未脱离农业生产。
夫余早期加—使者—豪民的统治结构，尚处于原始社会的部落组织
向国家形态演进的过程中，部落制度仍发挥着重要作用，尚谈不到
存在地方官制。

　　《三国志》卷三〇《魏书·高句丽传》记载高句丽人的官制："其
官有相加、对卢、沛者、古雏加、主簿、优台、丞、使者、皂衣先
人，尊卑各有等级。"优台就是朝鲜史书《三国史记》中的"于台"，
与沛者一样都是部落首领。主簿、丞显然借自汉王朝的官名，估计早
期是得以在高句丽任担任主簿或丞的高句丽部落首领的称呼，因此后
来成为有权势的部落首领的称号。"其置官，有对卢则不置沛者，有
沛者不置对卢"，对卢与沛者职能类似，应也是部落首领。[2] "王之宗
族，其大加皆称古雏加。涓奴部本国主，今虽不为王，适统大人，
得称古雏加，亦得立宗庙，祠灵星、社稷。绝奴部世与王婚，加古
雏之号。"只有王族大加才可以称古雏加，说明这是具有继承王位
资格的大加的特殊称号。《三国志》提到的古雏加驳位居，因为其

1　《三国志》卷三〇《魏书·东夷传》，第 841、842 页。

2　杨军:《高句丽五部研究》,《吉林大学社会科学学报》2001 年第 3 期。

父拔奇未得立而得到这个称号,《三国史记》所载带古雏加称号的,一是琉璃明王之子、太祖大王之父再思,一是西川王之子、美川王之父咄固,一是长寿王之子、文咨明王之父助多,都可以证明古雏加的称号代表着继承王位的资格。涓奴部首领得称古雏加,是象征性地保留了这个前国主部落的王位继承资格,绝奴部因与王部世婚,其首领称古雏加,是从名义上拥有了继承王位的资格。而所谓"相加",是指担任"国相"的大加。综上可见,前引《三国志》所载高句丽官称,自相加至丞,实际上都是对"大加"的称呼。《三国志》卷三〇《魏书·高句丽传》记载:"诸大加亦自置使者、皂衣先人,名皆达于王,如卿大夫之家臣,会同坐起,不得与王家使者、皂衣先人同列。"[1] 使者与皂衣先人的身份类似于"家臣",就是代表"大加"管理隶属于大加的部落的人。《三国志》所载高句丽官称表明,在此时期,高句丽人虽然在逐渐摆脱高句丽县的控制,但其内部的统治结构仍是夫余式的加—使者结构,其社会性质与夫余相同,也未完全步入国家形态,自然也不存在地方官制。认为高句丽的国家形成于朱蒙时代显然是不正确的。

《三国史记》卷一六《高句丽本纪·新大王》二年(166),高句丽改左右辅为国相。见于《三国史记》的最后一位国相是300年废烽上王立美川王的仓助利。《三国志》约成书于285年,因此,《三国志》所载高句丽官制是2世纪中期至3世纪末期的情况。

从《三国史记》的记载来看,在3世纪末以前,高句丽官制虽然主要沿袭夫余官制,但在地方官制方面也存在较大的变化。首先,大武神王将沸流部的三位部长殷都、逸苟、焚求贬为庶人,证明高句丽王不再像夫余王那样,是强大的部落首领可以随意罢

1　《三国志》卷三〇《魏书·东夷传》,第843页。

免的，而是相反，高句丽王获得了对各部落首领的任免权。其次，对新占领的领土，一部分按传统的部落制方式进行统治，任命其首领为使者，隶属于高句丽人的某一大加，通过这种方式建立起传统的加—使者结构。如对沃沮人，就是"句丽复置其中大人为使者，使相主领，又使大加统责其租税"。但也有一部分划归王任命的官员统辖，《三国史记》卷一五《高句丽本纪·太祖大王》四十六年（公元98年），栅城已存在"守、吏"，五十六年（108）已出现"东海谷守"，这些部落制之外的官员，是高句丽最早出现的地方官。因此，2世纪中叶至3世纪末，是高句丽新兴的地方官制与传统的加—使者地方统治结构并存的时期，早期可能部落制传统发挥主导作用，但不晚于3世纪下半叶，新的地方统治体制已占据主导地位。

但280年安国君达贾征肃慎后，"迁六百余家于扶余南乌川，降部落六七所，以为附庸"，[1]仍在用部落制方式管理新征服地区，"国相"作为传统的加—使者统治体系的代表一直存在到300年，都可以证明，166~300年是新旧体制的过渡时期，两种体制并存。

公元30年，大武神王在位时，"买沟谷人尚须与其弟尉须及堂弟于刀等来投"，[2]这里虽然出现了"买沟谷"，但没有证据可以证明这是地方行政组织的名字，而不是自然地理名词。因此，最早见于史籍的高句丽地方官称是"栅城守"。

从《三国史记》的记载来看，公元98年有"栅城守"，107年有"东海谷守"，296年有"新城太守"，证明高句丽人在1世纪以后派往新占领地区的地方官，是模仿汉王朝地方官名称称"太守"

---

1 （高丽）金富轼：《三国史记》卷一七《高句丽本纪·西川王》，第213页。

2 （高丽）金富轼：《三国史记》卷一四《高句丽本纪·大武神王》，第187页。

的，也省称为"守"。

　　据《三国史记》卷一七《高句丽本纪·西川王》，288 年，"王幸新城。海谷太守献鲸鱼目，夜有光。秋八月，王东狩，获白鹿。九月，地震。冬十一月，王至自新城"。西川王在新城接受海谷太守的贡献，证明新城是海谷太守的治所。但高句丽有两个"新城"，一处位于高句丽西疆，即今辽宁抚顺高尔山山城，一处位于高句丽东疆，后改称敦城。前引文提到"王东狩"，证明海谷太守治所是后来改名敦城的新城。296 年，为防备慕容氏而任命高奴子为新城太守的新城，是指西疆的新城。因此，海谷太守虽然治新城，但与"新城太守"不是一回事。《三国史记》卷一五《高句丽本纪·太祖大王》六十二年（114），"王巡狩南海"，南海应是行政区划名，191年晏留向故国川王举荐乙巴素时，称其为"鸭渌谷左勿村"人，[1] 鸭渌谷也应是行政区划名，二者都应设有太守。综上，见于记载的高句丽太守共 6 处：新城太守、栅城太守、东海谷太守、海谷太守、南海（谷）太守、鸭渌谷太守。由此看来，此时期高句丽地方最高行政区划是称"谷"或"城"的。

　　栅城通常认为在今吉林珲春，[2] 韩国学者余昊奎把海谷首府敦城比定在朝鲜咸镜道的东海岸一带，[3] 如果我们认为，东海谷与南海谷都是因海谷而得名，则东海谷应在敦城以东或东北，南海谷应在敦城以南或西南，那么，上述四个行政单位都在高句丽人旧居地以东至海的范围内，由北向南依次为栅城、东海谷、海谷、南海谷。鸭渌谷在鸭绿江中游，新城位于今抚顺高尔山山城，所辖应是高句丽

1　（高丽）金富轼：《三国史记》卷一六《高句丽本纪·故国川王》，第 202 页。

2　孙进己、冯永谦主编《东北历史地理》第 2 卷，黑龙江人民出版社，1989，第 326 页。

3　〔韩〕余昊奎：《三世纪后期—四世纪前期高句丽的交通道与地方统治组织——以南道和北道为中心》，李慧竹译，《东北亚历史与考古信息》2000 年第 1 期。

向西开拓的领土。上述六太守辖区散布在高句丽新拓领土的各处，如果考虑到其间还有采用传统的加—使者模式统治的地区，估计见于文献记载的这 6 个太守辖区就是此时期高句丽全部的一级地方行政组织了。

《牟头娄墓志》："恩赐祖之□道城民谷民并领前王□育如此。"韩国学者余昊奎认为第一个□是"北"字，[1] 进而认为"北道"也是一个太守辖区，但日本学者佐伯有清认为该字是"地"字，[2] 再加上"北道"的区域与新城太守有重合之嫌，故不取其说。

《三国史记》卷一七《烽上王本纪》中记载，高奴子由新城宰升任新城太守，虽然这里的新城不是同一个地方，但可以证明，太守的下一级地方行政组织的负责人是"宰"。与此条史料基本同时，在卷一七《美川王本纪》中还出现了鸭渌宰。作为新城宰的高奴子曾"领五百骑迎王"，[3] 证明宰有统兵权；鸭渌宰曾经审断美川王所涉案件，证明宰有司法权。宰作为地方二级行政组织的负责人，不仅有行政权，还有司法权、军权，权力是相当大的。其上级主管官员太守的职能应该与此类似。太守—宰是军政合一的地方长官。

《三国史记》卷一七《美川王本纪》记载，美川王流落民间时曾在鸭绿"江东"的思收村被人告发，而审理此案的是鸭渌宰，说明城宰下辖村。村中的案件要由城宰来审理，证明村一级地方行政组织已不存在正式的政府官员了。同书卷一六《山上王本纪》记载，在 208 年山上王曾微服出行、夜至酒桶村，酒桶村距国都很近，

1　〔韩〕余昊奎：《三世纪后期—四世纪前期高句丽的交通道与地方统治组织——以南道和北道为中心》，李慧竹译，《东北亚历史与考古信息》2000 年第 1 期。

2　〔日〕佐伯有清：《高句丽广开土王时代的墨书铭》，李彦平译，《东北亚历史与考古信息》，1998 年第 1 期。

3　（高丽）金富轼：《三国史记》卷一七《高句丽本纪·烽上王》，第 214 页。

应属于五部辖区，证明沿用传统的加—使者统治结构的地区，基层
行政单位已经与太守—宰辖区下没有区别了，说明3世纪初开始，
传统的部落体制也在向太守—宰这种新机制转化。只是限于资料，
具体情况已不得而知。

　　自2世纪开始，高句丽逐渐形成谷（城）—城—村的地方行政
体制，谷（城）的长官是太守，城的长官是宰，村则不存在正式的
政府官员。由于自3世纪初开始，传统加—使者地方统治结构向新
体制转化，所以，自3世纪末至5世纪初，是太守—宰这种地方管
理体制占主导地位的时期。

　　自5世纪起，高句丽太守改称"城守事"或"守事"，这种
变化主要在碑刻资料中得到反映，前者有《中原高句丽碑》出
现了"古牟娄城守事"，后者有《冉牟墓志》出现了"北扶余守
事"。耿铁华认为《中原高句丽碑》立于长寿王末年，[1] 其所载史事
发生于492年以前。《冉牟墓志》载牟头娄任北扶余守事是好太王
（392~413）时事。韩国学者金贤淑、[2] 余昊奎都认为，这是在太守之
上新设的更高一级的地方官。但《中原高句丽碑》记载古牟娄城守
事的官品是"下部大兄"，曾任北扶余守事的牟头娄品级不详，但
《冉牟墓志》称其父、祖的品级都是"大兄"，《三国史记》卷一七
《烽上王本纪》记载，担任新城太守的高奴子也是"大兄"，可见太
守与"城守事"品级相当，应该不是上下级隶属关系，而是改名。

　　5世纪以来，更大的变化是宰的辖区占有越来越重要的地位。
《三国史记》在296年以后的记事中再没有提到太守。立于414年
的《好太王碑》在叙述"守墓人烟户"时，提到38个城，其他形式

1　耿铁华、杨春吉：《中原高句丽碑考释》，《通化师范学院学报》2001年第1期。
2　〔韩〕金贤淑：《高句丽中、后期中央集权下地方统治体制的发展过程》，李慧竹译，载杨志
　　军主编《东北亚考古资料译文集》第4辑，北方文物杂志社，2002。

的单位只有 12 个：卖句余民、东海贾、俳娄人、梁谷、此连、安夫连、改谷、豆比鸭岑韩、句牟客头、求底韩、客贤韩、百残南居韩。其中卖句余民、俳娄人、豆比鸭岑韩、句牟客头、求底韩、客贤韩、百残南居韩显然是指某一地区的某族人，安夫连、此连尚不清楚是不是一种新的地方行政单位，剩下的只有东海贾、梁谷、改谷似乎与太守的辖区有关，而且后二者并不是我们考证的 6 个太守辖区之一，究竟是行政区划名还是地理区域名尚在两可之间。从《好太王碑》中我们可以清楚地看出，此时高句丽的地方行政组织最重要的是城这一级。联系《三国史记》此时期各种筑城的记载来看，此时期的城宰已经直接面对中央，其对太守的隶属关系已经开始淡化。也可能是出于这个原因，太守改名为"城守事"，意味着他的管辖范围也仅仅是其治所所在地的城而已，其职能已类似城宰，只不过官名、品级与城宰不同。

　　上述变化表明，高句丽最初虽然在一些新征服的地区设立了太守，但太守所辖地区却并未广泛地设立城宰一级官员，太守辖区内恐怕还有相当多的地区是依靠旧有的部落制度进行统治。随着城的建立与城宰的设置越来越具有普遍性，高句丽对这些地区的统治才由原来的一个个的点连成为面，其统治也逐渐得到加强。

　　值得我们注意的是，德兴里壁画墓（408）的墨书铭中已出现"中里都督"这一新的官名，[1] 这使我们可以肯定，至晚在 5 世纪初，高句丽的地方官制已经发生变化。

　　对高句丽晚期官制记载最为详细的当属陈大德《高丽记》，其对地方官制的记载：

1　鸿鹄：《朝鲜德兴里壁画墓之我见》，《北方民族》1999 年第 2 期。

其诸大城置褥萨，比都督；诸城置处闾，比刺史，亦谓之道使，道使治所名之曰备。诸小城置可逻达，比长史；又城置娄肖，比县令。[1]

从中可以看出，高句丽地方官的设置只达到城这一级，与前一个时期一样，村一级不存在正式的政府官员，村都是隶属于城的。各级别的地方官都是其所在城的长官，因此，两《唐书》中出现的"城主"一词，当是对所有地方官员的通称。但"城主"之间存在不同的等级。"城主"的官名分为四种：褥萨、处闾、可逻达、娄肖，陈大德认为分别相当于唐王朝的都督、刺史、长史、县令。在唐代官制系统中，都督、刺史的属官中都有长史，因此，陈大德这里仅仅是用中原相应的官称来标识高句丽各级城主的不同官等，而不是谈其行政上的隶属关系。唐代都督一般为正、从三品，参之《高慈墓志》中称其祖量"本蕃任三品栅城都督"可知，褥萨为三品官，高句丽的褥萨不仅在品级上可以与唐代的都督相比附，高句丽也借用唐朝官称将褥萨直接称为都督。唐代刺史分上、中、下三等，上州刺史为从三品，中、下州刺史都是正四品，既然褥萨为三品官，则这里的刺史不应比照唐的上州刺史为从三品，而应比照中、下州刺史，即处闾为四品官。唐代都督府、州的长史，除大都督府的长史为从三品外，中、下都督府与上州的长史都是五品，因此，可逻达为五品官。唐代县令品级差异比较大，但一般为六品或七品，由此推测，娄肖也应是六或七品官。

《隋书》卷八一《高丽传》与《北史》卷九四《高句丽传》都出现了"五部褥萨"的称号，两《唐书》中出现南部褥萨高惠真、

---

[1]　转引自高福顺等《〈高丽记〉研究》，第49页。

北部褥萨高延寿，证明高句丽各地共设 5 位褥萨，以与高句丽五部相对应。李绩曾说："新城是高丽西境镇城。"新城应是高句丽西部褥萨所在地。唐太宗伐高句丽，先是打败了救援辽东城的"国内及新城步骑四万"，[1] 也就是击败了高句丽西部褥萨的部队，而后才引出北部褥萨高延寿和南部褥萨高惠真联兵救辽东。在高惠真投降以后，两《唐书》中出现的"乌骨城褥萨"，应是新任命的南部褥萨，可证南部褥萨治所在乌骨城。《高慈墓志》中称其祖量"本蕃任三品栅城都督"，栅城位于高句丽东境，东部褥萨驻栅城，因此也称栅城都督。新城以北高句丽的重镇是扶余城，原为高句丽六太守驻地之一，《冉牟墓志》记载牟头娄曾任北扶余守事，估计这里就是高句丽北部褥萨的所在地。德兴里壁画墓（408）墨书铭中的"中里都督"应为中部褥萨的别称。从辖境看，因此时尚未迁都平壤，东部褥萨（栅城都督）管辖高句丽旧地以东至海各地，南部褥萨管辖后占领的鸭绿江流域，北部褥萨管辖夫余故地，西部褥萨管辖后占领的辽东北部，则中部褥萨的辖区只能是高句丽五部的旧地，即以"国内"为中心的地区。由于这里是高句丽的发源地，也是五部的聚居区，中部褥萨具有特殊地位，称"中里都督"。

据《隋书》卷八一《高丽传》，高句丽以平壤、国内城、汉城为"三京"，说明自 427 年长寿王迁都平壤后，作为陪都的国内城仍是"中里"的组成部分，在向南夺取汉城之后，也将这里扩大为"中里"的组成部分。也就是说，长寿王迁都后，其他四部的辖区没有太大变化，高句丽南扩的疆域都被纳入中部，成为中央的直辖区，与高句丽故地一样，全都称"中里"。

《高慈墓志》中称其祖量"本蕃任三品栅城都督位头大兄兼大

1　《旧唐书》卷一九九上《高丽传》，第 5323 页。

相",《授高延寿高惠真官爵诏》称北部褥萨高延寿为"位头大兄",[1]
都证明五部褥萨一般由官品为位头大兄（皂衣头大兄）的人担任。
《授高延寿高惠真官爵诏》称北部褥萨高延寿为"后部军主"、称南
部褥萨高惠贞为"前部军主",证明五部褥萨的职能具有很强的军
事性。从各城主都统兵作战来看,高句丽各级地方官在职能上一直
是军政合一的。

　　从前引《高丽记》的记载来看,高句丽晚期的地方行政建置
分四级:大城、诸城（备）、小城、其他城,但其地方各级行政单
位都称城,基本没有区别,行政单位的级别靠行政单位长官的官称
来区别,即:褥萨、处间、可逻达、娄肖。《旧唐书》卷一九九上
《高丽传》记载:"外置州县六十余城。"[2] 但诸书都记载,唐平高句
丽得 176 城,说明《旧唐书》所谓的"置州县"是指处间所辖的地
方行政建置和可逻达所辖的地方行政建置,而未包括娄肖所辖的地
方行政建置。如果我们从数字上机械地分析,大约五褥萨各辖三处
间、每处间辖三可逻达,这样,前三级行政建置总数约 65 个,符合
"外置州县六十余城"的记载,则娄肖总数在 110 个左右,每可逻达
约辖 2~3 个娄肖。唐平高句丽后设 9 个都督府、42 个州、100 个县,
是取消了褥萨一级地方行政单位,以处间辖区改设 9 个都督府、以
可逻达辖区改设 42 个州、以娄肖辖区改设 100 个县,各级建置的数
字都较高句丽时代为少,当是因战争破坏,部分地区人口逃散,原
有建置不得不取消的缘故。

　　将《高丽记》所载官制与《三国志》卷三〇《魏书·高句丽
传》所载官制相对照可以发现,高句丽早期官制中的相加、沛者、

1　杨春吉、耿铁华、倪军民:《高句丽史籍汇要》,吉林人民出版社,1998,第 146 页。

2　《旧唐书》卷一九九上《高丽传》,第 5319 页。

优台、丞等"加"的称号，在晚期官制中都不存在了，晚期官制以各种"使者"和"兄"为主。"大兄"一职在《高丽记》的记载中作"大兄加"，如此看来，后期的"兄"类官是自早期的诸"加"演变来的。"兄"类官名中非常值得我们注意的是"皂衣头大兄"，这是早期官名"皂衣先人"与后期官名"大兄"相结合的复合式官名，最初应是指担任"皂衣先人"的"加"。由此分析，"兄"类官是自担任地方官的"加"中演变而来的。早期的皂衣先人与使者都是王和诸大加的家臣，是其领地与部落的管理者。在高句丽国家逐渐成熟的过程中，原五部的首领们逐渐大权旁落，因此晚期官制中很少见到早期部落首领的称号，而作为五部首领家臣的使者、皂衣先人因转化为军政合一性质的地方官、权力越来越大，逐渐成为高句丽官员队伍的主流。因此，使者和担任地方官的大加的称号"兄"才在高句丽后期官制中占据主导地位。

《旧唐书》卷一九九上《高丽传》记载，高句丽的褥萨、处间两级地方官员，"其下各有僚佐，分掌曹事"。[1]《泉男生墓志》称其任位头大兄以前曾任中里小兄、中里大兄，估计褥萨与处间的僚佐是由官等在小兄至大兄之间的人担任，但具体官名与执掌却都不得而知了。

需要说明的是，《三国史记》卷三五《地理志》记载了许多高句丽的郡县名，但将卷三七《地理志》所载这些郡县的高句丽语名与汉语名相对照可以发现，在高句丽语名中并不存在"郡"或"县"的对应词。如南川县，高句丽语名为南买，买即川，没有县字；述川郡，高句丽语名为省知买，也不见郡字。说明郡县之名是后人所加，或是唐建安东都护府之后的改称，并不是高句丽人原有的地方建置名称。高句丽的地方建置称"城"，所以两《唐书》都称高句丽

---

[1]　《旧唐书》卷一九九上《高丽传》，第5319页。

176 城，未提到其有州县。《三国史记》卷三七所载高句丽的所谓县名中，有 33 个带"城"或"忽"，"忽"即高句丽语"城"，也是对这一事实的反映。在《三国史记》卷三七中也可以发现高句丽地方建置称"城"的证据，如十谷城县，高句丽语名为德顿忽，德是十、顿是谷、忽是城，按高句丽语称呼，只是十谷城，县字显然是多余的。[1] 总之，依据《三国史记》的记载认为高句丽存在郡县制度，证据是不充分的。

第五节　　高句丽人口

《旧唐书》卷一九九上《高丽传》记载，唐灭高句丽时，高句丽"有城百七十六，户六十九万七千"，[2] 因高句丽境内尚有其他民族，这 69.7 万户肯定不全是高句丽族。有的学者认为，《三国遗事》卷一《高句丽》所载"高丽全盛之日，二十一万五百八户"，[3] 是高句丽政权统治下高句丽族的人口，也就是说，在高句丽政权下辖的 69.7 万户中，高句丽族仅有 21 万户左右，约占总人口的 30%。还有的学者认为，《三国遗事》说的是"高丽全盛之日"，即隋炀帝征高句丽以前的户口数字，而不是灭亡之际。因隋唐两代征高句丽，

1　本段所涉及高句丽语词的意义皆见徐德源《高句丽族语言微识录》，《中国边疆史地研究》
　　2005 年第 1 期。
2　《新唐书》卷二二〇《高丽传》与《文献通考·高句丽》作 69 万，当是举成数而言。
3　（高丽）一然：《三国遗事》卷一《高句丽》，第 38 页。

战争不断,"新罗又乘机夺其地'五百里',则高丽国进入唐代以后不应有 21 万余户,拟以 15 万户较近史实"。[1] 若依此计算,高句丽灭亡时,高句丽族仅占其境内人口的 21.5%。但是,从现存史料的记载中,我们找不到高句丽政权灭亡前其境内存在大量非高句丽族的证据,因此,认为高句丽族仅占高句丽政权统辖下的全部人口的 21.5%~30% 的观点显然是有问题的,我们应该对高句丽族的人口数字重新加以考察。[2]

　　关于高句丽族最早的人口数字见于《三国志》卷三〇《魏书·高句丽传》,称高句丽人共 3 万户。但此时的高句丽族尚未最后定型,沃沮、夫余等族都尚未融入高句丽族,这只是处于形成过程中的高句丽族的人口数。《三国志》同传记载,秽"汉末更属句丽",沃沮"迫于大国之间,遂臣属句丽",则此时高句丽政权下辖的人口,除高句丽人以外,至少还包括秽人与沃沮人。按《三国志》的记载,秽人 2 万户,沃沮人 5000 户。共计 2.5 万户。公元 22 年高句丽打败夫余后,有万余名夫余人来投,实际夺取的夫余人的数量当远高于此,汉末"中国大乱,汉人避乱来投者甚多",[3] 这两项人口数字仅以一万多户计算,则三国时期高句丽政权实际控制的人口应接近 7 万户。其中统治民族高句丽人 3 万户,占总人口的 42.9%;

1　　杨保隆:《高句骊族族源与高句骊人流向》,《民族研究》1998 年第 4 期,第 67 页。

2　　中国学者关于高句丽人口问题的研究,有秦升阳、李乐莹、黄甲元《高句丽人口问题研究》,《通化师院学报》1997 年第 4 期;杨保隆《高句骊族族源与高句骊人流向》,《民族研究》1998 年第 4 期;秦升阳《高句丽人口问题研究》,《中国边疆史地研究》2004 年第 4 期;李德山《高句丽族人口去向考》,《社会科学辑刊》2006 年第 1 期;杨军《高句丽人口问题研究》,《东北史地》2006 年第 5 期;赵炳林《高句丽灭亡后的人口流向考》,《前沿》2010 年第 9 期;孙炜冉《高句丽人口中的汉族构成小考》,《博物馆研究》2011 年第 4 期;张芳《〈魏书·高句丽传〉疆域与人口史料辨析》,《北方文物》2014 年第 1 期;李爽《高句丽掳掠人口问题研究》,《东北史地》2016 年第 3 期。

3　　(高丽)金富轼:《三国史记》,第 186、203 页。

被统治民族中秽人的人口最多，2万户，占总人口的28.6%；沃沮人仅占高句丽政权下辖人口的7.14%，其他人口主要是夫余人和汉人。

《魏书》卷一〇〇《高句丽传》载李敖"至其所居平壤城，访其方事"，称高句丽"民户参倍于前魏时"。[1] 所谓的高句丽"民户"，是指高句丽政权所辖的全部人口，而不仅仅指高句丽族。则北魏时高句丽政权所辖人口约21万，与前引《三国遗事》卷一《高句丽》所载的数字相吻合。因此，《三国遗事》所载的210508户，指的是南北朝时期高句丽政权所辖的全部人口，而不是指高句丽政权全盛时期的高句丽族人口。

李敖至高句丽事，《资治通鉴》载于元嘉十二年（435），[2] 此时高句丽不仅已迁居平壤，据有朝鲜半岛的大同江流域，而且也已经占据了辽东半岛，就在第二年，北魏进攻辽西的冯文通时，高句丽甚至能"使其大将葛蔓卢以步骑二万人迎文通"，进军至辽西地区，这个时期，显然可以视为高句丽的全盛时期。因此，《三国遗事》所载"高丽全盛之日，二十一万五百八户"，是高句丽政权在南北朝时期的全部人口，而不是高句丽族的人口数字。

《魏书》所载高句丽的疆域"东至栅城，南至小海，北至旧夫余"，[3] 不仅包括《三国志》所载的高句丽、秽貉与沃沮的居住地，还包括部分夫余人的居住地及大同江流域。李敖出使时，高句丽族已经基本定型，在高句丽政权统治下的古朝鲜人、沃沮人、夫余人、汉人等族已融入高句丽族，其人口已经成为高句丽族的组成部分。大同江流域已经高句丽化。虽然在高句丽政权统辖的各地区，都有非高句丽族与高句丽人杂居，但数量都较小。除北部的靺鞨族、东

1　《魏书》卷一〇〇《高句丽传》，第2215页。

2　《资治通鉴》卷一二二《宋纪四》"文帝元嘉十二年"条，第3858页。

3　《魏书》卷一〇〇《高句丽传》，第2215页。

部的秽貊族以外，非高句丽族居民主要是辽东地区的汉人。

辽东地区在西汉时代，人口密度相对较低，[1]虽然中经公孙氏政权的开发，但估计也不会超过西汉时的水平。此后，曹魏政权与前燕政权先后征高句丽，辽东半岛一直是主要战场之一，人口也不可能增加。南北朝时期辽东半岛的人口数虽已无从考证，但显然要远远低于西汉时的水平。西汉辽东郡有 55972 户，272539 人。[2]但西汉时的辽东郡辖区"西至今大凌河下游及细河左岸，北至今辽河上游，东界自今昌图东北，经西丰县，再南经今新宾县至鸭绿江下游"，[3]远超出辽东半岛的范围。参之隋唐两代征高句丽，最初都是从进攻辽东城开始，可见，高句丽在辽东半岛的控制地区在辽东城以西不远，并未控制全部辽东半岛。相比而言，高句丽在辽东半岛的统治区大约仅相当于西汉辽东郡辖区的一半强。这一地区，按人口的平均数字计算，在西汉时的户数应在 3 万户上下，经过曹魏与前燕时期的战乱减员之后，这一地区的汉族人口显然远低于 3 万户。据《晋书》卷一四《地理志》，设于此地区的辽东国仅有 5400 户。[4]据此看来，南北朝时期辽东地区的人口绝不可能超过 2 万户。

此时勿吉人虽已逐渐南下，《魏书》卷一〇〇《勿吉传》记载，北魏延兴（471~476）间，勿吉人的使臣"自云其国先破高句丽十落，密共百济谋从水道并力取高句丽"，[5]证明《北史》卷九四《勿吉传》、《隋书》卷八一《靺鞨传》所载粟末部"每寇高丽"是正确

1　据葛剑雄《西汉人口地理》的计算，辽东郡平均每平方公里只有 3.49 人，与之相近的玄菟郡平均每平方公里 4.01 人，乐浪郡 4.82 人，辽西郡更达到 7.59 人（人民出版社，1986，第 98 页）。

2　《汉书》卷二八下《地理志下》，第 1625 页。

3　张博泉、苏金源、董玉瑛：《东北历代疆域史》，第 39 页。

4　《晋书》卷一四上《地理志上》，第 427 页。

5　《魏书》卷一〇〇《勿吉传》，第 2220 页。

的，李敖至高句丽时（435），勿吉人尚未臣属于高句丽，因此，在南北朝时期高句丽政权所辖户口数中，肃慎系居民的数量是极为有限的。

好太王在位时期（392~413），一度"北伐契丹，虏男女五百口，又招谕本国陷没民口一万而归"，[1] 但是，这一次主要是招谕本国民，即高句丽族，所得契丹人数量较少。《好太王碑》记载好太王曾在继位的第五年讨伐"碑丽"，"破其三部落六七百营"，王健群认为，此"碑丽"是契丹人的一支，活动在太子河上游地区。[2]《好太王碑》记载，好太王一生"凡所攻破城六十四，村一千四百"，其中，好太王在位的第六年，曾讨伐百济，"得五十八城，村七百"，若从1400村中除去征百济所得的700村，尚有700村。如此看来，这次征契丹所得的"六七百营"的"营"，也就是下文所说的"村"，同样是最基层的社会单位，只不过"营"指的是游牧民族的基层社会组织，而"村"指的是农耕民族的基层社会组织。参之马扩在金初所见到的"每三五里之间，有一二族帐，每帐不过三五十家"，[3] 当时北方游牧民族最基层的社会组织是"族帐"，每一"族帐"包括30~50户。则《好太王碑》所载的"营"，即是马扩所说的"族帐"，一"营"包括30~50户。我们取中间值，依每营40户，按600营计算，则好太王时代，高句丽政权曾将2.4万户草原民族纳入自己的统治范围。此后不久，好太王在位的第九年，就受到来自燕国慕容熙的进攻，燕军"拔新城、南苏二城，拓地七百余里，徙五千余户而还"，[4] 高句丽的西向发展严重受挫，因此，纳入高句丽

1　（高丽）金富轼：《三国史记》卷一八《高句丽本纪·广开土王》，第223页。

2　王健群：《好太王碑译注（上）》，《博物馆研究》1983年第1期。

3　马扩：《茆斋自叙》，徐梦莘：《三朝北盟会编》，上海古籍出版社，1987，第30页。

4　（高丽）金富轼：《三国史记》卷一八《高句丽本纪》，第224页。

政权的契丹族等草原民族的数量主要就是上述这六七百营，2.4 万户左右。

好太王在位时期，高句丽也向南拓展，好太王六年伐百济，"得五十八城，村七百"，仅以一村 10 户，一城 100 户计，[1] 所得人口已不少于 1.2 万户。因此，高句丽政权所辖的百济人在此时期必已超过 1.2 万户。

朝鲜半岛的秽人也就是《三国史记》所载"靺鞨"，直至高句丽灭亡，秽人始终保持自己的民族独立性，未融入高句丽族。但是，关于魏晋南北朝时期高句丽统治下的秽人的人口数，在史料中却找不到任何线索。《三国志》所载高句丽人与秽人户数比为 3 : 2，高句丽人作为统治民族发展肯定要快一些，因此，如果我们假定此时期高句丽人与秽人的户数比为 2 : 1。

综上所述，公元 435 年李敖出使至平壤时，高句丽共有人口 21 万户左右，其中包括新征服的 2.4 万余户契丹人、1.2 万余户百济人，还包括不足 2 万户的辽东地区的汉人，其余 15 万余户应是高句丽人与秽人的总户数，如果依 2 : 1 的比例计算，高句丽族有 10 万户多一点，秽人有 5 万余户。高句丽族约占高句丽政权统治总人口数的 47.6%，秽人仍是人数最多的被统治民族，约占总人口的 23.8%。相对前一时期而言，高句丽族在总人口中所占的比例在上升，而秽人在总人口中所占比例却在下降。

在以后的记载中，再未见到关于高句丽统治下的契丹人与百济人的记载，存在两种可能，一是这些契丹人与百济人后来都融入高句丽族，或者，契丹人存在着逃散的可能，而百济与高句丽在边

1　（高丽）金富轼:《三国史记》卷六《新罗本纪·文武王》六年条载:"高句丽贵臣渊净土，以城十二、户七百六十三、口三千五百四十三来投。"（第 83 页）平均一城仅有 64 户、295 人。考虑到随之投降的可能不是这些城的全部人口，故此处以每城百户计算。

界地区不断进行拉锯战，这些百济人也可能重新回到百济的统治之下。但不论出现哪一种情况，都并不影响我们的结论，即，在唐灭高句丽时所收的 69.7 万户中，不包括 2.4 万余户的契丹人，也不包括 1.2 万余户的百济人。

按《册府元龟》卷一一七《帝王部》的记载，唐太宗征高句丽，"克其玄菟、横山、盖牟、磨米、辽东、白岩、卑沙、麦谷、银山、后黄等合一十余城，凡获户六万，口十有八万"，仅辽、盖、岩三州"户口入内地，前后七万人"，由此看来，唐代辽东地区的人口数量比之南北朝时期有较大增长。唐太宗征高句丽时，辽东城的"高丽降众，重列而拜者二千余人，优劳之，高丽舞跃叫呼，声震山谷"，安市之战后，唐太宗将被俘的高句丽士兵"放还平壤。其谢恩于天子，并双举手，以额顿地，欢叫之声，闻数十里外"。[1] 从这两条史料来看，辽东城的"高丽降众"，与增援辽东的高句丽士兵都不是汉人，辽东城的居民当以高句丽人为主。《克高丽白岩城诏》："建十州之旗，各复于桑梓。反三韩之士，不易于农肆。"[2] 将这里的士兵称为"三韩之士"，也证明当地居民以高句丽人为主。由此推测，高句丽人在占据辽东之后，曾向该地区大量移民，因而，至隋唐之际，在高句丽人统治辽东地区长达 200 年以后，辽东地区的居民以高句丽人为主，原有的汉人可能部分高句丽化了，部分外迁了。因此，至高句丽灭亡时，原居辽东的近 2 万户汉人也不存在了。高句丽境内不再存在大面积的汉人聚居区，这也使得进入高句丽境内的汉族移民因与高句丽人杂居而迅速高句丽化。

现存史料在此期间没有其他民族大批进入高句丽境内的记载，

1　（宋）王钦若等编《册府元龟》卷一一七《帝王部》，第 1514~1515 页。
2　董诰等：《全唐文》第 1 册，上海古籍出版社，1990，第 33 页。

因此我们可以认定，唐灭高句丽时所收的69.7万户，除高句丽统治下的靺鞨人、秽貊人以外，多数是高句丽族。

《旧唐书》卷一九九下《靺鞨传》所载靺鞨七部中，黑水部"尤称劲捷，每恃其勇，恒为邻境之患"，[1] 未附于高句丽。粟末部与高句丽战不能胜，因而内附中原了。[2] 其余五部，仅伯咄部"胜兵七千"，其余四部"胜兵并不过三千"，[3] 五部相加，有兵1.9万人，按兵、户比为1：2计算，[4] 其人口数至多不会超过4万户。但这是隋代靺鞨的人口数，唐代与之相比，有较大增殖。唐灭高句丽之役，"高丽兵十五万屯辽水，引靺鞨数万众据南苏城"，此数万虽然不是确指，但不会少于3万，而且显然不是靺鞨所能动员的全部兵力，假设这部分靺鞨兵占靺鞨总兵力的一半强，[5] 靺鞨兵力可达5万，依上述兵、户比计算，其人口已近10万户、50万人。所以，至高句丽灭亡时，隶属于高句丽政权的靺鞨人应在10万户左右。

与李敖出使时相比，高句丽灭亡前的疆域不仅向北拓展，将10万户左右的靺鞨人纳入自己的统治之下，还在朝鲜半岛向南拓展，这一部分的新增户数也应有数万户。如果除去新征服领土上的

1　《旧唐书》卷一九九下《靺鞨传》，第5358页。

2　（宋）乐史：《太平寰宇记》卷七一《河北道二十》"燕州"条引《隋北蕃风俗记》："初，开皇中，粟末靺鞨与高丽战，不胜，有厥稽部渠长突地稽者，率忽使来部、窟突始部、悦稽蒙部、越羽部、步护赖部、破奚部、步步括利部，凡八部，胜兵数千人，自扶余城西北举部落向关内附，处之柳城。"（王文楚等点校，中华书局，2007，第1436~1437页）《隋书》卷八一《靺鞨传》、《北史》卷九四《勿吉传》都记载粟末靺鞨有"胜兵数千"，由此看来，粟末部的主体部分都随突地稽降隋内附了。

3　《隋书》卷八一《靺鞨传》，第1821页。

4　渤海"编户十余万"有"胜兵数万人"，此"数万"我们取中间值按5万计，则兵、户比大体上为1：2。

5　虽然此次动员的兵力不可能是靺鞨的全部兵力，但这是唐与高句丽在辽东地区所进行的最大规模的会战，直接影响到辽东战场的胜负，显然，高句丽会尽可能多地调动靺鞨部队，因此，我认为，这次参战的靺鞨部队至少应占靺鞨总兵力的半数。

户数，高句丽旧疆户数约在 55 万户，比李敖出使时增长 2.6 倍。按此比例计算，秽人在高句丽灭亡前应接近 13 万户。虽然高句丽境内还有部分其他民族与高句丽人杂居，[1]但数量都不会太大，估计不会超过 5 万户。因此，唐灭高句丽时所收 69.7 万户，高句丽族应占 42 万户左右，占高句丽政权总人口的 60% 左右。被统治民族中人口最多的是靺鞨人与秽人，分别占总人口的 14.3% 和 18.6%。

安市之战，高句丽北部褥萨高延寿、南部褥萨高惠真"率高丽、靺鞨之众十五万以援"，战败后被唐太宗所杀的靺鞨人仅 3000 多，可见这支部队以高句丽族士兵为主。由此推测，高句丽五部中的南、北二部，所能动员的兵力已不少于 14 万，五部的总兵力应在 30 万以上。这与《旧唐书》卷一九九下《渤海靺鞨传》所载渤海王子大门艺说"昔高丽全盛之时，强兵三十余万"的说法是吻合的。高句丽人的总兵力达 30 多万，其户数达到 42 万也是完全可能的。

总之，唐灭高句丽时所收 69.7 万户中，高句丽族约占 42 万户。若依一户五口计算，高句丽全国人口约 350 万，其中高句丽族达 210 万上下。

高句丽政权灭亡时有 69.7 万户，这个数字不可能是唐军占领高句丽之后进行人口统计得出的结论，而只能是依据高句丽自身的户籍记载而言，在经历了大规模的战乱之后，高句丽人口应有所减少，因此，唐灭高句丽以后，实际控制的人口肯定不会达到 69.7 万户。

各种史籍对 668 年唐灭高句丽之役记载都很简略，从中无法考知战役的全过程，因而，也找不到战争中人口减员的详细数字。但《新唐书》对扶余城附近的战役过程记载较详：

1　《新唐书》卷一一〇《泉男生传》称其"走保国内城，率其众与契丹、靺鞨兵内附"（第4123 页）。可见，高句丽境内尚有部分契丹人。

> 仁贵负锐，提卒二千进攻扶余城，诸将以兵寡劝止，仁贵曰：
> "在善用，不在众。"身帅士，遇贼辄破，杀万余人，拔其城。[1]
>
> 仁贵拔扶余城，它城三十皆纳款。（庞）同善、（高）侃守
> 新城，男建遣兵袭之，仁贵救侃，战金山，不胜。高丽鼓而
> 进，锐甚。仁贵横击，大破之，斩首五万级。[2]

由此两则史料来看，仅扶余城附近的战事，高句丽士兵被杀的就超过 6 万人。若再加上平民的死亡，在战争中避乱逃散的部分，则扶余城一战所造成的该地区的人口减员至少应在 15 万。唐灭高句丽得 176 城，而扶余城一带占 40 余城，[3] 占总数的四分之一左右，按该地区人口占高丽总人口数的四分之一计算，该地区人口可达 17 万余户，87 万多人。则战争中人口减员达 17% 以上。[4] 如果我们认为，高句丽全国范围内因战争造成的人口减员比例稍低于此，按六分之一计算，[5] 则战乱之后，高句丽境内人口约在 58 万户。按同样的减员比例计算，高句丽族约存 35 万户。如果我们考虑到，抵抗唐军的主要力量来自高句丽族，其人口损失的比例要大于境内其他民族，则认为战后高句丽族大约仅存 33 万 ~34 万户，是符合实际

1　《新唐书》卷一一一《薛仁贵传》，第 4141 页。

2　《新唐书》卷二二〇《高丽传》，第 6196 页。

3　对于扶余川的城数史书记载不一。《新唐书》卷一一一《薛仁贵传》载："扶余既降，它四十城，相率送款。"《旧唐书》卷八三《薛仁贵传》作"扶余州四十余城"。《资治通鉴》卷二〇一《唐纪十七》"高宗总章元年二月"："扶余川中四十余城，皆望风请服。"《新唐书》卷二二〇《高丽传》作"它城三十，皆纳款"。此取最高数字。

4　扶余川不是高句丽最发达的地区，其人口密度应低于高句丽全国的平均值。另外，关于扶余川中的城数，我们选取的是史书记载中的最高数字。所以，对扶余川的总人口数的估计肯定是偏高的。由此推算出的因战争导致的人口减员的比例当是比较保守的估计。

5　（高丽）金富轼：《三国史记》卷三七《地理志》记载，鸭绿江以北未降 11 城，已降 11 城，逃散 7 城，打得 3 城，共 32 城。其中逃散竟占到 7 城，占总数的 22%，若再计入打得 3 城在战争中的人口损失，比例就更大。

情况的。

　　唐灭高句丽的当年，就曾向中原移民 20 余万口。《三国史记》卷六《新罗本纪·文武王》八年（668）"九月二十一日，与大军合围平壤。高句丽王先遣泉男产等诣英公请降，于是，英公以王宝藏、王子福男、德男、大臣等二十余万口回唐"。[1] 参之《新唐书》卷三《高宗本纪》，总章元年（668）"十二月丁巳，俘高藏以献"，[2] 可见，这批移民 9 月自朝鲜半岛出发，当年年底已进入中原。因此，将此次移民与诸史所载总章二年对高句丽人的迁徙视为一次是不正确的。第二年，总章二年（669）"夏四月，高宗移三万八千三百户于江淮之南及山南、京西诸州空旷之地"，[3] 依一户五口计，则第二年的移民也达 20 万上下。两年之内，唐向内地迁移高句丽族达 40 万人以上。按户数计，应近 8 万户。占高句丽族当时人口的四分之一强。留居高句丽境内的高句丽族人口降至 25 万 ~26 万户，高句丽境内的全部人口已不足 50 万户。

　　在灭高句丽之役中，新罗就曾掳掠高句丽人口。文武王班师回朝时，带入京的就有"所虏高句丽人七千"。[4] 唐军占领之后，高句丽人纷纷叛逃新罗，仅在 668 年高句丽灭亡的当年，就有"王之庶子安胜率四千余户投新罗"。[5] 估计这部分的高句丽人口也应有数万。在安东都护府设立以后，该地人口还在继续流失。"其后颇有逃散"，西部地区的叛逃者以进入突厥为主，北部地区的叛逃者以进入靺鞨为主，南部地区的叛逃者以进入新罗为主，所以，《新唐

1　（高丽）金富轼：《三国史记》卷六《新罗本纪·文武王》，第 86 页。
2　《新唐书》卷三《高宗本纪》，第 67 页。
3　（高丽）金富轼：《三国史记》卷六《新罗本纪·文武王》，第 86 页。
4　（高丽）金富轼：《三国史记》卷六《新罗本纪·文武王》，第 86 页。
5　《旧唐书》卷一九九上《高丽传》，第 5327 页。

书》卷二三〇《高丽传》才说："旧城往往入新罗，遗人散奔突厥、靺鞨。"[1]

《资治通鉴》将"高丽之民多离叛者"系于总章二年，紧接着叙述徙高句丽人 38200 户于中原的事件，并称"留其贫弱者，使守安东"，说明高句丽人口的逃散自安东都护府初设时就已经开始了。《新唐书》卷二二〇《高丽传》在记载上述移民事件之后，接着提到"大长钳牟岑率众反，立臧外孙安舜为王"，说明强制将高句丽人迁往中原的做法激成高句丽人的大规模叛乱。

《新唐书》卷二二〇《高丽传》记载：

> 大长钳牟岑率众反，立臧外孙安舜为王。诏高侃东州道，李谨行燕山道，并为行军总管讨之，遣司平太常伯杨昉绥纳亡余。舜杀钳牟岑走新罗。侃徙都护府治辽东州，破叛兵于安市，又败之泉山，俘新罗援兵二千。李谨行破之于发卢河，再战，俘馘万计。于是平壤痍残不能军，相率奔新罗，凡四年乃平。[2]

这次叛乱持续四年之久才被最后平定，其间还有新罗军队的参与，安东都护府一度徙治辽东州，从朝鲜半岛的平壤一带至辽东地区的安市城，唐军都在与叛乱者战斗，可见叛乱的规模之大。唐灭高句丽的战争前后持续不到一年的时间，而此次平叛竟长达四年，因此，这历时四年的战乱所造成的人口减员当多于唐灭高句丽之战。以人口损失的绝对数字比唐灭高句丽之役多一倍计算，这四年平叛中人口减员达 23 万户以上。原高句丽境内人口残存 27 万户、120 万人

1　《新唐书》卷二二〇《高丽传》，第 6196 页。

2　《新唐书》卷二二〇《高丽传》，第 6198~6199 页。

左右。如果我们考虑到，参加叛乱的主要是高句丽人，因而，叛乱中的人口减员也以高句丽人为主，假定 23 万户中高句丽人占约 13 万户，则此时原高句丽境内的高句丽族仅存 12 万 ~13 万户，约 60 万人。

这次战乱，使高句丽统治中心的大同江流域受到严重破坏，"平壤痍残不能军，相率奔新罗"。叛乱后逃入新罗的高句丽人的数字已无法考证。但叛乱起于总章二年，即 669 年，四年后始平定，则已是 673 年，即咸亨四年。《新唐书》卷二二〇《新罗传》记载，咸亨五年，新罗因"纳高丽叛众，略百济地守之"，引来唐的大举讨伐。可见，这次逃入新罗的高句丽人为数是不少的，因而"纳叛"才成为唐伐新罗的原因。仅以万户计，则原高句丽境内的总人口仅存 26 万户，其中高句丽人约 11 万 ~12 万户，已达不到总人口数的一半。高句丽王臧于仪凤二年"还辽东以安余民"，"与靺鞨谋反"，[1]当是因为高句丽族人口锐减，靺鞨人在高句丽国遗民中所占的比例大增，已具有举足轻重的地位的缘故。

开元二十三年，唐以大同江以南土地赐予新罗，这一地区的高句丽族进入新罗。《三国史记·地理志》记载，新罗在所夺取的高句丽土地上设三个州，所保存的高句丽县名达 164 个。[2] 仅以每县 200 户计，这里的高句丽人口已超过 3 万户，占残存高句丽族人口的近四分之一。大同江以北至鸭绿江以南的高句丽族居民，仅按残存人口的四分之一即 3 万户计算，则这两部分的高句丽人已占留居原高句丽境内的高句丽族人口的一半强。安东都护府内徙后，仍统

1　《新唐书》卷二二〇《新罗传》，第 6204 页；同卷《高丽传》第 6198 页。

2　孙进己、冯永谦主编《东北历史地理》第 2 卷，第 307 页。

治部分高句丽人，[1] 说明高句丽人一直有留居辽东半岛者。《新唐书》卷四三下《地理志》所载安东都护府十四州，都在今中国东北，[2] 也能说明这个问题。综上，最后与大祚荣部建立渤海国的高句丽人最多不会超过 5 万户，在渤海国的十余万编户中，所占比例是达不到一半的。

第六节　高句丽莫离支考

莫离支是高句丽末期权臣泉盖苏文在 642 年发动政变后自称的官衔。正确认识这一官名的性质，是我们正确理解高句丽末期政治史的关键。但迄今为止，东北亚各国学者对此问题分歧较大。日本学者末松保和从语言学的角度出发，将莫离支比定为陈大德《奉使高丽记》所载高句丽末期最高官等大对卢；[3] 内藤湖南则比定为居于

1　《旧唐书》卷一九九上《高丽传》记载，高臧潜通靺鞨谋叛事发后，唐政府"分徙其人，散向河南、陇右诸州；其贫弱者，留在安东城傍"。此时安东都护府已内徙辽东，部分高句丽族"留在安东城傍"，就是居住在辽东半岛。至圣历元年（698），唐政府还有命高句丽王臧的孙子宝元"统安东旧部"的想法，圣历二年（699），"授高臧男德武为安东都督，以领本蕃"（第 5328 页），都可以证明，在高句丽灭亡 30 年以后，这部分高句丽人仍居住在辽东半岛，只是其人数多少已无法考证。

2　张博泉、苏金源、董玉瑛：《东北历代疆域史》，第 115~118 页。

3　武田幸男「高句麗官位制の史的展開」『高句麗史と東アジア：「広開土王碑」研究序説』岩波書店、1989 年、356-405 頁。"官等"，日本学者称之为"官位制"（参见武田幸男「高句麗官位制の史的展開」），韩、朝学者称之为"官阶组织"或"官等"（参见〔韩〕金哲埈《高句丽、新罗官阶组织的形成过程》，载《李丙焘华甲纪念论丛》，汉城，一潮阁，1956）。中国有的学者称之为"官位等级制度"（参见高福顺《高句丽中央官位的等级制度》，《史学集刊》2006 年第 4 期）。本书采用"官等"这一概念，以与中国古代的官阶制度相区别。

官等第二位的太大兄，[1] 请田正幸认为莫离支与高句丽最高武官大模达存在一定联系。[2] 韩国学者李文基认为莫离支是高句丽国王近侍职中的最高官"中里太大兄"的别称。朝鲜学者多认为这是高句丽后期新设的最高官职，由官等为大对卢、太大兄、郁折的官员担任。[3]

据陈大德《奉使高丽记》，高句丽末期的大对卢，"交替之日，或不相祗服，皆勒兵相攻，胜者为之"。[4]《新唐书》卷二二〇《高丽传》所载泉盖苏文嗣位过程与此不同："（盖苏文）父为东部大人、大对卢，死，盖苏文当嗣，国人恶之，不得立，顿首谢众，请摄职，有不可，虽废无悔，众哀之，遂嗣立。"[5] 证明泉盖苏文从其父那里继承的不是大对卢，而是东部大人一职。

"大人"是中国史书对少数民族部落首领的习惯性称谓。《后汉书》卷八九《南匈奴列传》"八部大人共议立比为呼韩邪单于"，是将匈奴人的部落首领称为大人；《周书》卷一《文帝纪上》"有葛乌菟者，雄武多算略，鲜卑慕之，奉以为主，遂总十二部落，世为大人"，[6] 是将鲜卑人的部落首领称为大人；《新五代史》卷七二《四夷附录一·契丹》"部之长号大人，而常推一大人建旗鼓以统八部"，[7] 是将契丹人的部落首领称为大人；《三国志》卷三〇《魏书·沃沮传》"句丽复置其中大人为使者，使相主领"，是将沃沮人的部落首领称为大人。证明"大人"是汉族史家的习惯用法，指少数民族部落首领，而

1　内藤虎次郎「近獲の二三史料」『内藤湖南全集』第 7 卷、筑摩書房、1970 年、576 頁。

2　請田正幸「高句麗莫離支考」旗田巍先生古稀記念会編『朝鮮歴史論集』上卷、竜渓書舎、1979 年、115-133 頁。

3　〔韩〕李文基：《高句丽莫离支的官制性质与职能》，《白山学报》第 55 号。

4　《新唐书》卷二二〇《高丽传》，第 6187 页。

5　高福顺、姜维公、戚畅：《〈高丽记〉研究》，第 93 页。以下所引《奉使高丽记》皆同此，不再一一出注。

6　《周书》卷一《文帝纪上》，第 1 页。

7　《新五代史》卷七二《四夷附录一·契丹》，第 886 页。

不是汉语史料中对少数民族官称的翻译，也不是高句丽语的官号。

　　《旧唐书》卷一九九《高丽传》称泉盖苏文为"西部大人"，与前引《新唐书》称其父为"东部大人"异。金富轼在修《三国史记》时已经注意到了"两唐书"的差异，因此，在《三国史记》卷二〇《高句丽本纪·荣留王》中称泉盖苏文为"西部大人"，而在卷四九《盖苏文传》中称其父为"东部大人"，并加自注"或云西部"，两存其说。成书早于"两唐书"的《通典》卷一八六《高句丽》称泉盖苏文为"东部大人"，由此可证《旧唐书》的记载有误。泉盖苏文自其父那里继承下来的官职是"东部大人"，东部即高句丽五部的顺奴部，《三国史记》中称桓奴部。[1] 多种中国史籍中都出现过高句丽末期的南部褥萨高惠真、北部褥萨高延寿，可以证明在高句丽末期，五部的首领是称褥萨的。泉盖苏文最初的官称应是"东部褥萨"。北部褥萨高延寿的官等是"位头大兄"，[2] 即《奉使高丽记》中列在第五等的皂衣头大兄，[3] 泉盖苏文最初的官等也应如此。

　　《奉使高丽记》："其诸大城置褥萨，比都督"，认为高句丽的褥萨地位相当于唐代的都督。唐代的都督一般为三品官，受此影响，在唐代后来的碑刻中，有的直接将高句丽的褥萨称为都督，并称其为三品官。比较典型的例子是《高慈墓志》，称其祖高量"本蕃任三品栅城都督位头大兄"。[4] 栅城为高句丽东部重镇，早期就是其六

1　　杨军：《高句丽五部研究》，《吉林大学社会科学学报》2001 年第 4 期。

2　　《全唐文》卷七《授高延寿高惠真官爵诏》。诏书载高惠真官为"大兄"，在《奉使高丽记》所载高句丽末期官等中居第七等，陈大德认为相当于唐朝的正五品官。高惠真与高延寿同为五部褥萨，入唐后被封为司农卿，高延寿为鸿胪卿，两者的地位一直是相当的，其官等不应分别位于第五等和第七等。颇疑诏书在高惠真的官名前脱漏"位头"二字。

3　　武田幸男认为，"位"与"衣"音通，故位头大兄即皂衣头大兄。参见武田幸男『高句麗史と東アジア』：「広開土王碑」研究序説』、359 頁。

4　　罗振玉：《唐代海东藩阀志存》。本书所引墓志皆出自该书，以下不再一一出注。

太守辖区之一，[1] 应属于《奉使高丽记》所说置褥萨的大城，可见，墓志中的"栅城都督"应是"栅城褥萨"的别称。《高慈墓志》也可以证明，褥萨的官等为"位头大兄"，与文献的记载相吻合。

《新唐书》卷二二〇《高丽传》："大德又言：'闻高昌灭，其大对卢三至馆，有加礼焉。'"[2] 陈大德出使高句丽是在贞观十四年（640）至贞观十五年，[3] 泉盖苏文尚未发动政变，也就是说，其官职仍为东部褥萨，赴馆看望陈大德的大对卢另有其人。陈大德在出使后写成的《奉使高丽记》将大对卢列在高句丽官等之首，认为是"总知国事"的权臣的称号，相当于唐朝的正一品官，则其人地位显然远在泉盖苏文之上。

《通典》卷一八六《高句丽》："东部大人盖苏文弑其王高武，立其侄臧为主，自为莫离支。此官总选、兵，犹吏部、兵部尚书也。于是号令远近，遂专国命。"[4] 泉盖苏文控制朝政，"专国命"，主要是因为他"总选、兵"，也就是控制了官员的任免和兵权，因此《通典》将莫离支比照为唐代的吏部尚书兼兵部尚书，[5]《通典》的这种理解已经可以说明，泉盖苏文政变后虽然独裁专政，但其所任官职却不是位极人臣。

《日本书纪》记载出使日本的高句丽使臣称："去年六月，弟王子薨。秋九月，大臣伊梨柯须弥杀大王，并杀伊梨渠世斯等百八十

1　杨军：《高句丽地方官制研究》，《社会科学辑刊》2005 年第 6 期。

2　《新唐书》卷二二〇《高丽传》，第 6187 页。

3　《资治通鉴》卷一九六《唐纪十二》"唐太宗贞观十五年"条载："上遣职方郎中陈大德使高丽。八月，己亥，自高丽还。"（第 6168 页）

4　（唐）杜佑：《通典》卷一八六《边防二·高句丽》，第 5016 页。

5　《旧唐书》卷一九九《高丽传》和《新唐书》卷二二〇《高丽传》都认为，泉盖苏文的官职相当于唐代的兵部尚书兼中书令，这应是"两唐书"的作者认为吏部尚书兼兵部尚书的官职不足以"专国命"，而对《通典》的记载所作的改动，应以成书在前的《通典》为准。

余人。仍以弟王子儿为王，以己同姓都须流金流为大臣。"[1] 伊梨柯须弥无疑即泉盖苏文，伊梨是其姓氏在高句丽语中的发音，其所杀"伊梨渠世期"与其同姓。从上述记载来看，泉盖苏文发动政变，杀死了原来执政的大对卢伊梨渠世期，但又立都须流金流为大对卢，自己称莫离支。在其执政之初，仍存在官等高于他的大对卢，只不过执掌朝政的不再是官居一品的大对卢，而是任莫离支的泉盖苏文。需要我们注意的是，泉盖苏文所杀、所立的两位大对卢都与其同姓，即都出自泉氏家族。

《泉男生墓志》《泉献诚墓志》都称泉盖苏文官为"太大对卢"，《泉男产墓志》"惟祖惟祢，传对卢之大名"，认为盖苏文与其父都曾任大对卢，说明泉盖苏文后来也由莫离支升任大对卢。[2] 因此，认为莫离支是高句丽末期最高官职的说法是不能成立的。泉盖苏文以莫离支成为高句丽的执政大臣后，权力等同于从前的大对卢，但官等毕竟低于大对卢，两种官名不能简单地画等号。认为莫离支等同于大对卢的说法也是不能成立的。

《泉男生墓志》在记载其"加太莫离支"之后提到，"乾封元年，公又遣子献诚入朝，帝有嘉焉，遥拜公特进，太大兄如故"；《泉男产墓志》记载其在高句丽灭亡时官"为太大莫离支"，而《旧唐书》卷一九九《高丽传》记载："高藏及男建遣太大兄男产将首领九十八人持帛幡出降。"在此两例中，莫离支对应的官等都是位于第二等的太大兄，

1　〔日〕舍人亲王等:《日本书纪》卷二四《皇极纪》"皇极元年（642）二月丁末"条。此云"去年"，则指泉盖苏文弑立事发生于641年秋九月，但《三国史记》卷二〇《高句丽本纪·荣留王》系此事于642年十月。《资治通鉴》卷一九六《唐纪》"太宗贞观十六年（642）十一月"条记载:"营州都督张俭奏高丽东部大人泉盖苏文弑其王武。"唐朝方面得到消息是642年十一月，则《三国史记》系此事于642年十月是正确的。《日本书纪》的记载有误。

2　《泉男生墓志》称其28岁时（661）即"任莫离支"，不可能泉盖苏文、泉男生父子同号莫离支，则泉盖苏文升任大对卢当在661年或稍早些时候。

日本学者武田幸男据此认为，莫离支官等相当于太大兄无疑是正确的。[1]

由此看来，莫离支就是《奉使高丽记》所载太大兄的别称"莫何罗支"的不同汉字译写，是地位仅次于大对卢的高官。身为褥萨的泉盖苏文在发动政变后自称莫离支，即官等由原来的第五等升为第二等。

《泉男生墓志》："曾祖子游、祖太祚并任莫离支。"《泉献诚墓志》："曾祖大祚，本国任莫离支。"说明在泉盖苏文以前，其祖、父都曾担任莫离支，其父太祚（大祚）与泉盖苏文一样，后来也是自莫离支升任大对卢的。

日本学者请田正幸早已指出，同时称莫离支的并不是仅有泉盖苏文一人。[2]《新唐书》卷二二○《高丽传》记载，唐贞观二十一年（647），"藏遣子莫离支高任武来朝"；《资治通鉴》卷一九八《唐纪》作："高丽王使其子莫离支任武入谢罪。"证明在泉盖苏文称莫离支的同时，至少还有高句丽王的次子高任武也是称莫离支的。据《泉男生墓志》，泉男生 28 岁（661）任莫离支时，其父泉盖苏文仍在世。《高慈墓志》称其"曾祖式本蕃任二品莫离支"，高慈与其父高性文于万岁通天二年（697）同时被杀，终年 33 岁，则其父当已过 50 岁，这一年泉男产 59 岁，[3] 可见，高性文与泉男产为一代人，则其祖高式与泉男产之祖太祚为一代人。高式与太祚都任过莫离支，其时间很可能也是重合的。

《泉男生墓志》《泉献诚墓志》反映出，泉氏家族至晚在泉盖苏文之祖子游时就已经开始世代担任莫离支一职了。泉盖苏文之父太

1　参见武田幸男「高句麗官位制の史的展開」『高句麗史と東アジア：「広開土王碑」研究序説』、356-406 頁。

2　請田正幸「高句麗莫離支考」旗田巍先生古稀記念会編『朝鮮歴史論集』上巻、115-133 頁。

3　《泉男产墓志》称其死于大足元年（701），享年 63 岁，则万岁通天二年（697）泉男产为 59 岁。另，参考下文"泉男生、泉男产履历表"。

祚去世时，泉氏家族出任大对卢的应该就是《日本书纪》中提到的
"伊梨渠世期"，当是太祚在去世前就已经本着"三年一代"的原
则，让位给本家族的其他人，而不再是大对卢了。泉盖苏文仅从太
祚那里继承了褥萨的职位，而没能继承莫离支，说明莫离支一职与
东部褥萨不同，是不能够世袭的，需要自官等在第五位的位头大兄
一步步晋升上去。《泉男生墓志》《泉男产墓志》反映出，兄弟俩的
升迁次序都是小兄—大兄—位头大兄（皂衣头大兄）—莫离支，也
可以证明这一点，详见表7-8。

表7-8　泉男生、泉男产履历

公元纪年	高句丽（新罗）	泉男生		泉男产	
		年龄	经历	年龄	经历
634	荣留王17	1	出生		
639	22	1	出生		
642	25	9	（13）先人		
648	宝藏王7	15（11）中里小兄			
651	10	18	（7）中里大兄		
653	12	20	15	（11）小兄	
656	15	23	（5）中里位头大兄	18	（7）大兄
657	16	24	兼任将军		
659	18	21		中里大活	
661	20	28	（2）莫离支，兼任三军大将军	23	（5）位头大兄
665	24	32			
666	25	33	（2）太莫离支	?	中军主活

续表

公元纪年	高句丽（新罗）	泉男生		泉男产	
		年龄	经历	年龄	经历
668	27	（2）太大兄如故	30		（2）太大莫离支，降唐
679	（文武王19）	46	（高句丽灭亡）		
701	（孝昭王元）	去世（正月29日）	63		去世（3月27日）

注：官名前序号为《奉使高丽记》所载该官的官等。

资料来源：本表参考了日本学者武田幸男的"泉男生、泉男产经历表"。此表首见武田幸男「高句麗官位制の史的展開」（『朝鲜学報』第86辑），后收入武田幸男『高句麗史と東アジア：「広開土王碑」研究序説』一书时，作者对其中的年代多有修正，但两表年代皆存在错误。另，武田氏认为，泉男产任小兄的时间和年龄不详，故表中将此事与泉男生任中里小兄并排，而在年龄栏打问号。据《泉男产墓志》"年始志学，本国王教小兄位"，明显是用孔子"十有五而志于学"的典故，说泉男产15岁任小兄。武田氏失考。

　　陈大德《奉使高丽记》称大对卢"总知国事，三年一代"，"交替之日，或不相祗服，皆勒兵相攻，胜者为之"，有资格出任大对卢并可能"勒兵相攻"的，就是这些莫离支。《高慈墓志》称任莫离支的高式"独知国政，位极枢要，职典机权，邦国是均，尊显莫二"，看来以莫离支的身份执政、将位于其上的大对卢架空，这种做法也不是始于泉盖苏文。

　　泉盖苏文政变前的大对卢伊梨渠世期当是其父太祚的接替者，似乎泉氏家族已经垄断了大对卢一职。但从《高慈墓志》对其曾祖高式的记载来看，在伊梨渠世期在位期间，当政的很可能是莫离支高式，伊梨渠世期官等虽高，却无实权。这种政治格局与泉盖苏文政变后立同样出于泉氏家族的都须流金流为大对卢，自为莫离支执政的局面是完全相同的。说明在泉盖苏文上台以前，大对卢执政的时代就已经结束了。陈大德《奉使高丽记》称高句丽最高官名"吐捽","旧名大对卢，总知国事"，也证明大对卢总知国事是陈大德出使以前的事情，在陈大德出使时，失去权力的大对卢已改称"吐捽"，连官名都发生了一定的变化。泉盖苏文执政的后期改称"太大对卢"，一方面意味着他在官等上升为第一等，另一方面也反映出当时的高句丽人对大对卢掌权执政的历史传统的记忆。

但泉盖苏文以莫离支的身份执政多年，在661年升为太大对卢以后，其子泉男生"任莫离支兼三军大将军"，可能泉盖苏文已交权于长子男生，因而，在高句丽灭亡前，莫离支实际上已经取代大对卢成为执政权臣惯用的称号了。所以，在泉盖苏文去世后，泉男生"加太莫离支"，后来其弟男产称"太大莫离支"，[1]他们都没有称大对卢，而从高句丽灭亡前的政局来看，并不存在地位高于他们兄弟的大对卢。莫离支虽然官等仍处于第二位，其功能已相当于从前的大对卢。

《泉男生墓志》《泉男产墓志》皆称其祖太祚官为莫离支，《新唐书》卷二二〇《高丽传》则称太祚官为大对卢；诸种文献皆称泉盖苏文自为莫离支，《泉男生墓志》《泉献诚墓志》却称其官为太大对卢；《泉男生墓志》称泉男生28岁任莫离支、32岁任太莫离支；《泉男产墓志》称泉男产30岁时任太大莫离支。由此我们可以清楚地看出，泉氏祖孙三代头衔的升级，其规律就是不断地在原头衔前面加"太"或"大"字。太莫离支、太大莫离支，都是自莫离支这个官名派生出来的，而大对卢、太大对卢则是从作为高句丽早期五部首领称号的对卢中派生出来的。[2]

由于同时存在不止一位莫离支，掌握政权的莫离支就有必要在这个头衔上加一些修饰语，以使自己同其他莫离支区别开来，以彰

1　以上引文皆见《泉男生墓志》《泉男产墓志》，载罗振玉《唐代海东藩阀志存》。

2　关于对卢为高句丽早期五部首领的称号，参见杨军《高句丽中央官制研究》，《黑龙江民族丛刊》2001年第4期。

显自己特殊的地位和权势，这样就出现了太莫离支、太大莫离支。不论是在头衔前面加"太"还是加"大"，都是为了表明自己是众多莫离支中的第一人。这就是上述官衔升级的动力。而最后出现的太大莫离支，显然是为了压过太莫离支，按《泉男产墓志》记载，泉男产30岁时（668）称太大莫离支，这时称太莫离支的仅有泉男生，泉男产是在与泉男生争位的过程中，出于在头衔上压过对方的目的，而改称太大莫离支的。

《奉使高丽记》记载小兄别名为失支，大兄别名为缬支，太大兄别名为莫何罗支，即莫离支，可见"兄"类官名大多也被称为"某支"。日本学者末松保和将莫离支比定为大对卢的做法虽然受到武田幸男的批判，[1]但是他认为莫离支与莫何罗支包含共同的单词"马卡里（マカリ）"，并根据《日本书纪》中韩语的古训，将"马卡里（マカリ）"解释为"大"的意思，却并未见有学者提出异议。据此，莫离支可以拆分为两个单词：莫离＋支，莫离即"马卡里"，则莫离支可以直译为"大支"。参照泉氏家族升级头衔的做法可知，"大支"意即众多"支"类官或者说"兄"类官中地位最高的。由此可证，莫离支是自"兄"类官中派生出来的，是"兄"类官中地位最高的，这与其官等太大兄是"兄"类官中地位最高的也是相吻合的。高句丽后期最高武官大模达别名莫何逻绣支，应是包括三个单词：莫何逻（莫离）＋绣＋支，明显比莫离支多出一个音节，虽然我们还不清楚"绣"在高句丽中的意义，但正是这个音节所代表的修饰词的存在，使莫何逻绣支的地位远低于莫离支。《奉使高丽记》说莫何逻绣支"以皂衣头大兄以上为之"，即官等在第五等的

1　武田幸男「高句麗官位制の史的展開」『高句麗史と東アジア：「広開土王碑」研究序説』、356-406 頁。

人就有资格担任这一官职。因此，将莫离支与大模达相比附的研究
方法显然是有问题的。

《奉使高丽记》："皂衣头大兄，比从三品，一名中里皂衣头大
兄，东夷相传所谓皂衣先人者也。"陈大德是误将"皂衣先人"视
为一个官名了，但其认为皂衣头大兄源自皂衣、先人的记载是应该
引起我们重视的。最早完整记载包括兄类官的高句丽官制体系的
《周书》卷四九《高丽传》中，[1] 出现了仙人（先人），却没有出现皂
衣，说明皂衣头大兄应源于皂衣，这与其名称中包括"皂衣"二字
也是吻合的。从《三国史记》的记载来看，皂衣的消失与兄类官名
的出现是同步的，也说明"兄"类官名是由早期五部官名中的皂衣
演变而来的。[2] 由此看来，"兄"类官的别称"支"，很可能就是皂衣
的不同汉语标音。

《梁书》卷五四《新罗传》："其官名，有子贲旱支、齐旱支、谒
旱支、壹告支、奇贝旱支。"日本学者白鸟库吉认为，上述官名的
尾音"旱支"就是后来新罗官制中的"干"或"餐"，《三国史记》
所载新罗国王有四位称"麻立干"，"麻立"意为大，意即诸"干"
中最大的、居于首位的。"麻立"与"莫离"存在音转关系，即
makari（马卡里）、mahari、maari（麻立），[3] 这不仅可以证明"莫离"

---

1 始见兄类官名的文献是《魏书》卷一〇〇《高句丽传》，始见兄类官名的石刻资料是《德兴
   里壁画墓墨书铭》（参见刘永智《朝鲜学者对朝鲜平安南道发掘的幽州刺史墓的看法》，《国
   外社会科学情报》1980年第8期）;《冉牟墓志》（参见耿铁华《好太王碑一千五百八十年祭》，
   中国社会科学出版社，2003，第363~365页）。但《魏书》仅记载了"大兄""小兄"，《德兴
   里壁画墓墨书铭》中仅出现了"小大兄"，《冉牟墓志》中仅出现了"大兄"，对此官制体系
   的记载都不完整。

2 关于皂衣在五部官中的性质与地位，参见杨军《高句丽中央官制研究》，《黑龙江民族丛刊》
   2001年第4期。

3 白鸟库吉「朝鲜古代王号考」「朝鲜古代官名考」『白鸟库吉全集』第三卷、岩波书店、
   1970、67-97页。

意思是大，也证明高句丽的"支"类官名的起源与新罗早期官名有关。《三国志》卷三〇《魏书·东夷传》记载，三韩"各有长帅，大者自名为臣智，其次为邑借"，"臣智或加优呼臣云遣支、报安邪踧支、渍臣离儿不例拘邪秦支廉之号"，[1] 说明早在三国时代，三韩各部大首领的称号就是以"智""支"为语尾的。新罗的"支"类官名当源于此，高句丽的"支"类官以及早期的"皂衣"也源于此。

"支"类官名最初是当地土著民族部落大首领的称号，在演变为新罗和高句丽的官名以后具有了不同的含义，最初应是将地方基层官员称为"支"。据日本《新撰姓氏录》"吉田连"条："天皇令盐乘当彦命遣奉敕而镇守，彼俗谓宰为吉，故谓其苗裔之姓为吉氏。"[2] 这里的"吉"，显然是"支"的不同记音。《三国史记》中最早出现的"兄"类官或"支"类官是北部小兄高奴子，其官职为新城宰，[3] 也可以与《新撰姓氏录》的记载相印证。是高句丽人在向朝鲜半岛北部发展的过程中，[4] 逐渐采用当地居民部落大首领的称号作为地方官的称号。

《奉使高丽记》称小使者的别称为"乙奢"，"乙"与小兄别称失支之"失"不存在对音关系，二者同译为小兄、小使者的"小"，必有一个不是其本意；据《三国史记》卷三七《地理志》，大谷郡一名"多知忽"，大字的对音是"多知"，而不是缬支的"缬"，证

1　疑"秦支廉"有倒误，如为"秦廉支"，则与前面两处相同，都是以"支"为语尾的称号。此引文标点为笔者所加，中华书局点校本《三国志》此段文字无标点。参见《三国志》，第850页。

2　转引自白鸟库吉『白鳥庫吉全集』第三卷、86頁。

3　（高丽）金富轼：《三国史记》卷一七《高句丽本纪·烽上王》，第213~215页。

4　（高丽）金富轼：《三国史记》所载高奴子任新城宰的"新城"，一名敦城，韩国学者余昊奎将之比定在朝鲜咸镜道的东海岸一带，证明这种新的官称是高句丽向朝鲜半岛北部发展过程中的产物。参见〔韩〕余昊奎《三世纪后期—四世纪前期高句丽的交通道与地方统治组织——以南道和北道为中心》，李慧竹译，《东北亚历史与考古信息》2000年第1期。

明"缬"也不是大的意思。可见,将失支称为小兄、缬支称为大兄并不是对原有语辞的简单翻译,而是以另一个名称与之相对应。也就是说,将"支"类官改称为"兄",是高句丽人根据自己的传统对源自朝鲜半岛北部土著居民的官称的改造。按金哲埈的理解,"兄"是指年长者,也指父家长制家族的家族长,[1]那么,其意义与源自土著民族部落大首领的"支"类似,因此成为"支"的替代品。"小""大""太大"无疑皆出自汉语,是按官等对不同的"支"进行区别,所以,小兄、大兄、太大兄这些官名才与其别称不存在意义上的对应关系。从这种官号的变化中我们可以看出,高句丽的语言和官名,相对于朝鲜半岛北部的土著居民而言,受汉文化的影响更深一些。

---

1 〔韩〕金哲埈:《高句丽、新罗官阶组织的形成过程》,《李丙焘博士华甲纪念论丛》,第130~138页。

第八章　任那（伽耶）研究

　　日本史书《日本书纪》提到，在朝鲜半岛南部曾经存在过倭人的殖民势力任那府。最早开始对任那府进行研究的是日本学者，几乎都是倾向于相信《日本书纪》记载的真实性，在此基础上，对任那府的所在地及其始末进行探讨。第二次世界大战以后，韩、朝学者也开始研究任那府，但基本上是否定《日本书纪》记载的真实性，认为所谓任那府纯属子虚。日本学者所说的任那府的所在地，是见于朝鲜史籍的伽耶诸国。伽耶诸国源于三韩中的弁韩，后来为新罗吞并。尽管韩国学者不承认朝鲜半岛南部曾经存在倭人的统治机构任那府，但在其对伽耶诸国的研究中，也引用《日本书纪》的相关记载，认为《日本书纪》所载任那府所属诸国，即伽耶诸国。而第二次世界大战以后，日本学界对任那或伽耶的研究却陷入沉寂。不论是对任那府，还是对伽耶诸国，中国学界始终未曾给予应有的关注。[1] 这个问题就日、韩学界而言是焦点问题，就中国学界而言是盲点问题，因此，本书特辟专章加以讨论。

第一节　任那（伽耶）诸国考

任那在日本史料中始见于《日本书纪》卷五《御间城入彦五十琼殖天皇（崇神天皇）》，崇神天皇六十五年，"任那国遣苏那曷叱知令朝贡也"。同书卷六《活目入彦五十狭茅天皇（垂仁天皇）纪》："任那人苏那曷叱智请之，欲归于国，盖先皇之世来朝未还钦？"原书注中记载了另一种说法：

> 御间城天皇之世，额有角人乘一船，泊于越国笥饭浦，故号其处曰角鹿也。问之曰："何国人也？"对曰："意富加罗国王之子，名都怒我阿罗斯等，亦名曰于斯岐阿利叱智干岐……经出云国至于此间也。"是时，遇天皇崩，便留之，仕活目天皇，

1　在中国学者为数不多的研究中，是把任那和伽耶（驾洛国）截然分开的。关于任那的论文有全昌淑《"任那日本府"真相——驳日本新历史教科书"任那据点说"》，《延边大学学报》2001 年第 4 期；全昌淑《古代朝日关系研究动态——关于"任那日本府说"的研究状况》，《延边大学学报》2000 年第 4 期。关于驾洛国的论文有曹中屏《驾洛国史研究与其意义》，《韩国研究论丛》，社会科学文献出版社，2013；苗威《"驾洛国"初探》，《朝鲜·韩国历史研究》，延边大学出版社，2011。

逮于三年，天皇问都怒我阿罗斯等曰："欲归汝国耶？"对曰："甚望也。"天皇诏阿罗斯等曰："汝不迷道，速诣之，遇先皇而仕欤！是以改汝本国名，追负御间城天皇御名，便为汝国名。"仍以赤织绢给阿罗斯等，返于本土。故号其国谓弥摩那国，其是之缘也。[1]

据此，任那国原名"意富加罗"，为古韩语名，垂仁天皇以崇神天皇之名为之重新命名，称"弥摩那"，意为"御间城"，此为其日语名，后讹为"任那"。[2]日本学者鲇贝房之进认为，任那之"任"在朝鲜语中读作"nim"，表示"主"和"王"的意思，"那"是 ra 的转音，意为"国"；白鸟库吉也认为，任那是"ninra"，也就是在表示王或君主的"nim"后面加助词"ra"。[3]若是，则"任"的意义正对应崇神天皇名字"御间城"的"御"，而"那"的意义与"御间城"的"城"亦能相通，似乎"任那"或者说"弥摩那"，正是崇神天皇名字的音译，而"御间城"是其意译。但上述说法恐怕并不准确。

"加罗"，即《三国史记》的加良、伽落、加耶、伽耶，《三国遗事》的驾洛、呵啰，《隋书·新罗传》的迦罗，《续日本纪》天平宝字二年条的"贺罗"的同音异译。[4]自白鸟库吉、津田左右吉等日本学者首倡此说，[5]似已成为学界定论。白鸟库吉认为，加罗又作

1　〔日〕舍人亲王等《日本书纪》卷六《独目入彦五十狭茅天皇（垂仁天皇）》，第140~141页。
2　菅政友「任那考上」市島謙吉編『菅政友全集』、明治四十年（1908）、359頁。
3　末松保和『任那興亡史』吉川弘文館、昭和四十六年（1971）、36頁。
4　池内宏『日本上代史の一研究：日鮮の交渉と日本書紀』近藤書店、昭和二十二年（1947）、25-26頁。
5　津田左右吉『朝鮮歴史地理』、137-138頁。

加那，"那"为古韩语，意为国。[1] 三品彰英认为，《三国史记》中的
"那（na）"，即《三国志》中的"奴（noh）"，表示以江河为中心
形成的河川平野，史籍中也依其意义标记为"川"、"壤（襄、让）"
等。[2] 韩国学者亦多认为，《三国史记》中的"那"，与《三国志》中
的"奴"意义相同，都含有地（壤）、川或川边平野之意，被称为
"那"或"奴"的集团，指的是位于江岸和山谷的地域集团。[3] 加罗
称加那，与其位于洛东江下游河谷平原的地理位置正相吻合。由此
看来，"那"最初指河谷平原，或居住在河谷平原的部落，当这些部
落集团逐渐发展为小国之后，"那"也就具有了"国"的内涵。"加"
为扶余、高句丽常用官称，白鸟库吉认为，相当于"可汗"之
"汗"，意为君王。[4] 因此，"加那"（加罗）意即君王之国。《三国史
记》《三国遗事》记载，朝鲜半岛南部有六个同名"伽耶"的小国，
即所谓六伽耶，伽耶、驾落、加罗为同一名词，耶、罗音通，[5] 则"伽
耶"与"加那"内涵相同，亦意为君王之国。

　　任那，若从末松保和的解释，含义也是君王之国，与加罗完全
相同。朝鲜王朝学者丁若镛《与犹堂全书》第一集《诗文集·倭情
考叙》："考诸倭史，其通我邦自任罗及天日枪而始。"[6] 显然，任那在
朝鲜史籍中也写作"任罗"。任那在古日语中读作"弥摩那"，《同文

1　白鳥庫吉「朝鮮古代諸国名称考」『白鳥庫吉全集』第三巻、35 頁。

2　三品彰英「高句麗の五族について」『朝鮮学報』第 6 輯、1953 年。

3　〔韩〕林起焕：《高句丽初期五部的形成与变迁》，载《"2007 年中韩高句丽历史研究学术讨论
　　会"论文集》；〔韩〕余昊奎：《鸭绿江中游地区高句丽国家的形成》，载《韩国高句丽史研究
　　论文集》，韩国高句丽研究财团，2006。

4　白鳥庫吉「漢史に見えた朝鮮語」『白鳥庫吉全集』第三巻、182-185 頁。

5　林泰輔『支那上代之研究』附録「加羅の起源」光風館書店、昭和二年（1927）、4 頁。

6　（朝鲜王朝）丁若镛：《倭情考叙》，《与犹堂全书》第一集《诗文集》，《韩国文集丛刊》第
　　281 册，第 320 页。

通考》训读为"美麻奈"或"美麻几"。[1]除去与"那"对应的尾音，"任"应读作"弥摩""美麻"，与加罗之"加"读音相近。由此看来，"任那"一词，不论是读音还是意义，皆与"加罗"相同，应具有相同语源。由朝鲜史籍多记作加罗、伽耶、驾洛，日本史籍多记作任那分析，此语辞应源自古韩语，任那、加罗读音之细微差异，是此语辞进入古日语后出现的读音讹变所致。

《三国志》卷三〇《魏书·东夷传》称马韩"其俗少纲纪，国邑虽有主帅，邑落杂居，不能善相制御"。"其北方近郡诸国差晓礼俗，其远处直如囚徒奴婢相聚。"显然马韩的许多所谓"国"，王权尚未确立。但是，弁辰"十二国亦有王"，"法俗特严峻"，证明弁辰各国已经确立起比较严密的王权统治。可能正是因为弁辰各国王权强化的特点，才被周边国家称为"君王之国"，即加罗或任那。换言之，任那与加罗、加耶、加良、驾洛、迦罗等皆为同一古韩语名词的不同汉字译写。

"意富"意为大，此加罗为诸小国的宗主，势力稍强大，故当地诸国称其为大加罗，[2]意即大君之国，证明被称为"君王之国"（任那、加罗、伽耶）的诸国中，已存在一个居于主导地位的大君之国。

至4世纪前期，三韩七十八国尚存多少，中、朝史书皆无明确记载。在朝鲜半岛南部，据《三国遗事》卷一《纪异·五伽倻》记载，有被合称为"五伽倻"的五个小国，即阿罗伽耶（也作"阿那伽耶"）、古宁伽耶、大伽耶、星山伽耶（也作"碧珍伽耶"）、小伽耶，并其卷二《驾洛国记》所载金官伽耶，即所谓六伽耶。《驾洛国记》所载神话称六伽耶的始祖出自"黄金卵六"，由此推测，可能六伽耶之间存在某种联盟关系，也只有这样才能与兴起中的百

1　細川潤次郎『吾園随筆余編』巻一「任那」西川忠亮、大正六年（1917）、9 頁。

2　那珂通世『外交繹史』巻二第十四章「加羅考」載故那珂博士功績紀念會編『那珂通世遺書』、166 頁。

济、新罗相抗衡。具有盟主地位的伽耶因具有主导地位而得以独擅伽耶（即任那）之号，"国称大驾洛，又称伽耶国"，而其他五国则称"某某伽耶"以相区别。由于各国皆称"伽耶"，此联盟所控制的区域也就被称为"伽耶"（加罗、任那），因而任那逐渐演变为地域名，任那一名可以涵盖此地域内的所有小国。

见于朝鲜史料的六伽耶的地理位置，阿罗伽耶（阿那伽耶）在今韩国庆尚南道咸安，古宁伽耶在今庆尚北道尚州市咸昌邑，大伽耶在今庆尚北道高灵，星山伽耶（碧珍伽耶）在今庆尚北道星州，小伽耶在今庆尚南道固城，金官伽耶在今庆尚南道金海，基本已成学界定论，概言之，皆在今庆尚南北道境内。

学界一般认为，加耶诸国存在联盟，前期加耶联盟的盟主是金官加耶，后期加耶联盟的盟主是大加耶。从后代的考古学资料来看，5~6 世纪后期的加耶文化圈，可以分为高灵文化圈、咸安文化圈、固城—晋州文化圈、金海文化圈等四个区域，[1] 由此分析，文献所载六加耶，恐怕不单单是指六个加耶小国，而是指以此六国为首的六个加耶小国的联盟。

前期发挥比较重要作用的是金官加耶为首的加耶联盟，其地理范围应该就是考古学上的金海文化圈分布的范围；在新罗与百济结盟的5 世纪初，发挥比较重要作用的是阿罗加耶为首的加耶联盟，其地理范围应该就是考古学上的咸安文化圈分布的范围；而在此后直到加耶诸国灭亡之前，发挥比较重要作用的是大加耶为首的加耶联盟，其地理范围应该就是考古学上的高灵文化圈分布的范围。此六个加耶小国联盟后来皆为新罗所吞并，最早为新罗吞并的是金官加耶为首的加耶

1　〔韩〕金泰植「古代王権の成長と韓日関係——任那問題を含んで—」『日韓歴史共同研究報告書』（第 2 期）第 1 分科会（古代史）篇，http://www.jkcf.or.jp/projects/kaigi/history/second/2-1/，最后访问时间：2019 年 7 月 13 日。

小国联盟，此后是阿罗加耶为首的联盟和小加耶为首的联盟，星山加耶、古宁加耶被新罗吞并的时间不详，最后为新罗吞并的是大加耶。

但见于《日本书纪》的朝鲜半岛南部小国远不止上述六个。先将相关史料排比如下。卷九《气长足姬尊（神功皇后）》：

> 平定比自烑、南加罗、㖨国、安罗、多罗、卓淳、加罗七国，仍移兵西回至古奚津，屠南蛮忱弥多礼，以赐百济。于是，其王肖古及王子贵须亦领军来会，时比利、辟中、布弥支、半古四邑自然降服。[1]

卷一〇《誉田天皇（应神天皇）》注引《百济记》：

> 阿花王立，无礼于贵国，故夺我枕弥多礼及岘南、支侵、谷那、东韩之地，是以遣王子直支于天朝，以修先王之好也。[2]

卷一〇《誉田天皇（应神天皇）》：

> 是岁，弓月君自百济来归，因以奏之曰："臣领己国之人夫百廿县而归化，然因新罗人之拒，皆留加罗国。"[3]

卷一七《男大迹天皇（继体天皇）》：

> 百济遣使贡调。别表请任那国上哆唎、下哆唎、娑陀、牟

1　〔日〕舍人亲王等：《日本书纪》卷九《气长足姬尊（神功皇后）》，第210页。

2　〔日〕舍人亲王等：《日本书纪》卷一〇《誉田天皇（应神天皇）纪》注引《百济记》，第218页。

3　〔日〕舍人亲王等：《日本书纪》卷一〇《誉田天皇（应神天皇）纪》，第221页。

娄四县。[1]

卷一七《男大迹天皇（继体天皇）》"上臣抄掠四村"原注：

> 金官、背伐、安多、委陀是为四村。一本云多多罗、须那罗、和多、费智为四村也。[2]

卷一七《男大迹天皇（继体天皇）》：

> 伴跛筑城于子吞带沙，而连满奚，置烽候邸阁，以备日本，复筑城于尔列比麻须比。

卷一九《天国排开广庭天皇（钦明天皇）》"新罗打灭任那官家"原注：

> 总言任那，别言加罗国、安罗国、斯二岐国、多罗国、卒麻国、古嗟国、古子他国、散半下国、乞湌国、稔礼国，合十国。[3]

上述记载明确提到的朝鲜半岛南部小国有十四个：比自㶱、南加罗、㖨国、安罗、多罗、卓淳、加罗、斯二岐国、卒麻国、古嗟国、古子他国、散半下国、乞湌国、稔礼国。

　　此外，《日本书纪》卷一七《男大迹天皇（继体天皇）纪》提到的四村包括"金官"，亦即《三国遗事》卷二《驾洛国记》所载金官伽耶，由此可证，所谓四村，是指四个小国，则背伐、安多、委陀、

1　〔日〕舍人亲王等：《日本书纪》卷一七《男大迹天皇（继体天皇）》，第 342 页。

2　〔日〕舍人亲王等：《日本书纪》卷一七《男大迹天皇（继体天皇）》，第 353 页。

3　〔日〕舍人亲王等：《日本书纪》卷一九《天国排开广庭天皇（钦明天皇）》，第 404 页。

多多罗、须那罗、和多、费智都是与金官伽耶类似的小国。由此推测，《日本书纪》卷一七《男大迹天皇（继体天皇）纪》提到的上哆唎、下哆唎、娑陀、牟娄四县，[1] 卷九《气长足姬尊（神功皇后）纪》提到的比利、辟中、布弥支、半古四邑应也是类似小国。据卷一〇《誉田天皇（应神天皇）纪》原注"东韩者，甘罗城、高难城、尔林城是也"，东韩至少包括三个城，则也是国名，那么，在卷一〇《誉田天皇（应神天皇）纪》中与东韩并列的枕弥多礼及岘南、支侵、谷那应也是国名。此外，见于卷一〇《誉田天皇（应神天皇）纪》的弓月君，其国有"人夫百廿县"；见于卷一七《男大迹天皇（继体天皇）纪》的伴跛，有实力筑长城设烽火以备日本，显然都是三韩小国。

《新撰姓氏录》卷三《在京皇别下》吉田连氏：

> 昔矶城瑞篱宫御宇御间城人彦天皇御代，任那国奏曰："臣国东北有三巴汶地，上巴汶、中巴汶、下巴汶，地方三百里，土地人民亦富饶，与新罗国相争，彼此不能摄治，兵丈相寻，民不聊生。臣请将军令治此地，即为贵国之部也。"[2]

综上，见于日本史书记载的三韩国名已近四十个。[3]《三国史记》卷一《新罗本纪》尚见音汁伐国、悉直谷国、悉直国、押督国、比只

1　〔日〕舍人亲王等：《日本书纪》卷一四《大泊濑幼武天皇（雄略天皇）》注引《日本旧记》："久麻那利者，任那国下哆呼利县之别邑也。"下哆利还有"别邑"，亦可证明其为国。

2　〔日〕栗田宽：《新撰姓氏录考证》卷三《在京皇别下》上，吉川弘文馆，明治三十三年（1900），第230页。

3　〔日〕舍人亲王等：《日本书纪》一书纪年有误，此为学界定论，故此处引用《日本书纪》皆未注明史料年代。上述诸三韩国名虽然肯定不是同时存在的，但也肯定是高句丽灭乐浪、带方二郡之后的事情。有些记载肯定时代较晚，但后代此地区尚未并入百济、新罗，另有小国，足以证明前代此地区亦未并入百济、新罗。故此处暂不讨论《日本书纪》的史料断代问题，只是笼统地运用，亦足以说明此处的问题了。

国、多伐国、草八国，卷二《新罗本纪》见甘文国、骨伐国以及浦上八国。两书合计，即使除去重复，所见三韩国名也近五十个。

如本书后文所考，上述三韩小国多位于今韩国庆尚南北道，即后来新罗的疆域之内，在此时期，今庆尚道内小国林立，新罗的疆域仅限于今庆州附近地区。因此，《三国史记》卷一《新罗本纪》记载，新罗建国初期与百济争夺在今忠清道报恩县境内的蛙山城，[1]是不可信的。概言之，此时期的百济、新罗，一个处于半岛西部沿海地区，一个位于半岛东部沿海地区，两者并不交界。《梁书》卷五四《新罗传》"其国在百济东南五千余里"，倒可能是对此时期情况的反映，暗示两国并不接壤，但是其所载里数显然太过夸张了。

上述三韩小国多在古辰韩、弁韩的分布区，据《三国志》记载，辰韩、弁韩合计仅有二十四国，显然，中原王朝在朝鲜半岛上的郡县体制崩溃之后，辰韩、弁韩诸国经历过分化重组。参考《三国志》卷三〇《魏书·东夷传》"弁辰亦十二国，又有诸小别邑，各有渠帅"的记载可知，3世纪末至4世纪前期，可能存在弁韩、辰韩原有诸国衰落，其原来的"诸小别邑"发展为小国的现象。

第二节　任那（伽耶）诸国的地域

《日本书纪》卷九《气长足姬尊（神功皇后）》记载，神功皇后

1　津田左右吉『朝鮮歴史地理』、211頁。

四十九年己巳：

> 春三月，以荒田别鹿我别为将军，则与久氐等共勒兵而度
> 之，至卓淳国，将袭新罗……俱集于卓淳，击新罗而破之，因
> 以平定比自烌、南加罗、烌国、安罗、多罗、卓淳、加罗七国。
> 仍移兵西回至古奚津，屠南蛮忱弥多礼，以赐百济。于是，其
> 王肖古及王子贵须亦领军来会，时比利、辟中、布弥支、半古
> 四邑自然降服。[1]

卷一〇《誉田天皇（应神天皇）》"应神天皇八年三月"条注引《百
济记》：

> 阿花王立，无礼于贵国，故夺我枕弥多礼及岘南、支侵、
> 谷那、东韩之地，是以遣王子直支于天朝，以修先王之好
> 也。[2]

《日本书纪》的纪年存在问题，日本学者多认为，其纪年与实际情
况存在两甲子 120 年的出入。《日本书纪》卷九《气长足姬尊（神功
皇后）纪》记载了三位百济王去世的时间，将之与《三国史记》卷
二四《百济本纪》相对照，我们可以据此确定神功皇后纪年与公元
纪年的关系（见表 8-1）。

1　〔日〕舍人亲王等：《日本书纪》卷九《气长足姬尊（神功皇后）》，第 210 页。
2　〔日〕舍人亲王等：《日本书纪》卷一〇《誉田天皇（应神天皇）》，第 218 页。

表 8-1 《日本书纪》纪年校正

《日本书纪》记载	《三国史记》记载	公元纪年
神功皇后五十五年，百济肖古王薨	近肖古王三十年冬十一月，王薨	375
六十四年，百济国贵须王薨。王子枕流王立为王	近仇首王十年夏四月，王薨	384
六十五年，百济枕流王薨，王子阿花年少，叔父辰斯夺立为王	枕流王二年冬十一月，王薨。太子少，故叔父辰斯即位	385

注：《三国史记》卷二四《百济本纪·近肖古王》引《古记》："百济开国已来，未有以文字记事。至是，得博士高兴，始有书记。"（第 293 页）百济自近肖古王以后有文字记录流传，《日本书纪》原注中引用的《百济记》《百济新撰》等书，应皆有更早的可靠史源，因此《神功皇后纪》中所载百济王世系才比较准确。故认为《神功皇后纪》中百济近肖古王以下有关朝鲜半岛的记事是比较可信的。

按上表纪年推算，神功皇后四十九年为公元 369 年。应神天皇八年为公元 397 年。见于《日本书纪》的"阿花王"，即《三国史记》卷二五《百济本纪》的百济阿莘王，392~405 年在位。

据《日本书纪》的上述记载，公元 369 年，日本列岛的势力开始向朝鲜半岛渗透。上引《日本书纪》神功皇后和应神天皇的记事中出现的任那诸国，也就是朝鲜半岛南部诸小国，应为公元 4 世纪末的情况。当然，相信《日本书纪》的记载，认为日本征服半岛南部诸国建立任那府进行统治的传统观点，现在已为中外学术界所抛弃，但是，通过对《日本书纪》所载诸国地理位置的考察，我们可以看出，至 4 世纪末，半岛南部至少还有哪些地域独立于百济和新罗之外。

上引《日本书纪》中出现的国名、地名共十六个：比自㶱、南加罗、㖨国、安罗、多罗、卓淳、加罗、南蛮忱弥多礼、比利、辟中、布弥支、半古、岘南、支侵、谷那、东韩。分考如下。

1. 加罗、南加罗

加罗，即任那，广义上指加罗诸国，狭义指加罗诸国之一。学界通常认为，作为诸国之一的加罗即金官伽耶，在今庆尚南道金海市。[1] 有学者认为，此时期存在一个以金官伽耶为首的加耶诸国联盟。[2] 南加罗，林泰辅认为即小伽耶，[3] 吉田东伍认为在固城，[4] 津田左右吉认为在龟浦，末松保和认为在梁山。

　　任那或加罗诸国中，最早见于《日本书纪》的任那国，即意富加罗国，学界通常认为就是《三国遗事》中的驾洛国、《三国史记》中的金官伽耶。如前所述，意富的含义是"大"，意富加罗即"大加罗""大伽耶"。《三国遗事》卷二《驾洛国记》称金官伽耶为"大驾洛"，但卷一《纪异·五伽倻》中所载大伽耶，却是指位于后世高灵郡的伽耶，而非位于金海郡的金官伽耶。[5]

　　《三国史记》卷三四《地理志》：

> 金海小京，古金官国（一云伽落国，一云伽耶），自始祖首露王至十世仇亥王，以梁中大通四年，新罗法兴王十九年，率百姓来降，以其地为金官郡。
>
> 高灵郡，本大加耶国，自始祖伊珍阿豉王（一云内珍朱

1　今西竜「加羅疆域考」『朝鮮古史の研究』近澤書店、昭和十二年（1937）；津田左右吉『朝鲜歴史地理』；末松保和『任那興亡史』。本节涉及今西龙、津田左右吉、末松保三位日本学者的观点，皆见此三书，以下不再一一出注。

2　金泰植认为，加耶国的中心是位于金海市西侧的酒村面一带，之后，又迁移到了位于现在金海市的市内侧，其最初的古坟是金海市大成洞29号坟。〔韩〕金泰植「古代王権の成長と韓日関係——任那問題を含んで—」『日韓歴史共同研究報告書』（第2期）第1分科会（古代史）篇，http://www.jkcf.or.jp/projects/kaigi/history/second/2-1/，最后访问时间：2019年7月13日。

3　林泰輔『朝鮮史』第二巻、吉川半七、明治二十五年（1892）、21頁B面。

4　吉田東伍『日韓古史断』富山房書店、明治二十六年（1893）、499頁。

5　（朝鮮王朝）丁若镛《与犹堂全书》第一集《文献备考刊误》："案加罗，驾洛也，考南北史新罗传与倭传可知，盖声相近也。任那，今忠州也。《三国史·强首传》曰'臣任那加良人也'，史又以强首为中原沙梁人，中原者，忠州也，则忠州之为任那明甚矣。"认为任那加罗即金官伽耶在忠州，显误。

智）至道设智王，凡十六世，五百二十年。真兴大王侵灭之，
以其地为大加耶郡。[1]

《三国遗事》卷二《驾洛国记》：

> 案《三国史》，仇衡以梁中大通四年壬子，纳土投罗，
> 则计首露初即位东汉建武十八年壬寅，至仇衡末壬子，得
> 四百九十年矣。若以此记考之，纳土在元魏保定二年壬午，则
> 更三十年，总五百二十年矣，今两存之。[2]

按《三国史记》的记载，大伽耶历 16 世 520 年，而金官伽耶历 10
世 490 年，即使按《三国遗事》保存的另一种说法，金官伽耶的存
在也不超过 520 年。[3] 很明显，高灵郡的大伽耶的历史比金官伽耶更
古老，更可能是《日本书纪》所载意富加罗国。

据前引《三国史记》卷三四《地理志》，位于高灵的大伽耶为
新罗真兴王所灭，同书卷四《真兴王本纪》与伽耶有关的记事仅见
二十三年（562）"九月，加耶叛"，大伽耶应亡于此年。《日本书
纪》卷一九《天国排开广庭天皇（钦明天皇）纪》记载"新罗打灭
任那官家"也是在此年。[4] 则任那加罗，即任那诸国之首，亦即大伽

1　（高丽）金富轼：《三国史记》卷三四《地理志》，第 466、473 页。

2　（高丽）一然：《三国遗事》卷二《驾洛国记》，第 106 页。

3　实则两国存在时间皆可疑。按《三国史记》记载，金官伽耶亡于梁中大通四年（532），其卷
四《真兴王本纪》与伽耶有关的记事仅见二十三年（562）"九月，加耶叛"，姑或大伽耶亡于
是年。若按中国古人 30 年为一世的说法计算，金官伽耶 10 世合 300 年，应建国于 232 年
前后；大伽耶历 16 世合 480 年，应建国于公元 82 年前后。大伽耶立国约早于金官伽耶一个
半世纪。

4　《日本书纪》纪年错误，日本学者多有考证，此从今西龙说。今西竜「加羅疆域考」『朝鲜古
史の研究』、335 页。

耶，无疑是指位于高灵的大伽耶，而非金官伽耶。

《凤林寺真镜大师宝月凌空塔碑》："大师讳审希，俗姓新金氏，其先任那王族，草拔圣枝。"[1] 任那王族被称为"草拔圣枝"，若将此"草拔"理解为城名，则该城应为大伽耶首府。《三国史记》卷一《新罗本纪·婆娑尼师今》"遣兵伐比只国、多伐国、草八国"，"草拔""草八"，音同，此"草八"应即大伽耶首府，与比只、多伐邻近。日本学者今西龙认为，比只即《三国史记》中的比斯伐、《日本书纪》中的比自㷹，在今庆尚南道昌宁；多伐即《日本书纪》中的多罗，在今庆尚南道陕川。金官伽耶所在的金海郡相距昌宁、陕川过于遥远，而高灵虽属今庆尚北道，但距昌宁、陕川较近，更符合大伽耶首府的地理位置。

津田左右吉认为，率先与日本交往的不应该是地处内陆高灵郡的大伽耶，而应该是临海的金官伽耶。但《日本书纪》卷六《活目入彦五十狭茅天皇（垂仁天皇）纪》："故敦赏苏那曷叱智，仍赍赤绢一百匹赐任那王，然新罗人遮之于道而夺焉，其二国之怨始起于是时也。"新罗能够拦其归路夺绢，可见此任那不在海边，以高灵郡的大伽耶当之更为合适。

《三国史记》卷四一《金庾信传》称金官伽耶始祖首露王为"南加耶始祖首露"，津田左右吉认为，此南加耶即伽耶，指金官伽耶，因其在新罗之南，故称南加耶，不是《日本书纪》所载南加罗。但是，若伽耶、加罗指金官伽耶，南加耶又其别名，则《日本书纪》卷九《气长足姬尊（神功皇后）纪》提到的"比自㷹、南加罗、喙国、安国、多罗、卓淳、加罗七国"中，南加罗、加罗皆指金官伽耶，不应两存。因此，《日本书纪》中的南加罗更可能是指金官伽耶。

1　朝鮮総督府編『朝鮮金石総覧』（上）、大正八年（1919）、98 頁。

综上，日本学者井上秀雄认为，见于《日本书纪》神功皇后四十九年的加罗，即朝鲜史料中的大伽耶，在今韩国庆尚北道高灵；见于《日本书纪》的南加罗，即朝鲜史料中的金官伽耶，在今韩国庆尚南道金海，[1]是正确的。如前所述，加罗与任那同名，应为任那诸国之首。

2. 安罗、比自㶱

安罗，学界通常认为即阿那伽耶，并根据《三国史记》卷三四《地理志》"咸安郡，法兴王以大兵灭阿尸良国（一云阿那加耶），以其地为郡"，认为在今庆尚南道咸安。

比自㶱，学界通常认为即《三国史记》卷三四《地理志》的"比自火郡（一云比斯伐）"，在今庆尚南道昌宁。[2]

3. 多罗

学界通常认为在今庆尚南道陕川，唯津田左右吉怀疑在班城一带。

《日本书纪》卷一七《男大迹天皇（继体天皇）》：

> 遣近江毛野臣使于安罗，敕劝新罗更建南加罗、㖨、己吞……毛野臣次于熊川（一本云，次于任那久斯牟罗）……由是新罗改遣其上臣伊叱夫礼智干岐率众三千来请听敕。毛野臣遥见兵仗围绕，众数千人自熊川入任那己叱己利城，伊叱夫礼智干岐次于多多罗原，不敢归，待三月，频请闻敕，终不肯

1　井上秀雄『古代朝鮮』講談社、2004 年、69 頁。
2　吉田東伍『日韓古史断』、383 頁。

宣。伊叱夫礼智所将士卒等于聚落乞食，相过毛野臣傔人河内马饲首御狩，御狩入隐他门，待乞者过卷手遥击，乞者见云："谨待三月，伫闻敕旨，尚不肯宣，恼听敕使，乃知欺诳诛戮上臣矣。"乃以所见具述上臣。上臣抄掠四村（金官、背伐、安多、委陀是为四村。一本云，多多罗、须那罗、和多、费智为四村也。）[1]

毛野臣所驻之熊川，或久斯牟罗，以及伊叱夫礼智干岐入己叱己利城所经之熊川，自不可能是曾为百济都城的慰礼城附近的熊川。由上下文来看，此熊川当与安罗、南加罗相距不远。《新增东国舆地胜览》卷三二有熊川县，"西至昌原府界二十五里"，疑此即毛野臣所驻之熊川。

伊叱夫礼智干岐抄掠四村中的安多应即安罗、金官应即南加罗，其所驻之多多罗原显然距两者不远。吉田东伍即认为多多罗原在金海。[2] 一说伊叱夫礼智干岐所抄掠四村为多多罗、须那罗、和多、费智。《日本书纪》卷二〇《渟中仓太珠敷天皇（敏达天皇）》："新罗遣使进调多益常例，并进多多罗、须奈罗、和陁、发鬼四邑之调。"[3] 多多罗、须奈罗、和陁、发鬼四邑，显然即伊叱夫礼智干岐所抄掠的四村，此四村本属任那，应是在此后为新罗吞并。据《日本书纪》卷二二《丰御食炊屋姬天皇（推古天皇）》，"新罗与任那相攻，天皇欲救任那"，"以泛海往之，乃到于新罗，攻五城而拔。于

1　〔日〕舍人亲王等：《日本书纪》卷一七《男大迹天皇（继体天皇）》，第 352~353 页。

2　吉田東伍『日韓古史断』、502 页。吉田氏还认为，下文提到的多多罗、素奈罗、弗知鬼、扫陀皆在金官伽耶，南迦罗即古自伽耶、阿罗罗即安那伽耶。未详何据。参见同书第 516 页。

3　〔日〕舍人亲王等：《日本书纪》卷二〇《渟中仓太珠敷天皇（敏达天皇）》，第 417 页。

是新罗王惶之，举白旗到于将军之麾下，而立割多多罗、素奈罗、弗知鬼、扫陀、南迦罗、阿罗罗六城以请服"。[1] 扫陀应即和陁、弗知鬼应即发鬼，若此条记载可信，则后来此四邑曾为日本方面夺回。由日军"泛海往之""攻五城而拔"来看，此四邑皆距海不远。其中的多多罗，应即多罗，故当于沿海处求之。此处称"多多罗原"，应有相对开阔的平原，能容纳下若干城。综上，多罗应在今庆尚南道昌原一带。[2] 其东二十五里即熊川。

《三国史记》卷三四《地理志》："分居陀州置菁州。景德王改名，今晋州""居昌郡，本居烈郡（或云居陀）""江阳郡，本大良（一作耶）州郡，景德王改名，今陕州"，[3] 日本学者认为，居陀、大耶、大良皆多罗的不同译写，故多罗当在今庆尚南道的陕川或居昌。但两地皆远在内陆，与安罗、南加罗相距过于遥远，以此为多罗恐不可从。班城距金海相对较远，且无平原，津田左右吉说亦有问题。

4. 喙

喙国，今西龙认为在今大邱，吉田东伍、[4] 末松保和认为在庆山，津田左右吉认为在昌宁（比自炑）以南，今洛东江北岸的灵山及其东南一带。韩国学者金泰植认为在今庆尚南道昌宁郡灵山面。[5]

1　〔日〕舍人亲王等：《日本书纪》卷二二《丰御食炊屋姬天皇（推古天皇）》，第 446 页。

2　津田左右吉置多多罗原于今金海北、洛东江南岸。参见津田左右吉『朝鮮歴史地理』附圖 4「任那列國圖」。

3　（高丽）金富轼：《三国史记》卷三四《地理志》，第 470、472、473 页。

4　吉田東伍『日韓古史斷』、383 頁。同书第 499 页作"今庆山欤"，作疑问句，显然作者对此并不敢肯定。

5　〔韩〕金泰植「古代王権の成長と韓日関係——任那問題を含んで—」『日韓歴史共同研究報告書』（第 2 期）第 1 分科会（古代史）篇，http://www.jkcf.or.jp/projects/kaigi/history/second/2-1/，最后访问时间：2019 年 7 月 13 日。

　　《日本书纪》卷一七《男大迹天皇（继体天皇）》，"近江毛野臣率众六万，欲往任那，为复兴建新罗所破南加罗、喙、己吞，而合任那"，"遣近江毛野臣使于安罗，敕劝新罗更建南加罗、喙、己吞"。[1] 则喙、己吞二国应与南加罗即今金海市相距不远。《日本书纪》卷一九《天国排开广庭天皇（钦明天皇）》："其喙、己吞，居加罗与新罗境际，而被连年攻败。任那无能救援，由是见亡。"[2] 则喙、己吞二国应在金海与新罗之间。诚如津田左右吉所说，洛东江以南为金官伽耶属地，没有其他政权存在的空间，故喙、己吞应在洛东江北岸，金泰植认为在今庆尚南道昌宁郡灵山面也是有道理的。此从津田说。其他诸家说皆与金官伽耶即今金海相距过远，恐不可从。

5. 卓淳

　　卓淳，津田左右吉认为在漆原，今西龙、金泰植认为在昌原，末松保和、井上秀雄认为在大邱，林泰辅认为在金山直旨川附近。

　　《日本书纪》卷一九《天国排开广庭天皇（钦明天皇）》："新罗春取喙、淳，仍摈出我久礼山戍而遂有之，近安罗处，安罗耕种，近久礼山处，新罗耕种，各自耕之，不相侵夺，而移那斯、麻都过耕他界。"百济王称："窃闻新罗、安罗两国之境有大江水，要害之地也，吾欲据此修缮六城……久礼山之五城庶自投兵降首，卓淳之国亦复当兴。"[3] 新罗与安罗（今咸安）之间的"大江水"，无疑是指洛东江。新罗攻占喙和卓淳之后，疆域逼近久礼山，证明卓淳在久礼山之东。卷一七《男大迹天皇（继体天皇）》："毛野臣遂于久

斯牟罗起造舍宅……毛野臣婴城自固，势不可擒。于是，二国图度便地，淹留弦晦，筑城而还，号曰久礼牟罗城。"[1] 据《梁书》卷五四《新罗传》"其俗呼城曰健牟罗"。[2] 则《日本书纪》出现的"牟罗"，应即"健牟罗"，意为城；所谓"久礼牟罗"即久礼城，应在久礼山附近。毛野臣驻于久斯牟罗是为"更建南加罗、㖨、己吞"，显然是新罗占领㖨、卓淳之后的事，换言之，《日本书纪》在叙述毛野臣之事时提到的久礼城和多多罗原，应皆在久礼山以西。如前所述，多多罗原和多罗国在今昌原一带，则卓淳应在今昌原以东。

《日本书纪》卷九《气长足姬尊（神功皇后）》：

> 俱集于卓淳，击新罗而破之，因以平定比自㶱、南加罗、㖨国、安国、多罗、卓淳、加罗七国。[3]

在进攻新罗、平定七国之前，日军先在卓淳聚集，则卓淳距海不远，当在今庆尚南道昌原的东南，约当朝鲜李朝时的熊川县。据《新增东国舆地胜览》卷三二"熊川县"，李朝时期此处尚有倭馆，是"待倭使之所"。

倭军越过对马海峡，自今镇海湾沿岸登陆，故首先于卓淳集结，此后平定之国，如前所考，比自㶱为昌宁、南加罗为金海、㖨国在灵山、安国在咸安、多罗在昌原、加罗在高灵，则公元 369 年前后日本平定之七国，皆在洛东江流域。说明此时期日本控制的任那，是主要沿洛东江一线与新罗进行争夺，洛东江流域是双方进行拉锯战的地区。

1　〔日〕舍人亲王等：《日本书纪》卷一七《男大迹天皇（继体天皇）》，第 355 页。

2　《梁书》卷五四《新罗传》，第 805 页。

3　〔日〕舍人亲王等：《日本书纪》卷九《气长足姬尊（神功皇后）》，第 210 页。

6. "四邑"与"四县"、南蛮忱弥多礼

《日本书纪》神功皇后四十九年所见比利、辟中、布弥支、半古四邑，韩国学者金泰植认为，比利在今全罗北道群山，辟中在今全罗北道金堤，布弥支在今全罗南道潭阳，半古在今全罗南道罗州市潘南面。[1]中国学者苗威认为，比利在今全罗北道全州，辟中在今全罗北道任实，半古在今全罗南道求礼，布弥支在今淳昌。[2]

按此"四邑"应与《日本书纪》卷一七《男大迹天皇（继体天皇）》所载上哆唎、下哆唎、娑陀、牟娄等四县之地有关。为讨论方便，先将《男大迹天皇（继体天皇）》相关史料排比如下：

六年（512）十二月，"百济遣使贡调，别表请任那国上哆唎、下哆唎、娑陀、牟娄四县。哆唎国守穗积臣押山奏曰：'此四县近连百济，违隔日本……'"

七年（513）六月，"（百济）别奏云：'伴跛国略夺臣国己汶之地，伏请天恩判还本属。'……以己汶带沙赐百济国。是月，伴跛国遣戟支献珍宝，乞己汶之地，而终不赐"。

八年（514）三月，"伴跛筑城于子吞带沙，而连满奚，置烽候邸阁，以备日本"。

九年（515）二月，"百济使者文贵将军等请罢，仍敕副物部连遣罢归之。是月，到于沙都岛，传闻伴跛人怀恨衔毒，恃强纵虐，故物部连率舟师五百，直诣带沙江，文贵将军自新罗去。夏四月，物部连于带沙江停住六日，伴跛兴师往伐，逼脱

---

1 〔韩〕金泰植「古代王権の成長と韓日関係——任那問題を含んで—」『日韓歴史共同研究報告書』（第2期）第1分科会（古代史）篇，http://www.jkcf.or.jp/projects/kaigi/history/second/2-1/，最后访问时间：2019年7月13日。
2 苗威：《百济前期疆域述考》，《朝鲜·韩国历史研究》第14辑，延边大学出版社，2013。

衣裳，劫掠所赍，尽烧帷幕，物部连等怖畏逃遁，仅存身命，泊汶慕罗（汶慕罗，岛名也）"。

廿三年（529）三月，"百济王谓下哆唎国守穗积押山臣曰：'夫朝贡使者恒避岛曲，每苦风波，因兹湿所赍，全坏无色，请以加罗多沙津为臣朝贡津路。'是以押山臣为请闻奏。是月，遣物部伊势连父根吉士老等以津赐百济王。于是，加罗王谓敕使云：'此津从置官家以来，为臣朝贡津涉，安得辄改赐邻国，违元所封限地。'……由是加罗结党新罗，生怨日本"。[1]

多沙津，据《三国史记》卷三四《地理志》"河东郡，本韩多沙郡"，在今庆尚南道蟾津江口的河东。在 512 年获得上哆唎、下哆唎、娑陀、牟娄四县之后，百济至 529 年始获得多沙津，且因此与加罗交恶。此加罗应指在今高灵的大伽耶，多沙津为其与日本往来的出海之地。"四县近连百济"，故多沙津应在四县之东。因此，上哆唎等四县皆在蟾津江下游以西。带沙江只能如津田左右吉所考，指今蟾津江。今西龙认为是洛东江支流，应误。但津田左右吉将哆唎置于蟾津江以东，恐不可从。末松保和将哆唎置于今全罗南道西南，远离蟾津江，亦不可从。此四县应在今全罗南道的光阳至顺天一带。

《日本书纪》卷一四《大泊濑幼武天皇（雄略天皇）》引《日本旧记》："久麻那利者，任那国下哆呼利县之别邑也。"今西龙认为，久麻那利为庆尚道沿海的熊川，上哆唎在今晋州、下哆唎在今熊川，陀娑或即多沙的倒文，牟娄可能为固城，概言之，今西龙认为四县皆在蟾津江以东，恐不可从。

1　分见〔日〕舍人亲王等：《日本书纪》卷一七《男大迹天皇（继体天皇）》，第 342、344~345、346、347、350 页。

在百济获得四县之后，又"以己汶带沙赐百济国"，但为半跛
所占。半跛占据己汶之后，其地连海，物部连于带沙江受到伴跛军
队的进攻，逃往汶慕罗岛，即可证明这一点。可见，己汶在多沙津
以西，即今蟾津江入海口以西。如果将"带沙"理解为地域的话，
今蟾津江以西为带沙，带沙以西为己汶，两者皆应在今全罗南道光
阳至蟾津江之间。两者之北为伴跛，约当今全罗南道槐木里一带。

日本学者池内宏认为，《日本书纪》卷九《气长足姬尊（神功皇
后）》神功皇后四十九年的记事包含的历史事实极少，其内容多为
《日本书纪》的作者润色附会。[1] 但是，神功皇后五十年提及对百济
"增赐多沙城为往还路驿"，此"多沙城"应即多沙津，由此看来，
《日本书纪》的作者想要表达的意思是，继体天皇赐给百济的四县，
即神功皇后时降服的四邑。

结合上述地名来看，南蛮忱弥多礼应从津田左右吉说，指今南
海岛，池内宏认为指巨济岛，金泰植认为在全罗南道的南海，皆失
之过东。

上述《日本书纪》的记载透露给我们的信息是，约 369 年前后，
日本在与新罗争夺洛东江流域之后，向西占领南海岛，并将势力扩
展至蟾津江以西。

另，《新撰姓氏录》卷三《在京皇别下》"吉田连"条记载："昔
矶城瑞篱宫御宇御间城人彦天皇御代，任那国奏曰：'臣国东北有
三巴汶地，上巴汶、中巴汶、下巴汶，地方三百里，土地民人亦富
饶，与新罗国相争，彼此不能摄治……'天皇大悦，令盐乘津彦命
遣奉敕而镇守，彼俗称宰为吉，故谓其苗裔之姓为吉氏。"学界通
常认为，此"巴汶"即《日本书纪》之"己汶"，并以"己"为正

1　池内宏『日本上代史の一研究：日鮮の交渉と日本書紀』、99-101 頁。

字。但是，此任那国无论是指大伽耶还是金官伽耶，其东北皆不邻海，如前所述，己汶地在蟾津江以西，也不可能与新罗交界，故此巴汶实与己汶无关，是另一个地名。

7. 岘南、支侵、谷那、东韩

《日本书纪》卷一〇《誉田天皇（应神天皇）》称百济夺"枕弥多礼及岘南、支侵、谷那、东韩之地"，则此四地与忱弥多礼应相距不远。如前所考，枕弥多礼为南海岛，蟾津江入海口以西又为比利等四邑所在，故岘南、支侵、谷那、东韩应在蟾津江以东沿海之地。

《日本书纪》卷一〇《誉田天皇（应神天皇）》，十六年（405）："是岁，百济阿花王薨，天皇召直支王，谓之曰：'汝返于国以嗣位。'仍且赐东韩之地而遣之（东韩者，甘罗城、高难城、尔林城是也）。"属于东韩地的甘罗、高难、尔林三城所在地不详。但是，同书卷一五《弘计天皇（显宗天皇）》提到的尔林，原注称"尔林，高丽地也"，可见与上述尔林城并非一处。关于后一尔林的所在地，学界有很多不同的说法，有认为在今全罗北道任实，有认为在今全罗北道金堤郡青虾面（旧地名乃利阿），有认为在今京畿道临津（旧地名津临城），有认为在今忠清北道阴城（旧地名仍忽县），或者是槐山（旧地名仍斤内郡），有人认为在今忠清北道阴城，[1]也有人认为在今全罗南道大兴。[2]从这些定位亦可看出，此尔林距海较远，不可能是日本影响力所及的东韩尔林城。

1　〔韩〕金泰植「古代王権の成長と韓日関係——任那問題を含んで—」『日韓歴史共同研究報告書』（第2期）第1分科会（古代史）篇，http://www.jkcf.or.jp/projects/kaigi/history/second/2-1/，最后访问时间：2019年7月13日。

2　末松保和『任那興亡史』、77頁。

　　综上，《日本书纪》在 4 世纪下半叶提到的朝鲜半岛南部诸小国，其地理范围，东至今韩国庆尚南道金海，西可能达今全罗南道顺天，最北端约至今庆尚北道高灵，大体说，包括今庆尚南道绝大部分地区，以及全罗南道、庆尚北道的部分地区。

　　虽然我们不能相信《日本书纪》有关日本征服上述地区的记载，但在 4 世纪末，日本势力已向上述地区渗透则是完全可能的。上述地区小国林立，也说明，至 4 世纪末，百济、新罗尚远未完成对三韩诸国的整合，半岛南部存在诸多独立小国，百济、新罗的疆域在南方远未抵达大海。实际上，任那就是日本方面对未并入百济、新罗的三韩诸小国的统称。[1] 大约同样是在公元 369 年，高句丽与倭，自南北两个方向，同时向三韩诸国发起了进攻，朝鲜半岛即将出现新的政治局势。

第三节　任那（伽耶）诸国始末

　　早期的六加耶，也就是加耶诸国的 6 个区域联盟，早在 5 世纪中叶以前，其中北方的古宁加耶联盟、星山加耶联盟已经被新罗吞并，约 5 世纪下半叶至 6 世纪初，南方的金官加耶也为新罗吞并。加耶诸国控制的地域从北、南两个方向同时萎缩。在这种新形势

1　小田省吾等著『朝鮮史大系』（上世史）朝鮮史学会、昭和二年（1927）、第 137 頁；今西竜「加羅疆域考」『朝鮮古史の研究』、291、295 頁。

下，面对外部压力，加耶诸国也进行了新的整合，逐渐形成一南、一北两个新的中心，北部加耶诸国以位于庆尚北道高灵的大加耶为首，南部加耶诸国以位于庆尚南道咸安的阿罗加耶为首。大加耶就是见于《日本书纪》的加罗或任那，阿罗加耶就是见于《日本书纪》的安罗。

481年高句丽进逼新罗都城时，百济曾与加耶组成联军前往救援，此时的百济都城在熊津（今韩国忠清南道公州），从地理位置分析，此加耶更可能是指位于今高灵的大加耶，也就是指北方加耶诸国联盟。可见，至少北方加耶诸国是参与了百济与新罗对抗高句丽的同盟，因为在战争的前期，百济在同盟中居于主导地位，故而以大加耶为首的北方加耶诸国与百济之间也应存在一种结盟关系。这种同盟关系始于何时史书中没有明确记载，从当时的形势分析，应在455年百济、新罗联军公开与高句丽在战场上对抗前后。

《日本书纪》卷一五《弘计天皇（显宗天皇）》三年丁卯（487）：

> 是岁，纪生盘宿祢跨据任那，交通高丽，将西王三韩，整修宫府，自称神圣，用任那左那奇、他甲肖等计，杀百济适莫尔解于尔林（尔林，高丽地也），筑带山城距守东道，断运粮津，令军饥困。百济王大怒，遣领军古解、内头莫古解等率众趣于带山攻。于是，生盘宿祢进军逆击，胆气益壮，所向皆破，以一当百，俄而兵尽力竭，知事不济，自任那归。由是，百济国杀佐鲁那奇、他甲肖等三百余人。[1]

1　〔日〕舍人亲王等：《日本书纪》卷一五《弘计天皇（显宗天皇）》，第326页。

对于此段记事，目前学界有过分解读之嫌，此不多辨，但从此条史料中我们可以明显看到，大约是在 487 年，所谓任那，即加耶联盟，与百济的关系破裂。

加耶诸国与百济决裂的原因史书中没有任何记载，我们可以从当时的形势出发略作推测。自 471~475 年，新罗向小白山脉秋风岭的内外，修筑一系列山城，构筑起西线自今军威至报恩一线的完整防御体系。从表面来看，这后来固然构成防御高句丽的军事设施，但从另一方面来看，这也是从北方对位于高灵的大加耶的包抄，至此，新罗已经完成从东、北两个方面对以大加耶为首的加耶诸国的半包围，其野心昭然若揭。在此之前，新罗又已经吞并位于高灵以北的古宁加耶和星山加耶，大加耶面对此形势产生巨大的压力是可想而知的。由于与百济存在同盟关系，大加耶显然是希望借助百济的力量对抗新罗，而百济要与新罗同盟对抗高句丽，因此不能不牺牲加耶的利益。从另一方面讲，百济也可能是希望与新罗瓜分加耶诸国，以加强自身的实力。这可能是加耶与百济发生决裂的原因之所在。总之，这是对抗高句丽的同盟内部出现问题，由于内部矛盾无法解决，以大加耶为首的北方加耶诸国与百济关系破裂，与百济间大约持续了 30 年的同盟关系中止，大加耶宣告退出同盟。

此后，据《三国史记》卷三《新罗本纪·照知麻立干》十八年（496）"春二月，加耶国送白雉，尾长五尺"。[1] 此加耶国也应是指大加耶。大加耶转而向新罗示好。《日本书纪》卷一七《男大迹天皇（继体天皇）》廿三年己酉（529）所载"加罗王娶新罗王女遂有儿息"，[2] 应即此后之事。证明大加耶为首的加耶诸国联盟，在与百济

1　（高丽）金富轼:《三国史记》卷三《新罗本纪·照知麻立干》，第 42 页。

2　〔日〕舍人亲王等:《日本书纪》卷一七《男大迹天皇（继体天皇）》，第 350~351 页。

的关系破裂之后，转而投靠新罗，大加耶王娶新罗王女，双方确立起结盟关系。由双方联姻这一事实来看，新罗此时期对大加耶是极力笼络的。

大加耶与新罗间的结盟关系大约维持了 30 年（496~529）。《日本书纪》卷一七《男大迹天皇（继体天皇）》廿三年己酉（529）："新罗初送女时，并遣百人为女从，受而散置诸县，令着新罗衣冠，阿利斯等嗔其变服，遣使征还。"[1] 是新罗借送王女出嫁之机，向加耶内部渗透，派遣多人"散置诸县"，即进入大加耶领导下的加耶诸国。新罗对加耶的渗透最终在 529 年导致新罗与加耶关系的破裂。

在上述 30 年中，新罗极力维系与大加耶的关系，主要是因为，也正是在此期间，新罗正在逐步吞并洛东江北岸的加耶诸国，并征服金官加耶联盟，新罗不希望北方的大加耶与南方加耶诸国结盟，救援以金官加耶为首的洛东江下游加耶诸国。概言之，这是新罗对加耶诸国的一种分化手段，以便对加耶诸国分而治之、各个击破。《日本书纪》卷一九《天国排开广庭天皇（钦明天皇）》二年辛酉（541）："其喙、己吞居加罗，与新罗境际，而被连年攻败。任那无能救援，由是见亡。"说喙、己吞等洛东江北岸诸国连年被新罗打败，"任那无能救援"，此任那即指大加耶，真实的情况恐怕不是大加耶无能救援，而是大加耶此时与新罗关系密切，因此根本没有救援。

522 年前后新罗征服金官加耶，而 529 年前后新罗与大加耶关系破裂，这种时间次序恐怕不是巧合，换言之，当新罗稳定了对金官加耶为首的加耶诸国的征服、牢固地控制洛东江下游各地之后，

1　〔日〕舍人亲王等：《日本书纪》卷一七《男大迹天皇（继体天皇）》，第 351 页。

也就没有必要再与大加耶保持友好关系了。也许这才是双方关系破裂的根本原因。

在与大加耶关系破裂之后，百济开始自西向东蚕食加耶诸国。

《三国史记》卷二六《百济本纪·东城王》二十年（498）："八月，王以躭罗不修贡赋，亲征，至武珍州。躭罗闻之，遣使乞罪，乃止（躭罗即躭牟罗。）"[1] 据《三国史记》卷三六《地理志·百济》："武州，本百济地，神文王六年为武珍州，景德王改为武州，今光州。"[2] 则前引卷二六《百济本纪·东城王》条是修史者误用后代的地名武珍州，指的就是今韩国光州一带。躭罗在今韩国济州岛。《日本书纪》卷一七《男大迹天皇（继体天皇）》二年戊子（508）"十二月，南海中躭罗人初通百济国"。所载时间比《三国史记》晚10 年。据此，至晚在 498 年，百济的势力已经进入济州岛，以今光州为中心的全罗南道的西南部地区应已经完全处于百济的统治之下。在 475 年都城汉城为高句丽攻陷之后，百济迁都熊津（今韩国忠清南道公州），此后又在 538 年迁都泗沘（今韩国忠清南道扶余郡），可以看出，百济迁都之后也确实加强了对南部疆域的经略，将全罗南道的地方势力置于自己的控制之下。在此之后，百济疆域的拓展自西向东，开始向全罗南道东部的蟾津江流域发展，也开始吞并加耶诸国。这恐怕也是与新罗竞争的需要，而百济与新罗同盟的最终破裂，恐怕亦与双方对加耶诸国的争夺有关。

百济向蟾津江流域的开拓与对加耶诸国的吞并主要是在公元 6世纪初，百济武宁王、圣王在位期间，但《三国史记》对此几乎没有任何记载，反而是《日本书纪》的记载较为详细。为方便讨论，

1　（高丽）金富轼：《三国史记》卷二六《百济本纪·东城王》，第 310 页。

2　（高丽）金富轼：《三国史记》卷三六《地理志》，第 500 页。

现将《日本书纪》卷一七《男大迹天皇（继体天皇）》中的相关记载摘录如下。

六年壬辰（512）：

> 冬十二月，百济遣使贡调。别表请任那国上哆唎、下哆唎、娑陀、牟娄四县。哆唎国守穗积臣押山奏曰："此四县近连百济，违隔日本，旦暮易通，鸡犬难别，今赐百济合为同国，固存之策无以过此。然纵赐合国，后世犹危，况为异场，几年能守。"大伴大连金村具得是言，同谋而奏。

七年癸巳（513）：

> 夏六月，百济遣姐弥文贵将军、洲利即尔将军，副穗积臣押山（《百济本记》云：委意斯移麻岐弥）贡五经博士段扬尔。别奏云："伴跛国略夺臣国己汶之地，伏请天恩判还本属。"
>
> 冬十一月辛亥朔乙卯，于朝廷引列百济姐弥文贵将军、斯罗汶得至、安罗辛巳奚，及贲巴委佐、伴跛既殿奚，及竹汶至等，奉宣恩敕，以己汶带沙赐百济国。是月，伴跛国遣（戢戈）支献珍宝，乞己汶之地，而终不赐。

八年甲午（514）：

> 三月，伴跛筑城于子吞带沙，而连满奚，置烽候邸阁，以备日本。复筑城于尔列比麻须比，而絙麻且奚推封，聚士卒兵器，以逼新罗，驱略子女，剥掠村邑，凶势所加，罕有遗类。

九年乙未（515）：

　　春二月甲戌朔丁丑，百济使者文贵将军等请罢，仍敕副物部连遣罢归之。（《百济本记》云：物部至至连）是月，到于沙都岛，传闻，伴跛人怀恨衔毒，恃强纵虐，故物部连率舟师五百，直诣带沙江，文贵将军自新罗去。夏四月，物部连于带沙江停住六日，伴跛兴师往伐，逼脱衣裳，劫掠所赍，尽烧帷幕，物部连等怖畏逃遁，仅存身命，泊汶慕罗（汶慕罗，岛名也）。

十年丙申（516）：

　　夏五月，百济遣前部木劦不麻甲背，迎劳物部连等于己汶而引导入国，群臣各出衣裳斧铁帛布，助加国物积置朝廷，慰问殷勤，赏禄优节。秋九月，百济遣洲利即次将军、副物部连来谢赐己汶之地。

二十三年己酉（529）：

　　春三月，百济王谓下哆唎国守穗积押山臣曰："夫朝贡使者恒避岛曲（谓海中岛曲碕岸也，俗云美佐祁），每苦风波，因兹湿所赍，全坏无色，请以加罗多沙津为臣朝贡津路。"是以押山臣为请闻奏。是月，遣物部伊势连父根吉士老等，以津赐百济王。
　　于是，加罗王谓敕使云："此津从置官家以来，为臣朝贡津涉，安得辄改赐邻国，违元所封限地。"敕使父根等因斯难以面赐，却还大岛，别遣录史果赐扶余。由是加罗结党新罗，生怨日本。

加罗王娶新罗王女遂有儿息。新罗初送女时，并遣百人为女从，受而散置诸县，令着新罗衣冠，阿利斯等嗔其变服，遣使征还。新罗大羞，翻欲还女，曰："前承汝聘，吾便许婚，今既若斯，请还王女。"加罗已富利知伽报云："配合夫妇，安如更离，亦有息儿，弃之何往。"遂于所经拔刀伽、古跋、布那牟罗三城，亦拔北境五城。

是月，遣近江毛野臣使于安罗，敕劝新罗更建南加罗、喙、己吞。百济遣将军君、尹贵、麻那、甲背、麻卤等往赴安罗，式听诏敕。新罗恐破蕃国官家，不遣大人而遣夫智奈麻礼、奚奈麻礼等，[住]（往）赴安罗，式听诏敕。

夏四月壬午朔戊子，任那王己能末多干岐来朝（言己能末多者，盖阿利斯等也）。启大伴大连金村曰："夫海表诸蕃，自胎中天皇置内官家，不弃本土，因封其地，良有以也。今新罗违元所赐封限，数越境以来侵，请奏天皇，救助臣国。"大伴大连依乞奏闻。是月，遣使送己能末多干岐，并诏在任那近江毛野臣，推问所奏，和解相疑。于是，毛野臣次于熊川（一本云：次于任那久斯牟罗），召集新罗、百济二国之王，新罗王佐利迟遣久迟布礼（一本云：久礼尔师知于奈师磨里），百济遣恩率弥腾利，赴集毛野臣所，而二王不自来参……由是新罗改遣其上臣伊叱夫礼智干岐（新罗以大臣为上臣。一本云：伊叱夫礼知奈末）率众三千来请听敕……上臣抄掠四村（金官、背伐、安多、委陀是为四村。一本云：多多罗、须那罗、和多、费智为四村也）。[1]

1　〔日〕舍人亲王等：《日本书纪》卷一七《男大迹天皇（继体天皇）》，第342~343、344~345、346~347、347、350~353 页。

以上记载中提到的与百济有关系的加耶小国及相关地名包括：伴跛、己汶、斯罗（即加罗）、安罗、南加罗、㖨、己吞、己汶带沙、子吞带沙、满奚、尔列比麻须比、沙都岛、带沙江、汶慕罗、多沙津、上哆唎、下哆唎、娑陀、牟娄四县，金官、背伐、安多、委陀、或多多罗、须那罗、和多、费智四村。贲巴既然与伴跛并列，应也是加耶小国名，但仅此一见，其地无考。

如本书前文所考，带沙江即今蟾津江，己汶在蟾津江入海口以西，己汶带沙、子吞带沙应皆在蟾津江以西，其西为己汶，这些地名皆应在今韩国全罗南道光阳至蟾津江之间。此北为伴跛，约当今全罗南道槐木里一带。伊叱夫礼智干岐抄掠四村中的安多即安罗，在今庆尚南道咸安；金官即南加罗，在今庆尚南道金海，其所驻之多多罗原或者说多多罗、多罗在今庆尚南道昌原一带。斯罗或加罗在今庆尚北道高灵。㖨、己吞皆在洛东江北岸。多沙津在今庆尚南道蟾津江口的河东。上哆唎、下哆唎、娑陀、牟娄四县皆在蟾津江下游以西，应在今全罗南道的光阳至顺天一带。

综上，百济大约在512年前后占据加耶小国上哆唎、下哆唎、娑陀、牟娄，势力进至蟾津江以西的今全罗南道光阳至顺天一带，自513年开始，与位于全罗南道槐木里一带的加耶小国伴跛争夺今光阳至蟾津江西岸地区，即所谓己汶之地。由于加罗、安罗、伴跛等加耶诸国皆以蟾津江为出海要路，百济的势力逼近蟾津江口引起诸国关注。513年冬十一月，"斯罗汶得至、安罗辛巳奚，及贲巴委佐、伴跛既殿奚，及竹汶至等，奉宣恩敕，以己汶带沙赐百济国"，反映的即是加耶诸国对百济与伴跛争夺蟾津江入海口以西的己汶之地的高度关注。位于庆尚北道高灵的斯罗（加罗），也就是大加耶，加耶诸国联盟之首，以及位于庆尚南道咸安的安罗都参与到此事中来，而两者所在地距蟾津江入海口都是比较远的。由此可以看出，加耶诸国间应存在联盟关系，所以在涉及大家共同的出海口时意见才出奇地一致，共同对外。

　　另需指出，因为出海口问题事关位于内陆的大加耶与日本列岛之间的贸易，所以引起大加耶的高度重视。大加耶全力与百济争夺蟾津江入海口，就是为了给自己保住一个对日本列岛贸易的出海口。大加耶的注意力主要关注西部蟾津江入海口附近与百济的争夺，在与百济的争夺中希望得到新罗的支持，这也是6世纪的最初30年大加耶维持与新罗友好关系的重要原因。而新罗却是乘此时期，完成了对洛东江下游加耶诸国的吞并。

　　514年，"伴跛筑城于子吞带沙，而连满奚，置烽候邸阁，以备日本"，伴跛以武力与百济争夺蟾津江西岸地区，从"加罗结党新罗，生怨日本"的记载来看，伴跛背后的支持者不仅有加耶诸国，还有此时仍与大加耶存在结盟关系的新罗。但对此地区的武力争夺最终以加耶诸国的失败而告终，至529年前后，百济已经占据蟾津江口，大加耶失去了最重要的出海口。也是在529年，大加耶与新罗的联盟破裂。从前引《日本书纪》的记载分析，在与百济争夺蟾津江入海口的斗争中，大加耶曾向新罗、日本救助，但显然两者并没有给予大加耶应有的帮助，原因也很简单，在这种兼并战争中，向来是以牺牲弱者的利益为归宿的，失势的加耶诸国联盟已经成为各方瓜分的对象。

　　发展至529年前后，新罗早已完成沿忠清北道报恩、清原、沃川至庆尚北道军威、尚州一线的对加耶诸国北方的包抄，百济新近夺得蟾津江入海口，断绝加耶诸国出海之路，基本形成从南部的对加耶诸国的包抄，加耶诸国的灭亡也只是时间问题了。大加耶前30年结盟百济，后30年联合新罗，首鼠两端，没有一定的战略，致使南部加耶诸国为百济、新罗所蚕食，西部失去蟾津江入海口附近地区，东部失去洛东江入海口附近地区，南方加耶诸国势难为继，而失去了南方加耶诸国的支持，北方古宁加耶和星山加耶又皆已为新罗吞并，北方屏障尽失，大加耶最终已处于孤立难支的地步。

新罗兴起之初，不与高句丽、百济争衡，而是重点吞并南方的加耶诸国，以增强自身的实力。此种战略之所以能够顺利实施，也具有自然地理方面的因素。六加耶为首的加耶诸国皆位于小白山脉以东，从宏观上讲，与新罗同处于朝鲜半岛的东南地区，新罗对加耶诸国的吞并属于同一地域内部诸政权之间的整合。百济若想跨越小白山脉征服加耶诸国，具有自然地理方面的阻碍，因此其对加耶诸国的争夺只能是绕过小白山脉的南端，自蟾津江流域东进。最终是新罗吞并了六加耶，实际上是由新罗完成了小白山脉以东地区的整合。

《日本书纪》卷一九《天国排开广庭天皇（钦明天皇）》二年辛酉（541）条有一段总结历史经验教训的言论，提及几个加耶小国灭亡的原因：

> 其喙、己吞居加罗，与新罗境际，而被连年攻败。任那无能救援，由是见亡。其南加罗，蕞尔狭小，不能卒备，不知所托，由是见亡。其卓淳上下携贰，至欲自附内应新罗，由是见亡。因斯而观，三国之败，良有以也。[1]

证明在 541 年以前，位于洛东江北岸的喙、己吞，位于洛东江入海口附近的南加罗即金官加耶，以及位于今庆尚南道昌原东南的卓淳等国皆已为新罗吞并。新罗对洛东江流域的占领，首先是攻取洛东

---

[1] 〔日〕舍人亲王等：《日本书纪》卷一九《天国排开广庭天皇（钦明天皇）》，第 372~373 页。

江北岸的加耶诸国，然后征服位于洛东江入海口附近的南加罗，以此为根据地，自东向西发展，再攻克位于今昌原一带的卓淳。新罗最终吞并金官加耶是 532 年，则占领今昌原一带应在此后不久。自此再向西发展，目标就是位于洛东江与南江汇合处以南的安罗国了。

《三国史记》卷三四《地理志》："咸安郡，法兴王以大兵灭阿尸良国（一云阿那加耶），以其地为郡。"[1] 阿那加耶，也作阿罗加耶，即《日本书纪》所载任那诸国的安罗，在今韩国庆尚南道咸安郡。今天的咸安郡北界洛东江、西界南江。法兴王 514~540 年在位，换言之，至晚在 540 年以前，新罗的势力已经越过洛东江，向西逼近南江。

关于洛东江北岸加耶诸国灭亡的原因，《日本书纪》卷一九《天国排开广庭天皇（钦明天皇）》五年甲子（544）条给出另一个说法：

> 夫㖨国之灭匪由他也，㖨国之函跛旱岐贰心加罗国，而内应新罗，加罗自外合战，由是灭焉。若使函跛旱岐不为内应，㖨国虽小，未必至亡也。至于卓淳亦复然之。假使卓淳国主不为内应新罗招寇，岂至灭乎。[2]

前文所说"任那无能救援，由是见亡"之"任那"，即此"加罗"，亦即位于高灵的大加耶。由此条记载来看，当新罗进攻洛东江北岸的加耶诸国时，作为加耶联盟之首的大加耶曾经组织加耶诸国救援，但是洛东江北岸诸国在新罗的攻势下已经"贰心加罗国，而内

1　（高丽）金富轼：《三国史记》卷三四《地理志》，第 471 页。
2　〔日〕舍人亲王等：《日本书纪》卷一九《天国排开广庭天皇（钦明天皇）》，第 383 页。

应新罗"，最终是洛东江北岸诸国背叛了加耶联盟、投降新罗，使大加耶组织的援军无功而返。当新罗进攻位于昌原附近的卓淳时，历史再一次重演。

但是，安罗面对新罗的进攻时态度却截然不同，积极联合加耶诸国对抗。《日本书纪》卷一九《天国排开广庭天皇（钦明天皇）》五年甲子（544）三月条称："夫任那者，以安罗为兄，唯从其意。"意味着在安罗灭亡之前，一度成为加耶诸国之首。这应该是加耶诸国在安罗的号召下救援安罗、共抗新罗一段史事的反映。

《日本书纪》卷一九《天国排开广庭天皇（钦明天皇）》二年辛酉（541）：

> 夏四月，安罗次旱岐夷吞奚、大不孙、久取柔利，加罗上首位古殿奚、卒麻旱岐、散半奚旱岐儿、多罗下旱岐夷他、斯二岐旱岐儿、子他旱岐等，与任那日本府吉备臣，往赴百济，俱听诏书。[1]

这里提到的加耶诸国包括安罗（位于今庆尚南道咸安）、加罗（位于今庆尚北道高灵）、卒麻（位于今庆尚南道咸阳）、散半奚（位于今庆尚南道草溪）、多罗（位于今庆尚南道陕川）、斯二岐（位于今庆尚南道富林）、子他（位于今庆尚南道居昌）等七国，应皆是在安罗领导下联合对抗新罗的加耶诸国。从另一角度来说，在金官加耶联盟灭亡以后，加耶诸国内部也经历了一定程度的重新整合，逐渐形成南、北两个中心，或者说两个联盟，北方是以加罗即大加耶为首的加耶诸国联盟，南方则是以安罗或者说阿罗加耶为首的加耶

1　〔日〕舍人亲王等：《日本书纪》卷一九《天国排开广庭天皇（钦明天皇）》，第371页。

诸国的联盟。这才是前引《日本书纪》所说"任那者以安罗为兄"的真实含义。

由上述史料来看，在新罗自昌原向咸安推进的过程中，曾遇到加罗诸国联盟和安罗诸国联盟的联合抵抗。《日本书纪》的记载称，上述加耶诸国或派重要官员或国王自己赴百济，共商对抗新罗之策，证明此加耶诸国联盟，至少在安罗灭亡前的一段时间里是得到百济支持的。新罗进逼安罗是在540年以前，因此，很可能是在529年大加耶与新罗关系破裂之后，即重新投靠百济。

《三国史记》卷三四《地理志》称新罗法兴王灭阿那加耶，即安罗，但在《日本书纪》的记载中，安罗也出现在562年被新罗所灭的任那10国之中，可能在540年之前安罗一度为新罗所灭，又一度复国，直到562年才最终灭亡，由此也可以看出，新罗与加耶诸国在南江与洛东江之间争夺的激烈程度。

在此之后，高句丽很可能出现了一次内乱，见于《日本书纪》的记载，却不见于《三国史记》。《日本书纪》卷一九《天国排开广庭天皇（钦明天皇）》六年乙丑（545）：

> 是岁，高丽大乱，被诛杀者众。(《百济本记》云：十二月甲午，高丽国细群与粗群战于宫门，伐鼓战斗，细群败，不解兵三日，尽捕诛细群子孙。戊戌，貊鹄香冈上王薨也。）[1]

七年丙寅（546）：

> 是岁，高丽大乱，凡斗死者二千余人。(《百济本记》云：

1　〔日〕舍人亲王等：《日本书纪》卷一九《天国排开广庭天皇（钦明天皇）》，第388页。

高丽以正月丙午立中夫人子为王，年八岁。狛王有三夫人，正夫人无子，中夫人生世子，其舅氏粗群也，小夫人生子，其舅氏细群也。及狛王疾笃，细群、粗群各欲立其夫人之子，故细群死者二千余人也。）[1]

高句丽内乱，来自北方的压力减小，使百济、新罗得以加速吞并加耶诸国的步伐，也是百济、新罗同盟瓦解的原因之一。《三国史记》卷三四《地理志》：

> 火王郡，本比自火郡（一云比斯伐），真兴王十六年（555），置州，名下州。[2]

《三国史记》卷四《新罗本纪·真兴王》十六年（555）：

> 正月，置完山州于比斯伐。冬十月，王巡幸北汉山，拓定封疆。[3]

《三国史记》卷三六《地理志》：

> 全州，本百济完山，真兴王十六年（555）为州，二十六年（565）州废。[4]

---

1 〔日〕舍人亲王等：《日本书纪》卷一九《天国排开广庭天皇（钦明天皇）》，第 388 页。
2 （高丽）金富轼：《三国史记》卷三四《地理志》，第 467 页。
3 （高丽）金富轼：《三国史记》卷四《新罗本纪·真兴王》，第 50 页。
4 （高丽）金富轼：《三国史记》卷三六《地理志》，第 497 页。

比斯伐即比自炑，为加耶诸国之一，在今韩国庆尚南道昌宁、洛东江北岸。综合上述三条史料可见，比斯伐本属百济，因此被称为"百济完山"，555 年新罗吞并比斯伐，在其地设立完山州，一名下州。我们应该注意到，此前一年，即 554 年，新罗、百济的同盟关系正式破裂。由此分析，在此之前，以大加耶为首的加耶诸国投靠百济，托庇于百济以避免被新罗吞并，比斯伐就是一例。其国位于洛东江北岸，紧邻新罗，之所以此前新罗没有吞并比斯伐，可能就是因为其至少在名义上是百济的属国，而新罗毕竟与百济还存在着结盟关系。但是，百济庇护加耶诸国，甚至包括远在洛东江北岸的比斯伐，这就限制了新罗疆域的外拓，仅就这一点而言，新罗与百济关系破裂也是必然的，这是新罗向洛东江流域发展过程中不得不作出的选择。因此，在与百济刀兵相见的第二年，新罗就正式吞并比斯伐，将洛东江北岸地区都并入其领土。

554 年百济惨败于新罗，使其丧失了庇护加耶诸国的实力，此后，北南两个加耶联盟联合起来，以位于高灵的大加耶为首，集体对抗新罗，也仍旧无法挽救覆亡的命运，终于在 562 年最终为新罗所灭，成为新罗走向强盛的垫脚石。

《日本书纪》卷一九《天国排开广庭天皇（钦明天皇）》二十三年壬午（562）：

> 春正月，新罗打灭任那官家（一本云：廿一年，任那灭焉。总言任那，别言加罗国、安罗国、斯二岐国、多罗国、卒麻国、古嗟国、古子他国、散半下国、乞飡国、稔礼国、合十国。）[1]

---

1 〔日〕舍人亲王等：《日本书纪》卷一九《天国排开广庭天皇（钦明天皇）》，第 404 页。

由此记载来看，以大加耶为首的加耶联盟最终尚包括 10 个加耶小国。

另有一事略析如下，或据于勒制曲认为，真兴王时的大加耶联盟不止上述十国，恐不可信。朴守俭《林湖集》卷五《于勒堂重建劝谕文》：

> 于勒，古大伽倻国省热县人也。陈永定初，新罗真兴王灭伽倻置郡，今降为高灵县。县北三里许有琴谷，世传于勒象秦筝制琴、率伶人肄业之所云。
>
> 造十二曲，曰下加都（金海），曰上加罗都（高灵），曰宝伎（未详），曰达己（丰川），曰思勿（镇安），曰勿慧（未详），曰下奇物（星州），曰师子伎（未详），曰居烈（晋州），曰沙八今（未详），曰尔赦（未详），曰上奇物（咸安）。盖耶任那（弁韩）十二国之号，以为曲者也。[1]

《三国史记》卷三二《乐志》引《罗古记》云：

> 加耶国嘉实王见唐之乐器而造之。王以谓诸国方言各异，声音岂可一哉，乃命乐师省热县人于勒造十二曲。后，于勒以其国将乱，携乐器投新罗真兴王。[2]

1　（朝鲜王朝）林守俭：《林湖集》卷五《于勒堂重建劝谕文》，《韩国文集丛刊（续）》，景仁文化社，2007，第 39 册，第 277 页；（高丽）金富轼：《三国史记》卷三二《乐志》："于勒所制十二曲：一曰下加罗都，二曰上加罗都，三曰宝伎，四曰达己，五曰思勿，六曰勿慧，七曰下奇物，八曰师子伎，九曰居烈，十曰沙八今，十一曰尔赦，十二曰上奇物。"（第 447 页）

2　（高丽）金富轼：《三国史记》卷三二《乐志》引《罗古记》，第 447 页。

卷四《新罗本纪·真兴王》十二年（551）：

> 闻于勒及其弟子尼文知音乐，特唤之。王驻河临宫，令奏其乐，二人各制新歌奏之。先是，加耶国嘉悉王制十二弦琴，以象十二月之律，乃命于勒制其曲。及其国乱，操乐器投我。[1]

由此我们可以得出两个结论。其一，于勒制曲及投新罗皆在 551 年以前。即使其十二曲名皆出自加耶国名，也仅代表 551 年以前的情况，而不是大加耶联盟在 562 年灭亡时的情况。其二，于勒曲名首见下加罗都，所谓下加罗，即金官加耶，早在 532 年以前已经被新罗吞并。因此，即使于勒十二曲的曲名皆是加耶国名，也仅仅是取自曾经存在过的加耶诸国的国名，这些加耶小国在于勒制曲时有些早已灭亡了，于勒此举不过是发思古之幽情而已，并不代表现实情况。

1　（高丽）金富轼：《三国史记》卷四《新罗本纪·真兴王》，第 49 页。

近古篇

导　言

　　新罗以后，朝鲜半岛进入长期的稳态结构之中，在近千年的时间里，朝鲜半岛只先后存在过两个朝代，王氏高丽和李氏朝鲜，而且朝代的更迭还不是由于出现难以解决的社会问题，而是由于李成桂主导的一次政变。

　　变化不是没有，自统一新罗至高丽朝前期，应该视作一个相对漫长的调适时期，朝鲜半岛内部的国家体制、区域结构、经济结构、社会阶层、民族与文化模式等方面，以及半岛政权的对外关系，特别是高丽对辽和宋的关系，都在缓慢的调适之中。至 11 世纪，高丽与辽朝确立起正式的封贡关系，这是东亚封贡体系的源头，[1] 下至

1　杨军：《东亚封贡体系确立的时间——以辽金与高丽的关系为中心》，《贵州社会科学》2008
　　年第 5 期。

明清时期，半岛政权与中国历代王朝的关系始终堪称封贡体制的样板，半岛政权是中国第一个封贡国，也是中国最后失去的封贡国。半岛内部事务也逐渐调整到一个最适宜的状态。

高丽朝后期，是稳态结构逐渐形成的时期。通过对中国文化的吸纳，一个中国型的封建中央集权国家得以确立。在此时期，出现了许多对此后的朝鲜半岛影响至为深远的制度或现象。两班制度的出现，田柴科制度的定型，科举制度的建立，稻作农业技术的成熟和封建土地关系的确立，以及在此基础上封建贵族阶层的出现，世家大族的出现，朝鲜半岛单一民族朝鲜族的定型，以及作为上层建筑的封建国家的各项体制、制度、律令等等，都是出现在这一时期。甚至现存成书最早的历史书及其他文献，[1]也皆出现在这一时期，汉字作为书写工具得到广泛使用，朝鲜半岛的汉字文学开始繁荣。

在封建社会的后期，东亚三国皆曾经历过武人执政或军事贵族执政的时代，但朝鲜半岛的武人执政时间最短、影响也最小。究其原因，可能与高丽朝已经形成文化传家的世家大族的势力有关。这些世家以儒学和汉语文学教育子弟，以科举为进入仕途的门径，以占有农田确立其经济基础，以座主门生、同年、同门等种种与科举和文化教育有关的社会关系搭建其关系网络，以确立在朝野的地位和影响力。以这些世家大族为基础，高丽朝逐渐确立起文官执政的传统。

有一个方面，高丽朝以后的朝鲜半岛，历史进程与中国正相反，中国在唐宋时期通过科举制度向社会各阶层开放从政机会，增进社会阶层之间的流动性，由此摧毁魏晋以来的门阀政治以及士族

1　朝鲜半岛现存成书最早的史书是高丽朝金富轼的《三国史记》，现存成书最早的文集则是新罗末期崔致远的《桂苑笔耕集》。

的影响力，而王氏高丽至李氏朝鲜，却是靠科举制来保证世家大族
对政治权力的掌握，使世家大族逐渐成为一个相对封闭的独立社会
阶层，以便保证世家大族在国家政治生活中的特殊地位。高丽朝开
始仿效中国实行科举制，朝鲜的科举制逐渐形成自己的特色，而其
与中国科举制的最大区别就在于对参加科举考试身份的限制，这实
际上是由科举制在中、朝两国发挥作用的不同决定的。

朝鲜王朝可以视为对高丽朝的自然延续，王朝的更迭并未破坏
半岛内各个方面的发展进程，就连朝鲜与中国的关系也在原有的封
贡体系的模式下稳步发展。其中最值得关注的变化应该是宋明理学
的引入。

高丽朝末期，理学已经进入朝鲜半岛。[1] 这种与此前的儒家经
学差异极大的新儒学，很快就在朝鲜半岛找到了信奉者，至高丽王
朝后期，朝鲜半岛已经形成一个提倡程朱理学的文人群体，其内部
存在复杂的宗族、姻戚、师生及科举考试制度下的座主与门生的关
系。[2] 改朝换代导致提倡理学的文人群体分裂为保高丽朝、保李成桂
两系，郑梦周成为忠于高丽朝文人群体的领袖，郑道传成为拥护李
朝的文人的代表。随着朝鲜王朝的建立，郑梦周被杀，郑道传一系
成为新王朝的开国元勋，在政治斗争中胜出，原郑梦周一系淡出权
力中心，回乡教学传播理学思想。

朝鲜王朝初期，程朱理学竟成为庆尚南道的地方文化特色，以
教育为支撑、以士林为后盾，程朱理学逐渐成为朝鲜王朝不可撼动的
官方意识形态。在发展过程中，也逐渐形成朝鲜理学的特色，即独尊
朱熹，在宋明理学诸大家中，朝鲜方面唯独推崇朱熹的学说，尊称为

1　　杨军：《理学在朝鲜半岛的早期传播》，《贵州社会科学》2014 年第 5 期。
2　　参见杨军《朝鲜王朝前期的古史编纂》，社会科学文献出版社，2013。

朱子学，在朝鲜后期，儒学即朱子学、理学即朱子学，王朝只承认朱子学，朱子学甚至成为不容置疑的真理。朝鲜世家大族皆以《朱子家礼》规范其日常生活礼仪，因《朱子家礼》中讲到的丧葬礼俗排斥佛教的葬俗，在李朝文人的心目中，亲近佛教即成为缺点甚至是错误，后世对朝鲜初期的大儒李穑的指责主要就来自这个方面。

　　也许，独尊朱子学造成的意识形态方面的一致性，是朝鲜半岛形成稳态社会结构的重要原因之一，对于朝鲜半岛的社会发展来说，这究竟是利是弊也是难以下判断的事。但是，理学传播带来的另一方面的弊端却是显而易见的。朝鲜早期，由庆尚南道开始，理学逐渐成为知识阶层的信仰和世家大族的门风，并逐渐向忠清、京畿两道扩散，科举为理学在官员队伍中蔓延提供了理想的渠道，于是乎，在理学教育下成长起来的新一代官员渐渐成为一个政治团体，一种新兴的政治势力，与朝中功勋元老贵族形成对抗，士林派、勋旧派的党派斗争在不知不觉中拉开了帷幕。虽然早期士林派受到一次又一次的打击，但有教育为后盾，以科举为途径，士林派总是能够在受挫之后迅速恢复其影响力与活力。然而，后期士林派内部划分为越来越多的小派系，使朝鲜的党派斗争变得越来越复杂、激烈，对朝政的作用已完全是负面的了。[1]

　　党派斗争无论多么激烈，终归是两班贵族内部的事情，并未影响到两班贵族阶层在朝鲜的统治地位，两班贵族阶层的稳定，也是朝鲜社会形成稳态结构的重要原因之一。向上垄断朝政，在地方，世家大族才是实际的统治者，向下由士家大族构成的乡绅阶层成为联系政府与社会的纽带，也是社会力量的代言人，可以说，两班贵

1　（朝鲜王朝）吴光运《药山漫稿》卷一五《雪壑謏闻序》："自夫中世以降，党祸作而士祸熄。士祸之时，善恶如黑白；党祸之后，春秋无义战。"《韩国文集丛刊》第 211 册，景仁文化社，2000，第 62 页。

族阶层的触角延伸到社会的各个层面，牢牢地控制着朝鲜的政治与社会。这是朝鲜封建社会后期最大的特点。

稳态在经济方面的体现是朝廷收支的平衡。朝鲜李朝已经形成自己的一套预算、决算体制，朝廷的每一项开支都有精准的预算，并落实到由政府的哪一项收入来支付，或者是由哪个地区提供。朝鲜王朝的财政设计是不追求盈余的，也不允许出现亏空。对于朝鲜这种规模的农业国家而言，这无疑是一项非常英明而精明的策略。

通过统治者的精心规划，朝鲜社会各阶层之间的矛盾冲突被弱化，甚至可以说降到了最低水平，带来朝鲜社会的长期稳定和王朝的长久延续，而所付出的代价是朝鲜社会活力的丧失，发展动力的丧失。很自然地，与中国和日本一样，朝鲜王朝也走向了闭关锁国。至清末，朝鲜对这一国策的坚持甚至引起了宗主国中国方面的担忧，最终不得不由李鸿章出面，写信劝朝鲜的执政大臣结束闭关锁国政策。

朝鲜王朝的历史可以壬辰战争为界分为前后两个时期。壬辰战争以前，我们看到的是成熟、稳健、繁荣的朝鲜，尤其是思想界，不仅出现了畿湖学派等学派，还出现了李滉、李珥这样伟大的思想家；而壬辰战争以后，我们看到的则是闭塞、停滞、衰败的朝鲜王朝，似乎已经丧失了所有的生机和活力。

从区域结构的角度说，在朝鲜的八道江山中，南部的庆尚道、忠清道、全罗道仍旧是朝鲜半岛经济文化的重心之所在，与南部稻作农业区的繁荣相对照，北方旱作农业区的衰败就显得更加严重，从前东北亚经济文化中心区的大同江流域，不仅是朝鲜王朝低度开发的边疆地区，甚至一度成为女真人狩猎的地方。[1] 也是因为这个

1　（朝鲜王朝）郑麟趾《高丽史》卷一《太祖世家》："平壤古都荒废虽久，基址尚存，而荆棘滋茂，蕃人游猎于其间。"（第534~535页）

原因，壬辰战争中日本曾将朝鲜割让南边的四道给日本作为和谈的要求，我们也就可以理解，这是朝鲜方面无论如何也不可能答应的条件。

对中国文化的吸纳仍在继续，导致朝鲜与中国文化方面的相似性得到加强，朝鲜以成为文化最类似中国的"小中华"而自豪。特别是在清朝取代明朝以后，朝鲜方面认为"神州陆沉"，在中国，中华文明正在消失，朝鲜王朝应该担负起延续中华文明的责任。[1]

虽然承认中国的宗主国地位，严守属国朝贡的诸项规定，但自高丽朝开始，也在暗中不断地北拓，征服或驱逐当地的女真人，蚕食中国领土。

朝鲜史书《三国史记》记载，唐与新罗以浿水也就是大同江为界。[2] 但王氏高丽初期，已经将北部的边界推进到清川江一线，经历辽金的改朝换代之后，金朝几乎失去了鸭绿江以南的全部领土，至明代已经将鸭绿江视为中朝的界河了。

但是，向朝鲜半岛东北部的扩张进展一直是比较缓慢的。为朝鲜李朝文人所津津乐道的高丽朝尹瓘的北拓，实际上仅仅是占据了城川江以北一片不大的地域，而且一年以后就放弃了。朝鲜李朝初期金宗瑞对北疆的经营同样不了了之。清代穆克登查边以前，朝鲜的北部疆域可能仅仅达到赴战岭山脉至白头山脉一线，今朝鲜咸镜

1　关于朝鲜王朝的"小中华"意识，参见孙卫国《大明旗号与小中华意识：朝鲜王朝尊周思明问题研究（1637~1800）》，商务印书馆，2007。

2　最早记载唐与新罗以浿水为界的是《三国史记》，卷八《新罗本纪·圣德王》三十五年条引由当年新罗贺正使附进的圣德王陈谢表，称"伏奉恩敕，赐浿江以南地境"，这被视为唐将浿水以南地赐给新罗，两国以浿水为界的直接史料证据。唐朝方面的敕书原文不见于中朝文献记载，但是，圣德王此表文亦载《册府元龟》卷九七一《外臣部·朝贡》，也可能即是《三国史记》上述记载的史源，而此句为"浿江以南，宜令新罗安置"（第11410页上），只是授权新罗"安置"，并未明确赐地。《三国史记》的记载很可能是有意曲解表文内容，为新罗占据大同江以南制造依据。

北道和两江道还不是朝鲜的领土。[1]穆克登不了解实际情况，在今长白山立定界碑，以鸭绿江、图们江为中朝界河，使朝鲜方面平白得到长白山以南数百里的领土，因担心出现变故，朝鲜方面当然不会披露穆克登搞错图们江上源的失误。[2]1885 年、1887 年中朝勘界就穆克登查边问题产生争论，使事情的真相变得更加扑朔迷离，这也成为备受当代学界关注的一个焦点问题。尽管细节方面存在争议，但是在穆克登以后，中朝两国毕竟是已经以鸭绿江和图们江为界河了。

　　至此，朝鲜半岛这一自然地理区域与朝鲜王朝这一政权的疆域终于相互吻合了。但我们应该清楚，这只是比较晚近的事情，带着这样的潜意识去研究朝鲜半岛古代史，终究是会出问题的。

1　参见本书附录二"长白山考——兼论穆克登以前的朝鲜北界"。
2　参见李花子《明清时期中朝边界史》，知识产权出版社，2011。

第九章　王氏高丽研究

田柴科制度、高丽科举制度，皆为高丽史中的重要问题，但迄今为止中国学者较少问津，竟成为中国学界的盲点问题，因此本章试做一些基础性研究，以期抛砖引玉。尹瓘北拓建九城，虽然一年以后即宣告放弃，却是后世朝鲜李朝文人所津津乐道的话题，也是中朝边界史上的重要问题，对于尹瓘九城的所在地中外学者研究较多，分歧也比较大，也可以说是此时期的一大焦点问题，本章也就此问题提出我们的新观点。高丽与中国辽金元的关系，中外学界研究成果丰硕，但很少有学者将其与明清时期的东亚封贡体系联系起来加以研究，本章由此切入，以期为此老问题的研究带来新的视角。

第一节　田柴科制辨析

田指农田，柴指柴场，科是等级。所谓田柴科制度，指的是分等级授给官员农田和柴场。高丽王朝建立之后不久就开始实行田柴科制度。

金宗瑞《高丽史节要》卷二《景宗献和大王》丙子元年（976）：

> 始定职散官各品田柴科，勿论官品高低，但以人品定之。紫衫以上作十八品，一品给田柴各一百一十结，以次递降；文班丹衫以上作十品，绯衫作八品，绿衫作十品；武班丹衫以上作五品；杂业丹衫以上作十品，绯衫以上作八品，绿衫以上作十品，皆给田柴有差。[1]

郑麟趾《高丽史》卷七八《食货志》：

> 太祖二十三年，初定役分田。统合时朝臣军士，勿论官阶，视人性行善恶、功劳大小，给之有差。

---

[1] （朝鲜王朝）金宗瑞：《高丽史节要》卷二《景宗献和大王》，奎章阁图书，首尔大学图书馆藏，第 13 页 a。

景宗元年十一月，始定职散官各品田柴科，勿论官品高低，但以人品定之。紫衫以上作十八品，文班丹衫以上作十品、绯衫作八品、绿衫以上作十品，殿中、司天、延寿、尚膳院等杂业丹衫以上作十品、绯衫以上作八品、绿衫以上作十品，武班丹衫以上作五品。以下杂吏各以人品支给不同，其未及此年科等者一切给田十五结。[1]

由郑麟趾《高丽史》的行文中我们可以明显看出，高丽田柴科制度的前身是高丽太祖时实行的"役分田"。不论是役分田，还是田柴科，最初都贯彻"勿论官阶""但以人品定之"的原则。而所谓的"人品"，是指"人性行善恶、功劳大小"，可以说，主要是从两个方面进行考察，一是道德，一是业绩。正是因为这个原则，才需要将现职官员按紫衫、文班、杂业、武班四大类分开，并区分为紫衫、丹衫、绯衫、绿衫四个层次，然后将每个层次的官员皆划分为若干品，显然，区分品的标准不是官阶，而是其道德、业绩。有学者认为，此次田柴科等级的划分"实际采用的是官品人品兼顾的原则"，"在现职官员中，主要按照官品授田。在府兵、杂吏和科外人员中，则按人品授田"。[2] 恐怕是没有道理的。上引《高丽史》说得很清楚，"职散官各品田柴科，勿论官品高低，但以人品定之"，"杂吏各以人品支给不同"，显然从职散官到杂吏，授田柴的标准都是人品。由此来看，所谓"田柴科"的"科"，最初指的是田、柴的等级，而不是官员的级别。

学者往往引用《高丽史》卷七八《食货志·田制》："高丽田

1　（朝鲜王朝）郑麟趾：《高丽史》卷七八《食货志》，第585页。
2　朱瑞：《高丽王朝田柴科土地制度研究》，《历史研究》1989年第5期。

制，大抵仿唐制。括垦田数，分膏瘠，自文武百官至府兵闲人，莫不科授，又随科给樵采地，谓之田柴科。"认为高丽田柴科制度是对唐代均田制的模仿。实际上，上面一段话是《高丽史》卷七八《食货志·田制》篇的序言，是从总体上讲，高丽田制"大抵仿唐制"，而《高丽史》在田制篇下又分为经理、田柴科、公荫田柴、公廨田柴、禄科田、踏验损实、租税、贡赋等 8 个子目，田柴科是其中的一个子目。总之，就整体而言，说高丽田制仿唐均田制是可以的，但说高丽田柴科制度是仿唐均田制则是不正确的。原因有二：其一，前引《高丽史》和《高丽史节要》的记载都说得很清楚，田柴科制度是针对"职散官"的，其他类型的给田授田严格来讲不属于田柴科制度，因此《高丽史》卷七八《食货志·田制》的子目中才将公荫田柴、公廨田柴与田柴科并立；其二，如前所述，高丽田柴科制度授田柴的标准是"人品"，这是唐代均田制里没有的内容。

朝鲜李朝初期的郑道传，在论及高丽田制时曾讲道：

前朝田制，有苗裔田、役分田、功荫田、登科田。按：高丽田制仿唐制。而苗裔田分给前代国王后；役分田不论实阶，定以人品；功荫田赐功臣及投化人；登科田，登科人别赐；军田、闲人田，以食其田租之入。而民之所耕，则听其自垦自占，而官不之治，力多者垦之广，势强者占之多。而无力而弱者，又从强有力者借之耕，分其所出之半，是耕之者一而食之者二，富者益富而贫者益贫，至无以自存……一人所耕之田，其主或至于七八，而当输租之时，人马之供亿，求请抑买之物，行脚之钱，漕运之价，固亦不啻倍蓰于其租之数。上下交征，起而斗力以争夺之，而祸乱随以兴，卒至亡国而后已。[1]

郑道传生活于高丽朝末期，其论述自为可信。由上述记载可以看出，所谓"高丽田制仿唐制"是就整体而言，而所谓"苗裔田、役分田、功荫田、登科田"皆为高丽特色，恰恰是与唐制不同的地方，因此郑道传才要逐一加以解释。役分田正是田柴科的前身，也可证明，不能说田柴科仿自唐均田制。

郑道传明确讲，所谓授田，即"以食其田租之入"，并不是授给规定数量农田的使用权，而是赐给受田人规定数量农田一年的租税收入。田柴科制度是针对"职散官"的，可见所谓授田，实际上是发给官员们的俸禄之外的一种津贴。[2]在高丽田制中，对普通人的授田，特别是对军人的授田，无疑是仿唐均田制，而其中恰恰没有"柴"，即没有涉及柴场，由此可见，授柴场给官员，本身也具有官员的福利、津贴的性质。这也是高丽田柴科制度与唐均田制不同的地方。

《高丽史》卷七八《食货志·田制》"禄科田"条，引忠穆王元年（1345）八月都评议使司言：

> 先王设官制禄，一二品三百六十余石，随品差等，以至伍尉队正，莫不准科数以给，故衣食足给，一切奉公。其后再因兵乱，田野荒废，贡赋欠乏，仓库虚竭，宰相之禄不过

1　（朝鲜王朝）郑道传：《三峰集》卷七《朝鲜经国典·赋典》，《韩国文集丛刊》第5册，景仁文化社，1996，第421页。

2　（朝鲜王朝）郑麟趾：《高丽史》卷七八《食货志·田制》还列有功荫田柴、公廨田柴，前者显然是给予功臣的特殊待遇，后者属于职务津贴，两者皆具有津贴的性质，因此也才一并冠以田柴字样。

三十石。于是罢畿县两班祖业田外半丁，置禄科田，随科折给。[1]

同书卷八〇《食货志·俸禄》：

> 高丽禄俸之制，至文宗大备。以左仓岁入米粟麦总十三万九千七百三十六石十三斗，随科准给。内而妃主、宗室、百官，外而三京州府郡县，莫不有禄以养廉耻。而以至杂职、胥史、工匠，凡有职役者，亦皆有常俸，以代其耕，谓之别赐……国家多故，仓廪虚竭，禄秩不如元科，宰相之俸，数斛而已。[2]

证明高丽官员在授田之外本有俸禄，一二品官的俸禄达到 360 余石。据《高丽史》卷八〇《食货志·俸禄》，中书令、尚书令、门下侍中俸禄为 400 石，中书门下侍郎俸禄为 366 石 10 斗，诸殿大学士、知政事中枢院使俸禄为 353 石 5 斗。后来是因为政府财政困难无力支俸，才以授禄科田的形式代替俸禄。可证田柴科并不是官员的薪俸，而是薪俸之外的津贴，所以分配时才"勿论官阶"，在官阶、职务之外另制定一种发放标准，即所谓的"品"。有学者认为，实施田柴科制度，"也就是给各级官吏和军士人等以不同等级的俸禄"，[3] 这种观点恐怕是不能成立的。

据郑麟趾《高丽史》卷七八《食货志·田制》"田柴科"条，景宗元年（976）初定的田柴科制度，各品给田柴数额如表 9-1。

---

1 （朝鲜王朝）郑麟趾：《高丽史》卷七八《食货志·田制》，第 589~590 页。

2 （朝鲜王朝）郑麟趾：《高丽史》卷八〇《食货志·俸禄》，第 618 页。

3 朱寰：《高丽王朝田科土地制度研究》，《历史研究》1989 年第 5 期。

表 9-1　景宗元年田柴科数额

単位：结

品级	紫衫以上		文　班						杂　业						武　班	
			丹衫以上		绯衫以上		绿衫以上		丹衫以上		绯衫以上		绿衫以上		丹衫以上	
	田	柴	田	柴	田	柴	田	柴	田	柴	田	柴	田	柴	田	柴
一品	110	110	65	55	50	40	45	35	60	55	缺	缺	缺	缺	65	55
二品	105	105	60	50	45	35	42	33	缺	缺	45	35	42	32	60	50
三品	100	100	55	45	42	30	39	31	55	45	42	30	39	31	55	45
四品	95	95	50	42	39	27	36	28	50	42	39	27	36	28	50	42
五品	90	90	45	39	36	20	32	25	45	39	36	20	33	25	45	39
六品	85	85	42	30	33	18	30	22	42	30	33	18	30	22		
七品	80	80	39	27	30	15	27	19	39	27	30	15	27	19		
八品	75	75	36	24	27	14	25	16	36	24	27	14	25	16		
九品	70	70	33	21			23	13	33	21			22	13		
十品	65	65	30	18			21	10	30	18			21	10		
十一品	60	60														
十二品	55	55														
十三品	50	50														
十四品	45	45														
十五品	42	40														
十六品	39	35														
十七品	36	30														
十八品	32	25														

　　上述制度在实行 22 年之后进行改革。穆宗元年（998）十二月，"改定文武两班及军人田柴科"。据郑麟趾《高丽史》卷七八《食货志·田制》"田柴科"条，此次改革最大的变化在于改变了景宗

田柴科"勿论官品高低，但以人品定之"的颁授原则，改为按官员的官阶品级发放。穆宗改定的田柴科制度共分为十八科，每科皆与特定的职务相匹配，足以说明田柴的科与官员的职务存在对应关系（详见表9-2）。

表9-2　穆宗元年田柴科数额

单位：结

科　等	田	柴	职　务
第一科	100	70	内史令，侍中
第二科	95	65	内史、门下侍郎平章事，致仕侍中
第三科	90	60	知政事，左右仆射，检校太师
第四科	85	55	六尚书，御史大夫，左、右散骑常侍，太常卿，致仕左、右仆射，太子太保
第五科	80	50	秘书、殿中、少府、将作监，开城尹，上将军，散左右仆射
第六科	75	45	左、右丞，诸侍郎，谏议大夫，大将军，散六尚书
第七科	70	40	军器、太常少卿，给舍中丞，太子宾客，太子詹事，散卿监侍郎
第八科	65	35	诸少卿、少监，国子司业，诸卫将军，太卜监，散军器监，上将军，太子庶子
第九科	60	33	诸郎中，军器少监，秘书、殿中丞，内常侍，国子博士，中郎将，折冲都尉，大医监，阁门使，宣徽诸使、判事，散少卿、少监
第十科	55	30	诸员外郎，侍御史，起居郎舍，诸局奉御，内给事，诸陵令、郎将，果毅、太卜少监，太史令，阁门副使，散郎中，大将军，阁门使，大医监，太子谕德、家令、率更、令仆

续表

科　等	田	柴	职　务
第十一科	50	25	殿中侍御史，左、右补阙，寺、监丞，秘书郎，国子助教，太学博士，太医少监，尚药奉御，通事舍人，宣徽诸使，太子中允，中舍人，散员外郎，太卜少监，太史令，诸奉御，阁门副使
第十二科	45	22	太常博士，左、右拾遗，监察御史，内谒者监，六卫长史，六局直长，军器丞，太子洗马，四官正，散诸卫将军，寺监丞，太医少监，尚药、奉御，宣徽诸使
第十三科	40	20	主书，录事，都事，内侍伯寺监，主簿，四门博士，大学助教，及中尚京市、武库、大官、大仓、典厩、供御、典客、大乐令，诸陵丞，别将，太卜、太史丞，侍御医，尚药直长，内殿崇班，大理评事，阁门祗候，宣徽诸使副使，散直长，中郎将，折冲都尉，四官正，药藏郎，典膳、内直、宫门郎，典设郎
第十四科	35	15	六卫录事，正八品丞、令，内谒者，东、西头供奉官，散员指挥使，协律郎，太子监丞，散寺监，主簿，郎将，果毅，内殿崇班，阁门祗候，太卜、太史丞，侍御医，尚药直长，宣徽诸使副使
第十五科	30	10	八品丞、令，秘书校书郎，四门助教，诸尉校尉，灵台郎，保章正，挈壶正，大医丞、博士，律学博士，左、右侍禁，左、右班殿直，散正八品及散别将指挥，供奉官
第十六科	27		大祝，司廪，司库，九品丞、主事、录事，秘书正字，制述、明经、登科、将仕郎，书、算学博士，司辰，司历，卜博士，卜正，监候，食医，医正，医佐，律学助教，篆书博士，宣徽诸使判官，诸尉队正，殿前承旨，中枢、宣徽、银台别驾，散校尉，左、右班殿直，侍禁
第十七科	23		诸业将仕郎，令史，书史，监事，监作，书令史，楷书内承旨，客省、阁门承旨，借殿前承旨，亲事，内给事，马军散殿前承旨队正
第十八科	20		散殿前副承旨，大常司仪，斋郎，国子典学，知班，注药，药童，军将官，通引厅头直，省殿驱官，堂引、追仗、监膳、引谒等流外杂职，诸步军

郑麟趾《高丽史》卷七八《食货志·田制》"田柴科"条："显宗五年十二月，文武两班、杂色员吏加给田柴。"[1]应是对具体颁授田柴的数额进行了调整，既然称"加给"，应是对各科的数额普遍作了提高，但制度的框架和原则应该没有太大的变化。

穆宗制定的田柴科制度在历经 36 年之后，高丽德宗又做出比较大幅度的调整。《高丽史》卷七八《食货志·田制》"田柴科"条："德宗三年四月，改定两班及军闲人田柴科。"既然称"改定"，应是作出某种改革，但具体改动内容《高丽史》没有记载，已经无从考究了。

至高丽文宗三十年（1076），"更定两班田柴科"，[2]这也是高丽最后一次对田柴科制度进行大规模改革。值得注意的是，《高丽史节要》卷五《文宗仁孝大王》丙辰三十年的记载作："更定两班田柴科，又改官制，定百官班次及禄科。"[3]此次田柴科制度的调整与官制改革同步进行。特别是在"更定两班田柴科"之后提到改定百官"禄科"，也就是俸禄制度，足以证明，田柴科不是官员的薪俸，而是薪俸之外的津贴。但由于这种津贴在此前已经按照官员的职务进行发放，已经与官制融为一体了，所以在进行官制改革的同时不得不对田柴科制度进行相应的调整（见表 9-3）。

表 9-3　文宗三十年田柴科数额

单位：结

科　　等	田	柴	职　　务
第一科	100	50	中书令，尚书令，门下侍中
第二科	90	45	门下侍郎，中书侍郎
第三科	85	40	知政事，左右仆射，上将军

1　（朝鲜王朝）郑麟趾：《高丽史》卷七八《食货志·田制》"田柴科"条，第 586 页。

2　（朝鲜王朝）郑麟趾：《高丽史》卷七八《食货志·田制》，第 586 页。

3　（朝鲜王朝）金宗瑞：《高丽史节要》卷五《文宗仁孝大王》，第 33 页 a。

续表

科　等	田	柴	职　务
第四科	80	35	六尚书，御史大夫，左右常侍，太子詹事，太子宾客，大将军
第五科	75	30	七寺卿，秘书、殿中监，国子祭酒，尚书左右丞，司天监，太子少詹事，诸卫将军，右少詹事
第六科	70	27	吏部诸曹侍郎，将作、少府、军器、大医监，左右庶子，左右谕德，诸中郎将
第七科	65	24	七寺少卿，秘书、殿中、将作、少府、司天少监，给事中，中书舍人，御史中丞，国子司业，太子仆，太子率更令，太子家令
第八科	60	21	诸郎中，太医、军器少监，内常侍，阁门引进使，太子左右赞善大夫，太子中允，太子中舍人，阁门使，国子博士，诸郎将
第九科	55	18	秘书、殿中丞，阁门副使
第十科	50	15	诸员外郎，起居郎，起居舍人，侍御史，六局奉御，殿中内给事，太史令，诸陵、太庙令，内谒者监，太学博士，中尚令，四官正，太子药藏郎，典膳郎，太子洗马
第十一科	45	12	通事舍人，左右补阙，殿中侍御史，七寺、三监丞，司天丞，秘书郎，六卫长史，国子助教，京市令，内直典设郎，宫门监，侍御医，诸别将
第十二科	40	10	监察御史，左右拾遗，阁门祇候，门下录事，中书，主书，军器丞，六局直长，四门博士，詹事府司直，内侍伯内殿崇班，诸散员大相，左丞
第十三科	35	8	尚书都事，七寺三监主簿，太学助教，太官、太乐、大盈、典厩令，内园供驿，掌冶令，太史丞，诸陵、太庙丞，司天主簿，东西头供奉官，诸校尉，元甫正朝

续表

科　等	田	柴	职　务
第十四科	30	5	六卫录事,军器主簿,四门助教,京市、中尚、武库、太乐、大盈、大仓、太官、典厩丞,内园供驿,掌冶丞,秘书、校书郎,良酝令,司仪、守宫、典狱、都染、杂织、都校、掌牲令,太医博士,太医丞,挈壶、保章正,律学博士,左右侍禁,左右班殿直,诸队正,元尹
第十五科	25		都染、杂织、都校、掌牲、守宫、司仪、典狱、良酝丞,司廪、司库、太史、司辰、司历监候,尚食食医,律学助教,书学、算学、司天博士,太医医正,司天卜正,秘书正字,诸主事,御史台录事,中枢院别驾,门下待诏,文林郎,将仕郎,殿前承旨,都知船头,典丘官司引马军
第十六科	22		诸令史、书史、主事,中书秘书,史馆太史,书艺,医计师,司天卜师、卜助教,副殿前承旨,礼宾、阁门承旨,兽医博士,当印堂直监,膳典、食典设役步军
第十七科	20		诸书、令史、诸史,尚乘,内承旨、副内承旨,太史、典史,注药,药童,通引直省,知班,咒禁师,供膳酒食,供设、掌设,堂从追仗引谒,计史,试计史、试书艺,监门军
第十八科	17		闲人杂类

关于田柴科制度的崩溃,学界往往皆归因于高丽末期的土地兼并。[1] 这种说法恐怕不无问题。郑麟趾《高丽史》卷七八《食货志·田制》"禄科田"条:

1　李成德:《高丽王朝前期田柴科土地制度初探》,《河南大学学报》1987 年第 4 期;朱寰:《高丽王朝田柴科土地制度研究》,《历史研究》1989 年第 5 期;何立洲:《关于朝鲜历史上的"田柴科"制度》,《中学历史》1985 年第 6 期。

　　高宗四十四年六月，宰枢会议分田代禄，遂置给田都监。
元宗十二年二月，都兵马使言："近因兵兴，仓库虚竭，百官禄
俸不给，无以劝士，请于京畿八县随品给禄科田。"时诸王及
左右嬖宠广占腴田，多方沮毁，王颇惑之。[1]

　　忠烈王四年十二月，改折给禄科田。五年二月传旨曰："功
臣受赐田在京畿八县者勿充禄科田。"时畿县之田权贵皆以赐
牌各占，故都兵马使言："勿论赐牌，量给职田。"王许之。又
听受赐者请，有是命。[2]

因政府财政困难，无法保证官员的俸禄支出，因而才考虑出台禄科
田制度，显然是要以所谓禄科田的田租收入代替俸禄。从忠烈王特
殊传旨"功臣受赐田""勿充禄科田"来看，禄科田的制定，前提
就是将此前一切赐田全部收回。忠穆王元年八月，都评议使司上奏
中也提到"其余诸赐给田并皆收夺，均给职田，余田公收租税以充
国用"。[3]以收回之田作为禄科田按官员官阶分配，也就是"量给职
田"。"广占腴田"者反对禄科田制度，原因亦在于此。在这样的形
势下，田柴科制度自然也难以为继，应该在取消之列，其田应与赐
田一例收回，以备作禄科田之用。另，田柴科早已与官阶相匹配，
成为官员固定收入的一部分，禄科田制度的出台本身就是对官员
薪资制度的调整，也没有理由将田柴科这类似于职务津贴的部分
维持不变。综上，应是推行禄科田制的同时，田柴科制度亦予以
取消。

1　（朝鲜王朝）郑麟趾：《高丽史》卷七八《食货志·田制》，第589页。

2　（朝鲜王朝）郑麟趾：《高丽史》卷七八《食货志·田制》，第589页。

3　（朝鲜王朝）郑麟趾：《高丽史》卷七八《食货志·田制》"禄科田"条，第590页。

另，禄科田并非针对全国，其范围开始仅在"京畿八县"。《高丽史》卷七八《食货志·田制》"田柴科"条："柴地，一日程：开城、贞州、白州、盐州、幸州、江阴、兔山、临江、新恩、麻田、积城、坡平、昌化、见州、沙川、峰城、临津、长湍、交河、童城、高峰、松林、通津、德水。二日程：安州、洞州、凤州、树州、抱州、杨州、东州、遂安、土山、唐城、仁州、金浦、梁骨、洞阴、荒坪、僧旨、黄先、道尺、阿等坤、安侠、守安、孔岩。"[1]田柴科制度下所授柴场皆在距京都一二日程之处，多在京畿八县，估计田柴科制度下所授田亦应在此范围。概言之，田柴科也好，禄科田也好，主要涉及的都是京畿地区，因此，推行禄科田的同时取消田柴科自然也就在情理之中。

而高丽末期的土地兼并实为高丽田制崩溃的根本原因，但却不是田柴科制度被取消的直接原因。对此，《迁书》卷一《论丽制·田制》有详细论述：

> 或曰："丽朝口分永业田之法，实用唐制。自井田以后，田制之善最称唐初，何以斥之？"答曰："唐自永徽以后，口分田即为豪势所侵夺，终不能守其法。故程朱论田制，亦未尝取唐制，以其法制势不可久行故也。况丽朝田制则亦不纯用唐制，多以无稽之法参错于其间。人主置三百六十处御分田，以为自奉之地，而即归赐牌。其外朝臣随其官爵之升降而递受职田，身死还纳之际，妻能守节则割给若干亩，子能承家则又给若干亩。下至军卒，亦行其制。至于吏隶、工匠、津夫、驿子杂色之流，亦皆以田授收。其为烦碎厖杂纷扰觳乱何可胜言。夺甲

1　（朝鲜王朝）郑麟趾：《高丽史》卷七八《食货志·田制》，第587页。

与乙，减彼益此，考核辨正，推刷查括之际，文书盈溢，官吏
眩惑，田讼如山，盗执无穷。及其中世以后，民无立锥之地，
而一国之田尽归士大夫。林廉等大族尽被诛戮，而痼弊已极，
终无矫救之势。遂投公私田籍于火中，火数日不灭，丽氏亦随
而亡。"[1]

其所说"投公私田籍于火中"事，亦见《高丽史》卷七八《食货
志·田制》"禄科田"条："恭让王二年九月，焚公私田籍于市街，
火数日不灭。王叹息流涕曰：'祖宗私田之法，至于寡人之身而遽
革，惜哉！'三年五月，都评议使司上书，请定给科田法，从之。"
实际前引《迁书》说得很清楚，这次事件主要针对的是"丽朝口分
永业田之法"，而不是田柴科，引用与此相关的史料以说明田柴科
制度的崩溃，恐怕是对史料的误用了。恭让王焚公私田籍，无疑是
为后面实行科田法这一新的制度扫平道路。科田法也没有挽救高丽
末期的危机，科田法实施不久高丽就灭亡了。

最后要讨论的问题是，田柴科带给官员的收入额度问题。

郑麟趾《高丽史》卷七八《食货志·田制》"租税"条：

成宗十一年判：公田租四分取一，水田上等一结租（二）
〔三〕石十一斗二升五合五勺，中等一结租二石十一斗二升五
合，下等一结租一石十一斗二升五合；旱田上等一结租一石
十二斗一升二合五勺，中等一结租一石十斗六升二合五勺，下
等一结缺。（又，水田上等一结租四石七斗五升，中等一结三

1　（朝鲜王朝）柳寿垣：《迁书》卷一《论丽制·田制》，首尔大学校古典刊行会，1971，
　　第2页。

石七斗五升，下等一结二石七斗五升；旱田上等一结租二石三
斗七升五合，中等一结一石十一斗二升五合，下等一结一石三
斗七升五合。）[1]

不知出于什么原因，郑麟趾给出两种数据，他肯定是倾向于前一种
的，因此写入正文，而以小字注文的形式保存了另一组数据。但
是，后代学者也有专用后一组数据的。如，成海应《研经斋全集外
集》卷四二《传记类·食货议》："至成宗十一年，判公田租，上等
一结租四石七斗五升，中等一结三石七斗五升，下等一结二石七斗
五升；旱田上等一结租二石三斗七升五合，中等一结一石十一斗二
升五合，下等一结一石三斗七升五合。"对比两组数据，后一组从
最高数字即水田上等，到最低数字即旱田下等，其间落差更大。另
外第一组数据旱田下等的数字缺失。因此，我们姑且也用第二组数
据进行计算。[2]取文宗田柴科授田结数，以上述水田上等为上限、旱
田下等为下限，选取部分官员的俸禄数据，制成对照表如下（见表
9-4）。

1　（朝鲜王朝）郑麟趾：《高丽史》卷七八《食货志·田制》"租税"条，第599页。

2　另，（朝鲜王朝）柳寿垣《迂书》卷一《论丽制》记载："丽朝上等田一结收税二石十二斗二
　　升五合五勺，中等一结二石十一斗二升五合，下等一结一石十一斗二升五合。"参照中等、
　　下等的数字可知，即《高丽史》正文所载水田的数字，唯水田上等《高丽史》作"三石十一
　　斗二升五合五勺"。按《高丽史》可知，各等之间约差一石，《迂书》上等、中等仅差一斗，
　　中等与下等则差一石，可见是《迂书》传抄错误。（朝鲜王朝）柳馨远《磻溪随录》卷六
　　《田制考说·高丽田制》载水田下等作"一石十二斗一升五合"，亦应是传抄错误。皆应以
　　《高丽史》为正。

表 9-4　田柴科收入与俸禄对照 *

科　等	田（结）	田租（上限）	田租（下限）	职　务	俸　禄
第一科	100	450 石	125 石	中书令，尚书令，门下侍中	400 石
第二科	90	405 石	112 石7 斗5 升	门下侍郎，中书侍郎	366 石10 斗
第三科	85	382 石7 斗 5 升	106 石 3 斗7 升 5 合	知政事	353 石5 斗
				左右仆射	333 石5 斗
第四科	80	360 石	100 石	六尚书，御史大夫，左右常侍	300 石
第五科	75	337 石7 斗 5 升	93 石 11 斗2 升 5 合	秘书、殿中监，国子祭酒，尚书左右丞	213 石5 斗
第六科	70	315 石	87 石 7 斗5 升	吏部诸曹侍郎	200 石
第七科	65	292 石7 斗 5 升	81 石 3 斗7 升 5 合	给事中，中书舍人，御史中丞	200 石
第八科	60	270 石	75 石	太医、军器少监，内常侍，阁门使	153 石5 斗
第九科	55	247 石7 斗 5 升	68 石11 斗2 升 5 合	秘书、殿中丞，阁门副使	120 石
第十科	50	225 石	62 石 7 斗5 升	侍御史	93 石5 斗
第十一科	45	202 石7 斗 5 升	56 石 3 斗7 升 5 合	左右补阙，殿中侍御史	86 石10 斗
第十二科	40	180 石	50 石	左右拾遗	66 石10 斗

续表

科　等	田（结）	田租（上限）	田租（下限）	职　务	俸　禄
第十三科	35	157 石 7 斗 5 升	43 石 11 斗 2 升 5 合	尚书都事，七寺三监主簿	40 石
第十四科	30	135 石	37 石 7 斗 5 升	左右班殿直	23 石 5 斗
第十五科	25	112 石 7 斗 5 升	31 石 3 斗 7 升 5 合	殿前承旨	20 石

　　* 高丽以 15 斗为一石。参见（朝鲜王朝）洪大容《湛轩书外集》卷四《筹解需用》。另，表中官员俸禄数据，取文宗三十年所定文武班禄。参见（朝鲜王朝）郑麟趾《高丽史》卷八〇《食货志·俸禄》"文武班禄"条。

　　据表 9-4 可见，对于前三四科的高级官员来说，按照最乐观的估计，田柴科给其带来的收入比其俸禄还略高一些，而按照最保守的估计，田柴科收入大约相当于其俸禄收入的三分之一；对于十四五科的低级官员来说，情况就不一样了，即使按照最保守的估计，田柴科带来的收入也是其俸禄的 1.5 倍，如果按照最乐观的估算，田柴科带来的收入就是其俸禄的 5 倍以上。可见，对于级别越低的官员，田柴科就越具有重要意义，这种职务津贴的额度甚至远远超出其薪资收入。可能也是因为这个原因，第十五科以下就不再配给柴场了。

　　另，在实行科田法之后，"凡公私田租，每水田一结糙米三十斗，旱田一结杂谷三十斗。此外有横敛者以赃论。除陵寝、仓库、宫司、公廨、功臣田外，凡有田者皆纳税，水田一结白米二斗，旱田一结黄豆二斗"。[1]

1　（朝鲜王朝）郑麟趾：《高丽史》卷七八《食货志·田制》"禄科田"条。（朝鲜王朝）成海应《研经斋全集外集》卷四二《传记类·食货议》："水田一结，始收糙米三十斗，白米二斗。旱田一结，始收杂谷三十斗，大豆二斗。"显然是合言租税，未细区分。

郑麟趾《高丽史》卷七八《食货志·田制》"禄科田"条：

> 第一科，自在内大君至门下侍中，一百五十结；第二
> 科，自在内府院君至检校侍中，一百三十结；第三科，赞成
> 事，一百二十五结；第四科，自在内诸君至知门下，一百十五
> 结；第五科，自判密直至同知密直，一百五结；第六科，自密
> 直副使至提学，九十七结；第七科，自在内元尹至左右常侍，
> 八十九结；第八科，自判通礼门至诸寺判事，八十一结；第九
> 科，自左右司议至典医正，七十三结；第十科，自六曹总郎
> 至诸府少尹，六十五结；第十一科，自门下舍人至诸寺副正，
> 五十七结；第十二科，自六曹正郎至和宁判官，五十结；第
> 十三科，自典医寺丞至中郎将，四十三结；第十四科，自六曹
> 佐郎至郎将，三十五结；第十五科，东西七品，二十五结；第
> 十六科，东西八品，二十结；第十七科，东西九品，十五结；
> 第十八科，权务散职，十结。[1]

统而言之，每结的田租是谷物 30 斗，也就是 2 石。那么，实行科
田法之后，虽然百官的田结数皆比从前有较大幅度的提高，但最高
的第一科一百五十结，也仅折谷物 300 石，相当于文宗时期第四科。
仅就俸禄而言，实行科田法之后，百官俸禄明显降低。如果我们考
虑到此前的官员们在俸禄之外还有田柴科这种津贴，就可以断定，
在科田法制度下，高丽官员的收入大幅降低。科田法实施不久高丽
王朝即告灭亡，这恐怕也是原因之一。

1　（朝鲜王朝）郑麟趾：《高丽史》卷七八《食货志·田制》"禄科田"条，第 597 页。

第二节 双冀与高丽科举制

朝鲜半岛科举制始于何时。郑麟趾《高丽史》卷七三《选举志》开篇即说得很清楚："三国以前未有科举之法。高丽太祖首建学校，而科举取士未遑焉。光宗用双冀言，以科举选士，自此文风始兴。"[1] 即朝鲜半岛的科举制度始于高丽光宗时期。

但当代有学者认为，朝鲜半岛的科举制应始于新罗。新罗的"读书三品科"，又名"读书出身科"，是"近似于科举且又不完全是科举的一种制度"。[2] 此说当受韩国学者李成茂影响，但李成茂的《高丽朝鲜两朝的科举制度》仅是从新罗的"读书三品科"写起，称其"是在唐朝科举制度影响下形成的"，[3] 并不认为此为朝鲜半岛科举之始。

金富轼《三国史记》卷一〇《新罗本纪·元圣王》：

> 四年春，始定读书三品以出身。读《春秋左氏传》，若《礼记》，若《文选》，而能通其义，兼明《论语》《孝经》者

1　（朝鲜王朝）郑麟趾：《高丽史》卷七三《选举志》，第494页。

2　田以麟：《朝鲜半岛科举制度兴衰刍议》，《考试研究》2007年第1期。在其所著《朝鲜教育史》中说得更为明白："于公元788年正式制定了'读书三品科'制度。'读书三品科'又名'读书出身科'，是一种类似科举取士的制度，但还不完全是科举制度。朝鲜封建王朝的科举制度始于高丽王朝。"（参见田以麟《朝鲜教育史》，吉林教育出版社，1999，第53页）

3　〔韩〕李成茂：《高丽朝鲜两朝的科举制度》，张琏瑰译，北京大学出版社，1993，第2页。

为上；读《曲礼》《论语》《孝经》者为中；读《曲礼》《孝经》
者为下。若博通五经、三史、诸子百家书者，超擢用之。前只
以弓箭选人，至是改之。[1]

同书卷三八《杂志·职官》"国学"条：

> 教授之法，以《周易》《尚书》《毛诗》《礼记》《春秋左
> 氏传》《文选》，分而为之业。博士若助教一人，或以《礼记》
> 《周易》《论语》《孝经》，或以《春秋左传》《毛诗》《论语》
> 《孝经》，或以《尚书》《论语》《孝经》《文选》，教授之。诸生
> 读书，以三品出身，读《春秋左氏传》，若《礼记》，若《文
> 选》，而能通其义，兼明《论语》《孝经》者为上；读《曲礼》
> 《论语》《孝经》者为中；读《曲礼》《孝经》者为下。若能兼
> 通五经、三史、诸子百家书者，超擢用之。或差算学博士若助
> 教一人，以《缀经》《三开》《九章》《六章》，教授之。凡学
> 生，位自大舍已下至无位，年自十五至三十，皆充之。限九
> 年，若朴鲁不化者罢之。若才器可成而未熟者，虽逾九年，许
> 在学，位至大奈麻、奈麻而后出学。[2]

由上述记载来看，新罗的"读书三品以出身"无疑是一种官员选拔
方式，新罗以此取代了此前的"只以弓箭选人"。但由卷三八《杂
志·职官》将之系于"国学"条下即可知，这也是国学学生毕业考
试的方法。所谓"读书三品以出身"，就本质而言，是学校的毕业

1　（高丽）金富轼:《三国史记》卷一〇《新罗本纪·元圣王》，第135页。
2　（高丽）金富轼:《三国史记》卷三八《杂志·职官》"国学"条，第554页。

考试制度，因政府根据学校的毕业考试成绩破格录用优秀毕业生，才与政府的官员选拔发生了联系。而且，在《三国史记》的相关记载中，也没有提到新罗"读书三品以出身"与唐制有什么关系。《三国史记》的作者金富轼即是通过科举出身的高丽朝著名文臣，如果新罗此制与科举制有关，金富轼不可能不清楚。因此，不能将之作为朝鲜半岛科举制度的萌芽。

朝鲜半岛的科举制度始于高丽光宗九年，中原移民双冀既是此制度的建议实行者，也是第一届科举考试的主考官。

关于双冀，中国史书没有任何记载。郑麟趾《高丽史》卷二《光宗世家》："七年，周遣将作监薛文遇来加册王为开府仪同三司、检校大师。仍令百官衣冠从华制。前大理评事双冀从文遇来。""九年夏五月，始置科举，命翰林学士双冀取进士。丙申，御威凤楼发榜，赐崔暹等及第。"

郑麟趾《高丽史》卷九三《双冀传》：

> 双冀，后周人，仕周为武胜军节度巡官、将仕郎、试大理评事。光宗七年，从封册使薛文遇来，以病留，及愈，引对称旨，光宗爱其才，表请为僚属。遂擢用，骤迁元甫翰林学士。未逾岁，授以文柄，时议以为过重。九年，始建议设科，遂知贡举，以诗、赋、颂、策取进士甲科崔暹等二人，明经三人，卜业二人。自后屡典贡举，奖劝后学，文风始兴。十年，父侍御哲时为清州守，闻冀有宠，随回使王兢来，拜佐丞。此后史逸。[1]

1　（朝鲜王朝）郑麟趾：《高丽史》卷九三《双冀传》，第71页。

金宗瑞《高丽史节要》卷二《光宗大成大王》丙辰七年（956）："前节度巡官、大理评事双冀，从文遇而来，以病留，及疾愈，引对称旨，王爱其才，表请为僚属，遂加擢用。未逾岁，授以文柄，时议不惬。"两相对照可以发现，《高丽史节要》也没有其他史料来源。朝鲜文献中有关双冀的记载，皆自《高丽史》辗转传抄而来。

有关双冀赴高丽的时间，有学者据《朝鲜史略》认为当在高丽光宗二年："既为册封光宗而来，光宗二年已行后周年号，双冀等人似不应迟于七年才抵高丽，故二年说亦有一定道理。"[1]

《朝鲜史略》卷五高丽光宗二年：

> 始行后周年号。命翰林学士双冀（冀，周人，随册命使薛文遇而来，病留，上表请为僚属，遂擢用。其父哲，闻冀有宠，亦来。）知贡举，试以诗、赋、颂及时务策。自此文风乃兴，然冀倡以浮华之文，贻弊后世。[2]

《朝鲜史略》是系双冀知贡举事于高丽光宗二年，若是，双冀抵高丽尚当在光宗二年以前。由《朝鲜史略》所载双冀事略来看，就是对《高丽史·双冀传》内容的删节，并未提供新的信息，可见《朝鲜史略》的作者并不掌握其他史料，则其系双冀事于光宗二年恐不可为据。颇疑其所依据的《高丽史》"七"误作"二"，故有此误。总之，双冀于光宗七年抵高丽，《高丽史》和《高丽史节要》的记载一致，当无可疑。

郑麟趾《高丽史》卷七三《选举志》："光宗九年五月，翰林学士

---

1   何忠礼：《高丽朝科举制度要录》，《韩国研究》第 3 辑，杭州出版社，1996。
2   《朝鲜史略》卷五，高丽光宗二年，《景印文渊阁四库全书》第 466 册，第 422 页上。

双冀知贡举，取进士赐甲科崔暹等二人、明经三人、卜业二人及第。十一年三月，双冀知贡举，取进士赐甲科崔光范等七人、明经一人、医业三人及第。十二年四月，双冀知贡举，取进士赐王举等七人、明经一人及第。"除光宗九年第一科之外，双冀"知贡举"仅两次。《高丽史》卷九三《双冀传》"自后屡典贡举"的表述不大准确。

《高丽史》卷七三《选举志》，首科进士二人，只提到崔暹一个人的名字。

赵穆（1524~1606）《月川集》卷六《墓碣墓志·先府君墓碣》：

> 府君讳大春，字耆之，姓赵氏。其先交州道横川郡人，即今江原道横城县是也。有曰翌，宋太祖乾德二年，当高丽光宗朝，以双冀门生，为翰林学士，于府君为廿代祖。[1]

李埈（1560~1635）《苍石续集》卷八《折冲将军行龙骧卫副护军赵公行状》：

> 公姓赵氏，讳遴，字仲谦，世为横城著姓。高丽翰林学士昱，其十七代祖也。宋太祖乾德中，遣双冀设科取士，昱居首选，其后赫世卿相。[2]

丁时翰（1625~1707）《愚潭集》卷九《先妣贞夫人横城赵氏世系行迹记》：

1　（朝鲜王朝）赵穆：《月川集》卷六《墓碣墓志·先府君墓碣》，《韩国文集丛刊》第38册，景仁文化社，1996，第471页。

2　（朝鲜王朝）李埈：《苍石续集》卷八《折冲将军行龙骧卫副护军赵公行状》，《韩国文集丛刊》第65册，民族文化推进会，1996，第105页。

先妣姓赵氏。其先江原道横城人。丽初有讳昱，光宗朝始
设科举，命中朝人翰林学士双冀知贡举取人，公首登是科，官
至翰林学士。[1]

据《韩国系行谱》"横城赵氏"条，为"翰林学士昱"。[2] 但是，《月
川集》卷首《月川先生世系之图》载其一世祖名"翌"："宋太祖乾
德二年及第，仕至翰林学士。高丽光宗朝。"同书附录《嘉善大夫工
曹参判月川赵先生神道碑铭》："先生讳穆，字士敬，姓赵氏。其先
横城人，有讳翌，仕高丽光宗朝，官至翰林学士。"皆作"赵翌"。
据郑麟趾《高丽史》卷七三《选举志》，光宗"十五年三月，翰林学
士赵翌知贡举，取进士赐金策及明经、卜业各一人及第"。则作"赵
翌"是。此字不常见，故后世误作"昱"，横城赵氏的族谱亦误。

综上，高丽光宗九年首次科举，知贡举为双冀，录取进士赐甲
科二人：崔暹、赵翌。

对高丽实行科举制度，郑麟趾《高丽史》卷七三《选举志》称
"以科举选士，自此文风始兴"；金宗瑞《高丽史节要》卷二《光宗
大成大王》戊午九年："用冀议，初置科举，自此文风始兴。"评价
基本上都是正面的。但前引《朝鲜史略》卷五称"自此文风乃兴，
然冀倡以浮华之文，贻弊后世"，已指责双冀提倡浮华之文，贻弊
后世。此说应始自高丽朝末期的李齐贤。

《高丽史节要》卷二《光宗大成大王》乙亥二十六年（975）：

李齐贤赞曰：光宗之用双冀，可谓立贤无方乎。冀果贤

1　（朝鲜王朝）丁时翰：《愚潭集》卷九《先妣贞夫人横城赵氏世系行迹记》，《韩国文集丛刊》
　　第 126 册，景仁文化社，1996，第 379 页。

2　宝库社《韓國系行譜》，보고사，1992，第 1489 页。

也，岂不能纳君于善，不使至于信谗滥刑耶？若其设科取士，有以见光宗之雅，有用文化俗之意，而冀亦将顺以成其美，不可谓无补也，惟其倡以浮华之文，后世不胜其弊云。[1]

后世对科举制批判最激烈的是丁若镛，其《与犹堂全书》第一集《诗文集》卷一七《赠言·为李仁荣赠言》：

> 吾东科举之法，始于双冀，备于春亭。凡习此艺者，销磨精神，抛掷光阴，使人卤莽蔑裂，以没其齿。诚异端之最，而世道之巨忧也。[2]

但高丽科举最初受到的指责就是李齐贤所说的"倡以浮华之文"，是导致文风的变化。

《迂书》卷一《论丽制·科目》：

> 高丽光宗始用双冀言，设科取人。冀即中国秀才，附商舶东来，官至翰林学士者也。其法颇用唐制，以诗、赋、颂、策取士，兼取明经、医卜等业。所谓诗，即十韵排律之类；所谓赋，即八

1　（朝鲜王朝）李齐贤《益斋乱稿》卷九《史赞》引录内容较此为多："臣齐贤曰：光王之用双冀，可谓立贤无方乎。冀果贤也，岂不能纳君于善，不使至于信谗滥刑耶？若其设科取士，有以见光王之雅，有用文化俗之意，而冀亦将顺以成其美，不可谓无补也。惟其倡以浮华之文，后世不胜其弊。故宋徐奉使兢撰《图经》言，取士用诗、赋、论三题，不策问时政，视其文章，仿佛唐之余弊云。"（朝鲜王朝）李圭景《五洲衍文长笺》人事篇治道类《科举·双冀辨证说》引《益斋集》，内容与此同。另，（朝鲜王朝）郑道传《三峰集》卷一二《经济文鉴别集·君道》后半作："取士用诗、赋、论三题，不策问时政，观其文章，仿佛唐之余弊云。"略去"故宋徐奉使兢撰《图经》言"一句。

2　（朝鲜王朝）丁若镛：《赠言·为李仁荣赠言》，《与犹堂全书》第一集《诗文集》卷一七，《韩国文献丛刊》第281册，第382页。

义赋之类。唐赋有官韵，其体如骈俪。宋初亦以此取士，体格最陋。曾见丽朝词赋，亦是此体。我朝中古亦尚四六赋，盖循丽制也……丽朝所尚诗赋，故虽以"三礼"、"三传"之类试士，然或行或否，终以诗赋为重。大抵历代规模中，唐朝承六朝余风，最重词华，故风俗甚虚诞。丽氏则慕唐末季余风，故国俗浮靡无实，至毅宗专以诗句酬唱为务，终致郑仲夫辈祸乱，丽氏因以不振矣。[1]

总之，双冀引入之科举制，考试内容仿唐制，以诗赋为重，赋又重视骈体，故导致高丽文风趋于华丽，这就是李齐贤批判的"浮华之文"。

另，李瀷《星湖全集》卷五〇《国朝榜目序》："王氏之制，创于双冀学士。其初，乙科三、丙科七、同进士二十三，合三十三人，后渐增益。"但考之《高丽史》卷七三《选举志》，至高丽景宗时，始有甲科、乙科之分，未见丙科之名，也没有其所说的录取名额。未详李氏何据。

《朝鲜世宗实录》卷一二七"世宗三十二年正月初三"条：

> 使臣问科举之制曰："亦有乡试、会试乎？"答曰："悉仿朝廷之制。"使臣曰："为魁者何以为号？"答曰："乙科第一人。"使臣曰："何不称甲科而称乙科乎？"答曰："朝廷称甲科，故不敢比拟也。"[2]

由此看来，所谓乙科、丙科皆朝鲜王朝之制，说高丽朝无甲科恐是不正确的。李瀷恐误。

1　（朝鲜王朝）柳寿垣：《迂书》卷一《论丽制·科目》，第2页。

2　《朝鲜世宗实录》卷一二七，世宗三十二年正月初三，《朝鲜王朝实录》（简称《朝鲜实录》），韩国国史编纂委员会1986年影印本，第5册，第165页下。

第三节　尹瓘九城考

金宗瑞《高丽史节要》卷七《睿宗文孝大王》戊子三年（1108）二月："置英、福、雄、吉四州及公崄镇防御使副、判官，又城咸州及公崄镇。""尹瓘以平定女真，新筑六城，奉表称贺；使都钤辖、左副承宣、礼部郎中林彦作记颂功，挂于英州南厅；又立碑于公崄镇，以为界至。"三月："筑宜州、通泰、平戎三城，与咸、英、雄、吉、福州，公崄镇，为北界九城，皆徙南界民实之。"[1]此即非常有名的所谓尹瓘九城。据郑麟趾《高丽史》卷五八《地理志》可知，次年，即高丽睿宗四年（1109），已将九城之地还给女真人，此北边九城的存在前后不过一年多的时间，但近代以来，却成为言中朝古代边界史的一大公案。由于尹瓘九城是高丽朝势力所及的最北之处，欲搞清高丽朝的北部边界，就必须搞清楚尹瓘九城的所在地，故学界研究较多。

尹瓘曾"立碑于公崄镇，以为界至"，证明九城中位置最北的即公崄镇。但公崄镇的所在地，朝鲜李朝初期郑麟趾撰《高丽史》时已弄不清楚，故在《高丽史》卷五八《地理志》中留下三种异说：

> 公崄镇，睿宗三年筑城，置镇，为防御使，六年筑山城。

---

[1] （朝鲜王朝）金宗瑞:《高丽史节要》卷七《睿宗文孝大王》，第 24 页 b~25 页 a、25 页 b。

（一云孔州，一云匡州；一云在先春岭东南、白头山东北；一
云在苏下江边。）[1]

先论第三说，公崄镇"在苏下江边"说。所谓苏下江，又作愁滨
江、速平江，在朝鲜文人的记述中，似是指中国的松花江，又似是
指中国的绥芬河。[2]

洪良浩（1724~1802）《耳溪集》卷一二《北塞记略·北关古
迹记》：

先春岭，在今会宁府豆满江北七百里，古公崄镇及巨阳
城西六十里，直白头山东北。有苏下江，出白山，北流历公崄
镇、先春岭，至巨阳，复东流百二十里，至阿敏入于海。[3]

李种徽《修山集》卷四《先春岭记》：

先春岭，高丽北界也，在今会宁府豆满江北七百里，古公崄
镇及巨阳城西六十里，直白头山东北。有苏下江，出白山北流，
历公崄镇先春岭，至巨阳，复东流百二十里，至阿敏入于海。[4]

据上引洪良浩、李种徽之文，所谓苏下江，在豆满江即今图们江以
北，则其所发源的白山，必指今长白山。按洪、李的记载，这也是
朝鲜李朝文人间的通说，苏下江北流，然后复东流120里入海。但

1　（朝鲜王朝）郑麟趾：《高丽史》卷五八《地理志》，第273页。

2　李花子：《明清时期中朝边界史研究》，知识产权出版社，2011，第4页。

3　（朝鲜王朝）洪良浩：《耳溪集》卷一二《北塞记略·北关古迹记》，《韩国文集丛刊》第242
　　册，景仁文化社，2001，第359页。

4　（朝鲜王朝）李种徽：《修山集》卷四《先春岭记》，《韩国文集丛刊》第247册，第349页。

是，发源于长白山并北流的江河，根本不存在独流入海的可能，现实中也找不到这样的江河，由此 120 里也到不了海边。概言之，朝鲜文人描述的所谓苏下江，纯属子虚，现实中并不存在这样的江河。认为朝鲜李朝资料中所载松下江，是指今中国松花江或绥芬河，也都是不可信的。现实中根本不可能存在朝鲜文人所描述的苏下江那样一条河，那么，认为公崄镇"在苏下江边"，显然也根本是子虚乌有的了。

另有一说，《新增东国舆地胜览》卷五〇"咸镜道会宁府古迹"条："公崄镇，自高岭镇渡豆满江，逾古罗耳，历吾童站、英哥站，至苏下江，江滨有公崄镇古基。"[1] 正如丁若镛所说，此处之苏下江，指今松花江。[2] 洪良浩《耳溪集》卷一二《北塞记略·北关古迹记》、成海应《研经斋全集外集》卷四六《地理类·九城考》皆引此说。但此说丁若镛《疆域考·北路沿革续》已批之甚详：

> 今详《高丽史》《金史》诸文，尹瓘之迹未尝逾吉州一步，即明川镜城未窥一峰，况于庆源、况于先春岭下松花江上乎？据林彦之记，地不过三百里，南自咸兴，北至吉州，限界分明，何独公崄一城，远在二千里之外，而参为九城哉？承宣王字之自公崄镇前往英州，中路遇贼，而拓俊京自雄州急救之，吴延宠引兵救吉州，行至公崄镇，遇贼大败（睿宗四年五月事）。公崄镇在吉州西南，与英、雄二城不过数十里之地，何可远求哉！[3]

1　（朝鲜王朝）卢思慎等：《新增东国舆地胜览》卷五〇"咸镜道会宁府古迹"条，第 909 页。
2　（朝鲜王朝）丁若镛：《疆域考·北路沿革续》，《与犹堂全集》第六集《地理集》，《韩国文集丛刊》第 286 册，第 302 页。
3　（朝鲜王朝）丁若镛：《疆域考·北路沿革续》，《与犹堂全集》第六集《地理集》，《韩国文集丛刊》第 286 册，第 307 页。

次论第二说，公崄镇"在先春岭东南、白头山东北"。《新增东国舆地胜览》卷五〇"咸镜道会宁府古迹"条："先春岭，在豆满江北七百里。尹瓘拓地至此，城公崄镇，遂立碑于岭上，刻曰'高丽之境'。碑之四面有书，皆为胡人剥去。"言之凿凿，似至朝鲜李朝初期其碑尚存。但其说李朝文人亦不乏怀疑者。

李瀷《星湖僿说》卷三《天地门·公崄碑》：

> 《胜览》云，尹以庆源为公崄镇巡内防御所，谓巡内，则公崄之更有外界可知也，此文有详略也。史云，立碑于公崄镇为界。今先春碑在江外七百里，人遂疑其立碑处为旧城基。其实不然，当时女真奔逃，江外无人，则乘虚深入，刻石纪事，如燕然勒铭，固也。凡公崄所领二城及威灵所覃，孰非公崄之界耶。以是知城在庆源，碑在先春也。[1]

李瀷虽不信公崄镇在先春岭东南、白头山东北之说，但碍于《新增东国舆地胜览》对先春岭上之碑言之确凿，不敢轻易否定，故倡碑在先春岭而公崄镇在庆源的调和之说。[2] 实际上，碑在先春岭之说，

---

1 （朝鲜王朝）李瀷：《星湖僿说》卷三《天地门·公崄碑》，《韩国文集丛刊》第198册，第81页。

2 李瀷此说应来自安鼎福。李瀷《星湖僿说》撰成于朝鲜英祖三十八年（1762）（参见邝健行等编《韩国诗话中论中国诗资料选粹》，中华书局，2002，第198页）。而在此之前三年的己卯年（1759），安鼎福在给李瀷的信中提到："意者立碑先春岭，是犹勒石燕然，非谓其界止此也。"参见（朝鲜王朝）安鼎福《顺庵集》卷一〇《东史问答·上星湖先生书（己卯）》。但在此书信中，安鼎福认为："公崄镇，《丽史》：女真围吉州，遣吴延宠救之，行至公崄镇，贼遮路掩击云。则其在吉州之南，而不为今人所谓在豆满北者，明矣。不然，则豆满北公崄，在其开拓后移设而存旧名者也。"另见同书所载《与邵南尹丈书（己卯）》："公崄镇终有可疑者。吴延宠救吉州，行至公崄镇，贼遮路掩击云。则其在吉州之南无疑矣。以此知今所称会宁府公崄镇，必是后来开拓后移镇而存旧名者也。"安鼎福相信吉州附近有公崄镇，后迁至图们江以北。

是由《高丽史·地理志》公崄镇在先春岭东南说附会而来。最早记载尹瓘立碑事的是郑麟趾《高丽史》卷九六《尹瓘传》，称"立碑于公崄以为界"，[1] 而未提及先春岭。显然，是公崄镇在先春岭东南说出现之后，才因《高丽史·尹瓘传》称"立碑于公崄"而附会出尹瓘立碑于先春岭的说法。《新增东国舆地胜览》的记载肯定晚出，并不可信，其所载先春岭上之碑，如果不是误信传闻，也必然是后人伪托的古迹。

　　另，提及公崄镇在先春岭东南的朝鲜古籍，往往皆与苏下江相提并论。如，许穆《记言》卷三〇《杂篇·边塞》："公崄镇，在会宁府苏下江滨，先春岭东南、豆满江北七百里。三年，立石记功于先春岭，以为界。"[2]《高丽史·地理志》明确给出有关公崄镇位置的三种不同说法，苏下江边说、先春岭东南说，明为两说，后世朝鲜李朝文人多像许穆一样，将《高丽史》的两说并为一说，认为苏下江边与先春岭东南为一回事。所有持这种对《高丽史》记载的曲解的李朝文人，皆为不通地理者，因为其既不知道苏下江何在，也不知道先春岭何在，因此才会想当然地将二者混为一谈。如前所述，朝鲜李朝有关苏下江的很多记载皆属以讹传讹，子虚乌有，则与之相提并论的所谓先春岭，恐怕多数也是朝鲜文人脑海中的想象而已。因此，说公崄镇在先春岭东南，自然也就完全不可信了。

　　苏下江说和先春岭东南说的共同点在于，皆认为公崄镇在今中国境内，在图们江以北。诚如丁若镛《疆域考》所论，这种说法是"其后争疆之人，权为此说，相沿述之"，是后世李朝文人出于与中国争夺疆域之目的而伪造的学说，为的是证明高丽朝的北界已经越

1　（朝鲜王朝）郑麟趾：《高丽史》卷九六《尹瓘传》，第 114 页。
2　（朝鲜王朝）许穆：《记言》卷三〇《杂篇·边塞》，《韩国文集丛刊》第 98 册，第 152 页。

过长白山、图们江一线，因而李朝作为高丽的继承者，其疆域自然
应该包括长白山和图们江流域。

《高丽史·地理志》在"公崄镇"条下小注："一云孔州，一云
匡州。"据《新增东国舆地胜览》卷五○"咸镜道庆源府建置沿革"
条："古称孔州（一云匡州。后人掘地得铜印，其文曰'匡州防御
之印'），久为女真所据，高丽尹瓘逐女真，设寨，为公崄镇内防御
所。"[1] 可知孔州、匡州皆为庆源府古名，也就是说，《高丽史》的记
载是要说明公崄镇也称孔州，也称匡州。这是《高丽史·地理志》
对于公崄镇所在地给出的另一种异说，公崄镇即朝鲜咸镜北道的
庆源。

《新增东国舆地胜览》随后在庆源府的山川条记载："愁滨江，
源出白头山，北流为苏下江，一作速平江，历公崄镇、先春岭，至
巨阳东流一百二十里，至阿敏入于海。"[2] 如前所述，这种苏下江在现
实中不可能存在，《新增东国舆地胜览》称其流经公崄镇，证明其关
于公崄镇所在地的记载同样是不可信的。

综上，《高丽史》对于公崄镇所在地给出的三种说法皆不可信。

李种徽《修山集》卷六《史论·丽睿王论》："夫九城，即古檀、
箕、勾丽之地也。王太祖自开国之年经略西北，葺平壤荒墟而都
之，盖其志不止操鸡而搏鸭也，将奄辽、渤而回檀箕之旧。为子孙
者继而成之，固其宜也。"[3] 就更是不知所云。认为九城在所谓的檀君
朝鲜、箕氏朝鲜和高句丽故地，又称"辽、渤"，显然认为是在辽

1　（朝鲜王朝）郑麟趾：《高丽史》卷五八《地理志》，第 273 页；（朝鲜王朝）卢思慎等：《新增
　　东国舆地胜览》卷五○，第 902 页。

2　（朝鲜王朝）卢思慎等：《新增东国舆地胜览》卷五○，第 903 页。

3　（朝鲜王朝）李种徽：《修山集》卷六《史论·丽睿王论》，《韩国文集丛刊》第 247 册，第
　　400 页。

东、渤海一带，其地理知识一团混乱。

在郑麟趾《高丽史》成书（1451）一个多世纪以后，就已经出现对《高丽史》《新增东国舆地胜览》有关公崄镇的错误记载的批判了，其中最为系统也最有力度的批判出自韩浚谦（1557~1627）《柳川遗稿·书英州壁上记后》：

> 《胜览》曰：先春岭，乃在豆满江北七百里，尹瓘拓地至此，立碑于岭上云。然山川形势、道里远近，亘万古而不变，以当时钤辖林彦所作《英州壁上记》及尹瓘本传考之，多不验。彦记：其地南抵于长、定二州，东际于大海，西北合于盖马山，地方三百里。本传曰：献议者以为伊位界上有瓶项，胡人从此纳兵，若塞其项，永绝胡患云。定州即今之定平，而长州在定平府南五十五里，《胜览》所载长谷废县，即其地也。所谓盖马山虽不知在何处，而亦在三百里之内，则不外乎北青、利城之界。《胜览》曰：咸州即今咸兴，福州即今端川，雄州、英州今不知其处，皆在吉州境内云。咸兴距定平五十余里，犹为附近之地。端川距咸兴，虽健马疾驱，非穷三四日之力不能达，何其远也。吉州距端川二日程，而今云雄州、英州皆在其境，则又何近也。吉州至豆满江几五百余里，过江行七百里始至先春岭，则其间相距不下千数百里，两阵之间辽远如此，声援岂能相及哉！本传曰：分遣诸将，画定地界，东至大串岭，北至汉伊岭，西至蒙罗骨岭云。又曰：弓汉伊村筑六百七十间，号吉州云。以雄邑次第观之，吉州似在福州之内。以定界形止言之，吉州乃在福州之外。而其地界仅止于此。然则公崄镇岂能远在豆满江之外乎！且古茂山以北，地势散漫，本无如瓶项形势，而自定平至胡界几千余里，又不当云三百里。其形

势、其远近，节节不合。或者尹瓘设六城未数年，旋失之，又
数百年，至我太祖始恢复焉，邑居山名，多失其真，讹以传
讹，因成信史。后之人执其说而不究其实，遂真以为跨江千里
之地皆为尹瓘之境界欤。今以三百里瓶项形势推之，先春岭远
不过磨天、磨云两岭之间。而磨云岭上旧有石枢，尹瓘之后，
终高丽之世，未闻有经理此地者，恐此为尹瓘开防境界，而世
未有辨之者，殊可恨也。吾伯氏参议公曾迁北路，参以地势，
其说甚详悉。余今忝按本道，巡历之余，益验其言有据。遂以
其说附诸林钤辖壁上记之下，以俟后来博雅之君子云。[1]

韩浚谦的讨论不仅从详细分析相关文献记载入手，还结合他本人和
他伯父在北路实地考察的经验，可以说既有文献依据，也有田野调
查，因此其批判才是非常有力度的。此后，与韩浚谦见解相同的李
朝学者大有人在。如，李瀷《星湖僿说》卷三《天地门·公崄碑》：
"郑汝逸云，尹之所拓不外于吉州，亦似有理。"此郑汝逸生平不
详，但李瀷《星湖全集》中收有若干封致郑汝逸的书信，可见是与
李瀷同时代的人，郑汝逸已认定尹瓘的开拓"不外于吉州"，应该
说是相当接近于事实的。从李瀷称其"亦似有理"来看，郑汝逸并
非泛泛之言，应是如上引韩浚谦一样，引证史料向李瀷论证过这种
观点。

　　此外，将韩浚谦之说论述得更为清晰的是丁若镛《疆域考·北
路沿革续》：

1　（朝鲜王朝）韩浚谦：《柳川遗稿·书英州壁上记后》，《韩国文集丛刊》第62册，第
　　512~513页。

今详《高丽史》《金史》诸文，尹瓘之迹未尝逾吉州一步，即明川、镜城未窥一峰，况于庆源、况于先春岭下松花江上乎！据林彦之记，地不过三百里，南自咸兴，北至吉州，限界分明，何独公崄一城，远在二千里之外，而参为九城哉！承宣王字之自公崄镇前往英州，中路遇贼，而拓俊京自雄州急救之；吴延宠引兵救吉州，行至公崄镇遇贼，大败。公崄镇在吉州西南，与英、雄二城不过数十里之地，何可远求哉！所谓九城，唯咸、宜二城之外，英、雄、福、吉之州，公崄、宣化、通泰之镇，与夫崇宁、真阳之戍，皆在磨云岭之东北、磨天岭之西北。要以设南北之限，严内外之界，故十里一堡，五里一寨，密必如林，环如棋子，不必全一道而列置也。不然，利原、北青、洪原等地，胡无一城之连络乎，防此大岭，则谓可以护内地也。[1]

考之《高丽史》卷九六《尹瓘传》可知，尹瓘拓地分前后两次。第一次是在睿宗二年，《高丽史》的记载是：

瓘又分遣诸将画定地界，东至火串岭，北至弓汉伊岭，西至蒙罗骨岭。又遣日官崔资颢相地于蒙罗骨岭下，筑城廊九百五十间，号英州；火串岭下筑九百九十二间，号雄州；吴林金村筑七百七十四间，号福州；弓汉伊村筑六百七十间，号吉州。[2]

1　（朝鲜王朝）丁若镛：《疆域考·北路沿革续》，《与犹堂全集》第六集《地理集》，《韩国文集丛刊》第 286 册，第 307 页。

2　（朝鲜王朝）郑麟趾：《高丽史》卷九六《尹瓘传》，第 114 页。

此次拓地之后建四州，其中英州为西界、雄州为东界、吉州为北界，福州应在三者之间。《高丽史》接下来记载"明年，瓘、延宠率精兵八千出加汉村瓶项小路"，也就是睿宗三年，[1] 尹瓘开始第二次拓地。

《高丽史》卷九六《尹瓘传》：

> 女真……其在定州、朔州近境者，虽或内附，乍臣乍叛。及盈哥、乌雅束相继为酋长，颇得众心，其势渐横。伊位界上有连山，自东海岸崛起，至我北鄙，险绝荒翳，人马不得度，间有一径，俗谓瓶项，言其出入一穴而已。邀功者往往献议，塞其径则狄人路绝。请出师平之。[2]

可见塞瓶项才是尹瓘出兵的最终目的。睿宗二年虽然也战胜拓地，但仍未及瓶项，故于睿宗三年再次出征。而睿宗三年的战斗更加激烈。在经历一番战斗之后，尹瓘"还入英州城"，证明瓶项在英州北。由此看来，英州在尹瓘睿宗二年的拓地中虽称西界，实则偏北，英州不远就是女真人占据的瓶项了。

另，据《高丽史》卷九六《尹瓘传》，尹瓘攻瓶项之后，雄州受到女真人的围攻，拓俊京回定州搬兵，"整兵道通泰镇，自也等浦至吉州遇贼"，证明雄州虽称东界，其实位置也比较偏北，与吉州相距不远。由此看来，尹瓘第一次拓地之后所设雄州、英州、吉

1　关于此次拓地的时间，（朝鲜王朝）金宗瑞《高丽史节要》卷七《睿宗文孝大王》戊子三年（1108）二月："置英、福、雄、吉四州及公崄镇防御使副、判官，又城咸州及公崄镇。"（朝鲜王朝）郑麟趾《高丽史》卷一二《睿宗世家》二年十二月丙申："尹瓘击女真，大破之，遣诸将定地界，筑雄、英、福、吉四州城。"此据《高丽史》，则"明年"指睿宗三年（1108）。

2　（朝鲜王朝）郑麟趾：《高丽史》卷九六《尹瓘传》，第112页。

州皆在北部边界，吉州在中，雄州在东，英州在西，基本呈一线排开。上引丁若镛所说"承宣王字之自公崄镇前往英州，中路遇贼，而拓俊京自雄州急救之；吴延宠引兵救吉州，行至公崄镇遇贼"，皆本《高丽史》卷九六《尹瓘传》，由此看来，英、吉、雄三州相距皆不远，而公崄镇在英、吉、雄一线以南，并不是北界。

尹瓘第二次拓地之后，"瓘又城英、福、雄、吉、咸州及公崄镇，遂立碑于公崄以为界"。[1]与第一次相比，仅多出咸州和公崄镇，英、福、雄、吉四州应是战争中残破已甚，属于重筑。正是在此次筑城过程中，"立碑于公崄"，是战争之后立即筑城，则公崄镇的所在地不可能出现变化，也就是说，公崄镇仍是在英、吉、雄一线以南，并不是北界，尹瓘立碑于此"以为界"，实有一种保险的心理。因为此北的英、吉、雄三州已经皆属前线了，女真部队出入，若立碑于此，很容易被女真人毁去。后人因碑在公崄镇，就认为公崄镇在尹瓘所筑九城中地处最北，并不断向北求之，实在是一种误解。

关于尹瓘第二次拓地之后占据的地域，第一手资料是林彦《英州壁上记》，这也就是前引韩浚谦、丁若镛皆曾征引的林彦之记。林彦曾随尹瓘出征，不仅是当时人记当时事，而且是当事人的记录。是尹瓘命其记事，"书于英州厅壁"，后人称《英州壁上记》。其中提到尹瓘拓地，"其地方三百里，东至于大海，西、北介于盖马山，南接于长、定二州"。从其"南接于长、定二州"来看，尹瓘第一次拓地是含在其中的。也可以说，尹瓘两次拓地实际范围相差不大。

尹瓘拓地的四至，首先应辨的是盖马山何指。

丁若镛《与犹堂全集》第六集《地理集》卷五《大东水经》：

1　（朝鲜王朝）郑麟趾：《高丽史》卷九六《尹瓘传》，第114页。

"山有八名，曰不咸，曰盖马，曰徒太，曰太白，曰长白，曰白山，曰白头，曰歌尔民商坚，古今方译之殊也。"[1] 成海应《研经斋全集》卷四六《北边杂议·白头山记》："白头山之名多异称，曰不咸，曰太白，曰徒白，曰盖马，曰长白，曰歌尔民商坚阿邻，曰白山。"[2] 韩镇书《海东绎史续》卷一三《山水》："白头山，或称不咸山、盖马山、太白山、徒太山、白山、长白山、歌尔民商坚阿邻。"[3] 皆以盖马山为今长白山别名，恐怕不确。

　　除此之外，盖马山所在地朝鲜文献中还有两种不同说法。其一，前引韩浚谦说："所谓盖马山，虽不知在何处，而亦在三百里之内，则不外乎北青、利城之界。"其二，李瀷《星湖全集》卷二六《书·答安百顺（丙子）》："沃沮有北、东、南三种。自豆满以西至铁岭，居其间者，是东沃沮也。史云在盖马山东，盖马者，似是薛罕、铁岭诸山也。"[4] 李瀷的说法尚在韩浚谦所说之南。

　　朝鲜李朝文献中，对盖马山所在地另有一种表述。如，《文献备考·舆地考》云："盖马山，今平安、咸镜两界间数千里大山冈脊是也。《三韩会土记》可据。"[5] 参照成海应《研经斋全集外集》卷五一《地理类·四郡考》"薛列罕岭"条："《东国舆地胜览》：薛列罕岭在江界府南三百六里，东即咸镜道咸兴府界，亦名雪寒岭……《磻溪随录》：今咸镜、平安两道之间，岭脊连亘数百里者，即盖

1　（朝鲜王朝）丁若镛：《大东水经》，《与犹堂全集》第六集《地理集》卷五，《韩国文集丛刊》第 286 册，第 327 页。

2　（朝鲜王朝）成海应：《研经斋全集》卷四六《北边杂议》，《韩国文集丛刊》第 277 册，第 489 页。

3　（朝鲜王朝）韩镇书：《海东绎史续》卷一三《山水》，朝鲜古书刊行会，1911，第 307 页。

4　（朝鲜王朝）李瀷：《星湖全集》卷二六《书·答安百顺（丙子）》，《韩国文集丛刊》第 198 册，第 518 页。

5　转引自（朝鲜王朝）黄胤锡《颐斋遗稿》卷二五《杂著·华音方言字义解》，《韩国文集丛刊》第 246 册，第 558 页。

马山也。"[1] 可证是对李澥说的另一种表述方式，所谓"平安、咸镜
两界间数千里大山冈脊"，指的也就是李澥所说的"薛罕、铁岭
诸山"。

"平安、咸镜两界间数千里大山冈脊"，即今朝鲜狼林山脉；江
界府，在今朝鲜慈江道江界；咸兴府，在今朝鲜咸镜南道咸兴；薛
罕岭（一名薛列罕岭），即今朝鲜狼林山脉与赴战岭山脉之间的雪
寒岭。按韩浚谦说，"定州即今之定平，而长州在定平府南五十五
里"，定平在今朝鲜咸镜南道定坪，长州在其南 55 里。则按李澥
说，尹瓘拓地的范围大体是，自今朝鲜咸镜南道定坪向西北抵今狼
林山脉和赴战岭山脉之间，自此东至海，可能达今朝鲜咸镜南道的
洪原、新浦一带。而按韩浚谦说，则是自今定坪向北，沿赴战岭山
脉，至北青、利原一带。大体而言，韩浚谦说比李澥说面积大一倍
左右。

权近《阳村集》卷二四《事大表笺类》：

> 切照铁岭迤北，历文、高、和、定、咸等诸州，至公崄
> 镇，自来系是本国之地。至辽乾统七年，有东女真人等作乱，
> 夺据咸州迤北之地。睿王告辽请讨，遣兵克复，就筑咸州、公
> 崄镇等城。及至元初戊午年间，蒙古散吉大王普只官人等领兵
> 收附女真之时，有本国定州叛民卓青、龙津县人赵晖，以和州
> 迤北之地迎降，闻知今朝辽东咸州路附近沈州有双城县，因本
> 国咸州近处和州有旧筑小城二坐，朦胧奏请，遂将和州冒称双
> 城，以赵晖为双城总官，卓青为双城千户，管辖人民。至至正

1　（朝鲜王朝）成海应：《研经斋全集外集》卷五一《地理类·四郡考》，《韩国文集丛刊》第
　277 册，第 376 页。

十六年间，申达元朝，将上项总管、千户等职革罢，以和州迤
北还属本国，至今除授州县官员，管辖人民。[1]

龙津县后废。《新增东国舆地胜览》卷四九"咸镜道德源府古
迹"条有龙津废县，在府南 30 里。德源府即今朝鲜江原道元山市，
则龙津县在今元山以南。按权近说，蒙古直接进入今朝鲜定坪至元
山一带，则其北为后来放弃的尹瓘九城之地可知。由此来看，韩浚
谦说似乎都已经过远，应以李瀷说为正。另，林彦《英州壁上记》
明言"其地方三百里"，本来也没有多大地方。

尹瓘九城并非一次修筑。先是筑英、雄、吉、福、咸州及公崄
镇六城。林彦《英州壁上记》的记载最为详细：

> 新置六城：一曰镇东咸州大都督府，兵民一千五百四十八丁
> 户；二曰安岭军英州防御使，兵民一千二百三十八丁户；三曰宁
> 海军雄州防御使，兵民一千四百三十六丁户；四曰吉州防御使，
> 兵民六百八十丁户；五曰福州防御使，兵民六百三十二丁户；
> 六曰公崄镇防御使，兵民五百三十二丁户。[2]

而后又添置宜州、通泰、平戎三城，"与咸、英、雄、吉、福州，公
崄镇，为北界九城"。由此来看，宜州、通泰、平戎应在英、吉、
雄一线以南。因此，尹瓘九城中，英、吉、雄三城位置最靠北，是
当时高丽的北部边界之所在；其南是公崄镇、福州，宜州、通泰、

1　（朝鲜王朝）权近：《阳村集》卷二四《事大表笺类》，《韩国文集丛刊》第 7 册，第 237 页。
　　《东文选》卷四○《表笺》收入权近此文，题名《陈情笺》。
2　（朝鲜王朝）林彦：《英州壁上记》，收入（朝鲜王朝）洪良浩《耳溪集外集》卷二○《北塞
　　记略》，《韩国文集丛刊》第 242 册，景仁文化社，2001，第 359 页。

平戎以及咸州，可能还在其南。但许穆《记言》卷三〇《杂篇·边塞》称宜州在定州南，恐不可靠，因九城皆应在尹瓘开拓的疆域内，而此地域南界即定、长二州。

可以肯定的是，《高丽史》卷五八《地理志》称吉州"后没于元，称海洋"，在今朝鲜咸镜北道吉州，福州后"改端州"，在今朝鲜咸镜南道端川，皆不可信。后世研究尹瓘九城所在地的学者皆以《高丽史》所载吉州、福州为出发点，故其定位皆不可信。如丁若镛《疆域考·北路沿革续》：

> 自磨云岭北，东北走百余里，有所谓沙钵岭，以通于吉州。岭西则兀足堡、双青堡、黄土坡、梨洞堡、沙德里等处，皆今端川地，地方数百里。岭东则鹰峰、西北堡、斜下堡、德万洞等处，皆今吉州地，地方百余里。此乃尹瓘驻军之地，不逾磨天岭，如今日也。即其所筑英、雄、福、吉之城，公崄、通泰、宣化、崇宁、真阳之镇，皆当于此乎求之，不必摸捞于他处也。[1]

丁若镛显然是受《高丽史·地理志》的误导，但其没有意识到，其所说的地域范围，已经远远超出林彦《英州壁上记》所说的"其地方三百里"了。许穆《记言》卷三〇《杂篇·边塞》："铁岭以北千余里置九城。曰咸州，曰英州，曰雄州，曰吉州，曰福州，曰宜州，曰公崄镇，曰通泰镇，曰平戎镇，为北界。"[2] 竟将尹瓘拓地范围说成"千余里"，竟是改史求证了，显然更不足取。

---

1 （朝鲜王朝）丁若镛：《疆域考·北路沿革续》，《与犹堂全集》第六集《地理集》，《韩国文集丛刊》第 286 册，第 306 页。

2 （朝鲜王朝）许穆：《记言》卷三〇《杂篇·边塞》，《韩国文集丛刊》第 98 册，第 152 页。

　　丁若镛《与犹堂全集》第六集《地理集》卷六《大东水经》
"满水"条："林彦九城记明云，其地方三百里，西北介于盖马山。
则九城皆在咸兴以北三百里之内、白头山之南也。"丁若镛虽牵于
旧说而误，但其已经认识到"九城皆在咸兴以北三百里之内"，无
疑是非常正确的。

　　由上述地域推测，尹瓘九城的英州约在今咸镜南道黄草岭以
南，吉州约在今咸关岭以北，雄州约在今洪原一带；公崄镇约在今
咸关岭以南，福州更在其南。咸州在今咸兴附近，后置之宜州、通
泰镇、平戎镇皆应在咸州附近，即此四城皆在今咸兴附近。总之，
尹瓘九城皆在今朝鲜咸镜南道中部。

第四节　　高丽与辽金关系：兼论封贡体系起源

　　东亚封贡体系，是一种流行于古代东亚世界的国际关系模式，
其首要特点是宗主国与附属国之间存在制度化的册封与朝贡关系，
以及在此关系内的相应的义务与权利。因此，考察封贡体系确立的
时间，也就是考察制度化的封贡关系出现的时间。如果宗主国与附
属国之间的封贡关系在册封、使节往来频度、交往礼仪等方面都已
经出现了制度化的规定，则可以断定，双方的关系已经由简单的封
贡关系步入封贡体系的模式之内。

　　本节试从分析新罗与唐、高丽与辽金的关系入手，确定封贡体
系在东北亚确立的时间。由于册封的封号早已有规律可循，本节主

要讨论使节往来的频度及其礼仪方面。

新罗对中国朝贡始于前秦建元十三年（377），远晚于高句丽，也晚于百济。唐以前，新罗、百济朝贡中国的次数比较少，频率比较低，具体情况参见表9-5。

表9-5　新罗（唐以前）、百济朝贡中国次数

新罗朝贡中国年份（唐以前）	377、381、521、564、566、567、568、570、571、572、578、596、602、604、611、615
百济朝贡中国年份	372、373、379、384、406、416、429、430、440、472、476、484、486、512、521、524、534、540、549、567、570、571、577、581、582、584、586、589、598、607、608、611、621、624、625、626、627、629、631、632、636、637、639、640、641

资料来源：《三国史记》《册府元龟》《资治通鉴》及相关正史的"百济传"和"新罗传"。

在长达240年的时间里，新罗仅向中国朝贡16次，次数仅是同时期百济向中国朝贡次数的一半，平均约15年才有一次。在4世纪，于377年、381年两次朝贡后，竟长达140年没有新罗朝贡的记载。由此来看，也许我们说新罗晚至6世纪以后才真正与中国建立起联系是更为准确的。

唐以前新罗朝贡的记载主要集中在6世纪中叶以后，但朝贡的记录既不是每年都有，从其频率中我们也看不出任何规律。百济朝贡的次数虽然比新罗多，但其频率中也同样不存在任何规律性。由此可以证明，唐以前，新罗、百济对中国的朝贡，还是随机性较强的偶发性事件，并未形成稳定的制度化的朝贡关系。

唐灭高句丽、百济之后，唐与新罗的关系步入一个新的时期。

无论是中国还是朝鲜半岛都步入了统一、和平发展时期，为两国间发展彼此关系创造了良好的国内与国际环境。此后，唐与新罗的关系得到了充分发展，新罗成为对唐朝贡频率较高的国家之一。但是，从下表对新罗朝贡次数的统计中我们可以看出，新罗对唐的朝贡频率仍旧没有任何规律可循（见表9-6）。

表9-6　新罗对唐朝贡次数

次　数	年　份	总　计
朝贡一次的年份	621、623、625~626、629、631~633、639~640、644~645、647、650~656、659、662、665、667~668、672、675、686、699、707、709~711、715~716、719、722、727~728、731~734、738、742~743、746~747、755~756、758、761~763、765~768、772、777、782、786、792、799、804、806、808、810、812、815~816、820、822、825、827、829~830、839~840、846、851、862、869~870、874、876、885、894、898	89
朝贡二次的年份	627、642~643、669、703、705、712~713、717~718、723~724、726、729~730、735~737、773~776、809、817、828、831、836	27
朝贡三次的年份	648、706、714、744	4
没有记载的朝贡年份	618~620、622、624、628、630、634~638、641、646、649、657~658、660~661、663~664、666、670~671、673~674、676~685、687~698、700~702、704、708、720~721、725、739~741、745、748~754、757、759~760、764、769~771、778~781、783~785、787~791、793~798、800~803、805、807、811、813~814、818~819、821、823~824、826、832~835、837~838、841~845、847~850、852~861、863~868、871~873、875、877~884、886~893、895~897、899~907	170

资料来源：《三国史记》《册府元龟》《资治通鉴》和两《唐书·新罗传》。

　　由表 9-6 可见，新罗对唐的朝贡既存在一年两次甚至一年三次的情况，但同时，连续两三年没有朝贡的现象也是常见的。新罗在唐王朝存在的 290 年中，对唐朝贡总计 155 次，平均每年 0.53 次，其朝贡不仅不存在规律性，而且频率也不高。可以肯定，新罗对唐的朝贡关系虽然超过前代，但仍未达到制度化的层面。

　　《三国史记》在新罗圣德王十三年（714）的纪事中出现了"遣级餐朴裕入唐贺正"的记载，十五年（716）的纪事中称金枫厚为"入唐贺正使"，崔致远也曾代新罗王起草过贺正的表文，[1] 似乎唐中叶以后，新罗使节已经定期参与唐王朝每年春节的朝贺。我们可以将《三国史记》中所有新罗遣使入唐贺正的记载列表 9-7 如下。

表 9-7　《三国史记》所载新罗入唐贺正情况

年　份	月　份	使臣名字	年　份	月　份	使臣名字
圣德王十三年（714）	闰二月	朴裕	圣德王二十三年（724）	二月	金武勋
圣德王十六年（717）		金枫厚	圣德王二十五年（726）	四月	金忠臣
圣德王十八年（719）	正月		圣德王二十六年（727）	正月	
圣德王二十一年（722）	十月	金仁壹	圣德王二十八年（729）	正月	

1　（新罗）崔致远：《孤云集》卷一《新罗贺正表》，《韩国文献丛刊》第 1 册，景仁文化社，1996，第 153 页。

续表

年 份	月 份	使臣名字	年 份	月 份	使臣名字
圣德王三十年（731）	二月	金志良	圣德王三十五年（736）	六月	
圣德王三十三年（734）	四月	金端竭丹	圣德王三十六年（737）	二月	金抱质
圣德王三十四年（735）	正月	金义忠			

资料来源：《三国史记》卷八《新罗本纪·圣德王》，第113~121页。

　　上表中有明确系月的12条史料中，正月4条、二月3条、闰二月1条、四月2条、六月1条、十月1条。为春节正朝所派使臣最适宜于十一月和十二月出发，而这两个月恰恰没有任何记载。12条记事中11条的月份是在上半年，即使因为当时通过海路往来存在季节性，新罗使臣要提前出发，似乎也不应提早到上半年。而且正月的纪事占4条之多，派往中国贺正的使臣无论如何也不应该在正月里出发。如果我们认为，金富轼修《三国史记》时参考了中国方面的资料，因而其所载时间多为使臣抵达中国的时间而不是从新罗出发的时间，那么，只有正月的4条纪事是符合贺正的时间的，其他各条史料同样无法解释。

　　《三国史记》所载各次"贺正"，并不见于中国方面的记载。如，圣德王三十四年（735），即唐开元二十三年，《旧唐书》卷八《唐玄宗本纪》记载为"新罗遣使朝献"，而不是像《三国史记》那样记载为"贺正"。《三国史记》卷八《新罗本纪·圣德王》三十六年（737）条记载："春二月，遣沙餐金抱质入唐贺正，且献方物。"同书卷九《新罗本纪·孝成王》元年（737）条记载："冬十月，入唐沙餐抱质回。"金抱质于737年阴历二月赴唐，当年十月已经返回新罗，无论我们将二月理解为其自新罗出发的时间，还是理解为其抵达唐朝的时间，都可以肯定，他没有赶上737年的朝会，而他又于当年归国，没有留待下一年的朝会，显然这位"贺正"使并未贺正。由此看来，《三国史记》中所载"贺正"只是对新罗朝贡使的另一种称呼，并不存在特殊的意义，不能依此证明新罗已开始定期参与春节的朝贺。

我们还要注意到，《三国史记》中记载新罗"贺正"的诸条史料开始于714年，即唐开元二年，结束于737年，即唐开元二十五年，全部出现于唐开元年间。由此推测，金富轼可能是受了某一种记载开元间历史的中国史书的误导。

从《旧唐书·新罗传》的记载来看，新罗对唐的贡物主要是金银、头发、牛黄、朝霞绸、鱼牙绸等，但品种并不固定。《三国史记》卷八《新罗本纪·圣德王》二十二年（723）的贡物还包括果下马、镂空鹰铃、海豹皮和人参。此外还有进贡美女的记载。圣德王二十九年（730）和三十二年（733）两次朝贡物种最为接近，前者包括"小马五匹、狗一头、金二千两、头发八十两、海豹皮十张"，后者包括"小马两匹、狗三头、金五百两、银二十两、布六十匹、牛黄二十两、人参二百斤、头发一百两、海豹皮一十六张"，[1]数量上差异极大。由此可见，新罗进贡物品的种类与数量并不固定。唐朝赐给新罗王的物品也没有一定之规。唐开元十二年（724）金武勋入唐朝贡，唐玄宗赐给新罗王"锦袍、金带及彩素共二千匹"，开元十九年（731）金志良入唐朝贡，唐玄宗赐给新罗王

1　（高丽）金富轼：《三国史记》，第117~120页。

"绫彩五百匹、帛二千五百匹"，[1]贞元二年（786）金元全入唐朝贡，唐德宗赐给新罗王"罗锦绫彩等三十匹，衣一副，银榼一口"，并赐王妃"锦彩绫罗等二十匹，押金线绣罗裙衣一副，银碗一。大宰相一人衣一副，银榼一；次宰相二人各衣一副，银碗各一"。[2]从贡物、赐物品种与数量的不确定，也可以证明，新罗对唐的朝贡关系并未制度化。

新罗使臣的官职，目前见于记载的就有波珍餐、大奈麻、级餐、阿餐、大阿餐、伊餐、沙餐、苏判等，在新罗的十七等官制中分别属于2~6、8~10等。可见，出使者的级别并不固定。

综上，从各个方面来看，新罗对唐的朝贡尚未步入稳定的制度化朝贡关系的阶段。但从目前的记载来看，出使唐朝的新罗使臣已有朝贡、求请、谢罪等名目，[3]唐对新罗王的册封具有连续性，封号也较为固定，在新罗王即位之初，唐王朝都要派使臣吊祭旧王、册封新王，说明新罗对唐的朝贡关系已有趋于制度化的倾向。

高丽与辽建国之初就有过接触，但高丽太祖王建对契丹始终存有敌意，"契丹是禽兽之国，风俗不同，言语亦异，衣冠制度慎勿效焉"。[4]其对契丹文化的这种心态无疑会影响高丽与辽的交往。直到10世纪末以前，辽与高丽之间的遣使频率是比较低的。但自10世纪90年代开始，辽与高丽间使节往来频繁，远远超过唐与新罗间使节往来的频率。目前可见的辽与高丽遣使情况详见表9-8、表9-9。

1　（高丽）金富轼：《三国史记》，第117~118页。

2　（高丽）金富轼：《三国史记》，第134页。

3　李大龙：《高丽与唐王朝互使述论》，《黑龙江民族丛刊》1995年第1期。

4　（朝鲜王朝）郑麟趾：《高丽史》卷二《太祖世家》，第26页。

表 9-8　高丽遣使辽朝

时间	次数	时间	次数	时间	次数	时间	次数	时间	次数	时间	次数
918	2	1013	3	1041	2	1065	2	1088	1	1104	6
926	1	1018	1	1043	1	1066	1	1089	1	1105	2
993	1	1019	1	1044	4	1071	1	1090	1	1106	4
994	4	1020	4	1045	1	1072	1	1091	1	1107	4
995	4	1021	1	1046	2	1073	1	1094	1	1108	4
996	2	1022	4	1050	2	1074	1	1095	5	1109	3
997	2	1023	1	1053	1	1075	4	1096	5	1111	4
1002	2	1028	5	1054	3	1076	3	1097	5	1112	6
1005	1	1030	1	1055	1	1078	1	1098	4	1113	7
1008	1	1031	2	1056	1	1081	1	1099	6	1114	3
1009	2	1037	3	1057	3	1082	2	1100	6	1115	4
1010	7	1038	4	1058	1	1083	1	1101	2		
1011	4	1039	4	1059	1	1086	7	1102	4		
1012	4	1040	4	1064	1	1087	7	1103	6		

　　资料来源：张亮采《补辽史交聘表》（中华书局，1958）、金渭显《高丽史中中韩关系史料汇编》（食货出版社，1983）。两书矛盾处以《高丽史》为正。表中数字包括因特殊原因最终未能抵达的使节。

表 9-9　辽朝遣使高丽

时间	次数	时间	次数	时间	次数	时间	次数	时间	次数	时间	次数
922	1	996	1	1010	3	1020	2	1027	3	1038	3
937	1	997	2	1012	2	1021	3	1028	2	1039	3
939	1	998	2	1013	3	1022	4	1029	2	1040	3
942	1	999	1	1014	3	1023	5	1030	1	1041	1
984	1	1004	1	1015	2	1024	2	1031	2	1042	2
986	1	1007	1	1016	1	1025	1	1032	3	1043	3
994	1	1009	1	1019	2	1026	3	1035	2	1044	1

续表

时间	次数	时间	次数	时间	次数	时间	次数	时间	次数	时间	次数
1045	2	1057	1	1069	2	1082	1	1095	2	1108	4
1046	1	1058	3	1070	1	1084	2	1096	2	1109	1
1047	2	1059	3	1072	1	1085	2	1097	2	1110	1
1048	3	1060	2	1073	1	1086	1	1098	1	1111	2
1049	2	1061	2	1074	1	1087	2	1099	3	1112	2
1050	3	1062	2	1075	3	1088	5	1100	3	1113	4
1051	2	1063	3	1076	3	1089	1	1101	4	1114	3
1052	1	1064	2	1077	2	1090	2	1102	2	1115	3
1053	1	1065	3	1078	2	1091	2	1103	3	—	—
1054	3	1066	1	1079	1	1092	2	1104	4	—	—
1055	6	1067	1	1080	1	1093	4	1106	3	—	—
1056	1	1068	1	1081	1	1094	3	1107	—	—	—

资料来源：张亮采《补辽史交聘表》、金渭显《高丽史中中韩关系史料汇编》。两书矛盾处以《高丽史》为正。表中数字包括因特殊原因最终未能抵达的使节。

　　由表9-8、表9-9所反映的情况看，辽与高丽间的使节往来似乎没有规律可循。辽朝最多时曾一年遣使高丽6次，高丽存在若干年每年遣使辽朝7次的记录，可是，无缘无故地连续数年不遣使的情况也是常见的。而且，《辽史》卷一一五《高丽传》在统和十四年确实记载着高丽"至者无时"，好像高丽的朝贡原本就没有规律性。但是，我们应该注意到，《辽史》没有"交聘表"，其记载颇多疏漏，《高丽史》的记载也时有缺欠，根据现存史料做出的统计是不能反映历史全貌的。

　　《宋史》卷四八七《高丽传》：

　　　　自王徽（高丽文宗）以降，虽通使不绝，然受契丹封册，奉其正朔，上朝廷及他文书，盖有称甲子者。出贡契丹，至于六，而诛求不已，常云："高丽，乃我奴耳！南朝（即北宋）何以厚待之？"……尝诘其西向修贡事，高丽表谢，其略云："中国，三甲子方得一朝；大邦，一周天每修六贡。"契丹悟，乃得免。[1]

据此可知，高丽对契丹的朝贡每年保持在 6 次左右。《高丽史》高丽显宗十三年（1022）记载："契丹东京持礼使李克方来言：自今春夏季问候使并差一次，与贺千龄（节）、正旦使同行，秋冬季问候使并差一次，与贺太后生辰使同行。"[2] 提到高丽每年要 7 次遣使契丹，分别是：春季问候使、夏季问候使、秋季问候使、冬季问候使、贺千龄使（贺皇帝生辰）、贺正旦使、贺太后生辰使。如果我们考虑到贺太后生辰使会因太后的去世而中止，那么，高丽每年必遣的常规性使节共有 6 次，与《宋史·高丽传》的记载正相吻合。此外，《高丽史》文宗二十六年（1072）记载："辽遣永州刺史耶律直来行三年一次聘礼。"[3] 说明辽与高丽间还存在另一种常规性遣使。《辽史》卷七〇《属国表》在"大安四年"条下，有"免高丽岁贡"的记载，[4] 也说明在此之前高丽每年向辽的朝贡已经制度化。除常规性遣使之外，辽朝有国丧时，高丽要遣使吊祭会葬，高丽有国丧时，辽要遣使吊祭，并起复、册封新王。可见，高丽对辽的朝贡次数已经有固定的制度可循，上面两表体现不出这一点是由于史料记载的缺漏。

1　《宋史》卷四八七《高丽传》，第 14049~14050 页。

2　〔韩〕金渭显：《高丽史中中韩关系史料汇编》，食货出版社，1983，第 124 页。

3　〔韩〕金渭显：《高丽史中中韩关系史料汇编》，第 162 页。

4　《辽史》卷一一五《高丽传》也有大安四年（1088）"免岁贡"的记载（第 1522 页）。

　　《辽史拾遗》卷一五《礼志四》"高丽使入见仪"条引《契丹国志》，高丽每年对辽的贡物有："金器二百两，金抱肚一条五十两，金钞锣五十两，金鞍辔马一匹五十两，紫花绵绸一百匹，白绵绸五百匹，细布一千匹，粗布五千匹，铜器一千斤，法清酒醋共一百瓶，脑元茶十斤，藤造器物五十事，成形人参不定数，无灰木刀把十个，细纸墨不定数目。"在"横进物件"条下记载，高丽的特殊贡物一般是："粳米五百石，糯米五百石，织成五彩御衣金不定数。"辽朝每年给高丽王的赐物是："犀玉腰带二条，细衣二袭，金涂鞍辔马二匹，素鞍辔马五匹，散马一十匹，弓箭器仗二副，细绵绮罗绫二百匹，衣著绢一千匹，羊二百口，酒果子不定数。"辽朝赐给高丽贡使的物品为"金涂银带二条，衣二袭，锦绮三十匹，色绢一百匹，鞍辔马二匹，散马五匹，弓箭器一副，酒果不定数"，赐给"上节从人"的物品是"白银带一条，衣一袭，绢二十匹，马一匹"，赐给"下节从人"的物品是"衣一袭，绢十匹，紫绫大衫一领"。[1] 据《高丽史》，辽统和二十七年（1009）前往辽朝贺太后生辰的李有恒，"借工部侍郎"，[2] 显宗四年也有"借尚书右丞金作宾如契丹，贺改元"的记载，[3] 高丽方面存在借衔出使的现象，说明高丽遣往辽朝的使臣也具有品级方面的规定。可见，辽与高丽间回赐物与贡物的品种、数量，以及出使官员的品级都已经存在比较明确的规定，从这个层面也反映出辽与高丽间已经存在稳定的制度化的朝贡关系。

　　综上，我们认为，辽与高丽的关系已经属于封贡体系内宗主国与朝贡国的关系，封贡体系在东北亚的起源可以上溯到辽代。

1　（清）厉鹗：《辽史拾遗》卷一五《礼志四》，中华书局，1985，第319~320页。
2　〔韩〕金渭显：《高丽史中中韩关系史料汇编》，第108页。
3　〔韩〕金渭显：《高丽史中中韩关系史料汇编》，第115页。

但是，辽与高丽之间制度化的册封朝贡关系还刚刚确立。一方面，辽与高丽之间是在进行数次大规模战争之后才确立起制度化的册封朝贡关系的，在11世纪20年代以前，双方很少来往，呈现出与此后完全不同的特点。另一方面，在辽与高丽的关系中，有些制度还显得不够完善。如，高丽与辽的外交活动很多是在辽东京进行的，由东京派往高丽的辽使在《高丽史》中被特称为"东京回礼使"，高丽也常遣使前往辽东京；辽朝使节虽然规定以"刺史以上官充"，但官职并不固定；等等。可见，辽和高丽间制度化的册封朝贡关系还有待进一步完善，应该说，此时期是东北亚封贡体系的雏形期。

金与高丽之间未经过大规模战争即建立起稳定的册封朝贡关系，而且这种关系一直维持到金朝灭亡，究其原因，当与此前辽与高丽间已经存在稳定的制度化的封贡关系有关。金与高丽的封贡关系是对辽与高丽封贡关系的继承与模仿。所以《金史》卷一三五《高丽传》才说："及金灭辽，高丽以事辽旧礼称臣于金"，"凡遣使往来，当尽循辽旧"。[1] 金与高丽间使节往来情况见表9-10、表9-11。

表9-10　高丽遣使金朝

时间	次数	时间	次数	时间	次数	时间	次数	时间	次数	时间	次数
1115	—	1119	1	1123	—	1127	4	1131	5	1135	2
1116	2	1120	—	1124	—	1128	4	1132	3	1136	2
1117	1	1121	—	1125	1	1129	2	1133	3	1137	4
1118	—	1122	—	1126	2	1130	4	1134	3	1138	5

1　《金史》卷一三五《高丽传》，中华书局，1975，第2881、2885页。

续表

时间	次数	时间	次数	时间	次数	时间	次数	时间	次数	时间	次数
1139	2	1152	5	1165	5	1178	4	1191	6	1204	9
1140	3	1153	4	1166	5	1179	4	1192	5	1205	3
1141	5	1154	5	1167	3	1180	5	1193	4	1206	6
1142	6	1155	4	1168	3	1181	4	1194	4	1207	4
1143	3	1156	2	1169	6	1182	4	1195	4	1208	3
1144	4	1157	6	1170	3	1183	4	1196	4	1209	3
1145	6	1158	2	1171	3	1184	4	1197	4	1210	4
1146	4	1159	2	1172	5	1185	3	1198	4*	1211	3
1147	4	1160	2	1173	3	1186	6	1199	4	1212	4
1148	7	1161	2	1174	3	1187	4	1200	3	1213	—
1149	2	1162	3	1175	5	1188	4	1201	6	1214	—
1150	4	1163	5	1176	4	1189	7	1202	4	—	—
1151	3	1164	3	1177	6	1190	3	1203	3	—	—

　*（朝鲜王朝）郑麟趾：《高丽史》卷二一《神宗世家》，高丽神宗元年（金承安四年）七月，遣"侍郎郑邦辅进方物"，《金史》卷六二《交聘表》不载，此处计算时已计入。但据《高丽史》卷二一《神宗世家》，高丽神宗二年（金承安五年）七月"辛丑，遣郑邦辅如金进方物"，见于《金史》卷六二《交聘表》承安四年（高丽神宗二年）八月。连续两年派同一人出使，且同为进奉使，同在七月出发，殆此可能。当是《高丽史》重出。志此存疑。

　资料来源：《金史》卷六一《交聘表》，《高丽史》"世家"部分。表中数字包括因特殊原因最终未能抵达的使节。

表9-11　金朝遣使高丽

时间	次数	时间	次数	时间	次数	时间	次数	时间	次数	时间	次数
1115	—	1121	—	1127	2	1133	1	1139	1	1145	3
1116	2	1122	—	1128	2	1134	2	1140	3	1146	3
1117	1	1123	1	1129	1	1135	2	1141	1	1147	1
1118	1	1124	—	1130	1	1136	2	1142	2	1148	4
1119	—	1125	—	1131	1	1137	1	1143	1	1149	—
1120	1	1126	3	1132	2	1138	2	1144	1	1150	3

时间	次数	时间	次数	时间	次数	时间	次数	时间	次数	时间	次数
1151	2	1162	1**	1173	1	1184	3	1195	1	1206	1
1152	1	1163	2	1174	2	1185	1	1196	1	1207	1
1153	2	1164	1	1175	1	1186	3	1197	1	1208	1
1154	2	1165	1	1176	1	1187	1	1198	1	1209	2
1155	1	1166	2	1177	2	1188	1	1199	1	1210	2
1156	2*	1167	1	1178	1	1189	4	1200	1	1211	2
1157	2	1168	1	1179	1	1190	1	1201	2	1212	1
1158	1	1169	2	1180	2	1191	2	1202	1	—	—
1159	1	1170	2	1181	1	1192	2	1203	1	—	—
1160	2	1171	1	1182	1	1193	1	1204	4	—	—
1161	1	1172	1	1183	1	1194	1	1205	—		

　　*（朝鲜王朝）郑麟趾：《高丽史》卷一八《毅宗世家》，高丽毅宗十年闰十月，"是月，金改贞元四年为正隆元年。避世祖讳，以丰字代隆子（原文误，当为字）行之"。则当有金使赴高丽，但史书不载。加上本年十一月"乙酉，金遣定远将军耶律遵礼来"。故本年金使当为 2 次。

　　**《金史》卷六一《交聘表》系完颜兀古出使高丽事于大定元年，即 1161 年。但据《高丽史》卷一八《毅宗世家》，高丽毅宗十六年（即金世宗大定二年）十一月戊申，"金遣太府监完颜兴来告即位"，《高丽史》记金使官职多为少府监或太府监，应是假官。完颜兴当是兀古出的汉名。故高丽于十二月"遣金永胤、金淳夫如金贺登极，又遣金居实谢宣谕登极"。证《金史》误，此事应系于大定二年，即 1162 年。

　　资料来源：《金史》卷六一《交聘表》，《高丽史》"世家"部分。表中数字包括因特殊原因最终未能抵达的使节。

　　在 1115~1214 年这 100 年时间里，高丽遣使金朝达 350 次，平均每年 3.5 次。除金朝初建的几年与金宣宗南迁前的两年外，没有一年间隔。除金朝初建、双方尚未建立起稳定关系的几年外，高丽每年遣使最少 2 次，最多达 9 次。虽然《金史》《高丽史》也有漏载，但由上表中的数字我们就可以看出，高丽对金朝贡关系的稳定。

　　从《金史》《高丽史》的记载中还可以发现，金与高丽之间的使臣往来大体上可以分成两类。一类是常规性的。高丽每年按惯例遣使 4 次，一次是向金朝皇帝贺正旦，一次是向金朝皇帝贺生辰，一次是所谓的进奉使，还有一次是对金朝贺高丽生辰使的回应，即谢生日使。金前期关于进奉使或进方物使的记载不很连贯，我们还不能肯定，这时进奉使是否也是常规性的。但是，自大定以后，这种出使显然是制度化的。《金史》卷六一《交聘表》记载，大定二十四年（1184）"十月丙辰朔，诏上京地远天寒，行人跋涉艰苦，来岁高丽贺正旦、生辰、进奉使，权止一年"，[1] 就可以证明这一点。金朝按惯例每年遣使 2 次，一次是贺高丽国王生辰，一次是横赐、宣赐。贺生辰使是每年必遣的，而横赐使是对高丽进奉使的回应，但二者的关系并不是一一对应的。我们现在还不能断定，究竟二者之间原本就不是一一对应的关系，还是史料的记载有缺漏。但是，如果金派出横赐使，那么，高丽还要回派谢横赐使。因此，双方间常规性遣使的比例多为高丽 4、金朝 1，或高丽 5、金朝 2。上表中遣使数为 3 的年份，大概都有漏载。[2] 另一类是应对突发性事件的，主要是对国丧的遣使。金朝有国丧时，要遣使高丽"告丧"，高丽要派出两起使臣，奉慰使、祭奠使。高丽有国丧时，金朝一般要派三起使臣，敕祭使、慰问使、起复使，再有就是起复或册封新高丽王的使臣。对三起金使，高丽方面都要逐一派出道谢的使臣。由此我们不难发现，金与高丽间保持着稳定的制度化的册封朝贡关系。

金与高丽间的封贡关系虽然是对辽与高丽关系模式的继承，但

1　《金史》卷六一《交聘表》，第 1444 页。

2　据《金史》卷六二《交聘表》，明昌六年八月，高丽遣"卫尉少卿周元迪谢横赐"，可是无论是在当年还是在上一年，《金史》与《高丽史》中都没有金曾遣使横赐的记载，两书也没有金以其他使臣兼带横赐的记载。泰和六年，载有高丽"卫尉卿金升谢赐生日"，可是《金史》与《高丽史》此年也没有金曾遣使贺生辰的记载。但是，如果没有金的横赐使与贺生辰使去高丽，高丽是不可能派出使臣"谢横赐""谢赐生日"的，由此可以证明，对金、高丽之间的使臣往来，《金史》与《高丽史》也确实存在漏载现象。

也有一定发展，最明显的是出使官员的品级趋于固定，为实现这一点，达不到命使所需品级的官员借衔出使就成为一种十分普遍的现象。现根据《金史》和《高丽史》，将金海陵以后可以查到实际官职与出使时官职的使臣的官衔对照如下，其实际官职资料源于《金史·交聘表》，其出使时的官名资料来源于《高丽史》(见表9-12)。

表9-12　金使官名与借衔对照

人　名	官名 / 品级	出使官名 / 品级	人　名	官名 / 品级	出使官名 / 品级
宄合山	吏部郎中 / 从五品	少府监 / 正四品	完颜璋	大宗正丞 / 从四品	少府监 / 正四品
张喆	签书宣徽院事 / 正五品	太府监 / 正四品	移剌按答	兵部侍郎 / 正四品	太府监 / 正四品
完颜达纪	翰林待制 / 正五品	安远大将军 / 从四品	韩纲	引进使 / 正五品	少府监 / 正四品
乌古论三合	太子少詹事 / 从四品	太府监 / 正四品	马贵中	提点司天台 / 正五品	太府监 / 正四品
完颜兀古出	尚书右司员外郎 / 正六品	太府监 / 正四品	徒单乌者	滕王府长史 / 从五品	太府监 / 正四品
移剌道	尚书右司郎中 / 正五品	尚书右司郎中 / 正五品	左光庆	东上阁门使 / 正五品	少府监 / 正四品
移剌天佛留	许王府长史 / 从五品	太府监 / 正四品	郭喜国	西上阁门使 / 正五品	少府监 / 正四品
徒单怀贞	符宝郎 /?	符宝郎 /?	仆散忠佐	宿直将军 / 从五品	太府监 / 正四品
完颜乣	大宗正丞 / 从四品	大宗正丞 / 从四品	完颜进儿	东上阁门使 / 正五品	太府监 / 正四品
乌古论思列	宿直将军 / 从五品	太府监 / 正四品	移剌履	礼部员外郎 / 从六品	昭毅大将军 /?
卢拱	西上阁门使 / 正五品	少府监 / 正四品	任佀	太常少卿 / 正五品	太府监 / 正四品
纥石烈述列速	大理正 / 正六品	大理卿 / 正四品			

　　资料来源:《金史》卷六一《交聘表》,(朝鲜王朝) 郑麟趾《高丽史》"世家"部分。

　　由表 9-12 中我们可以看出，金朝出使高丽多由正从五品官中命使，一般是借正四品的"太府监"或"少府监"衔出使，唯有"纥石烈述列速"借衔"大理卿"，但也是正四品衔。完颜乣没有以借衔出使，是因为其实际官职已达从四品。由此看来，金代遣使高丽一般是四品官。两个例外是移剌道、徒单怀贞，虽然他们的实际官职未达到四品，但也没有借衔出使，但二者都是比较特殊的"横赐使"，可能因为其使命是对高丽王进行赏赐，所以使节的品级相对放宽的缘故吧。

　　如表 9-13 所示，在《金史·交聘表》中出现的高丽官名中，有175 个官名我们可以确定其在高丽官制中的品级，其中，正从四品官名合计达 154 个，而且绝不见四品以下官名，可见在正常情况下，高丽出使金朝的使臣带正四品或从四品衔。使臣官衔在正一品至从三品的情况，都是为特殊原因需要表示对本次出使的重视。表中"礼宾少卿"与"户部侍郎"这两个官名出现次数合计 82 次，几乎占所有官名的一半，而且常常出现同一年份中两次使金者官名同为"礼宾少卿"或"户部侍郎"的情况，证明这两个官名是高丽使臣最常用的借衔（见表 9-13）。

表 9-13　《金史·交聘表》所载高丽使臣官名 *

品　级	官　　　名						总　计
从四品	秘书少监（8）	卫尉少卿（17）	礼宾少卿（41）	司宰少卿（14）	太府少卿（4）	中书舍人（1）	85
正四品	吏部侍郎（7）	礼部侍郎（14）	户部侍郎（41）	工部侍郎（3）	刑部侍郎（3）	兵部侍郎（1）	69
从三品	卫尉卿（2）	太府卿（2）	礼宾卿（1）				5
正三品	户部尚书（8）						8

续表

品　级	官　　　　　名					总　计
从二品	知枢密院 事（3）					3
正二品	尚书右仆 射（2）					2
正一品	太尉（2）	司空（1）				3

　＊高丽使臣官名出现的次数依《金史》卷六一《交聘表》统计，品级依据（朝鲜王朝）郑麟趾《高丽史·百官志》。括号中的数字为出现次数。

　资料来源：《金史》卷六一《交聘表》、《高丽史》"世家"部分。

　　金代高丽进贡物品与金朝回赐物品种类与数量的记载比较零散，不足以说明问题，但从双方遣使的规律性和使臣品级的固定以及使臣借衔的相对固定来看，显然，金与高丽间的册封朝贡关系在制度化方面比辽代又有所发展，金与高丽间的制度化册封朝贡关系已经定型。

　　从前面对唐与新罗、辽金与高丽关系的分析中可以看出，至晚在辽代，朝鲜半岛内政权已经存在对中国的稳定的制度化的朝贡关系，即已经具有封贡体系内附属国向宗主国朝贡的特点。高丽在向辽金朝贡的同时也与南方的宋保持一定的往来。显然，高丽对北宋的朝贡在时间与次数上均不存在规律性，并未发展为制度化的关系。南宋自1127年建立至1279年为元朝所灭，152年间，宋使赴高丽仅有4次，即1127年、1128年、1130年、1135年，高丽遣使南宋仅有8次，即1128年、1131年、1132年、1133年、1135年、1136年、1148年、1164年。[1] 如果将北宋、南宋与高丽之间的使臣往来合在一起加以考察，可以很明显地看出，从北宋到南宋，与高丽的关系趋于弱化。现据杨昭全、何彤梅《中国—

1　杨昭全、何彤梅：《中国—朝鲜·韩国关系史》（上），第243页。

朝鲜·韩国关系史》等论著，将高丽与北宋、南宋的通使次数列
表 9-14 如下。

表9-14　北宋与高丽使节往来年份

高丽遣使北宋的年份	962、965、972、976、977、978、980、981、982、984、986、988、989、990、991、992、994、999、1003、1014、1015、1017、1019、1020、1021、1030、1036、1071、1073、1076、1080、1081、1085*、1090、1091、1093、1098、1104、1108*、1111、1112、1114、1115、1116、1118、1122、1124、1126
北宋遣使高丽的年份	963、976、978、979、983、985*、988、990、992、1068、1078*、1079、1084*、1093、1103*、1109、1110、1118、1120、1121、1122、1123*、1126

　　* 遣使两次的年份。

　　资料来源：杨昭全、何彤梅《中国—朝鲜·韩国关系史》（上），高等教育出版社，2001，第232~238页；孙建民、顾宏义《宋朝高丽交聘考》，《信阳师范学院学报》1997年第1期。

　　由以上所载来看，在高丽与两宋关系趋于弱化的同时，与辽金的关系却正在趋于制度化。这说明，该现象的产生不仅仅是因为距离的关系，而是相互制约的关系。正是高丽对辽金朝贡的趋于制度化，制约了其与北宋、南宋的朝贡关系。这也从另一个角度证明了辽金与高丽已经确立起封贡体系内的册封朝贡关系，这标志着东亚封贡体系的确立。因此，作为古代东亚世纪国际关系模式的封贡体系，其起源可以上溯至辽中期，或者准确地说，可以上溯至11世纪初。

第十章　李氏朝鲜研究

李成桂建立的朝鲜王朝是朝鲜半岛最后一个政权，而且公私文献极为丰富，一直是朝鲜半岛古代史最重要的研究领域。与其重要性和文献、问题的丰富程度相比而言，中国学界给予朝鲜王朝的重视程度是远远不够的，但这也不是本书所能够解决的问题，我们只能是就朝鲜王朝的几个重要问题粗略地展开一点研究，以期起到抛砖引玉的作用。

第一节　朝鲜王朝中央集权的加强

　　朝鲜王朝建立后，太祖王、太宗王、世宗王等采取一系列政治、经济、军事等改革措施，加强封建专制主义中央集权建设。体现在：调整中央和地方官制、实行严格的等级与身份制度、严格控制剥削对象、加强土地的管理、改革军事制度。这些措施的实施，保障了朝鲜王朝初期封建统治秩序的稳定，使朝鲜王朝最终发展成一个成熟发达的封建社会。对于朝鲜王朝加强中央集权统治的研究，韩国学界有较多成果，[1]是焦点问题，但我国学界对此研究相对薄弱，是盲点问题。本章重点参考韩国学界已有的研究，对一些相关问题进行剖析，以期加深对朝鲜王朝长期立国原因的理解，并引起中国学者的关注。

一　加强官僚机构建设以维护中央集权统治

　　太祖李成桂（1392~1398 年在位）建立王朝后，同前代高丽国

1　〔韩〕崔承熙：《朝鲜 太祖의 王權과 政治運营》，《진단학보》第 64 辑，1987 年，第 133~172 页；〔韩〕崔承熙：《太宗朝의 王權과 政治運营體制》，《國史館論叢》第 30 辑，1991 年，第 1~36 页；〔韩〕崔承熙：《世宗朝의 王權과 國政運营體制》，《한국사연구》第 87 辑，1994 年，第 45~115 页；〔韩〕崔承熙：《세조대（世祖代）국정운영체제》，《朝鲜時代史學報》第 5 辑，1998 年，第 1~55 页；〔韩〕朴天植：《朝鲜建國의 政治勢力研究：開國功臣 李和錄券을 中心으로》，《전북사학》第 8 辑，1984 年，第 53~126 页；〔韩〕郑杜熙：《朝鲜建國初期統治體制의 成立過程과 그 歷史的意味》，《한국사연구》第 67 辑，1989 年，第 53~75 页。

王一样，注重加强中央集权制度建设，限制臣僚的权力，以期强化个人专制统治。朝廷通过"都评议使司"这个联合执政机构来发挥政治作用。都评议使司的组成为"判事二、侍中；同判事十一，门下府、三司正二品已上，使一、判中枢院事，副使十五，中枢使已下、中枢学士已上"。[1] 该机构针对国家的大政方针提出建议性方案，上奏国王审批，然后交由下面的执行机构去实施。

关于"都评议使司"的地位，有学者认为，朝鲜立国初期，国家实际权力掌握在"都评议使司"手里，国王的权力受到削弱，"李太祖所扮演的角色不过是批准都司的决定并命令付诸实施"；[2] 另有学者持不同意见，认为"都评议使司"并没有太大的权力，决定权还是掌握在国王手中。[3] 结合史料来看，当时朝廷的一切事务，比如官员的任命、升迁、罢职等，都由国王以"王命"[4] 的形式进行处理，尽管设立都评议使司并赋予其一定的权力，但太祖并非真正放权于都评议使司，而仅仅是通过这个机构行使上情下达、下情上达的职责，实际权力仍然掌握在国王手中。

自第二代王定宗（1399~1400 年在位）开始，尤其是第三代王太宗（1400~1418 年在位）执政后，对中央统治机构进行进一步调整，并加强各机构的职能，中央集权进一步完善。

其一，在中央确立最高权力机构为议政府。议政府是都评议使

1　《朝鲜太祖实录》卷一，元年七月辛未，《朝鲜实录》第 1 册，第 23 页上。

2　〔韩〕李基白：《韩国史新论》，第 182 页；〔韩〕韩永愚：《朝鲜王朝의 政治・經濟基盤》，《한국사（9）：조선，양반관료국가의 성립》，国史编纂委员会，1973，第 17~95 页；〔韩〕边太燮：《韓國史通論》，三英社，1984，第 359 页；麻生武龜「李朝の建國と政權の推移」『青丘学叢』第 5 辑，1931 年、118-134 頁。

3　〔韩〕崔承熙认为，议政府的职责只是"奉行王命、上达国政"，即执行与进奏的权力（《朝鲜 太祖의 王權과 政治運營》，《진단학보》第 64 辑，1987 年，第 133~172 页）。

4　《朝鲜太祖实录》卷七，四年五月乙未，《朝鲜实录》第 1 册，第 79 页上。

司的延续，"改都评议使司为议政府"，[1] 由领议政、左议政和右议政三名丞相组成，皆为正一品。丞相之下有从一品左右赞成、正二品左右参赞，以及舍人等职官。议政府的职责是草拟国家重大政策，将初步意见禀告国王，国王准允后交由专门的机构办理。与原来的都评议使司相比，议政府官员人数少，权限也大大缩小。

其二，在议政府之下，设立吏曹、户曹、礼曹、兵曹、刑曹、工曹等六曹，负责具体执行各项行政事务。六曹首长称判书，直接对国王负责。吏曹属于人事管理机构，按照国王的命令任命、罢免中下级官吏；户曹掌管国家的户籍，以户籍为依据征收赋税、派发徭役；礼曹负责科举选官，主持礼仪活动，管理对外交往事务；兵曹作为武装机构，负责国家军事建设，并掌管武将的选拔、升降等事务；刑曹是国家的司法审判机构，兼管奴婢事务；工曹掌管国家的水利工程兴修、桥梁建筑等事务，还负责各项器物的制作。

关于议政府和六曹的地位，在朝鲜王朝各时期是有变化的。比如，太宗王即位初期，议政府的权力很大，在将所有的政务禀告国王之前，拥有最终裁决的"署事"权；不久，太宗提升六曹的长官为正二品判书，允许他们直接向国王禀报政务，"大事则状申，小事则直启亲禀"，[2] 议政府的权力受到相应削弱。到世宗王（1418~1450年在位）时期，议政府的署事制得以恢复，"开印署事"，[3] 此后，议政府的地位一直高于六曹："六曹各以所职，皆先禀于议政府，议政商度可否，然后启闻取旨，还下六曹施行。"[4] 到世祖王（1456~1468年在位）时期，六曹重新得到重视，地位提升，"六曹

1　《朝鲜定宗实录》卷四，二年四月辛丑，《朝鲜实录》第 1 册，第 170 页上。
2　《朝鲜太宗实录》卷一，元年三月壬午，《朝鲜实录》第 1 册，第 198 页上~199 页上。
3　《朝鲜世宗实录》卷一，即位年九月癸酉，《朝鲜实录》第 2 册，第 270 页上。
4　《朝鲜世宗实录》卷七二，十八年四月戊申，《朝鲜实录》第 3 册，第 671 页上。

各以其职直启"。[1]

其三，除了议政府和六曹外，朝鲜王朝的重要机构还有承政院和司谏院、司宪府、弘文馆"三司"机构。承政院掌管拟定和传达国王的敕令，具有直接向国王越权报告事务的特权。司谏院是规正国王言行的机关，负责对国王提出劝谏意见；司宪府是监察机关，负责对文武百官进行监督，侦缉百姓的叛逆行为；弘文馆是文化机构，负责起草国家重要文书，担当国王的政策咨询事务。三司作为咨询和监察机构，其主要职责在于对国王进行劝谏，对官员的不当行为开展弹劾，避免官吏滥用政治行政权力。应该指出的是，随着国王集权的强化，监督百官的司宪府的作用越来越明显，而劝谏国王、规正国王言行的司谏院的功能越来越小。例如，朝鲜太祖五年（1396），司谏院的谏官对国王大肆征用民力筑城一事进行劝谏，国王不予听从，反而呵斥谏官："都邑不可无城，固谏之何也，其待命尔家。"[2]

从朝鲜太宗朝开始健全的议政府、六曹、承政院及三司等中央权力机构，各部门分工负责，部门之间相互牵制，保持平衡，避免权力过分集中到某一部门，"以权力分散的政治运营体制来强化与维持王权"。[3]朝鲜国王这种集权的方式，类似于同时代的上国明朝的统治方式，明太祖废除丞相制度，分相权于六部，由皇帝直接控制六部长官；朝鲜虽然仍保有都评议使司乃至议政府这一机构，但其权力已大为削弱，六曹等部门已开始分其权，成为对其的制衡力量。

其四，朝鲜王朝还有一项特有的政治运行机制——经筵制。经

1　《朝鲜世祖实录》卷二，元年八月庚戌，《朝鲜实录》第7册，第76页下。

2　《朝鲜太祖实录》卷一〇，五年七月丙寅，《朝鲜实录》第1册，第94页上。

3　〔韩〕崔承熙：《太宗朝의 王權과 政治運營體制》，《國史館論叢》第30辑，1991，第1~36页。

筵官最初由太祖王设立，"掌进讲经史"，[1] 由此形成负责给国王讲授儒家经典和历史著作的行政机构。世宗王时期，国王经常"御经筵"，[2] 讨论学问，由此经筵制受到重视。到成宗王时期，经筵不仅是国王的教育机构，而且具有政策协商机构的功能。在经筵朝讲中，弘文馆、议政府、六曹等主要机构的高级官员通常也前来参加，他们既讨论经史，也议论重要的国政，由此形成了经筵政治。

其五，为保证中央集权统治的顺利实施，朝鲜统治者注重对地方行政机构的建设。太宗王时期，将全国确定为京畿、忠清、全罗、庆尚、黄海、江原、平安和咸镜八道，道下设州、府、郡、县。道的长官是中央政府派遣的常驻观察使，称方伯；地方行政长官分别称为牧使、府使、郡守、县令或县监，统称为守令，[3] 这些官吏的任免权都来自国王，他们的日常行为受到观察使的监督。他们在地方拥有行政权、司法权与军权，主要职责是向百姓收取赋税，派发徭役、兵役，并掌管诉讼和刑罚事务，管理本地的军队。在对道和郡县官员的管理上，注重两个方面：一是他们的任期有限制，方伯任期为一年，守令任期为五年；二是禁止守令在其籍贯地任职，以防止官员与地方势力相互勾结。

守令之下具体负责地方行政的是乡吏。乡吏"掌六房之任"，[4] 这是仿照京城六曹模式设立的，担任此职的是在本地出生的世袭阶层，他们直接与百姓打交道。由于出身的特殊性，与受中央之命赴任的守令相比，乡吏较能左右地方的行政。不过，官府有一套针对凶恶乡吏的惩治措施，以防止乡吏危害地方。除守令和乡吏的官衙

1　《朝鲜太祖实录》卷一，元年七月丁未，《朝鲜实录》第 1 册，第 23 页下。

2　《朝鲜世宗实录》卷一，即位年十月甲申，《朝鲜实录》第 2 册，第 273 页上。

3　〔韩〕李基白：《韩国史新论》，第 186 页。

4　《朝鲜世宗实录》卷三六，九年六月丁卯，《朝鲜实录》第 3 册，第 77 页上。

之外，地方两班居民还组织"乡厅"机构，设"座首一员、参上别监二员、参外别监二员"，[1]"座首"和"别监"由地方上有名望的人担任，其职责主要是向守令提供咨询，帮助守令纠察公众习俗等，同时还监督乡吏的行为。

其六，为加强中央与地方的联系，朝鲜实施"驿马制"和"烽燧制"。驿马制是以京都汉阳为中心，在全国各地设立540个驿站，驿站相互连接，相互沟通，形成驿路。在驿站备有驿马和驿卒，负责传达公文，为官府差官提供马匹和安排食宿，同时还担负着运送进奉的官府物品的任务。烽燧制是用火炬和烟雾传递急报的通信方法，"烽燧之设，专为候望贼变，飞报缓急"，[2]当时主要是为了传递有关女真人及倭寇方面的边情信息。全国设五条烽燧线，主烽燧台设在汉阳木觅山（今韩国首尔附近的南山），所有的急报最终都送达那里。

从以上内容可以看出，朝鲜王朝前期，以国王为首的封建统治者，采取一系列加强中央和地方行政机构的措施，自上而下建立起从中央到地方的集权体制，以确保将统治权牢牢地控制在自己手里，从而实现封建王朝统治的稳定。

二　以等级与身份制度确立政治秩序

为巩固统治、加强中央集权，朝鲜统治者通过明确上下等级，划分不同身份，以确立全社会的等级秩序。

社会最高阶层无疑是所谓"两班"，是指由士大夫组成的文武臣僚，他们在各级官僚机构中供职，支配朝鲜社会的政治、经济、

1　《朝鲜世宗实录》卷六九，十七年九月己巳，《朝鲜实录》第3册，第649页下。
2　《朝鲜世祖实录》卷一六，五年四月庚辰，《朝鲜实录》第7册，第325页上。

文化，属于特权阶层。两班一词源于高丽时代的宫中朝会，在朝廷上，国王坐北朝南，参加朝会的大臣分列两排，文臣立于东边（称东班），武臣立于西边（称西班），故称两班。朝鲜时代沿袭这种称呼。但随着中央体制的完备，两班不仅包括拥有文武两班官职的人，还指其家族。两班官员职位世袭，他们之间相互通婚，不与非两班住在一起，有参加科举考试的资格，体现出他们地位的特殊性。

两班内部也存在一些区别。首先，文班官员的地位高于武班官员，官僚机构中实行文臣负责制，即使在军事机构中也是由文臣担任主要官职，武将担任次要职务，并不掌握实际军权；其次，法律禁止庶生的人担任两班的重要官职，强调血缘的正统性；最后，存在地区差别，例如，平安道和咸镜道的人大多数很难担任重要官职。

两班之下分为良人、贱民和身良役贱三个阶层。良人又称平民、庶民或常民，属于自由民身份，是王朝租税和徭役、兵役的主要承担者。良人中的主要成分是农民，具体分为闲良、自耕农和佃农三个阶层。闲良指地方的中小地主，号称地方两班，属于上层良人，他们无须亲自劳作，依靠租种其土地的农民所上交的租赋作为经济来源。良人中的自耕农是指拥有一定数量土地的农民，自给自足地维持生活。佃农是指租种官府公田和两班地主土地的农民，他们需向官府和地主缴纳租税，受到各种盘剥。在良人中还有一部分人，他们从事商业活动和手工业生产。商人尽管有一定的职业活动自由，并有少量享受特权的封建御用商人，但他们的商业经营项目严格受制于官府，须按官府指定的要求开展业务，并受到各级官吏的层层勒索，生存状况并不理想。手工业者更是受到官府的经营限制，不能私自生产产品，要在官府的支配下从事生产活动，要定期缴纳匠税等名目的税种，每年还要固定地为官府从事一段时间的义务手工业劳作。

　　所谓贱民，指的是社会最底层人员——奴婢。他们没有合法的社会地位，没有人身自由，承担着最繁重的日常生活杂役。奴婢分为两类：一类是隶属于官府，在官府衙门从事各种杂役的奴婢；另一类是作为官僚贵族私有财产的家奴婢，其身份世袭，可以被主人随意买卖。贱人在社会上受到歧视，法律禁止贱人与良民通婚，"勿令贱口交通良人，其有良女已为贱口妻者，亦令离异，或有违令，罪及奴主"。[1]

　　在良人和贱民之间存在"于良于贱文籍不明者"，即"身良役贱"[2]的特殊阶层，他们身份上属于良人，但是为官府从事的是贱役，这一阶层的人员有陶瓷器所的陶瓷工，铁所和银所的锻工，渔场的渔夫，盐场的盐工，牧场的牧子和漕卒，等等。[3]他们不同于良人中的手工业者，这部分人有一定的技术性，但他们并没有属于自己独立经营的手工业部门。

　　此外，朝鲜社会还存在中人阶层，主要指从事翻译者、医务工作者、科技学者、司法官、会计官等专门技术性人员，以及官府中最下层的办事者如录事、书吏，还有在地方官衙中从事行政事务的乡吏。中人层在社会地位上低于两班，但他们的经济实力与文化程度与两班相当，属于两班的外围阶层。

　　总之，朝鲜统治者为巩固其统治地位，以严格的等级关系为基础，划分出不同的身份阶层，并以法律规定身份的世袭性，"身份制度是按照每个人所处的经济地位、阶级关系来规定的，这样李朝封建国家就成为为两班、官僚、地主阶级的利益而存在的国家"。[4]但

1　《朝鲜太宗实录》卷二，元年七月甲寅，《朝鲜实录》第 1 册，第 210 页下。
2　《朝鲜太祖实录》卷一二，六年七月戊戌，《朝鲜实录》第 1 册，第 109 页上。
3　朴真奭等：《朝鲜简史》，延边大学出版社，1998，第 218 页。
4　朝鲜民主主义人民共和国科学院历史研究所：《朝鲜通史》，第 177 页。

是事与愿违，这种复杂的身份制度并没有起到维护统治的作用，相反却由于身份的不平等性，"豪势之人与小民均食王土，而豪势者不应其役，小民既应其役，而又并供豪势之役"，[1]加之人身控制的严密性，经营活动的束缚性，剥削压迫的残酷性，激化了统治阶级与被统治阶级之间的矛盾，进一步深化了社会危机。

三　控制人口扩大统治对象

人口、户数是封建王朝收取赋税、派发徭役与兵役的根据，为了确保国家有固定的剥削对象，朝鲜统治者加强对广大人民的人身控制，为此采取了多项措施。

其一，清查奴婢与私民。在朝鲜王朝建立初期，有很多贵族把公家奴婢据为私有，迫使一些失去土地的破产农民变为替自己从事生产的私民。这些私人奴婢或私民作为贵族的私人财产，不向官府缴纳赋税，不承担徭役和兵役等义务。鉴于此，封建王朝设置专门机构"奴婢辨定都监"，[2]配备专职官员，着手整顿奴婢问题。此项工作取得了成效，大批私人奴婢与私民在身份上得到解放，分别成为公家奴婢与良人，不但调动起他们的生产积极性，国家也由此保障了缴纳赋税和派发徭役、兵役的数量，有利于政府对剥削对象的人身控制。

其二，实施"号牌法"。所谓号牌法，就是封建官府通过整顿户籍，以此扩大徭役、兵役对象的一种手段，相当于当今社会的身份证。当时官府严格要求百姓申领号牌，即："大小人员无号牌

1　（朝鲜王朝）赵翼：《浦渚先生集》卷二《论宣惠厅疏》，《韩国文集丛刊》第85册，景仁文化社，1996，第42页。

2　（朝鲜王朝）赵翼：《浦渚集》卷二《论宣惠厅疏》，《韩国文集丛刊》第85册，第42页。

者，除启闻，依前受教，以制书有违论。"[1] 号牌的样式，以汉城府为例，"号牌前面，横书汉城府三字，下着火印，后面只着火印，姓名、年甲、身长、面貌随宜悉书，而刻其字画，则虽欲削改，不可得矣"。[2] 上至王族、朝官，下至庶民、公私贱，所有 16 岁以上的男丁都需佩戴号牌。[3] 其中两班官员是按等级分别佩戴象牙牌、鹿角牌、黄杨木牌、桦木牌，牌上载有官职、姓名、住址；一般农民则佩戴普通木牌，上面记载姓名、住址、脸色、有无胡须等；奴婢佩戴的牌上则是记载主人姓名，以及奴婢本人的年龄和身高。[4] 号牌法的实行，使原来被地主隐瞒的许多人口得以清查出来，增加了国家的剥削对象数量。

其三，实行邻保制和五家作统法。太宗七年（1407），朝鲜王朝实行所谓"邻保制"，即"境内人户，不拣多少，只以居最近者为数，或十户或三四户为一邻保，择其中有恒产可信者，定为正长，录其邻保内人口掌之"，[5] 可以看出，此时的"邻保"没有固定的户数限制，是由邻保长来管理保内的人口，并以此征发徭役和兵役等。成宗时期，邻保制改为五户为一邻保的"五家作统"法，"察统内人口多寡，食物有无赈给"。[6] "'五家作统'组织，实为互相监视、共同作保、共同负责的自治制度。"[7] "五家作统法"的实施，使"国

1　《朝鲜太宗实录》卷二六，十三年十二月癸丑，《朝鲜实录》第 1 册，第 699 页下。

2　《朝鲜太宗实录》卷二八，十四年十月辛巳，《朝鲜实录》第 2 册，第 41 页上。

3　（朝鲜王朝）金在鲁编《续大典》卷二《户典》"户籍"条："男丁十六岁以上佩号牌。"号牌厅编《号牌事目》："凡男丁年十五岁以上，勿论贵贱，勿问有无役，上自正一品宗室百官，下至公私贱，各令照式呈单入籍给牌为白乎矣。其中良民有役者，虽未满十五岁，亦令呈单。"首尔大学奎章阁藏，奎 12344 号。

4　朴真奭等：《朝鲜简史》，延边大学出版社，1998，第 213 页。

5　《朝鲜太宗实录》卷一三，七年正月甲戌，《朝鲜实录》第 1 册，第 383 页下。

6　《朝鲜成宗实录》卷一八〇，十六年六月戊戌，《朝鲜实录》第 11 册，第 28 页下。

7　〔韩〕李丙焘：《韩国史大观》，台北，正中书局，1960，第 293 页。

家统治权可以直达乡村的最小单位"，[1] 从而有利于统治者更加严密地控制广大农民阶层。

通过采取以上束缚人身的限制措施，并专门在全国各地设立防护所，严格控制人民的自由流动，"如有流移者，随即论罪还本，其许接者，亦并治罪"，[2] 以此来加强对社会主要劳动力的约束。并以"连坐"方式遏制农民的流动，"一人逋亡，役及九族，九族不支，延及邻保"。[3]

四　强化土地管理巩固统治基础

土地是经济发展的根本，为巩固其统治基础，朝鲜统治者十分注重加强对土地的管理。早在高丽王朝统治晚期，由于官僚豪强疯狂兼并土地，使封建王朝掌握的土地数量急剧减少。尽管在1391年的科田法改革中，抑制了土地兼并的势头，但仍有不少两班地主并未如实上报自己的土地数量，以此规避赋税，从而造成政府租赋收入的减少。为进一步清查全国的土地实际拥有量，增加王廷的租税收入，统治者注重土地登记工作，以此加大中央集权的统治力度。

首先，朝鲜太宗元年（1401）开始，朝廷进行土地勘察。太宗四年，全国土地面积"七十八万二千五百四十三结"。[4] 太宗六年，经过对京畿道、忠清道、庆尚道、全罗道、黄海道和江原道的重新测量，土地面积为"原田凡九十六万余结，及改量，得剩田三十余万结"。[5]

其次，朝鲜王廷增加土地数量的另一重要来源，是废除寺院所

1　〔韩〕李元淳等：《韩国史》，台北，幼狮出版社，1987，第170页。

2　《朝鲜世宗实录》卷五一，十三年三月丙寅，《朝鲜实录》第3册，第298页上。

3　（朝鲜王朝）金诚一：《鹤峰先生文集》续集卷二《黄海道巡抚时疏》，《韩国文集丛刊》第48册，景仁文化社，1996，第194页。

4　《朝鲜太宗实录》卷七，四年四月乙未，《朝鲜实录》第1册，第294页下。

5　《朝鲜太宗实录》卷一一，六年五月壬辰，《朝鲜实录》第1册，第356页上。

占有的土地。早在高丽时期，佛教寺院也和世俗官僚贵族一样，想方设法兼并农民的土地；加之王室贵族的施舍，寺院占有的土地和奴婢日益增加，严重影响王朝的租税收入。为打压寺院贵族，将他们控制的土地剥离出来转归国有，对佛教寺院领地采取限制或没收政策。从太宗二年（1402）开始，朝鲜王廷先后数次整顿寺院田，尤其是朝鲜世宗六年（1424），对全国的佛教派别进行整合，只保留禅宗和教宗，规定全国"置三十六寺，分隶两宗，优给田地，酌定居僧之额"……禅宗，"田四千二百五十结"；教宗，"三千七百结"，[1] 这样一来，由寺院直接控制的土地数量急剧减少，相应地转为国家支配的土地。

政府通过土地清查和没收寺院的土地，可支配的土地面积迅速增加。例如，朝鲜世宗十二年（1430）前后，各道的土地面积为：京畿道二十万三百四十七结，忠清道二十三万六千三百结，庆尚道三十万一千一百四十七结，全罗道二十七万七千五百八十八结，黄海道十万四千七百四十二结，江原道六万五千九百十六结，平安道三十万八千七百五十一结，咸镜道十三万四百十三结，总计一百六十多万结。比上述太宗时期增长将近一倍。

政府掌握土地后，将土地"以上、中、下三等定制"，[2] 把一定数量的土地分配给各级官衙，作为其行政经费，有利于中央对地方行政权力的加强。

　　五　改革军制作为君主专制的保障手段

军队是巩固王权的重要保障。朝鲜王朝建立初期，军事管理机构所属不明晰，不少贵族集团拥有私人武装，因此，太祖李成桂建

1　《朝鲜世宗实录》卷二四，六年四月庚戌，《朝鲜实录》第 2 册，第 591 页下 ~592 页上。
2　《朝鲜世宗实录》卷四九，十二年八月戊寅，《朝鲜实录》第 3 册，第 252 页下。

立王朝即着力于军事制度的改革。

第一，确立军事领导机构。为加强军队建设，太祖执政时期，在都评议使司这个国家最高权力机构中，专门设立中枢院掌管军事。定宗时期，由于议政府取代都评议使司，为理顺军事管理机构与政府行政机构的关系，定宗将中枢院改为三军府，明确规定："执掌三军者，专仕三军，不得坐议政府。"[1]这样做的目的，一是为避免兵权分散不集中，二是防止军事独断专权。此后，中枢院作为军事管理机构长期存在。

第二，清除私兵。太祖二年（1393），太祖王将自己掌握的私兵"义兴亲军卫"，划归到统一管辖国家军队的三军总制府属下，并改三军总制府为义兴三军府，其他诸侯王也纷纷交出部分私兵的控制权。定宗王时期，听从大臣权近的建议，推行"罢私兵"政策，将私兵归属于三军府，作为公家之兵。对于那些反对私兵改革的大臣，定宗王予以严厉惩处，例如，参判三军府事赵英茂"以革兵之故，轻发不逊之言"，由此遭到定宗王的"颉颃致问"。[2]太宗李芳远即王位后，改三军镇抚所为义兴府，将其归附于义兴三军府。私兵的废除，使威胁王权的军事因素得以解除，从而国王可以全面地掌握军权。

废除私兵制后，为补充兵源，朝鲜王廷宣布实施普遍兵役制，规定从16岁到60岁的成年男丁都必须承担兵役义务。为确保军队数量的稳定性，世宗王时期，王朝在全国实行"邻保法"制："每十户为一统主，五十户为一头目，百户为一总牌，老少男女，尽录于籍。"[3]在邻保法制度下，两三个成年男子为一组，其中一人服兵役

1　河仑:《浩亭集》卷四《附录·列朝实录》,《韩国文集丛刊》第6册，景仁文化社，1996，第492页。

2　《朝鲜定宗实录》卷四，二年四月癸丑,《朝鲜实录》第1册，第170页下。

3　《朝鲜世宗实录》卷七九，十九年十二月己卯,《朝鲜实录》第4册，第119页下。

时，其他保人要给予帮助，供给正兵一定数量的棉布。而轮到他们服役时，别人也要帮助他们。[1] 服兵役的主要是良人，他们既是农民又是士兵，平时从事农业生产，一旦有战事，就要自备武器、衣服和粮食参与作战。两班阶层是免服兵役的，即使服兵役，也是名义上的或是容易履行的兵役。兵役的履行，对良人特别是大部分贫穷的农民，成为沉重的负担。[2]

第三，建立健全各级军事组织。朝鲜世宗王时期，专门的军事机构有五军营、内三厅、训练院、世子翊卫司、扈卫厅、捕盗厅、镇抚营、管理营、龙虎营等，其军事长官称大将、中军、使等。世祖王即位后，对中央军事机构进行重大改革。中央设兵曹作为全国最高军政机关，下设五卫都总府、中枢府、训练院三个军务机关。五卫指"中卫义兴卫、左卫龙骧卫、右卫虎贲卫、前卫忠佐卫、后卫忠武卫"等五卫，将从全国征集到的"诸色军士，并分属五卫"，[3] 五卫都总府属于实权军事部门，处理日常军机要务；[4] 中枢府是中央武官的最高机关，在名义上配备一些高级文武官员，但实际上并无具体管辖业务；训练院担负军队的日常训练任务，并负责录用考核军官。

所谓地方军事防卫组织，是指在各道设立的管辖本地陆军和水军的兵营和水营，道以下设若干镇。在各道，陆军设有一至三名兵马节度使（兵使），水军设有一至三名水军节度使（水使），各道的

1　〔韩〕李基白:《韩国史新论》，第189页。
2　朝鲜民主主义人民共和国科学院历史研究所:《朝鲜通史》，第180页。
3　《朝鲜世祖实录》卷七，三年三月己巳，《朝鲜实录》第7册，第180页下。
4　关于兵曹与五卫都总府的关系，日本学者林泰辅认为:"五卫都总府，专委军务，不隶于兵曹。"（〔日〕林泰辅:《朝鲜通史》，第114页）我们认为，五卫都总府应隶属于兵曹，联系当时的实际，朝鲜国王为实现集权，是通过六曹来加强控制，而以兵曹专管军事可以达到军事集权的目的；另外，史料记载中五卫的许多军务都是在"兵曹启"中得以反映的，例如:兵曹启"今五卫镇抚使职掌阙内禁令"（《朝鲜世祖实录》卷一五，五年元月辛亥，《朝鲜实录》第7册，第311页上）。

观察使必须兼任其中的一个兵使或水使，地方守令则兼任各镇的将领。镇里的军队称为"镇守军"，分为三类，即日镇军、船军和守城军，其主要成分是良人身份的农民，平时务农生产，轮流被征召到京城或者军镇服役，属于兵农合一的制度。

封建统治者通过采取军事改革措施，加强对军队的直接控制，完善军事体系，以巩固中央集权制度的国防基础。但是，这些军事改革措施有其自身的弊端：其一，由于朝鲜国王为防止统治阶级内部发生内乱而重用文官压制武官，从中央到地方掌握军权的通常是不懂军事的文臣，武臣得不到应有的待遇，缺乏军事建设的动力，造成国防建设的滞后；其二，由于兵役承担者遭受沉重的压迫和剥削，逃跑现象不断发生，服兵役的人数日渐减少，并且士兵质量很差，严重削弱了军队的战斗力。

综上所述，朝鲜王朝所采取的一些措施，尽管有其自身不可避免的弊端，但通过建设，官僚组织更趋合理，国家财政有一定改善，广大农民从官僚地主的隐蔽下解放出来，生活条件也有一定程度的提高，阶级矛盾有所缓和，这一切都有利于朝鲜国王的专制集权，从而保证了朝鲜封建王朝五百余年的有效统治。

第二节　朝鲜王朝重大经济改革：大同法

大同法是 17 世纪初至 18 世纪初，朝鲜王朝以加强中央集权为初衷，为抑制防纳商人居中剥削、增加政府财政收入而实施的一项经济改革，是指按照土地面积将原来的贡物征收改为统一缴纳米谷的赋税制度。对于大同法的研究，韩国、日本学界成果较多，[1]国内研究论文较少见到，仅在一些相关著作中有所提及。

一　17 世纪前期朝鲜社会经济形势

在朝鲜社会发展过程中，由于各级官僚与代收贡物的防纳人之间存在利益上的交织，造成国库空虚与百姓负担的加重，加之王朝对贡赋缴纳分担的不均衡性，朝鲜社会的经济危机日益加深；这种情况受壬辰战争影响而更趋严重。

第一，壬辰战争对朝鲜造成严重经济破坏。壬辰战争结束后，"内外物力荡残，计无所出，朝廷责监司，监司督郡邑，郡邑之诛求，皆出于民间，而以田结多少，定其斗斛，一则曰户曹布价，一则曰监司收米，一则曰御史募谷，色目纷然，民不能记。以此民相与谋，以缩其田结，为良策，下吏因缘增减，而守令亦不能禁，经兵之地，田籍散失，以寡为多，以起为陈，莫有统计，田制之紊乱极矣"。[2]本来战争的破坏，就造成土地荒芜，公田制崩溃，国有耕田减少，许多官僚地主却利用战争的混乱局面疯狂兼并土地，国家的征税田地减少，国家的"可征税地由倭乱前的 1700000 结，减少到光海君在位时 540000，不到以前的三分之一"，[3]作为国家经济命

1　韩国学界较早的研究成果有：郑亨愚《大同法에 對한 一研究》，《史學研究》第 2 辑，1958年，第 50~85 页；金镇凤《조선초기의 공물대납제》，《史學研究》第 22 辑，1973 年，第1~34 页；韩荣国《大同法의 實施》，《한국사（13）：조선，양반사회의 변화》，国史编纂委员会，1976，第 146~215 页；金玉根《朝鮮後期經濟史研究》，瑞文堂，1977；金玉根《朝鮮王朝財政史研究》，汉一潮阁，1984。所见日本学界研究成果有：田川孝三「貢納・徭役制の崩壊と大同法」『李朝貢納制の研究』東洋文庫、1964 年；安達義博「18-19 世紀前半の大同米・木・布・銭の徴収・支出と国家財政」『朝鮮史研究会論文集』第 13 輯、1976 年。

2　《朝鲜宣祖实录》卷一三一，三十三年十一月甲子，《朝鲜实录》第 24 册，第 153 页下。

3　〔韩〕李基白：《韩国史新论》，第 233 页。

脉的土地制度的混乱，一是造成严重的财政困难，二是广大自耕农土地丧失，变成佃农，国家经济基础动摇。

　　在国内经济形势不断恶化的情况下，各级政府却以征收贡物的形式加重对农民的压榨，以各种名目征收繁重的贡物。从事农业生产的广大人民除了上交米谷等田税，还必须承担农产品、畜产品、手工制品等贡赋，由此造成沉重的负担。并且，贡物如果在运输途中出现变质等问题，则要重新缴纳；贡品运到京都后，如果遇到官吏的故意刁难，就要被退回，重新上缴。贡物的征收造成农民流亡，"大邑至于数百余名，小邑亦不下八九十名，通一道则流亡者未知其几百名也"，[1]以规避贡物的缴纳。"但如负担不起贡物缴纳逃亡的话，则由其族人或邻居负担。"[2]农民阶层的分化，贡纳体系矛盾的发展，对社会经济的发展形成了桎梏。

　　第二，防纳人的经济剥削是影响朝鲜社会正常发展的痼疾。所谓防纳人，是指受官僚权贵庇护的商人，他们利用为朝廷及各级官府衙门代理业务的名义，用不法手段向农民征收各种贡物，强制充当代纳人。在此过程中，他们假公济私，巧立各种名目。具体方式有：一是混淆是非，防纳人将收缴上来的质量好的贡物说成运到京师时已经腐烂变质，让农民重新缴纳；二是对那些政府要求上交而本地没有的物品，防纳人在代为采购时肆意拟定价格，从中赚取差价；三是本地有符合上缴的贡物，但防纳人却任意提高需交贡物的数量。结果是"以十倍之价，分征于田结"，"贡物防纳之弊，乱后尤甚。各司下人，刀镫作弩，必征十倍然后已"。[3]

1　（朝鲜王朝）金诚一：《鹤峰先生文集》续集卷二《黄海道巡抚时疏》，《韩国文集丛刊》第48
　　册，第194页。

2　〔韩〕李元淳等：《韩国史》，1987，第204页。

3　《朝鲜宣祖实录》卷一四一，三十四年九月己酉，《朝鲜实录》第24册，第297页上；卷一六〇，
　　三十六年三月己巳，《朝鲜实录》第24册，第455页下。

尤其是光海君初即位时，"各邑进上贡物为各司防纳人所搪阻，一物之价倍徒数十百，其弊已痼"。[1] 防纳人对代纳物品的这种层层加价，使百姓缴纳的贡物数量增加了几十倍乃至上百倍，"必征以价物，或十倍，甚者至于百倍"，[2] 加重了广大人民的负担。防纳人在代收贡物过程中，勾结各级官吏，"京中各司下吏，分占外方贡物，有同世业，规什佰之利"，[3] 把很多财产据为己有，给国家造成严重的财政问题。

第三，赋税缴纳的不均衡性，使人们的贡赋负担不平等。朝鲜大臣赵翼曾指出当时社会中存在的"不均不平"现象，表现为：其一，防纳人作为国家公民，理应与农民一样承担自己应尽的义务，但其"无功而坐享重利"，广大农民却"终岁勤苦而虚费倍徒之价"；其二，豪强地主与普通百姓均固着在国家土地上，"豪势者不应其役，小民则应其役"，并且普通百姓还要替豪强地主承担徭役与兵役；其三，从各道各邑情况来看，各道出役不同，即使是同一道中，也出现"大邑常轻，小邑常重"的情况，并且大小相似的邑中，也存在"此重而彼轻"[4] 的情况。

总之，壬辰战争之后百废待兴，亟须进行改革，以挽救财政危机，于是大同法应运而生。

二 大同法经济改革的推行

1608 年朝鲜国王光海君继承王位。为有效防范防纳人对人民

---

1 《朝鲜光海君日记》卷四，即位年五月壬辰，《朝鲜实录》第 31 册，第 308 页下。

2 （朝鲜王朝）郑澈：《松江别集》卷一《杂著·论邑宰文》，《韩国文集丛刊》第 46 册，第 239 页。

3 （朝鲜王朝）柳成龙：《西厓先生文集》卷一四《贡物作米议》，《韩国文集丛刊》第 52 册，第 282 页。

4 （朝鲜王朝）赵翼：《浦渚先生集》卷二《论宣惠厅疏》，《韩国文集丛刊》第 85 册，第 43 页。

的居中盘剥，[1]减轻农民的负担，同时也是出于保证政府财政收入的考虑，在户曹大臣韩百谦的积极倡议下，左议政李元翼联合大臣赵翼、金堉，推行经济改革，首先在京畿道"行大同法"，[2]之后在江原道、忠清道、全罗道、庆尚道陆续推行。所谓"大同法"，就是把原来以家户为依据征收各种土产物的贡赋，改为按照占有土地数量缴纳一定数量的米谷，即收取地税，政府再用收缴的米谷贸换所需物品，"统而名之曰大同"。[3]对于那些不产米谷的山区，可以用布或钱代替。

大同法的米谷征收税额，各地标准是有区别的。比如，京畿道是按土地一结收米谷十二斗；江原道是在每结征收十二斗的基础上，有二斗或四斗的加征米；黄海道则是一结收十五斗（元收米十二斗，别收米三斗）。对于所征收的大同米谷的分配方法是，大部分作为宫房和中央各司的公共费用，另有一部分拨给地方官厅作为公共经费，"给与本邑，为守令公私供费"。[4]

为确保大同法的顺利实施，朝鲜王廷根据吏曹参判赵翼"论宣惠厅疏"的建议，专门设立管理机构"宣惠厅"，意在"以绝刀蹬之路"，[5]达到有效防范防纳人中间盘剥的目的。赵翼认为，通过设立宣惠厅保障大同法的施行，对国家、对百姓都是有益处的。首先，此法推行数年，可以促进百姓家境富殷，"家给人足，可期必致也"。

1　韩国学者池斗焕认为，光海君朝之所以实施大同法，"防纳的弊端是十分明显的"（《宣祖·光海君代大同法论议》，《한국학논총》第19辑，1997年，第51~71页）。

2　（朝鲜王朝）崔锡鼎：《明谷集》卷三一《白轩先生李公谥状》，《韩国文集丛刊》第154册，第495页。

3　（朝鲜王朝）徐荣辅、沈象奎编《万机要览》财用编三《大同作贡》，日本早稻田大学藏书，第146页。

4　《朝鲜光海君日记》卷四，即位年五月壬辰，《朝鲜实录》第31册，第308页下。

5　《朝鲜光海君日记》卷四，即位年五月壬辰，《朝鲜实录》第31册，第308页下。

他这样推断是有其根据的：每结所征赋税十六斗，加之其他运输费等，达到二十余斗；而每结土地每年实际收入能达到二三十石，那么二十余斗米只是每结田地收入的十分之一，"其敛岂不轻哉？"其次，可以增加国家的府库收入，"盖前此国无所储，各司用度，每患不足……此法既行，则富岁有余储，故凶歉可减其赋，又可以赈救之"。[1]

朝鲜的"大同法"应是借鉴了中国明朝的"一条鞭法"。具体而言，大同法与一条鞭法有三点内容类似：一是皆以田亩多少为征税的依据；二是一条鞭法规定田赋征银，大同法除了规定缴纳大同米，在边远地区也可以以银代税；三是一条鞭法的赋役征收解运，由民办改为官办，"丁粮毕输于官"，[2] 大同法是通过设立宣惠厅取代了原来的防纳人代收制度。

大同法作为一种新的赋税征收制度，在推行过程中自身不可避免地存在一些问题，因而引起一些大臣的非议，"不悦之类，群肆旁议，日炽于京辇"；[3] 甚至有大臣建议停止实施大同法，如承旨柳公亮言："作米事多难便，不可久行。"[4] 但是，积极倡导实施大同法的吏曹参判赵翼，坚决主张继续推行大同法，他认为，只有实施大同法，才能消除贡赋负担不公平的弊端，所谓"大邑小邑豪民小民苦歇之不均，而惟此法可以祛之，此法之外，更无可以祛弊者"。他进一步认为，只有消除这一弊端，百姓才能获得公平性，"弊不能祛则民终不得安矣"。[5] 大同法在争议声中时断时续地推行着。

1　（朝鲜王朝）赵翼：《浦渚先生集》卷二《论宣惠厅疏》，《韩国文集丛刊》第 85 册，第 41、42 页。

2　（清）张廷玉等：《明史》卷七八《食货志》，中华书局，1974，第 1902 页。

3　《朝鲜光海君日记》卷二五，二年二月辛亥，《朝鲜实录》第 33 册，第 490 页下。

4　（朝鲜王朝）朴容大、洪凤汉等：《增补文献通考》卷一五二《田赋考·大同》，明文堂，2000，第 772 页。

5　（朝鲜王朝）赵翼：《浦渚先生集》卷二《论大同不宜革罢疏》，《韩国文集丛刊》第 85 册，第 49 页。

 1623 年，朝鲜仁祖王执政时，鉴于光海君时期在京畿道试行大同法，取得了不错的效果，"宣惠之法，行于京畿，今将二十年，民甚便之"，仁祖王产生继续推行大同法的想法，"通行八道，则八道之民可蒙其惠"。[1] 仁祖元年九月，吏曹正郎赵翼提出推广大同法的具体意见。仁祖很是欣赏，决定马上进行改革，于当年即设立"三道大同厅，置郎厅四员，分掌其事"，[2] 在全国各道实行"大同法"。

 大同法首先在江原道推广，分别在岭西七邑、岭东九邑征收每结十二斗到十六斗不等的大同米。[3] 第二年，大同厅建议，统一各地的大同米征收标准为"两湖则捧十五斗，江原道则捧十六斗"，对于这些征收的大同米，"十斗收捧于本厅（大同厅）……其余则留给本道"。[4] 仁祖表示同意。

 同光海君朝一样，仁祖朝实施的大同法，在朝鲜王廷内部也有不同的意见，[5] 例如，特进官崔鸣吉曾上奏称，大同法的实施，朝廷内外大臣多有非议，因而他建议国王要妥善处理此次改革，"宜更察处云"。[6] 知事徐渻也认为，大同法虽类似于中国唐朝的两税法，且中国长期推行，但是朝鲜与中国国情不一样，因而不宜长期实施，"我国则事势不同，其制难便"。[7] 跟上述意见相反的是，江原道铁原地方的儒生集体上疏，"请勿罢大同之法"；承旨赵翼也给国王上书，

1　《朝鲜仁祖实录》卷一，元年四月癸亥，《朝鲜实录》第 33 册，第 520 页下。

2　《朝鲜仁祖实录》卷三，元年九月庚戌，《朝鲜实录》第 33 册，第 553 页上。

3　朝鲜民主主义人民共和国科学院历史研究所：《朝鲜通史》，第 230 页。

4　《朝鲜仁祖实录》卷六，二年八月辛亥，《朝鲜实录》第 33 册，第 638 页下。

5　韩国学者金润坤认为，朝鲜大臣之所以有不同意见，在于王廷内部党派纷争的结果，分别体现了北人派与西人派的主张（《大同法의 施行을 둘러싼 贊反 兩論과 그 背景》，《大東文化研究》第 8 辑，1971 年，第 131~160 页）。韩国学者池斗焕也有类似的观点（《仁祖代의 大同法 논의》，《역사학보》第 155 辑，1997 年，第 61~84 页）。

6　《朝鲜仁祖实录》卷七，二年十一月癸丑，《朝鲜实录》第 33 册，第 653 页下。

7　《朝鲜仁祖实录》卷七，二年十一月壬子，《朝鲜实录》第 33 册，第 652 页下。

"请勿罢大同法"。不过，大同厅根据国王的旨意答复"限今年仍行不罢之意"，[1] 不久即停止实施大同法。

1649 年，朝鲜孝宗王即位。面对经济衰败的局面，延川君李景岩上疏请求实施大同法。孝宗王令大臣讨论此事。左议政李景奭、右议政郑太和认为不宜马上推行，而应多听取各地意见；领敦宁府事金尚宪则明显持有反对意见，"若有窒碍难行之弊，则必有不悦者之谤"，主张"请待数月"[2] 后再行定夺。右议政金堉坚持实施大同法，他结合当时社会的弊端，"当今本道一结之价米，几至六七十斗云"，[3] 认为实施大同法是有经济基础的，"今若定为大同之法……两湖田结，共二十七万结，木绵为五千四百同，米为八万五千石"，进一步指出实施大同法的益处，"付之能手，规划措处，则米、布之余数，必多公藏私蓄，上下与足，意外之役，亦可以应之矣"。[4]

孝宗任命金堉主持实施大同法。孝宗二年（1651）首先在忠清道实施，做法为：其一，每结征收大同米十斗，按季节征收，"春秋分等，各收五斗，而山郡则每五斗作木一匹"；其二，根据大、中、小邑不同，分配给不同的米谷作为行政费用，"除给官需，且量给余米于各邑，以应一道之役，其余输纳于宣惠厅，以应各司之役"。[5]1657 年，在全罗道实施大同法，每结征收十二斗大同米。

尽管孝宗支持大同法的实施，但在朝鲜大臣中，持反对意见的还是占多数，"时任大臣，举皆持难，而必欲行之者，惟金堉、李时

1　《朝鲜仁祖实录》卷八，三年正月壬子、辛酉，《朝鲜实录》第 33 册，第 668 页上、670 页下。

2　《朝鲜孝宗实录》卷一，即位年七月戊辰，《朝鲜实录》第 35 册，第 379 页下。

3　（朝鲜王朝）金堉：《潜谷先生遗稿》卷六《请通行两湖大同札》，《韩国文集丛刊》第 86 册，第 117 页。

4　《朝鲜孝宗实录》卷二，即位年十一月庚申，《朝鲜实录》第 35 册，第 397 页下 ~398 页上。

5　《朝鲜孝宗实录》卷七，二年八月己巳，《朝鲜实录》第 35 册，第 507 页上。

白兄弟数人而已"。[1] 结果是大同法在孝宗朝的推行，与前两个时期一样，也没有取得明显的进展。

三　大同法推行缓慢的原因与实施意义

朝鲜大同法从 17 世纪初的 1608 年开始实施，经过一百年的不懈努力，到 18 世纪初的 1708 年，根据黄海道观察使李彦经的建议，在领议政崔锡鼎的主持下，在黄海道推行大同法，大同法才在朝鲜全国绝大部分地区推广，推行的过程比较曲折。

大同法之所以未能顺利推行，有其深刻的社会根源。

其一，由于大同法是按土地面积征收赋税，将收益与纳税直接结合，这直接危及拥有大量土地的官僚、地主的既得利益。"势家两班之多田结而少出役者，俱不悦焉。"[2] 具体到地区而言，豪强多的地区反对推行大同法，豪强少的地区则对大同法表示欢迎："江原道则无不悦者，两湖则有悦之者、有不悦者，是由江原道无豪强，而两湖有豪强也。两湖之中，湖南不悦者尤多，以其豪强尤多也。"[3] 另外，统一征收大同米的做法，使那些依靠官僚地主生存的防纳人失去了进行居中盘剥的机会，他们仇视大同法。因此，大同法的实施，遭到部分官吏和大地主们的强烈抵制和阻挠破坏，"各司下典及牟利势家，百般沮挠"。[4]

其二，王朝向拥有土地的官僚、地主征收大同米，官僚、地主转嫁给农民，结果是农民的经济负担并未减轻，"巧而强者，田多而

1　《朝鲜孝宗实录》卷一九，八年九月己未，《朝鲜实录》第 36 册，第 115 页下。

2　《朝鲜光海君日记》卷二五，二年二月辛亥，《朝鲜实录》第 31 册，第 490 页下。

3　（朝鲜王朝）赵翼：《浦渚先生集》卷二《论大同不宜革罢疏》，《韩国文集丛刊》第 85 册，第 49 页。

4　《朝鲜仁祖实录》卷一，元年四月癸亥，《朝鲜实录》第 33 册，第 520 页下。

役少，拙而弱者，地少而役重之害也"；[1] 另外，朝廷并未完全制止住防纳人的不端行为，"今虽变大同之法，而防纳之人，如前作弊，则民益苦矣"。[2] 农民生活状况依然恶化，因而他们对新法实施的积极性并不高，"初则豪民厌之，今则孱民亦皆厌之"。[3]

其三，大同法实施过程中并未考虑到地方因素的差异性，统一征收大同米的标准并不一致，政府对有的地区每结征收十二斗，有的地区则征收十六斗，导致"初则大邑苦之，今则小邑亦皆不便云矣"。[4] 另外，以布、钱代替米谷的征收上各地存在"地区差价"因素，[5] 这些差别性使得各地地方机构并不积极配合改革的推行。

大同法的实施尽管并不顺利，但它对朝鲜社会的发展仍然产生了重大影响，具有极大的历史意义。

其一，大同法的实施，对朝鲜租税制度的改革是一大促进。按土地面积统一缴纳米谷或以布、钱代替米谷，首先从征税对象上发生了改变，由原来的按人改为按土地，其次是"调"占的比重较低，这样就使朝鲜的赋税体制由原来的"租庸调"体制转变为以"租庸"为中心，这是赋税制度的一大变革。

其二，通过推行大同法，王朝赋税收入有所增加。《朝鲜实录》记载，显宗四年（1663），仅全罗道缴纳的大同米就为"十四万七千一百三十四石"，其中上交宣惠厅"六万一千二百八十石"，留置本道"八万五千九百十六石"。[6] 宣惠厅为中央各部

1　（朝鲜王朝）赵翼：《浦渚先生集》卷二《因求言论时事疏》，《韩国文集丛刊》第85册，第56页。

2　《朝鲜仁祖实录》卷七，二年十一月癸丑，《朝鲜实录》第33册，第653页下。

3　《朝鲜仁祖实录》卷七，二年十二月丙戌，《朝鲜实录》第33册，第661页下。

4　《朝鲜仁祖实录》卷七，二年十二月丙戌，《朝鲜实录》第33册，第661页下。

5　朴真奭等：《朝鲜简史》，第302页。

6　《朝鲜显宗修正实录》卷八，四年三月庚辰，《朝鲜实录》第37册，第306页下。

支出经费五万六千八百八十九石，地方作为正常经费只支出三万七千七百三十二石，此数据表明，当时的中央财政状况已有所好转，"多少得见国家财政的增润"，[1] 可以为地方机构留出更多的财政经费。

其三，大同法促进了农业的发展。大同法统一征收"大同米"，不仅在一定程度上避免了中间防纳人以各种名目进行的巧取豪夺，打击了两班贵族及大地主阶级的利益，部分地缓和了社会矛盾；更重要的是，由于农民不必再像以前那样为筹措贡物而四处奔波，避免了农民的长途跋涉之苦，在一定范围内减轻了负担，因而对农民来说是有一定益处的。农民"欣然若更生，穷村蔀屋，安堵自如。近年巨役之余，又值大无之荒，而终不弃其井乡"。[2] 农民生活条件的改善，对农业生产的发展有利。

其四，大同法刺激了手工业生产部门的发展。因为各级国家机关都是用大同米交换所需手工业品，"促进专业手工业生产者的增加"。[3] 手工业生产者根据官府的需要生产产品，形成专业化的发展模式，在此过程中，加速了手工业生产技术的进一步提高，从而带动了整个手工业生产部门水平的提升。

其五，大同法推动了商品生产的发展。为保证各级机构的正常运转，在征收到大同米后，需要把这些大同米投入市场，换取大量手工业品，这就使大同米作为一种商品进入流通市场，大同米无形中行使了实物货币的职能，拉动了商品经济的发展。

总之，大同法作为朝鲜王朝历史上的重要赋税制度，有助于缓解国家的经济危机，有利于加强中央集权制度建设，在一定程度上

---

1   〔韩〕李丙焘：《韩国史大观》，第 362 页。

2   《朝鲜光海君日记》（太白山本）卷二五，二年二月乙酉，《朝鲜实录》第 26 册，第 521 页下。

3   白凤南等：《朝鲜经济史概论》，延边大学出版社，1988，第 162 页。

保障了农民的利益，促进了手工业与商业的发展，因而对朝鲜历史的发展具有积极意义。

第三节　朝鲜王朝的派系党争

吴光运《药山漫稿》卷一五《雪壑謏闻序》："自夫中世以降，党祸作而士祸熄。士祸之时，善恶如黑白；党祸之后，春秋无义战。"将朝鲜李朝的文人党争分为前后两期，前期称"士祸"，后期称"党祸"。本书仅涉及其所说的前期。

一　"勋旧派"和"士林派"之争

实际上，自朝鲜王朝建立之初，朝中就存在"勋旧派"与"士林派"之争。

"勋旧派"是指以勋旧大臣为核心的势力，最初的代表人物是郑道传、赵浚等人。他们为太祖李成桂出谋划策，在建立朝鲜王朝以及王朝初期建设方面发挥重要作用，因而得到李成桂给予的许多政治待遇，获得优厚的经济赏赐。到世祖时期（1455~1468），勋旧势力的代表郑麟趾、崔恒、申叔舟、徐居正等人形成政治集团，他们"时相聚会，讲经论史，训诲诸生"，[1]在政治上掌握朝鲜国家的实

1　（朝鲜王朝）徐居正：《四佳集》文集卷一《成均馆尊经阁记》，《韩国文集丛刊》第 11 册，第 203 页。

际政权，在文化上注重实学思想，在经济上拥有大量土地、奴婢，可以说是既得利益的拥有者。

"士林派"是指以中小地主为代表的新兴地方政治势力，以岭南的金宗直为代表。他们学问渊博，在乡村社会中培植自己的势力，以朱子学为理论武器，[1] 标榜理想的道德政治，主张忠诚事君、清廉治民，反对勋旧大臣擅权跋扈，祸国殃民。后期朝鲜李朝文人大多是站在士林派一方的，如前引吴光运《药山漫稿》说"士祸之时，善恶如黑白"，认为士林派是善的、正义的。

勋旧派与士林派之争始于朝鲜成宗（1469~1494 年在位）时期。世祖王去世后，睿宗继位，但仅仅过了一年即死去，在大臣韩明浍的拥戴下，睿宗之侄登上王位，是为成宗。彼时朝鲜的统治机构逐渐扩张，官僚阶层日益增多。成宗即位后，鉴于勋旧大臣在朝中乱政，不利于国王掌控权力，于是开始重用具有地方势力基础的在野文人学者出身的士林，来牵制权臣，巩固自己的统治基础。

成宗首先起用士林派代表人物金宗直，委以要职，试图以此来分散勋旧大臣的权力，制约他们的势力膨胀。金宗直掌权后，积极培植私人力量，提拔自己的弟子金宏弼、郑汝昌等大批士林派人物。在成宗的支持下，士林派的权力逐步加强，开始掌握国家各部门的实际权力。士林派势力增强后，开始挑战勋旧派，批判勋旧势力的非法行为，上书弹劾勋旧派李克墩等大肆敛财，生活奢靡，结党营私，"势焰熏灼，人多影从"，[2] 由此引发勋旧派大臣对新兴士林

---

1 宋明理学在朝鲜半岛的早期传播及其对政治的影响，参见杨军《理学在朝鲜半岛的早期传播》，《贵州社会科学》2014 年第 5 期；何晓芳《论程朱理学对朝鲜王朝的影响及作用》，《满族研究》2001 年第 2 期；王丽《朝鲜初期性理学的发展》，《东北亚论坛》2003 年第 2 期。

2 （朝鲜王朝）李可臣：《大峰先生文集》卷三《附录·行状》，《韩国文集丛刊》第 15 册，第 41 页。

势力的仇视，两派展开明争暗斗。

朝鲜燕山君元年（1495），金宗直门人金驲孙在编修《成宗实录》时，收录了金宗直的《吊义帝文》。[1] 一般认为，该文借中国历史上楚霸王项羽杀害义帝楚怀王一事，批判朝鲜世祖王当年的篡位行为，因此引来燕山君对士林派的打击。为便于讨论，将金宗直《吊义帝文》全文引录如下：

> 丁丑十月日，余自密城道京山，宿踏溪驿。梦有神人，被七章之服，顾然而来，自言楚怀王心，为西楚霸王项籍所弒，沈之郴江，因忽不见。余觉之愕然，曰："怀王，南楚之人也；余则东夷之人也，地之相去不啻万有余里，世之先后亦千有余载，来感于梦寐，兹何祥也？且考之史，无投江之语。岂羽使人密击，而投其尸于水欤？是未可知也。"遂为文以吊之曰：惟天赋物则以予人兮，孰不知其遵四大与五常。匪华丰而夷啬兮，曷古有而今亡。故吾夷人又后千祀兮，恭吊楚之怀王。昔祖龙之弄牙角兮，四海之波殷为血。虽鳣鲔鳅鲵曷自保兮，思网漏而营营。时六国之遗祚兮，沈沦播越仅媲夫编氓。梁也南国之将种兮，踵鱼狐而起事。求得王以从民望兮，存态绎于不祀。握干符而面阳兮，天下固无尊于芈氏。遣长者而入关兮，亦有足睹其仁义。羊狼狼贪擅夷冠军兮，胡不收以膏诸斧。呜呼，势有大不然者，吾于王而益惧。为醢腊于反噬兮，果天运之蹠盭。郴之山硙以触天兮，景晻曃而向晏。郴之水流以日夜兮，波淫溢而不返。天长地久恨其曷既兮，魂至今犹飘荡。余之心贯于金石兮，王忽临于梦想。循紫阳之老笔兮，思螼蜳以

钦钦。举云罍以酹地兮，冀英灵之来歆。[1]

金宗直《吊义帝文》，就文意本身言，并无指斥世祖逼端宗禅位并
暗害之意，甚至都看不出影射之意。为罗织罪名，柳子光曾逐句
解释："'祖龙'，秦始皇也，以比于世庙。其曰'求得王以从民望'
者，'王'，楚怀王孙心也。初，项梁欲诛秦，求孙心以为义帝。宗
直以义帝比鲁山，以'羊狠狼贪'指世祖，以'擅夷冠军'指诛金
宗瑞。其曰'胡不收'云云，指鲁山胡不收世祖也。其曰'为醢
腊'云云，谓鲁山不收世庙，反为醢腊也。其曰'循紫阳'云云，
宗直以朱子自处，作赋以拟纲目之笔云。"柳子光的解释显然是极
为牵强的。但是，金驲孙在编写《端宗实录》的草稿时，将金宗直
《吊义帝文》附载于端宗（鲁山君）死事之后，却是大有问题的，
由此推测，要么金驲孙此举属于别有用心，要么就是作为金宗直的
弟子，金驲孙知道金氏此文另有深意。

表沿沫《蓝溪集》卷二《附录·史祸首末》：

先是，子光游咸阳郡，作诗揭板。毕斋之守咸阳也，撤而
焚之，曰："何物子光，乃敢悬板。"子光衔之。克墩立朝，与
成俊有倾轧之习，濯缨之为献纳也，上疏劾之。克墩以全罗监
司，当成庙之丧，不进香京师，载妓而行，濯缨又直书于史。
及修成庙《实录》时，克墩为堂上，见史草书己恶甚悉，私请改
而不从，甚衔之。及见书光庙朝事载《吊义帝文》，欲封其史草

1　　此引自（朝鲜王朝）表沿沫《蓝溪集》卷二《附录·史祸首末》。亦载《燕山君日记》卷三〇
　　"燕山君四年（1498）七月辛亥（十七日）"条，同卷是年"七月己酉（十五日）"条载："柳
　　子光句解金宗直《吊义帝文》以启。"参之上引表沿沫《蓝溪集》卷二《附录·史祸首末》
　　可知，《朝鲜实录》七月辛亥条"其曰"以下内容，即柳子光之"句解"，其文字与此小异。

以启，藉以为祸胎。一日，屏人语总裁官鱼世谦曰："驲孙诬毁先王，臣子见如此事，不闻于上可乎？吾意谓封其史草以启，则吾属无患矣。"世谦愕然不答。乃谋于子光，子光攘臂曰："此岂迟疑之事乎。"即往见卢思慎、尹弼商（毕斋门人李穆尝上疏论弼商之罪）、韩致亨，先叙受恩世祖不可忘之意动其心，然后乃言其事。俱诣差备门，呼都承旨慎守勤，耳语良久，乃启之。

燕山猜暴，不喜学文，故尤恶文士，曰："要名凌上，使我不得自由者，皆此辈也。"常郁郁不乐，欲一施快而未得其衅。闻子光等所启，大喜，以为忠于国家，奖待特厚……儒林气丧，重足累息，学舍萧然，数月之间，无有读诵声。[1]

从表沿沫的记载来看，柳子光之所以发难，是因为与金宗直等人早有个人恩怨。但不论事情的起因如何，此事之所以造成对士林派的巨大打击，关键是燕山君"尤恶文士"，对士林派比较反感，柳子光的告发不过是为燕山君打击士林派提供了借口而已。

《朝鲜燕山君日记》卷三〇燕山君戊午四年（1498）七月辛酉（二十七日）：

奸臣金宗直包藏祸心，阴结党类，欲售凶谋，为日久矣。假托项籍弑义帝之事，形诸文字，诋毁先王，滔天之恶，罪在不赦，论以大逆，剖棺斩尸。其徒金驲孙、权五福、权景裕朋

1　有关戊午史祸的较详细记载尚可参下列诸书。（朝鲜王朝）许筠：《海东野言》卷二《戊午史祸事迹》《柳子光传》；（朝鲜王朝）权鳖：《海东杂录》卷二《金宗直》、卷四《柳子光》。文集所载，如，金宗直《占毕斋集》附《戊午史祸事迹》，姜浑《木溪逸稿》卷二《附录·戊午史祸事迹》，权五福《睡轩集》卷三《附录·戊午史祸事迹》，李胄《忘轩遗稿》附录《戊午史祸事迹》，李穆《李评事集》附录《戊午史祸事迹》，从文字看皆出许筠《海东野言》；唯郑希良《虚斋续集》卷三《戊午史祸录》《戊午士祸党籍》称出自《燃藜抄》。

奸党恶，同声相济，称美其文，以为忠愤所激，书诸史草，欲垂不朽，其罪与宗直同科，并令凌迟处死。驲孙与李穆、许盘、姜谦等诬饰先王所无之事，传相告语，笔之于史，李穆、许盘并处斩，姜谦决杖一百，籍没家产，极边为奴。表沿沫、洪瀚、郑汝昌、茂丰正总等罪犯乱言，姜景叙、李守恭、郑希良、郑承祖等知乱言而不告，并决杖一百，流三千里。李宗准、崔溥、李黿、李胄、金宏弼、朴汉柱、任熙载、康伯珍、李继孟、姜浑等俱以宗直门徒，结为朋党，互相称誉，或讥议国政，谤讪时事，熙载决杖一百，流三千里，李胄决杖一百，极边付处，宗准、崔溥、李黿、宏弼、汉柱、伯珍、继孟、姜浑等决杖八十，远方付处，而流人等并定烽燧庭炉干之役。修史官等见史草，而不即启，鱼世谦、李克墩、柳洵、尹孝孙等罢职，洪贵达、赵益贞、许琛、安琛等左迁。[1]

燕山君戊午四年（1498），平时深受士林排挤的勋旧大臣李克墩、柳子光等，利用国王对士林派的极度怨愤情绪，以士林派歪曲历史事实为借口，攻击金宗直"包藏祸心，阴结党类，欲售凶谋"，怂恿燕山君将已死去的金宗直"剖棺斩尸"，"凌迟处死"金驲孙、权五福、权景裕等数十名士林，"籍没家产"，相关人员或"极边为奴"，或"决杖一百，流三千里"，[2]"如金宗直之流，尽为被杀"，[3]士林势力受到沉重打击而急剧削弱，史称"戊午士祸"。这次士祸的

1　《朝鲜燕山君日记》卷三〇，四年七月辛酉，《朝鲜实录》第13册，第326页下～第327页上。
2　《朝鲜燕山君日记》卷三〇，四年七月辛酉，《朝鲜实录》第13册，第325页下～第326页上。
3　（朝鲜王朝）李恒福：《知退堂集》卷八《东阁杂记乾·本朝睿源实录》，《韩国文集丛刊》第58册，第124页。

发生，固然是"燕山君欲加之罪，也确为金宗直等人授之以辞"。[1]

"戊午士祸"后，由于朝中缺乏士林派那样的直言劝谏，国王燕山君恣意妄为，生活奢侈腐化，肆意浪费民财，大小官员上行下效，压榨百姓，耗尽国家府库的收入，造成王朝的经济危机。在财政困境下，燕山君一方面下令大幅提高农民上交贡纳品的数量，另一方面打算通过没收勋旧大臣的土地和奴婢来增加国库收入，因而引起勋旧势力的极力反对。燕山君十年甲子（1504）三月，逮捕勋旧大臣李守贞、洪彦国等人，"杖八十"之后流放于"西北方"，[2]并且借机清算了一些在"戊午士祸"中幸存的士林人士，将他们或判刑或发配到外地，剥夺他们的家产。此次事件，史称"甲子士祸"。

"甲子士祸"后，勋旧派和士林派都无力规正燕山君的执政行为，因此他愈发骄淫放纵，滥行暴政。例如，他改学术机构成均馆为宴乐场所，改圆觉寺为联芳院，接居女妓，派采青使去各道选美，荒淫无度。燕山君的暴行既给广大百姓造成伤害，也令朝中大臣难以容忍。燕山君十二年（1506）九月，以知中枢府事朴元宗、副司勇成希颜、吏曹判书柳顺汀为代表的勋旧大臣，联合"武夫、健将"，发动军事政变，将燕山君流放于江华岛，重新拥立燕山君的同父异母弟晋城大君李怿为国王，此即朝鲜中宗。这次事变史称"中宗反正"。

中宗（1507~1544 年在位）是在勋旧大臣的扶持下上台的，因而受制于勋旧派。但当朴元宗、成希颜、柳顺汀三位反正大臣相继去世后，中宗开始亲政，并着力进行改革，提倡朱子学，启用士林势力，重用士林派儒学者赵光祖。赵光祖担任大司宪后，整顿土

1　杨军：《朝鲜王朝前期的古史编纂》，第 153 页。

2　《朝鲜燕山君日记》卷五二，十年三月戊寅、庚辰，《朝鲜实录》第 13 册，第 597 页上 ~598 页上。

地，建立一套人才选拔制度，由此很多士林派人士脱颖而出，形成政治势力。此后，勋旧派和士林派的对立日趋尖锐化。同时，士林儒生的过激政治改革引发中宗对权力的忧虑，担心王权受到威胁。朝鲜中宗十四年己卯（1519），南衮、沈贞等勋旧大臣，指责赵光祖等士林派结党营私，"交相朋比，附己者进之，异己者斥之，声势相倚，盘据权要"，意在阴谋篡位，中宗感觉借机对士林派予以打击的机会来到了，于是将赵光祖等三位士林首脑"赐死"，其他人"绝岛安置"，[1] 此次殃及的士大夫有两百余人，士林势力土崩瓦解。此次事件史称"己卯士祸"，那些遭受迫害的朝臣被称作"己卯明贤"。[2]

　　"己卯士祸"后，勋旧派重新得势，操纵朝政。为削弱勋旧派的政治势力，中宗统治晚期，重新起用一些士林派人物，于是士林派与勋旧派又形成均衡局面。朝鲜明宗元年乙巳（1545），仁宗王后之弟、大国舅尹任掌握实权，任命许多士林为王朝官员；仁宗继妃之弟、小国舅尹元老与尹元衡则集结勋旧大臣形成一派，对抗大国舅支持的士林派，形成大尹集团和小尹集团。仁宗在位八个月即死去，其弟年仅 12 岁的庆元大君即位，是为明宗；小国舅尹元衡一派得势，联合领议政尹仁镜，罗织罪名，指责大国舅尹任与掌权大臣柳灌、柳仁淑等相互勾结，"包藏祸心，谋欲害及宫闱，情状彰著"，[3] 明宗听信尹仁镜的奏报，将尹任等大臣流放，并对许多尹任所任用的士林派官员进行打击。此次事件史称"乙巳士祸"。

　　明宗在位时期（1545~1567），主要依靠勋旧大臣，其代表人物

1　《朝鲜中宗实录》卷三七，十四年十二月丙子，《朝鲜实录》第 15 册，第 602 页下。

2　〔韩〕申奭镐：《己卯士祸の由来に関する一考察》，《青丘学丛》第 20 辑，1935 年，第 1~49 页。

3　《朝鲜明宗实录》卷一，即位年八月甲寅，《朝鲜实录》第 19 册，第 303 页上。

尹元衡一度担任领议政一职。由于尹元衡位高权重，时间久了不免权力欲膨胀，由此招致朝臣的抨击。明宗二十年（1565），大司宪李铎、大司谏朴淳上表国王，谴责尹元衡"专政擅命，窃弄神器，人主威权移在掌握，气焰熏世，跋扈无忌，挟制君父"，[1]在众多大臣的强烈要求下，明宗最终罢免尹元衡，其代表的势力随之遭受打击，这给士林派以再次崛起的机会。从此以后，士林派实际操控了朝鲜王朝的命脉，"士林虽然受到多次打击，可是他们终于使自己在中央的位置得到了提高和发展"，[2]逐步在政府机构中确立起主导地位。

　　勋旧派与士林派的斗争及士林派所遭受的"士祸"，反映出如下几个问题：第一，士林势力的崛起，引发统治阶层的政治争斗，从而导致"士祸"的出现，"四次士祸的原因不尽相同，但是自始至终贯穿着一个主题，那就是勋旧势力与士林之间的权力斗争，而这场冲突是由于士林作为一种政治力量出现在中央政府的舞台上而引发的"。[3]第二，在勋旧派与士林派的斗争中，两派互有胜负。尽管士林派所受的迫害较大，但随着燕山君对勋旧派的连带打击，勋旧势力大为削弱。例如，在"戊午士祸"中，由于对修史官"见驲孙史草不立启"，[4]燕山君罢免了挑起"士祸"的勋旧派人物李克墩。第三，双方的争斗不可避免地对当时的国家统治造成严重影响。

二　士林派的内部分化与党争

　　士林派掌握朝政以后，设立了书院和乡约新组织。所谓书院，

1　《朝鲜明宗实录》卷三一，二十年八月丁卯，《朝鲜实录》第21册，第24页下。
2　朝鲜民主主义人民共和国科学院历史研究所：《朝鲜通史》，第195页。
3　〔韩〕李基白：《韩国史新论》，第215页。
4　〔日〕林泰辅：《朝鲜通史》，第123页。

就是地方两班聚集在一起，祭祀与他们有关的历史上有名的学者、政治家、将军并研究学问的机关。乡约是指以地方两班为中心，提倡维持儒家社会道德秩序的一种组织。士林派试图通过组织书院和乡约方式，来扩大士林的政治势力，巩固自己的政治地位。朝廷对书院和乡约予以支持，给予一定数量的免税地和奴婢。但是，封建王朝对士林派的扶持，并没有消弭其派系争斗，相反却更加剧了士林派内部争权夺利的斗争，"党争"由此出现。[1]

"党争"是指宣祖（1567~1608 年在位）年间，由于官员任用上的不同意见，引起代表不同势力派别之间的相互排挤争斗。宣祖是中宗嫔妃昌嫔的孙子，德兴大院君之子。"党争"的起因是为争夺吏曹"铨郎"这一官职。"铨郎"尽管只是一个中级职位，但掌管朝廷重要官吏的任免，属于实权位置，且离任者有推荐继任者的特权。宣祖八年（1575），新进士林的年轻官员金孝元欲出任铨郎职位，时任吏曹参议的沈义谦指责金孝元为人善于阿谀奉承，因而不同意金孝元担任这一职位，"时义谦、孝元角立之议，纷纭不已"。[2]到金孝元离任铨郎一职时，沈义谦的弟弟沈忠谦被大臣们推荐继任，却遭到金孝元的坚决阻挠，沈忠谦因而未能任职，从此沈、金两家结下仇怨。

《丰墅集》卷七《原论》：

> 粤在明庙朝，沈义谦以舍人禀事尹元衡，见金孝元寝具

---

1 韩国学界有关朝鲜王朝党争的研究成果较多，代表性的如：成乐薰《韓國黨爭史》，高麗大學校民族文化研究所編《韓國文化史大系》（2），高大民族文化研究所出版部，1965，第221~390 页；姜周镇《李朝黨爭史研究》，서울大學校出版部，1971；李银顺《朝鮮後期黨爭史研究》，一潮閣，1993；李成茂《조선시대 당쟁사》，동방미디어，2000。

2 《朝鲜宣祖实录》卷九，八年十月戊子，《朝鲜实录》第 21 册，第 333 页上。

在其甥室，心鄙之。及宣庙朝，孝元释褐有盛名，吴健力荐铨郎，则义谦执前事不许。少辈哗然，指义谦妨贤弄权。孝元又目义谦为人戆粗，至谓不可柄用。缙绅游谈之徒，左右交乱，动以戚畹、士类为黜陟之论。然义谦当李梁用事，尝有保护善类功，前辈诸公年高位尊者多扶诩之。自是沈、金角立，而士林先后辈，遂成暌贰。

孝元家在骆山，号东人。义谦家在白门，号西人。东人推金孝元、金宇颙、许晔、李山海、柳成龙、李泼、李浩、李敬中、郑仁弘等。西人推沈义谦、朴淳、郑澈、金继辉、辛应时、尹斗寿、尹根寿、洪圣民等。是皆负经术才猷，一代之伟望者也。[1]

士林内部出现相互敌视的两派。一派是早已担任高官显职，拥有大片土地的老士林派，以沈义谦为首，因其居住在汉城西部，称为西人；另一派是后起的少壮派，以领议政尹元衡的姻戚金孝元为首，因其居住在汉城东部，称为东人。由此，两派以书院为平台"立党相轧"，[2] 展开长期的政党倾轧斗争。

党争为什么产生？有人指出，党争的产生与东亚地域的文化、人种性格有关；有人将原因归于朝鲜王朝的官吏制度，建立在此基础上的体制无法避免党争；甚至有人把朝鲜王朝后期长期的和平视为原因。而我们认同朝鲜党争的出现"诱因在于朝鲜王朝两班贵族制度"的看法。在两班官僚制度下，官员为确保本集团能够在政治上长期占据统治地位，以便获取更多的经济利益，于是拉帮结派，对抗其他派别，从而出现无休止的争斗，由此朝鲜社会形成众多

1　（朝鲜王朝）李敏辅：《丰墅集》卷七《原论》，《韩国文集丛刊》第232册，第432页。以下再引《原论》者，不另出注。

2　（朝鲜王朝）康复诚：《苏齐集·苏齐先生年谱》，《韩国文集丛刊》第35册，第301页。

党派。

在东人党与西人党的斗争中，起初是西人党占优势，因为沈义谦作为前朝国舅，拥有一定势力，加之作为西人党重要人物的朴淳担任领议政，联合郑澈、尹根寿、李海寿等朝廷重臣"表里相倚，声势相校"，[1] 巩固了西人党的地位。东人党中，地位最高的是大司宪许晔，但他们的整体力量不如西人党。后来，通过科举考试进入中央机构的士林越来越多，他们占据大司宪、大司谏、大提学等重要职位，纷纷加入东人党，攻击以外戚沈义谦为首的西人党干预朝政，由此东人党势力开始超越西人党。

东人、西人的党争，在宣祖二十五年（1592）拥立继承人的问题上达到高潮。以领议政李山海为首的东人党主张立宣祖次子光海君，而以左议政郑澈为首的西人党则极力支持宣祖长子临海君。宣祖倾向于立光海君，李山海等东人党迎合宣祖的旨意，称"光海饬行服学，中外属心"，并诬告郑澈等西人党在立世子问题上混淆视听，"临海君肆荒怠不学，纵奴作弊尤甚"，[2] 最终宣祖听信东人党的鼓动，立光海君为世子，并"追削郑澈官爵"，[3] 其他西人党人或被发配或被罢官。在这场"建储之争"中，西人势力被清除，而东人在朝廷中的地位得以巩固。

壬辰战争时期，朝鲜党争依然在继续。《丰墅集》卷七《原论》：

> 壬辰倭变，车驾播越次松都。一宗室请治金公谅交通乱政

1　《朝鲜宣祖实录》卷一九，十八年九月己巳，《朝鲜实录》第 21 册，第 424 页下。

2　《朝鲜宣祖修正实录》卷二六，二十五年四月癸卯，《朝鲜实录》第 25 册，第 613 页下。

3　（朝鲜王朝）金涌：《云川集·云川先生年谱》，《韩国文集丛刊》第 63 册，民族文化推进会，1996，第 111 页。

之罪，又论山海挟粤援误国状。乃命罢山海相职，流于平海。上御南门楼，军民父老请召还澈，上赦澈趣赴行在。当是时寇乱日深，西人之曾见摈弃者，皆能仗义死节。赵宪、金千镒、高敬命、宋象贤，最其著见者。东、西二党咸聚于朝，而倭寇尚屯南海，国虞板荡，朝臣莫暇相攻击。及戊戌，倭始撤归，山海亦已宥还，属郑澈没而东人复进，持澈益急，追夺其职。山海子庆全将荐入吏曹录，东人郑经世执不可。山海怨经世，嗾其党移攻其师柳成龙。于是右成龙者有李元翼、李德馨、李晔光、李光庭、韩浚谦等，是为南人。以柳成龙家岭南也。右山海者有柳永庆、奇自献、朴承宗、柳梦寅、朴弘耇、任国老、李尔瞻等，是名北人。以山海居洛北也。南、北分，而北人尤盛，东人之号遂绝。

战争初期，由于朝鲜接连败退，执政的北人党领袖李山海遭到柳成龙等的弹劾，"削领议政李山海官"，[1] 北人党受挫，南人党柳成龙成为领议政。但随后日军继续加强进攻，朝鲜连战连败，柳成龙无奈辞职，西人党领袖尹斗寿担任领议政。后来，柳成龙通过战争掌握军权，南人党李德馨代表朝鲜向明朝求救，南人党的地位上升，西人党势力受挫。

三 党派斗争的激化

朝鲜宣祖三十四年（1601），北人派在与南人派的争斗中胜出，拥有朝廷的实际权力，"北人专国"，"西人之前后言事者，贬黜殆尽"。

---

1 《朝鲜宣祖实录》卷二六，二十五年五月辛酉，《朝鲜实录》第21册，第484页下。

《丰墅集》卷七《原论》：

> 戊申，光海即位，崇用北人，而西人与南人俱失势……北
> 人又分为大小。主废母论者为大北，异者小北。大北以李尔瞻
> 为魁，韩缵男、郑仁弘、许筠、李惺、白大珩等赞之。小北以
> 南以恭为首，朴承宗、奇自献、柳希奋、金荩国等辅之。互恃
> 恩宠，以威福相轧。

朝廷中的北人党又由于国王的继位问题，分化为主张拥立光海君的
大北派，以及主张拥立嫡子临海君的小北派。大北派以郑仁弘、李
尔瞻等为首，"表里盘踞，肆其邪说"，[1] 小北派则以柳永庆为首，独
立门户，"与仁弘又不和"。[2]

朝鲜光海君元年（1609），在大北派的成功运作下，光海君在
王位之争中战胜临海君，成为新的朝鲜国王。小北派在光海君即位
后受到打击，曾极力拥戴临海君的柳永庆被赐死，另有韩应寅、朴
东亮等六位大臣被弹劾，史称"七臣之祸"。[3] 同时，光海君重用大
北派，并且以谋逆罪名将临海君放逐江华岛，不久派人"杀临海君
于围所"。[4] 朋党派别日趋错综复杂，党争愈演愈烈，变成朝鲜社会
长期的内部权力斗争。

《丰墅集》卷七《原论》：

> 当光海之初……小北之党犹不衰，虽然，大北最强，故

1　（朝鲜王朝）金集：《松江集》，《韩国文集丛刊》第 46 册，第 368 页。
2　《朝鲜宣祖修正实录》卷三八，三十七年十一月丁丑，《朝鲜实录》第 25 册，第 695 页上。
3　《朝鲜光海君日记》卷一，即位年二月己未，《朝鲜实录》第 31 册，第 259 页下。
4　《朝鲜光海君日记》卷一五，元年四月庚辰，《朝鲜实录》第 31 册，第 426 页上。

又自分裂。郑昌衍、李溟、柳梦寅等，以救郑蕴为中北。而又有清北、浊北、骨北、肉北、皮北之名矣。癸亥仁祖反正，文武勋臣皆出于西人，金瑬、李贵、申景禛、具宏、张维、洪瑞凤、崔鸣吉、沈命世等，协赞举义，彝伦再叙。大北自李尔瞻、郑仁弘以下尽诛死，自后无敢以大北自名者。西人遂执国论。旧相李元翼，南人也，召为元辅。仍通用南人、小北。然小北、中北不能自立，争附于西、南者甚众。

朝鲜仁祖元年（1623）三月十三日，在仁穆大妃的支持下，以李贵、李适、金瑬为首的西人党冲入昌德宫彰义门，罢黜国王光海君，将其流配到江华岛，拥立宣祖之孙、临海君之子、绫阳君李倧即位，[1] 是为仁祖，史称"仁祖反正"。在这次武装政变中，大北派李尔瞻、郑仁弘等数十人被杀，两百多人被逐；同时，小北派也受到牵连，由此北人派势力遭受沉重打击，几乎灭绝。

仁祖之后的朝鲜王朝，各党派在不同时期得到不同的重视。例如，孝宗时期（1649~1659），西人派继续得到重用。孝宗继位后，一度想"反清复明"，于是任用有强烈反清意识的西人派领袖宋时烈，推动对清朝的"北伐"，但无果而终。显宗时期（1659~1674），国王为牵制西人派，启用南人派许积、许穆等，攻击西人派的不当"北伐"。肃宗时（1674~1720），西人派与南人派交替被任用，不过还是西人派长期执政。此时，西人集团内部，又出现过多次分裂，

---

1 《朝鲜仁祖实录》卷一，元年三月癸卯。关于仁祖国王的被拥立即位，《明史》也有记载："（天启）三年四月，国人废珲而立其侄绫阳君倧。"（《明史》卷三二〇《朝鲜传》，第 8303 页）对此，杨效雷认为，《朝鲜仁祖实录》的编写固然是有仁祖国王的主观因素，但《明史》之所以有如此记载，是应朝鲜的"辩诬"陈奏使然，属"伪史料"。而《明实录》《明史》中记载的李倧"蓄谋篡位"较为可信（详见杨效雷《中朝关系史上的一次所谓"史册辩诬"》，《东北史地》2011 年第 5 期）。

西人派分裂为宋时烈为代表的老论派（元老派）和尹拯为首的少论派（少壮派），老论派长期掌握实权。景宗时期（1720~1724），少论派掌握实权。英祖时期（1724~1776），老论派再次掌握政权。正祖时期（1776~1880），南人派、北人派、老论派、少论派四派，同时被启用执政，之后的纯祖、宪宗、哲宗三朝，老论派实际掌握政权，被称为势道政治。

纵观朝鲜王朝的派系党争现象，呈现出如下几个特征。

第一，持续时间长。从 15 世纪末至 19 世纪末期，横跨四个世纪的时间，经历了成宗、燕山君、中宗、明宗、宣祖、光海君、仁祖，乃至孝宗、肃宗、正祖等朝鲜中后期国王统治时期，在此期间，各党派进行或明或暗的斗争，绵延不绝。

第二，派系党争的范围较广，从中央一直到乡村，都有不同派别争斗的现象。例如，勋旧派是占据京城拥有世袭特权的大贵族的代表，而士林势力以地方中小地主为主，他们最初的活动范围是在广大的乡村，以后逐渐在京城站稳脚跟，开始新的内斗。

第三，党派斗争体现出循环性的特点，即一派崛起，另一派衰弱，并且不断反复。例如，有的党派在某一朝代得到国王赏识而掌握实权，另一派别则积极积蓄力量，通过政变等形式扶持新的国王，由此这一派得以被重用，而另一派又受到打压，党派斗争在反复中进行。

第四，不同时期的党争皆对朝鲜社会带来了严重后果。党争的发展负面作用是极大的。其一，党争使统治集团内部矛盾日趋激化，阶级矛盾随之加剧，对王朝的发展是极其不利的。"尤其愈到末期，党争的反作用愈大，分化国民团结，人才埋没于乡野，此乃导致国家灭亡的原因。"[1] 其二，导致外患的出现。16 世纪末，

---

1 〔韩〕李元淳等:《韩国史》，第 201 页。

日本敢于发动侵略朝鲜的壬辰战争，正是利用朝鲜国内党争不断，政局腐败、边备废弛的机会，拥兵进入朝鲜半岛，几乎灭亡朝鲜王朝。

第五，朝鲜王朝的派系党争与明朝的党争极为类似。都是党派众多，而且争论的主题大致相同。明朝党争围绕明神宗万历年间"争国本"即立太子问题展开，朝鲜王朝同样在继位问题上有针锋相对的斗争。此外，党争都对本国政治造成破坏性影响。

第四节　壬辰战争诸问题再检讨

长期以来，国内外学者围绕壬辰战争诸问题的探讨持续升温，韩国和日本学界有诸多著作论文，对此进行专题研讨。但是"迄今为止，中国学术界对这场战争的研究非常少……中文世界里，能够让人眼前一亮的著作至今没有出现"。[1] 本书无力对此国际学术界的焦点问题和中国学术界的盲点问题展开全面研究，只是针对其中的几个问题谈一些我们的看法。

一　壬辰战争发生的动因

关于日本发动侵朝战争的原因，"正如日本学者所说：'仍属尚

---

[1]　孙卫国：《东亚史籍与中国史研究》，《光明日报》2014年4月16日《理论周刊·史学版》。

未解决的重要研究课题'";[1] 尽管史学界对此多有探讨，但众说纷纭。据杨昭全统计，计有扩张领土说，满足武士侵略野心并消耗南部封建主势力以巩固统治说，和缓国内危机说，为满足封建主和商人的贪欲说，加强对大名的统一、弥补财政收入说，适应国内商业资本的掠夺、缓和国内反对派的攻击以巩固其统治地位说，通商被拒、借道未允、排伤子之忧、立功名于世说，麻痹与转移国内人民斗争力量、削弱敌对的封建势力说，为大日本精神鼓舞、海外扩张说，人多地少只好向海外扩张说，满足大名的求利争地、削弱天主教势力说，侵略朝鲜的历史传统、将诸侯引入外征以巩固统治说等 12 种不同说法。[2] 我们认为，民族侵略本性、政治领土企图、经济利益追求、个人意志体现、客观消极环境等五个因素的综合作用，导致了壬辰战争的发生。[3]

其一，日本大和民族的侵略本性使然。日本属于岛国，长期的海洋生活习性使大和民族富有掠夺性，他们窥视邻国朝鲜半岛的野心由来已久。早在朝鲜三国时期，日本列岛的倭人部落即不断侵袭新罗边界。高丽时期，倭寇猖獗，频频骚扰朝鲜沿海地区。自 16 世纪初以来，日本更是不断骚扰朝鲜沿海一带。史书记载："对马岛倭人等，多数出来，陷没济浦后，近处各浦，一时攻击，熊川镇则时方围立，城底民家，皆被兵火。"[4] 朝鲜明宗十年（1555）五月，70

---

[1]　转引自王家骅《略论丰臣秀吉侵朝战争的原因》，《日本研究》1985 年第 3 期。

[2]　杨昭全：《论明代援朝御倭战争的几个问题——兼评 110 部论著对这一历史事件的论述》，载杨昭全《中朝关系史论文集》，世界知识出版社，1988，第 102~105 页。

[3]　杨昭全首倡复合原因说，认为日本侵朝原因是多方面的。主要原因是以丰臣秀吉为首的军事封建主的领土扩张要求。副因有两个：一是商人的海外通商贸易要求，一是丰臣秀吉的个人政治野心。参见杨昭全《论明代援朝御倭战争的几个问题——兼评 110 部论著对这一历史事件的论述》，载杨昭全《中朝关系史论文集》，第 107 页。

[4]　《朝鲜中宗实录》卷一一，五年四月癸巳，《朝鲜实录》第 14 册，第 423 页上。

余艘倭船在明朝沿海大肆抢掠之后，在返回日本途中经过朝鲜，"先劫闾阎，又攻郡县"，致使朝鲜"主将见杀，一道人心沮丧，无策可措矣"。[1] 从这一点上来说，丰臣秀吉发动侵朝战争，正是日本历史上侵略政策的延续。

其二，日本企图在政治上建立东亚霸权，实现扩疆拓土的野心。"古代国际关系更多地表现为领土的兼并、财富和人力的掠夺，以及征服与反征服。换言之，军事冲突与对抗成为古代国际关系的主要内容。"[2] 以丰臣秀吉为首的日本军事封建领主，为了打破中国与周边各国长期保持的封贡体系，以建立包括朝鲜、中国、印度乃至东南亚各地在内的日本殖民统治圈，满足其政治霸权及领土扩张的欲望，公然挑起对朝鲜的侵略战争。朝鲜半岛在军事战略上具有极为重要的地位，它是日本与大陆交通联系的天然桥梁，"一得朝鲜，遽为巢穴，分头进犯，特易易耳"，[3] 因而日本欲以朝鲜为军事跳板，继续进犯中国乃至整个亚洲大陆。

丰臣秀吉曾先后表白道："图朝鲜，窥视中华，此乃臣之素志。""在我生存之年，誓将唐（明）之领土纳入我之版图。"[4] 当时的朝鲜宣祖国王也认识到这一点："此贼（丰臣秀吉）凶狂，非但为我国而来，其势必长驱犯上国。"[5] 为了"直入大明国，易吾朝风俗于四百余州，施帝都政化于亿万斯年"，[6] 丰臣秀吉曾"遣僧玄苏等乞假

1　《朝鲜明宗实录》卷一八，十年五月辛亥，《朝鲜实录》第20册，第271页上、下。

2　蔡拓等：《国际关系学》，南开大学出版社，2005，第13页。

3　（明）陈子龙：《皇明经世文编》卷四〇二，中华书局，1962，第4363页。

4　〔日〕参谋本部编《日本战史》（朝鲜战役），第11页。转引自赵建民等主编《日本通史》，复旦大学出版社，1989，第110页。

5　（朝鲜王朝）李廷龟：《月沙先生别集》卷一《杂著·壬辰避兵录》，《韩国文集丛刊》第70册，景仁文化社，1990，第498页。

6　《朝鲜宣祖修正实录》卷二五，二十四年三月丁酉，《朝鲜实录》第25册，第601页下。

途犯辽",向朝鲜提出借道要求,但朝鲜"以大义拒之甚峻",因而丰臣秀吉"遂倾国出师",[1] 大举寇犯朝鲜。[2]

其三,日本试图通过发动对朝鲜及明朝的战争,追求经济上的可观利益。日本的大领主、武士们对领土和经济利益贪得无厌,对于财富具有极强的占有欲,而日本狭小的国土及国内贫乏的资源显然不能满足他们的欲望。另外,日本豪商们为获取经济利润,迫切要求开展海外贸易,"对于庞大、富庶但又禁闭的中国市场,豪商们早已垂涎已久",[3] 丰臣秀吉欲带领大领主、武士、豪商们通过军事扩张到海外掠夺资源,这正迎合了他们的需求。由于日本海盗所造成的倭患,自嘉靖年间开始,明朝采取严厉的海禁政策,中断与日本的"勘合"贸易,使日本期望通过海路贸易获取明朝物资的计划落空。为了与明朝重开通贡贸易关系,以期源源不断地获得各种产品,必须先打通日本从陆路获取明朝物资的通道——朝鲜。[4]

其四,战争的发生与丰臣秀吉的个人意志分不开。丰臣秀吉虽然于 1591 年最终完成对日本的统一,但国内矛盾重重,以德川家康为首的大封建领主同丰臣秀吉貌合神离,并不服从丰臣秀吉的领导,"曾经被他征服的大名们,各自怀着苦恼和不满",[5] 如果发动对朝鲜乃至对明朝的战争,"就会暂时转移他们(大领主、大武士)的

---

1 《朝鲜宣祖实录》卷二六,二十五年四月壬寅,《朝鲜实录》第 21 册,第 483 页上。

2 关于日本侵略朝鲜的动机,孙文良认为并不仅仅限于所谓"借道"朝鲜,其真实意图在于吞并朝鲜;而所说进攻明朝,"不过是虚张声势"(参见孙文良《明代"援朝逐倭"探微》,《社会科学辑刊》1994 年第 3 期)。

3 朱亚非等:《万历援朝战争起因再探讨》,《山东青年政治学院学报》2012 年第 2 期。

4 关于日本是否是出于经济利益而入侵朝鲜,杨通方有不同的看法,他承认"日本是为了通贡贸易才发动了这场先打通朝鲜,然后进攻明朝的战争";但他否认"丰臣秀吉为商品寻找市场"的说法,认为彼时的日本"远远没有达到要为商品市场而发动战争的地步"(参见杨通方《明朝与朝鲜的壬辰卫国战争》,《当代韩国》2001 年秋季号)。

5 〔日〕铃木良一:《丰臣秀吉》,郝迟译,黑龙江人民出版社,1983,第 134 页。

注意力，又可以在战争中消耗他们的实力"，[1]因而丰臣秀吉为转移国内矛盾，树立个人威信，加强其统治地位，发动了侵朝战争。

其五，日本之所以敢于进犯朝鲜，是由于朝鲜和明朝政局动荡、军事废弛、国力虚弱的衰败环境给日本以可乘之机。朝鲜王朝内部，由于持续多年的激烈党争加剧了国内各种矛盾，经济残破不堪，军队战斗力下降。此时明王朝的统治已走向末路，神宗皇帝多年怠政，宦官权臣窃弄权柄，国力衰弱，无力加强军事国防建设。明廷从朝鲜那里得知丰臣秀吉的阴谋，但明朝君臣并未采取有针对性的防范措施，仅是向沿海哨卡下一道戒饬海防的命令，没有进行任何军事上的准备。[2]丰臣秀吉了解到朝鲜与明朝国内的实际情况，遂决定发兵进犯朝鲜。

二　壬辰战争对中、朝、日及三国关系的影响

从朝鲜方面来说，壬辰卫国战争的胜利，保障了朝鲜的主权独立和领土完整。在外敌入侵面前，朝鲜人民发扬高度的爱国主义精神，维护了主权国家利益，捍卫了本国的尊严。但战争也给朝鲜带来极大的负面影响。

其一，加剧了朝鲜的党争。党争是朝鲜社会长期存在的问题。在面临日本侵略的国难面前，朝鲜内部的政治派别不是团结起来一致对外，而是围绕主战与主和、选派抗倭将领等问题互相倾轧。如，抗倭名将李舜臣曾因受到东人党内北人派系李山海的诬陷，而被宣祖国王罢免职务。战后党争"传统"持续发酵，"战争几乎使整个国土化为焦土，就是在这种情况下，作为统治阶层的两班阶层，

1　汪高鑫、程仁桃：《东亚三国古代关系史》，北京工业大学出版社，2006，第 165 页。

2　转引自张声振《中日关系史》第 1 卷，吉林文史出版社，1986，第 291、292 页。

仍热衷于攀比门阀和争当贵族，陷入了漫长的党争漩涡中"，[1] 这种情况严重削弱了朝鲜的封建统治。

其二，朝鲜经济遭到极大摧残。在直接遭受战乱的地区，"凤山以西，则犹有民居；自凤山至京城，一带直路，荡无人烟，往来公差及商贾行旅，亦无过宿之地"。战乱带来严重的人口减少和经济残破，"经乱之后，八道物力，一样残破，而畿甸尤甚"。全国各地，出现"田野未尽辟，污莱榛莽，满目萧然，畎亩阡陌，无迹可据"[2] 的荒凉景象。战争使朝鲜经济一蹶不振。

其三，朝鲜文化遗产与古迹遭受极大摧残。由于日军所到之处焚烧抢掠，对朝鲜文化财产冲击很大，"佛国寺与景福宫等主要文化宝藏被烧毁，许多书籍亦付之一炬"。[3]

其四，成为朝鲜后来遭受女真侵略的诱因之一。壬辰战争期间及战后的很长时间，朝鲜无力顾及边防建设，这为毗邻朝鲜国境的明朝边疆民族女真部提供了发展空间。朝鲜备边司称："我国自倭寇之后，边备荡然，黠酋之所审知也。"[4] 以至于后来的建州女真部频频与朝鲜发生边境冲突，乃至后来后金（清）两次发动对朝鲜战争直至彻底征服朝鲜，使之成为臣属国。

从明朝方面来看，抗倭援朝战争的胜利间接保卫了明朝的领土利益，粉碎日本的"假途犯辽"企图，但战争也不可避免地对明朝产生了不利影响。

其一，加深了明朝的政治危机。明朝倾全国之力援助朝鲜抗

1　〔韩〕姜万吉：《（고쳐 쓴）한국현대사》，창작과 비평사，1996，第13页。
2　《朝鲜宣祖实录》卷一三一，三十三年十一月丁卯；卷一五九，三十六年二月己丑、三十六年二月己亥，《朝鲜实录》第24册，第155页上、445页下、447页下。
3　〔韩〕李元淳等：《韩国史》，第213页。
4　《朝鲜光海君日记》卷七，即位年八月辛未，《朝鲜实录》第31册，第342页上。

倭，蒙受巨大损失，通过这场战争，暴露出明朝政治上"外强中干"的真实面目，战后不到 50 年，明王朝即走向灭亡，这在一定程度上说明援朝战争极大地削弱了明朝的国力，使之由此衰落下去。"以这场战争为分水岭……揭开了明朝走向灭亡的帷幕。"[1]

其二，激化了明朝的阶级矛盾。明朝为援救朝鲜，在经济上耗费巨大，"自倭乱朝鲜七载，丧师数十万，靡饷数百万"。[2] 援朝战争的庞大军费支出，直接影响到明朝的经济命脉，造成国库空虚，财政困难。为解决财政危机，明廷在战时及战后加重对百姓的赋税征收，"接踵三大征（其中之一征即为东征朝鲜的援朝战争），颇有加派"，[3] 导致国内阶级矛盾加剧，农民由于负担加重无法生存，于是奋起反抗，农民起义风起云涌，最终明朝被李自成等农民政权所推翻。

其三，造成了明朝的边防危机。由于明朝把大量精力投入援朝战争，无暇顾及国内边疆民族事务，给一些少数民族首领发展实力提供了可乘之机。如，西南地区贵州播州的土酋杨应龙"利用明朝全力援朝抗倭之机，肆无忌惮地发动叛乱"；[4] 同时，生活于中国东北边疆的建州女真部迅速崛起，建立后金政权，与明朝分庭抗礼，并最终取代明朝。

壬辰战争对日本也产生了深刻的影响。

其一，日本政治霸权思想破灭。壬辰战争中日本的失败，使日本的侵略扩张意图得到遏制，"无论壬辰倭乱最初的目的是占领中国

1　万明：《万历援朝之战与明后期政治态势》，《中国史研究》2001 年第 2 期。

2　《明史》卷三二〇《朝鲜传》，第 8299 页。对于《明史》中所记载的明朝在壬辰战争中遭受损失情况，有许多学者认为并不可信，指出明朝并非有如此大的损失。

3　《明史》卷七八《食货志》，第 1903 页。

4　黄尊严、颜廷宏：《试论壬辰战争对明朝的消极影响》，《烟台大学学报》2009 年第 4 期。

还是部分性地割占朝鲜半岛，这些计划终究未能变成现实，未能改变既有的领土归属"。[1]

其二，战争使日本对外经济贸易遭受重挫。战前，日本的对明官方勘合贸易虽已停止，但民间私商贸易一直进行，与朝鲜的对马岛等地也维持着一定的贸易。战争的发生，使日本与明朝民间及朝鲜的贸易尽行中断，"兵兴后，绝开市"，[2] 因而日本的对外贸易蒙受巨大损失。

其三，战争为日本政权交替和社会发展转型带来契机。战前的日本一直鼓吹军事扩张，战争中日本的惨败，导致丰臣秀吉势力垮台，其巩固国内统一事业的愿望随之落空；而另一国内强权势力德川家康渔翁得利，取代丰臣氏政权，开始了德川幕府统治时期。德川幕府废除丰臣秀吉的对外军事扩张政策，把注意力放在调整国内经济上，注重日本自身的发展，为日本成为后世的经济强国奠定了基础。

其四，战争对日本文化的发展起到促进作用。在战争中，日本从朝鲜半岛带回大量朝鲜工匠，推进日本陶瓷工艺技术水平的提高；日本还从朝鲜抢到大量书籍，"这对日本学术的发展特别是性理学的研究有很大的贡献"。[3]

壬辰战争的发生，是古代东亚国家政治关系中的重大事件，由于日本的入侵及明朝的出兵救援，使这场朝鲜战争具有了区域内国际战争的性质，它对中、朝、日三国关系乃至东亚地区国际秩序的演变产生了巨大影响。

第一，对中朝关系的影响。明朝自太祖朱元璋在位时期，即与

1　〔韩〕崔官：《壬辰倭乱——四百年前的战争》，中国社会科学出版社，2013，第 37 页。

2　《明史》卷三二〇《朝鲜传》，第 8301 页。

3　〔韩〕李基白：《韩国史新论》，第 223 页。

朝鲜太祖李成桂确立册封朝贡关系，两百年来，双方保持了稳定的"事大""字小"正常外交往来。在属国朝鲜危难之时，作为上国的明朝先后派出多路兵马，及时出兵援助朝鲜抗击倭寇，挽救了朝鲜王廷。"壬辰之变，宗社灰烬，车驾西迁，国势岌岌，莫保朝夕，而赖圣上平时事大至诚之效，特蒙圣天子钦恤下国之至恩，兴复疆域，保有宗社。"[1]明朝及时援朝抗倭，使明朝与朝鲜的传统封贡关系更加牢固，"益增高对明朝的崇慕，认明对朝鲜有其再造之恩，尤其在知识阶级中，尊明思想与事大主义，日益根深蒂固。这种思想，即在后日明亡清兴之时，亦未改变"。[2]

第二，对朝日关系的影响。壬辰战后，日本主政的德川家康在对内发展经济的同时，对外关系方面，主动"修书遣使"，要求与邻国朝鲜恢复友好关系。朝鲜宣祖三十四年（1601），德川家康通过对马岛主宗义智表达议和愿望，"刷还被掳男女三百余口来，要和好，乞通关市"。而由于朝鲜上下对日本的侵略行为一直耿耿于怀，对日本和平提议的真实意图表示怀疑，认为德川家康"外托称和，内怀凶计"，[3]因此朝鲜回绝了日本的要求。此后日本又多次派使臣到朝鲜，"持日本国讲和文书二件，以我国被掳男女二百五十口及前县监南忠元（忠元，上之尊妹夫也。丁酉年被掳）来"，[4]由于朝鲜意识到日本是借送还俘虏来刺探朝鲜国情，因而并不为日本的"友好"行为所动。朝鲜光海君元年（1609）三月十九日，德川家康子德川秀忠执政时期，派遣正使玄苏、副使平景直、都船主以下33名、橘

1　《朝鲜宣祖实录》卷一三一，三十三年十一月丙辰，《朝鲜实录》第24册，第150页下。

2　〔韩〕李丙焘：《韩国史大观》，许宇成译，台北，正中书局，1961，第347页。

3　（朝鲜王朝）《事大文轨》卷三五，万历二十八年四月十七日，《朝鲜史料丛刊》，韩国国会图书馆藏本。

4　《朝鲜宣祖实录》卷一三八，三十四年六月甲午，《朝鲜实录》第24册，第270页上。

智正与格胡 320 名，来到朝鲜釜山，在所携带的书契中声称"自今邻好不违，则大幸"。[1] 在此情况下，朝鲜王朝与德川幕府"遂定己酉约条，二十余年间纷纭不决之交涉，至是始恢复"。[2] 从此日本与朝鲜等周边国家保持了一段时期的和平交往。

但是，朝鲜在与日本交往过程中，一直对日本心存戒备，严加防范。例如，朝鲜不允许对马岛使臣随意到朝鲜京城，要求日本严格约束对马岛岁遣船。"自今宜定约束，如本年有故，至翌年送来者，犹可追给。若又过此限，决无容许之理。"[3] 这说明，日本对朝鲜侵略所产生的阴影，很难在短时期内得到消除。

第三，对中日关系的影响。明朝政府通过壬辰战争，认识到日本民族的侵略本性和出兵朝鲜之企图，对日本政权深恶痛绝。战后，日本德川幕府曾提出开展政治往来以及恢复勘合贸易等要求，如 1603 年德川家康授意萨摩藩主岛津氏，通过琉球王向明朝转达日本希望复交的愿望，1609 年德川家康又下令对马岛主宗义智遣使赴朝鲜，请求朝鲜允许日本人借道去明朝开展贸易，但是"均无结果"。[4] 明朝政府不仅不响应日本的建交及贸易要求，并且对朝鲜与日本的外交活动加以限制。例如，明朝只允许日本人到朝鲜的釜山倭馆开市，但不允许日本人到朝鲜京城，为此明朝经理东征御史杨镐还专门在釜山馆门处贴出谕文。[5] 在明朝国内，朝廷严申通倭禁令，"终明之世，通倭之禁甚严，闾巷小民，至指倭相詈骂，甚以噤其

---

1 《朝鲜光海君日记》（太白山本）卷一五，元年四月壬申，《朝鲜实录》第 26 册，第 321 页下。

2 〔日〕林泰辅：《朝鲜通史》，第 170 页。

3 《朝鲜仁祖实录》卷二〇，七年六月甲寅，《朝鲜实录》第 34 册，第 330 页下。

4 田久川：《古代中日关系史》，大连工学院出版社，1987，第 269 页。

5 （朝鲜王朝）李廷龟：《月沙集》卷五九《礼曹堂上答义智书》，《韩国文集丛刊》第 70 册，第 382 页。

小儿女云"。[1] 明朝对日本的禁绝态度，使"中日两国丧失了壬辰战后恢复邦交的最佳时机，两国政治关系日趋冷淡，这种情况一直持续到近代"。[2]

三　壬辰战争中明朝援军作用辨析

对于明朝在援朝御倭战争中的作用，古今中外之人评价不一，主要有肯定、否定两种不同看法。充分肯定明朝援军积极作用的人士，自然是占绝大多数，但对此持有贬词者也不在少数。

在日本学人所著书籍中，对壬辰战争的史实有很多混淆是非的叙述，从而掩盖了明朝援军的贡献。例如，江户时代的川口长孺所著《征韩伟略》中，对名将李如松指挥的"平壤大捷"大为抹杀，认为明军的损失远大于日军。"我（日本）兵死者一千六百余……明兵死者数千。"[3] 赖山阳所著《日本外史》描述明军在露梁海战中并无战斗力，"（日军）斩（邓）子龙……射杀之（李舜臣）……进围（陈）璘……击却之（刘綖），明军不敢复追蹑"。[4] 近代日本有人将丰臣秀吉侵朝行为译成英文本《蓝皮书》，在西方诸国进行宣传，书中夸耀日本早在三百年前的壬辰战争中就曾战胜过中国。更可悲的是，中国清人蔡尔康竟然为日本人所愚，"其所著《中东古今和战端委考》中谈到明朝援韩之役，便是根据《蓝皮书》的意见而叙述日本当初所获的胜利"。[5] 直至当代，日本学术界依然继承其前辈的

1　《明史》卷三二二《日本传》，第 8358 页。

2　颜廷宏：《试论壬辰战争对东亚国际关系的影响》，《聊城大学学报》2010 年第 2 期。

3　〔日〕川口长孺：《征韩伟略》，吴丰培：《壬辰之役资料汇编》（下），全国图书馆文献缩微复制中心，第 580 页。

4　〔日〕赖山阳：《校刻〈日本外史〉》，文盛馆修文馆双书观发行，原版主松平基则，明治三十九年（1906），第 676~677 页。

5　李光涛：《朝鲜壬辰倭祸史料》，台北，"中研院"历史语言研究所，1972，"序"，第 1 页。

观点，有中国学者指出："经过了这么多年的研究，对这个问题的认识并没有根本的改观。"[1]

　　朝鲜学界则过分夸大"奋起保卫祖国的朝鲜人民"[2]的贡献；韩国学者也从民族利益出发，对明军援朝的作用并不十分认可。主要有四种看法。一是认为明军作用不大，战争的胜利应当主要归功于朝鲜李舜臣水军及国内义军的力量；二是认为明朝出兵是出于"自救"，是为防止日本势力染指明朝领土；三是认为明军的到来，朝鲜要提供粮草物资保障，这增加了朝鲜民众的经济负担；四是对明军个别兵士不守纪律，给朝鲜造成的伤害颇多微词。[3]总之，某些韩国学者引述民间"口碑说话"，对明军的行为予以丑化，"明军来到朝鲜，并不作战，而是倒行逆施，给韩民族带来了不亚于倭兵的灾难，被当作是民族的敌人……明军的长期驻守造成民弊丛生，民众对明军的仇恨不亚于对日本的仇恨"。[4]

　　一段时间以来，我国学界也有人热衷于偏激不实的资料，大加贬低明军抗倭援朝的功绩，否认平壤大捷，认为收复平壤并不是以李如松为首的明军浴血奋战的结果，而是日本主动撤军，给明军留下的空城，而对后来的稷山大捷也认为是假的。还有论者极力夸大明军在朝鲜的负面影响，对流传在平壤的"辽兵割鲜人首级报功""在开城割鲜人腐首报捷"之说深信不疑，对明军"名为救援朝鲜而重虐之，奴虏其主，鱼肉其民"，"被朝鲜人视同日寇"的恶

1　　转引自孙卫国《李如松之东征及其后裔流寓朝鲜考》，《人文杂志》2014年第1期。

2　　朝鲜民主主义人民共和国科学院历史研究所：《朝鲜通史》，第215页。

3　　韩国相关论文有：崔韶子《壬辰亂時 明의 派兵에 대한 論考》，《東洋史學研究》第11辑，1977年，第63~97页；崔韶子《壬辰倭禍와 明朝》，《아시아문화》第8辑，1992年，第69~82页；赵湲来《明軍의 出兵과 壬辰战局의 推移》，《韓國史論·22：壬辰倭亂의 再照明》，1992年；金景泰《임진왜란 후，明 주둔군 문제와 조선의 대응》，《동방학지》第147辑，2009年，第353~397页。

4　　〔韩〕郑容和《从周边视角来看朝贡关系》，《国际政治研究》2006年第1期。

言加以肯定，对明军"镇压朝鲜义军"大加强调，最后结论为："在某种程度上，我们是否也可以说，明军虽然帮助朝鲜人民维护了国家的独立，但它镇压朝鲜人民起义，保护腐败的李朝免于灭亡，对朝鲜历史也起了一定的消极作用。这也许正是朝鲜史学界对明军作用评价较低的原因所在。"[1]

笔者认为，对于明朝军队在抗倭战争中的积极作用，不能轻易否定，关于这一点，当时的朝鲜大臣赵翊有其切身认识：

> 各处主将，举皆无力战之心，避坐闲地，只令天兵独当矢石之场。本国将士，一不交锋。其为愤痛，莫此为甚。若使天兵不来，则长以山川庙社，安心与贼乎！[2]

《朝鲜宣祖实录》亦有记载，"贼不敢西向，皆天朝之力也"，"（倭军）独其所畏所难者，天兵耳"，[3]强调指出明朝军队的贡献。另外，从朝鲜历代国王念念不忘明朝的"再造之恩"，可以看出明朝抗倭战争的正面作用。当时的朝鲜宣祖国王多次上书明朝表达感激之情，"小邦君臣蒙天子至恩，如死灰复燃，枯骨再肉，仰戴洪造，不知所报"，[4]"天朝旷荡之恩，古未尝有也"。[5]宣祖国王认为，像明朝这样以义为上，动员天下之兵，带着天下之粮，帮助朝鲜击退倭贼的事绝无仅有，这正是朝鲜多年对明谨守"事大"之仪而得到的回

1　李铁匠：《万历朝鲜之役真相》，载耿升等主编《多元视野中的中外关系史研究》，延边大学出版社，2007。

2　（朝鲜王朝）赵翊：《可畦先生文集》卷八《辰巳日记》，《韩国文集丛刊》第9册，第462页。

3　《朝鲜宣祖实录》卷三六，二十六年三月癸未；卷四一，二十六年八月癸巳，第22册，第70页下。

4　李好闵：《五峰集》卷一四《呈文·申点上兵部石尚书星呈文》，《韩国文集丛刊》第59册，景仁文化社，1996，第533页。

5　《朝鲜宣祖实录》卷一七七，三十七年八月癸未，《朝鲜实录》第24册，第629下页。

报，为此朝鲜也一直感激明的"再造之恩"。[1]

　　此后的继任者光海君对于明朝出兵援助朝鲜一事还是肯定的。《朝鲜光海君日记》卷一三〇"十年七月己亥"：

> 本国昔遭倭乱，天朝发兵五六万，费币金八百万，历寒暑三四年，顿令本国三畿底定，八道澄清。此兴灭继绝，雪耻除凶之恶，千百世所不能忘者。[2]

朝鲜领议政朴承宗亦称："壬（辰）丁（酉）年皇上发山东粮十万斛赈济小邦军兵，至今生齿不灭者，秋毫皆帝力也。"[3]可见，对于明朝救朝鲜于水火之中的恩德，朝鲜君臣始终难以忘怀。

　　推翻光海君拥立仁祖上台执政的朝鲜王大妃，在下教书宣谕中外时，曾表白："我国服事天朝二百余载，义即君臣，恩犹父子。壬辰再造之惠，万世不可忘也。"[4]朝鲜仁祖国王在位时期，更是基于明朝当年的救助行为，采取积极的亲明政策，"壬辰倭难，皇朝为我发数十万兵马，费数百万钱粮以救济之，其恩不可负也"。[5]后来，面对后金对朝鲜的招抚，仁祖坚持认为："神宗皇帝动天下之兵，拯济生灵于水火之中，小邦之人，至今铭镂心骨。宁获过于大国（清），不忍负皇明。"[6]正是由于朝鲜历代国王对明朝的感恩戴德，李氏朝鲜

1　韩国学者韩明基认为，朝鲜感恩于明朝的"再造之恩"，这正是壬辰倭乱后朝鲜与明朝两国关系一直和谐的重要因素（《임진왜란 시기 '재조지은'의 형성과 그 의미》，《東洋學》第29辑，1999年，第119~136页）。

2　《朝鲜光海君日记》卷一三〇，十年七月己亥，《朝鲜实录》第33册，第133页上。

3　《朝鲜光海君日记》卷一七七，十四年五月丁酉，《朝鲜实录》第33册，第445页下。

4　《朝鲜仁祖实录》卷一，元年三月甲辰，《朝鲜实录》第33册，第503页上。

5　《朝鲜国来书簿》，朝鲜总督府朝鲜史编修会，第75页。

6　《朝鲜仁祖实录》卷三四，十五年正月辛亥，《朝鲜实录》第34册，第664页下~665页上。

成为明王朝最忠实的附属国，于是才出现了彼时的光海君朝应明朝要求出兵抗金，仁祖旗帜鲜明地"亲明斥金"，乃至后世朝鲜设立祭祀明神宗及东征将士的大报坛、武烈祠等举动。

总之，对于明朝援军在抗倭战争中所发挥的作用，笔者主张应当给予肯定，正是明朝军队的积极作战，才确保了这场抗倭战争的胜利。

第五节　朝鲜王朝对半岛北部女真居地的经略

朝鲜王朝初期，在朝鲜半岛北部居住着一部分女真人。为了推行"北拓"疆土的政策，朝鲜王朝统治者注重加强对女真居住区的经营；而由于该女真居地曾为故元管辖区，明朝也欲实施对该地的管理。由此，朝鲜太祖、太宗、世宗朝，与明朝围绕女真居地问题展开争夺斗争，在这个过程中，朝鲜王朝争得诸多利益，在一定程度上达到了开疆拓土的目标。

一　高丽朝对女真居地的经营

高丽太祖王建建立政权后，制定北拓疆土的政策，目标包括朝鲜半岛北部女真人的聚居区。当时，居住在今朝鲜半岛的女真主要有三部：一是分布于今朝鲜东北部咸镜南道的蒲卢毛朵部，二是分布于朝鲜两江道及咸镜南北道山地的长白山三十部（高丽称为东北女真），三是散居在朝鲜半岛西北部鸭绿江东西两岸今朝鲜平安北道、慈江道的女真人（高丽称为西北女真）。这三部女真在行政上皆隶属于辽朝，分属于蒲卢毛朵部大王府、长白山女真国大王府、鸭绿江女真大王府，[1] 接受辽朝的授职，定期向辽朝贡。

　　高丽王朝为了拓展领土，加紧对朝鲜半岛东北面女真、西北面女真居地的扩张，这一行径引起辽朝的不满，992 年 12 月，辽圣宗派军队与高丽作战，打败高丽军，高丽国王奉表请罪。不过，高丽使臣又向辽提出对鸭绿江女真居住区的领土要求，辽朝为了集中力量进行中原争夺战，于是"诏取女真鸭绿江东数百里赐之"，[2] 使高丽在西北的领域到达清川江下游左岸及鸭绿江入海口南侧。

　　12 世纪初，高丽与女真部围绕"曷懒甸女真"问题产生矛盾。曷懒甸地处高丽东北部定州（今朝鲜咸镜南道咸兴西南 35 里的定坪）关外，为今朝鲜咸兴附近的一片平原，由曷懒河（今成川江）而得名，当时是蒲卢毛朵女真的居地。[3] 由于曷懒甸地区的女真诸部纷纷归附图们江流域的完颜部，高丽认为此举不利于自己北拓疆土，便"使人邀止之"。[4]1104 年，完颜部攻打曷懒甸一带尚未归服完颜部的女真，而高丽为扩展其东北境界，控制曷懒甸，从而与女真完颜部爆发了武装冲突，结果高丽军战败，高丽国王"卑词讲和，结盟而还"，[5] 完颜部成功控制了曷懒甸的女真诸部。虽然经 1108 年尹瓘开拓并筑九城，但次年即 1109 年 7 月，高丽被迫将九城归还女真，曷懒甸地区仍归女真人管辖。[6]

1　《辽史》卷四六《百官志》，第 762、756、757 页。

2　《辽史》卷一一五《高丽传》，第 1519 页。

3　〔日〕池内宏：《完颜氏的曷懒甸经略与尹瓘的九城之役》，《满鲜史研究》中世第二册，吉川弘文馆，1979，第 351~369 页；蒋秀松：《女真与高丽间的"曷懒甸之战"》，《民族研究》1994 年第 1 期；刘子敏：《关于"公崄镇"位置的再考证》，《北方民族》2003 年第 3 期。

4　《金史》卷一三五《高丽传》，第 2882 页。

5　（朝鲜王朝）郑麟趾：《高丽史》卷九六《尹瓘传》，第 112 页。

6　（朝鲜王朝）郑麟趾：《高丽史》卷一二《睿宗世家》，第 190 页。

　　1115 年，女真人完颜阿骨打建立金朝，倾向于与高丽开展友好关系，以牵制辽朝。高丽借机向金国提出领土要求。1116 年，高丽遣使请求："保州本吾旧地，愿以见还。"保州地处鸭绿江东岸，即今朝鲜平安北道之义州。阿骨打答应高丽割占保州："尔其自取之。"[1] 由此，高丽遂有机会开拓疆土到鸭绿江边，与金朝以保州为边界。

　　金灭亡辽、北宋后，设曷懒路管辖图们江流域的女真人。曷懒路总管府治所设在今朝鲜咸镜南道的咸兴南五里。该路所辖范围基本是今朝鲜咸镜道、两江道以及中国延边地区。

　　1234 年，元灭金后，在辽阳行省开元路辖境内设置双城总管府，专门管理朝鲜半岛东北地区的女真人。双城总管府所在地和州（今朝鲜咸镜南道永兴），即为元与高丽在朝鲜半岛东北部之疆界。1266 年，元王朝分开元路设合兰府，"设军民万户府五，抚镇北边……其居民皆水达达、女直之人"。[2] 元朝灭亡后，该部女真人几经迁徙，最终定居于朝鲜半岛东北部和鸭绿江中上游地区。至于朝鲜半岛西北部的女真居地，1270 年 2 月，元朝曾在高丽西北地区的核心西京（平壤）设置行政辖区"东宁府，画慈悲岭为界"，[3] 管辖包括以西京为首的北界五十四城和西海道六城。1290 年，元世祖应高丽方面的请求，"诏罢东宁府"，[4] 将这里的土地划归高丽管辖。

　　高丽末期，恭愍王（1352~1374 年在位）利用元末社会动荡之机，极力向半岛北部扩展势力。1356 年 7 月，恭愍王发兵进攻双城府，陆续占领和收复曾归附于元朝的"和、登、定、长、预、高、

1　《金史》卷一三五《高丽传》，第 2884 页。
2　《元史》卷五九《地理志》，第 1400 页。
3　（朝鲜王朝）郑麟趾：《高丽史》卷二六《元宗世家》，第 403 页。
4　（朝鲜王朝）郑麟趾：《高丽史》卷三〇《忠烈王世家》，第 473 页。

文、宜州及宣德、元兴、宁仁、耀德、静边等镇"[1]。接着，高丽又以咸州以北女真人居住的哈兰（今朝鲜咸兴）、洪献（今朝鲜洪源）、三撒（今朝鲜北青）等本是高丽之地为由，向元朝提出以"北至伊板岭（今朝鲜咸镜南北道之间的摩天岭）为界"，[2]在朝鲜半岛东北部双城、三撒以北设立关防。

　　朝鲜半岛西北部，高丽王朝在鸭绿江上游支流虚川江畔女真人长期居住的甲州（今朝鲜甲山）设置万户府，将该地划归高丽管辖。"甲州府虚川府，久为女真所据……恭让王三年始称甲州，置万户府。"另外，高丽禁止女真人到泥城（今朝鲜平安北道昌城）等境来居，"林土、碧团，本皆女真所居，恭愍王六年遣泥城万户金进等击走之，改林土为阴潼，以碧团隶焉"。[3]如此一来，元末明初时，高丽已将其领土扩张至今慈江道一带，控制了鸭绿江中上游以东女真聚居区。

　　高丽王辛禑（1375~1388年在位）时期，加紧向朝鲜半岛东北部地区开疆拓土，对故元在朝鲜半岛东北部设立的合兰府与双城总管府之地的女真各部进行招抚。当时在朝鲜半岛东北部居住的女真部落有十几处，主要分布在今朝鲜的两江道、咸镜南北道。[4]

　　明朝建立后，注重对朝鲜半岛东北面女真居住区的经营和管辖。1380年，明廷在女真地区设置海洋（今朝鲜咸境北道之吉州）千户所，派遣官员深入朝鲜半岛北部女真人辖区予以招抚。1387年12月，明太祖决定于朝鲜半岛东北部原元朝双城总管府的辖区设置

1　（朝鲜王朝）郑麟趾：《高丽史》卷一一一《赵暾传》，第342页。

2　丁若庸：《与犹堂全书》第六集《地理集》卷四《疆域考·北路沿革续》，《韩国文集丛刊》第286册，第312页。

3　（朝鲜王朝）郑麟趾：《高丽史》卷五八《地理志》，第274、278页。

4　转引自姜龙范《洪武至永乐初年围绕女真问题所展开的中朝交涉》，《延边大学学报》1998年第4期。

铁岭卫，来统辖该地的女真部落。此处的"铁岭"，位于图们江以南、鸭绿江之东，在今朝鲜咸镜南道与江原道北部交界处，是元朝的双城总管府与高丽的界山。明太祖提出仍以铁岭作为两国边界，明朝与高丽分领岭北、岭南之地的主张。"铁岭北东西之地，旧属开元，其土著军民、女直鞑靼、高丽人等辽东统之，铁岭之南旧属高丽，人民悉听本国（高丽）管属。"[1]

对于明朝欲收复铁岭以北地区一事，高丽王朝担心会影响其长期以来所推行的北进政策，1388 年，辛禑王派遣密直提学朴宜中到明廷进行申辩，声称"切照铁岭迤北，历文（文川）、高（高原）、和（永兴）、定（定平）、咸（咸兴）等诸州以至公崄镇，自来系是本国之地"，请求继续领有该地，"使数州之地，仍为下国之疆"。[2] 在高丽的反对下，加之安置蒙古部纳哈出降众的任务繁重，再者考虑粮饷难继，明太祖没有在半岛内设置铁岭卫，而是退设于辽东，此即辽宁省沈阳市东南的奉集县旧铁岭城。[3] 之后，明太祖派使臣谕告高丽"今铁岭已置卫，自屯兵马，守其民，各有统属……咨其国王，俾各安分，毋生衅端"，[4] 向高丽表明铁岭既已立卫，要求高丽方面承认既成事实，确保边境地区秩序的稳定。

纵观高丽王朝对朝鲜半岛女真居地的经营，实际上就是一直与辽、金、元、明王朝争夺女真管辖权的斗争。在这个过程中，高丽王朝采用了两种手段：一是依靠军事力量威慑女真人，争取将女真居地据为己有，这体现在与女真完颜部对曷懒甸地区女真人的争夺；

1　《明太祖实录》卷一八七，洪武二十年十二月壬申，《明实录》，台北，"中研院" 历史语言研究所，1962，第 4 册，第 2807~2808 页。

2　（朝鲜王朝）郑麟趾：《高丽史》卷一三七，辛禑十四年二月庚申，第 749 页。

3　转引自李花子《明清时期中朝边界史研究》，第 27 页。

4　《明太祖实录》卷一九〇，洪武二十一年四月壬戌，《明实录》第 4 册，第 2867~2868 页。

二是利用与中国王朝的依附与半依附关系，以请求赐予的形式获得半岛地区的女真所属权，如辽朝、金朝以及元朝先后四次"赐土"于高丽，从而使高丽获得诸多领土利益。高丽利用明朝初期统治不稳定的形势，又提出过分要求，明太祖以"远邦小夷，固宜不与之较"[1]的心态，满足了高丽王朝的领土野心。

二　朝鲜太祖招诱女真人聚居朝鲜半岛

朝鲜太祖李成桂在对外关系方面，延续前世高丽王朝对女真地区的北扩政策，向朝鲜半岛东北部和鸭绿江中上游一带女真地区极力拓展领土，逼迫该地区的女真人臣服于朝鲜。

对于朝鲜王朝招抚女真人的做法，明朝非常愤慨，"朝鲜王朝建立以后，明朝虽然承认李成桂的即位，但并没有给予册封的主要象征物诰命和印信，理由是围绕居住于豆满江一带的女真族的管辖问题，两国间潜伏着矛盾"。[2]为对抗朝鲜王朝针对女真的政策，1393年5月，明太祖朱元璋派遣钦差致书朝鲜太祖李成桂，列举朝鲜在边境地区制造的种种衅端，谕令朝鲜将那些已经归附朝鲜的女真人送还明朝，否则将遣发大军征讨朝鲜，"将诱女真之人全家发来，并已往女真大小送回，朕师方不入境"。[3]朝鲜太祖李成桂考虑到，如果在女真问题上和明朝闹僵，会影响到朝鲜的生存，故采取"卑辞谨事"的态度，"推刷泥城（今朝鲜平安北道昌城）、江界（今朝鲜慈江道秃鲁江口附近）等处来投女真人物"。[4]

尽管朝鲜王朝表面上答应配合明朝对女真部的招抚行动，但李

1　《明太祖实录》卷一九〇，洪武二十一年四月壬戌，《明实录》第 4 册，第 2868 页。

2　〔韩〕郑容和：《从周边视角来看朝贡关系》，《国际政治研究》2006 年第 1 期。

3　《朝鲜太祖实录》卷三，二年五月丁卯，《朝鲜实录》第 1 册，第 43 页下。

4　《朝鲜太祖实录》卷三，二年五月己巳，《朝鲜实录》第 1 册，第 43 页下。

成桂对朝鲜半岛北部女真居地的争取工作并未停止，仍然私下动员女真人投靠朝鲜王朝。

《朝鲜太祖实录》卷八"四年十二月癸卯"：

> 野人酋长远至，移阑豆满皆来服事，常佩弓剑，入卫潜邸，昵侍左右，东征西伐，靡不从焉。如女真则斡朵里豆漫夹温猛哥帖木儿，火儿阿豆漫古论阿哈出……等是也。上即位，量授万户、千户之职，使李豆兰招安女真。被发之俗，尽袭冠带，改禽兽之行，习礼仪之教。与国人相婚，服役纳赋，无异于编户，且耻役于酋长，皆愿为国民。自孔州迤北，至于甲山，设邑置镇，以治民事，以练士卒。且建学校，以训经书。文武之政，于是毕举。延袤千里，皆入版籍，以豆满江为界。江外殊俗，至于具州，闻风慕义，或亲来朝，或遣子弟，或委质随侍，或请受爵命，或徙内地，或进土物者，接踵于道。[1]

由这则材料可以看出：一是在朝鲜的招抚下，原元代合兰府等辖区的大量女真人相继朝贡于李氏朝鲜；二是朝鲜北拓至豆满江（图们江）一带，为后世正式划定图们江为中朝界河奠定了基础。

为了达到将女真人留住朝鲜半岛的目的，朝鲜太祖注重招抚阿哈出与猛哥帖木儿两位女真首领。

阿哈出是女真兀良哈部头人。兀良哈人最初居住在松花江下游的今黑龙江省依兰一带，经过几次南迁，定居于朝鲜阿木河的西

1　《朝鲜太祖实录》卷八，四年十二月癸卯，《朝鲜实录》第1册，第88页上。

部，"于庆源、定州、咸州等处，附籍安业当差"，[1] 其地理位置大致在今朝鲜会宁稍西，以及中国延边的和龙、安图、敦化一带。[2] 太祖李成桂在位期间，出于生存考虑，阿哈出兀良哈先后几次来到朝鲜拜访、贡物，朝鲜太祖则授予阿哈出官职，使固着在朝鲜领地"服役纳赋，无异于编户"。[3]

猛哥帖木儿本是元朝斡朵里万户府万户之一，因与兀狄哈等部落发生冲突，1387 年，猛哥帖木儿率领本部南渡图们江，进入朝鲜半岛东北庆源、镜城一带居住。"猛哥帖木儿等，始缘兀狄哈侵扰，避地到来本国（朝鲜）东北面庆源、镜城地面居住。"[4]1388 年，猛哥帖木儿部又移住于图们江上游右岸，今朝鲜东北的会宁，其主要分布在以阿木河为中心的图们江两岸，向北达到二十鲜里的吾弄草，向南达到一百二十鲜里的东良北（今茂山）。[5] 迁居朝鲜半岛之后，猛哥帖木儿主动向朝鲜太祖李成桂朝贡"献土物"，表示出恭顺态度。对此，朝鲜太祖"赐吾都里童猛哥帖木儿等五人，各彩绢丝帛布苎布有差"，[6] 对猛哥帖木儿予以安抚。猛哥帖木儿带领部族长期生活在朝鲜半岛。

由上述可以看出，建立李朝的朝鲜太祖李成桂，在对半岛地区女真人的政策上，继承了自高丽王朝开始的对女真居地进行管理的做法。尽管明太祖在制止朝鲜占据女真居住区的问题上取得一定成效，但朝鲜太祖还是成功地招诱部分女真人归附朝鲜，尤其是将

1　《朝鲜太宗实录》卷一七，九年元月甲子，《朝鲜实录》第 1 册，第 472 页上。

2　转引自董万仑《东北史纲要》，黑龙江人民出版社，1987，第 355 页。

3　（朝鲜王朝）丁若镛：《大东水经》，《与犹堂全集》第六集，《韩国文集丛刊》第 286 册，第 367 页。

4　《朝鲜太宗实录》卷九，五年五月庚戌，《朝鲜实录》第 1 册，第 326 页下。

5　转引自董万仑《东北史纲要》，第 354~355 页。

6　《朝鲜太祖实录》卷一一，六年正月丁丑，《朝鲜实录》第 1 册，第 100 页上。

女真著名首领阿哈出、猛哥帖木儿吸引留住在朝鲜半岛，这为后来的朝鲜太宗、世宗进一步加强对朝鲜半岛女真居地的经营奠定了基础。

三 朝鲜太宗极力争取女真居地的统辖权

朝鲜太宗同样重视领土扩张，极力与明朝争夺朝鲜半岛东北图们江以南十一处女真居地的统辖权。

1404 年，女真遗民佟景和王可仁（王修）上奏明廷，言称朝鲜半岛东北部乃女真人世代居住之地。当年四月，明成祖派出钦使王可仁赍敕谕到朝鲜半岛东北部，招谕十一处女真。

《朝鲜太宗实录》卷七所载明成祖敕谕：

> 今招谕参散、秃鲁兀等十一处：溪关万户宁马哈，参散千户李亦里不花，秃鲁兀千户佟参哈、佟阿芦，洪肯千户王允难，哈兰千户朱番失马，大伸千户高难，都夫失里千户金火失帖木，海童千户董贵洞，阿沙千户朱引忽，干合千户刘薛列，阿都歌千户崔咬纳、崔完者。[1]

十一处女真中，只有溪关部在图们江右岸的今珲春三家子乡高力城屯，其他十处皆在朝鲜半岛东北部地区，其中参散即今朝鲜咸镜南道北青，秃鲁兀即今朝鲜端川，洪肯即今朝鲜洪源，哈兰即今朝鲜咸兴，大伸即今朝鲜泰神，都夫失里即今朝鲜吉州，海童即今朝鲜海洋，阿沙即今朝鲜利原，干合即今朝鲜镜城，阿都歌即今朝鲜吉

---

1 《朝鲜太宗实录》卷七,四年三月甲戌,《朝鲜实录》第1册，第293页上。

州阿汉。[1] 明成祖以十一处女真部落历史上属于中国王朝管辖为据，要求他们归附明朝。

朝鲜太宗不甘心让生活在朝鲜半岛的十处女真隶属明朝，于是上书明朝，声称朝鲜半岛东北面是朝鲜王朝的固有领土，"本国东北地方，自公崄镇历孔州、吉州、端州、英州、雄州、咸州等州，俱系本国之地"，朝鲜太宗指出，以参散千户李亦里不花为首的十处人员，虽系女真人民，但来朝鲜半岛已经居住很久，并与当地朝鲜人互相婚嫁，繁衍子孙，已经融入朝鲜社会，朝鲜曾在这些地区进行过有效管辖。鉴于此，朝鲜太宗提出继续管辖铁岭以至图们江地面的女真人，使女真人附籍当差成为其子民的要求，"所据女真遗种人民，乞令本国管辖如旧，一国幸甚"。[2] 明朝方面并未马上回应。

于是太宗派遣计禀使艺文馆提学金瞻到明朝，交涉这十处女真的管辖权。明成祖并不了解东北边疆的实际情况，在朝鲜的坚请之下，他以"朝鲜之地亦朕度内，朕何争焉"为名，让金瞻带回敕书："省奏言，参散千户李亦里不花等十处人员准请。"[3] 于是，原元朝所辖的朝鲜半岛东北的哈兰府、双城总管府的大片土地都让给了朝鲜，朝鲜因而取得了统辖图们江以南地面女真人的权力，使图们江成为中国与朝鲜的界河。朝鲜方面实现了自高丽朝以来一直梦寐以求的领土要求。

需要指出的是，朝鲜半岛东北的哈兰府、双城总管府所处的咸镜道地方，此前一直受元朝控制，是中国女真族长期生活居住之地，明朝继承元朝的统治，理应拥有该地区的主权。正如日本学者

1　转引自刘子敏等《东北亚"金三角"沿革开发史及其研究》，黑龙江朝鲜民族出版社，2000，第383页。

2　《朝鲜太宗实录》卷七，四年五月己未，《朝鲜实录》第1册，第297页下。

3　《朝鲜太宗实录》卷八，四年十月己巳，《朝鲜实录》第1册，第309页上。

和田清所言："咸镜道地方原是元朝领土，被朝鲜逐渐吞并，特别是咸北，更是进入明朝时才被悄悄占领的，因此明朝主张对它持有主权，并试图收回，也并非事出无因。"[1] 朝鲜学者李淳信"咸镜道地方自古以来便是朝鲜祖先居住之处"的看法是毫无事实根据的，至于他所言"明成祖之所以不得不放弃对这个地方的领土野心，只是由于具有无可争辩的历史事实和以它为基础的李朝政府的正当外交活动"，[2] 则更是误导学人的观点。

朝鲜太宗还继承太祖的做法，通过招安有影响力的女真首领来争取女真人留住朝鲜半岛。兀良哈部落首领阿哈出出于生存利益考虑，依然对朝鲜"献毛皮箭羽""献土物"，而朝鲜太宗为加强对女真部落的羁縻，赐给兀良哈部"帛布、袖布有差"，[3] 使其继续生活在朝鲜半岛。1403 年六月，明成祖发布敕谕，招安朝鲜半岛东北部和图们江流域的女真人，对阿哈出等女真首领进行招抚安置。对此，朝鲜太宗致书明朝，宣称"女真等本属于我"，[4] 公开与明朝争夺女真管辖权。但明朝于当年十一月，在兀良哈驻地设置建州卫军民指挥使司，任命酋长阿哈出为首任建州卫指挥使，使阿哈出等隶属于明朝，成为明政府的地方官员。由此，朝鲜王朝再无法约束阿哈出部落。

1404 年四月，明永乐帝派遣使臣王可仁前往女真地区，招抚猛哥帖木儿等女真各部归顺明朝。朝鲜太宗王设法与明廷进行周旋，试图动员猛哥帖木儿继续率领女真人在朝鲜半岛居住。太宗对来朝

1　和田清『東亜史研究』第 1（満洲篇）『東洋文庫論叢』第 37 輯、1955 年、387-389 頁。

2　〔朝〕李淳信：《十四世纪末至十五世纪初朝鲜与女真关系述略》，载《朝鲜历史研究论丛》（一），延边大学出版社，1987。

3　《朝鲜太宗实录》卷三，二年正月甲申，《朝鲜实录》第 1 册，第 221 页下；卷五，三年二月辛未，《朝鲜实录》第 1 册，第 257 页下。

4　《朝鲜太宗实录》卷五，三年六月辛未，《朝鲜实录》第 1 册，第 269 页下。

鲜纳贡的猛哥帖木儿授以官职，用赐物的方式对猛哥帖木儿进行利诱拉拢，予以挽留；同时，朝鲜太宗采取军事威胁的政策，欲迫使猛哥帖木儿就范，"若不从，则威之以法……又不从，则以军马把直，使不得生变"。[1] 在朝鲜的威胁利诱下，猛哥帖木儿并未接受明朝政府的招谕。

1405 年三月，明永乐帝派出使臣王教化前去阿木河招谕猛哥帖木儿。为争取猛哥帖木儿女真部留在朝鲜，朝鲜太宗继续对猛哥帖木儿恩威并济，采取三条措施：一是力劝猛哥帖木儿安心居住在朝鲜境内，"勿从朝廷使臣之命"；二是从经济上对猛哥帖木儿进行怀柔，"赐兀良哈上万户金大帖木耳光银带一腰"；三是加封猛哥帖木儿上将军职。为争取明廷收回招抚猛哥帖木儿的敕谕，朝鲜太宗向明朝上奏本，陈述历史上明朝对朝鲜"三散等十处人员准请"的恩惠，指出猛哥帖木儿所部现居住镜城地面，应属于圣上"准请"十处地面，并且猛哥帖木儿"因防倭有功，就委镜城等处万户职"，已经成为朝鲜的地方官员，因而要求明朝允许猛哥帖木儿等女真人继续留在朝鲜境内，由朝鲜控制，"许令上项人等，仍旧安业，永沾圣泽"。[2] 朝鲜太宗并派出使臣前去猛哥帖木儿处极力挽留。

后来，由于明成祖严厉斥责朝鲜国王阻挠猛哥帖木儿回归的行为，太宗只好放猛哥帖木儿等人入明，"帖木儿理宜督送，不可缓也"。[3] 由此，猛哥贴木儿被明永乐帝授予建州卫都指挥使，成为大明卫所下的地方官员。

上述内容反映出，朝鲜太宗对半岛地区女真居地的争夺问题采

1　《朝鲜太宗实录》卷八，四年七月癸丑，《朝鲜实录》第 1 册，第 301 页下。

2　《朝鲜太宗实录》卷九，五年三月己酉、五年三月辛亥、五年五月庚戌，第 321 页下、321 页下、326 页下。

3　《朝鲜太宗实录》卷一〇，五年九月己酉，《朝鲜实录》第 1 册，第 337 页上。

用两种方式：其一，直接与明朝交涉朝鲜半岛东北一带图们江以南
十一处女真居地所属权问题；其二，试图以制约女真首领方式控制
女真聚居地，因此为猛哥帖木儿归附明朝设置诸多障碍。

四　朝鲜世宗对女真居地的开疆拓土

　　朝鲜世宗统治时期，继续推行北拓政策，加强对朝鲜半岛北
部女真居住区的领土扩张。在开疆拓土过程中，朝鲜世宗对女真居
地采取的首要措施，是极力笼络女真首领猛哥帖木儿、凡察、董山
等，力争使他们成为臣属于朝鲜的民众。

　　1422 年三月，作为明建州左卫指挥使的猛哥帖木儿随明军征战
鞑靼，得罪了鞑靼，由于担心遭到报复，1423 年四月，猛哥帖木儿
"率正军一千名，妇人小儿共六千二百五十名"，分批返回朝鲜半岛
的阿木河一带避难。朝鲜世宗认为，这正是拉拢女真使之成为北边
藩属的极好机会，因此决定对猛哥帖木儿进行抚恤，向女真各部表
态："汝等还来旧居，可喜。"另外，世宗又赠"豆粟稷种共三十石，
米二十石，以补不足"，[1] 予以接济。

　　朝鲜世宗还极力挽留凡察、董山部居于朝鲜半岛。凡察是建州
卫都督猛哥帖木儿的同母异父弟弟，明廷设置建州左卫指挥使司，
委任猛哥帖木儿为指挥使的同时，任命凡察为左卫指挥金事。后
来，明朝晋升凡察为建州卫都指挥使。1433 年，在"阿木河之变"
中，建州部由于遭到女真千户杨木答兀捣毁，猛哥帖木儿被杀，凡
察负伤只身逃走，暂住朝鲜东良北（今图们江上游茂山地区）。在
"阿木河之变"中，猛哥帖木儿次子董山（1419~1467）被掳走。后
来，董山因得到其他女真部落救助，重新获得人身自由，回到朝鲜

1　《朝鲜世宗实录》卷二〇，五年四月乙亥，《朝鲜实录》第 2 册，第 538 页下。

境内阿木河与其叔父凡察一起居住。

董山回到阿木河后，由于与朝鲜矛盾加剧，受到朝鲜的多次征伐，因而在 1438 年，董山与凡察准备迁移到明朝辽东居住。得知明廷让凡察、董山回归明朝的决定，朝鲜世宗上表明帝，援引明朝先帝对朝鲜的历来政策"不分化外，一视同仁"，恳请明朝允许凡察、董山仍旧留在朝鲜境内。与此同时，世宗努力做说服利诱工作，设法挽留凡察及董山，并派边将密切注意凡察及董山的动向。接到朝鲜的奏书，1439 年四月，明英宗令凡察、董山等继续驻留朝鲜境内："童仓、凡察等既在彼安全乐业，不必搬移。王更宜戒饬其安分守法，勿作非为。"[1]朝鲜如愿以偿地争取到了将凡察、董山等建州女真留驻在朝鲜地面。

凡察、董山建州部暂时留在朝鲜境内，但后来因受到仇敌"野人"的威胁以及朝鲜兵马的骚扰，生活不得安稳，凡察、董山决定迁徙到辽东的灶突山苏子河畔婆猪江李满住处居住。由于受到朝鲜的百般阻挠，凡察、董山一再奏请明帝，希望通过明朝的干预，督促朝鲜放行。但明英宗认为，凡察迁回婆猪江处或是继续留在朝鲜镜城地面，俱是朝廷官属，没有搬移的必要。不过凡察与董山移归之意已决，1440 年四月，凡察与董山等率所部斡朵里女真三百余户举家逃走，同年六月，逃到"三土河（辉发河支流三统河）及婆猪江迤西冬古河（浑江支流董鄂河）两界间"，[2]建州部落初步形成了新的联合体。

随着凡察、董山率建州左卫人西迁，图们江中下游一带女真人数减少，朝鲜借机移镇拓疆，占领阿木河，迁朝鲜人移民实边。女

1　《明英宗实录》卷五四，正统四年四月丁亥，《明实录》第 14 册，第 1038 页。

2　《明英宗实录》卷七一，正统五年九月己未，《明实录》第 14 册，第 1383 页。

真人由于无法在此生存，被迫西迁，离开朝鲜半岛的原居住地。

世宗统治末年，朝鲜王朝趁女真势力衰败之时，继续向鸭绿江、图们江地区扩张，同时采取优惠措施，在朝鲜半岛东北部、西北部大力招抚女真人。"向化斡朵里等田税差役，一皆蠲免，以示优恤之典。"[1] 为加强在半岛东北面的防御，世宗组织人力，先后在咸镜道等地设置了会宁（1434）、钟城（1435）、庆兴（1437）、稳城（1441）、富宁（1449）五镇，并列置边堡、烟台，修筑行城，移民。加上此前太宗时期修筑的庆源镇（1417），形成有名的东北"六镇"。至此，明在图们江中下游右岸的疆土尽失，"东北边自是永为朝鲜所有矣"，[2] 图们江作为明与朝鲜王朝的界河由此确定下来。

在朝鲜半岛西北部，朝鲜王朝于 1443 年在平安道地方设置虞芮郡，加上此前设立的闾延郡（1416）、慈城郡（1433）、茂昌郡（1440），形成西北"四郡"。于是，整个鸭绿江南岸均被纳入朝鲜王朝版图，鸭绿江成为明与朝鲜王朝的界河。

1　《朝鲜世宗实录》卷九五，二十四年二月丁酉，《朝鲜实录》第 4 册，第 397 页上。
2　〔日〕林泰辅：《朝鲜通史》，第 105 页。

附录一　檀君朝鲜再讨论

　　学界对檀君神话的研究已经超过一个世纪了。日本学者白鸟库吉发表于明治二十七年（1894）的《檀君考》《朝鲜古传说考》两篇文章，是这个领域研究的奠基之作。[1]檀君神话早已成为中、日、韩、朝各国学者共同关注的焦点问题。

　　从研究取向上，大体可以将学界已有的研究分为两大派：一派是将檀君故事作为神话研究，或可称为"神话派"；一派是将檀君故事作为历史传说研究，或可称为"历史派"。研究的思路与方法也因此存在明显的差异，如果按现代学科进行分类，神话派的研

1　白鳥庫吉「檀君考」『学習院輔仁会雑誌』第 28 号、明治二十七年（1894）;「朝鮮の古伝説考」『史学雑誌』第 5 編第 12 号、明治二十七年（1894）。皆収入『白鳥庫吉全集』第 3 巻（朝鮮史研究）。

究属于宗教学、人类学，或者是民俗学，历史派的研究则属于历史学。就总体而言，最先开始对檀君神话进行研究的日本学界基本属于神话派，从早期白鸟库吉、林泰辅、那珂通世等学者对檀君神话史料价值的否定，[1] 到三品彰英开始研究神话本身，这种研究取向是一以贯之的。韩国、朝鲜学界的研究早期也有属于神话派的学者，但并不是学界的主流，在学界占主导地位的一直是历史派，特别是在所谓檀君陵发掘之后，历史派占据压倒性优势。近代以来，檀君神话在韩国已经逐渐衍生为一种信仰、一种宗教。[2] 中国学界则一直属于神话派，研究主要分两个方面：一是研究檀君神话的文化意蕴，一是对韩、朝学者进行批判。[3]

实际上，两派都承认有关檀君的故事是神话，分歧的焦点在于，檀君神话中包不包含一些历史的影子。对此问题，我们的答案是否定的。

张哲俊认为，檀君神话的诸因素主要来源于四个系统，韩国的历史文化因素、中国文化因素、佛教与道教诸因素、红山文化与通古斯萨满教的因素。

> 只有红山文化与通古斯文化的因素是原始因素。原始因素不多，将这些原始因素连接起来，可以讲述为一个简单的神话故事：天神降临人间，人间有虎和熊，熊变成了女人，女人向神祈子，并与天神交媾，生出了一个男孩，这个男孩成了一个

1　〔日〕林泰辅认为檀君神话是"后世佛教家附会之辞"。参见林泰辅《朝鲜通史》，陈清泉译，商务印书馆，1934，第3页。

2　金勋：《韩国新宗教的源流与嬗变》，宗教文化出版社，2006，第226~232页。

3　关于檀群神话中外学界的研究综述，参见张哲俊《韩国坛君神话研究》，北京大学出版社，2013，第1~12页。

部落的祖先。这是将衍生因素删除之后剩下的故事内容，也是
坛君神话的模拟原始形态。这些因素何时组合在一起生成为神
话故事，现在无法了解。不过从王沈《魏书》记载来看，坛君
朝鲜传说中完全没有天神熊女生子的因素，这说明坛君朝鲜的
传说与天神熊女生子的神话原本是两个故事，后来两个故事结
合生成了作为建国神话的坛君神话。[1]

按张哲俊的研究，檀君神话的基础部分是与韩国历史文化相关的国
家因素，主要有朝鲜、王权、国家、都城、平壤、阿斯达、藏唐
京、王险、王俭等，这些因素融入檀君神话的时间最晚的可能是在
5世纪之后。源于中国文化因素的灵艾、蒜、不见日光一百日、忌
三七日等医学因素，融入檀君神话的时间上限可以追溯到公元前
115年，下限当在5世纪之后。佛教与道教因素融入的时间上限是
5世纪。最早记载檀君神话的，可能是成书于3世纪的中国王沈的
《魏书》，而檀君神话的最终版本最早见载于成书于13世纪的朝鲜
《三国遗事》。

　　概言之，张哲俊认为，檀君神话有着一个出现于原始社会的母
题，在流传过程中不断被附加上诸种文化因素，最终形成《三国遗
事》记载的版本。这无疑是正确的。但是，檀君神话之所以是檀君
神话，并不取决于其原始的母题或模板，而是取决于《三国遗事》
所载版本中那些重要的因素，换句话说，正是后世附加的这些因素
使之成为檀君神话。因此，不宜抛开这些后融入的因素去讨论檀君
神话的起源，即使在此之前已经存在一个后来的檀君神话由其中生

---

[1]　张哲俊:《韩国坛君神话研究》，北京大学出版社，2013，第403~404页。另，张哲俊此书已
　　指出，故事的主人公最早写作"坛君"，作"檀君"是后起的变化。考虑到中国学界的习惯
　　用法，本书仍写作檀君。

成的母题，这个神话也并不是我们现在所讨论的檀君神话。出于这种考虑，我们认为檀君神话的出现绝不会早于公元 5 世纪。[1] 在张哲俊模拟的这一神话的原始形态中，我们也看不到任何与国家起源有关的内容。那么，以此神话为史料去讨论朝鲜半岛的国家起源问题无疑是相当荒谬的。

韩国学者金贞培却认为：

> 在试图从考古学的角度证明它确实存在的方法，以及从精神分析学的探讨出发把它和其他民族联系起来考察等的各种考证中能发现它的长处。但是，即使从肯定的观点来处理檀君神话，如果不能使之从神话的世界上升为历史的世界，只是作为神话本身的一个故事告一段落，那也不是我们期望的历史性。[2]

金贞培明确表示，研究檀君神话的目的就是要"使之从神话的世界上升为历史的世界"，在开始研究之前就已经抱着"期望的历史性"的目的。这种在研究之前预设研究结论和效果的做法，显然从研究方法上就已经出现了偏差。但遗憾的是，这恰恰是许多韩、朝学者的研究理路。

在檀君神话定型为国家起源神话之后，特别是在其见于文献记载之后，还曾出现过一些微妙的变化，无论是檀君神话本身，还是此后的演变，皆曾对朝鲜李朝文人的历史观生成明显的影响，这才

1　曹中屏认为："一然所引《古记》是佛教、道教传入朝鲜半岛后之作，其成书时间大约在378~624 年之间。"参见曹中屏《古朝鲜开国神话考》，载《韩国学论文集》第 8 辑，民族出版社，2000。

2　〔韩〕金贞培：《韩国民族的文化和起源》，高岱译，上海文艺出版社，1993，第 133~134 页。

是我们应该深入研究的。

关于檀君神话，朝鲜古籍多所称引，为便于讨论，兹将成书较早的数种移录如下。

一然《三国遗事》卷一《纪异·古朝鲜》（约1272年成书）：

> 《古记》云：昔有桓因（谓帝释也）庶子桓雄，数意天下，贪求人世。父知子意，下视三危太伯，可以弘益人间，乃授天符印三个，遣往理之。雄率徒三千，降于太伯山顶（即太伯，今妙香山）神坛树下，谓之神市，是谓桓雄天王也。将风伯、雨师、云师，而主谷、主命、主病、主刑、主善恶，凡主人间三百六十余事，在世理化。时有一熊、一虎，同穴而居，常祈于神雄，愿化为人。时神遣灵艾一炷、蒜二十枚，曰："尔辈食之，不见日光百日，便得人形。"熊、虎得而食之，忌三七日，熊得女身；虎不能忌，而不得人身。熊女者无与为婚，故每于坛树下咒愿有孕。雄乃假化而婚之，孕生子，号曰坛君王俭。以唐（高）[尧]即位五十年庚寅，（唐尧即位年戊辰，则五十年丁巳，非庚寅也，疑其未实。）都平壤城（今西京），始称朝鲜。又移都于白岳山阿斯达，又名弓（一作方）忽山，又今弥达，御国一千五百年。周（虎）[武]王即位己卯，封箕子于朝鲜，坛君乃移于藏唐京。后还隐于阿斯达，为山神，寿一千九百八岁。[1]

李承休《帝王韵纪》卷下（1287年成书）自注：

1　（高丽）一然：《三国遗事》卷一《纪异·古朝鲜》，第30页。

《本纪》曰：上帝桓因有庶子曰雄云云，谓曰下至三危太白，弘益人间欤，故雄受天符印三个，率鬼三千而降太白山顶神檀树下，是谓檀雄天王云云。令孙女饮药成人身，与檀树神婚而生男，名檀君，据朝鲜之域为王。故尸罗、高礼、南北沃沮、东北扶余、秽与貊，皆檀君之寿（裔）也，理一千三十八年，入阿斯达山为神，不死故也。[1]

李詹（1345~1405）《双梅堂箧藏文集》卷二二《杂著·檀君朝鲜》：

《魏书》云：乃往二千载，有檀君立都阿斯达山，（注云：无叶山，亦云白岳，在白州地。或云在开城东，今百岳宫。）开国号朝鲜，与尧同时。或云都平壤城，始称朝鲜，又移都于白岳山，未知是否。周武王克商，封箕子于朝鲜，乃移于唐藏京。唐裴矩传云，高丽本孤竹国。[2]

《朝鲜世宗实录》卷一五四《地理志·平安道》"平壤府"条（1432年成书）：

檀君，《古记》云：上帝桓因有庶子名雄，意欲下化人间，受天三印，降太白山神檀树下，是为檀雄天王。令熊女饮药成人身，与檀树神婚而生男，名檀君，立国号曰朝鲜。朝鲜、尸罗、高礼、南北沃沮、东北扶余、秽与貊，皆檀君之理。檀君聘娶非西岬河伯之女，生子曰夫娄，是谓东扶余王。檀君与唐

1　（高丽）李承休：《帝王韵纪》卷下，朝鲜古典刊行会，1939，第1页b。
2　（朝鲜王朝）李詹：《双梅堂箧藏文集》卷二二《杂著·檀君朝鲜》，《韩国文集丛刊》第6册，第345页。

尧同日而立，至禹会涂山，遣太子夫娄朝焉。享国一千三十八年，至殷武丁八年乙未，入阿斯达为神，今文化县九月山。[1]

权踶《历代世年歌》（1436 年成书）：

并与帝尧兴戊辰，武丁乙未化为神（檀君历虞夏商，至商武丁八年乙未，入阿斯达山为神）。享国一千四十八，至今庙在阿斯达（阿斯达，山名，一名九月山，在黄海道文化县）。[2]

卢思慎、徐居正等《三国史节要》（1476 年成书）：

初无君长，有神人降檀木下，国人立为君，国号朝鲜，时唐尧戊辰岁也。初都平壤，后徙都白岳，是为檀君。至商武丁八年乙未，檀君入阿斯达山为神。[3]

徐居正《东国通鉴》外纪《檀君朝鲜》（1484 年成书）：

东方初无君长，有神人降于檀木下，国人立为君，是为檀君，国号朝鲜，是唐尧戊辰岁也。初都平壤，后徙都白岳，至商武丁八年乙未，入阿斯达山为神。[4]

1　《朝鲜世宗实录》卷一五四《地理志·平安道》"平壤府"条，《朝鲜实录》第5册，第683页下。

2　（朝鲜王朝）权踶：《历代世年歌》，转引自〔韩〕陈在教《李朝后期社会汉诗研究》，山东大学出版社，2013，第77页。

3　（朝鲜王朝）卢思慎、徐居正等：《三国史节要·外纪》，亚细亚文化社，1973，第11页。

4　（朝鲜王朝）徐居正：《东国通鉴》外纪《檀君朝鲜》，第1页。

徐居正《笔苑杂记》卷一：

> 《古记》云：檀君与尧同日而立，历虞夏至商武丁八年乙
> 未，入阿斯达山为神，享年一千四十有八。当时文籍不传，其
> 真伪不得而考，至今传袭，以《古记》为说。[1]

崔溥（1454~1504）《锦南集》卷一《东国通鉴论·檀君朝鲜》：

> 《古纪》云：檀君与尧并立于戊辰，历虞夏至商武丁八年
> 乙未，入阿斯达山为神，享寿千四十八年。[2]

朴祥（1474~1530）《东国史略》卷一《檀君朝鲜》：

> 东方初无君长，有神人降于太白山檀木下，国人立为君，
> （唐尧二十五年戊辰。）国号朝鲜……都平壤，徙白岳，后入阿
> 斯达山为神，是为檀君。（名王俭。《古记》云：檀君与尧并
> 立，至商武丁八年为神，寿四千十八。）[3]

结合上述记载可以发现，关于檀君的神话明显存在两种版本，或者说
两种资料来源。一种出自《三国遗事》所引《古记》，另一种来源于
一种也被称为《古纪》的古籍。两种版本神话的主要区别见附表1。

1　（朝鲜王朝）徐居正：《笔苑杂记》卷一，第 667 页。

2　（朝鲜王朝）崔溥：《锦南集》卷一《东国通鉴论·檀君朝鲜》，《韩国文集丛刊》第 16 册，第
　　375 页。

3　（朝鲜王朝）朴祥：《东国史略》卷一《檀君朝鲜》，第 1 页。

附表 1　两种檀君神话对照

《三国遗事》引《古记》	《三韩古记》
1. 尧立于戊辰年。尧在位第五十年庚寅，檀君立，都平壤。檀君在位 1500 年 2. 周武王于己卯年封箕子于朝鲜，檀君迁都藏唐京。檀君后入阿斯达山，无具体时间 3. 檀君享年 1908 岁	1. 檀君与尧并立，即立于戊辰 2. 檀君于商武丁八年乙未，入阿斯达山为神 3. 檀君享年 1038 岁（或 1048 岁）

　　由此考察，以上所引诸书，除李詹《双梅堂箧藏文集》所述檀君神话是出自《三国遗事》引《古记》的版本之外，很明显，其他诸书所引皆出自另一版本。最早记载此版本神话的李承休《帝王韵纪》，[1] 以及后来的权踶《历代世年歌》、卢思慎和徐居正等的《三国史节要》，并未注明出处，其他诸书多称引自《古纪》（或写作《古记》），唯《朝鲜世宗实录》卷一五四《地理志》称引自《檀君古记》。另据晚出的南九万（1629~1711）《药泉集》卷二九《杂著·东史辨证》"檀君"条："旧史《檀君纪》云：有神人降太白山檀木下，国人立为君，时唐尧戊辰岁也。至商武丁八年乙未，入阿斯达山为神。此说出于《三韩古记》云。"南九万所称引的"旧史"，不详为何种史书，但其明确指出，该"旧史"记载之檀君神话引自《三韩古记》。

　　考之《朝鲜世宗实录》卷一五四《地理志》原文开头为"灵异檀君古记云"，此处标点断句，固可以断为"灵异　《檀君古记》云"，也可以断为"灵异：檀君　《古记》云"。如依前一种断句，此处征引书名为《檀君古记》，若按后一种断句，则此处征引书名与其他诸书相同，亦为《古记》。而前引南九万的记载却不可以作

1　　杨万娟亦认为檀君神话分两个版本。参见杨万娟《檀君神话之我见》，《韩国研究》第 10 辑，华夏出版社，2010。

其他理解。因此，将《朝鲜世宗实录》之引文断句为"灵异：檀君《古记》云"，似乎更合适一些。由此推测，南九万所引《三韩古记》才是此书的本名，其他诸书称《古记》，皆为省称。

权近《阳村集》卷一《应制诗》，洪武二十九年（1396）九月二十二日《命题》十首之一《始古开辟东夷主》题下自注："昔神人降檀木下，国人立以为主，因号檀君。时唐尧元年戊辰也。"[1] 虽然文字简略，但称"唐尧元年戊辰"，证明权近使用的是檀君神话的《三韩古记》版本。同作为《三国史略》的编撰者，同样支持檀君朝鲜说，权近与李詹却采纳了檀君神话的不同版本。15 世纪以后的朝鲜古籍，在涉及檀君时多引《三韩古记》版本檀君神话的内容，可能由于对权近的尊崇，可能也由于李詹去世早于权近的缘故。

另外值得注意的是，最早引述《三韩古记》的《帝王韵纪》和《朝鲜世宗实录》卷一五四《地理志》，皆称檀君寿 1038 岁，而此后诸书所引却皆作 1048 岁，应是传抄错误，当以 1038 岁为是。最早写作 1048 岁的是权踶《历代世年歌》："享国一千四十八，至今庙在阿斯达。"权踶《历代世年歌》是奉世宗之命编撰的官书，世宗"仍为注解"，[2] 其诗的注释出自世宗。

权近《阳村集》卷二四《进三国史略笺》，"非徒去其繁芜，盖欲便于考阅"，"听政之暇，如蒙赐于暂观；致治之方，未必无其小补"。[3] 说明太宗之所以命权近等删简金富轼《三国史记》编成《三

---

[1]　（朝鲜王朝）权近：《阳村集》卷一《应制诗》，《韩国文集丛刊》第 7 册，第 15 页。此诗亦载《朝鲜太祖实录》卷一一，太祖六年（1397）三月辛酉（8 日）。后世论檀君世代的朝鲜著作多所称引。

[2]　《朝鲜世宗实录》卷七二，世宗十八年（1436）四月庚子（4 日），《朝鲜实录》第 3 册，第 670 页上。

[3]　（朝鲜王朝）权近《阳村集》卷一九《三国史略序》结尾也有同样的表述。权近此两文分别收入（朝鲜王朝）徐居正编《东文选》卷九一、卷四四。

国史略》，最初主要是为便于太宗本人于"听政之暇""考阅"，因而，《三国史略》成书后，即成为朝鲜国王了解朝鲜历史的重要参考书。

《朝鲜世宗实录》卷五一"十三年（1431）正月庚寅（二十五日）"，在当天举行的经筵上，世宗对史书中关于日食的记载讲道："予观《三国史》所书日食，或一国书而二国不书，或二国书而一国不书。太阳之食，虽阴云蔽之，岂以三国而或见或否乎？金富轼、河仑、权近修史，而所书不同，何也？"证明金世宗肯定读过金富轼《三国史记》和河仑、权近等编撰的《三国史略》。《三国史记》中没有记载檀君神话，可见，世宗在为权踶《历代世年歌》作"批注"时，其所引据的《三韩古记》版本檀君神话，当出自《三国史略》。《历代世年歌》成书后，于世宗十八年（1436）四月"令铸字所印之，颁赐于大小臣僚"，[1]这部国王批注的官书从此广泛流传，应是此后古籍皆引据《三韩古记》版檀君神话的重要原因。出自同样的原因，权踶书中误将原书檀君享年1038岁的记载，写成"享国一千四十八"，却在此后成为确论。

概言之，《三韩古记》所载檀君神话，此后的标准版本是"《古记》：檀君与尧并立于戊辰，历虞夏至商武丁八年乙未，入阿斯达山为神，寿一千四十八"。[2]

无论《三国遗事》所引《古记》，还是《三韩古记》，所载檀君神话皆有干支纪年，这无疑出自后世的编造，但据此神话叙述古史

---

[1] 《朝鲜世宗实录》卷七二，世宗十八年（1436）四月庚子（四日），《朝鲜实录》第3册，第670页上。

[2] （朝鲜王朝）安鼎福：《东史纲目》附卷上《考异·檀君薨》。（朝鲜王朝）俞汉隽《自著》卷一《广韩赋》自注："《古纪》云：檀君并尧而立于戊辰，至商戊丁八年，入阿斯达山（今九月山也）为神，寿千四十八岁。"

的朝鲜王朝文人却视之为真实的历史记载。在宋朝邵雍的《皇极经世书》传入朝鲜半岛之后，朝鲜文人以之推算朝鲜古史纪年，发现两种檀君神话中的纪年都无法与推算结果相吻合，于是衍生种种穿凿附会的解说。

最早一种附会的解说，称檀君始立于尧在位第二十五年。始见于徐居正《东国通鉴》外纪《檀君朝鲜》：

> 《古纪》云，檀君与尧并立于戊辰，历虞夏至商武丁八年乙未，入阿斯达山为神，享寿千四十八年，此说可疑。今按：尧之立在上元甲子甲辰之岁，而檀君之立在后二十五年戊辰，则曰与尧并立者非也。[1]

《东国通鉴》相信檀君始立于戊辰年，又称尧始立于甲辰年，[2]依此顺推，戊辰年是尧即位后第二十五年，因而认为檀君始立于尧在位的第二十五年。这种说法不仅与《三国遗事》引《古记》檀君"以唐（高）［尧］即位五十年庚寅"始立的说法矛盾，也与《三韩古记》"檀君与尧并立"的说法矛盾。但却是后代最为流行的一种说法，[3]甚

1　（朝鲜王朝）徐居正：《东国通鉴》外纪《檀君朝鲜》，第1页。
2　（朝鲜王朝）洪敬模《丛史》外编《东史辨疑·檀君》中"盖云已会三十运之第九世第五年，陶唐氏帝中国之二十有五载戊辰"，提及"会""运""世"等概念。由此推测，说尧始立于甲辰年，其在位二十五年为戊辰，当是基于邵雍《皇极经世书》所做的推算。
3　如，（朝鲜王朝）洪汝河《东国通鉴提纲》卷一《朝鲜纪上·殷太师》："旧史云：东方初无君长，有神人降于太白山檀木下，国人立为君，是为檀君，国号朝鲜。乃唐尧二十五年戊辰岁也。"（朝鲜王朝）李万敷《息山集》卷四《地行附录·妙香》"檀君始立，唐尧二十五年"；亦见《息山续集》卷一《南风并序》自注。（朝鲜王朝）赵挺《东国补遗》卷一《檀君朝鲜》，（朝鲜王朝）安鼎福《东史纲目》卷一，（朝鲜王朝）尹愭《无名子集诗稿》册六《咏东史》其五自注，等等。（朝鲜王朝）申佐模《澹人集》卷九《海西儒生请三圣祠增修崇奉上言》："《东国史》有曰：檀君讳王俭，唐尧二十五年戊辰立。"其中，洪汝河提到的"旧史"，申佐模提到的《东国史》，应该都是指《东国通鉴》。

至有朝鲜文人据此对《三韩古记》的记载表示质疑。[1]

第二种附会的解说，称檀君入阿斯达山是商武丁三十九年。

安鼎福《东史纲目》附卷上《考异·檀君薨》：

> 《古记》：檀君与尧并立于戊辰，历虞夏至商武丁八年乙
> 未，入阿斯达山为神，寿一千四十八。今考《经世书》及诸
> 史，武丁八年为甲子，而三十九年乙未。自尧戊辰至武丁八年
> 甲子，为一千十七年，至乙未为一千四十八年。而如《古记》
> 之说，岂非享国则一千十七年，而寿至于千四十八岁耶！今依
> 《经世书》武丁八祀甲子录之。[2]

安鼎福相信檀君入阿斯达山是在乙未年，按《皇极经世书》推算，
武丁八年非乙未，而为甲子，武丁三十九年才是乙未年。为调和此
矛盾，安鼎福将《三韩古记》版的檀君神话"至商武丁年乙未入阿
斯达山"的记载进行拆分和引申，认为檀君于商武丁八年甲子退位，
三十九年乙未入阿斯达山去世，由此上溯至檀君与尧并立的戊辰年，
因而得出第三种附会的解说，即：檀君在位 1017 年、享年 1048 岁。

安鼎福视甲子为檀君退位之年，上溯至戊辰共 1017 年，作为
其在位时间，不论结果如何，至少推算的思路没有问题；但其以乙
未为檀君去世之年，也上溯至戊辰计算檀君的享年，推算的思路就
是错误的，因戊辰为檀君始立之年，而非其生年。安鼎福纠结于武
丁甲子、乙未之间，又要肯定 1017 年、1048 年两个数字一为在位

1　如（朝鲜王朝）俞汉隽《自著》卷一《广韩赋》自注："《古纪》云：檀君并尧而立于戊
　　辰，至商戊丁八年，入阿斯达山（今九月山也）为神，寿千四十八岁。史氏曰：尧甲辰立，
　　二十五年而为戊辰，所谓并尧而立可疑。"

2　（朝鲜王朝）安鼎福：《东史纲目》附卷上《考异·檀君薨》，第293页。

时间，一为享年，却没有注意到，按照他的说法，檀君需自出生之日就开国称王。当然，也许在安鼎福的观念中，檀君是"神人降于檀木下，国人立为君"，檀君开国之日即此神人自天而降之时，并不矛盾，但是，若不以檀君是天降神人且于下降当年立国为大前提，后面的种种推论皆不能成立，而从我们现在来看，这个大前提肯定不能成立，其结论不正确自不待言。但此种自相矛盾的说法却逐渐成为朝鲜后代文人的主流认识，持此观点者很多。[1]

略早于安鼎福的洪万宗《东国历代总目·檀君朝鲜》，也发现武丁八年非乙未年，但他的解释与安鼎福不同：

> 按《东国通鉴》，商武丁八年乙未，檀君入阿斯达山化为神。又按《舆地胜览》，周武王封箕子于朝鲜，檀君乃移于唐庄京，后隐阿斯达山化为神。两说不同。今从《通鉴》，以商武丁八年为正。而以《皇极经世书》推之，商武丁八年乃甲子，而非乙未，故以甲子为正。自元年戊辰至甲子计之，在位一千七十年。[2]

洪万宗受《东国通鉴》的影响，肯定了武丁八年为檀君入阿斯达山之年，而认为古史记载这一年为乙未年是错误的，应改为甲子年。但这种观点影响不大。

上述种种说法，皆是自《三韩古记》版本的檀君神话立论，也有用邵雍《皇极经世书》来验证《三国遗事》引《古记》版檀君神

---

[1]　如（朝鲜王朝）李德懋《青庄馆全书》卷二六《纪年儿览·檀君朝鲜》，（朝鲜王朝）尹愭《无名子集诗稿》册六《咏东史》其七自注，（朝鲜王朝）申佐模《澹人集》卷九《海西儒生请三圣祠增修崇奉上言》。

[2]　（朝鲜王朝）洪万宗：《东国历代总目·檀君朝鲜》，韩国国立中央图书馆藏书，第12页。

话的。如，南九万《药泉集》卷二九《杂著·东史辨证》"檀君"条："唐尧以后历年之数，中国史书及邵氏《经世书》，可考而知也。自尧庚寅至武王己卯，仅一千二百二十年。然则所谓御国一千五百年，寿一千九百八岁，其诬不亦甚乎。"

更为奇怪的是韩致奫（1765~1814）《海东绎史》卷二《世纪·檀君朝鲜》："唐尧氏帝天下二十有九年戊辰，檀君氏立焉。"笔者开始以为"九"为"五"之误，细一思考才明白，韩氏是相信《三韩古记》之说，认为檀君之立必在戊辰，而又相信《三国遗事》引《古记》之说，认为尧在位五十年为庚寅，由庚寅上推至戊辰，为尧在位二十九年。[1] 至于朴祥《东国史略》注中称檀君"寿四千十八"，显然是"寿千四十八"之倒误，无足辨。

另需指出的是，《三国遗事》卷一，在引《古记》称檀君"以唐（高）[尧]即位五十年庚寅"即位的说法时，一然加注："唐尧即位年戊辰，则五十年丁巳，非庚寅也，疑其未实。"一然由檀君与尧并立于戊辰的说法出发，推算出尧在位第五十年为丁巳，而不是其所引《古记》所说的庚寅，因而对此段记载表示怀疑。这反映出，一然并不是如后世朝鲜文人那样，依据《皇极经世书》进行推算，因此时朝鲜半岛尚没有《皇极经世书》；也反映出一然写作时也曾参考过《三韩古记》，并从《三韩古记》所载檀君神话出发，对其自己所引《古记》所载檀君神话进行质疑，"疑其未实"。换言之，对于其所引《古记》的记载，一然自己也是表示未可轻信的。

概言之，朝鲜文人是以玄虚无据之术，推编造荒诞之史，也就无怪乎奇谈怪说层出了。后见徐居正《笔苑杂记》卷一所载始恍然，朝鲜文人多据《三韩古记》版檀君神话推算纪年，实有另一层

1　韩致奫的计算存在一年的误差，以尧五十年为庚寅，则尧二十八年为戊辰。

原因在。先将原文移录如下：

> 尝考，自唐尧元年甲辰，至洪武元年戊申，总三千七百八十五
> 年。自檀君元年戊辰，至我太祖元年壬申，亦三千七百八十五年。
> 吾东方历年之数，大概与中国相同。帝尧作而檀君兴，周武立
> 而箕子封，汉定天下而卫满来平壤，宋太祖将兴而高丽太祖已
> 起，我太祖开国亦与太祖高皇帝同时。[1]

用《皇极经世书》推算，从尧始立至朱元璋建立明朝，共计 3785
年。若按《三韩古记》檀君立于戊辰年，至朝鲜王朝建立的 1392
年，正好也是 3785 年，朝鲜历史纪年与中国历史纪年惊人吻合。而
按《三国遗事》引《古记》的纪年，就不会有这样的效果了。之所
以要追求这种历史纪年的吻合，徐居正已经说得很清楚了，是为了
证明"吾东方历年之数，大概与中国相同"。通过论述朝鲜与中国
的历史兴衰基本同步，而证明朝鲜王朝的兴起，与中国明王朝的兴
起一样具有合理性。这恐怕是朝鲜文人更为推崇《三韩古记》版檀
君神话的另一层原因。

综上可见，檀君神话在后代不仅存在不同版本，还经历着被朝
鲜文人不断改造的过程，以檀君神话的内容去论述朝鲜半岛国家起
源的历史显然是荒谬的，而从考古学的角度去寻找檀君陵无疑是更
加荒谬的。

1　同样的说法亦见（朝鲜王朝）吴沄《东史纂要》卷一上《檀君朝鲜》，（朝鲜王朝）李晬光
《芝峰类说》卷三《君道部·帝王》，（朝鲜王朝）许篈《海东野言》卷一《太祖》，以及《石
洞遗稿》卷四《璇玑玉衡批注》。

附录二　长白山考——兼论穆克登查边以前的朝鲜北界

关于穆克登查边学界研究已多，本书不赘述。本书的研究旨趣仅在于，由探讨历史上长白山一名之所指，考察穆克登查边以前朝鲜北部边界究竟到哪里。

一

18 世纪下半叶，朝鲜李朝文人已形成长白山有八名的通识。丁若镛《与犹堂全集》第六集《地理集》第五卷《大东水经》:"山有八名,曰不咸,曰盖马,曰徒太,曰太白,曰长白,曰白山,曰白头,曰歌尔民商坚,古今方译之殊也。"成海应《研经斋全集》卷四六《北边杂议·白头山记》:"白头山之名多异称,曰不咸,曰太白,曰徒白,曰盖马,曰长白,曰歌尔民商坚阿邻,曰白山。"韩镇书《海东绎史续》卷一三《山水》:"白头山,或称不咸山、盖马山、太白山、徒太山、白山、长白山、歌尔民商坚阿邻。"皆为典型表述。其中的歌尔民商坚阿邻是长白山的满语名称,李朝文人也清楚这一点。李瀷《星湖僿说》卷三《天地门·生熟女真》:"白头之干自北漠来,南走至分水岭折而东,横亘千里。古称不咸山,其俗称歌尔民商坚阿邻。歌尔民者,长也;商坚者,白也;阿邻者,山也。一名长白山。"[1] 此满语山名亦见于中国史料。《满洲源流考》(1777)卷二:"白山,今长白山,满洲语谓之果勒敏珊延阿琳。"[2] 果勒敏、歌尔民皆为满语 golmin 的对音,意为长;珊延、商坚皆为满语 sangan 的对音,意为白;阿琳、阿邻皆为满语 alin 的对音,意为山。

　　杨宾《柳边纪略》(1707)卷一:"长白山,土名歌尔民商坚阿邻,《山海经》作不咸山,《魏书》及《北史》皆曰徒太山,《唐书》作太白山,或又作白山。"[3] 提及长白山的六种名称。李万敷《息山集别集》卷四《地行附录》:"清人记曰:长白山,即歌尔民商坚阿邻,《山海经》作不咸山,《唐书》作太白山,或作白山。"[4] 李万敷所引"清人记"是否指杨宾《柳边纪略》已不可考,但可以肯定,朝

1　(朝鲜王朝)李瀷:《星湖僿说》卷三《天地门·生熟女真》,第 74 页。

2　阿桂等:《满州源流对策》,陆玉华点校,辽宁民族出版社,1988,第 20 页。

3　杨宾:《柳边纪略》,中华书局,1985,第 10 页。

4　(朝鲜王朝)李万敷:《息山集》卷四《地行附录》,《韩国文集丛刊》第 179 册,第 96 页。

鲜文献中的长白山八名，有六名源于中国史籍，是清朝人的说法。

李朝学者以盖马山为长白山的说法似起源于 18 世纪晚期。

韩浚谦《柳川遗稿·书英州壁上记后》：

> 以当时钤辖林彦所作《英州壁上记》及尹瓘本传考之，多不验。彦记："其地南抵于长、定二州，东际于大海，西北合于盖马山。地方三百里。"本传曰："献议者以为伊位界上有瓶项，胡人从此纳兵，若塞其项，永绝胡患云。"定州即今之定平，而长州在定平府南五十五里，《胜览》所载长谷废县即其地也。所谓盖马山，虽不知在何处，而亦在三百里之内，则不外乎北青、利城之界。

李瀷《星湖全集》卷二六《书·答安百顺（丙子）》

> 沃沮有北、东、南三种。自豆满以西至铁岭，居其间者，是东沃沮也。史云在盖马山东，盖马者，似是薛罕、铁岭诸山也。[1]

生活于 16~17 世纪的韩浚谦尚称盖马山"不知在何处"，并推测应在"北青、利城之界"，李瀷则推测盖马山可能是薛罕岭、铁岭，而在其稍后的柳得恭、成海应、丁若镛则径以盖马山为长白山别名。

柳得恭（1748~1807）《燕台再游录》载与清人陈鳣（字仲鱼）对话：

---

[1]　（朝阳王朝）韩浚谦：《柳川遗稿·书英州壁上记后》，《韩国文集丛刊》第 62 册，第 512 页。

问：“《山海经》不咸山，今长白山，在贵国北界否？”答：“然。此山亦名白山，又盖马山，又白头山。以华东语较释，则盖马者，白头也。”[1]

成海应《研经斋全集》卷一五《盖马辨》：

太白山，我人谓之白头山，望之皓然如人白头故也。白头，以东语释之；以华语翻之，正是盖马。又，高丽尹侍中置九城时，兵马铃辖林彦记英州厅壁曰：“西北介于盖马山。”英州，今在吉州界。据此界至盖马，即亦白头山也。[2]

丁若镛《与犹堂全集》第六集《地理集》第五卷《大东水经》：

高丽兵马铃辖林彦《九城记》曰：“女真本句丽之部落，聚居于盖马山东。”又曰：“东至于大海，西北介于盖马山，南接于长、定二州。”（出《高丽史》）磻溪柳馨远《舆地考》曰：“今咸镜、平安两道之间，岭脊连亘数百里者，即盖马山。”据此，则盖马之为白山明矣。而白山大干亦可通称也。[3]

丁若镛认为，咸镜、平安两道之间的长白山余脉史称盖马山，则长白山主脉亦可称盖马山。无论长白山余脉是否即史书中的盖马山，

1　（朝鲜王朝）柳得恭：《燕台再游录》，《丛书集成续编》，台北，新文丰出版公司，1988，第392页。

2　（朝鲜王朝）成海应：《研经斋全集》卷一五《盖马辨》，《韩国文集丛刊》第273册，第355页。

3　（朝鲜王朝）丁若镛：《大东水经》，《与犹堂全集》第六集《地理集》卷五，《韩国文集丛刊》第286册，第327页。

以余脉概称主脉的说法肯定是行不通的。柳得恭认为,"以华东语较释",盖马即白头,但未解释何为"较释"。成海应对此说有进一步的解释,认为"白头"是朝鲜语的汉语意译,"盖马"是同一朝鲜语词的汉语音译,两者在朝鲜语中既为同一词,应指同一山。

柳得恭、成海应的说法,应源于黄胤锡(1729~1791)《颐斋遗稿》卷二五《杂著·华音方言字义解》:

> 《文献备考·舆地考》云,盖马山,今平安、咸镜两界间数千里大山冈脊是也。《三韩会土记》可据。余意,盖字即音合,岂是今白头山欤?方言白字或呼希,或呼谐,或呼何,是与盖、合声近。头字或呼摩里,或呼麻叱,是与马字声近。[1]

由丁若镛、黄胤锡皆引《文献备考·舆地考》来看,丁若镛的说法也应受到黄胤锡的影响。则称盖马为长白山别名的三家说法应皆源自黄胤锡,而黄胤锡的说法实为望文生义,并无文献依据。

参之前引杨宾《柳边纪略》可知,朝鲜李朝文人所说长白山八名,六种源自中国。其中,不咸、徒太、太白、白山四名皆见诸史籍,是历代对长白山的不同称谓,不是同时存在的异名。清代此山在中国方面的名称就是长白山,另一名称歌尔民商坚阿邻,只是将长白山一词译为满语而已。朝鲜李朝文人所说八名,六种源自中国典籍,盖马说出自李朝文人对史籍的比附,既不是现实中应用的名称,且证据不足无法成立,白头山一名,才是朝鲜人对此山的称呼。

洪世泰(1653~1725)《柳下集》卷九《白头山记》:"白头山,北方诸山之祖也,清祖自此起,去我北边三百余里。彼曰长白山,

---

1　(朝鲜王朝)黄胤锡:《颐斋遗稿》卷二五《杂著·华音方言字义解》,《韩国文集丛刊》第246册,第558页。

我曰白头山。"[1] 朴趾源（1737~1805）《燕岩集》卷一一《热河日记·渡江录》："所谓白山者，即长白山也。《山海经》称不咸山，我国称白头山。"[2] 尹行恁（1762~1801）《硕斋稿》卷九《海东外史·肃慎氏故城》："不咸山者，金人所谓长白山，朝鲜所谓白头山。"[3] 金景善《燕辕直指》卷一《出疆录》全抄朴趾源："所谓白山者，即长白山也。《山海经》称不咸山，我国称白头山。"[4] 主盖马为长白山别名的丁若镛也提到，朝鲜人（东人）称长白山为白头山，其《疆域考》："白山者，古之盖马山，东人谓之白头山也。"[5]

综上，清代中国人称长白山，或按照满语称歌尔民商坚阿邻，朝鲜人称白头山。

二

《魏书》卷一〇〇《勿吉传》："国南有徒太山，魏言'大白'。"[6]

1　（朝鲜王朝）洪世泰：《柳下集》卷九《白头山记》，《韩国文集丛刊》第167册，第477页。

2　（朝鲜王朝）朴趾源：《燕岩集》卷一一《热河日记·渡江录》，《韩国文集丛刊》第252册，第146页。

3　（朝鲜王朝）尹行恁：《硕斋稿》卷九《海东外史·肃慎氏故城》，《韩国文集丛刊》第287册，第159页。

4　（朝鲜王朝）金景善：《燕辕直指》卷一《出疆录》，成均馆大学校大东文化研究院，1962年影印本，第14页。

5　（朝鲜王朝）丁若镛：《疆域考》卷三，《与犹堂全集》第六集《地理集》，《韩国文集丛刊》第286册，第288页。

6　《魏书》卷一〇〇《勿吉传》，第2220页。

既称"魏言",可知"大白"为汉语山名,则称徒太山应出自少数民族语言。《新唐书》卷二一九《黑水靺鞨传》:"其著者曰粟末部,居最南,抵太白山,亦曰徒太山,与高丽接,依粟末水以居,水源于山西,北注它漏河。"[1]"大白"即"太白",由此可证北朝至唐,中原汉人称此山为太白山。新罗崔致远《上太师侍中状》:"高句丽残孽类聚,北依太白山下,国号渤海。"《谢不许北国居上表》:"自营州作孽而逃,辄据荒丘,始称振国。时有句骊遗烬,勿吉杂流,枭音则啸聚白山,鸱义则喧张黑水。"[2]称太白山,省称白山,是采用唐代通行的对长白山的称谓。

中国史籍称此山为长白山始于《辽史》。《辽史》卷一五《圣宗本纪》已见"长白山三十部女直"。[3]据《金史》卷一〇《章宗本纪》,金章宗明昌四年"册长白山之神为开天弘圣帝"。[4]证明辽金时期称此山为长白山。另据《金史》卷一三五《高丽传》:"黑水靺鞨居古肃慎地,有山曰白山,盖长白山,金国之所起焉。"[5]白山一名也一直得到沿用。

朝鲜李朝早期,朝鲜文人已采用中国辽金时期的名称,称此山为长白山。申叔舟(1417~1475)《保闲斋集》卷五《寄赠具体察》:"熏春江外塞云合,长白山前雨气昏。"[6]据《龙飞御天歌》"奚关城东距熏春江七里,西距豆漫江五里",[7]则熏春江即今珲春河。申

---

1 《新唐书》卷二一九《黑水靺鞨传》,第 6177 页。

2 (新罗)崔致远:《孤云集》卷一,《韩国文集丛刊》第 1 册,第 162、156 页。

3 《辽史》卷一五《圣宗本纪》,第 170 页。

4 《金史》卷一〇《章宗本纪》,第 231 页。

5 《金史》卷一三五《高丽传》,第 2881 页。

6 (朝鲜王朝)申叔舟:《保闲斋集》卷五《寄赠具体察》,《韩国文集丛刊》第 10 册,第 41 页。

7 转引自(朝鲜王朝)丁若镛《大东水经》,《与犹堂全集》第六集《地理集》卷六,《韩国文集丛刊》第 286 册,第 364 页。

叔舟诗以珲春河与长白山对仗，此长白山应指今长白山。金时习（1435~1493）《梅月堂集》卷九《游关西录·望长白山》："长白山连鸭绿波，界分夷夏玉嵯峨。"[1] 林悌（1549~1587）《林白湖集》卷三《读杜陵诗史和诸将》首句为"鸭绿江连长白山"。[2] 与鸭绿江相连的长白山无疑即今长白山。

长白山的别名白山，也见于朝鲜史籍。郑梦周（1337~1392）《圃隐集》卷二《诗·女真地图》："曾闻楛矢贡明堂，肃慎遗民此一方。雪立白山南走远，天连黑水北流长。完颜伟量吞辽宋，大定丰功逼汉唐。坐对地图还叹息，古来豪杰起穷荒。"[3] 通观诗意，此白山显然指今长白山。

但是，朝鲜史籍中的长白山更多的是另有所指。

洪良浩《耳溪外集》卷一二《北塞记略·岭路考》车踰岭下作者自注："以白头山之东条转而南，自镜城长白山，向北峙于茂、富、会三邑境。"[4] 同卷《白头山考》画有地图，将长白山标于今长白山东南、吉州以北。茂即茂山、富即富宁、会即会宁，再加上镜城，皆在咸镜北道，故此处所说"镜城长白山"应指今朝鲜的咸镜山脉。李安讷（1571~1637）《东岳集》卷一八《江都后录·己巳元日》自注："长白山，在镜城府北。"[5] 朴泰淳（1653~1704）《东溪集》卷一《送族兄一卿北评事之行（其一）》"长白山前即镜

1　（朝鲜王朝）金时习：《梅月堂集》卷九《游关西录·望长白山》，《韩国文集丛刊》第13册，第231页。

2　（朝鲜王朝）林悌：《林白湖集》卷三《读杜陵诗史和诸将》，《韩国文集丛刊》第58册，第307页。

3　（朝鲜王朝）郑梦周：《圃隐集》卷二《诗·女真地图》，《韩国文集丛刊》第5册，第584页。

4　（朝鲜王朝）洪良浩：《耳溪外集》卷一二《北塞记略·岭路考》，《韩国文集丛刊》第242册，第372页。

5　（朝鲜王朝）李安讷：《东岳集》卷一八《江都后录·己巳元日》，《韩国文集丛刊》第78册，第309页。

城"，[1] 尹凤五（1688~1769）《石门集》卷五《上四兄久庵先生别纸》"本州地形，长白山南麓"，[2] 郑元容（1783~1873）《经山集》卷二《家人每要示北方山川风俗衣服饮食之制》诗自注"长白山在吉、镜间"，[3]《新增东国舆地胜览》卷五〇"镜城山川"条"白山，在府西一百十里，山势甚峻，至五月雪始消，七月复有雪。山顶树木矮小，土人亦谓之长白"，[4] 皆指今咸镜山脉。李穑（1328~1396）《牧隐诗稿》卷四《送东北面韩万户得月字》："长白山穿窿，铁岭关峥屼。"卷一四《青山吟》："东溟西岸长白山。"[5] 此长白山与铁岭并列，在东溟西岸，也应是指今咸镜山脉。

赵秀三（1762~1849）《秋斋集》卷三《北行百绝》第八十九首《长白山》自注："长白山，即白头山也。华人通谓之长白，而无白头之名。我人以山之北有大泽者谓白头，以山之东南下者谓长白。"[6] 有大泽即天池的朝鲜人称为白头山，由此"东南下"的朝鲜人称为长白山，则赵秀三所说长白山应指今朝鲜的白头山脉。

南鹤鸣（1654~1722）《晦隐集》卷一《杂说·风土》："我东诸书皆称白头山一名长白山，未有辨别者。余随亲北道，见长白山，自白头东支南迤，至明川、吉州间陡起，东北向转，为回逆之

---

1 （朝鲜王朝）朴泰淳：《东溪集》卷一《送族兄一卿北评事之行（其一）》，《韩国文集丛刊（续）》第51册，第106页。

2 （朝鲜王朝）尹凤五：《石门集》卷五《上四兄久庵先生别纸》，《韩国文集丛刊（续）》第69册，第480页。

3 （朝鲜王朝）郑元容：《经山集》卷二《家人每要示北方山川风俗衣服饮食之制》，《韩国文集丛刊》第300册，第40页。

4 （朝鲜王朝）卢思慎等：《新增东国舆地胜览》卷五〇"境城山"条，第893页。

5 （朝鲜王朝）李穑：《牧隐诗稿》卷四《送东北面韩万户得月字》，《韩国文集丛刊》第3册，第567页；卷一四《青山吟》，《韩国文集丛刊》第4册，第157页。

6 （朝鲜王朝）赵秀三：《秋斋集》卷三《北行百绝·长白山》，《韩国文集丛刊》第271册，第402页。

势。六镇诸山皆祖宗于此。"[1]白头山即今长白山，则"自白头东支南
迤"是今白头山脉，"至明川、吉州间陡起，东北向转"的是今咸镜
山脉，显然南鹤鸣是将今白头山脉和咸镜山脉统称为长白山。洪世
泰《柳下集》卷九《白头山记》载穆克登查边时："自挂弓亭下沿流
上五时川，川出自镜城之长白山，西至此，与江水合。"[2]成海应《研
经斋全集》卷四六《北边杂议·白头山记》："己丑，自挂弓亭沿而
上五时川，川出自镜城之长白山，与鸭绿水合。"[3]此川既然注入鸭绿
江，则必在今白头山脉以西，则洪世泰、成海应所称"镜城之长白
山"也是对今白头山脉和咸镜山脉的统称。

成海应《研经斋全集续集》卷一六《东国地理辨·太白山辨》：
"东国最多太白山之称，北则白头山及长白山也，南则顺兴之太白
山也。"[4]古朝鲜多处山脉同名太白山，当时被称为白头山的今长白
山，当时被称为长白山的今白头山脉和咸镜山脉，皆别名太白山。
但在白头山脉以南，另有所谓太白山。

丁若镛《疆域考·白山谱》：

> 白山分南北二宗，其北宗为靺鞨七部及大荒东界，其南宗
> 为我朝鲜八道。……南宗，自长白山南驰三百里为雪岭……又
> 西南驰三百里为太白山（北青西北百余里）。又西南二百余里
> 为黄草岭（咸兴西北百余里）……鸭渌江有三源。其一出大池；

1　（朝鲜王朝）南鹤鸣：《晦隐集》卷一《杂说·风土》，《韩国文集丛刊（续）》第51册，第
　　366页。

2　（朝鲜王朝）洪世泰：《柳下集》卷九《白头山记》，《韩国文集丛刊》第167册，第477页。

3　（朝鲜王朝）成海应：《研经斋全集》卷四六《北边杂议·白头山记》，《韩国文集丛刊》第
　　274册，第489页。

4　（朝鲜王朝）成海应：《研经斋全集续集》卷一六《东国地理辨·太白山辨》，《韩国文集丛刊》
　　第279册，第429页。

其二即太白山北众谷之水也。[1]

此太白山既然在"北青西北百余里",无疑是指今赴战岭山脉。丁
若镛认为白山(今长白山)山脉分南北两支,在朝鲜的南支向南
延伸为长白山(今白头山脉和咸镜山脉)、太白山(今赴战岭山
脉)。崔奎瑞(1650~1735)《艮斋集》卷一三《病后漫录》:"北
青、甲山界,厚峙岭险峻,比铁岭楸池不啻数倍,盖长白山南来
之脉。"[2]与丁若镛看法相同。实际上,这也是当时社会上的普遍
认识。

姜栢年(1603~1681)《雪峰遗稿》卷八《凝清录》序:

> 有僧自岭南大乘寺而来,其名曰义贤,明于地术。论山脉
> 远近巨细,无毫末遗漏。其言曰:我国凡大小山皆祖于白头,
> 到长白山分两枝,其一为金刚山而右回,其一为太白山而左
> 弯,仍散为诸山于湖岭西南。[3]

17世纪的朝鲜人已形成白头山-长白山-太白山的山系观念,
此山系按丁若镛《疆域考·白山谱》说,总称白山。南孝温
(1454~1492)《秋江集》卷五《游金刚山记》:"白头山起自女真之
界,南延于朝鲜国海边数千里。"[4]南九万《药泉集》卷四《陈北边
三事仍进地图疏》:"甲山之东则又隔白头山南支,故不得通路于吉

---

1 (朝鲜王朝)丁若镛:《疆域考·白山谱》,《与犹堂全集》第六集《地理集》卷三,《韩国文集
   丛刊》第286册,第291~292页。

2 (朝鲜王朝)崔奎瑞:《艮斋集》卷一三《病后漫录》,《韩国文集丛刊》第161册,第80页。

3 (朝鲜王朝)姜栢年:《雪峰遗稿》卷八《凝清录》,《韩国文集丛刊》第103册,第80页。

4 (朝鲜王朝)南孝温:《秋江集》卷五《游金刚山记》,《韩国文集丛刊》第16册,第91页。

州。"[1] 李万敷《息山集别集》卷四《地行附录》："我雉城海洋之境又有所谓长白山者，即白头之东麓，非女真之长白也。"[2] 综上可知，此山系亦总称白头山，长白山（今白头山脉和咸镜山脉）被视为白头山之东麓，即丁若镛所说白山南宗。

三

　　以今白头山脉、赴战岭山脉、咸镜山脉为同一山系，称白头山东麓，不仅仅是地理概念，也反映出朝鲜李朝早期的疆域观念。

　　成海应《研经斋全集外集》卷四六《地理类·六镇开拓记》：

> 　　我国之设堡据守俱在长白山之内。自镜城之鱼游涧、吾村、朱乙温甫、老知、宝化堡、森森坡，吉州之西北，端川之梨洞、双青、黄土坡，甲山之镇东、同仁诸堡是也。盖野人部落屯结于长白之北、雪岭之背，由虚项以接于白头之外，盖白山部之遗也。[3]

1　（朝鲜王朝）南九万：《药泉集》卷四《陈北边三事仍进地图疏》，《韩国文集丛刊》第 161 册，第 80 页。

2　（朝鲜王朝）李万敷：《息山集别集》卷四《地行附录》，《韩国文集丛刊》第 131 册，第 497 页。

3　（朝鲜王朝）成海应：《研经斋全集外集》卷四六《地理类·六镇开拓记》，《韩国文集丛刊》第 277 册，第 301 页。

尹行恁《硕斋稿》卷一一《四郡考序》：

> 旷而委之，自本朝始也。当是时，江外野人日盛，侵掠无
> 虚岁，遂废四郡，移其民于内地，盖亦不得已也。及野人为满
> 洲禽，其害乃绝，四郡则不复，且二百有余年耳。[1]

此长白山无疑指咸镜山脉，朝鲜"设堡据守"之边疆在咸镜山脉东南。赴战岭山脉以北则是所谓废四郡。可见，朝鲜李朝早期的西北边疆，正是在赴战岭山脉至咸镜山脉一线，在此以外，则皆是所谓"野人"居住区。

成海应《研经斋全集外集》卷五一《地理类·厚州纪略》"长津江"条："赴战岭川源出咸兴赴战岭，北流经枇木里及上下锄里，至江口入长津江。南相疏：'当初既废四郡及厚州，以与胡人，而以长津为界。'"[2] 赴战岭川即今赴战江。可见，赴战江至长津江为朝鲜与"胡人"的分界线。迟至1674年，朝鲜始将茂山堡移治于江边"三峰坪"（今朝鲜茂山），于1684年升其为都护府，[3]朝鲜王朝的东北疆域始推进至今茂山、城川水一线。

综上，在穆克登查边时，长津江、赴战江、赴战岭山脉、咸镜山脉、城川水环绕的地区尚不是朝鲜疆域，至少朝鲜在实际上并未完全控制该区域，这里原本是"野人""胡人"活动的地域。

洪世泰《柳下集》卷九《白头山记》：

1　（朝鲜王朝）尹行恁：《硕斋稿》卷一一《四郡考序》，《韩国文集丛刊》第287册，第197页。

2　（朝鲜王朝）成海应：《研经斋全集外集》卷五一《地理类·厚州纪略》，《韩国文集丛刊》第277册，第414页。

3　刘阳、金成镐：《中朝图们江界河形成源流略考——以朝鲜王朝的东北方经营为中心》，《史学集刊》2015年第5期。

　　　　两国以山上二江为界。然地极荒绝，盖莫得而详焉。壬辰春三月，清主遣乌喇总官穆克登与侍卫布苏伦、主事鄂世往观白头山，画定边界。朝议多疑废四郡不复为我有，而或又以六镇为虑。判中枢李公某独建议曰："此当分白头山顶池一半为界。"[1]

《朝鲜肃宗实录》卷五一"肃宗三十八年（1712）三月八日"：

　　　　（李）颐命又言："查官之行，以定界为言。白头出距甲山六七日程，而人迹不通，故我国镇、堡把守皆在山南五六日程。《大明一统志》以白头山属于女真。彼或以我国把守处为界，则事甚难处。我国既以土、鸭两江为界，则水南皆当为我地。宜使接伴使以此辨争也。"上许之。[2]

上述史料可证，在穆克登查边之前，所谓中朝"两国以山上二江"即鸭绿江、图们江为界，只是朝鲜方面的一厢情愿。朝鲜方面的"把守处"距长白山最近的也有"五六日程"。因此，面对穆克登的到来，朝鲜方面担心此次"画定边界"，清朝会以朝鲜实际控制区即"把守处"作为两国边界，即以长白山（包括今咸镜山脉、赴战岭山脉）、长津江（包括今长津江、赴战江）为界，从而导致"废四郡不复为我有"。唯有判中枢李济大胆建议，乘此机会"分白头山顶池一半为界"，但这种提议是根本没有任何依据的。

1　（朝鲜王朝）洪世泰：《柳下集》卷九《白头山记》，《韩国文集丛刊》第167册，第477页。

2　《朝鲜肃宗实录》卷五一，肃宗三十八年（1712）三月辛卯，《朝鲜实录》第40册，第434页下。

《朝鲜肃宗实录》卷五一"肃宗三十八年（1712）三月二十三日"载接伴使朴权的一番话：

> 权曰："彼以定界为言，白头山南空旷处，我国人民不为入接，彼若指其处谓其界内，则无文籍可据而争者。"判府事李濡以为："既以两江为界，中间陆地亦当以江水发源处横截作限，以此争执，而彼若不听，则别遣大臣，亦无不可云矣。"上曰："疆域至重，必须力争，如有大段事，必须趁即状闻。"[1]

朴权明确指出，从白头山南至朝鲜"把守处"都是"空旷处，我国人民不为入接"，即没有朝鲜人居住，如果清朝方面将该区域视为清朝疆域，朝鲜方面"无文籍可据而争"，拿不出任何证据反驳。尽管如此，朝鲜方面还是定下了"以江水发源处横截作限"的谈判原则。

洪世泰《柳下集》卷九《白头山记》载朝鲜译员金庆门与穆克登的对话：

> 克登曰："吾奉皇命而来，安所惮险。尔言尔国界在此，此岂奏闻皇上而定之欤？抑有史册之可据者欤？"曰："小邦自古以此为界，妇孺尽知之，此岂可上请，而亦何用文字为证也。"[2]

《朝鲜肃宗实录》卷五一"肃宗三十八年五月五日"的记载更详：

1　《朝鲜肃宗实录》卷五一，肃宗三十八年（1712）三月丙子，《朝鲜实录》第40册，第435页上。

2　（朝鲜王朝）洪世泰：《柳下集》卷九《白头山记》，《韩国文集丛刊》第167册，第477页。

> 总管曰："尔能明知两国界耶？"答以虽未目见，而长白山巅有大池，西流为鸭绿江，东流为豆满（池）〔江〕，大池之南即我国界。上年皇帝招问时，亦以此仰对矣。又问："有可据文书耶？"答以立国以来，至今流传，何待文书乎？又问："白山之南，连有把守耶？"答以此地绝险，人迹不到，故荒废无把守，有同大国栅门外之地耳……白山南即我地之说既发，而无大段争诘之举，争界事无甚可虑。[1]

金庆门拿不出任何证据，凭空强调"自古以此为界，妇孺尽知之"，就是在执行朝鲜王朝既定的谈判原则。

综上，在穆克登查边时，利用长白山山名的差异，朝鲜王朝凭空强调中朝一直以今长白山为界，穆克登不查，遂以此定界。

1　《朝鲜肃宗实录》卷五一，肃宗三十八年五月丁亥，《朝鲜实录》第 40 册，第 437 页下。

主要参考书目

1. 原始文献

1.1 朝韩原始文献

纪传类

（朝鲜王朝）韩镇书：《海东绎史续》，朝鲜古书刊行会，1911。

（朝鲜王朝）韩致奫：《海东绎史》，骊江出版社，1987。

（朝鲜王朝）洪汝河：《汇纂丽史》，骊江出版社，1986。

（朝鲜王朝）郑麟趾：《高丽史》，台北，文史哲出版社，1972。

编年类

（朝鲜王朝）《朝鲜王朝实录》，韩国国史编纂委员会，1986。

（朝鲜王朝）《国朝宝鉴》，奎章阁图书，首尔大学图书馆藏。

（朝鲜王朝）安鼎福：《东史纲目》，朝鲜古书刊行会，1915。

（朝鲜王朝）金宗瑞：《高丽史节要》，奎章阁图书，首尔大学图书馆藏。

（朝鲜王朝）徐居正：《东国通鉴》，朝鲜古书刊行会，1912。

纪事本末类

（朝鲜王朝）李肯翊：《燃藜室记述》，朝鲜古书刊行会，1912~1913。

（朝鲜王朝）李肯翊：《燃藜室记述别集》，朝鲜古书刊行会，1913。

地理类

（朝鲜王朝）丁若镛：《大韩疆域考》，朝鲜研究会，1952。

（朝鲜王朝）金正浩：《大东地志》，亚细亚文化社，1976。

（朝鲜王朝）卢思慎等：《东国舆地胜览》，朝鲜古书刊行会，1912。

（朝鲜王朝）卢思慎等：《新增东国舆地胜览》，明文堂，1985。

政书类

（朝鲜王朝）《备边司誊录》，景仁文化社，1986。

（朝鲜王朝）《各司誊录》，民族文化社，1987。

（朝鲜王朝）《经国大典》，奎章阁图书，首尔大学图书馆藏。

（朝鲜王朝）《事大文轨》，《朝鲜史料丛刊》，韩国国会图书馆藏本。

（高丽）金富轼：《三国史记》，杨军校勘，吉林大学出版社，2015。

文集类

（朝鲜王朝）表沿沫：《蓝溪集》，《韩国文集丛刊》第15册，景仁文化社，1996。

（朝鲜王朝）成海应：《研经斋全集外集》，《韩国文集丛刊》第

273~279 册，景仁文化社，2001。

（朝鲜王朝）成近默：《果斋集》，《韩国文集丛刊》第 299 册，景仁文化社，2002。

（朝鲜王朝）崔溥：《锦南集》，《韩国文集丛刊》第 16 册，景仁文化社，1996。

（朝鲜王朝）崔锡鼎：《明谷集》，《韩国文集丛刊》第 154 册，景仁文化社，1995。

（朝鲜王朝）崔锡鼎：《通文馆志》，朝鲜古书刊行会，1913。

（朝鲜王朝）丁若镛：《与犹堂全书》，《韩国文集丛刊》第 281~286 册，景仁文化社，2002。

（朝鲜王朝）韩章锡：《眉山集》，《韩国文集丛刊》第 322 册，景仁文化社，2004。

（朝鲜王朝）洪大容：《湛轩书外集》，《韩国文集丛刊》第 248 册，景仁文化社，2001。

（朝鲜王朝）洪凤汉、李万运、朴容大：《增补文献备考》，明文堂，2000。

（朝鲜王朝）洪良浩：《耳溪集》，《韩国文集丛刊》第 241 册，景仁文化社，2001。

（朝鲜王朝）洪奭周：《渊泉集》，《韩国文集丛刊》第 293 册，景仁文化社，2002。

（朝鲜王朝）洪直弼：《梅山集》，《韩国文集丛刊》第 295 册，景仁文化社，2002。

（朝鲜王朝）黄玹：《梅泉集》，《韩国文集丛刊》第 348 册，景仁文化社，2005。

（朝鲜王朝）黄胤锡：《颐斋遗稿》，《韩国文集丛刊》第 246 册，景仁文化社，2001。

（朝鲜王朝）姜浑：《木溪逸稿》，《韩国文集丛刊》第 17 册，景仁文化社，1996。

（朝鲜王朝）姜世晃：《豹庵稿》，《韩国文集丛刊（续）》第 80 册，韩国古典翻译院，2009。

（朝鲜王朝）金诚一：《鹤峰先生文集》，《韩国文集丛刊》第 48 册，景仁文化社，1996。

（朝鲜王朝）金道和：《拓菴集》，《韩国文集丛刊（续）》第 138 册，韩国古典翻译院，2012。

（朝鲜王朝）金寿恒：《文谷集》，《韩国文集丛刊》第 133 册，景仁文化社，1996。

（朝鲜王朝）金堉：《潜谷遗稿》，《韩国文集丛刊》第 85~86 册，景仁文化社，1996。

（朝鲜王朝）金镇圭：《竹泉集》，《韩国文集丛刊》第 174 册，景仁文化社，1998。

（朝鲜王朝）金宗直：《占毕斋集》，《韩国文集丛刊》第 12 册，景仁文化社，1996。

（朝鲜王朝）李德懋：《青庄馆全书》，《韩国文集丛刊》第 257~259 册，景仁文化社，2001。

（朝鲜王朝）李珥：《栗谷全书》，《韩国文集丛刊》第 44~45 册，景仁文化社，1996。

（朝鲜王朝）李恒福：《知退堂集》，《韩国文集丛刊》第 58 册，景仁文化社，1996。

（朝鲜王朝）李景奭：《白轩集》，《韩国文集丛刊》第 96 册，景仁文化社，1996。

（朝鲜王朝）李浚庆：《东皋遗稿》，《韩国文集丛刊》第 28 册，景仁文化社，1996。

（朝鲜王朝）李可臣：《大峰集》，《韩国文集丛刊》第 15 册，景仁文化社，1996。

（朝鲜王朝）李敏辅：《丰墅集》，《韩国文集丛刊》第 232 册，景仁文化社，2001。

（朝鲜王朝）李明焕：《海岳集》，《韩国文集丛刊（续）》第 84 册，韩国古典翻译院，2009。

（朝鲜王朝）李穆：《李评事集》，《韩国文集丛刊》第 18 册，景仁文化社，1996。

（朝鲜王朝）李是远：《沙矶集》，《韩国文集丛刊》第 302 册，景仁文化社，2003。

（朝鲜王朝）李廷龟：《月沙集》，《韩国文集丛刊》第 70 册，景仁文化社，1996。

（朝鲜王朝）李万敷：《息山集》，《韩国文集丛刊》第 178~179 册，景仁文化社，1998。

（朝鲜王朝）李潍：《龙浦集》，《韩国文集丛刊（续）》第 80 册，韩国古典翻译院，2009。

（朝鲜王朝）李沃：《博泉集》，《韩国文集丛刊（续）》第 44 册，景仁文化社，2007。

（朝鲜王朝）李学逵：《洛下生集》，《韩国文集丛刊》第 290 册，景仁文化社，2002。

（朝鲜王朝）李宜显：《陶谷集》，《韩国文集丛刊》第 181 册，景仁文化社，1999。

（朝鲜王朝）李瀷：《星湖僿说》，《韩国文集丛刊》第 198~200 册，景仁文化社，1999。

（朝鲜王朝）李寅烨：《晦窝诗稿》，《韩国文集丛刊》第 172 册，景仁文化社，1998。

（朝鲜王朝）李裕元:《嘉梧稿略》,《韩国文集丛刊》第 315 册,景仁文化社, 2003。

（朝鲜王朝）李绰:《陶庵集》,《韩国文集丛刊》第 194 册, 景仁文化社, 1999。

（朝鲜王朝）李种徽:《修山集》,《韩国文集丛刊》第 247 册,景仁文化社, 2001。

（朝鲜王朝）李胄:《忘轩遗稿》,《韩国文集丛刊》第 17 册, 景仁文化社, 1996。

（朝鲜王朝）李宗城:《梧川集》,《韩国文集丛刊》第 214 册,景仁文化社, 2000。

（朝鲜王朝）柳成龙:《西厓集》,《韩国文集丛刊》第 52 册, 景仁文化社, 1996。

（朝鲜王朝）南九万:《药泉集》,《韩国文集丛刊》第 131~132 册, 景仁文化社, 1996。

（朝鲜王朝）南有容:《雷渊集》,《韩国文集丛刊》第 217 册,景仁文化社, 2000。

（朝鲜王朝）朴弼周:《黎湖集》,《韩国文集丛刊》第 196 册,景仁文化社, 1999。

（朝鲜王朝）权近:《阳村集》,《韩国文集丛刊》第 7 册, 景仁文化社, 1996。

（朝鲜王朝）权尚夏:《寒水斋集》,《韩国文集丛刊》第 150 册,景仁文化社, 1995。

（朝鲜王朝）权五福:《睡轩集》,《韩国文集丛刊》第 17 册, 景仁文化社, 1996。

（朝鲜王朝）申翼相:《醒斋遗稿》,《韩国文集丛刊》第 146 册,景仁文化社, 1995。

（朝鲜王朝）申佐模：《澹人集》，《韩国文集丛刊》第 309 册，民族文化推进会，2003。

（朝鲜王朝）宋秉璿：《渊斋集》，《韩国文集丛刊》第 329 册，景仁文化社，2004。

（朝鲜王朝）宋时烈：《宋子大全》，《韩国文集丛刊》第 108 册，景仁文化社，1993。

（朝鲜王朝）田愚：《艮斋集》，《韩国文集丛刊》第 332 册，景仁文化社，2004。

（朝鲜王朝）吴光运：《药山漫稿》，《韩国文集丛刊》第 210~211 册，景仁文化社，2000。

（朝鲜王朝）徐居正：《四佳集》，《韩国文集丛刊》第 11 册，景仁文化社，1996。

（朝鲜王朝）徐居正编《东文选》，朝鲜古书刊行会，1914。

（朝鲜王朝）徐荣辅、沈象奎编《万机要览》，景仁文化社，1969。

（朝鲜王朝）徐有榘：《枫石全集》，《韩国文集丛刊》第 288 册，景仁文化社，2002。

（朝鲜王朝）徐宗泰：《晚静堂集》，《韩国文集丛刊》第 163 册，景仁文化社，1998。

（朝鲜王朝）许传：《性斋集》，《韩国文集丛刊》第 308 册，景仁文化社，2003。

（朝鲜王朝）许穆：《记言》，《韩国文集丛刊》第 98 册，景仁文化社，1996。

（朝鲜王朝）尹定铉：《梣溪遗稿》，《韩国文集丛刊》第 306 册，景仁文化社，2003。

（朝鲜王朝）尹凤九：《屏溪集》，《韩国文集丛刊》第 203~205

册，景仁文化社，2000。

（朝鲜王朝）尹愔：《无名子集诗稿》，《韩国文集丛刊》第256册，景仁文化社，2001。

（朝鲜王朝）尹鑴：《白湖集》，《韩国文集丛刊》第123册，景仁文化社，1996。

（朝鲜王朝）尹拯：《明斋遗稿》，《韩国文集丛刊》第153册，景仁文化社，1995。

（朝鲜王朝）鱼有凤：《杞园集》，《韩国文集丛刊》第183册，景仁文化社，1999。

（朝鲜王朝）赵文命：《鹤岩集》，《韩国文集丛刊》第192册，景仁文化社，1999。

（朝鲜王朝）赵翊：《可畦集》，《韩国文集丛刊（续）》第9册，景仁文化社，2005。

（朝鲜王朝）赵翼：《浦渚集》，《韩国文集丛刊》第85册，景仁文化社，1996。

（朝鲜王朝）郑昌顺等编《同文汇考》，珪庭出版社，1978、1980。

（朝鲜王朝）郑澈：《松江集》，《韩国文集丛刊》第46册，景仁文化社，1996。

（朝鲜王朝）郑道传：《三峰集》，《韩国文集丛刊》第5册，景仁文化社，1996。

（朝鲜王朝）郑希良：《虚庵遗集》，《韩国文集丛刊》第18册，景仁文化社，1996。

（朝鲜王朝）郑元容：《经山集》，《韩国文集丛刊》第300册，民族文化推进会，2002。

（朝鲜王朝）郑元容：《文献撮要》，朝鲜古书刊行会，1911。

（朝鲜王朝）郑宗鲁：《立斋集》，《韩国文集丛刊》第 253 册，景仁文化社，2001。

（高丽）李奎报：《东国李相国集》，《韩国文集丛刊》第 1~2 册，景仁文化社，1996。

（高丽）李齐贤：《益斋乱稿》，《韩国文集丛刊》第 2 册，景仁文化社，1996。

（新罗）崔致远著，党银平校注《桂苑笔耕集校注》，中华书局，2007。

〔韩〕林基中编《燕行录全集》，东国大学出版部，2001。

〔韩〕林基中编《燕行录续集》，尚书院，2008。

其他

（朝鲜王朝）《大东野乘》，朝鲜古书刊行会，1910~1911。

（高丽）一然：《三国遗事》，孙文范等校勘，吉林文史出版社，2003。

（高丽）郑梦周、（朝鲜王朝）申叔舟等：《海行总载》，朝鲜古书刊行会，1914。

《韩国系行谱》，宝库社，1992。

〔韩〕金渭显：《高丽史中中韩关系史料汇编》，食货出版社，1983。

〔日〕朝鲜总督府编《朝鲜金石总览》上、下，朝鲜总督府，1923。

赵季辑校《足本皇华集》，凤凰出版社，2013。

1.2 中国原始文献

正史（纪传体）

（西汉）司马迁撰，（南朝宋）裴骃集解，（唐）司马贞索隐，（唐）张守节正义《史记》，中华书局，2014。

（东汉）班固撰，（唐）颜师古注《汉书》，中华书局，1962。

（南朝宋）范晔撰，（唐）李贤等注《后汉书》，中华书局，1965。

（晋）陈寿撰，（南朝宋）裴松之注《三国志》，中华书局，1975。

（唐）房玄龄等：《晋书》，中华书局，1979。

（南朝梁）沈约：《宋书》，中华书局，2018。

（南朝梁）萧子显：《南齐书》，中华书局，2017。

（唐）姚思廉：《梁书》，中华书局，1973。

（唐）姚思廉：《陈书》，中华书局，1972。

（北齐）魏收：《魏书》，中华书局，2017。

（唐）李百药：《北齐书》，中华书局，1972。

（唐）令狐德棻等：《周书》，中华书局，1971。

（唐）魏征等：《隋书》，中华书局，2019。

（唐）李延寿：《南史》，中华书局，1975。

（唐）李延寿：《北史》，中华书局，1974。

（后晋）刘昫等：《旧唐书》，中华书局，1975。

（宋）欧阳修、宋祁：《新唐书》，中华书局，1975。

（宋）薛居正等：《旧五代史》，中华书局，2015。

（宋）欧阳修撰，（宋）徐无党注《新五代史》，中华书局，1974。

（元）脱脱等：《宋史》，中华书局，1977。

（元）脱脱等：《辽史》，中华书局，2016。

（元）脱脱等：《金史》，中华书局，1975。

（明）宋濂等：《元史》，中华书局，1976。

（清）张廷玉等：《明史》，中华书局，1974。

（民国）赵尔巽等：《清史稿》，中华书局，1974。

编年类

（宋）李焘：《续资治通鉴长编》，中华书局，2004。

（宋）李心传：《建炎以来系年要录》，中华书局，2013。

（宋）司马光等著，（元）胡三省音注《资治通鉴》，中华书局，2012。

（宋）徐梦莘：《三朝北盟会编》，上海古籍出版社，1987。

《明实录》，台北，"中研院"历史语言研究所，1962。

《清实录》，中华书局，2008。

（清）徐鼒：《小腆纪年》，中华书局，2010。

地理类

（宋）乐史：《太平寰宇记》，中华书局，2008。

（元）孛兰肹等：《元一统志》，中华书局，1966。

（明）毕恭：《辽东志》，明嘉靖刻本影印版。

（明）李贤、彭时等：《大明一统志》，巴蜀书社，2018。

（清）丁谦：《蓬莱轩地理学丛书》，北京图书馆出版社，2008。

（清）穆彰阿、潘锡恩等：《大清一统志》，上海古籍出版社，2008。

政书类

（唐）杜佑：《通典》，王文锦等点校，中华书局，1998。

（宋）郑樵：《通志》，中华书局，1987。

（元）马端临：《文献通考》，中华书局，1989。

（明）申时行等：《明会典》，中华书局，1989。

（宋）王溥：《唐会要》，中华书局，1955。

（宋）王溥：《五代会要》，上海古籍出版社，2006。

类书

（宋）李昉等：《太平广记》，中华书局，1961。

（宋）李昉等：《太平御览》，中华书局，1960。

（宋）李昉等：《文苑英华》，中华书局，1966。

（宋）王钦若等：《册府元龟》，中华书局，2012。

（宋）王应麟：《玉海》，江苏古籍出版社，1990。

（清）贺长龄辑，魏源编《清经世文编》，中华书局，1992。

（清）麦仲华：《皇朝经世文新编》，台联国风出版社，1978。

（清）盛康：《皇朝经世文续编》，台联国风出版社，1978。

专书

（宋）徐兢：《宣和奉使高丽图经》，《丛书集成初编》第3236~3239册，中华书局，1985。

（明）董越：《朝鲜赋》，江苏古籍出版社，1996。

（明）茅瑞征：《万历三大征考》，《续修四库全书》第436册，上海古籍出版社，2002。

（明）倪谦：《朝鲜纪事》，《丛书集成初编》第3240册，中华书局，1985。

（明）宋应昌：《经略复国要编》，明万历刊本影印版。

（明）魏焕、郑晓：《皇明九边考、皇明四夷考》（合订本），华文书局，1968。

（明）严从简：《殊域周咨录》，余思黎点校，中华书局，1993。

（明）佚名：《朝鲜志》，《丛书集成初编》第3240册，中华书局，1985。

金毓黻：《渤海国志长编》，华文书局，1968。

其他

（西汉）扬雄撰，（晋）郭璞注《輶轩使者绝代语释别国方言》，中华书局，2016。

（元）苏天爵编《元文类》，上海古籍出版社，1993。

（明）诸葛元声：《三朝平壤录》，伟文图书出版社，1976。

陈得芝：《元代奏议集录》，浙江古籍出版社，1998。

张存武、叶泉宏:《清入关前与朝鲜往来国书汇编（1619~1643）》,"国史馆",2000。

中国历史研究社编《东行三录》,上海书店出版社,1982。

1.3 日本原始文献

编者未详《百炼抄》,《国史大系》第14卷,经济杂志社,1901。

编者未详《日本纪略》,《国史大系》第5卷,经济杂志社,1897。

编者未详《先代旧事本纪》,《国史大系》第7卷,经济杂志社,1897。

卜部怀贤:《释日本纪》,《国史大系》第7卷,经济杂志社,1897。

川口长孺:《征韩伟略》,吴丰培:《壬辰之役资料汇编》（下）,全国图书馆文献缩微复制中心,1990。

慈円:《愚管抄》,《国史大系》第14卷,经济杂志社,1901。

皇円:《扶桑略记》,《国史大系》第6卷,经济杂志社,1897。

菅原道真、大藏善行等:《日本三代实录》,《国史大系》第4卷,经济杂志社,1897。

菅原道真:《类聚国史》,经济杂志社,1916。

赖山阳著,久保天随订《重订日本外史》,北京大学出版社,2015。

舍人亲王等:《日本书纪》,《国史大系》第1卷,经济杂志社,1917。

太安万侣:《古事记》,经济杂志社,1917。

藤原冬嗣、藤原绪嗣:《日本后纪》,《国史大系》第3卷,经济杂志社,1897。

藤原基经等:《日本文德天皇实录》,《国史大系》第3卷,经济杂志社,1897。

藤原继绳、菅野真道、秋筱安人:《续日本纪》,《国史大系》第3卷,经济杂志社,1914。

藤原良房、春澄善绳:《续日本后纪》,《国史大系》第3卷,经济杂志社,1897。

鸭佑之:《日本逸史》,《国史大系》第6卷,经济杂志社,1897。

2. 现代学术著作
2.1 中国学者著作

白新良主编《中朝关系史——明清时期》,世界知识出版社,2002。

蔡茂松:《韩国近世思想文化史》,东大图书公司,1995。

曹炯镇:《中韩两国古活字印刷技术之比较研究》,台北,学海出版社,1975。

陈固亭:《中日韩百年大事记》,中华丛书编审委员会,1971。

陈慧:《穆克登碑问题研究——清代中朝图们江界务考证》,中央编译出版社,2011。

陈尚胜:《闭关与开放:中国封建晚期对外关系研究》,山东人民出版社,1993。

陈尚胜:《朝鲜王朝对华观的演变》,山东大学出版社,1999。

陈尚胜:《中韩关系史论》,齐鲁书社,1997。

陈尚胜:《中韩交流三千年》,中华书局,1997。

陈尚胜等:《朝鲜王朝对华观之演变:〈朝天录〉和〈燕行录〉初探》,山东人民出版社,1999。

陈伟芳:《朝鲜问题与甲午战争》,三联书店,1959。

程妮娜:《东北史》,吉林大学出版社,2001。

刁书仁:《明清中朝日关系史研究》,吉林文史出版社,2001。

董万仑:《东北史纲要》,黑龙江人民出版社,1987。

杜慧月:《明代文臣出使朝鲜与皇华集》,人民出版社,2010。

付百臣:《中朝历代朝贡制度研究》,吉林人民出版社,2008。

傅朗云、杨旸:《东北民族史略》,吉林人民出版社,1983。

高福顺:《高句丽中央官制研究》,吉林大学出版社,2015。

高福顺等:《〈高丽记〉研究》,吉林文史出版社,2003。

高明士:《东亚教育圈形成史论》,上海古籍出版社,2003。

高明士:《唐代东亚教育圈的形成:东亚世界形成史的一侧面》,
"国立"编译馆中华丛书编审委员会,1984。

耿铁华:《好太王碑一千五百八十年祭》,中国社会科学出版社,
2003。

耿铁华:《中国高句丽史》,吉林人民出版社,2002。

顾家熙:《中朝人民的战斗友谊》,人民出版社,1951。

韩俊光主编《中国朝鲜民族迁人史论文集》,黑龙江朝鲜民族
出版社,1989。

韩昇:《东亚世界形成史论》,复旦大学出版社,2009。

黄纯艳:《高丽史史籍概要》,甘肃人民出版社,2007。

黄枝连:《天朝礼治体系研究》中卷《东亚的礼义世界:中国封
建王朝与朝鲜半岛关系形态论》,中国人民大学出版社,1994。

贾敬颜:《东北古代民族古代地理丛考》,中国社会科学出版社,
1993。

姜吉仲:《高丽与宋金外交经贸关系史论》,文津出版社,2004。

姜龙范、刘子敏:《明代中朝关系史》,黑龙江朝鲜民族出版社,

1999。

姜龙范、王臻等:《清代中朝日关系史》,吉林文史出版社,2006。

姜龙范:《近代中朝日三国对间岛朝鲜人的政策研究》,黑龙江朝鲜民族出版社,2000。

姜龙范等:《清代中朝日关系史》,吉林文史出版社,2006。

姜龙范等:《中朝日关系史》,黑龙江朝鲜民族出版社,2000。

姜孟山:《朝鲜封建社会论》,延边大学出版社,1999。

姜孟山等:《朝鲜通史》第一卷,延边大学出版社,1992。

姜维东:《高句丽历史编年》,科学出版社,2016。

姜维东:《高句丽历史研究初编》,吉林大学出版社,2005。

姜维东等:《正史高句丽传校注》,吉林人民出版社,2006。

姜维公、高福顺:《东北历史地理简论》,吉林文史出版社,1990。

姜秀玉、王臻:《朝鲜通史》第3卷,延边大学出版社,2013。

蒋非非、王小甫等:《中韩关系史(古代卷)》,社会科学文献出版社,1998。

金春善:《延边地区朝鲜族社会形成研究》,吉林人民出版社,2001。

金毓黻:《东北通史》,五十年代出版社,1944(1981年翻印)。

李春虎等:《朝鲜通史》第二卷,延边大学出版社,2006。

李德山、栾凡:《中国东北古民族发展史》,中国社会科学出版社,2003。

李殿福、孙玉良:《渤海国》,文物出版社,1987。

李光涛:《朝鲜壬辰倭祸研究》,"中研院"史语所专刊之六十一,1972。

李光涛:《明清档案论文集》,联经出版事业公司,1986。

李光涛:《中韩民族与文化》,中华丛书编审委员会,1968。

李国强、李宗勋主编《高句丽史新研究》,延边大学出版社,2006。

李花子:《明清时期中朝边界史研究》,知识产权出版社,2011。

李花子:《清朝与朝鲜关系史研究——以越境交涉为中心》,延边大学出版社,2006。

李健才:《东北史地考略》,吉林文史出版社,1986。

李健才:《明代东北》,辽宁人民出版社,1986。

李景温:《朝鲜壬辰卫国战争》,商务印书馆,1980。

李勤璞:《脱解,喇嘛,金九经——中韩文化三考》,辽宁教育出版社,2016。

李善洪:《朝鲜对明清外交文书研究》,吉林人民出版社,2009。

李云泉:《朝贡制度史论——中国古代对外关系体制研究》,新华出版社,2004。

李治亭主编《东北通史》,中州古籍出版社,2003。

李宗勋:《朝鲜族姓氏漫谈》,辽宁民族出版社,1998。

梁玉多:《渤海国编年史》,黑龙江人民出版社,2004。

梁志明主编《东亚的历史巨变与重新崛起——东亚现代化进程研究》,香港社会科学出版社,2004。

林明德:《袁世凯与朝鲜》,台北,"中研院"近代史研究所,1984。

林天蔚、黄约瑟主编《古代中韩日关系研究》,香港大学亚洲研究中心,1987。

刘保全:《壬辰倭乱时期朝明关系史研究》,民族出版社,2005。

刘家驹:《清朝初期的中韩关系》,文史哲出版社,1986。

刘为:《清代中朝使者往来研究》,黑龙江教育出版社,2002。

刘喜涛:《封贡关系视角下明代中朝使臣往来研究》,黑龙江人民出版社,2015。

刘晓东:《明代朝鲜使臣胶东纪行诗探析》,山东人民出版社,2015。

刘永智:《中朝关系史研究》,中州古籍出版社,1994。

刘子敏、苗威:《中国正史〈高句丽传〉详注及研究》,香港亚洲出版社,2006。

刘子敏:《高句丽历史研究》,延边大学出版社,1996。

吕思勉:《中国民族史》,东方出版社,1996。

马大正:《中国东北边疆研究》,中国社会科学出版社,2003。

蒙文通:《周秦少数民族研究》,龙门联合书局,1958。

苗威:《高句丽移民研究》,吉林大学出版社,2011。

苗威:《古朝鲜研究》,香港亚洲出版社,2006。

苗威:《乐浪研究》,高等教育出版社,2016。

朴文一、金龟春主编《中国古代文化对朝鲜和日本的影响》,黑龙江朝鲜民族出版社,1999。

朴真奭、姜孟山等:《朝鲜简史》,延边大学出版社,1998。

朴真奭:《高句丽好太王碑研究》,延边大学出版社,1999。

朴真奭:《中朝经济文化交流史研究》,辽宁人民出版社,1984。

朴真奭:《中朝友谊三千年》,延边人民出版社,1984。

齐木德道尔吉:《辽夏金元史征·金朝卷》,内蒙古大学出版社,2007。

邱瑞中:《燕行录研究》,广西师范大学出版社,2010。

屈广燕:《文化传输与海上交往——元明清时期浙江与朝鲜半岛的历史联系》,海洋出版社,2017。

宋慧娟:《清代中朝宗藩关系嬗变研究》,吉林大学出版社,2007。

孙春日:《中国朝鲜族移民史》,中华书局,2009。

孙进己、王绵厚主编《东北历史地理》第1卷,黑龙江人民出版社,1989。

孙进己、冯永谦主编《东北历史地理》第2卷,黑龙江人民出版社,1989。

孙进己:《东北民族源流》,黑龙江人民出版社,1987。

孙乃民主编《吉林通史》,吉林人民出版社,2008。

孙卫国:《从"尊明"到"奉清":朝鲜王朝对清意识的嬗变(1627~1910)》,台大出版中心,2018。

孙卫国:《大明旗号与小中华意识:朝鲜王朝尊周思明问题研究(1637—1800)》,商务印书馆,2007。

孙卫国:《明清时期中国史学对朝鲜的影响》,上海辞书出版社,2008。

孙玉良、孙文范主编《简明高句丽史》,吉林人民出版社,2008。

台湾"中央"图书馆编《中国关于韩国著述目录》,"中央"图书馆,1964。

台湾韩国研究学会:《中韩关系史国际研讨会论文集,960—1949》,台湾韩国研究学会,1983。

谭其骧主编《〈中国历史地图集〉释文汇编·东北卷》,中央民族学院出版社,1988。

田久川:《古代中日关系史》,大连工学院出版社,1987。

田以麟:《朝鲜教育史》,吉林教育出版社,2000。

汪高鑫、程仁桃:《东亚三国古代关系史》,北京工业大学出版社，2006。

　　王承礼:《渤海简史》，黑龙江人民出版社，1984。

　　王承礼:《中国东北的渤海国与东北亚》，吉林文史出版社，2000。

　　王健群:《好太王碑研究》，吉林人民出版社，1984。

　　王绵厚:《高句丽古城研究》，文物出版社，2002 。

　　王绵厚:《秦汉东北史》，辽宁人民出版社，1994。

　　王鑫磊:《同文书史——从韩国汉文文献看近世中国》，复旦大学出版社，2015。

　　王仪:《古代中韩关系与日本》，中华书局，1973。

　　王仪:《蒙古元与王氏高丽及日本的关系》，商务印书馆，1971。

　　王仪:《赵宋与王氏高丽及日本的关系》，中华书局，1980。

　　王元周:《小中华意识的嬗变：近代中韩关系的思想史研究》，民族出版社，2013。

　　王臻:《朝鲜前期与明建州女真关系研究》，中国文史出版社，2005。

　　王臻:《清朝兴起时期中期政治秩序变迁研究》，商务印书馆，2017。

　　王钟翰主编《中国民族史》，中国社会科学出版社，1994。

　　韦旭昇:《中国文学在朝鲜》，花城出版社，1990。

　　魏存成:《渤海考古》，文物出版社，2008。

　　魏存成:《高句丽渤海考古论集》，科学出版社，2015。

　　魏存成:《高句丽遗迹》，文物出版社，2002。

　　魏国忠、朱国忱、郝庆云:《渤海国史》，中国社会科学出版社，2006。

　　魏志江:《中韩关系史研究》，中山大学出版社，2006。

温兆海:《朝鲜诗人李尚迪与晚清文人交流研究》,中国社会科学出版社,2013。

翁独健主编《中国民族关系史纲要》,中国社会科学出版社,1990。

吴政纬:《从汉城到燕京——朝鲜使者眼中的东亚世界》,秀威资讯科技股份有限公司,2017。

邢丽菊:《韩国儒学思想史》,人民出版社,2015。

徐东日:《朝鲜朝使臣眼中的中国形象——以〈燕行录〉〈朝天录〉为中心》,中华书局,2010。

徐东日:《李德懋文学研究》,黑龙江朝鲜民族出版社,2003。

薛虹、李澍田等:《中国东北通史》,吉林文史出版社,1991。

杨军、高福顺、姜维公、姜维东:《高句丽官制研究》,吉林大学出版社,2014。

杨军、王秋彬:《中国与朝鲜半岛关系史论》,社会科学文献出版社,2006。

杨军、张乃和主编《东亚史》,长春出版社,2005。

杨军:《4—6世纪朝鲜半岛研究》,吉林大学出版社,2015。

杨军:《渤海国民族构成与分布研究》,吉林人民出版社,2007。

杨军:《朝鲜王朝前期的古史编纂》,社会科学文献出版社,2013。

杨军:《高句丽民族与国家的形成和演变》,中国社会科学出版社,2006。

杨通方:《源远流长的中朝文化》,河南人民出版社,1987。

杨通方:《中韩古代关系史论》,中国社会科学出版社,1996。

杨渭生:《宋丽关系史》,杭州大学出版社,1997。

杨秀祖:《高句丽军队与战争研究》,吉林大学出版社,2010。

杨旸:《明代东北疆域研究》,吉林人民出版社,2008。

杨雨蕾:《燕行与中朝文化关系》,上海辞书出版社,2011。

杨昭全、韩俊光:《中朝关系简史》,辽宁民族出版社,1992。

杨昭全、何彤梅:《中国—朝鲜·韩国关系史》,天津人民出版社,2001。

杨昭全、孙玉梅:《中朝边界史》,吉林文史出版社,1993。

杨昭全、孙玉梅主编《中朝边界沿革及界务交涉史料汇编》,吉林文史出版社,1994。

杨昭全:《中朝关系史论文集》,世界知识出版社,1988。

杨昭全:《中国—朝鲜·韩国文化交流史》,昆仑出版社,2004。

叶泉宏:《明代前期中韩国交之研究(1386—1488)》,台湾商务印书馆,1991。

尹铉哲:《渤海国交通运输史研究》,华龄出版社,2006。

尹永日:《朝鲜与清贸易关系史研究》,吉林人民出版社,2005。

张碧波:《中国东北疆域研究》,黑龙江人民出版社,2006。

张伯伟编《〈燕行录〉研究论集》,凤凰出版社,2016。

张博泉、苏金源、董玉瑛:《东北历代疆域史》,吉林人民出版社,1981。

张博泉:《东北地方史稿》,吉林大学出版社,1985。

张博泉:《箕子与朝鲜论集》,吉林文史出版社,1994。

张存武:《清代中韩关系论文集》,台湾商务印书馆,1987。

张存武:《清韩宗藩贸易(1637—1894)》,中研院近代史研究所,1978。

张高等:《渤海国管窥》,中国社会科学出版社,2003。

张礼恒:《在传统与现代性之间:1626—1894 年间的中朝关

系》，社会科学文献出版社，2012。

　　张敏:《韩国思想史纲》，北京大学出版社，2009。

　　张声振:《中日关系史》卷一，吉林文史出版社，1986。

　　张维华:《中国古代对外关系史》，高等教育出版社，1993。

　　张哲俊:《韩国坛君神话研究》，北京大学出版社，2013。

　　张政烺等:《五千年的中朝友好关系》，开明书店，1951。

　　赵红梅:《汉四郡研究》，香港亚洲出版社，2008。

　　赵兴元:《清代中朝关系研究》，吉林文史出版社，2006。

　　赵旭:《朝鲜王朝礼制研究》，中国社会科学出版社，2017。

　　郑永振、李东辉、尹铉哲:《渤海史论》，吉林文史出版社，2011。

　　《中朝关系史译文集》，姜维公、高福顺译，吉林文史出版社，2001。

　　《中朝关系通史》编写组:《中朝关系通史》，吉林人民出版社，1996。

　　周一良:《明代抗倭援朝战争》，中华书局，1962。

　　周一良:《中国与亚洲各国和平友好的历史》，上海人民出版社，1955。

　　朱亚非:《古代山东与海外关系史》，齐鲁书社，1995。

　　朱云影:《中国文化对日韩越的影响》，广西师范大学出版社，2007。

　　朱云影:《中国文化对日韩越的影响》，黎明文化事业公司，1981。

2.2　朝、韩、日、俄等学者著作

　　〔朝〕《朝鲜建国始祖檀君（论文集）》（汉文版），朝鲜外文出版社，1994。

〔朝〕朝鲜民主主义人民共和国科学院历史研究所编《朝鲜通史》上卷，吉林省延边朝鲜族自治州《朝鲜通史》翻译组译，吉林人民出版社，1973。

〔朝〕朝鲜民主主义人民共和国科学院历史研究所编《朝鲜通史》下卷，吉林省哲学社会科学研究所译，吉林人民出版社，1975。

〔朝〕朝鲜社会科学院历史研究所编《朝鲜全史》第17卷，吉林省社会科学院朝鲜研究所译，吉林省社会科学院东北地方史研究所1984年内部出版。

〔朝〕朝鲜社会科学院历史研究所编《朝鲜全史》第1卷，刘永智等译，中国朝鲜历史研究会1985年内部出版。

〔朝〕朝鲜社会科学院历史研究所编《朝鲜全史》第3卷，王健、潘畅和、鲁学海译，顾铭学校，延边大学出版社，1988。

〔朝〕朝鲜社会科学院历史研究所编《朝鲜全史》第4卷，曹中屏、王玉林译，中国朝鲜历史研究会1987年内部出版。

〔朝〕朝鲜社会科学院历史研究所编《朝鲜全史》第5卷，顾铭学等译，中国朝鲜历史研究会1985年内部出版。

〔朝〕李趾麟、姜仁淑：《高句丽史研究》，金日成综合大学出版社，1967。

〔朝〕李趾麟：《古朝鲜研究》，朝鲜科学院出版社，1963。

〔朝〕朴时亨：《渤海史》，金日成综合大学出版社，1979。

〔朝〕张国钟：《渤海史研究》，社会科学出版社，1997。

〔朝〕朱荣宪：《渤海文化》，顾铭学、李云铎译，日本雄山阁出版株式会社1979年版，吉林省考古研究室1981年内部油印本。

〔韩〕边太燮：《韩国史通论》，三英社，1986。

〔韩〕崔根德：《韩国儒学思想研究》，学苑出版社，1998。

〔韩〕崔官:《壬辰倭乱——四百年前的朝鲜战争》,金锦善、魏大海译,中国社会科学出版社,2013。

〔韩〕韩圭哲:《渤海的对外关系史》,新书苑,1994。

〔韩〕韩国奎章阁韩国学研究院编《朝鲜国君的一生》,王楠等译,江苏人民出版社,2016。

〔韩〕黄普基:《明清时期辽宁、冀东地区历史地理研究——以〈燕行录〉资料为中心》,复旦大学出版社,2014。

〔韩〕姜万吉:《韩国近代史》,贺剑城、周四川、杨永骝、刘渤译,东方出版社,1993。

〔韩〕姜周镇:《李朝党争史研究》,首尔大学校出版部,1971。

〔韩〕金渭显:《契丹的东北政策——契丹与高丽女真关系之研究》,华世出版社,1981。

〔韩〕金玉根:《朝鲜后期经济史研究》,瑞文堂,1977。

〔韩〕金玉根:《朝鲜王朝财政史研究》,一潮阁,1984。

〔韩〕金在原:《〈热河日记〉纪行》,唐艳译,复旦大学出版社,2016。

〔韩〕金哲埈:《韩国古代社会研究》,郑早苗等译,学生社,1981。

〔韩〕金贞培:《韩国民族的文化和起源》,高岱译,上海文艺出版社,1993。

〔韩〕李丙焘:《韩国古代史》(下),金思烨译,六兴出版公司,1979。

〔韩〕李丙焘:《韩国史大观》,许宇成译,台湾正中书局,1961。

〔韩〕李成茂:《朝鲜时代党争史》,东方出版部,2000。

〔韩〕李成茂:《高丽朝鲜两朝的科举制度》,张琏瑰译,北京大学出版社，1993。

〔韩〕李基白：《韩国史新论》，厉帆译，厉以平译校，国际文化出版公司，1994。

〔韩〕李盛周著、〔日〕木村光一編訳、原久仁子共訳『新羅・伽耶社會の起源と成長』雄山閣、2005。

〔韩〕李银顺：《朝鲜后期党争史研究》，一潮阁，1988。

〔韩〕李元淳、崔柄宪、韩永愚：《韩国史》，詹卓颖译，台湾幼狮文化事业股份有限公司，1987。

〔韩〕卢启铉：《高丽外交史》，紫荆、金荣国译，金龟春译审，延边大学出版社，2002。

〔韩〕卢泰敦：《檀君与古朝鲜史》，四季社，2000。

〔韩〕盧泰敦『古代朝鮮三国統一戦争史』、〔日〕橋本繁訳、岩波書店、2012。

〔韩〕朴天秀『加耶と倭：韓半島と日本列島の考古学』講談社、2007 年。

〔韩〕全海宗：《中韩关系史论集》，全善姬译，中国社会科学出版社，1997。

〔韩〕申采浩：《朝鲜上古史》，一新书籍，1988。

〔韩〕宋基豪：《渤海政治史研究》，一潮阁，1995。

〔韩〕文定昌：《古朝鲜史研究》，同根，1993。

〔韩〕吴锡源：《韩国儒学的义理思想》，邢丽菊、赵甜甜译，复旦大学出版社，2014。

〔韩〕徐炳国：《渤海·渤海人》，一念图书出版社，1990。

〔韩〕尹乃铉：《古朝鲜研究》，一志社，1995。

〔韩〕尹丝淳：《韩国儒学史——韩国儒学的特殊性》，邢丽菊、唐艳译，人民出版社，2017。

〔韩〕赵法钟:《古朝鲜》,尚书院,2006。

〔日〕稻叶岩吉:《满洲发达史》,杨成能译,萃文斋书店,1940。

〔日〕夫马进:《朝鲜燕行使和朝鲜通信使:使节视野中的中国·日本》,伍跃译,上海古籍出版社,2010。

〔日〕林泰辅:《朝鲜通史》,陈清泉译,商务印书馆,1934。

〔日〕铃木良一:《丰臣秀吉》,郝迟译,严明校,黑龙江人民出版社,1983。

白鳥庫吉『白鳥庫吉全集』第3卷（朝鮮史研究）、岩波書店、1970年。

白鳥庫吉監修,箭内亘、稻葉岩吉、松井等著『滿州歷史地理』丸善株式會社、1913年印刷、1941年再版。

白鳥庫吉監修、津田左右吉著『朝鮮·史地理』第二卷、南滿洲鐵道株式會社、1913年。

白鳥庫吉監修、津田左右吉著『朝鮮·史地理』第一卷、南滿洲鐵道株式會社、1913年。

池內宏『滿鮮史研究』上世第1冊、吉川弘文館、1979年。

池內宏『滿鮮史研究』中世第1冊、狄原星文館、1943年。

池內宏『日本上代史の一研究:日鮮の交涉と日本書紀』近藤書店、1947年。

村上四男『朝鮮古代史研究』開明書院、1978年。

東京帝國大學文科大學編『滿鮮地理歷史研究報告』第二、丸善株式會社、1916年。

東京帝國大學文科大學編『滿鮮地理歷史研究報告』第三、丸善株式會社、1916年。

東京帝國大學文科大學編『滿鮮地理·史研究報告』第四、丸善株式會社、1918 年。

　東京帝國大學文科大學編『滿鮮地理・史研究報告』第五、丸善株式會社、1918 年。

　東京帝國大學文科大學編『滿鮮地理・史研究報告』第一、丸善株式會社、1915 年。

　東京帝國大學文學部編『滿鮮地理・史研究報告』第八、丸善株式會社、1921 年。

　東京帝國大學文學部編『滿鮮地理・史研究報告』第九、丸善株式會社、1922 年。

　東京帝國大學文學部編『滿鮮地理・史研究報告』第六、丸善株式會社、1920 年。

　東京帝國大學文學部編『滿鮮地理・史研究報告』第七、丸善株式會社、1920 年。

　東京帝國大學文學部編『滿鮮地理・史研究報告』第十、岩波書店、1924 年。

　東京帝國大學文學部編『滿鮮地理・史研究報告』第十六、三秀舍、1941 年。

　東京帝國大學文學部編『滿鮮地理・史研究報告』第十一、岩波書店、1926 年。

　故那珂博士功績紀念会編『那珂通世遺書』大日本圖書株式會社、1915 年。

　吉田東伍『日韓古史斷』富山房書店、1893 年。

　今西竜『朝鮮古史の研究』国書刊行会、1970 年。

　津田左右吉『津田左右吉全集』第 11 巻、岩波書店、1964 年。

　井上秀雄『古代朝鮮』講談社、2004 年。

　駒井和愛『中國都城・渤海研究』雄山閣、1977 年。

菊池俊彦編『北東アジアの・史と文化』北海道大学出版会、2010 年。

堀敏一『中国と古代東アジア世界： 中華的世界と諸民族』岩波書店、1993 年。

瀬野馬熊『朝鮮史大系』（近世史）朝鮮史學會、1927 年。

瀬野馬熊『朝鮮史大系』（中世史）朝鮮史學會、1927 年。

林泰輔『支那上代の研究』附錄「加羅の起源」光風館書店、1927 年。

末松保和『末松保和朝鮮史著作集』1（新羅の政治と社会上）吉川弘文館、1995 年。

末松保和『末松保和朝鮮史著作集』2（新羅の政治と社会下）吉川弘文館、1995（1996）年。

末松保和『任那興亡史』増訂版、吉川弘文館、1956（1971）年。

南滿洲鐵道株式會社編『滿洲・史地理』第壹巻、丸善株式會社、1940 年。

内藤湖南『内藤湖南全集』筑摩書房、1970 年。

旗田巍『朝鮮史』岩波書店、2008 年。

日野開三郎『東北アジア民族史』（上）、三一書房、1988 年。

三上次男『古代東北アジア史・究』吉川弘文館、1966 年。

唐代史研究会編『隋唐帝國と東アジア世界』汲古書院、1979 年。

田川孝三『李朝貢納制の研究』東洋文庫、1964 年。

武田幸男『高句麗史と東アジア： 広開土王碑」研究序説』岩波書店、1989 年。

西嶋定生『西嶋定生東アジア史論集』第三巻『東アジア世界と

冊封体制』岩波書店、2002 年。

西嶋定生『西嶋定生東アジア史論集』第四巻『東アジア世界と日本』岩波書店、2002 年。

小田省吾等『朝鮮史大系』（上世史）朝鮮史學會、1927 年。

早乙女雅博『朝鮮半島の考古學』同成社、2000 年。

〔俄〕Э.В.沙弗库诺夫等:《渤海国及其俄罗斯远东部落》，宋玉彬译，东北师范大学出版社，1997。

后　记

　　本书为国家社科基金重大项目"朝鲜半岛古代史研究"的结项成果。书出众手：第五章执笔人高福顺，第六章执笔人姜维公、姜维东，第十章执笔人王臻，第二章大部分内容出自苗威，第四章大部分内容出自赵红梅，其他部分执笔人皆为杨军；参加本书编写的还有乌云高娃、赵智滨、孙昊、陈俊达、孙大坤、梁玉多等。杨军对全部书稿进行了修改。

图书在版编目（CIP）数据

朝鲜半岛古代史研究 / 杨军等著 . -- 北京：社会
科学文献出版社，2024. 8. --（九色鹿）. -- ISBN
978-7-5228-3647-8

Ⅰ . K312.2

中国国家版本馆 CIP 数据核字第 2024ME4321 号

·九色鹿·

朝鲜半岛古代史研究

著　　者 / 杨　军　等

出 版 人 / 冀祥德
组稿编辑 / 郑庆寰
责任编辑 / 赵　晨　宋　超
责任印制 / 王京美

出　　版 / 社会科学文献出版社·历史学分社（010）59367256
　　　　　 地址：北京市北三环中路甲29号院华龙大厦　邮编：100029
　　　　　 网址：www.ssap.com.cn
发　　行 / 社会科学文献出版社（010）59367028
印　　装 / 三河市东方印刷有限公司

规　　格 / 开　本：787mm×1092mm 1/16
　　　　　 印　张：43.25　字　数：537 千字
版　　次 / 2024年8月第1版　2024年8月第1次印刷
书　　号 / ISBN 978-7-5228-3647-8
定　　价 / 158. 80元

读者服务电话：4008918866